नीतीश कुमार
और
उभरता बिहार

नीतीश कुमार और उभरता बिहार

अरुण सिन्हा

प्रभात प्रकाशन, दिल्ली
ISO 9001:2008 प्रकाशक

आवरण चित्र व अन्य सभी चित्र साभार
मुख्यमंत्री सचिवालय, पटना एवं श्री कृष्ण मुरारी 'कृष्ण'

प्रकाशक • **प्रभात प्रकाशन**
4/19 आसफ अली रोड,
नई दिल्ली–110002
संस्करण • प्रथम, 2013
अनुवाद • श्री भविष्य कुमार सिन्हा
मूल्य • तीन सौ रुपए
(पेपरबैक संस्करण)
मुद्रक • भानु प्रिंटर्स, दिल्ली

NITISH KUMAR AUR UBHARTA BIHAR

by Arun Sinha Rs. 300.00
Published by Prabhat Prakashan, 4/19 Asaf Ali Road, New Delhi-2
by arrangement with Penguin Books India
e-mail: prabhatbooks@gmail.com ISBN 978-93-5048-359-6

माँ को समर्पित···

प्रस्तावना

ಌಌ * ಌಌ

बिहार से मेरा भावनात्मक संबंध है, क्योंकि यह न केवल मेरी जन्मभूमि और शैक्षणिक भूमि है, बल्कि यह मेरी प्रारंभिक पत्रकारिता की कर्मभूमि भी रही है। इस भूमि का मानो आम धारणाओं को खंडित कर हमेशा आपको एक नई सोच की ओर प्रेरित करने का स्वभाव है। आम धारणाओं पर विश्वास कीजिए तो यहाँ केवल अराजकता नजर आती है, लेकिन वह इसलिए कि यहाँ अनेक क्रांतियाँ हो रही हैं, पुरानी व्यवस्था को हटाकर नई व्यवस्था लाने के कई प्रयास चल रहे हैं, और समाज में स्थिरता नहीं आई है। अराजकता का कारण यह है कि कई वर्ग, जो सदियों से उत्पीड़ित रहे हैं, उन्हें अब वह दिन दूर नहीं दिखता जब वे अपना सिर ऊँचा रखकर स्वाभिमान और आत्मविश्वास के साथ चल सकेंगे और समाज में बराबर के हिस्सेदार होंगे।

लालू प्रसाद इसीलिए उभरे, क्योंकि उत्पीड़ित वर्गों को एक ऐसे नायक की तलाश थी, जो ऊपरी जातियों के वर्चस्व को तोड़ सके और कमजोर वर्गों के संपूर्ण रूप से ऊपर उठने में मददगार हो सके, ताकि यह अपने ही बलबूते पर अपने जीवन के संदर्भ में ताकतवर, विकसित जातियों के वर्चस्व को चुनौती दे सकें। लेकिन लालू ने सत्ता के नशे में इस ऐतिहासिक अवसर को खो दिया और बिहार को घोर बरबादी और निराशा के भँवर में छोड़ दिया, जिसके कारण बिहारियों का सिर शर्म से झुक गया।

लेकिन समाज में गहरे दबे असंतोष की धाराएँ सूखीं नहीं, सपने मरे नहीं। बहुत से लोगों के मन में यह सोच उभरी कि बिहारियों का विकास तब तक संभव नहीं है, जब तक बिहार का विकास नहीं होता। एक ऐसे नेता की तलाश शुरू हुई, जो उनके सपने को साकार कर सके। लेकिन उनको किसी उच्च जाति के नेता पर भरोसा नहीं था, क्योंकि उन्हें डर था कि वह उच्च जातियों की प्रभुत्व को पुनर्स्थापित करने की दिशा में ही काम करेगा। इस मापदंड पर उस ऐतिहासिक काल में नीतीश कुमार ही खरे उतरे, और उनको उन्होंने अपने नेता के रूप में चुन लिया।

नीतीश के पहले कार्यकाल के कुछ ही वर्षों में यह चर्चा होने लगी कि बिहार का 'कायापलट'

हो गया है। नीतीश कुमार ने मृत बिहार को जीवित कर दिया है। अपनी मातृभूमि से ऐसी अच्छी खबर पाकर मुझे खुशी हुई, साथ-साथ मैं नीतीश के लिए भी खुश हुआ, क्योंकि वह बिहार कॉलेज ऑफ इंजीनियरिंग में मेरे सहपाठी एवं अंतरंग मित्र रहे हैं। तभी इस पुस्तक का विचार पहली बार मेरे मन में आया। पर साथ-साथ मन में यह शंका भी उठी कि क्या मैं नीतीश का इतना नजदीकी होकर उनकी एक निष्पक्ष जीवनी लिख सकूँगा? मेरा निर्णय पेशेवर ईमानदारी के पक्ष में गया। नीतीश अपने राजनीतिक जीवन को अपने व्यक्तिगत जीवन से बिलकुल अलग रखते हैं। मैंने भी अपने दृष्टिकोण में अपने दोनों जीवनों को अलग रखने का निश्चय किया।

यह आम ढर्रे पर लिखी हुई जीवनी नहीं है। यह नीतीश कुमार और समकालीन बिहार दोनों का इतिहास है। इसमें लालू-काल की कहानी के कुछ अंश भी हैं, इसलिए कि उनके बिना न तो नीतीश और न बिहार की कहानी संपूर्ण होती। फिर भी यह पुस्तक वस्तुत: नीतीश की व्यक्तिगत और राजनीतिक जीवनी है—उन्हें कहाँ सफलता मिली, कहाँ विफलता, उन्होंने क्या उपलब्धि हासिल की, क्या समझौते किए, कहाँ उन्हें संघर्ष करने पड़े, कहाँ पराजय का मुँह देखना पड़ा और उन्होंने उन विभिन्न परिस्थितियों को कैसे जिया, उनसे कैसे निबटे।

इस पुस्तक के लिए अधिकतर सामग्री लगभग आठ वर्षों की अवधि के दौरान बिहार के गाँवों और शहरों में राजनीतिक व्यक्तियों, राज्य सरकार के पदाधिकारियों और समाज के विभिन्न वर्गों के लोगों से की गई भेंटवार्त्ताओं पर आधारित है। विशिष्ट मुद्दों पर लोगों के विचारों की जानकारी विशेष खोजी प्रश्नावलियों के आधार पर प्राप्त की गई। समकालीन बिहार की सामाजिक-राजनीतिक धाराओं, जैसे कि पिछड़े वर्गों के आंदोलनों और चुनावी राजनीति पर ज्यादा पुस्तकें नहीं लिखी गई हैं, इसीलिए मुझे अधिकतर पुस्तकों के रूप में प्रकाशित उन पी-एच.डी. के शोध प्रबंधों का सहारा लेना पड़ा, जो छोटे स्तर पर किए गए, सीमित क्षेत्र के अध्ययन थे।

नीतीश के व्यक्तिगत और राजनीतिक जीवन के बारे में जानने के लिए मैंने विगत करीब दो वर्षों में कई बार उनसे लंबी बातचीत की। उनसे मिले तथ्यों को समझने-परखने के लिए मैंने उनसे कभी-न-कभी जुड़े रहे राजनेताओं और कार्यकर्ताओं, पत्रकारों और उनके परिवार के सदस्यों से कई बार बातचीत की। नीतीश की स्वर्गीय माताजी, उनके भाई-बहनों और उनके अन्य निकट संबंधियों तथा बख्तियारपुर व कल्याणबीघा के निवासियों से उनके बचपन और युवा काल के बारे में बहुत कुछ जानने को मिला। इनके अलावा अनेक स्मृतियाँ, तथ्य और व्यक्तिगत जीवन-वृत्तांत इस पुस्तक में समाहित किए गए हैं।

अनुक्रमणिका

I

अशांत सागर पर

1

दूसरा बुलावा

ও৩ ✻ ৯৯

बिहार विधान सभा के लिए मतों की गणना 24 नवंबर, 2010 को सुबह आठ बजे आरंभ हुई। 1, अणे मार्ग पर—पश्चिमी पटना में राज्यपाल निवास और सचिवालय के बीच अंग्रेजों द्वारा अपने उच्चतम अधिकारियों के लिए अलग से बनवाए गए सफेद बँगलों के विशिष्ट इलाके में—मुख्यमंत्री नीतीश कुमार के सरकारी निवास में उल्लास और खुशी झलक रही थी, लेकिन साथ ही मन में उस अनहोनी की भयावह आशंका भी थी, जो मत-पेटियों से अकसर बाहर आ जाती है।

मीडिया के अपने स्वतंत्र मत-सर्वेक्षण (एक्जिट पोल्स) ने नीतीश के लिए पहले ही पूर्ण बहुमत की भविष्यवाणी कर दी थी; अगर उनमें अंतर था, तो केवल इस बात को लेकर कि कितनी सीटें मिलनेवाली हैं। हालाँकि, उसी मीडिया ने चुनावों से पहले त्रिशंकु विधान सभा की भविष्यवाणी भी की थी।

जब हम मतगणना के दिन से तीन दिन पहले अपने एक पारस्परिक मित्र कौशल के बेटे की सगाई के अवसर पर मुंबई में नीतीश से मिले थे, तब वहाँ उपस्थित सभी लोगों ने 'पूर्वकथित परिणामों' पर खुशी का इजहार किया था, लेकिन नीतीश किसी की भी बधाई स्वीकार नहीं कर रहे थे। हमारी समझ से यह उनका हर स्थिति में पूर्णतया शांत-संयत बने रहने का अद्‌भुत गुण था : हम दोस्तों का मनोभावों को प्रकट करने का जो तरीका है वह वैसा कभी नहीं करेंगे यह हम जानते थे; वह अपनी असीम सफलता के क्षणों में भी न तो ठहाका लगाएँगे, न कूदेंगे और न ही हवा में मुक्का लहराएँगे।

जब हम उनके कक्ष में अकेले थे और मैंने उनको मत-सर्वेक्षण (एक्जिट पोल्स) के बारे में बताया और यह जानकारी भी दी कि किस तरह चुनावों की रिपोर्टिंग करनेवाले एक वरिष्ठ पत्रकार ने मीडिया द्वारा छान-बीन कर निकाले गए सभी निष्कर्षों को दर-किनार कर दिया था और मतदान

की समाप्ति से दो सप्ताह पहले मुझे बताया था कि—''नीतीश को 200 सीटें मिलेंगी, दूसरों को बाकी 43 में हिस्सा-बाँट के लिए संघर्ष करना पड़ेगा। यह एक चुनावी सुनामी आने जा रही है। लोग किसी को बता नहीं रहे हैं, मीडिया भी कुछ थाह नहीं लगा पा रहा है।'' तब मैंने महसूस किया कि नीतीश के चेहरे पर खुशी की चमक आ गई है। उन्होंने कहा, ''यह काम का असर है।''

लेकिन अगले ही पल उनके चेहरे की चमक गायब हो गई। वह थोड़ा गंभीर हो गए। ''यह एक बहुत बड़ी जिम्मेदारी है। मैं लोगों के पास जा-जाकर विनती कर रहा था कि मुझे पाँच वर्ष और दें, लेकिन मैं खुद से भी सवाल कर रहा था, ''क्या मुझमें इतनी ऊर्जा और सामर्थ्य है कि मैं उनसे जो वादा कर रहा हूँ, उसे मैं पूरा कर सकूँगा? क्या मैं व्यवस्था को पूरी तरह बदल सकूँगा?''

एक गहरी साँस भर कर उन्होंने कहा, ''लेकिन तब, पहले मुझे यह निश्चित कर लेना होगा कि क्या लोग मुझे एक और अवसर दे रहे हैं। मैंने एक वृक्ष लगाया है, उस पर फल आएँगे या नहीं, यह प्रकृति के मिजाज पर निर्भर करता है।'' उनके चेहरे पर दार्शनिक भाव और एक तरह की संजीदगी नजर आ रही थी।

1, अणे मार्ग के बाहर स्लेटी रंग की सफारी वाले सुरक्षाकर्मियों को हिदायत भेज दी गई थी कि मतगणना के दिन भी पार्टी के लोग या दूसरे लोग साहब को बधाई देने के लिए आते हैं तो उन्हें रोका न जाए। सन् 1910 में बनी इस दोमंजिली इमारत के बाहरी हिस्से और कमरे आज भी लगभग वैसे ही थे जैसे कि उन्हें शुरू में बनाया गया था। साधारण, सजावट विहीन और कामचलाऊ। सामने में बड़ा सा लॉन, जिसे अच्छी तरह सँवारा गया था और उसके किनारे-किनारे फूलों के पौधे। इस इमारत के भीतर मौजूद हरेक व्यक्ति के चेहरे पर निश्चितता की थोड़ी-बहुत अकड़ दिख रही थी। लेकिन नीतीश की उपस्थिति में उन्होंने अपनी वह अकड़ उतारकर रख दी थी ताकि वे भी अपने चेहरे पर अपने नेता की शालीनता वाला भाव ला सकें।

टेलीविजन सेट ऑन थे : ग्राउंड फ्लोर पर नीतीश के सचिव चंचल कुमार के कमरे में, उसके सामने मुख्यमंत्री के कक्ष में और ऊपर जहाँ नीतीश का परिवार रहता था। हर कोई अपने-अपने स्रोत से नवीनतम जानकारी प्राप्त कर रहा था; हर सूचना दूसरों के साथ बाँटी जा रही थी और उस सूचना पर या तो खुशी जताई जाती थी या उसे बासी अथवा अप्रामाणिक कहकर नकार दिया जाता था।

लगभग हर परिणाम नीतीश की पार्टी, जनता दल (यूनाइटेड) के पक्ष में जा रहा था। जिन सीटों पर नीतीश की पार्टी के प्रत्याशी खड़े नहीं हुए थे, वे सीटें भारतीय जनता पार्टी (भाजपा) के हक में जा रही थीं, जो कि नीतीश की सहयोगी पार्टी थी। विपक्ष की नेता, राबड़ी जिन्होंने उस समय से एक भी चुनाव नहीं हारा था जब से उनके पति, राष्ट्रीय जनता दल (रा.ज.द.) के अध्यक्ष और 'गरीबों के मसीहा' लालू प्रसाद ने 1997 में उन्हें मुख्यमंत्री की कुरसी पर बिठाया था। राबड़ी दोनों निर्वाचन क्षेत्रों, सोनपुर और राघोपुर में कई हजार मतों से चुनाव हारने के कगार पर थीं। चुनाव प्रचार अभियान के दौरान जब मैंने राघोपुर का दौरा किया था तभी मुझे इसकी भनक लग गई थी। मैंने यादवों को यानी लालू की जाति के लोगों को, जो कि उनके चुनावी ढाँचे के स्तंभ कहलाते थे,

यह कहते सुना था कि नीतीश का शासन अच्छा था, क्योंकि उनके राज में लूट-मार (जबरन चीजें छीनने का काम) रुक गई थी और बाजार देर रात तक खुले रहने लगे थे।

रा.ज.द. की सहयोगी, लोक जनशक्ति पार्टी (एल.जे.पी.) के नेता रामविलास पासवान के चारों करीबी रिश्तेदार (दो भाई और दो दामाद) बहुत पीछे चल रहे थे। राज्य कांग्रेस पार्टी अध्यक्ष महबूब अली कैसर और कांग्रेस विधायक दल के भूतपूर्व नेता, प्रकाश राम चुनाव हार रहे थे।

कुछ ही घंटों में, तसवीर साफ हो गई। बँगले के उद्यानों में ज.द. (यू) के पदाधिकारियों, कार्यकर्ताओं और समर्थकों की भारी भीड़ जमा हो गई। ट्रकों में भर-भर कर लड्डू आने लगे। हर्षोल्लास के उस माहौल में, मीडिया के लोगों और टी.वी. कैमरावालों पर किसी ने कोई विशेष ध्यान नहीं दिया और उन्हें ठेलकर निकल गए। विजेता को बधाई देने के लिए हर व्यक्ति मालाएँ, गुलदस्ते, लाल गुलाल लिए प्रतीक्षा में खड़ा था।

बँगले के अंदर चंचल कुमार का कमरा, उसके आगे बना प्रतीक्षा-कक्ष और आने-जाने का रास्ता नीतीश के सहयोगियों, दोस्तों, पार्टी के वरिष्ठ लोगों तथा उच्च अधिकारियों से भरा हुआ था। नीतीश के सहयोगियों को यह देखकर कुछ हँसी भी आई कि नीतीश को बधाई देने आए वरिष्ठ सिविल और पुलिस अधिकारियों में कुछ वे लोग भी शामिल थे जिन पर संदेह था कि वे नीतीश को दूसरा अवसर न देने का षड्यंत्र रच रहे हैं। वह गुट कथित रूप से लल्लन सिंह की मिलीभगत में काम कर रहा था; नीतीश के बहुत करीबी सहयोगी रह चुके लल्लन सिंह अत्यंत महत्त्वाकांक्षी थे जो चुनावों से ठीक पहले उनके विरुद्ध हो गए थे। दिल्ली में कांग्रेस का चालबाज निर्वाचन तंत्र उनको बढ़ावा दे रहा था। अपने स्वर्णिम-काल में लल्लन ने उन लोगों को महत्त्वपूर्ण पदों पर बिठाया था। वे सिविल सेवा और पुलिस विभाग के उच्च-पदस्थ लोगों के मन में भय उत्पन्न करने में इतने प्रभावी थे कि भ्रामक शिकायतों के आधार पर निर्वाचन अधिकारियों द्वारा किए गए अधिकारियों के तबादलों को रोकने की हिम्मत भी वे नहीं जुटा पाते थे। इस गुट को पूरी उम्मीद थी कि उनकी योजना कामयाब होगी। उन्होंने तो इस बात को लेकर शर्तें भी लगा रखी थीं कि नीतीश को बहुमत मिलने में कितनी सीटों की कमी रह जाएगी।

नीतीश को सबसे पहले बधाई देनेवालों में केंद्रीय गृहमंत्री पी. चिदंबरम् थे। नीतीश ने चुटकी लेते हुए कहा, 'मुझे सबसे पहले बधाई उन्होंने दी, लेकिन मुझे मेरी जरूरत की धनराशि वह नहीं देंगे।' फिर सोनिया गांधी ने फोन किया और बधाई दी। उसके बाद तो अन्य मंत्रियों, भाजपा नेताओं, मुख्यमंत्रियों आदि के बधाई फोनों का ताँता लगा रहा।

उन बधाई संदेशों के बीच, नीतीश ने एक बार मुड़कर मेरी ओर देखा और मुसकराते हुए कहा, "तो, आखिरकार वह पत्रकार सही था, सही था कि नहीं? शेष पार्टियों को 43 सीटों में हिस्सा-बँटाना पड़ेगा। यह कोई सुनामी नहीं है बल्कि यह तो उससे भी बड़ी कोई चीज है।" उनके चेहरे पर अनजाने आश्चर्य की चमक थी।

लालू प्रसाद का फोन आया और उन्होंने कहा, 'पूरा सहयोग रहेगा।' जबकि एक दिन पहले

ही, लालू ने मीडिया द्वारा घोषित पूर्वानुमानों की खिल्ली उड़ाते हुए मीडिया को पक्षपाती कहा था और दावा किया था, ''जीत हमारी होगी।'' और नीतीश ने ठहाका लगाया था, ''लालू (बिहार के लिए) मीडिया का एक विज्ञापनी-चेहरा अर्थात् पोस्टर बाँट रहे हैं। किसी भी अन्य राजनीतिज्ञ ने मीडिया से इतना लाभ नहीं उठाया है जितना कि लालू ने। फिर भी, बिहार की जनता के लिए उन्होंने कुछ नहीं किया और कल के परिणाम सबकुछ साफ कर देंगे। परिणामों की घोषणा के बाद लालू की चिंताएँ बढ़ेंगी ही, इसमें कोई शक नहीं है।''

चुनाव प्रचार के दौरान नीतीश ने अपने उग्र-भाषणों का निशाना मुख्यतः लालू पर साधा। नौवीं कक्षा में प्रवेश करनेवाली लड़कियों और लड़कों को साइकिलें देने की नीतीश की योजना से नीतीश को जनता का अत्यधिक सौहार्द प्राप्त हुआ। जनता को उससे भी बड़ा प्रलोभन देने के लिए, लालू ने स्कूली बच्चों को मोटरसाइकिलें बाँटने का वादा कर दिया। नीतीश ने लोगों को बताया : ''मैंने बच्चों को स्कूल जाने के लिए साइकिलें दी थीं। लालूजी उन्हें जेल भेजना चाहते हैं, मोटरसाइकिलें इस्तेमाल करने वाले नाबालिग और कहीं नहीं जाएँगे, क्योंकि उन्हें लाइसेंस के बिना मोटर- साइकिल चलाने के अपराध में पकड़ लिया जाएगा।'' इसके बाद लालू ने यह वादा करना बंद कर दिया।

नीतीश ने जब लोगों से एक और शासनादेश देने की अपील की, उन्होंने कहा, ''बात बनानेवाले को पंद्रह साल और काम करनेवाले को बस पाँच साल ?''

अपने प्रचार-अभियान के शिखर पर पहुँचकर नीतीश ने एक ऐसा कौतुक कर दिया जिसकी कोई कल्पना भी नहीं कर सकता था। एक शांत-गंभीर, बातचीत में सत्यता से बँधा संयत स्वभाव का व्यक्ति क्या इस तरह का परिहास भी कर सकता है। एक प्रेस सम्मेलन में, उन्होंने स्लमडॉग मिलियेनयर फिल्म के लोकप्रिय गीत 'जय हो' पर एक पैरोडी सुनाई, जो लालू पर बनाया गया एक व्यंग्य था :

जय हो, कायापलटजी की जय हो। जय हो, रेलवे का क्षय हो। जय हो, बिहार में भय हो।
आतंक राज्य की जय हो और इसलिए महाराज कायापलटजी की जय हो।

लालू ने एक छंद में पलटवार किया :

यह शासन है महाराज सुशासन का। खेल हो रहा है कुशासन का। बाढ़, सूखा
से जनता को रुलाएँगे। आर.एस.एस. की गोद में बैठकर सेकुलर कहलाएँगे।

मीडिया ने नीतीश को 'सुशासन बाबू' का उपनाम दिया था यानी अच्छा शासन करनेवाला इनसान; नीतीश ने कुछ कारगर कदम उठाए थे और प्रशासन को वापस पटरी पर ला दिया था। लालू ने अपनी व्यंग्योक्ति में नीतीश को 'महाराज सुशासन' इसलिए कहा था, क्योंकि नीतीश ने लालू के लिए 'महाराज कायापलट' विशेषण का प्रयोग किया था। निष्क्रियता, ठहराव और अराजकता के विरुद्ध जनता के आक्रोश के कारण उन्हें नवंबर, 2005 में अपनी गद्दी से हाथ धोना पड़ा था,

इसलिए 2010 के अपने चुनाव अभियान के दौरान लालू ने बिहार के चहुँमुखी विकास का वादा किया। यह जानते हुए कि शायद ही कोई उनकी बात पर भरोसा करेगा, उन्होंने यह कहकर अपना ढिंढोरा पीटना शुरू कर दिया कि भारतीय रेल की कायापलट करने का श्रेय उन्हीं को जाता है, यानी खुद लालू को।

2004 के लोकसभा चुनावों के बाद लालू ने अपनी पार्टी के 22 सांसदों का समर्थन कांग्रेस को देने के लिए कांग्रेस से अपने लिए रेल मंत्रालय माँगा था, जो उन्हें मिल गया। लोकसभा के समक्ष अपना 2007-08 का बजट प्रस्तुत करते हुए, लालू ने दावा किया कि भारतीय रेल ने 2006-07 के दौरान 20,000 करोड़ रुपए की अतिरिक्त कमाई की है और इसे भारतीय रेल के इतिहास में सर्वाधिक बताया गया। इस सारी तरक्की का श्रेय उन्होंने खुद को दिया। वास्तव में, इसके पीछे अनेक कारण थे : अधिकारियों की पहल जिसकी वजह से रेल वैगनों के वापस लौटकर आने का समय सात दिन से घट कर पाँच दिन हुआ; पूर्व वर्षों में उच्च आर्थिक विकास के कारण माल-भाड़े की मात्रा में पर्याप्त वृद्धि; और लेखांकन नीति में मनमाने परिवर्तन, जैसे कि भारतीय रेल वित्त निगम (आई.आर.एफ.सी.) से रोलिंग स्टॉक पट्टे पर देने के लिए भारतीय रेल द्वारा प्रदत्त प्रभार के पूँजीगत अंश को कार्यकारी व्यय के रूप में दर्ज न करके पूँजीगत व्यय के रूप में दिखाना अर्थात उसे एक व्यय की अपेक्षा, एक परिसंपत्ति के रूप में दर्ज करना।

रेल की कहानी ने नीतीश को इतना खिझाया जिसका कोई अंत नहीं था। लालू से पहले रेल मंत्रालय में बिताए उनके सीमित कार्यकाल को इस कहानी ने एक घोर विफलता के रूप में पेश किया। यह दिखाने की कोशिश की गई कि सिर्फ लालू ही एक विचारवान् व्यक्ति हैं और वह यानी नीतीश सिर्फ कलम आगे बढ़ा सकते हैं। यह विरोधाभास लालू को बहुत भाया और नीतीश की छवि बिगाड़ने के लिए उन्होंने इस अस्त्र का जमकर इस्तेमाल किया। उन्होंने प्रचार किया कि नीतीश के शासन में हुए विकास का दावा 'सिर्फ लिफाफाबाजी' है, केवल भ्रम है और उन्होंने लोगों को यह विश्वास दिलाने का प्रयास किया कि वह बिहार का पुनरुत्थान भी उसी तरह करेंगे जैसे उन्होंने रेलवे को पुनर्जीवित कर दिखाया है।

नीतीश चाहते तो लालू के लंबे-चौड़े दावों की उपेक्षा कर सकते थे, क्योंकि ये दावे ही लालू को ले डूबनेवाले थे। इसके अलावा, लालू अपने जातिगत बीजगणित से भी नीतीश को मात देने की कोशिश में लगे हुए थे। उनके साथ यादव थे और मुसलमान थे, दलित समुदाय पासवान की तरफ था और उच्च जातियाँ भी नीतीश से खुश नहीं थीं। नीतीश इस मजबूत गठजोड़ को पराजित करने के लिए अपना ही जातिगत गणित बैठाने में लगे हुए थे। नीतीश का जातिगत बीजगणित विशेषकर अत्यंत पिछड़े और दलित वर्गों को ध्यान में रखते हुए अपनी सकारात्मक समतामूलक नीतियों एवं कार्यक्रमों के परिणामस्वरूप अप्रत्यक्ष रूप से काम कर रहा था। नीतीश को जिस क्षेत्र में कठिन परिश्रम करने की जरूरत थी वह था एक पश्चातापी उद्धारक के रूप में लालू की छवि को ध्वस्त करना। उसके लिए नीतीश को लालू पर उस जगह कड़ा प्रहार करने की आवश्यकता थी, जहाँ

लालू स्वयं को सबसे शक्तिशाली दिखाने की कोशिश कर रहे थे : पुनरुद्धार की जादुई छड़ी।

नीतीश ने अपनी 'नीरस व्यक्ति' की छवि को तोड़ने के उद्देश्य से लोकगीत शैली में उपर्युक्त कटुक्तिपूर्ण छंद को सुनाना शुरू किया। सभी शहरों, गाँवों, स्कूली बच्चों एवं अनपढ़ लोगों के बीच टी.वी. की पहुँच होने के कारण उनके विचार से लालू द्वारा किसी की भी सोच को बदलने से रोकने का यही सबसे बेहतर तरीका था। नीतीश ने अपने मतदाताओं के कानों में निरंतर जो मंत्र फूँका, वह मंत्र कुछ ऐसा था : "क्या आप विश्वास नहीं करते हैं कि आपको अँधेरी सुरंग से निकालकर उजाले में लाया? आप आगे बढ़ना चाहते हैं या वापस अंधकार में लौटना चाहते हैं? महाराज कायापलट की वापसी का मतलब होगा दुष्टराज की वापसी। क्या आप यही चाहते हैं?"

लेकिन विचित्र सी बात है कि लालू को 24 नवंबर के चुनावी परिणामों के भूकंप के मलबे में धँसा देखकर, नीतीश के मन में भय समा गया। ऐसे परिणाम की कल्पना स्वयं नीतीश ने भी नहीं की थी। उन्होंने स्वयं को छोटा एवं विनम्र महसूस किया। यह सब उनके अकेले के वश की बात नहीं थी। लोगों ने दिखा दिया था कि परम सत्ता उन्हीं के हाथों में है—वे ही सर्वशक्तिमान हैं—और वे उन जैसे अर्थात् नीतीश जैसे नश्वर व्यक्ति के भाग्य के बारे में कुछ भी निर्णय कर सकते हैं। यह परिणाम लालू के लिए भी उतना ही चौंकानेवाला था। आज उनकी विजय का कारण यही था कि परम सत्ता उन्हें विजयी बनाना चाहती थी और लालू को पूरी तरह किनारे कर देना चाहती थी। कल, यही परम शक्तिशाली जनता उन्हें भी हाशिए पर ला सकती है। राजनीति में विजय जीवन में अन्य चीजों की तरह ही क्षणभंगुर होती है।

नीतीश ने कहा, 'लालू की पीड़ा को महसूस करने के लिए मैं स्वयं को उनकी स्थिति में रखकर देखता हूँ,' नीतीश ने कहा। 1, अणे मार्ग पर उस दिन मीडिया के सवालों का जवाब देते हुए, उन्होंने लालू या रा.ज.द का मजाक नहीं उड़ाया, न ही उनका अनादर किया। इसके विपरीत, उन्होंने उदारचेता बनने का हर संभव प्रयास किया। अगले कुछ दिनों तक उन्होंने एन.डी.ए. (नेशनल डेमोक्रेटिक अलाइंस) के सदस्यों से बार-बार आग्रह किया कि वे विधान सभा में 'पराजित विपक्ष' की खिल्ली न उड़ाएँ। 'किसी को नहीं कहना चाहिए कि विपक्ष का खात्मा हो गया है। जश्न मनाएँ, लेकिन संयम बरतना भी जरूरी है।'

उनकी अपनी अतिशय चतुराई ने भी इसमें उनका मार्गदर्शन किया। उन्होंने अपने दिखावे और भाषण को गौरवपूर्ण बनाए रखा; उनकी अपील में ये दो महत्त्वपूर्ण गुण थे। लोगों द्वारा उनमें देखे गए अन्य सकारात्मक गुणों के अलावा, लोगों ने इन दोनों गुणों के आधार पर उन्हें लालू से अलग माना, क्योंकि लालू अकसर गँवारू, कटुतापूर्ण आचरण का प्रदर्शन करते थे। अपने पराजित शत्रु के प्रति सहानुभूतिपूर्ण बने रहकर नीतीश अपनी ही छवि को और मजबूत एवं उन्नत कर रहे थे।

राबड़ी देवी जब दोनों निर्वाचन क्षेत्रों से चुनाव हार गईं, तब उनके लिए 10 सर्कुलर रोड का बँगला खाली करना कुछ ही समय की बात रह गई थी। बहुत कम लोगों को पता होगा कि लालू कुछ समय से नीतीश से एक ऐसा कानून बनाने का आग्रह कर रहे थे जिसके चलते भूतपूर्व

मुख्यमंत्रियों को भी जीवन भर के लिए सरकारी आवास मिल जाए जैसे भूतपूर्व प्रधानमंत्रियों को मिलता है। 'समय-समय पर लालू साहब को फोन मिलाते और कहते, ''ऐ भाई नीतीश, कृपया यह काम जल्दी-से-जल्दी करो,'' नीतीश के एक सहयोगी ने बताया। नीतीश इसे काफी समय तक टालते रहे, क्योंकि इससे लोगों को ऐसा लग सकता था कि जैसे वह अपना भावी जीवन आराम से बिताने की खातिर यह सब कर रहे हैं, लेकिन फिर उन्होंने एक कानून पास करा दिया। किंतु, यह कानून इस ढंग से बनाया गया कि यदि पति और पत्नी, दोनों भूतपूर्व मुख्यमंत्री रह चुके हों, तो उस स्थिति में केवल एक घर दिया जाएगा।'

चुनाव परिणाम आने के बाद, मीडिया के लोगों ने जब इस मुद्दे पर उनकी प्रतिक्रिया माँगी तो नीतीश ने कहा, ''राबड़ी देवी और लालूजी चाहें तो 10 सर्कुलर रोड वाले मकान में बने रह सकते हैं या फिर अपनी पसंद की किसी दूसरी जगह में जाकर रह सकते हैं।''

लालू की चुनावी रणनीति उनके यादव और मुसलमान बहुल निर्वाचन क्षेत्रों में दलित एवं उच्च जाति के मतों को इकट्ठा करने की योजना पर आधारित थी। उन्हें दलित वर्ग और उच्च जाति के बहुत थोड़े वोट मिले। यादवों और मुसलमानों के बीच भी उनका समर्थन आधार घट रहा था, लेकिन अभी भी वे लालू की ताकत बने हुए थे। 22 रा.ज.द. अर्थात् आर.जे.डी. विधायकों में से 9 मुसलमान और 7 यादव थे, जो सदन में पार्टी की कुल सदस्य-संख्या का 72 प्रतिशत हिस्सा था।

चुनाव परिणाम वाले दिन रात्रि-भोज के बाद आराम से बातचीत करते हुए, नीतीश ने मुझसे कहा, ''हम भले जितनी हवाबाजी कर लें, यह इलेक्शन काफी-कुछ जाति के आधार पर हुआ है, मैं यह नहीं कहूँगा कि लोगों ने जाति से ऊपर उठकर वोट नहीं दिया है, लेकिन इसमें जातिवाद ने एक महत्त्वपूर्ण भूमिका निभाई है।'' पटना के आसपास यादव प्रधान निर्वाचन क्षेत्रों—फतुहा, बख्तियारपुर और मनेर—में रा.ज.द. की सफलता ने इसका एक स्पष्ट सबूत दे दिया है। ''जातिवाद ने जितना हमारे विरुद्ध काम किया, उतना ही हमारे पक्ष में भी किया,'' नीतीश का कहना था, ''क्योंकि कुछ जातियों ने उसी तरह एकजुट होकर हमारे पक्ष में मतदान किया जैसे यादवों ने रा.ज.द. के लिए किया।''

एक क्षण की चुप्पी के बाद, उन्होंने कहा, ''हमें जातिवादी ताकतों—सभी जातियों में जातिवादी ताकतों के खिलाफ एक और जंग लड़नी होगी।''

एन.डी.ए. को भारी बहुमत से विजय प्राप्त हुई थी। ज.द. (यू) कैंप में सब लोग यही महसूस कर रहे थे कि भाजपा को ज.द. (यू) के साथ गठबंधन करके जितना फायदा हुआ है उतना ज.द. (यू) को नहीं हुआ। भा.ज.पा. के पक्ष में पड़े काफी वोट असल में नीतीश के लिए थे। उन्हीं की वजह से काफी मुसलमानों ने पहली बार भा.ज.पा. को वोट दिया। लालू का मुसलिम वोट मूलतः एक 'संरक्षण वोट'—जान-माल की सुरक्षा के लिए माँगा गया वोट था। मुसलमानों को सुरक्षा की गारंटी देकर उनको रिझाने में लालू कहीं अधिक सफल रहे, फिर भी नीतीश ने संरक्षण वोट पर लालू के एकाधिकार को तोड़ दिया। वे उनकी तरफ इसलिए भी खिंचे चले आए, क्योंकि

उनकी शैक्षिक उन्नति और दक्षता विकास की दिशा में कई अच्छे कदम उठे थे। उन्हें समझ में आने लगा कि लालू सिर्फ एक 'बातूनी' आदमी हैं और नीतीश 'काम करने में' यकीन रखते हैं।

विजय की पूर्वसंध्या पर, नीतीश के एक सहयोगी ने कहा, ''भा.ज.पा. ने हमारे लिए जो निर्वाचन क्षेत्र छोड़े थे उनमें से कुछ हम इसलिए हार गए, क्योंकि उन्होंने इस योजना के साथ निर्दलीय प्रत्याशी खड़े किए थे कि वे उन्हें जिताएँगे और जीत जाने के बाद उन्हें अपनी पार्टी में दाखिल कर लेंगे, ताकि विधान सभा में उनकी संख्या ज.द. (यू) से अधिक हो जाए। उनके स्वतंत्र उम्मीदवारों ने हिंदू-मुसलिम के नाम पर वोटों को बाँट दिया और इसका असर यह हुआ कि जो मुसलमान नीतीश को वोट देना चाहते थे वे भी डरकर पीछे हट गए।''

फिर भी, ज.द. (यू) खेमे में इस बात की खुशी थी कि उनके नेता ने आक्रामक हिंदू राजनीति का मुखौटा पहननेवालों और गुजरात के मुख्यमंत्री नरेंद्र मोदी को जबरदस्त झिड़की दी है। उत्तर-पूर्वी बिहार में 2006 की बाढ़ के बाद मोदी ने अपने राज्य से नीतीश सरकार को भेजी आर्थिक तथा दूसरी सहायता का जो ढिंढोरा बिहार के अखबारों के जरिए पीटने और खुद अपनी पीठ ठोकने का प्रयास किया था, नीतीश ने उसकी हवा निकाल दी। नीतीश ने न केवल 5 करोड़ रुपए की वह राशि लौटा दी, जो मोदी ने मुख्यमंत्री राहत कोष को भेजी थी, बल्कि मोदी को चुनाव अभियान में आने से भी रोक दिया। वह जानते थे कि बिहार के मुसलमान मोदी को अभी स्वीकार नहीं करेंगे, क्योंकि गुजरात में 2002 में हिंदुओं की भीड़ द्वारा मुसलमानों की सामूहिक हत्या के बाद मोदी अल्पसंख्यक संहार के प्रतीक बन गए थे। उस समय जब जहाँ मुसलमानों पर बेरहम हमले हो रहे थे, प्रशासनिक तंत्र ने उसे रोकने के लिए कुछ नहीं किया। बिहार की सहायता से मोदी प्रचार पर चुप्पी साधने से मुसलमान वापस रा.ज.द. के पास चले जाते, हालाँकि उनका पहले लालू से मोहभंग हो चुका था।

नीतिश ने कहा, ''लालू को बस इतना ही करना था कि कुछ वर्ष पहले हरियाणा की एक सभा में खींची गई एक तसवीर वाले हजारों पोस्टर छपवाकर पूरे राज्य में वितरित करवा दें, ताकि मुसलमान डर जाएँ। उस तसवीर में मोदी और मुझे एक-दूसरे का हाथ थामे आसमान की ओर उठाए दिखाया गया है। इस पोस्टर को उन्होंने पूरे राज्य में फैलाकर मुसलमानों को भयभीत करने की कोशिश की।''

'गुजरात के कसाई' के विरुद्ध नीतीश के कड़े तेवर लालू के मुसलिम-बहुल निर्वाचन क्षेत्र में दरार डालने में कामयाब रहे। ''मैं चुनावों के लिए तैयार हूँ,'' नीतीश ने मुझसे उस समय कहा था जब मोदी को धनराशि लौटाने के उनके निर्णय से उठा विवाद चरम सीमा पर था। उन्होंने आगे कहा, ''भा.ज.पा. में कुछ लोग कह रहे हैं कि मैंने हद पार कर दी है और अब पार्टी को चाहिए कि इस अपमान का मुझे करारा जवाब दिया जाए। क्या वे गठबंधन को समाप्त कर देना चाहते हैं? उस कदम से मेरा बहुत भला हो सकता है, क्योंकि कौन जानता है कि मुसलिम समुदाय का मजबूत समर्थन मिलने से चुनावों में मुझे भारी सफलता मिले।''

और 24 नवंबर, 2010 को देर रात, जब नीतीश अपने सहयोगियों के साथ बैठकर, थोड़े गर्व के भाव से, पक्के अंतिम परिणामों पर नजर डाल रहे थे, उनमें से एक व्यक्ति भा.ज.पा. को एक चेतावनी भेजने का लोभ संवरण नहीं कर सका : ''हमें उनको बता देना चाहिए कि सही ढंग से पेश आएँ। अन्यथा, हम इस गठबंधन को भंग कर देंगे। हम अपने बहुमत से केवल सात सीटें दूर हैं।''

मैंने नीतीश से कहा कि देश में, अखबारों के स्तंभकारों सहित, अनेक उदार चिंतक प्राय: आश्चर्य व्यक्त करते हैं कि वह भा.ज.पा. से नाता तोड़कर कांग्रेस के साथ क्यों नहीं मिल गए। उन्होंने तुरंत जवाब दिया, ''तुम ऐसे लोगों की एक सूची क्यों नहीं बना लेते? अगर वे सब मिलकर कांग्रेस से बिहार को एक विशेष दरजा दिला सकते हैं, तो मैं उनके साथ जाने के लिए तैयार हूँ। उस उद्‍देश्य के लिए मैं भा.ज.पा. को छोड़ दूँगा।'' वह मुसकरा दिए। उन्होंने यह बात मजाक में कही थी।

एक पल के बाद उन्होंने कहा, ''कांग्रेस इतना अधिक दंभ दिखाती है कि बरदाश्त के बाहर हो जाता है। वे समझते हैं कि देश में वे ही एकमात्र राजनीतिक पार्टी हैं, शेष सब भटके हुए लोग हैं। असल में, यह एक गुलामों की पार्टी है। सत्ता का स्रोत एक ही परिवार है। उसमें स्वतंत्र पहचान के लिए कोई जगह नहीं है। यह देश की सबसे वाहियात पार्टी है।''

इससे प्रतीत होता है कि भा.ज.पा. के साथ उनका गठजोड़ संभवत: उस समय तक जारी रहेगा, जब एन.डी.ए. 2014 में लोकसभा में बहुमत हासिल करने का प्रयत्न करेगा। क्या वह एन.डी.ए. चुनाव अभियान का नेतृत्व करने के लिए एक गंभीर दावेदार होंगे? 2010 के विधान सभा चुनाव परिणामों के बाद मीडिया को कोई संदेह नहीं रह गया था, क्योंकि इन परिणामों ने मृत बिहार में पुन: प्राण डालने की उनकी क्षमता को साबित कर दिया है। लोगों का कहना था, ''अगर वह एक शव समान बिहार को फिर से जिंदा कर सकते हैं,'' तो वह शेष भारत के लिए भी चमत्कार कर सकते हैं।''

नीतीश ने इसे हँसी में उड़ा दिया। उन्होंने कहा, ''मुझे बिहार में बहुत कुछ करना है,'' जब उस रात कौशल और में उनके साथ एकांत में थे, उन्होंने हमारी चुटकियों के जवाब में कहा, ''मेरे लिए प्रधानमंत्री का पद दिवास्वप्न से ज्यादा कुछ नहीं है। जैसी साधारण पृष्ठभूमि मेरी रही है, उसे देखते हुए मुख्यमंत्री पद तक पहुँचना ही मेरे लिए एक बहुत ऊँची उपलब्धि है। राष्ट्रीय राजनीति बिलकुल एक अलग तरह का खेल है।''

कहना मुश्किल है कि उनके दिमाग में क्या पक रहा है? ऐसा प्रतीत होता है कि वह एन.डी.ए. नेताओं के बीच प्रधानमंत्री पद पाने की दौड़ में अवश्य शामिल हैं। यह स्पष्ट नहीं है कि नरेंद्र मोदी को छोड़कर, जो भा.ज.पा. के एक बड़े वर्ग के पसंदीदा प्रत्याशी हैं दूसरा कौन उनके मुकाबले में होगा। जहाँ तक व्यापक समर्थन का सवाल है, भा.ज.पा. में दो अन्य संभावित प्रत्याशी, सुषमा स्वराज और अरुण जेटली की तुलना में वह बहुत आगे हैं। नीतीश ने अपने प्रचार अभियान

से मोदी को दूर रखने पर क्यों जोर दिया? अधिकतर मीडिया विश्लेषकों के अनुसार इसका प्रमुख कारण यह बताया जाता है कि एन.डी.ए. की ओर से प्रधानमंत्री पद के प्रत्याशी के रूप में वे दोनों एक-दूसरे के प्रतिद्वंद्वी हैं।

तथापि, प्रधानमंत्री पद की ओर कदम बढ़ाने के रास्ते में नीतीश के लिए कई गतिरोध हैं। उनकी पार्टी बहुत छोटी है और बिहार तक ही सीमित है; अच्छी-से-अच्छी स्थिति में भी उनकी पार्टी के सांसदों की संख्या भा.ज.पा. सांसदों की संख्या से बहुत कम रहेगी। सबसे बड़ी पार्टी होने के नाते भी, भा.ज.पा. का यह विशेष अधिकार बनता है कि प्रधानमंत्री पद के लिए किसी उम्मीदवार का चयन पार्टी के अंदर ही किया जाए। अगर ज.द. (यू) और अन्य 'सेकुलर' सहयोगी पार्टियाँ मोदी को स्वीकार नहीं करती हैं, तभी ऐसी स्थिति बन सकती है कि भा.ज.पा. किसी दूसरे ऐसे व्यक्ति को चुने जिसका वे समर्थन कर सकें। गैर-भा.ज.पा. सहयोगी पार्टियाँ फिलहाल इतनी मजबूत स्थिति में नहीं हैं कि वे अपने बीच से किसी व्यक्ति को प्रधानमंत्री पद के दावेदार के रूप में चुन सकें।

□

2

विरासत

ଓଓ * ୧୦୧୦

मुझे वह दिन ठीक से याद नहीं जब बिहार कॉलेज ऑफ इंजीनियरिंग में नीतीश से मेरी मुलाकात हुई थी। गंगा तट पर पटना विश्वविद्यालय के लंबे विस्तार के सुदूर पूर्वी छोर पर लाल पत्थरों से बना वह कॉलेज बीसवीं सदी के प्रारंभिक दौर के स्थापत्य का एक सुंदर नमूना है। 1968 के मध्य में इलेक्ट्रिकल इंजीनियरिंग में हमारा नाम दर्ज हो जाने के कुछ ही दिनों के अंदर हम दोनों की अच्छी दोस्ती हो गई। हमें मित्रता में बाँधनेवाली क्या चीज थी मुझे नहीं पता। कोई भी दो मित्र वैज्ञानिक दृष्टि से उन कड़ियों का विश्लेषण नहीं कर सकते जिनसे मित्रता की लड़ी बनती है, लेकिन मैं अनुमान से कह सकता हूँ कि यह सब स्वाभाविक रूप से हुआ, क्योंकि हम दोनों देसी बोली बोलते थे और अंग्रेजीदां अथवा शहरी लोगों की पाश्चात्य रंग में ढली संस्कृति से हमें चिढ़ होती थी। हमारा मानना था कि उनका आचरण अस्वाभाविक, आडंबरपूर्ण है, वे अपने ही दल में मस्त रहते हैं, गैर-मिलनसार और घमंडी हैं, यहाँ तक कि बाकी लोग उनसे भय खाते हैं। हम अकसर यह कहावत दुहराकर उनका मजाक उड़ाते, ''अंग्रेज चले गए, औलाद छोड़ गए।''

वे दिन छात्र जीवन में अति-सुधारवाद के थे और हमारी धारणाएँ, हमारे विचार उस समय की वामपंथी विचारधारा और हमारे परिवारों के मूल सिद्धांतों पर आधारित थे। बिहार में जमींदारी, अंग्रेजों की भूराजस्व वसूली प्रणाली का बोलबाला था जिसमें अधिकतर कृषि भूमि (जमीन) स्थायी रूप से हजारों लघु, मध्यम और बड़ी आमदनी वाले किसानों (जमींदारों) को दे दी गई थी, जिनके पास भूमि के स्वामित्व का पुश्तैनी अधिकार रहता था। हम उन बड़े जमींदारों के अब तक मौजूद सामंतवाद का कड़ा विरोध करते थे, जिनके पास 1950 के दशक के उत्तरार्ध में जमींदारी व्यवस्था समाप्त हो जाने के बाद भी खेती की बड़ी-बड़ी जमीनें बची रह गई थीं अथवा उन्होंने बचा ली थी। कॉलेज के आरंभिक दिनों में हम चार लोगों का एक घनिष्ठ गुट बन गया था और हम

चारों की आपस में खूब पटती थी; हमारे इस गुट में एक नरेंद्र सिंह था जो सहरसा के ऐसे एक जमींदार परिवार से आया था जिसकी जोत-भूमि किसानों के दावों के कारण बहुत घट गई थी। मेरे परिवार के पास भी एक छोटी-मोटी जमींदारी थी, लेकिन जमींदारी-उन्मूलन के बाद वह नहीं रही। कौशल किशोर के परिवार के पास झारखंड के एक गाँव में अपनी जमीन थी, लेकिन उसका परिवार भी, मेरे परिवार की तरह, मध्यवर्गी नौकरशाही में काम से मिलनेवाले वेतन पर गुजर-बसर कर रहा था।

नीतीश के दादाजी एक मझोले किसान थे; वह अमीर तो नहीं थे, लेकिन उन्हें गरीब भी नहीं कह सकते थे। उन्नीसवीं सदी के अंतिम चरण में, नीतीश के परदादा सीताराम सिंह तेलमार गाँव में—जो अब नालंदा जिले में पड़ता है—अपने परिवार से अलग हो गए थे और वहाँ से कुछ ही किलोमीटर दूर उसी जिले के अंतर्गत, कल्यानबीघा नाम के एक छोटे से गाँव में जाकर बस गए थे। वहाँ उन्होंने करीब छह एकड़ कृषि भूमि खरीद ली थी। कल्यानबीघा एक मुसलमान जमींदार की काश्तकारी के एक बड़े हिस्से में आता था जो गाँव से लगान वसूली का काम कुछ बड़े किसानों को कमीशन पर दिया करता था। हालाँकि ये किसान, जिन्हें ठेकेदार कहा जाता था, जमींदारी के अनौचित्य और अन्याय के प्रतीक थे, फिर भी वे अनुचित रूप से पैसा ऐंठने या कठोर दंड देने से परहेज करते थे, जबकि उस समय की व्यवस्था में यह सब राक्षसी व्यवहार चलता था। नीतीश के परिवार के पास जमींदारी की कोई बपौती नहीं थी, इसलिए नीतीश, जिसका जन्म तो कल्यानबीघा में हुआ था, लेकिन वह पला-बढ़ा उधर से उत्तर की ओर करीब दस किलोमीटर दूर बख्तियारपुर शहर में था। बख्तियारपुर पटना से पैंतालीस किलोमीटर पूर्व में पड़ता है। वहाँ उसके पिता ने अपने आपको एक आयुर्वेदिक चिकित्सक के रूप में स्थापित कर लिया था। नीतीश से यह उम्मीद थी कि उसके मन में इस व्यवस्था के प्रति कटुता स्वाभाविक रूप से कम होनी चाहिए थी।

बड़े जमींदारों और शहरी भद्रजन के प्रति हमारे मन में उपजे विरोध का कारण वस्तुतः हमारा बौद्धिक खुलापन था। 1960 के दशक के मध्य में सारा वातावरण क्रांतिकारी विचारों से ओत-प्रोत था। हमारी पारिवारिक स्थिति ने इसके लिए हमें एक आधार दिया; सामाजिक क्रम-परंपरा में हमें मध्य-मध्य वर्ग या निचले मध्य-वर्ग में रखा जा सकता था, जो गाँवों और शहरों में पारंपरिक उच्च वर्गों एवं कल के नवाबों को तिरस्कारपूर्ण दृष्टि से देखता था। हमारे अवचेतन में कहीं यह धारणा बसी हुई थी कि पहले हमारे परिवार संपन्न और सम्मानित रहे हैं, अब उन्हें कठिन आर्थिक स्थिति से इसलिए गुजरना पड़ रहा है, क्योंकि हमारे पिताओं और दादाओं ने नैतिक समझौते नहीं किए जो वर्तमान व्यवस्था में सफलता का बीजमंत्र बन चुके हैं। हमें ऐसी सड़ी-गली व्यवस्था को ध्वस्त करना था। पीछे मुड़कर देखें, तो मैं कह सकता हूँ कि हमारी पारिवारिक पृष्ठभूमि ने हमें सैद्धांतिक कार दी और हमारे बौद्धिक अनुभव ने ईंधन मुहैया कराया।

नीतीश के पिता रामलखन सिंह ने स्वतंत्रता आंदोलन में सक्रिय रूप से भाग लिया था, नजरबंद हुए और जेल भी गए; बख्तियारपुर में वह एक बहुत ही लोकप्रिय कांग्रेसी नेता रहे थे।

1952 में बिहार विधान सभा के लिए पहले आम चुनावों में बख्तियारपुर सीट के लिए स्वतंत्र मताधिकार पर आधारित कांग्रेस की ओर से चुनाव लड़ने का वास्तव में कोई हकदार था, तो वह रामलखन सिंह थे, लेकिन कांग्रेस ने वह टिकट किसी और को दे दिया एवं अगले चुनाव में उनको नामित करने का वचन दिया। जब 1957 में भी उन्हें टिकट नहीं दिया गया तो उन्होंने कांग्रेस छोड़ दी, दूसरी पार्टी के टिकट पर चुनाव लड़ा और बुरी तरह हार गए।

कॉलेज में, शुरू-शुरू के दिनों में, नीतीश ने अपने पिता के कांग्रेस छोड़ देने और उनकी असफल चुनावी सैर के बारे में हमें बताया था, लेकिन इस बारे में कभी भी हमने विस्तार से कोई चर्चा नहीं की। शायद दोस्त अपने दोस्तों के परिवारों के बारे में शुरू-शुरू में थोड़ा-बहुत ही जानते हैं। हो सकता है, नीतीश को स्वयं अपने पिता की 1952 की वेदना और 1957 के विद्रोह के बारे में कुछ खास जानकारी न हो, क्योंकि उनका जन्म 1951 में (1 मार्च को) हुआ था और इस बारे में उन्होंने जो कुछ भी टुकड़ों में सुना था, अपने पिता से, अपनी माँ से, संबंधियों और दूसरे लोगों से सुना था।

फिर भी, नीतीश को निकट से देखने-समझने पर, हमें यह स्पष्ट हो गया कि उन्हें राजनीति को एक जीविका (कॅरियर) के रूप में अपनाने की मूल प्रेरणा अपने पिता के दृढ़निश्चय, किंतु आंशिक रूप से सफल चुनाव संबंधी अनुभव एवं साहस से प्राप्त हुई थी। नीतीश के मन में यह बात कहीं गहरे बैठ गई थी कि कांग्रेस ने उनके पिता के साथ उचित व्यवहार नहीं किया। उनके पिता ने अपने राजनीतिक-घाव अपने पुत्र को दे दिए थे और उन्हें इसका बोध तक नहीं था, क्योंकि जब नीतीश ने कॉलेज में और पटना विश्वविद्यालय में छात्र राजनीति में सक्रिय हिस्सा लेना शुरू किया और रोजगार की सुरक्षा के लिए लड़ाई में इंजीनियरिंग पूर्वस्नातकों का नेतृत्व करते हुए जेल गए, तो उनके पिता को खुशी नहीं हुई। उन्होंने नीतीश को कहा : ''पहले डिग्री ले लीजिए, फिर आपका जो मन है करिए।''

रामलखन ने नीतीश को सादेपन, सरल जीवन और लालसा न करने का गुण भी विरासत में दिया। 1934 में, जब रामलखन बख्तियारपुर में अपनी प्रैक्टिस जमाने के लिए आए, तब वह इस बहुत ही बड़े बाजार वाले शहर में अकेले आयुर्वेदिक चिकित्सक थे। थोड़े ही समय के अंदर उन्होंने एक आधे-दिवालिया व्यापारी से एक छोटा सा इक मंजिला मकान खरीद लिया और कृषि भूमि के कुछ टुकड़े भी खरीद लिए, जो कल्यानबीघा में उनके परिवार की जोत-भूमि में जोड़ दिए गए। उन्होंने कल्यानबीघा में जो भी भूखंड खरीदे, अपने नाम से नहीं खरीदे, बल्कि अपने पिता के नाम से खरीदे थे। करीबी रिश्तेदारों ने इसे एक मूर्खता बतलाया, क्योंकि उनका कहना था कि जो जमीनें रामलखन अपना धन खर्च करके खरीद रहे थे, उनके पिता की मृत्यु के बाद जब पारिवारिक संपत्ति का बँटवारा होगा, उनके बड़े भाई को उन जमीनों में भी आधा हिस्सा मिलेगा जो जमीनें रामलखन अपना धन खर्च करके खरीद रहे थे। बड़े भाई ने कभी भी परिवार की अधिक जिम्मेदारी नहीं उठाई, न ही परिवार की भूमि पर खेती करने में दिलचस्पी ली; वह निरंतर हिंदुओं के तीर्थ-

स्थानों की यात्रा करने में व्यस्त रहते थे और शायद इसी कारण, गाँव में उन्हें पुजारीजी, चिरंतन तीर्थयात्री आदि नामों से पुकारा जाने लगा था।

रामलखन ने अपने हितैषियों की सलाह को अनदेखा-अनसुना कर दिया : घर एक था और वह अपने नाम से जमीन खरीदने के बारे में सोच भी नहीं सकते थे, क्योंकि तब ऐसा लगता कि वह स्वयं को परिवार से अलग कर रहे हैं। रामलखन के बख्तियारपुर चले जाने के चार वर्ष बाद उनके पिता का देहांत हो गया, अत: उन्होंने शुरू के कुछ वर्षों में अच्छा धन कमाया होगा, ताकि वह अपना घर और कृषि भूखंड खरीद सकें। कुछ ही वर्ष बीत जाने पर उन्होंने अपने साधारण घर में ऊपर की मंजिल का निर्माण कर लिया, क्योंकि अब उनके बच्चे बड़े हो रहे थे।

घर के सामने वह सड़क थी, जो सदियों से गंगा के किनारे-किनारे पटना को कोलकाता से जोड़ती चली आई थी। इस मार्ग के समांतर पूर्वी रेलवे का निर्माण किया गया था। सड़क के दोनों तरफ दूर-दूर तक कुछ मकान बने हुए थे। बाहरी सीमा पर पहुँचकर सड़क दो-शाखाओं में बँट गई थी। एक पूर्वी बिहार और उसके आगे पूर्व में पश्चिम बंगाल की ओर जा रही थी, दूसरी शाखा दक्षिण बिहार और उसके आगे दक्षिण में झारखंड की ओर चली गई थी।

रामलखन ने अपना औषधालय (क्लिनिक) घर के आगेवाले कमरे में खोला हुआ था और बालक नीतीश अंदर के कमरों से झाँकता रहता था। रामलखन के पाँच बच्चों में वह चौथा था— पहली एक बेटी थी उषा, दूसरी भी एक बेटी थी प्रभा और तीसरा एक बेटा था सतीश। वे कभी-कभी उस पर दयावान् हो जाते थे, कभी अपनी धौंस भी जमाते थे। अपने बाल्यकाल में नीतीश उग्र या उद्दंड स्वभाव के कतई नहीं थे : वह अपनी उम्र के बच्चों से कभी कुछ नहीं छीनता और न ही मार-पीट करता; कभी कुछ तोड़ता भी नहीं, कागज और किताबें नहीं फाड़ता और अकेले में कभी कोई खतरनाक काम नहीं करता, जैसे कि आग से खेलना या सिक्के या गंदी चीजें निगलना आदि।

परिवार उन्हें एक शांत-चित्त बालक समझता था और एक दिन अचानक उन्होंने पाया कि प्रभा की दुलहन बनी गुड़िया गायब है, माँ का चंदन घिसने का पत्थर गायब है और फिर पिता का जल-पात्र, उषा का कंघा और न जाने कितनी चीजें खो गई हैं। सब लोग उस भूत को पकड़ने के लिए चौकन्ने हो गए, जो चीजें लेकर गायब हो जाता था। अंत में उन्होंने उसे पकड़ ही लिया जब उस छोटे भूत ने एक दिन रसोई में से चिमटा उठाया और उसे कुएँ में डालने के लिए वह चोरी से आँगन की तरफ जा रहा था। इससे पहले कि वे उसकी ओर दौड़ें, उसने वह चिमटा कुएँ में डाल दिया था। पड़ोस में एक पंडितजी रहते थे, जो तैरने में बहुत होशियार थे; उन्हें कुएँ में उतरने के लिए बुलाया गया, ताकि वह खोज सकें कि उस भूत ने कुएँ में और क्या-क्या फेंका है। पिछले महीनों में जितनी भी चीजें खोई थीं, वे सब मिल गईं। उन्होंने भूत को फटकार लगाई, लेकिन उसे कोई पश्चाताप नहीं हुआ।

कुएँ में पानी पीने योग्य नहीं था और उसका इस्तेमाल मुख्यत: बरतन और फालतू चीजें धोने

के लिए किया जाता था। परिवार के सभी लोग नाश्ते से पहले गंगा में नहाकर आते थे। पीने का पानी जल विक्रेताओं द्वारा घड़ों में लाया जाता था। नीतीश की माँ परमेश्वरी देवी नाश्ते के बाद खाना पकाती थीं, जबकि उनके पिता दवाखाने में मरीजों को देखते थे। दोपहर के भोजन के बाद, विशेषकर गरमियों के दौरान, परिवार दरवाजों और खिड़कियों को बंद कर देता था, ताकि गरम लू अंदर न आए और वे आराम कर सकें। उस भूत के लिए बाहर आने और चीजें डुबोने का वही सबसे अच्छा समय होता था।

वह असल में बहुत हठी भी हो सकते थे। एक बार जब वह करीब आठ साल के थे, एक नीलगाय—एक प्रकार के हिरन की प्रजाति जो पटना जिले में कभी आमतौर पर पाई जाती थी और शनैः शनैः कम होती जा रही थी—घर के बाहर सड़क पर आ गई। हालाँकि सड़क के दोनों ओर काफी लोग जमा थे, फिर भी किसी ने उसके निकट जाने का साहस नहीं दिखाया। नीतीश अपने घर से, परिवार के अन्य सदस्यों के साथ, बाहर निकल आए और कुछ देर तक उस दृश्य को निहारते रहे। फिर अचानक वह नीलगाय की तरफ दौड़ गए और कूल्हों पर हाथ रखे तथा कुहनियों को बाहर निकाले हुए उसके सामने खड़े रहे। हिरन ने चुनौती देनेवाले से दो-दो हाथ करने में ज्यादा इंतजार नहीं कराया और उन्हें अपने रास्ते से खदेड़ कर हटा दिया, लेकिन बहुत कठोरता से नहीं, बल्कि कुछ ही खरोंचों के साथ उन्हें घर जाने दिया।

अगर उस घटना से लगता है कि बालक को साहसिक कार्य करना पसंद था, तो आगे चलकर यह बात गलत साबित होनी थी। बख्तियारपुर में श्रीगणेश हाई स्कूल में पढ़ते हुए, नीतीश ने खेलकूद में कोई रुचि नहीं दिखाई। उनके पिता उस स्कूल के सह-संस्थापक और स्कूल-सचिव भी थे। नीतीश अपने घनिष्ठ मित्रों के साथ स्थानीय फुटबॉल मैच देखने तो जाते थे और वहाँ खेल रही टीम का हौसला बढ़ाने के लिए वाहवाही भी करते थे, लेकिन वह स्वयं कभी नहीं खेलते थे। वह कभी-कभी कंचे या गुल्ली-डंडा खेल लेते थे, लेकिन उसका भी उन्हें कोई बहुत अधिक शौक नहीं था। उन्होंने कभी पतंग नहीं उड़ाई, जबकि अधिकतर बिहारी लड़कों को पतंग उड़ाने में बहुत मजा आता था।

वह जब छोटे थे, उनको उस मोड़ तक सवारी करना बहुत अच्छा लगता था जहाँ सड़क पूर्व और दक्षिण की ओर जाने के लिए दोराहे में तब्दील हो जाती थी, वह मोड़ बिहारशरीफ मोड़ कहलाता था। उनके पिता के पास जो मरीज आसपास के इलाकों से साइकिल या रिक्शे या टमटम (एक घोड़े वाली गाड़ी) से आते थे, उनके वापस जाने पर नीतीश उनका पीछा किया करते थे, ताकि वे उन्हें अपने साथ बिठाकर बिहारशरीफ मोड़ ले जाएँ, जो एक तरह का सार्वजनिक चौक बन गया था, लेकिन हाई स्कूल में भरती होने के बाद मोड़ के प्रति उनका वह लगाव भी समाप्त हो गया। चौक के आसपास मँडराते लड़कों के किसी भी झुंड में वह कभी शामिल नहीं हुए।

उनके केवल तीन या चार ऐसे सहपाठी थे, जिनके साथ उन्हें स्कूल के अंदर और स्कूल के बाहर मनोरंजन के लिए समय बिताना अच्छा लगता था। उनमें से एक था मुन्ना सरकार, जो उनके

पहले चुनाव अभियान के लिए उनको अपनी मोटरसाइकिल पर ले गया था। फिर भी, नीतीश को अपने एकांत से प्यार था। अपने दोस्तों के साथ सारी मटरगश्ती करने के बाद नीतीश को अपनी एकांतिक दुनिया में लौटना अच्छा लगता था। एकांत से नीतीश को इतना मोह क्यों था, इसका पता उस समय लगा जब कॉलेज में पहले दो वर्ष वह किसी लॉज में जाकर रहे, क्योंकि कॉलेज हॉस्टल में एक कमरा दो-तीन छात्रों के साथ बाँटना पड़ता था और वह एक कमरा केवल अपने लिए चाहते थे। वह लॉज बहुत साफ-सुथरा नहीं था और एक फूहड़ ढंग से निर्मित इलाके में स्थित था। फिर भी, नीतीश ने वहाँ रहना अधिक पसंद किया जब तक कि उन्हें अकेले रहने के लिए हॉस्टल में एक पूरा कमरा नहीं मिल गया—हमारे समय में या हमारे समय के बाद भी किसी विद्यार्थी के लिए यह एक दुर्लभ सुविधा थी।

नीतीश के मन में अपने लिए एकांत चाहने की इच्छा के शायद कुछ कारण रहे होंगे। उनके बड़े भाई-बहनों का कहना है कि परिवार के खेतों की देखभाल करने के लिए जब उनकी माँ कल्यानबीघा चली गईं, उसके बाद से वह बहुत शांत और एकांतप्रिय हो गए। राजनीति में व्यस्त रहने और बख्तियारपुर में तथा उसके इर्द-गिर्द आयुर्वेदिक चिकित्सकों की भरमार हो जाने के कारण उनके पिता की आय घटने लगी थी। चिरंतन तीर्थयात्री, अर्थात् रामलखन के ताऊ खेती-बाड़ी की ठीक से देखभाल नहीं कर सके और पैदावार कम होती जा रही थी। फसल कटाई के बाद खेतों से बोरियों में भर कर और बैलगाड़ियों में लादकर लाया गया अनाज बख्तियापुर में रामलखन के बढ़ते परिवार का एक मुख्य संबल था। कुछ और न हो, तब भी घर में कम-से-कम खाद्य सामग्री तो मौजूद रहती थी। नीतीश की माँ ने इसी अनिवार्य आपूर्ति को सुनिश्चित करने के लिए कल्यानबीघा में बने रहने का निश्चय किया।

छोटा बेटा होने के नाते, नीतीश अपनी माँ को बेहद प्यारा था। वह चाहे कुछ भी करे, उनकी माँ उसे हमेशा माफ कर देती और वह अपनी हर माँग के लिए अपनी माँ के पास ही जाता, पिता के पास नहीं। नीतीश की नजर में पिता का कद बहुत बड़ा था और वह जनता के बीच इतने लोकप्रिय हो गए थे कि बच्चे को उनके पास जाने में संकोच होता था, अपने और उनके बीच दूरी का एहसास होता था। वह अपनी माँ से कुछ भी कह सकते थे, उनसे कुछ भी माँग सकते थे। माँ से अलग होकर, जिसे रोकना उनके वश में नहीं था, एक ऐसा खालीपन उत्पन्न हो गया जिसे उनके पिता या उनके बड़े भाई-बहन नहीं भर सके। सबसे बड़ी बहन, उषा ने माँ की भूमिका निभाना शुरू कर दिया, लेकिन वह माँ की जगह कभी नहीं ले सकी। नीतीश औपचारिक हो गए, चुप-चुप रहने लगे, अभावुक हो गए और उन्होंने अन्य लोगों से दूर रहना शुरू कर दिया। जैसे-जैसे वह अपनी दुनिया में खोए रहने लगे और परिवार के लोगों से उनका बातचीत करना बहुत कम हो गया, कभी-कभी परिवार यह समझ नहीं पाता था कि उनके मन में क्या चल रहा है? उनका व्यवहार आज भी लगभग वैसा ही है। हालाँकि वह राजनीति में गहरे डूबे हुए हैं। उनके इस विशेष गुण के संदर्भ में लालू अपने गँवारू हँसोड़ अंदाज में अकसर कहा करते, ''नीतीश की पीठ में भी नुकीले दाँत हैं।''

एकांतप्रियता की ललक इसलिए भी बढ़ गई थी, क्योंकि उनके परिजन उन्हें एक विशेष बालक समझने लगे। इसका मुख्य कारण यह था कि सारे भाई-बहनों में वह सबसे अधिक कुशाग्रबुद्धि थे। कक्षा में उनका नाम हमेशा चोटी के चार छात्रों में होता था। परिवार के लोग पढ़ाई-लिखाई में उनकी श्रेष्ठता के बारे में अकसर आपस में और दूसरों से बात किया करते थे, जिससे उन्हें लगता था कि वह अद्वितीय और सबसे अलग हैं।

प्राथमिक विद्यालय से ही नीतीश गणित में अच्छे थे। सौभाग्य से, हाई स्कूल में नीतीश को जगदीश प्रसाद के रूप में गणित के एक ऐसे अध्यापक मिल गए जो मुश्किल-से-मुश्किल सवाल को भी बहुत आसान बना देते थे। नीतीश याद करके बताते हैं, "उन्होंने हमें दिखाया कि किसी भी समस्या को क्रमशः हल किया जा सकता है, ठीक उसी तरह जैसे एक राजमिस्त्री एक-एक ईंट रखकर घर बनाता है। हालाँकि गणित एक अमूर्त एवं निराकार विषय है, फिर भी उन्होंने हमें हर चरण में अर्थ खोजना सिखाया। गणित सिखाने का यह तरीका बहुत रोचक था। अगर मैंने कभी 80 प्रतिशत से कम अंक प्राप्त नहीं किए, तो इसका श्रेय उन्हें जाता है और यह न भूलें कि अंकगणित का इंजीनियरिंग में कितना महत्त्व है।" उनके पिता का सपना था कि नीतीश मेडिकल में जाएँ, लेकिन जब उन्होंने देखा कि उनके बेटे को जीव-विज्ञान (बाइलॉजी) में कोई रुचि नहीं है और वह सारे समय गणित में घुसा रहता है, तो उन्होंने उसे इंजीनियरिंग में जाने की इजाजत दे दी।

नीतीश को सौभाग्य से एक बहुत अच्छे हिंदी अध्यापक भी मिल गए। शंभु शर्मा ने नीतीश के अंदर न केवल प्रेमचंद, रामवृक्ष बेनीपुरी और फणीश्वर नाथ रेणु के लघु उपन्यास एवं कहानियाँ तथा निराला, महादेवी वर्मा और सुमित्रानंदन पंत की कविताएँ पढ़ने की उत्कंठा जगाई, बल्कि 'सारिका' और 'धर्मयुग' जैसी उत्कृष्ट पत्रिकाएँ (जो अब बंद हो गई हैं) पढ़ने का शौक भी पैदा किया। नीतीश के व्यक्तित्व को निखारने में इस अध्यापक का सबसे बड़ा योगदान यह था कि उन्होंने नीतीश को हिंदी में परिष्कृत शब्द-विन्यास और भाषा का प्रयोग करना सिखाया, जो बाद में नीतीश के राजनीतिक जीवन में बहुत काम आया। शंभु शर्मा ने उन्हें शुद्ध और लोकप्रिय हिंदी को मिलाकर प्रयोग करने की शैली सिखाई; नीतीश ने बाद के वर्षों में इसे लोहिया की नूतन भाषा-शैली के रंगों में सजा दिया।

हाई स्कूल की शिक्षा के दौरान उत्कृष्ट साहित्य पढ़ने से भी नीतीश को सरल और भावबोधक हिंदी से लगाव होने लगा था। अपने बच्चों के बौद्धिक संसार को समृद्ध करने के उद्देश्य से, रामलखन ने असाधारण पुरुषों की जीवनियों और विश्व के महान् साहित्य के कम कीमतवाले संक्षिप्त अनुवाद प्राप्त करने के लिए हिंद पॉकेट बुक्स की पारिवारिक पुस्तकालय योजना को अपना लिया था। "मैंने इन पुस्तकों को बड़े चाव से पढ़ा," नीतीश कहते हैं, "न केवल उनकी विषय-वस्तु ग्रहण करने के लिए, बल्कि यह जानने के लिए भी कि महान् लेखक एवं साहित्यकार किस तरह कम शब्दों में, संक्षेप में और प्रभावी ढंग से भाषा का प्रयोग करते हैं।"

बढ़ती उम्र में उनकी हिंदी जिन महान् लेखकों का साहित्य वह पढ़ते थे, उनकी और अपने

आदर्श शंभु शर्मा की नकल थी। स्कूल और आस-पड़ोस के मित्र कभी-कभी नीतीश की 'शुद्ध' हिंदी का मजाक उड़ाते थे, क्योंकि वे लोग अपने परिवार में और परस्पर व्यवहार में मगही बोलते थे जो उन्हें आसान लगती थी। नीतीश के बड़े भाई सतीश बताते हैं कि स्कूल के दिनों में नीतीश अधिकतर चुप्पी साधे रहते थे। "वह अल्पभाषी थे, कभी-कभी तो अत्यंत मितभाषी हो जाते थे लगता था जैसे सूत्रों में बात कर रहे हों," सतीश बताते हैं। "लेकिन वह जब कभी बोलते थे, तो बहुत स्पष्टता के साथ अपनी बात कहते थे।"

हालाँकि उन्हें हिंदी से सर्वाधिक प्रेम है, फिर भी उन्हें इस बात का खेद अवश्य है कि वह अपने स्कूली दिनों में उतनी ही अच्छी अंग्रेजी नहीं सीख सके। श्रीगणेश हाई स्कूल में एक प्रधानाध्यापक थे जो बोलचाल की अंग्रेजी सिखाने के लिए सदैव उत्साहित रहते थे। हेडमास्टर मुखर्जी जब घर से स्कूल के लिए निकलते थे और स्कूल से घर वापस जाते थे तो अंग्रेजी सीखने के उत्सुक विद्यार्थी उनसे चिपके रहते थे। वह उनसे अंग्रेजी में बातें करने पर जोर देते थे और उच्चारण या व्याकरण में उनकी जो त्रुटियाँ होती थीं उन्हें ठीक कर देते थे। माध्यमिक स्कूल में पढ़ते हुए नीतीश को मुखर्जी के उन अनुचरों से ईर्ष्या होती थी, जो फटाफट अंग्रेजी बोला करते थे। नीतीश जब तक हाई स्कूल में पहुँचे, तब तक मुखर्जी रिटायर हो चुके थे। जिस अंग्रेजी अध्यापक के अंतर्गत वह पढ़े, वह अध्यापक कक्षा में पढ़ाने तथा निर्धारित पाठ्यक्रम को पूरा करने तक ही अपने को सीमित रखते थे।

अंग्रेजी लिखने और बोलने में प्रांजलता, सुबोधता और नफासत लाने की उनकी इच्छा अभी तक पूरी नहीं हो पाई है। नवंबर 2010 में उनका दूसरा कार्यकाल शुरू होने पर जब हम उनसे भेंट करने गए, तब उन्होंने कहा, "मैं अंग्रेजी सीखना चाहता हूँ।" इस दिशा में अच्छी शुरुआत करने के लिए हमने उन्हें एक उन्नत शब्दकोश, एक समांतर कोश और आक्सफोर्ड कॉलॅकेशन्स लाकर दिया। उन्होंने कहा कि उन्होंने अंग्रेजी में अच्छी-अच्छी पुस्तकें पढ़ने का निश्चय किया है, क्योंकि सरकारी फाइलों की अंग्रेजी ने उन्हें 'बिगाड़' दिया है।

उनके परिवार में स्व-शिक्षण की परिपाटी रही है। नीतीश के दादाजी किशोरी शरण सिंह एक स्व-शिक्षित आयुर्वेदिक चिकित्सक थे। कल्यानबीघा में परिवार की सात एकड़ जमीन पर खेती करने के साथ-साथ, किशोरी शरण ने आयुर्वेद पर कई पुस्तकें इकट्ठा कर ली थीं और उन्हें बहुत ध्यान से पढ़ा था।

परिवार के लिए जीवन तब सरल नहीं था। सात एकड़ में से दो एकड़ से अधिक भूमि वृष्टि-सिंचित (भिट्टा) थी, जहाँ चावल और मकई उगती थी और पाँच एकड़ एक तश्तरी की शक्ल में (टाल) थी जिस पर केवल मसूर दाल उगती थी। मसूर से गैर-खाद्य जरूरतों के लिए नकदी आती थी, लेकिन मसूर की उपज के लिए, बरसात के दौरान, पुनपुन नदी की एक उप-नदी, ढोबा से टाल का जलमग्न होना जरूरी था। वह बाढ़ विनाशकारी कीड़ों को मार देती और सरदी के मध्य में पानी घट जाने पर गाद तथा अन्य पोषक तत्त्व छोड़ जाती जिससे टाल उपजाऊ हो जाता था। अगर कभी

बरसात धोखा दे जाती, तो खाद्य की कमी हो जाती और परिवार नकदी से भी वंचित रह जाता था।

किशोरी शरण एक आयुर्वेदिक चिकित्सक के रूप में बहुत कम फीस लेते थे और मरीजों से उन्हें अपनी फीस कभी नकद मिलती, तो कभी अनाज के रूप में। उनकी प्रसिद्धि फैल जाने पर, कभी-कभी पड़ोसी गाँवों से भी मरीज उनके पास आने लगे थे। उन्होंने नई-नई औषधियों और इलाज के तरीकों के बारे में घुमंतू साधु-संन्यासियों से ज्ञान प्राप्त किया जो उनके पंद्रह कमरों वाले पैतृक घर के निकट स्थित मंदिर में डेरा-बसेरा करते थे। एक तरह से देखा जाए तो, रामलखन को आयुर्वेदिक चिकित्सक का काम विरासत में मिला था।

हालाँकि, दादाजी ने रामलखन को इसमें धकेलने का प्रयास नहीं किया। आरंभ में वह यही चाहते थे कि उनका छोटा बेटा शिक्षित हो, स्कूल की पढ़ाई पूरी करे।

गाँव में रामलखन की निचली प्राथमिक शिक्षा पूरी होने के बाद उन्होंने रामलखन को गाँव से चार किलोमीटर दूर, हरनौत में उच्चतर प्राथमिक विद्यालय में पढ़ने भेज दिया। उस समय प्राइमरी स्कूल मुख्यत: सामान्य लोगों के लिए होते थे; इन स्कूलों का ढाँचा बहुत खराब होता था, अध्यापकों का वेतन कम था, अध्यापक भी गिने-चुने होते थे, स्कूलों में न तो पानी होता था और न सफाई होती थी, फिर भी रामलखन ने कुछ इतिहास, ज्यामिति, साहित्य और विज्ञान की शिक्षा पाई। किशोरी शरण चाहते थे कि उनका बेटा मैट्रिकुलेशन अथवा दसवीं कक्षा अवश्य पास कर ले, इसी इरादे से उन्होंने रामलखन को एक गुरुकुल में भरती कर दिया। यह स्कूल आर्य समाज ने दानापुर में खोला था। दानापुर पटना के पश्चिम में एक छोटा सा शहर है, जहाँ का जन-जीवन खेती से चलता है। वहाँ एक बड़ी अनाज मंडी है और एक सैनिक छावनी है। दानापुर गुरुकुल में रहकर रामलखन का आध्यात्मिक परिवर्तन हुआ।

उस समय के हिसाब से वह गुरुकुल घर से दूर था—लगभग सत्तर किलोमीटर—लेकिन बख्तियारपुर से दानापुर तक के लिए रेल सुविधा उपलब्ध थी। अंग्रेजों ने उन्नीसवीं सदी के उत्तरार्ध में कलकत्ता—जो उत्तरी भारत में मुख्य बंदरगाह था—को आज के उत्तर प्रदेश और उस समय के उत्तर-पूर्वी प्रांतों से होकर दिल्ली तक से जोड़ने के लिए ईस्टर्न रेलवे (पूर्वी रेलवे) का निर्माण किया था, ताकि व्यापार और यात्रा करना सुगम हो सके। रेल के आने से सदियों पहले, उस मार्ग से व्यापार और यात्रा के लिए भी, अपनी उप-नदियों के साथ गंगा ही मुख्य राजमार्ग का काम किया करती थी, क्योंकि उस महान् नदी के साथ-साथ एक सड़क मार्ग बहुत प्राचीनकाल से मौजूद तो था, लेकिन उसके अनेक हिस्से अब उपयोग में नहीं थे और अविकसित थे। बख्तियारपुर गंगा तट पर था और दानापुर भी। दोनों जगह छोटे बंदरगाह थे, जो पटना में मुख्य क्षेत्रीय बंदरगाह (पोर्ट) तक माल-सामान पहुँचाने के काम आते थे। बाद वाला बंदरगाह, दक्षिण बिहार में व्यापार में सहायक होने के अलावा, नदियों के एक जाल अर्थात् ग्रिड के जरिए उत्तर बिहार में माल पहुँचाने और बाहर ले जाने के काम आता था और नदियों के उस जाल की प्रमुख नदियाँ आगे चलकर गंगा में मिल जाती थीं।

रेल के आगमन से, नदियों के जरिए होनेवाला व्यापार कम होता चला गया और अधिक-से-अधिक व्यापारी एवं यात्रीगण इन बंदरगाहों की ओर जाने के बजाय अब रेल स्टेशनों की तरफ रुख करने लगे। 1920 के दशक के मध्य में जब रामलखन गुरुकुल में पढ़ाई कर रहे थे और वहीं रह भी रहे थे, उन चार वर्षों के दौरान, हम सोच सकते हैं, उन्होंने बख्तियारपुर जाने और लौटने के लिए अधिकतर रेलगाड़ी से यात्रा की होगी। ट्रेनों की कमी के कारण कभी-कभी वह नदी मार्ग से भी गए होंगे या फिर टमटम से—यह एक घोड़ेवाली गाड़ी थी, जिसकी सीट बहुत पतली गद्दीदार, सपाट लकड़ी की होती थी, जिस पर लोग ठसककर बैठते थे। वह उस जरकते ठोस तख्ते पर बैठे-बैठे, पटना से दानापुर तक का रास्ता बराबर तकलीफ उठाते हुए तय किया करते थे और कल्यान बीघा से बख्तियारपुर जाने के लिए उन्हें न चाहते हुए भी टमटम ही लेनी पड़ती होगी, क्योंकि वही एकमात्र साधन उपलब्ध था। इसके अलावा एक ही उपाय बचता था, जैसा कि बिहार में कहते हैं, ग्यारह नंबर की बस पकड़ो यानी पैदल जाओ।

किशोरी रमण ने उन्हें किसी सरकारी स्कूल में न भेजकर आर्य समाज के गुरुकुल में ही क्यों भेजा, यह बात समझ से परे है, क्योंकि अब कोई नहीं है जो यह कहानी बयां कर सके। अन्य अनेक कुर्मियों की तरह, किशोरी रमण भी आर्य समाज के देशभक्तिपूर्ण और सभी जातियों को समान समझने के आदर्शों से प्रभावित रहे होंगे। ऐसा कोई रिकॉर्ड उपलब्ध नहीं है जिससे पता चले कि वह आर्य समाज में शामिल हो गए थे। हालाँकि उनके समय के ऐतिहासिक अभिलेखों से संकेत मिलते हैं कि शुरू-शुरू में आर्य समाज में भरती हुए लोगों में अधिकतर कुर्मी, यादव और कोइरी थे जोकि बिहार की प्रमुख निचली जातियाँ हैं। अन्य शूद्रों के समान ही बिहार के कुर्मी भी अपने सामाजिक उत्थान के लिए संघर्ष कर रहे थे। कुर्मियों की पहचान शूरवीर कहलाने वाली जाति, क्षत्रिय के रूप में की जाने हेतु अभियान चलाने के लिए एक राज्य स्तरीय संगठन ऑल इंडिया कुर्मी क्षत्रिय महासभा का गठन किया गया था। इस जाति के प्राचीन गौरव एवं प्रतिष्ठा का एक मिथकशास्त्र गढ़ लिया गया था। इसने 'सिद्ध कर दिया' कि कुर्मी जाति के लोग महान् योद्धा रहे हैं और प्राचीन काल में अनेक राज्यों पर उन्होंने शासन किया था; फिर एक समय ऐसा भी आया जब ब्राह्मणों और राजपूतों ने उन्हें पराजित कर दिया और समाज में उनको निचला दरजा दे दिया। कुर्मी समुदाय शासक रहा है, यह सिद्ध करने के लिए जितना साक्ष्य उपलब्ध था, उतना ही उसके विपरीत भी था।

सब जानते थे कि वह लड़ाई वर्तमान के लिए है और इतिहास का इस्तेमाल 'शूद्र' कुलीन समुदाय को ऊपर चढ़ाने की खातिर एक चालबाजी के रूप में किया जा रहा था। लड़ाई का उद्देश्य उन समाजों में जगह बनाना था जिन पर केवल उच्च जातियों का कब्जा था : कक्षाएँ, शिक्षण-अध्यापन, सरकारी सेवाएँ, फौज, न्यायपीठ, वकालत और राजनीति। अंग्रेजों ने सोच-समझकर असंतोष फैलाया, क्योंकि जब ब्राह्मणों और राजपूतों ने 1857 की बगावत का नेतृत्व करने के लिए बंगाल आर्मी का गठन किया—जिसने अंग्रेजों का शासन वास्तव में छिन जाने से करीब एक सौ वर्ष

पहले अंग्रेजी शासन का तख्ता लगभग उलट दिया था तब वे समझ गए थे कि शासन को बरकरार रखने का एक यही तरीका है कि 'निचली' जातियों से सिपाहियों की भरती करके उच्च जाति के वर्चस्व को भंग कर दिया जाए। हिंदू समाज में जाति-विभाजन को उकसाना और बढ़ावा देना, उनके विचार में, राष्ट्रवाद की भावना को धुस्स करने का पक्का उपाय था। ऊपरी तौर पर, अंग्रेजों ने उदार मध्यस्थ बनने का दिखावा किया : उन्होंने कसम खाकर कहा कि वे केवल निम्नवर्ग के उत्थान के लिए काम कर रहे हैं।

उन्होंने स्वयं यह बीड़ा उठाया कि वे निचली जातियों को ब्राह्मण या क्षत्रिय के समान दरजा दिलाएँगे। इस मामले में अधिनिर्णय का अधिकार जनगणना आयुक्त को प्रदान किया गया, जिसका काम दशवार्षिक आधार पर जातिगत जनगणना करना था। निचली जाति संगठनों ने जनगणना आयुक्त (सेंसस कमिश्नर) को याचिकाएँ प्रस्तुत कीं। इन याचिकाओं में वेदों, प्राचीन ग्रंथों, महाकाव्यों, विभिन्न विवरणों और सांस्कृतिक प्रथाओं, किंवदंतियों से लिये गए किस्सों और जाति विशेषों के प्रतीकों से जुटाए गए साक्ष्य की ओर ध्यान दिलाया गया था। इसके चलते बिहार में शूद्रों ने संगठित होना शुरू कर दिया, जो एक तरफ तो ब्राह्मण या क्षत्रिय के रूप में आधिकारिक मान्यता के लिए लड़ रहे थे और दूसरी ओर, उन्होंने स्वयं को उच्च जातियों के बराबर लाने के लिए 'बदलना' शुरू कर दिया।

सुधार के लिए पागलपन की हद तक पहुँचे जोश में, उच्च जातियों की अत्यधिक-दकियानूसी प्रथाओं को भी अपना लिया गया, जैसे कि औरतों को घर की चारदीवारी में बाँधकर रखना, विधवा-पुनर्विवाह का निषेध और जनेऊ—एक पवित्र धागा जिसे पुरुष अपने कंधे के इर्द-गिर्द डाले रखते हैं—पहनना लेकिन इसकी सामान्य भावना प्रगतिशील थी। इसने अंतर्विवाह की मुहिम छेड़कर प्रत्येक जाति में अनेक उप-जातियों की सगोत्र-विवाह की दीवारों को ध्वस्त कर दिया; आर्थिक रूप से कमजोर परिवारों के बच्चों की शिक्षा का व्यय वहन करके तथा सामुदायिक चंदे से छोटे शहरों एवं ग्रामीण जिलों में स्कूलों तथा कॉलेजों की स्थापना करके एक ही जाति के अंदर अमीर-गरीब के बीच की खाई को पाटने का काम किया। सबसे महत्त्वपूर्ण बात तो यह है कि इसने उच्च जातियों के उस अधिकार को सीधी चुनौती दी जिसके बूते उच्च जातियाँ लगभग हर रोज निचली जातियों से अपने खेतों और अपने घरों में मुफ्त मजदूरी कराती थीं, विवाह जैसे विशेष अवसरों पर बेगार कराती थीं और उसके अलावा भी निचली जातियों के साथ अनेक प्रकार का भेदभाव करना अपना हक समझती थीं।

तथापि, निचली जाति संगठनों की दृष्टि में, यह कोई सुधारवादी आंदोलन नहीं था या उनके समुदाय के सुधार के लिए नहीं था, बल्कि उनकी उन्नति, यानी प्रगति के लिए था। किशोरी शरण और रामलखन इस आंदोलन से प्रभावित हुए बिना नहीं रह सके होंगे। यह आंदोलन पटना जिले में कुर्मियों के बीच दूर-दूर तक फैल चुका था, जहाँ उनकी आबादी बहुत अधिक थी और जहाँ इस जाति के अंदर एक शिक्षित वर्ग पहले ही प्रकट हो चुका था।

आर्य समाज जिस विचारधारा को लेकर आया वह इस आंदोलन से बहुत मेल खाती थी। अतः स्वाभाविक है कि इस जिले ने आर्य समाज को वांछित आधार दिया तथा अनेक कुर्मी इसमें शामिल हो गए। दानापुर आर्य समाज का ऊर्जा केंद्र बन गया; और जब कल्यानबीघा में एक कृषक तथा स्व-शिक्षित आयुर्वेदिक चिकित्सक के रूप में उनके पिता पर इस विचारधारा का प्रभाव पड़ा, तो गुरुकुल के एक छात्र के रूप में रामलखन का इसकी ओर झुकाव होना और आर्य समाज को अपना लेना कतई आश्चर्यजनक नहीं था। बौद्ध धर्म की भाँति, आर्य समाज भी जन्म के आधार पर व्यक्ति के सामाजिक स्तर का निर्धारण करने के सिद्धांत में विश्वास नहीं करता है। जाति-आधारित समाज का ढाँचा इसी बुनियाद पर खड़ा था, जबकि आर्य समाज दावा करता है कि हर व्यक्ति की पहचान उसके कर्मों से होनी चाहिए। इस विचारधारा का लक्ष्य एक आर्य समाज, एक ऐसे उदात्त, श्रेष्ठ समाज की स्थापना करना था जो वेदों पर आधारित हो, 'वेद , जो समस्त ज्ञान का एकमात्र सच्चा स्रोत हैं' और 'समस्त मानवजाति के मौलिक धर्मग्रंथ हैं,' जिनका अध्ययन-अनुशीलन उन सभी जातियों को स्वतंत्र रूप से करना चाहिए, जिन्हें ब्राह्मणों की ओर से ऐसा करने की आज्ञा नहीं थी। आर्य समाज ने बहुदेववाद, मूर्तिपूजा और अंधविश्वासों को अस्वीकार कर दिया और एकेश्वरवाद तथा एक निराकार परमब्रह्म के वैदिक सिद्धांत में विश्वास का पाठ पढ़ाया। रामलखन इन विचारों से बहुत प्रेरित हुए और आर्य समाज के राष्ट्रवाद तथा शिक्षा को बढ़ावा देने के उद्देश्यों ने अंततः उनका दिल जीत लिया।

रामलखन जीवनभर पक्के आर्यसमाजी रहे। वह किसी देवी-देवता की पूजा नहीं करते थे, उनकी भी नहीं, जिनकी धातु-निर्मित छोटी-छोटी मूर्तियाँ और छपी तसवीरें उनकी पत्नी के मंदिर के एक ताक पर विराजमान थीं। वह परिवार को हिंदू पंचांग के अनुसार शुभ दिनों का उत्सव तो मनाने देते थे और पूजा-अनुष्ठान के आयोजन में मदद भी करते थे, लेकिन भक्ति-संबंधी विधि-विधान, मंत्रोच्चारण, दूब घास के डंठलों, पवित्र अग्नि और घी अर्पण आदि से उन्हें कोई सरोकार नहीं था।

किंतु वह आर्य समाज के प्रचारक/उपदेशक कभी नहीं बने। उसके विचारों, मान्यताओं का उन्होंने अपने वैयक्तिक आचरण एवं व्यवहार में पालन किया। उनका व्यक्तिगत धर्मोत्साह एक निराकार ईश्वर में उनकी आस्था तक ही सीमित नहीं था, अपितु समाज के सामाजिक आदर्शों में भी वह पूरा विश्वास रखते थे। वह भारतीय राष्ट्रीय कांग्रेस के पक्के राष्ट्रवादी और एक सक्रिय समर्थक बन गए, वही कांग्रेस जो गांधी के नेतृत्व में एक दबाव-गुट से एक ऐसे जन-संगठन में परिवर्तित हो गई थी, जो ब्रितानी शासन से मुक्ति के लिए संघर्ष कर रहा था। जिस समय वह स्कूल की पढ़ाई समाप्त कर रहे थे, कांग्रेस ने 1926 में सीमित संवैधानिक सुधारों के अंतर्गत प्रांतीय परिषदों तथा केंद्रीय विधान सभा (सेंट्रल असेंबली) के लिए चुनाव लड़े, लेकिन पाया कि सरकारी और नामजद सदस्य अपने बहुमत के बल पर उसके प्रस्तावों को सदैव पराजित कर देंगे। कांग्रेस ऐसे संवैधानिक सुधार चाहती थी जो निर्वाचित सदस्यों को सत्ता की गारंटी दिला सकें, लेकिन जब अंग्रेजी सरकार ने इस प्रयोजन के लिए एक आयोग

(कमीशन) की घोषणा की, तो कांग्रेसियों ने उसे नामंजूर कर दिया, क्योंकि यह एक सर्व-श्वेत आयोग था जिससे कांग्रेस को न्याय मिलने की कोई आशा नहीं थी।

सर जॉन साइमन की अगुआई में जब कमीशन ने भिन्न-भिन्न प्रांतों का दौरा किया, तो उसे भारी संख्या में काले झंडे लहराते और नारे लगाते कांग्रेस समर्थकों का सामना करना पड़ा। साइमन जब कमीशन के अन्य सदस्यों के साथ एक विशेष रेल कोच से 1928 में दिसंबर की कड़कती सरदी में एक सुबह 6.30 बजे पटना पहुँचे, तो वहाँ पुलिस की मोरचा बंदी के पीछे खड़े 30,000 से अधिक कांग्रेस समर्थक 'साइमन, वापस जाओ, साइमन गो बैक' का नारा लगा रहे थे। दृढ़-प्रतिज्ञ विरोधकर्ता बड़ी तादाद में जमा होकर सुबह 3.30 बजे से ही शहर की सड़कों पर जुलूस निकाल रहे थे और नाकाबंदी के पीछे इकट्ठा हो रहे थे। रामलखन तब पटना में राजकीय आयुर्वेदिक कॉलेज में पढ़ रहे थे और उस दिन वह भी साथी विद्यार्थियों के साथ वहाँ मौजूद थे। हम सहज ही कल्पना कर सकते हैं कि विरोधियों की भारी भीड़ में वह भी, पतले गरम कपड़ों में, दाँत किटकिटाते, हाथ में काला झंडा पकड़े और नारा लगाते हुए कहीं खड़े हुए हैं और भारत की स्वतंत्रता के लिए लड़ने का उन्माद उन्हें ऊष्मा दे रहा है।

कांग्रेस की गतिविधियों में हिस्सा लेते रहने के कारण उन्हें उसके कुछ ही समय बाद पुलिस हिरासत में रखा गया, जिसके परिणामस्वरूप कॉलेज से उन्हें निष्कासित कर दिया गया था। उन्होंने अदालत में अपना केस लड़ा जिसने फैसला दिया कि उनका निष्कासन सही नहीं था; कॉलेज में उन्हें दुबारा दाखिला मिल गया, लेकिन इस बीच उनका करीब एक साल चला गया। रामलखन जब गुरुकुल में थे, तभी उनका विवाह हो गया था। उनकी पत्नी कल्यानबीघा में परिवार के साथ रहती थीं और अपनी सास तथा जिठानी—पति के बड़े भ्राता, चिरंतन तीर्थयात्री की पत्नी—के साथ घर सँभालती थीं। वह अपने पति की कांग्रेस कर्मण्यता में अपना पत्नीधर्म निभाती रहीं और पति के कारावास तथा निष्कासन की पीड़ा चुपचाप सहती रहीं। रामलखन जब बख्तियारपुर जाकर बस गए, उसके बाद भी वह कांग्रेस की गतिविधियों में शामिल होते रहे।

पटना जिला प्रशासन के रिकॉर्ड में उनका नाम बड़े अक्षरों में दर्ज था, शायद इसलिए भी, क्योंकि वह औपचारिक रूप से कांग्रेस में भरती हो गए थे। इससे वह डरे नहीं और स्वतंत्रता के लिए प्रचार करने तथा लोगों को जुटाने का काम करते रहे। कांग्रेस कार्यकर्ता और जोशीले समर्थक उनके घर पर जमा हो जाते और बातचीत का सिलसिला घंटों तक चलता रहता। कभी-कभी कांग्रेस के जिला या प्रांतीय स्तर के नेता पटना से दूसरे शहरों को जाते हुए या वापस आते समय चाय के लिए उनके घर आ जाते थे। वह अकसर अपने मरीजों को भी राष्ट्रीय विषयों पर जोशपूर्ण चर्चा में शामिल कर लेते थे; और यह सुनकर कि वह एक अच्छे, सफल चिकित्सक हैं, रामलखन के पास बख्तियारपुर से ही नहीं, आसपास के गाँवों से भी लोग इलाज के लिए आने लगे थे।

1942 में, गांधीजी के 'भारत छोड़ो' आह्वान पर, रामलखन ने चिकित्सा करना छोड़ दिया और पूरी तरह औपनिवेशिक सरकार के कार्य में बाधा डालने के विद्रोह में शामिल हो गए। वह

गिरफ्तार हुए, उनके ऊपर जघन्य अपराधों के आरोप लगाए गए और उन्हें जेल भेज दिया गया। नीतीश की माँ के लिए वह बड़ा ही विपत्ति भरा दौर था; उन्हें समझ नहीं आ रहा था कि दो-दो बच्चों, उषा और प्रभा के लालन-पालन के साथ घर कैसे चलाएँ, क्योंकि उनकी न तो कोई आमदनी थी और न ही कोई बचत। किशोरी शरण का चार वर्ष पहले देहांत हो गया था। खाने के लिए कच्चा अनाज तो कल्यानबीघा से आता रहा, लेकिन नकद राशि के बिना अकसर दूसरी सामग्री की अल्प मात्रा से ही या उसके बगैर काम चलाना पड़ता था।

रामलखन जब कल्यानबीघा से बख्तियारपुर आए, उस समय शुरू-शुरू के कई दशक संघर्षपूर्ण रहे, क्योंकि तब जमींदारी के खिलाफ किसान सभा का आंदोलन भी प्रचंड रूप ले चुका था। हालाँकि इस आंदोलन के नेता स्वामी सहजानंद सरस्वती एक हिंदू संन्यासी थे और कांग्रेस की सहानुभूति उन्हें प्राप्त थी, फिर भी किसान सभा के पास अपने दूसरे और तीसरे स्तर के नेताओं तथा आम समर्थकों में कांग्रेसियों के अलावा समाजवादी एवं कम्युनिस्ट भी शामिल थे। अधिकतर समाजवादी भूतपूर्व कांग्रेसी थे। कांग्रेस में आमूलचूल परिवर्तन का अपना प्रस्ताव आगे बढ़ाने में असमर्थ रहने पर उन्होंने 1934 में पटना में आयोजित अपने प्रमुख नेताओं की एक सभा में कांग्रेस सोशलिस्ट पार्टी का गठन कर लिया; लेकिन, सहजानंद की भाँति, उनको भी कांग्रेस की सहानुभूति प्राप्त थी। हालाँकि उतनी नहीं, जितनी सहजानंद के साथ थी। हालाँकि, कम्युनिस्टों के साथ, उन्होंने किसान सभा को, अधिक प्रचंड कार्यक्रम के सहारे चलाया लेकिन हमेशा जमींदारों के साथ भिड़ंत के लिए उत्सुक, जमींदारी उन्मूलन के लिए दबाव डालते हुए।

पटना जिले के अनेक भागों में उनके द्वारा संगठित किसानों ने जमींदारों का विरोध किया। अवैध उगाहियों के जरिए उनकी लूट-खसोट करने की अनेक चेष्टाओं को सफल नहीं होने दिया। कल्यानबीघा में रामलखन के पिता और बख्तियारपुर में रामलखन ने इर्द-गिर्द के गाँवों में किसान विरोध के विस्फोटों को देखा और किसानों के इस विरोध को प्रेरित करनेवाले सोशलिस्टों तथा कम्युनिस्टों के साथ उनकी सहानुभूति थी, लेकिन उनमें से किसी ने भी अपनी सोच को कांग्रेस के परे रखने और वामपंथी विचारधारा को अपनाने का प्रयास नहीं किया। इसका कारण यह हो सकता है कि कल्यानबीघा में उन्हें बहुत कम लूट-खसोट और दमनात्मक जमींदारी के दौर से गुजरना पड़ा था। दूसरा कारण यह भी था कि उनकी पट्टेदारी सुरक्षित रही। तीसरा कारण वर्ग हित से संबंधित हो सकता है : वे खेतिहर मजदूरों को उन अछूत जातियों से लेते थे जिनके हित की रक्षा के लिए वामपंथी विशेषकर कम्युनिस्ट लड़ रहे थे और उन्हें अपने हक का दावा करनेवाला तथा विद्रोही बनाने की धमकी दे रहे थे।

रामलखन के मामले में, इन सभी कारणों के अलावा एक बात और जुड़ गई थी; बख्तियारपुर में एक देशी डॉक्टर के रूप में उनका दरजा शहरी मध्य वर्ग तक उठ गया था जिसके लिए वह स्वयं जिम्मेदार थे। रामलखन ने कम्युनिस्टों से—समाजवादियों अर्थात् सोशलिस्टों से भी दूरी बनाए रखी। हालाँकि कांग्रेस के साथ उनके पुराने संबंध के नाते अधिकतर प्रांतीय एवं स्थानीय सोशलिस्ट

नेताओं को वे जानते थे, उनसे परिचित थे। अंततः 1930 और 40 के दशक में वे क्रांतिकारी राजनीतिक एवं धार्मिक परिवर्तन की विचारधारा से हटने लगे और 1950 तथा 60 के दशक में सामाजिक समानता को अपना मुख्य दृष्टि-बिंदु बनाते हुए यथास्थिति के सुधारों की विचारधारा से जाकर मिल गए। सोशलिस्टों ने अपने बैनर तले जब निचली जातियों को संगठित किया—जिनमें कुर्मी जाति के लोग भी शामिल थे, जो कई दशकों से जीवन के विभिन्न क्षेत्रों में उच्च जाति की प्रधानता से लड़ रहे थे—तब भी रामलखन एक कांग्रेसी बने रहे और उनमें शामिल नहीं हुए।

बाद में भी, जब रामलखन ने कांग्रेस को सबक सिखाने के इरादे से कांग्रेस छोड़ दी, तब भी उन्होंने अपना उद्देश्य पाने के लिए समाजवादियों के साथ जाने के बजाय एक बहुत ही कट्टर सामंतवादी और दक्षिणपंथी पार्टी में शामिल होना बेहतर समझा। यह बदलाव सैद्धांतिक नहीं था, बल्कि अवसरवादी और अल्पकालिक था। यह कांग्रेस के प्रांतीय नेतृत्व के विरुद्ध आक्रोश का एक विस्फोट मात्र था। यह आक्रोश शांत हो जाने के बाद करीब एक वर्ष बीतने पर वह फिर कांग्रेस में वापस आ गए।

अपने पिता के विपरीत, नीतीश एक अटल, दृढ़निश्चयी सोशलिस्ट के रूप में बड़े हुए। हाई स्कूल की पढ़ाई के दौरान ही वह धीरे-धीरे समाजवादी नेता राममनोहर लोहिया के सामाजिक समानता के विचारों की ओर खिंचने लगे थे। लोहिया का कहना था कि पिछड़े वर्गों, स्त्रियों, अछूतों और जनजातियों के प्रति सकारात्मक भेदभाव होना चाहिए और शिक्षा तथा प्रशासन में अंग्रेजी के स्थान पर मातृभाषा को प्रमुखता दी जानी चाहिए।

उनके इस खिंचाव की शुरुआत कांग्रेस से विकर्षण के साथ हुई, क्योंकि कांग्रेस के मंत्रीगण, चाहे केंद्र में हों या राज्य में, अपनी ऐसी छवि प्रस्तुत कर रहे थे जैसे उन्हें गुणगान सुनने के अलावा जनहित की कोई परवाह नहीं रह गई थी। नीतीश, जो अखबारों में इसके बारे में पढ़ते रहते थे और इधर-उधर से सुनते भी रहते थे, कभी-कभी अपने पिता से इस बहस में उलझ जाते कि वह कैसे एक ऐसी राजनीतिक पार्टी का समर्थन करते रह सकते हैं, जो कभी निस्वार्थ लोगों का एक संगठन हुआ करती थी और अब इतनी नीचे गिर गई है कि लोग उसे छल-प्रपंच रचनेवाले स्वार्थी लोगों का संगठन कहने लगे हैं। रामलखन अपने घर पर नियमित रूप से इकट्ठा होने वाले अधिकतर कांग्रेसी एवं परिचितों की तरह पलटवार करते हुए नेहरू के 'नकली समाजवाद' के बारे में लोहिया की अपमानजनक, 'अशोभनीय' टिप्पणियों तथा नेहरू सरकार की नीतियों के विरुद्ध उनके बेलगाम, लड़ाकू विरोध-प्रदर्शनों का हवाला देते। यह सुनकर नीतीश अपने महान् राजनीतिक गुरु के बचाव में और आक्रामक हो जाते। रामलखन ने कभी अपने बेटे को चुप हो जाने या उनकी राजनीतिक विचारधारा का अनुसरण करने के लिए बाध्य नहीं किया। वह सदैव एक अच्छे पिता बने रहे और उन्हें अपने किशोरवय बेटे की राजनीतिक बकबक से ज्यादा उसकी शिक्षा-दीक्षा की चिंता रहती थी।

नीतीश भी अपने पिता से बहुत प्यार करते थे और उन्हें बहुत आदर देते थे : राजनीतिक

विचारों पर तकरार को छोड़कर उन्होंने कभी अपने पिता की अवज्ञा नहीं की और न ही कभी अपमान किया। इसके विपरीत, अनजाने में ही, उनके अंदर अपने पिता के अनेक गुण आ गए थे : हिंदू मूर्ति पूजन और कर्मकांड में आर्य समाजी अविश्वास, सादा जीवन, मितव्ययिता, स्वच्छ वस्त्रों और रहन-सहन के स्वच्छ वातावरण से प्यार, परोपकार की भावना बनाए रखना और निठल्ले-निकम्मों का तिरस्कार।

तथापि, राजनीतिक दृष्टि से, यह एक ही छत के नीचे दो अलग-अलग विचारधाराओं के सह-अस्तित्व का ज्वलंत उदाहरण था—एक परिपक्व और दृढ़-निश्चयी, दूसरा उदीयमान और तिस पर भोला-भाला। तदपि, उसका श्रेय भी उनके पिता को जाता है जिन्होंने कांग्रेस के विशिष्टतासूचक सहनशीलता एवं समझौते के सिद्धांत का पालन किया। यह मनोवृत्ति अनजाने में नीतीश के चरित्र में भी उतर गई और आगे चलकर उनके व्यक्तिगत एवं राजनीतिक स्वभाव का एक हिस्सा बन गई। नीतीश, अपने पिता की भाँति, कभी अतिवादी नहीं बनेंगे, यह बात उन्हें बाद में समझ आई, क्योंकि टुकड़ों में विभाजित राज्य व्यवस्था के साथ भारत जैसे विविधतापूर्ण देश में राजनीति करने के लिए यह अनिवार्य शर्त थी।

उसी सिद्धांत पर चलते हुए, उनके पिता का स्वभाव इस तरह का बन गया कि समाज में सबको साथ लेकर चलना चाहिए। 1940 के दशक के मध्य में, जब वह बख्तियारपुर में श्रीगणेश हाई स्कूल तथा श्रीगणेश संस्कृत स्कूल की स्थापना करने के पीछे प्रेरक शक्ति बने, उस समय वह केवल अपनी कुर्मी जाति के बच्चों के बारे में नहीं सोच रहे थे, बल्कि सभी जातियों के बच्चों के भविष्य के बारे में भी सोच रहे थे जिनमें यादव भी शामिल थे जिनका उस शहर और पास-पड़ोस के गाँवों में बाहुल्य था। यह सब इस तथ्य के बावजूद हुआ कि स्कूलों के भवन-निर्माण और अध्यापकों के वेतन के लिए अधिकांश धनराशि बख्तियारपुर अनाज-मंडी के कुर्मी व्यापारियों तथा कमीशन एजेंटों (आढ़तियों) द्वारा मुहैया कराई गई थी। अध्यापक के साथ-साथ विद्यार्थी भी भिन्न-भिन्न जातियों के थे। उन्होंने जाति का विचार लिए बिना, निर्धन परिवारों से आए बच्चों को, इन स्कूलों में नाममात्र की फीस पर दाखिला लेने और पढ़ाई करने में मदद की।

उनके पिता ने अपनी जातिगत पहचान को अपने राजनीतिक जीवन से हमेशा अलग रखा, अपनी जाति के राजनीतिक कार्यक्रमों में कभी हिस्सा नहीं लिया और शायद यही कारण था कि नीतीश की भी जाति-केंद्रित राजनीतिक तथा सामाजिक गतिविधियों में कभी रुचि नहीं रही। वह कुर्मी समर्थकों के शत्रु नहीं थे, लेकिन स्वयं को उनमें शामिल भी नहीं करते थे। पिता और पुत्र दोनों के मामले में इसका आंशिक कारण यह भी हो सकता है कि उनके जीवन में आर्थिक एवं सामाजिक असुरक्षा का अभाव था। वे अवधिया थे, कुर्मियों की एक उपजाति, जो खुद को मूलतः ब्रितानवी अवध—उत्तर प्रदेश में आज का लखनऊ और आसपास के जिले का मानते हैं और उस समय वे बिहार में कुर्मी उपजातियों के बीच आर्थिक, सांस्कृतिक और शैक्षिक रूप से सबसे आगे थे। हालाँकि सभी कुर्मियों को बहुत अच्छा काश्तकार माना जाता था, किंतु अवधियों को यह गर्व था कि

उनकी जाति के कई सदस्य पेशे से वकील हैं, अध्यापक हैं और कॉलेज प्रिंसिपल भी हैं। प्रगतिशील अवधिया समुदाय उच्च जाति के तरक्की-शुदा लोगों से ईर्ष्या करता था, लेकिन सिर्फ इसलिए कि उस वर्ग द्वारा इस समुदाय को अपना हिस्सा नहीं माना जाता था। कोई वर्ग संघर्ष नहीं था, सिर्फ एक प्रतिस्पर्धा की भावना थी यह कि उच्च जातियों ने भूपटल पर प्रभुत्व जमा रखा है और उन्हें अब 'हमारे लिए जगह अवश्य' बनानी चाहिए।

मुकाबला बख्तियारपुर में था और उसके इर्द-गिर्द भी था। स्कूल में पढ़ने-बढ़ने के दौरान नीतीश जाने या अनजाने में इस प्रतिस्पर्धा में शामिल हो गए होंगे, क्योंकि वह पढ़ने में बहुत होशियार थे और बड़े हाजिरजवाब भी थे। यह प्रतिस्पर्धा उच्च जाति के विद्यार्थियों के साथ शिक्षा स्तर पर बनी रही; नीतीश का मुकाबला उनसे रहता था और उनका नीतीश से, लेकिन इसमें वह शत्रुता नहीं थी जो बिहार के अनेक भागों में देखी जाती थी जहाँ उच्च जातियाँ निचली जातियों के बच्चों को स्कूल से बाहर रखने के लिए डराने-धमकाने और जोड़-तोड़ के तरीकों का इस्तेमाल किया करती थीं। उच्च जातियों द्वारा भयभीत करने के प्रयास किसी उस शहर में नहीं किए जा सकते थे जहाँ उनके पिता की सामाजिक एवं राजनीतिक क्षेत्रों में मौजूदगी को अत्यधिक महत्त्व दिया जाता था और एक शैक्षिक मिशनरी (शिक्षा प्रचारक) के रूप में उनकी प्रतिष्ठा थी। नीतीश को उदार एवं जाति तटस्थ मनोवृत्ति अपने पिता से मिली थी और यह मनोवृत्ति उनके अंदर इसलिए भी कायम रही, क्योंकि उनको शिक्षा से वंचित रखने के लिए उच्च जाति कोई साजिश नहीं रच सकी। तथापि, 1960 के दशक में बड़े हो रहे किसी व्यक्ति के लिए निचली जातियों की इस सुस्पष्ट लालसा की उपेक्षा करना मुश्किल था कि उच्च जातियों के हजारों वर्षों से चले आ रहे प्रभुत्व को तोड़कर वे अब उनके चंगुल से मुक्ति पाना चाहती हैं। निचली जातियों को हिंदुओं के अन्यायपूर्ण श्रम विभाजन का मुख्य शिकार बनाया गया, क्योंकि इस श्रम विभाजन के अंतर्गत सभी शारीरिक दासोचित कार्य निचली जातियों को सौंपे गए और मानसिक श्रम के सभी कार्यों को उच्च जातियों ने अपने लिए रख लिया था। उत्पीड़न की मारी ये जातियाँ अब उन पदों पर भरती के लिए ललक रही थीं जहाँ वे अपने जीविकोपार्जन के लिए अपनी बुद्धि का इस्तेमाल कर सकें।

अनेक विद्वान् बीसवीं सदी के प्रारंभिक दशकों में जातिगत संगठनों के जरिए निचली जातियों की लामबंदी को एक सांस्कृतिक आंदोलन के रूप में देखते हैं। लेकिन यह वस्तुतः एक आर्थिक आंदोलन था जिसका लक्ष्य उत्पादन के साधनों, विशेषकर भूमि, पर उच्च जातियों के नियंत्रण को तोड़कर और सामाजिक श्रम विभाजन के निष्ठुर ढाँचे को ध्वस्त कर उच्च जातियों के घनिष्ठ तंत्र को नष्ट करना था। जनेऊ धारण करने, अपनी जातियों के राजसी और संग्रामी प्रताप के पुराणों का बखान करने जैसे सांस्कृतिक प्रतीकों का प्रयोग केवल स्वाभिमान को बढ़ावा देने, जोश-उत्साह को ऊँचा बनाए रखने, धीरे-धीरे निचली जातियों के नियतिवाद को सान चढ़ाने के उद्देश्य से किया जाता था। ये अस्तित्व को बनाए रखने के साधन थे, न कि अस्तित्व का मार्ग।

1960 के दशक में नीतीश ने निचली जातियों की जो उभरती लहर देखी, वह कोई अचानक

हुआ विस्फोट नहीं था, बल्कि पहले से चला आ रहा एक सिलसिला था, एक निरंतरता थी। यह लहर निचली जाति आंदोलन का तीसरा चरण था और हमें बीसवीं सदी में बाद के दशकों में और भी कई दौर देखने थे। जाति संगठन की अगुआई में हुआ आंदोलन पहला चरण था, जो 1880 के दशक से लेकर 1920 के दशक तक जारी रहा। फिर 1930 और 1940 के दशक में त्रिवेणी संघ के नेतृत्व में राजनीतिक लामबंदी के साथ दूसरा दौर चला। आंदोलन का पहला दौर आर्थिक और राजनीतिक था, सांस्कृतिक नहीं था, इसका प्रमाण त्रिवेणी संघ ने कुर्मियों, यादवों और कोइरियों के जातिगत संगठनों के उभरकर आने के साथ दिया जो उस राजनीतिक जगह को पाने के लिए दावा कर रहे थे जिससे कांग्रेस ने उन्हें वंचित रखा था—पहले दौर के आंदोलन ने दूसरे दौर के लिए आधार प्रदान किया।

उस समय के प्रांतीय कांग्रेस नेतागण आज के कांग्रेसी नेताओं जैसे नहीं थे जो सारे समय लोगों से दूर रहते हैं और चुनावों से दो-चार महीने पहले अपना चेहरा दिखाने आते हैं, वे जनता को स्वतंत्रता संग्राम के लिए एकजुट करने के लिए प्राय: देशव्यापी भ्रमण किया करते थे। जैसे ही उन्होंने निचली जातियों को सत्ता के लिए ललकते देखा, इन जातियों के अधिकाधिक लोगों को उन्होंने पार्टी संगठन में उपलब्ध पदों पर भरती करना शुरू कर दिया, लेकिन अभी भी उन्होंने इन लोगों को नगर निकायों, जिला बोर्डों तथा प्रांतीय विधान मंडल या मंत्रालयों में सत्ता के पद देने में बहुत ही अनुदारता का परिचय दिया। निचली जातियाँ दो धाराओं में बँट गई थीं : एक धारा कांग्रेस के अंदर रहने और अधिक व्यापक प्रतिनिधित्व पाने की लड़ाई जारी रखने की नीति का पालन कर रही थी और दूसरा धड़ा बाहर रहकर स्वतंत्र रूप से राजनीतिक जमीन पाने के लिए दावा कर रहा था।

रामलखन, जिन्होंने पहला दौर देखा था और परोक्ष रूप से प्रभावित होकर आर्य समाज तथा कांग्रेस में शामिल हुए थे, दूसरे दौर में भी कांग्रेस में बने रहे। हालाँकि उनके जिले के कुर्मियों, यादवों और कोइरियों की एक बड़ी तादाद की सहानुभूति त्रिवेणी संघ के साथ थी। 1937 में विधान सभा चुनावों में उनकी सहानुभूति का पलड़ा उस समय संघ की तरफ भारी हुआ जब कांग्रेस ने बाढ़ निर्वाचन क्षेत्र (जिसमें बख्तियारपुर भी शामिल था) से नामांकन के लिए प्रमुख स्थानीय कुर्मी नेता देवशरण सिंह के बजाय एक भूमिहार, शीलभद्रयाजी (जिन्हें रामलखन ने करीब एक वर्ष पहले जिले से कांग्रेस प्रतिनिधि-मंडल के चुनाव में हराया था) को तरजीह दी। चौदह वर्ष बाद, कांग्रेस ने पटना पूर्व से लोकसभा सीट के लिए रामलखन के बजाय एक भूमिहार, तारकेश्वरी सिन्हा को चुनकर और राज्य विधान सभा के लिए बख्तियारपुर की सीट भी उनको न देकर रामलखन के साथ वही बरताव किया जो देवशरण सिंह के साथ किया था। फिर भी, जब तक यह हुआ, रामलखन कांग्रेस में बने रहे और पार्टी में अन्य लोगों की तरह वह भी यह देखकर बहुत खुश थे कि 1937 में त्रिवेणी संघ के सभी उम्मीदवार हार गए।

बिहार को एक प्रांत के रूप में बंगाल से अलग किए जाने के आरंभिक वर्षों, विशेषकर 1912 में कांग्रेस में कायस्थों की प्रधानता थी। चारों उच्च जातियों में से यह जाति शैक्षिक रूप से सबसे

आगे थी। लेखन कार्य में कायस्थों को महारत हासिल थी। यही कारण था कि मुसलमानों और अंग्रेजों के शासन के दौरान अभिलेखन कार्य सचिवीय सेवाओं, लिपिक संबंधी कार्यों और सामान्य प्रशासन के लिए भरती में उन्हें सबसे अधिक पसंद किया जाता था। इस जाति से आए जमींदारों, संपत्ति प्रबंधकों, वकीलों, शिक्षकों और विद्यार्थियों ने 'अलग प्रांत' के लिए आंदोलन और बिहार में कांग्रेस को संगठित करने के पहले चरण को शक्ति और गति प्रदान करने में महत्त्वपूर्ण भूमिका निभाई। गांधी 1917 में जब उत्तरी बिहार में चंपारन के किसानों की स्थिति की जाँच करना और उनके विचारों को दर्ज करना चाहते थे, उस समय उनकी सहायता के लिए गठित समूह में प्रमुखतः यही लोग थे। काररवाई की किसी योजना के बारे में निर्णय करने से पहले गांधी सर्वप्रथम यह पता लगाना चाहते थे कि नील का व्यवसाय करने वाले यूरोपीय बागान मालिक किस तरह किसानों का शोषण और उत्पीड़न कर रहे थे।

तथापि, राष्ट्रीयता पर कायस्थों का एकाधिकार नहीं हो सकता था। स्वतंत्रता संग्राम ने जन-जन को सींचा और सभी जातियों से नेताओं का उदय हुआ; 1940 के दशक तक भूमिहारों और राजपूतों ने कांग्रेस नेतृत्व से कायस्थों को हटा दिया। कांग्रेस में भूमिहारों और राजपूतों के दो अलग-अलग खेमे थे—भूमिहारों का नेतृत्व श्रीकृष्ण सिन्हा कर रहे थे, जो स्वतंत्रता प्राप्ति के उपरांत बिहार के पहले मुख्यमंत्री बने और राजपूतों की अगुआई अनुग्रह नारायण सिन्हा कर रहे थे, जो श्रीकृष्ण सिन्हा के मंत्रिमंडल में वित्त मंत्री बने—सत्ता के लिए दोनों का आपस में मुकाबला था।

श्रीकृष्ण सिन्हा और अनुग्रह ऐसे भारतीय राजनीतिज्ञों की उदार नस्ल की द्विविधता के प्रतीक बने, जिन्होंने अपनी सत्ता की इमारत जाति की ईंटों से बनाई। सरकार के नेताओं की हैसियत से, उन्हें अकसर अपनी जाति की इच्छाओं के विपरीत और समाज तथा राष्ट्र के व्यापक हित को ध्यान में रखकर निर्णय लेने पड़े। फिर भी, उन्होंने अपनी जाति का आधार मजबूत करने और अन्य दो उच्च जातियों—कायस्थों एवं ब्राह्मणों के छोटे-छोटे गुटों को आमंत्रित करने तथा निचली जातियों को भी अपने बड़े गुटों में शामिल करने के लिए अकसर अनुचित दाँवपेच अपनाए। प्रतिष्ठित हो या महत्त्वाकांक्षी, कोई भी प्रांतीय या स्थानीय नेता किसी भी चुनाव के दौरान दोनों गुटों में से किसी एक के समर्थन के बिना पार्टी का नामांकन पाने की आशा नहीं कर सकता था। श्रीकृष्ण सिन्हा तथा अनुग्रह वाले धड़ों ने कांग्रेस विधानमंडल पार्टी में अपने सदस्यों की संख्या एक-दूसरे से अधिक करने के इरादे से प्रत्याशियों को चुना, ताकि वे अपना-अपना बहुमत जुटा सकें और अंततः मुख्यमंत्री की गद्दी हासिल कर सकें।

1951-52 के लिए चुनाव सूची से रामलखन का नाम निकाल दिया गया, क्योंकि पटना में कांग्रेस के दोनों परस्पर विरोधी गुटों में से किसी को भी, राज्यभर में अपने गुटों के अंदर, सभी जातियों, विशेषकर उच्चजातियों को 'यथोचित प्रतिनिधित्व' देने की अपनी समग्र रणनीति में रामलखन कहीं ठीक से फिट होते नजर नहीं आए। अतः उन्होंने आपस में यह समझौता कर लिया कि पूर्वी पटना (बाद में बाढ़ नाम से ज्ञात) लोकसभा सीट के लिए एक भूमिहार प्रत्याशी

तारकेश्वरी सिन्हा और बख्तियारपुर विधान सभा सीट के लिए एक कायस्थ प्रत्याशी सुंदरी देवी (स्वर्गीय प्रधानमंत्री लाल बहादुर शास्त्री की बहन) को खड़ा करना ठीक रहेगा। तारकेश्वरी सिन्हा तब बहुत जवान थीं, उनकी आयु तीस वर्ष से भी कम थी और वह स्वतंत्रता संग्राम में हिस्सा ले चुकी थीं, लेकिन उनका चयन वस्तुतः इसलिए हुआ, क्योंकि श्रीकृष्ण सिन्हा का गुट उनकी बहुत तरफदारी कर रहा था। सुंदरी देवी भी एक स्वतंत्रता सेनानी रह चुकी थीं, लेकिन बख्तियारपुर में लोग उन्हें ज्यादा नहीं जानते थे।

रामलखन को बहुत दुःख पहुँचा, फिर भी गुट के नेताओं ने जब उन्हें यह भरोसा दिलाकर बहुत मनाया कि अगले चुनाव में एक सीट अवश्य दी जाएगी, उन्होंने इसे भी एक कांग्रेसी के अनेक बलिदानों में से एक समझते हुए, सुंदरी देवी को हर हालत में विजयी बनाने की ठानकर सुंदरी देवी के पक्ष में पूरे मन से चुनाव प्रचार किया और वह चुनाव जीत गईं।

वह कांग्रेस छोड़ सकते थे और एक निर्दलीय प्रत्याशी के रूप में चुनाव लड़ सकते थे, जैसाकि टिकट न मिलने के कारण अनेक कांग्रेसियों ने किया। लेकिन वह एक निष्ठावान् और समर्पित सिपाही बने रहे। श्रीकृष्ण सिन्हा और अनुग्रह के गुटों ने जैसे ही 1957 के चुनावों के लिए अपने-अपने प्रत्याशियों की सूची बनानी शुरू की, रामलखन ने उन्हें अपना वचन याद दिलाया; किसी ने उनकी बात नहीं सुनी। तारकेश्वरी सिन्हा और सुंदरी देवी को दुबारा नामजद किया गया। उनके धैर्य का बाँध टूट गया और उन्होंने दोनों धड़ों को सबक सिखाने की ठान ली।

अन्य स्थानीय कांग्रेस कार्यकर्ता भी उनके साथ हो लिए। उनमें आचार्य जगदीश नाम के एक राजपूत भी शामिल थे जिन्होंने खुद भी कांग्रेस से टिकट पाने की पेशकश की थी, लेकिन उसे ठुकरा दिया गया था। उन्होंने कांग्रेस छोड़ दी और रामगढ़ के राजा के नेतृत्ववाली जनता पार्टी में शामिल हो गए। बख्तियारपुर में आचार्य जगदीश जनता प्रत्याशी बने, फतुहा विधान सभा निर्वाचन क्षेत्र से केशव प्रसाद प्रत्याशी थे—यह निर्वाचन क्षेत्र अनुसूचित जाति के लिए आरक्षित था और रामलखन बाढ़ क्षेत्र से जनता प्रत्याशी थे। उन्हें अच्छी तरह मालूम था कि कांग्रेस के सभी मतदाताओं को अपनी तरफ खींचना आसान नहीं होगा; व्यापक तौर पर जनता का झुकाव अभी भी उस पार्टी की ओर था जिसने उन्हें आजादी दिलाई थी, फिर भी उनको उम्मीद ही नहीं, बल्कि यकीन भी था कि वे कठिन परिश्रम करके यथासंभव अधिक-से-अधिक कांग्रेसी वोट काटने में कामयाब होंगे, ताकि उन सीटों पर अगर वे खुद न जीतें, तो कोई दूसरी पार्टी जीत जाए, लेकिन कांग्रेस न जीत पाए।

अपनी दृष्टि में वे खुद वोट-कटवइए (वोट-विभाजक) थे और उन्होंने सबसे अधिक ध्यान बख्तियारपुर तथा फतुहा पर लगाए रखा, क्योंकि उन्होंने हिसाब लगा लिया था कि इन निर्वाचन क्षेत्रों में कांग्रेस से असहमत मतदाताओं के अधिकतर वोट रामलखन की वैयक्तिक लोकप्रियता के आधार पर उनके पाले में आ जाएँगे। रामलखन को पता था कि वह बाढ़ निर्वाचन क्षेत्र में कांग्रेस के बहुत कम वोट काट सकेंगे, विशेषकर इसलिए कि नेहरू मंत्रिमंडल में एक जूनियर मंत्री के रूप में

तारकेश्वरी सिन्हा का कद काफी बड़ा हो गया था। उन्होंने संसद् के अंदर और संसद् के बाहर अपनी प्रभावी भाषण कला से सबको मुग्ध कर दिया था। बाढ़ में दो या तीन सभाओं को रामगढ़ के राजा ने संबोधित किया था और रामलखन ने भी अपनी कुछ सभाएँ आयोजित की थीं, लेकिन उन्होंने अपना अधिकांश समय और ऊर्जा बख्तियारपुर और फतुहा में लगाया, वह जानते थे कि वहाँ उनकी अपनी लोकप्रियता से वह और राजपूत जाति के समर्थन से आचार्य जगदीश, दोनों मिलकर बड़ा अंतर डाल सकते हैं।

तीनों निर्वाचन क्षेत्रों से नतीजे वही निकले जैसा अनुमान किया गया था। बाढ़ में तारकेश्वरी सिन्हा के पक्ष में पड़े 47 प्रतिशत, करीब 79,000 वोटों की तुलना में रामलखन को केवल 5.6 प्रतिशत, लगभग 9,500 वोट प्राप्त हुए, लेकिन वह अपने उद्देश्य में सफल हो गए। बख्तियारपुर में सुंदरी देवी हार गईं; आचार्य जगदीश ने कांग्रेस के वोट काटकर सोशलिस्ट पार्टी प्रत्याशी शिव महादेव प्रसाद को जिता दिया और फतुहा में केशव प्रसाद चुनाव जीत गए।

वर्षों बाद, नीतीश ने बाढ़ में अपने पिता की हार का बदला ले लिया; उन्होंने तारकेश्वरी सिन्हा की लगातार चार सफलताओं का रिकॉर्ड तोड़ दिया जब वह 1989, 1991, 1996, 1998 और 1999 में लगातार विजयी रहे। विभिन्न पार्टियों के बैनर तले चुनाव लड़ने के बावजूद दस वर्षों में हुए हर चुनाव में उन्हें सर्वाधिक वोट प्राप्त हुए : पहले उन्होंने जनता दल प्रत्याशी के रूप में चुनाव लड़ा, फिर समता पार्टी के प्रत्याशी रहे और उसके बाद जनता दल (यूनाइटेड) की ओर से मैदान में उतरे। निस्संदेह ये सभी पार्टियाँ वस्तुतः समाजवादी गुट थे, जो बिखरे और पुनः संगठित हुए; इन सभी गुटों ने लोहिया और जयप्रकाश नारायण के विचारों से प्रेरणा पाई थी।

1980 के दशक तक लोहिया के नेतृत्व में गठित 1950 के दशक की सोशलिस्ट पार्टी समाप्त हो गई थी; उसके बिखरे हुए जो कुछ अंश रह गए थे उनमें लोहिया के समाजवाद का लड़ाकू सक्रियतावाद अब नहीं था और अन्य पार्टियों की तरह उनका ध्येय भी सिर्फ चुनाव लड़ना रह गया था। इस पतन की शुरुआत 1967 में लोहिया की मृत्यु के कुछ महीनों के बाद ही हो गई थी जब बिहार में पहली बार समाजवादी सत्ता में आए। इसके बारे में प्रतिष्ठित वामपंथी इतिहासकार विपिन चंद्र लिखते हैं कि यह आत्यंतिक दक्षिणपंथियों और वामपंथियों का एक 'बेतरतीब गठजोड़' था जिनका एक ही उद्देश्य था—कांग्रेस शासन की अनंतता को समाप्त करना।

समाजवादियों को वैधानिक (सिविल) सक्रियतावाद के जरिए क्रांतिकारी परिवर्तन लाने के लिए लोहिया की विचारधारा का पाठ पढ़ाया गया था, जो सरकारी तंत्र के जरिए नियोजित परिवर्तन के बारे में नेहरू की विचारशैली के विपरीत था। अतः उनकी सूझ-बूझ इस मामले में कम पड़ गई कि राज्य सरकार का संचालन किस तरह किया जाना चाहिए। वे भूल गए कि संघीय व्यवस्था अर्थात् शासन-प्रणाली के अंतर्गत राज्य सरकार को केंद्र सरकार का अनुसरण करना होता है और केंद्र सरकार की बागडोर अभी कांग्रेस के हाथों में थी। उनकी मुश्किलें तब और बढ़ गईं जब पार्टी के अंदर उच्च जाति और निचली जाति के गुटों में अंदरूनी कलह शुरू हो गई और जिन लोगों को

मंत्री नहीं बनाया गया था उन्होंने सत्ता की कुरसी न मिलने के कारण अलग जहर उगलना शुरू कर दिया था। स्थिति इस कदर नारकीय हो गई कि सरकार के अंदर दक्षिणपंथी और कम्युनिस्ट साझेदारों ने अपने-अपने कार्यक्रमों को आगे बढ़ाना शुरू कर दिया।

कांग्रेस कुटिल मुसकान के साथ संयुक्त मोर्चा अर्थात् यूनाइटेड फ्रंट सरकार के आंतरिक कलह को देखती रही और उसे शीघ्र ही इस सरकार को गिराने का मौका मिल गया जब मुख्यमंत्री पद के लिए ललचा रहे एक प्रमुख समाजवादी मंत्री, बिंदेश्वरी प्रसाद मंडल ने विधायकों के एक गुट के साथ समाजवादी खेमा छोड़ दिया। कांग्रेस ने मंडल को समर्थन देने की घोषणा कर दी और वह मुख्यमंत्री बन भी गए। यह दूसरी बात है कि जहाँ पहुँचने के लिए उन्होंने महीनों तक चिल्ल-पों मचाए रखी, उस कुरसी पर वह एक महीने से अधिक नहीं टिक पाए।

□

3

राजनीतिक शुरुआत

ശശ * ജജ

हम कॉलेज के प्रथम वर्ष में थे जब पहली गैर-कांग्रेस सरकार गिरी और हमने एक महीने के अंदर ही बी.पी. मंडल का सिंहासन पर चढ़ना और नीचे उतरना देखा; फिर भोला पासवान शास्त्री की बारी आई। उन्हें भी गद्दी पर चढ़ने के तीन माह के अंदर ही गद्दी छोड़नी पड़ गई। नीतीश जो प्री-विश्वविद्यालय वर्ष के दौरान पटना साइंस कॉलेज में पढ़ते हुए, लोहिया की संयुक्त सोशलिस्ट पार्टी (एस.एस.पी.) के एक संगठन, समाजवादी युवजन सभा के सदस्य बन गए थे, इस स्थिति को देख बड़े लज्जित हुए और हमसे कुछ कह नहीं सके।

उनका कोई भी मित्र लोहिया समर्थक नहीं था और हम 'समाजवादी लोलुपता' के 'दैनिक उदाहरणों' का हवाला दे-देकर उनकी हँसी उड़ाया करते थे। नीतीश स्वयं राज्य के समाजवादी नेताओं के कोई बड़े प्रशंसक नहीं थे। उनके साथ नीतीश की अभी तक कोई घनिष्ठता नहीं हुई थी; और वह उन छात्र सदस्यों में से नहीं थे जो पार्टी नेताओं के दफ्तरों तथा घरों के चक्कर लगाया करते थे और उत्सुकता से किसी धर्मपिता की तलाश में, किसी एक या दूसरे नेता के दल में शामिल हो जाते थे। समाजवादी युवजन सभा (एस.वाई.एस.) के एक सदस्य के रूप में भी, वह पटना विश्वविद्यालय की छात्र राजनीति में उतनी सक्रियता से शामिल नहीं हुए जितनी सक्रियता से संगठन के कुछ प्रमुख नेतागण उसमें कूद गए थे। उन्होंने खुद को अपने कॉलेज तक ही सीमित रखा।

नीतीश के घनिष्ठ मित्रों की बात अलग थी। नीतीश के पिता एक शौकिया राजनीतिज्ञ थे, इसी कारण उस पर राजनीति का रंग हमसे कहीं ज्यादा चढ़ा हुआ था। लेकिन कॉलेज की पढ़ाई के तीसरे वर्ष में कदम रखने तक नीतीश का राजनीति को अपनी जीविका बनाने का कोई इरादा नहीं था। नीतीश का स्कूल बोर्ड रिकॉर्ड हमारे रिकॉर्ड से बेहतर था। अच्छे अंकों की वजह से ही उन्हें

150 रु. प्रतिमाह की राष्ट्रीय मेधा छात्रवृत्ति (नेशनल मेरिट स्कॉलरशिप) मिली थी। उस समय के हिसाब से यह काफी बड़ी रकम थी। जिस दिन उन्हें यह धनराशि मिलती उस दिन वह राजा हो जाते और हम सबको इकट्ठा करके सिनेमा दिखाने ले जाते, रेस्तराँ में खिलाते व कॉफी हाउस ले जाकर कॉफी पिलाते।

हाई स्कूल की पढ़ाई के दौरान नीतीश पर राजकपूर की फिल्में देखने का शौक चढ़ा हुआ था। राजकपूर ने अपनी फिल्मों में मुख्य नायक के रूप में महानगर में एक ठेठ देहाती मूर्ख की जो भूमिका निभाई, वह नीतीश को बहुत अच्छी लगती थी। यह एक ऐसे भोले-भाले, अनपढ़, गँवार की भूमिका थी जो शहर के अनैतिक, निर्मोही-निष्ठुर वातावरण को समझ नहीं पाता है, क्योंकि वह वातावरण उसके स्वभाव से बिलकुल भी मेल नहीं खाता है। नीतीश के स्कूल के दिनों का एक मित्र, मुन्ना सरकार बताता है कि नीतीश राजकपूर की कोई भी फिल्म तल्लीन होकर देखते थे और जब छोकरे सी-सी करते या सीटी बजाते या टीका-टिप्पणी करते, तो नीतीश को गुस्सा आ जाता था। दुष्टों, बुराई की ताकतों के खिलाफ लड़ते हुए भोले-भाले गँवई, देहाती की अंतिम जीत से नीतीश को कुछ प्रेरणा मिलती थी।

इसके अलावा, नीतीश को भावुक, कल्पनाप्रधान फिल्में देखना भी अच्छा लगता था। तब हमारे कॉलेज में छात्राएँ नहीं थीं और कैंटीन में चरगुट बैठकों में अधिकतर इस बात को लेकर विलाप होता था। नीतीश समेत, हम लोगों ने, प्रिंसिपल को ऐसा एक ज्ञापन देने की बात भी सोची कि स्त्री-पुरुष में समानता के उच्च सिद्धांत के आधार पर कॉलेज में लड़कियों को भी प्रवेश मिलना चाहिए। हम उस ज्ञापन में यह भी लिखना चाहते थे, ''कि सर, कॉलेज में लड़कियों के रहने से, लड़के भी शांत-गंभीर हो जाएँगे, अनुशासन में रहेंगे और पढ़ाई में अधिक ध्यान लगाएँगे।'' फिर वे कक्षा से बंक मारकर पड़ोस में पटना साइंस कॉलेज के चक्कर लगाने नहीं जाएँगे, जहाँ हर विभाग की हर कक्षा में काफी सारी लड़कियाँ होती हैं अथवा विश्वविद्यालय मार्ग पर विभिन्न कॉलेजों से रिक्शों में आती-जाती लड़कियों की झलक पाने के लिए कॉलेज मोड़ पर लोफरों की तरह खड़े रहना छोड़ देंगे।

लेकिन बिल्ली के गले में घंटी कौन बाँधे? सब लोगों की आँखें घूम-फिर कर नीतीश पर टिक जातीं। ''वही हमारा नेता है। वह एक चट्टान को भी हिला सकता है।'' फिर हँसी का फव्वारा फूट जाता और विषय बदल जाता। फिल्मों की बातें होतीं, निर्मम शिक्षकों, राजनीतिक भ्रष्टाचार, किसी मित्र की सनक या उसके झक्कीपन तथा मजेदार लतीफों से लेकर, हर तरफ गुंडों की बढ़ती ताकत तक की चर्चा होती और इन सब बातों के बीच, कोई-न-कोई एक गिलास-चाय के लिए चला आता और हम सबको किसी ऐसी खबर से चौंका देता : ''क्या तुम्हें पता है, कल दोपहर हमारे हॉस्टल के एक कमरे में एक लड़की थी?''

हमारे बीच कई लोगों की भृकुटि में बल पड़ गए। बिहार की इस चरम गरमी में, तप्त हवाओं से बचने के लिए लोग अपने घरों के खिड़की-दरवाजे बंद कर लेते हैं, हॉस्टल से भी कोई

बाहर नहीं निकलता है और सड़कें वीरान हो जाती हैं। ऐसे में किस रहस्यमयी लड़की की हिम्मत होगी कि जला डालनेवाली हवाओं का सामना करके और सूनी सड़कों से चलकर हॉस्टल के अंदर आए? ''वह जरूर वार्डन की बेटी के बारे में बात कर रहा होगा,'' कौशल ने विस्मय को खारिज करते हुए कहा। सारे लोग हँस पड़े। ''मैं वार्डन की बेटी की बात नहीं कर रहा हूँ,'' उस खबरू ने कहा। ''क्या कोई गलती से भी उसकी तरफ देखने का साहस कर सकता है? क्या तुम इतनी हिम्मत कर सकते हो? वार्डन तुम्हें बाहर सड़क पर फेंक देगा। तुम्हें कक्षाओं में भाग लेने के लिए रेलवे प्लेटफॉर्म से आना पड़ सकता है। जब एक नजर डालने की भी मनाही है, ऐसे में कमरे में बुलाने पर तो फाँसी पर लटका दिया जाएगा।'' भाइयो, मैं हमारे सहपाठी, हमारे सेक्स गुरु, स्वयंभू ठाकुर की बात कर रहा हूँ। एक जवान, खूबसूरत महिला 'व्यक्तित्व विकास' की पुस्तकें बेचने के लिए हॉस्टल के दरवाजे पर आई और हमारे गुरु ने कहा कि बाहर इतनी तेज गरमी में सौदेबाजी करना संभव नहीं है। ''क्यों न मेरे कमरे में आ जाएँ आप?'' उस लड़की से गुरु ने कहा। लड़की ने सोचा, 'यह कोई बुरा सुझाव नहीं है!'

सीधे स्वयंभू के मुँह से ही सारा किस्सा सुनने की जिज्ञासा में, हम पूरी शाम उन सभी जगह स्वयंभू को तलाशते रहे जहाँ वह मिल सकता था। अंत में जब हमने उसे खोज निकाला, वह खी-खी करने लगा। सारी कक्षा को पता था कि औरतों को पटाने में माहिर है, लेकिन वह एक डींगमार भी था। हमने उसे थप्पड़ जड़े और लतियाया भी। यह कहानी उसकी बनाई हुई थी।

पटना साइंस कॉलेज में नीतीश के प्री-विश्वविद्यालय वर्ष के बैच में लड़कियाँ थीं, लेकिन कैंपस का माहौल अभी भी दकियानूसी था। लड़कियाँ अध्यापक के पीछे कतार बनाकर कक्षा में आती थीं। वे आगे की बेंचों पर बैठती थीं और लड़के पीछेवाली बेंचों पर। प्रेम-प्रसंग होते अवश्य थे, किंतु बहुत कम। स्त्री चित्तचोर कभी-कभी कक्षाओं से गायब हो जाते और दूसरे लोग कुढ़ते रहते। नीतीश ने कभी किसी लड़की का पीछा नहीं किया, जिसका प्रमुख कारण तो यह था कि नीतीश संकोची स्वभाव के थे और दूसरी बात यह थी कि छोटे शहर के माहौल में पले-बढ़े होने के कारण उन्हें राज्य की राजधानी जैसे बड़े नगर में बड़ी हुई लड़कियों के साथ घुलने-मिलने में बड़ी हिचकिचाहट होती थी।

पटना साइंस कॉलेज के उनके दोस्तों का कहना है कि वह लड़कियों से या उनके बारे में शायद ही कभी बातें करते थे। उनका यह संकोच बिहार कॉलेज ऑफ इंजीनियरिंग में पढ़ाई के दौरान भी उनके साथ रहा। वह हमारे गंदे, अश्लील चुटकुलों पर खूब हँसते, लेकिन कभी किसी को बताते नहीं थे। हममें से अधिकतर लोगों के विपरीत, वह अनुराग या आक्रोश दरशाने के लिए कभी कलुषित, कामुक शब्दों का प्रयोग नहीं करते थे।

लेकिन वह जिंदगी में उतना ही रस लेते जितना कि हम सब : हम मिलकर फिल्में देखा करते, पटना में इधर-उधर घूमते, छोटे लेकिन मशहूर रेस्तराँओं में खाना खाते और चाँदनी रातों में एक नाव लेकर गंगा में सैर पर निकल जाते। माता-पिता से हमें जो मासिक खर्च मिलता, वह दूसरे

या तीसरे सप्ताह तक पूरा चुक जाता था और फिर हम अपने दोस्तों में उधार देनेवालों की खोज करने लग जाते। हमारे बीच नीतीश सबसे अधिक अमीर थे, उन्हें हर माह 150 रुपए अपने पिता से मिलते थे और 150 रुपए छात्रवृत्ति मिलती थी। स्कॉलरशिप अर्थात् छात्रवृत्ति की राशि नीतीश का और हमारा ठाठ-बाट बनाए रखती। अच्छे-अच्छे कपड़े पहनना, रिक्शों में शान से सवारी करना, फिल्में देखने जाना, समोसे और दोसे खाने जाना, किताबें और पत्रिकाएँ खरीदना—ये सब ऐसे रईसी ठाठ थे, जिनका खर्च उठाना हर एक के वश में नहीं था।

इन मौज-मस्तियों के बावजूद, नीतीश अपव्ययी नहीं थे। वह बहुत सोच-समझ कर खर्च करते थे, जबकि हम लोग बिना सोचे-समझे पूरा जेब-खर्च उड़ा देते थे। वह कोई भी चीज बस यूँ ही खरीदने के लालच में नहीं पड़ते थे। हमारे बीच एक नीतीश ही थे, जिन्हें कभी उधार लेने की जरूरत नहीं पड़ी।

हम कक्षाओं से रफूचक्कर हो जाते, घंटों गप्पें लड़ाते। दिन में हम अधिकतर कॉलेज कैंटीन में पाए जाते। शाम के समय जलपान के बाद हम हॉस्टल में एक कमरे में इकट्ठे होते जहाँ हम एक ड्राइंग बोर्ड का इस्तेमाल थपक देने के लिए तालवाद्य के रूप में करते और हिंदी फिल्मों के गीत गाया करते। हममें से अधिकतर लोग बेसुरे थे, न धुन अच्छी होती, न सुर अच्छा होता, लेकिन बहुत ही बेमेल और खरखरे कोरस में भी हमें मजा बहुत आता था।

वार्षिक परीक्षाओं से लगभग एक माह पहले हमें मौज-मस्ती से अलग रहने की सुध आती और हम पढ़ाई शुरू करने के लिए अपने-अपने कमरों में सिमट जाते। शब्दों की परिभाषाओं, संकल्पनाओं के अर्थों और उच्च गणितीय समस्याओं के अनगिनत बिच्छुओं से जूझते समय हमें पश्चाताप होता कि हम लेक्चरों में क्यों गैर-हाजिर रहे, क्यों हमने लैब में सारे टेस्ट उतने ध्यान से नहीं किए जितने मन से दूसरों ने किए थे और जो अब निश्चित रूप से हमसे बेहतर करनेवाले थे। यह सोचकर कि हमारा हश्र एक-जैसा होने जा रहा है, हम अपना ज्ञान आपस में बाँटते और एक के अंधकार को दूसरे के प्रकाश से कम करने का प्रयास करते। सहायता माँगने के लिए शिक्षकों के पास जाना खतरे का काम होता, क्योंकि वे पूछ सकते थे कि सारे साल तुम कहाँ थे और गंभीर-मना सहपाठियों के पास जाने में हमारी शान नीची होती थी, क्योंकि 'विस्तृत आकाश में विचरने का दम भरनेवाले' हम, उन लोगों को जीविका-की-तलाश में जुटा 'किताबी कीड़ा' समझते थे।

नीतीश, मैं, कौशल या नरेंद्र—हम चारों में से कोई भी इंजीनियरिंग की पढ़ाई में रुचि नहीं रखता था, क्योंकि इसके लिए हमारे माता-पिता ने हमें बाध्य किया था। अगर हमें हमारी मरजी पर छोड़ दिया जाता, तो हम कोई दूसरा विषय चुनते : कौशल, नरेंद्र और मैंने ह्यूमिनिटीज के साथ जाना और नीतीश ने भौतिकी या रसायन शास्त्र को चुनना अधिक पसंद किया होता, लेकिन हम जो कर रहे थे अपने माता-पिता की खातिर कर रहे थे। इसलिए हमने अपनी पढ़ाई पर उतना ही ध्यान दिया जितना औसत से अधिक अंक प्राप्त करने के लिए जरूरी था, लेकिन हमारे दिल में पैतृक अधिकार के विरुद्ध आग सुलगती रही। ''हम क्यों ऐसा कर रहे हैं ? सरकार भ्रष्ट है। सारे इंजीनियर भ्रष्ट हैं। हमारे माता-

पिता क्या चाहते हैं ? यही कि जाओ और डाकुओं की जमात में शामिल हो जाओ ?''

हम सारी सत्ता के खिलाफ थे; हम स्थापित व्यवस्था को ध्वस्त कर देना चाहते थे। हम जिस 'व्यवस्था' को मिटा देने का रोज संकल्प करते थे, उस 'व्यवस्था' में माता-पिता, प्राचार्य, राजनेतागण, सरकारी नौकर, व्यापारी और उद्योगपति, मंदिरों, मसजिदों और चर्चों में बैठे पुरोहित, रिक्शा चालकों की दिनभर की जी-तोड़ मेहनत की कमाई में से बड़ा हिस्सा हथियानेवाले रिक्शा मालिक आदि सभी शामिल थे। हालाँकि इस अध:पतन के कारणों और इसके उपचार का विश्लेषण करने में हमारे विचार अलग-अलग थे—नीतीश का विश्लेषण लोहिया के देशी विचारों से प्रभावित था और कौशल तथा मैं, मार्क्स और माओ से प्राप्त छुट-पुट विचारों को आधार बनाते—फिर भी हमारे मन के अंदर बैठे लक्ष्य के बारे में हमारी आपस में कोई असहमति नहीं थी; वह लक्ष्य था—एक नई व्यवस्था के लिए क्रांति।

यह एक ऐसी शासन-प्रणाली, ऐसी व्यवस्था होगी जिसमें सभी स्वतंत्र होंगे, सभी बराबर होंगे, पहचान का निर्धारण जन्म से नहीं होगा, कोई अमीर या गरीब नहीं होगा, प्रत्येक के लिए भोजन उपलब्ध होगा, खुशहाली होगी, मानव-का-मानव द्वारा शोषण या उत्पीड़न नहीं होगा और अंग्रेजी का बहिष्कार होगा तथा मातृभाषाओं का राज्य होगा। इस तरह की व्यवस्था के अंतर्गत कारखानों तथा खेतों में उत्पादन और उत्पादकता आकाश को छुएगी और हर किसी को पर्याप्त भोजन और शिक्षा प्राप्त होगी तथा भारत की गणना विश्व के प्रमुख राष्ट्रों में की जाएगी। ये सारी बातें अब एक काल्पनिक आदर्शलोक की स्थापना करने जैसी लगती हैं, लेकिन हमारे जीवन के उस जोशीले दौर में नीतीश और हमारी टोली को लगता था कि ये लक्ष्य प्राप्त किए जा सकते हैं।

मार्च-मई 1968 के दौरान हमने फ्रांस में छात्र क्रांति के बारे में उपलब्ध सारा साहित्य चाट डाला और मुझे याद है नीतीश ने एक दिन कहा था : ''भारत को ऐसी ही एक क्रांति की आवश्यकता है।'' नीतीश की भावना से हम सहमत थे। जनरल द गॉल की गद्‌दी उलटने ही वाली थी। बग़ावत के पोस्टर कह रहे थे, ''जनरल की इच्छा के विरुद्ध जन-जन की इच्छा।'' नन्तेरे और सॉर्बॅन कैंपस लोक क्रांति में बदल गए। अपर्याप्त वेतन मिलने से बहुत परेशान कामगारों ने, एकजुट होकर, हड़ताल कर दी और 122 कारखानों को 'खून चूसनेवाले बुर्जुआओं' से 'मुक्त' कर दिया। 'विजय का तोरणद्वार' लाल और काले झंडों से सजाया गया था। विद्रोहियों ने सड़कों से गोल पत्थर (गिट्टियाँ) उखाड़कर निकाल दिए और उनके ऊपर कारों, कचरा-पेटियों, धातु के खंभों, लकड़ी के लट्‌ठों आदि के ऊँचे-ऊँचे ढेर लगाकर रास्ते बंद कर दिए। कई दिनों के लिए सड़कें युद्धक्षेत्र में बदल गईं।

जून तक यह विद्रोह ठंडा पड़ गया, लेकिन इसकी दो विशेषताओं ने हमारे ऊपर अमिट प्रभाव छोड़ा। एक विशेषता यह थी कि एक जर्मन छात्र, डेनियल कॉन्बेंडिट, को फ्रांस के छात्रों और लोगों ने अपना नेता स्वीकार किया। इसने 'विशिष्टतावाद' के राक्षस को सुधारने की शक्ति दिखला दी। अगर फ्रांस के लोग व्यापक हित के लिए राष्ट्रीय अंध-देशभक्ति से आगे बढ़ सकते

हैं, तो हम भारतीय लोग जाति से आगे क्यों नहीं बढ़ सकते? हमने सोचा। ''मेरे विचार में लोहिया का जातिहीन समाज का सपना कोई खोखला सपना या सनक मात्र नहीं है,'' नीतीश ने कहा और हम लोग—जो वैसा ही सपना देखते थे, लेकिन इस बात से कायल नहीं थे कि इस सपने को पिछड़ी जातियों के 'जातिवाद' को बढ़ावा देकर, जिसकी वकालत लोहिया करते थे, साकार किया जा सकता है—नीतीश से सहमत थे।

प्रभाव डालने वाली दूसरी विशेषता थी—फ्रांसीसी कम्युनिस्ट पार्टी, पार्टी कम्युनिस्ते फैंकाइज (पी.सी.एफ.)। पी.सी.एफ. उस विद्रोह से दूर रही और उस विद्रोह की उसने यह कहकर निंदा की कि यह अधिकतर उन 'बड़े बुर्जुआओं के पुत्रों' का विद्रोह है जो 'अपने पापा के व्यवसाय में डायरेक्टर बनने के लिए जल्दी ही अपनी क्रांति की मशालें बुझा देंगे।' उससे नीतीश को भरोसा हो गया कि मार्क्सवाद के बजाय समाजवादी विचारधारा के साथ जाने का उनका निर्णय सही था। इस दृष्टांत के फलस्वरूप, मुझे तथा कौशल को भारत में साम्यवादी संगठन से और भी घृणा हो गई तथा आमूल-चूल परिवर्तनवादी साम्यवाद की तरफ हमारा झुकाव अधिक होने लगा।

तथापि, हमारे सभी क्रांतिकारी सिद्धांत विचारों के दायरे तक ही सीमित रहे। इनकी अभिव्यक्ति, परिवार में और कॉलेज में जो वातावरण हमें मिला, उसके प्रति हमारे दृष्टिकोण में झलकने लगी। हमें इंजीनियरिंग पढ़ने से चिढ़ हो गई, क्योंकि यह निर्णय हमारा नहीं था, हम पर थोपा गया था और हमें उस व्यवस्था का हिस्सा बनने के लिए तैयार किया जा रहा था, जो भ्रष्ट हो चुकी थी। हम यथासंभव उससे दूर रहना चाहते थे।

अतः जब कुछ वरिष्ठ अर्थात् हमसे सीनियर छात्रों ने आवधिक (टर्मिनल) परीक्षाओं को समाप्त करने के लिए आंदोलन छेड़ा तो हमें अच्छा लगा, क्योंकि हमें हर वर्ष सालाना परीक्षाओं के लिए अपनी योग्यता सिद्ध करने हेतु आवधिक परीक्षाएँ देनी पड़ती थी। उनके समाप्त हो जाने से सालाना परीक्षाओं से पहले पढ़ाई के अतिरिक्त भार से हमें मुक्ति मिल जाती। उस समय कॉलेज में आधिकारिक रूप से मान्यता प्राप्त कोई छात्र संघ नहीं था, लेकिन तीन या चार सीनियर छात्र थे और वे चारों उच्च जाति के थे, राजपूत या भूमिहार थे। छात्रों से संबंधित किसी भी मामले में उनकी भूमिका प्रमुख होती थी और वे छात्रों में अपने समर्थकों का नेतृत्व करने आए थे, कारण चाहे कुछ भी हो—अच्छा या बुरा।

वे अपनी अगुआई में हमें इकट्ठा करके पटना विश्वविद्यालय के प्रशासनिक कार्यालय तक ले गए, मुख्य प्रवेशद्वार की नाकाबंदी कर दी और वाइस चांसलर के कार्यालय का घेराव कर लिया—यह सविनय अवज्ञा का एक प्रकार था, जो उन दिनों काफी प्रचलित हो रहा था; इसमें उच्चतम पदाधिकारी को चारों ओर से घेर लिया जाता था और उसे तब तक कमरे से बाहर नहीं जाने दिया जाता था, जब तक कि वह भीड़ की माँगों को स्वीकार न कर ले और उस दिन ऐसा ही हुआ। वाइस चांसलर ने उनकी माँग मान ली। नीतीश और हम सबने इस घेराबंदी में भाग लिया था, लेकिन बहुत प्रमुखतः के साथ नहीं बल्कि सिर्फ भीड़ का एक हिस्सा बनकर।

हम प्रथम वर्ष में थे और जब तक नीतीश हमारे बैच के मुख्य प्रतिनिधि बने तब तक एक वर्ष और निकल चुका था। शुरू-शुरू में वह शांत बने रहे और अपने तक ही सीमित रहते। वह कुछ ऐसे थे जिसे हम बिहार में चुप्पा कहते हैं—वह भीड़ में सिर्फ अपनी मौजूदगी जताने के लिए कभी नहीं बोला करते थे। पहल कर के मित्रता गाँठना उनके स्वभाव में नहीं था, लेकिन अगर कोई उनके पास आता और बातें करता, तो वह गर्मजोशी से जवाब देते। अपनी वाणी और अपने व्यवहार में शालीनता से वह दूसरों को खुश कर देते थे।

कॉलेज छात्रावास में आने से पहले दो साल तक वह लॉज में रहे। वहाँ अगर कोई उनसे मिलने जाता, तो उनके कमरे की स्वच्छता देखकर दंग रह जाता था। लॉज पुराना था और उसका रख-रखाव काफी खराब था; उस लॉज तक जानेवाली गली में गंदगी बिखरी रहती; और वहाँ ठहरनेवालों के कमरे मैले-कुचैले और कोलाहलपूर्ण थे, लेकिन नीतीश के कमरे को देखकर लगता था कि वहाँ कोई रहता है—किताबें और पत्रिकाएँ रैक पर व्यवस्थित ढंग से रखी होती थीं, कपड़े सफाई से तह किए रखे होते, बिस्तर पर बिछी चादर पर कोई सिलवट नहीं होती थी और जूते-चप्पल एक कोने में सलीके से रखे होते।

हम लोगों की भाँति, नीतीश के पास भी गिनती की कमीजें और पतलूनें थीं और वह उनको अदल-बदलकर पहना करते, ताकि ऐसा न लगे कि रोजाना एक ही कपड़े पहने रहते हैं, लेकिन सिलवटों और क्रीज का हमसे अधिक ध्यान रखते थे। उन्हें इस्तरी किए कपड़े पहनना पसंद था। उनकी यह आदत उन दिनों सनक में बदल गई जब वह कॉलेज में तृतीय वर्ष में छात्र राजनीति के बीचों-बीच पहुँच गए थे और कॉलेज समय के बाद सफेद कुरता-पाजामा पहनने लगे थे। उनके कपड़ों की क्रीज का किसी तलवार की धार की तरह पैना होना जरूरी था।

वह बहुत ही सुस्पष्ट वक्ता थे, उनका उच्चारण प्रांजल था और जब कभी छात्रों से संबंधित मामलों की बैठकों में प्रत्येक बैच के प्रतिनिधियों के लिए बोलने का अवसर आता, हम सब नीतीश को मंच पर भेज देते। उस बात का कुछ श्रेय, हमारी 1966 की स्कूल बोर्ड परीक्षाओं में सर्वोच्च स्थान प्राप्तकर्ता और पटना साइंस कॉलेज में उनके सहपाठी रहे, सुरेश शेखर को जाता है जिसने उन्हें समाजवादी युवजन सभा में दीक्षित किया। पटना विश्वविद्यालय कैंपस में शेखर सर्वाधिक बुद्धिमान समाजवादी के रूप में उदित हुए, जब तक कि लालू प्रसाद का आगमन नहीं हुआ। लालू प्रसाद बी.एन. कॉलेज में आर्ट्स के विद्यार्थी थे और एस.वाई.एस. के भी सदस्य थे। हँसी-दिल्लगी की अपनी स्वाभाविक प्रवृत्तियों से अपने लोहियावादी मूर्ति-भंजन सिद्धांत को आगे बढ़ाते हुए उन्होंने लोकप्रियता चुरा ली। लालू ने अपना राजनीतिक व्यक्तित्व उत्तर प्रदेश के समाजवादी नेता राजनारायण के अनुरूप ढाला, जो अपने अक्खड़, मसखरेपन और तमाशों के लिए मशहूर हुए (राजनारायण अपनी बात की ओर ध्यान खींचने के लिए संसद् के फर्श पर लेट जाते थे)।

लालू, सुगंधित तंबाकू की एक उदार चुटकी के साथ मगही पान मुँह में दबाकर, पूरे जोश के साथ बिन-बुलाए मेडिकल कॉलेज हॉस्टल जा पहुँचते जहाँ रहनेवालों को मेस में परोसे गए खाने

को लेकर संबंधित ठेकेदार से शिकायत रहती थी। वह एक साइकिल रिक्शा की सीट पर खड़े हो ठेकेदार के लिए गंदी-गंदी गालियों की बौछार करते हुए भाषण देने लगते। छात्रावास में रह रहे छात्र खुश होते और चकित भी; वे यह देखने के लिए बाहर निकल आते कि यह किसकी आवाज है, कौन है जो उनकी तरफदारी करने न जाने कहाँ से अवतरित हुआ है। शीघ्र ही रिक्शे के आगे भीड़ जमा हो जाती। आते-जाते लोग भी उनको सुनने के लिए रुक जाते—''इंदिरा गांधी का कहना है कि युवक देश की रीढ़ हैं, लेकिन देखिए मेस का ठेकेदार उनके राजकीय महाविद्यालय में दाल के रूप में पीला पानी और कंकड़-पत्थर भरे चावल परोस रहा है, ताकि हमारे भावी डॉक्टर भाई कंकाल में बदल जाएँ। यही चलता रहा तो हमारे पास इतने कंकाल जमा हो जाएँगे कि हम शरीर रचना-विज्ञान का अध्ययन करने के लिए देश में हर मेडिकल कॉलेज को उनका निर्यात कर सकेंगे।''

मैं पटना मेडिकल कॉलेज अस्पताल में उपचार के लिए भरती एक रिश्तेदार को देखने गया था और संयोग से मैंने लालू को वहाँ भाषण देते हुए देखा। वह हमारे कॉलेज में बिरले ही आते थे; यदा-कदा नीतीश की भेंट उनसे एस.वाई.एस. की सभाओं में अथवा विश्वविद्यालय कैंपस में हो जाती। सुरेश शेखर हमारे कॉलेज में नीतीश से मिलने और हमसे दो साल सीनियर एक और एस.वाई.एस. नेता, एबादुर रहमान से भेंट करने अकसर आते रहते थे। वे लालू के बारे में बहुत अच्छी राय नहीं रखते थे, क्योंकि उनके विचार में लालू को गंभीर विचार-विमर्श या लोहिया साहित्य का अध्ययन करने से भारी चिढ़ थी और वह स्वयं को संगठन से ऊपर दिखलाने की दंभी बातें करते थे, लेकिन वे उनकी मूर्खतापूर्ण बातों को इसलिए सहन कर जाते, क्योंकि जिस विश्वविद्यालय में शैक्षिक वर्ग और छात्र संख्या में अभी तक उच्च जातियों की प्रधानता थी, वहाँ लालू पिछड़ी जातियों के लिए एक चुंबकीय नेता के रूप में उदित हुए थे।

नीतीश ने द्वितीय वर्ष से आगे, क्लास रूम और कॉलेज वाद-विवाद में हिस्सा लेना और कॉलेज प्रबंधन के समक्ष उठाए जानेवाले विषयों पर आयोजित छात्र सभाओं में बोलना शुरू कर दिया था। उनकी भाषण-शैली, जो निश्चित रूप से लोहियावादी थी—हिंदी का एक अनौपचारिक, मुहावरेदार, लोक-वाणी संस्करण—श्रोताओं को प्रभावित करने लगी थी। उस तरह की कथन-शैली उन्होंने लोहिया की बहुत सारी पुस्तकें और हिंदी साप्ताहिक पत्रिका दिनमान पढ़-पढ़कर सीखी थी। इस पत्रिका के संपादक रघुवीर सहाय थे और उसमें प्रकाशित रिपोर्टों तथा टिप्पणियों में प्रयुक्त उनकी जोशपूर्ण लोहिया शैली का प्रभाव स्पष्ट झलकता था।

उच्च जाति छात्र नेताओं को उनमें एक अच्छा प्रेरक, प्रोत्साहक दिखने लगा। संभवत: वे उन्हें छात्र एकता बनाए रखने में एक उपयोगी साधन के रूप में देखते थे। उन्हें ऐसा नहीं लगता था कि नीतीश से उनकी लीडरशिप को कोई खतरा हो सकता है, क्योंकि नीतीश शांत, संयत स्वभाव के थे और फिर एक जूनियर थे, अन्य जूनियर छात्रों की तरह, सिवाय इसके कि उनके पास वक्तृत्व कला थी और प्रेरित करने की योग्यता थी। इसके अलावा कॉलेज में चली आ रही परंपरा के अनुसार

सीनियर छात्रों को जूनियर छात्रों के ऊपर प्रवरता, प्रभाव और अधिकार जताने की छूट थी—व्यावसायिक कॉलेज के संदर्भ में यह बात और भी सच थी, जहाँ यह समझा जाता है कि ज्ञान जितना अधिक होता है व्यवसाय में उतना ही अधिक ऊँचा पद प्राप्त होता है। छात्रों के रूप में, जूनियर्स को सीनियर्स के प्रति आदर दिखलाना और दब्बू तथा सहज बनकर रहना आवश्यक था, क्योंकि बाद के जीवन में उन्हें अर्थात् जूनियर्स को सरकारी या गैर-सरकारी नौकरियों में उनके अधीन काम करना पड़ सकता है।

हमें उच्च जाति के नेताओं के अवगुणों की जानकारी थी और हम उन्हें वस्तुतः व्यक्तिगत स्वार्थ से प्रेरित अनेक चीजें करते हुए देखते थे—उनमें से एक ने अपने विवाह के कुछ माह बाद दस दिन के लिए कक्षा का बहिष्कार करा दिया, क्योंकि उसे अपनी पत्नी को औपचारिक रूप से अपने घर लाना था—यह एक प्रथा थी जिसे 'विदाई' या 'दूसरा विवाह' कहा जाता है। तथापि, हम इस बारे में केवल अकेले में, कैफे में, हॉस्टल रूम में या कैंटीन में चर्चा करते जब वहाँ कोई और नहीं होता था, लेकिन एक दिन नीतीश ने सारी बाजी पलट दी और हम सबको हैरत में डाल दिया।

हमें पता था कुछ हो रहा है, लेकिन हमें उस महत्त्वपूर्ण खेल के बारे में कोई जानकारी नहीं थी जो खेल-खेलने का निर्णय नीतीश कर चुके थे। अपनी इस योजना को वह कुछ प्रमुख सीनियर और जूनियर छात्रों की सहमति से 1969 में कॉलेज छात्र संघ के चुनावों में अंजाम तक पहुँचाने वाले थे। हम लंगोटिया यारों के गुट के बाहर, नीतीश दो गुटों का हिस्सा बन गए थे : एक गुट समाजवाद समर्थक छात्रों का था और दूसरा पिछड़ी जातियों का। उन्होंने जान-बूझकर कभी भी पिछड़ी जाति गुट नहीं बनाया, क्योंकि वह एक कुर्मी कहलाना पसंद नहीं करते थे, लेकिन छात्र संबंधी मामलों में जब उनकी पहचान बढ़ने लगी तो उन्हें छात्र समुदाय में, विशेषकर दूसरे कुर्मियों से और सामान्य रूप से पिछड़ी जातियों से भी समर्थन मिलने लगा। उन्होंने किसी भी गुट के समर्थन को नहीं ठुकराया, क्योंकि इससे उन्हें अपनी ताकत और अपना कद बढ़ाने का अनायास अवसर मिल रहा था।

नीतीश ने 1969 में स्वयं एक उम्मीदवार हुए बिना अपने जीवन का पहला चुनाव लड़ा। उनके सामने तीन या चार राजपूत और भूमिहार छात्र नेताओं की निर्विवाद स्थिति की चुनौती थी। उच्च जाति नेताओं के पैनल (नामसूची) का विरोध करने के लिए विभिन्न बैचों से लिए गए प्रत्याशियों का पैनल बनाया गया और इसके पीछे नीतीश की रणनीति मुख्य रूप से काम कर रही थी। पिछड़ी जातियाँ केवल अपने दम पर उनके लिए मैदान नहीं जीत सकती थीं, इस कारण नीतीश ने दूसरी जातियों के साथ गठबंधन किए। गठबंधनों के निर्माण के लिए गुप्त बैठकें रात के समय हॉस्टल के कमरों में हुआ करती थीं। इस रणनीति का ही नतीजा था कि उच्च जाति नेताओं का वशीकरण मंत्र काम नहीं कर पाया और डटे हुए नेताओं को हार का मुँह देखना पड़ा। यह एक अविश्वसनीय जीत थी और उनके हम घनिष्ठ मित्रों ने, एक तरह से यह बात मान ली कि नीतीश के अंदर निश्चय ही एक राजनीतिक व रणनीतिज्ञ बैठा है। उनके द्वारा बुने गए गठबंधनों के जाल के बिना हम उस सामंती उच्च जातियों के दमघोंटू कुल-तंत्र को ध्वस्त नहीं कर पाते।

नीतीश के हाथ में नेतृत्व आ जाने पर, हमने छात्र संबंधी मसलों को लेना शुरू कर दिया। आरंभ में जो आंदोलन हमने छेड़े, उनमें से एक वह भूख हड़ताल थी जो आचार्य डी.एन. सिंह के विरुद्ध की गई थी। डी.एन. सिंह छोटी-छोटी बातों पर छात्रों के साथ निर्दयता का व्यवहार करने के लिए कुख्यात हो गए थे। हम उन्हें अपने कई निर्णय वापस लेने के लिए बाध्य करने में कामयाब हुए। तत्पश्चात् हमने एक सरकारी बस पर जबरन कब्जा कर लिया और उसे अपने कॉलेज कैंपस के अंदर लाकर खड़ा कर दिया। हम यह बस तब तक नहीं छोड़नेवाले थे, जब तक संबंधित अधिकारी हमारी इस माँग को पूरा करने का आश्वासन नहीं देते कि पटना के पश्चिमी हिस्सों से, घर से कॉलेज तक रोजाना बस पकड़कर आनेवाले छात्रों (मैं भी उनमें से एक था) के लिए एक विशेष बस की व्यवस्था की जाएगी। नीतीश मेरी ओर इशारा करके अकसर मजाक करते, "हमने यह उसके लिए किया, लेकिन उसने कभी हमें दावत नहीं दी।"

1960 के दशक के अंतिम पाँच वर्ष आर्थिक गतिहीनता के कारण इंजीनियरों के लिए अत्यंत बेरोजगारी के दिन थे और राज्यभर में इंजीनियरिंग छात्रों में यह चिंता बढ़ रही थी कि उनके विषय का क्या होगा? यही चिंता सभी इंजीनियरिंग छात्रों के लिए एक संयुक्त छात्र आंदोलन का आधार बन गई, ताकि सरकार से यह आश्वासन लिया जा सके कि भावी इंजीनियरों के लिए रोजगार के अवसर मुहैया कराए जाएँगे। यद्यपि नीतीश को इंजीनियरिंग को अपना पेशा बनाने में रुचि नहीं थी, फिर भी छात्र सक्रियतावाद के बड़े कैनवस पर आने का उन्हें यह एक अच्छा अवसर मिल गया था। नीतीश ने विभिन्न इंजीनियरिंग कॉलेजों से आए छात्रों की सभाओं में हिस्सा लिया और उन्हें संबोधित भी किया। उनका आग्रह था कि कोई भी आंदोलन शांतिपूर्ण होना चाहिए और उसमें आगजनी या तोड़-फोड़, विध्वंस के लिए कोई जगह नहीं है। एक सरकारी बस की हाईजैकिंग के बाद जब शाम तक भी सरकार की तरफ से कोई नहीं आया, तो किसी ने सुझाव दिया कि छात्रों की समस्या पर ध्यान देने हेतु उन्हें बाध्य करने के लिए बस को आग लगा दी जाए। नीतीश और हम सबने रातभर बस के चारों ओर निगरानी रखी, ताकि कोई भी उस बस को नुकसान न पहुँचा सके। इस तरह हमने चाय पीते और बस की चौकसी करते हुए सारी रात बिताई।

नौकरियों के लिए आंदोलन की ओर अंतत: सरकार का ध्यान गया। तब शासन की बागडोर कर्पूरी ठाकुर के हाथों में थी। रोजाना करीब सत्तर से अस्सी छात्र नारेबाजी करते हुए पुलिस नाकाबंदी तक जाते और अपनी गिरफ्तारी देते। गिरफ्तार छात्रों में नीतीश और कौशल भी थे। कुछ ही दिनों के अंदर बांकीपुर सेंट्रल जेल इंजीनियरिंग छात्रों से भर गई और जेल अधिकारियों को समझ नहीं आ रहा था कि इतने छात्रों को कहाँ रखा जाए; उनकी परेशानी का एक विशेष कारण यह भी था कि छात्रों को सामान्य कैदियों से ऊपर का दरजा दिया गया था और उन्हें आम कैदियों तथा अपराधियों के साथ नहीं रखा जा सकता था।

आंदोलन ने कर्पूरी ठाकुर को ऐसे निर्णय लेने के लिए बाध्य कर दिया, जिनसे इंजीनियरों में बेरोजगारी को कम किया जा सकता था। उन्होंने सरकारी ठेकों की नीलामी में बेरोजगार इंजीनियरों

को पहली प्राथमिकता देने की एक नीति घोषित की। उन्होंने सभी विभागों में तकनीकी पद संबंधी रिक्तियों की एक सूची तैयार करने के लिए, अपने श्रम सचिव आई.सी. कुमार के अंतर्गत अधिकारियों, बेरोजगार इंजीनियरों और इंजीनियरिंग छात्रों की एक संयुक्त समिति का गठन किया। सिंचाई विभाग ने एक समीक्षा के बाद करीब 8,000 सिविल और मैकेनिकल इंजीनियरों को भरती किया।

पटना विश्वविद्यालय में छात्र राजनीति की मुख्यधारा यद्यपि व्यापक एवं उदार थी, फिर भी इस बात से इनकार नहीं किया जा सकता कि प्रभावशाली गोत्रवादी और भेदकारी अंतर्धाराएँ भी नीचे-ही-नीचे बह रही थीं। नग्न अर्थात् खुल्लम-खुल्ला पक्षपात और उदारता की मिलीभगत के उदाहरणों के बारे में जानकर आप अचंभित रह जाएँगे। उदारता और संप्रदायवाद दोनों की एक-साथ मौजूदगी ने औसत छात्र को दो चेहरे दे दिए थे, क्योंकि कोई यकीन के साथ नहीं कह सकता था कि चुनावों के दौरान उसके चरित्र की कड़ी जाँच होगी, वह कैसा बरताव करेगा। यह बात सभी जातियों एवं समुदायों के संदर्भ में सच थी : उच्च जाति, पिछड़ी जाति, हिंदू और मुसलमान।

जाति और धर्म पर आधारित संप्रदायवाद विश्वविद्यालय में इतना मताग्रही या कट्टर नहीं था जितना कि अधिक बड़े समाज में पाया जाता। फिर भी इस पर बाहरी वास्तविकता का भारी प्रभाव था। 1960 के दशक की राजनीति ने, पिछड़ी जातियों के ऊपर उठने के साथ नमनीयता और खुलेपन के उस डाँवाडोल ढाँचे को बिलकुल हिला डाला, जिसका निर्माण करने का प्रयास सभी जातियों और संप्रदायों की प्रगतिशील ताकतों द्वारा आरंभ किया गया था।

किंतु, जाति का सवाल पटना विश्वविद्यालय में अचानक नहीं उछाला गया था। इसकी शुरुआत विश्वविद्यालय की प्रारंभिक दशाब्दियों, 1920 और 1930 के दशक में हो गई थी, जब दूसरी जातियों ने देखा कि संख्या के हिसाब से कायस्थों की प्रधानता है, न केवल छात्रों में, बल्कि शिक्षण समुदायों में भी कायस्थों की प्रधानता है।

जब अन्य जातियों को उच्च शिक्षा पाने की सुध आई तब उन्होंने विश्वविद्यालय में स्वयं को अल्प-संख्या में पाया, क्योंकि वे धीरे-धीरे और थोड़े-थोड़े करके आए जिसका कारण यह था कि उन्हें कायस्थों से विरोध का सामना करना पड़ रहा था, जो अपने किले में प्रवेश की रक्षा में डटकर खड़े हुए थे। इसके फलस्वरूप, शिक्षण वर्ग और छात्र समुदाय में जातियों के बीच प्रतिस्पर्धा होने लगी तथा गुट बनने लगे; अलग-अलग गुटबंदी की यह तसवीर साफ देखी और पहचानी जा सकती थी, क्योंकि उन दिनों जातियाँ अपने जातिगत संगठनों के माध्यम से अपने हितों को आगे बढ़ाने में लगी हुई थीं। जब तक हमने विश्वविद्यालय में प्रवेश किया, जाति बहुत पहले भूमिगत हो गई थी। इसी कारण स्थिति पहले से अधिक फिसलनभरी और खतरनाक हो गई थी। कोई भी छात्र नेता प्रकट रूप में अपनी जाति के आधार पर अपील नहीं करता था। बिहार कॉलेज ऑफ इंजीनियरिंग में नीतीश को छात्र चुनाव रणनीतिज्ञ के रूप में पहचान मिलने के कुछ ही वर्ष पहले, रंजन यादव, लालू यादव, सुशील कुमार मोदी, रवि शंकर प्रसाद और रामजतन सिन्हा पटना

विश्वविद्यालय की छात्र राजनीति में प्रमुख नेताओं के रूप में स्थापित हो चुके थे। यह भी एक विलक्षण संयोग है कि बाद में वे सभी राज्य स्तर की राजनीति में चमक उठे और प्रमुख नेताओं के रूप में अपनी पहचान बना सके। विश्वविद्यालय उनके लिए एक प्रशिक्षण भूमि साबित हुई, एक राजनीतिक प्रयोगशाला जहाँ वे अपने प्रयोग-परीक्षण कर सकते थे, परिणामों को देख सकते थे, अपना मार्ग बदल सकते थे, अपनी कमजोरियों को दूर करने के लिए अपने बनाए मिश्रण में एक या दो पदार्थ जोड़ सकते थे।

वे दूसरे कॉलेजों तथा अपने कॉलेज में छात्र संबंधी मुद्दों को उठाकर, बैठकों का आयोजन करके, भाषण देकर और कॉलेज तथा विश्वविद्यालय के प्रशासनिक अध्यक्षों तक शिष्ट-मंडलों की अगुआई करके एक-दूसरे से होड़ लगाते। उन्होंने छात्र प्रतिनिधित्व की सीटें प्राप्त करने के लिए लड़ाई की, जहाँ कहीं विश्वविद्यालय ऐसी सीटें उन्हें मुहैया कराता : निर्णय करनेवाली और विमर्शी समितियों में विश्वविद्यालय सीनेट और सिंडीकेट तथा विभिन्न समितियों में। वे भिन्न-भिन्न राजनीतिक पार्टियों की युवा शाखा से संबंध रखते थे : कांग्रेस, जनसंघ, संयुक्त सोशलिस्ट पार्टी, भारतीय कम्युनिस्ट पार्टी या भारतीय कम्युनिस्ट पार्टी (मार्क्सवादी)।

उनके समर्थकों को इन तीन श्रेणियों में वर्गीकृत किया जा सकता है : सैद्धांतिक समर्थक, जो बहुत थोड़े थे; जाति समर्थक, जो असंख्य थे और उनकी केंद्रीभूत शक्ति बने हुए थे तथा साधारण समर्थक जिनकी संख्या सबसे अधिक थी और जो अपनी सूझ-बूझ के अनुसार एक चुनाव से दूसरे चुनाव में उनके पक्ष में या विरोध में हो जाते थे।

पटना विश्वविद्यालय छात्रसंघ (पी.यू.एस.यू.) के चुनावों के दौरान, जिसमें महासचिव या अध्यक्ष पद के लिए लालू प्रसाद एक प्रत्याशी थे, नीतीश ने अपने कॉलेज में उनके प्रति समर्थन जुटाने के लिए बहुत परिश्रम किया। हमारे कॉलेज में मुट्ठीभर एस.वाई.एस. सदस्य या समर्थक थे और छात्रों के अनौपचारिक रूप से जातिगत गुट बने हुए थे, फिर भी नीतीश द्वारा उनके पक्ष में किए गए जोरदार प्रचार के कारण, लालू को अधिकांश वोट मिले। 1973 में जब लालू पटना विश्वविद्यालय छात्रसंघ के अध्यक्ष पद का चुनाव जीते, नीतीश ने ही हमारे 500 में से 450 वोट दिलाए थे। यही वह घटना थी जो उनके राजनीतिक जीवन में एक महत्त्वपूर्ण मोड़ साबित हुई।

हम लोग लोहिया की विचारधारा के समर्थक नहीं थे और लालू जैसे मसखरे को उन लोगों का समर्थन पाने योग्य नहीं समझते थे, जो सामाजिक परिवर्तन लाने के प्रति गंभीर थे, लेकिन नीतीश ने हमें भी मना लिया। पिछड़ी जातियों से आए छात्रों ने ही नहीं, बल्कि अधिकतर उच्च जाति छात्रों ने भी लालू के लिए वोट डाले, क्योंकि वे कांग्रेस के खिलाफ हो गए थे—ठीक उसी तरह जैसे बिहार की संसदीय राजनीति के अधिकतर मतदाता—और वे विपक्षी पार्टियों की युवा शाखाओं में से सबसे मजबूत प्रत्याशी को जिताने के पक्ष में थे।

1967 में विधान सभा चुनावों में संयुक्त सोशलिस्ट पार्टी (संसोपा) उन लोगों के लिए सर्वाधिक पसंदीदा पार्टी के रूप में सामने आई जो कांग्रेस के खिलाफ थे। लेकिन वे हिंदू मतांध

जनसंघ या 'अराजकतावादी' कम्युनिस्ट पार्टियों, भा.क.पा. और मा.क.पा. के पक्षधर भी नहीं थे; गुटों और व्यक्तियों के पलायन कर जाने के बावजूद संसोपा मजबूती से डटी रही। लालू प्रसाद के लिए छात्रों की अभिरुचि में एक हद तक संसोपा के वास्ते लोगों की अधिक पसंद की एक झलक थी। लालू जिस गँवारू कुल-परंपरा का दिखावा करते, जैसी शक्ल-सूरत बनाकर रखते और जिस लहजे का प्रयोग करते तथा जिस तरह का छात्र समुदाय को आक्रांत करनेवाले कल्पित या असली राक्षसों पर वार करने के लिए अपने भाषणों में गँवई एवं दुर्बोध रूपकों को पिरोकर बुद्धि-चातुर्य का बेतुका प्रदर्शन करते, उस सबके बावजूद यदि संसोपा ने उनका साथ न दिया होता तब वह छात्रों का मनोरंजन करनेवाले एक बढ़िया विदूषक से अधिक कुछ साबित नहीं होते। सामाजिक और राजनीतिक मुख्य धाराओं के जरिए बहनेवाली धाराओं के कारण इस संबंध ने उन्हें एक राजनीतिक व्यक्तित्व के रूप में देखे जाने योग्य बनाया।

लालू का देहाती, अशिष्ट व्यवहार एक साँचे के अनुरूप था। उन्हें जिस पिता ने पाला, वह अपने परिवार के साथ एक कमरे की छप्पर ढकी झोंपड़ी में रहते थे और उनके पास जो एक या दो भैंसे थीं उनका दूध बेचकर और खेतिहर मजदूर के रूप में काम करके कुछ मजदूरी से जीवन-निर्वाह करते थे। गाँव से आए पहली पीढ़ी के ऐसे छात्रों की संख्या पटना विश्वविद्यालय में बढ़ने लगी थी, क्योंकि निचली जातियों में यह जागरूकता आने लगी थी कि शिक्षा के माध्यम से ही वे ऊपर उठ सकते हैं। वे सब लालू जितने गरीब नहीं थे। उनमें से अनेक ऐसे परिवारों से थे जिनके पास अपनी जमीनें थीं और जो उपज होती थी वह उनके भोजन हेतु पर्याप्त थी, बल्कि उसमें से कुछ हिस्सा बचा भी रहता था। 1950 के दशक में जमींदारी समाप्त होने के बाद, कृषक भू-स्वामियों का उदय हुआ और 1960 के दशक के उत्तरार्ध तक उन्होंने अपने पाँव मजबूती से जमा लिए थे। इस वर्ग में निचली जातियों का बाहुल्य था, जो अपनी हैसियत के अनुसार अपने बच्चों की शिक्षा पर खर्च कर रही थीं।

उन्नीसवीं सदी समाप्त होने तक, पिछड़ी जातियाँ उच्च जातियों के उत्थान एवं उन्नति को देखकर जिन्होंने पहले अंग्रेजी शिक्षा प्राप्त की यह समझ गई थीं कि सरकारी विभाग में नौकरी के जरिए समाज में मान-प्रतिष्ठा, नियमित, अच्छी आय और शक्ति-सामर्थ्य प्राप्त करने के लिए किसी स्कूल या कॉलेज की डिग्री होना अत्यावश्यक है। वकालत या डॉक्टरी का पेशा भी समाज में आदर-सम्मान और अच्छी आय दिलाता है, लेकिन ताकत नहीं। अंग्रेजों के जमाने में सिपाही और अर्दली स्तर तक का निम्नतम पदाधिकारी भी लोगों पर ताकत दिखाता था।

सरकारी विभागों में नौकरियों के लिए उन्नीसवीं शताब्दी के अंत में शुरू हुई दौड़ स्वतंत्रता प्राप्ति के बाद और कठिन हो गई, क्योंकि स्वतंत्र भारत की शासन प्रणाली में प्रत्येक नागरिक को वोट देने, शिक्षा पाने और आर्थिक उन्नति का अधिकार दिया गया। इस कारण शूद्रों की मानसिकता भी बदली और उनका उत्साह बढ़ा। यह नीति उस शहरी विशिष्ट वर्ग के लिए आत्मघाती सिद्ध हुई जिसका नेतृत्व नेहरू करते थे; इसके सूत्रधार और निर्माता भी वही थे। ग्रामीण विशिष्ट वर्ग,

जिन्हें अपनी जोतभूमि और जातिगत गठबंधनों से शक्ति मिलती थी, कम पढ़े-लिखे थे, बेचैन और लड़ाकू थे और उन्हें गर्व था कि वे 'वास्तविक भारत' का प्रतिनिधित्व करते हैं। वे अपने किसानों-स्वामित्व और जातिगत हितों को आगे बढ़ाने के लिए एक-दूसरे से लगभग अविमेद्य रूप से एक प्रचंड तूफान (टाइफून) की तरह उड़े।

कांग्रेसी विशिष्ट वर्ग वाले जो आमतौर पर उच्च जातियों से ही थे अपने ही द्वारा 'बोतल से रिहा किए गए जिन' को देखकर अचंभित रह गए। स्वतंत्रता प्राप्ति से पहले और बाद में कई दशाब्दियों तक उन्होंने 'सहयोजन और शासन (कोऑप्ट ऐंड रूल)' की रणनीति पर चलते हुए सफलतापूर्वक चुनौतियों का सामना किया था। उन्होंने अपने नेतृत्व के लिए धमकियों/आशंकाओं को मिटाने के उद्देश्य से प्रतिकूल सामाजिक एवं राजनीतिक धाराओं के प्रमुख नेताओं को प्रलोभन देकर अपनी ओर खींच लिया था। कैंटीन में हमारी राजनीतिक बातचीत में नीतीश सहयोजन को प्रायः 'कांग्रेस की अफीम' कहते, जिसे पिछड़ी जातियों को गहरी नींद में रखने के लिए कांग्रेस द्वारा लंबे समय से इस्तेमाल किया जाता रहा है। उन दिनों पिछड़ी जाति पार्टियों और उनके नेताओं ने कांग्रेसी सहयोजन की नीति को चुनौती देना और अपने आपको स्वतंत्र शक्तिगृह के रूप में स्थापित करना शुरू कर दिया था। विडंबना यह है कि उनके उठने-उभरने का धरातल कांग्रेस ने ही दिया था। 1960 के दशक के मध्य तक किसानों, पिछड़ी जातियों तथा निर्धनों के लिए नेहरू का केंद्रीय वामावर्ती वरदान एक ढोंग साबित हो चुका था। निचले वर्ग ने स्वतंत्रता के बाद समानता और समृद्धि के लिए बीस साल तक इंतजार किया था।

बिहार और उत्तर प्रदेश में इस अवधि के दौरान लोहिया की संसोपा ऐसे ही एक बड़े शक्तिपुंज (पावर हाउस) के रूप में ऊपर उठी। उस समय समाजवादी विशिष्ट वर्ग की तसवीर एक देहाती, सीधे-सादे, मध्य जाति के, लड़ाकू, मूर्तिभंजक, असभ्य-अनाड़ी और तिक्त स्वभाव के व्यक्ति जैसी थी। नीतीश जब पटना विश्वविद्यालय में पढ़ाई के दौरान राजनीति में कदम बढ़ा रहे थे, उन दिनों, लालू का व्यक्तित्व उस तसवीर की हू-ब-हू नकल प्रस्तुत करता था। हालाँकि नीतीश भी उसी धारा के अनुयायी थे, किंतु उनमें शहरी दुनियादारी एवं परिष्कार की झलक थी और लड़ाकू भाव या तीखापन कम था।

1960 के दशक के मध्य में बिहार में संसोपा के उठान के पीछे कई स्थानीय एवं राष्ट्रीय कारण थे। 1965 और 1966 में लगातार दो अकाल पड़ने के कारण राज्य के ग्रामीण जीवन में कंगाली छाई हुई थी। मूल्य आसमान छू रहे थे। गरीब भूख से मर रहे थे और न केवल किसानों, बल्कि शहरी मध्य वर्ग को भी कई-कई दिनों तक बुनियादी खाद्य, चावल या गेहूँ के बिना कम खाकर गुजारा करना पड़ रहा था। नीतीश ने बताया कि वे उस समय बख्तियारपुर में स्कूल की अंतिम बोर्ड की परीक्षाओं की तैयारी कर रहे थे और 'हमें मडुआ (रागी) और दूसरे घटिया अनाज की बनी रोटियाँ खानी पड़ीं; सामान्य दिनों में यह अनाज केवल कंगालों का पेट भरने के लिए ठीक समझा जाता था,' नीतीश कहते हैं। 'मेरे और कौशल के घर में भी यही हाल था।'

अकाल के दौरान राज्य को धन और सामग्री के रूप में भारी सहायता प्राप्त हुई। जयप्रकाश नारायण तब बिहार राहत समिति के अध्यक्ष थे। तंगहाली से निपटने, उसे कम करने के लिए विभिन्न स्तरों पर वास्तविक प्रयास किए जा रहे थे, लेकिन देश के पास पर्याप्त साधनों का अभाव था। खाद्य की बहुत कमी थी। देश को अपनी आबादी का पेट भरने के लिए अमरीका से गेहूँ लेकर आनेवाले जहाजों का इंतजार करना पड़ता था। दुनियाभर में भारत एक 'भिक्षा पात्र' के रूप में मशहूर हो गया।

नेहरू की शासनचालित आर्थिक विकास की नीति, स्वातंत्र्योत्तर वर्षों में आरंभिक उछाल के बाद, 1960 के दशक में कृषि एवं औद्योगिक उत्पादन की दर गिरने और निर्यात में भी गिरावट का कारण बनी। भारत के पास न तो खाद्य भंडार था, न ही खाद्य सामग्री की खरीद के लिए धन था और न कारखाने चलाने के लिए पूँजीगत मशीनरी थी। उसके अलावा दो युद्धों में, पहले 1962 में चीन के साथ, फिर 1965 में पाकिस्तान के साथ, भारत के संसाधनों का एक बड़ा हिस्सा पूरी तरह चुक गया था। रक्षा व्यय की दृष्टि से और अधिक संसाधनों की आवश्यकता थी। देश घोर विपत्ति के दौर में था। बेरोजगारी बहुत बढ़ गई थी। खाद्यान्न की भारी कमी थी और राष्ट्र के स्वाभिमान को तब और झटका लगा जब इंदिरा गांधी को अमरीका के दबाव में आकर—जिसमें वर्ल्ड बैंक और अंतरराष्ट्रीय मुद्रा कोष (आई.एम.एफ.) का बड़ा हाथ था—1966 में भारतीय रुपए का 35 प्रतिशत अवमूल्यन करना पड़ा। इसका नतीजा यह हुआ कि जनता का कष्ट उनके विरुद्ध आक्रोश में बदल गया।

इस समय नीतीश पटना साइंस कॉलेज में थे और मैं बी.एन. कॉलेज में जहाँ लालू भी पढ़ते थे। कांग्रेस की विफलताओं और कृष्ण बल्लभ सहाय के नेतृत्व में बनी कांग्रेस की राज्य सरकार में बेलगाम, भ्रष्टाचार के चलते छात्रों द्वारा कभी-कभी विरोध प्रदर्शन किए जाने लगे। इनमें संसोपा, जनसंघ, भाकपा तथा माकपा की छात्र शाखा के पदाधिकारियों ने पार्टी नेताओं के प्रोत्साहन और समर्थन से आगे बढ़कर हिस्सा लिया। नवंबर 1966 में संयुक्त छात्र मोरचा (यूनाइटेड स्टूडेंट्स फ्रंट या यू.एस.एफ.) के नाम से एक संयुक्त समिति बनी, जिसमें कम्युनिस्ट पार्टियों की छात्र-शाखाओं के प्रतिनिधि और समाजवादी युवजन सभा (स.यु.स.), प्रगतिशील छात्र संघ (नक्सलवादी गुट), बिहार राज्य छात्र कल्याण समिति तथा पटना विश्वविद्यालय छात्र संघ के प्रतिनिधि सम्मिलित थे। इस संयुक्त समिति ने 9 दिसंबर को सभी शिक्षा संस्थाओं में आम हड़ताल की घोषणा कर दी। संयुक्त छात्र मोरचा के माँग-पत्र में अन्य माँगों के साथ-साथ बढ़ती कीमतों तथा भ्रष्टाचार पर अंकुश लगाने और छात्रों को बेहतर सुविधाएँ देने की भी माँग की गई थी। इस हड़ताल का वास्तविक उद्देश्य, जैसा कि हम जैसे नए छात्रों को बताया गया, सहाय सरकार का तख्ता उलटना था।

मोरचा नेताओं ने स्वयं यह बीड़ा उठाया कि वे राज्यभर में प्रदर्शनों, जुलूसों और रैलियों के लिए छात्रों को जुटाने की खातिर शहर-शहर जाकर छात्र सभाओं को संबोधित करेंगे। जब सहाय

सरकार ने विरोध-प्रदर्शनों को रोकने के लिए निषेधाज्ञा जारी कर दी, मोरचा ने छात्रों को यह फरमान जारी किया कि सहाय या उनके किसी भी मंत्री को सार्वजनिक सभाओं को संबोधित न करने दिया जाए। फिर पुलिस का दमन चक्र चला और मोरचा ने छात्रों की हड़ताल घोषित कर दी तथा सहाय के सरकारी निवास तक एक विशाल रैली ले जाने का आयोजन किया, जिसका अंत पुलिस फायरिंग और आगजनी तथा छात्रों की पीछे लौटती भीड़ द्वारा की गई हिंसा में हुआ।

लालू और नीतीश भी उस आंदोलन में थे या कहना चाहिए कि उस भीड़ में शामिल थे। लालू हाल ही में स.यु.स. सदस्य बने थे; नीतीश ने अभी उसकी सदस्यता नहीं ली थी। नीतीश को पटना साइंस कॉलेज में भरती हुए मुश्किल से छह माह बीते थे कि आंदोलन शुरू हो गया। वह एक देहाती शहर से राज्य की राजधानी जैसे बड़े नगर में आने की वेदना से गुजरते हुए, अपने व्यक्तिगत वातावरण के अनुकूल होने का प्रयास कर रहे थे। दूसरे कॉलेजों में उनका कोई मित्र नहीं था और अपने कॉलेज में भी वह अपने सहपाठियों और उनमें से भी कुछ को ही जानते थे संभवत: अपने अंतर्मुखी स्वभाव के कारण।

लेकिन नीतीश को याद है और वे बताते हैं कि लोहिया का भाषण सुनने के लिए वे पटनावासियों के मनपसंद मिलन स्थल, गांधी मैदान गए थे। लोहिया का भाषण सुनने के लिए। "वह मेरे आदर्श थे। उस दिन मैं कुछ भी छोड़ सकता था, लेकिन उनका भाषण नहीं," नीतीश बताते हैं। "यह शायद उनके निधन से पहले पटना में उनका अंतिम विशाल सार्वजनिक भाषण था। उनकी बोलने की कला ने मुझे मंत्रमुग्ध कर दिया। उनका ज्ञान असीम था। उनके शब्दों से झलकता था कि हाशिए पर पड़े वर्गों के लिए उनके अंदर अथाह प्रेम है। उन्होंने इंदिरा गांधी सरकार की विफलताओं का जिस ढंग से विश्लेषण किया, वह बहुत ही विलक्षण था। 'नेहरूवाद' को उन्होंने तार-तार कर दिया। उनका भाषण आक्रामक था, अपमानजनक नहीं। वहाँ मौजूद भारी भीड़ के बाहरी किनारे पर खड़े होकर मैंने उनका भाषण सुना और मैं खुद से यह कहे बिना नहीं रह सका कि उनको अपना सैद्धांतिक गुरु मानकर मैंने कोई गलती नहीं की है।"

उत्तर भारत, विशेषकर बिहार और उ.प्र. में, लोहिया को सुनने सभी वर्गों के वे लोग खिंचे चले आते थे, जिनका कांग्रेस से मोह-भंग हो गया था। निस्संदेह, उनके समर्थकों में सर्वाधिक संख्या मध्य और निचली जातियों के लोगों की थी जिनके लिए विशेष अवसर मुहैया कराने की मुहिम उन्होंने निरंतर छेड़ी हुई थी। लेकिन 1960 के दशक के मध्य में आम आक्रोश की वजह से भी लोग उनकी तरफ खिंचे चले जा रहे थे और उन्हें शासन विरोधी ताकतों का केंद्र बना रहे थे।

लोहिया ने समाजवादी राजनीति को नए रंग में ढालने का काम किया। उनके विचार में स्वतंत्रता पूर्व और स्वतंत्रता प्राप्ति के बाद आरंभिक वर्षों की समाजवादी राजनीति अब 'वामपंथी राष्ट्रवाद' के अलावा कुछ नहीं थी। फिर यह दो धाराओं में विभाजित हो गई। पहली 'राष्ट्रवादी' कांग्रेस के साथ मिलकर मूलभूत परिवर्तनों की दिशा में जाना चाहती थी, जबकि दूसरी धारा समाजवादी परिवर्तन लाने के उद्देश्य से कांग्रेस से पूरा नाता तोड़कर एक स्वतंत्र राजनीतिक आधार

का निर्माण करने की पक्षधर थी। मोटे तौर पर कांग्रेस के भीतर रहकर काम करनेवाली धारा का प्रतिनिधित्व अशोक मेहता के नेतृत्व में प्रजा सोशलिस्ट पार्टी प्र.सो.पा. कर रही थी और निर्दलीय धारा का प्रतिनिधित्व सं.सो.पा.। बाद में वे अलग हो गए। लेकिन कई मोड़ ऐसे भी आए जब वे पुनः जुड़ गए। वे फिर अलग हुए। एक दशाब्दी के अंदर वे इतनी बार जुड़े और पृथक् हुए कि समाजवादी राजनीति को एकता में अराजकता का पर्याय कहा जाने लगा।

लोहिया ने जीवन भर केंद्र-के-वामपार्श्वस्थ एक 'वास्तविक' विकल्प का निर्माण करने के लिए संघर्ष किया, क्योंकि उनकी दृष्टि में कांग्रेस का केंद्र-का-वामपार्श्वस्थ सिद्धांत झूठ और 'काल्पनिक' था। लोहिया के लेखों और भाषणों में प्रहार का मुख्य निशाना नेहरू की आर्थिक नीतियों के बोगस समाजवाद पर होता था जैसे कि सरकारी क्षेत्र का ढाँचा जो 'कंपनी क्षेत्र से कतई भिन्न नहीं था,' वेतन असमानता और लक्ष्य।

कुछ वर्षों के अंदर ही, विपक्ष में लोहिया सबसे बड़े नेता के रूप में सामने आए, किंतु अपने अथक प्रयासों के बावजूद वह कांग्रेस का एक समाजवादी विकल्प तैयार नहीं कर सके। नेहरू को हराकर कांग्रेस को कमजोर करने के उद्देश्य से वह 1962 में उत्तर प्रदेश में फूलपुर लोकसभा निर्वाचन क्षेत्र से नेहरू के विरुद्ध चुनाव में उतरे। बहुत अधिक अंतर से वह चुनाव हार गए।

लोहिया के राजनीतिक जीवन में वह पराजय एक मोड़ साबित हुई। उन्होंने मान लिया कि जिन पार्टियों के साथ उनके मूलभूत सैद्धांतिक मतभेद हैं, उनको साथ लिए बिना कांग्रेस के विकल्प का निर्माण करना संभव नहीं होगा। 1964 में लोकसभा के लिए फर्रुखाबाद उपचुनाव में उन्होंने कांग्रेस को हराने के लिए 'ब्राह्मणवादी' जनसंघ (जिसे अब भारतीय जनता पार्टी कहते हैं) का समर्थन लिया।

इसे विडंबना ही कहेंगे कि लोहिया ने कांग्रेस को सत्ता से विस्थापित करने के लिए वैसे ही स्थूल गठबंधन का सहारा लिया जिसका इस्तेमाल अब तक कांग्रेस ने किया था। लोहिया के गठबंधन ने सभी वामपंथी और दक्षिणपंथी पार्टियों, किसी-किसी अवसर पर कांग्रेस में रहकर काम करनेवाली उस प्र.सो.पा. को भी अपने बैनर तले एकत्रित कर लिया जिसके 'सरकारी समाजवाद' की वह हमेशा खिल्ली उड़ाते थे। उनके शिष्यों ने उनके पदचिह्नों का अनुसरण किया। लालू जो अपने धर्मनिरपेक्ष सिद्धांतों की हमेशा शेखी बघारते हैं, जनसंघ के छात्र संगठन, अखिल भारतीय विद्यार्थी परिषद् (ए.बी.वी.पी.) के साथ मेल-मिलाप के बल पर दो बार विश्वविद्यालय छात्र संघ में चुनाव जीते।

लोहिया ने कांग्रेस की तर्ज पर विपक्ष के जिस स्थूल गठबंधन को जन्म दिया, बाद के दशकों में राज्यों और केंद्र में उसके कई स्वरूप सामने आए। यहाँ तक कि जयप्रकाश नारायण के नेतृत्व में 1974 का बिहार आंदोलन भी जिसने 1977 में कांग्रेस को केंद्र से और बिहार से सत्ता से निष्कासित किया—ऐसे ही विस्तीर्ण गठबंधन पर खड़ा हुआ था। तथापि, विपक्ष का मॉडल करीबन हमेशा 'एक नकल' ही साबित हुआ।

कांग्रेस ने वाद-विवाद, वैचारिक संघर्ष और नमनशील रवैया अपनाकर स्वतंत्रतापूर्व वर्षों में वामपंथी, मध्यमार्गी तथा दक्षिणपंथी धाराओं का एक स्थूल गठबंधन बनाया था और सुदृढ़ किया था। इसके विपरीत, विपक्ष का विस्तृत गठबंधन ऐसे मोरचों का जमावड़ा साबित हुआ जिनका गठन, अधिकतर चुनावों से पहले, सत्ता तक पहुँचने के उद्देश्य से किया गया था। विपक्ष का गठबंधन बाहरी था, जबकि कांग्रेस का गठबंधन आंतरिक था। कांग्रेस का गठबंधन नेहरू परिवार के केंद्रीय नियंत्रण के बावजूद अक्षुण्ण, अखंड बना रहा। यह इसलिए, क्योंकि अपने हाथों से नियंत्रण कभी फिसलने न देने के साथ-साथ, सभी उत्तराधिकारियों ने कांग्रेस मॉडल का अनुसरण किया था बजाय इसके कि वे अलग-अलग होकर एक संपूर्ण राजतंत्र की स्थापना करते।

विपक्ष में अधिकतर पार्टियों का गठन विशिष्ट विचारधाराओं—वामपंथी, केंद्र के वामपार्श्वस्थ, हिंदू प्रधानता, मुसलिम संरक्षणवाद को लेकर किया गया था, जिन्होंने कांग्रेस के विस्तीर्ण गठबंधन को दमघोंटू और अपने निर्वाचन क्षेत्रों की प्रगति में बाधक पाया। इनके अलावा भी कुछ पार्टियाँ थीं जो एक ऐसे प्रमुख नेता के अधीन यथार्थवादी गुटों में थीं जो कांग्रेस को उस समय छोड़कर चला गया था जब उन्हें सत्ता में अपने इच्छित प्रभावशाली पद प्राप्त नहीं हुए। कांग्रेस के गठबंधन संबंधी मॉडल के प्रतिवाद स्वरूप बनी विशिष्ट विचारधाराएँ और विशिष्ट गुट अपने जन्म से ही एक-दूसरे के सिद्धांतों तथा हितों के प्रति असहज एवं प्रतिकूल थे। अननुकूलन, असमायोजन की भावना तब और बलवती हो गई जब विपक्ष की अनेक पार्टियाँ और गुटों का नियंत्रण एक नेता के हाथों में चला गया। इस कारण जब कभी विपक्ष के गठबंधन को सत्ता प्राप्त हुई, पार्टियों और गुटों के नेतागण, महत्त्वपूर्ण पदों पर कब्जा करने के लिए आपस में बुरी तरह लड़ने लग गए। इस बुरी कलहबाजी का नतीजा यह हुआ कि गठबंधन, सामान्यतः कुछ माह के अंदर ही या अधिक-से-अधिक एक साल में बिखर गया, ध्वस्त हो गया।

हालाँकि विपक्षी गठबंधन में सं.सो.पा. सबसे बड़ी पार्टी थी जिसने 1967 के चुनावों में बिहार में कांग्रेस को हराया था। फिर भी लोहिया, अपनी प्रबल इच्छा एवं पसंद के बावजूद, विधानमंडल गुट के नेता कर्पूरी ठाकुर को गठबंधन का नेता निर्वाचित कराने और मुख्यमंत्री पद का दावेदार बनाने में असफल रहे, क्योंकि राज्य स्तर के एक अन्य सं.सो.पा. नेता रामानंद तिवारी ने भी अपना दावा ठोक दिया। कर्पूरी-रामानंद की आपसी होड़ ने सं.सो.पा. के विधायकों (एम.एल.ए.) को जाति के आधार पर विभाजित कर दिया। उच्च जातियाँ रामानंद का समर्थन कर रही थीं और निचली जातियाँ कर्पूरी के पीछे थीं। रामानंद गुट को अपना दावा वापस लेने के लिए लोहिया ने मनाने का बहुत प्रयास किया। लेकिन बात नहीं बनी, क्योंकि वे इस बात पर अड़े हुए थे कि या तो रामानंद होगा या फिर कर्पूरी और रामानंद में से कोई भी नहीं होगा—गठबंधन में शामिल किसी अन्य पार्टी से कोई व्यक्ति चुनना होगा।

इस फूट को टालने के उद्देश्य से लोहिया एक नाम पर सहमत हो गए—महामाया प्रसाद सिन्हा। अधिकतर साझेदार भी उनके पक्ष में थे। एक समय था जब वह एक समाजवादी कहलाते

थे। हालाँकि तब भी कांग्रेस के साथ काम करने में उन्हें कोई आपत्ति नहीं थी। कुछ वर्ष पहले अनेक महत्त्वपूर्ण प्रजा सोशलिस्ट नेताओं की तरह महामाया भी कांग्रेस में शामिल हो गए थे। लेकिन फिर उन्होंने एक नई पार्टी, जन क्रांति दल का गठन करने के उद्देश्य से कांग्रेस छोड़ दी, ताकि उनके वास्ते राजनीति में सौदेबाजी की संभावनाएँ बेहतर हो सकें।

नए गठबंधन की समस्याएँ वहीं समाप्त नहीं हुईं। उत्तर बिहार में सहरसा से एक बड़े यादव जमींदार, बी.पी. मंडल सं.सो.पा. की ओर से लोकसभा के लिए निर्वाचित हो गए थे। इस सीट के लिए चुनाव राज्य विधान सभा चुनावों के साथ ही हुआ था, लेकिन मंडल चाहते थे कि उन्हें राज्य की गठबंधन सरकार में ही कोई पद दिया जाए। लोहिया ने उनकी बात मानने से साफ इनकार कर दिया, क्योंकि वह पहले ही सार्वजनिक रूप से घोषणा कर चुके थे कि किसी भी सांसद को राज्य सरकार में जगह नहीं दी जाएगी। मंडल ने भी—जिन्हें द्वितीय पिछड़ा वर्ग आयोग की अध्यक्षता करने के लिए प्रसिद्ध होना था और जिनकी सिफारिशों को केंद्र में एक गैर-कांग्रेस गठबंधन सरकार द्वारा कार्यान्वित किए जाने से 1990 के दशक में उच्च जाति विरोधी राजनीति नई ऊँचाइयों को छूने जा रही थी—अपना कदम पीछे हटाने से मना कर दिया। कर्पूरी-रामानंद संग्राम के दौरान मंडल की दृष्टि मुख्यमंत्री पद पर लगी हुई थी। उसमें सफल न होने पर, उन्होंने निश्चय कर लिया कि पहले वह महामाया सरकार में एक मंत्री बनेंगे और फिर उच्चतम पद प्राप्त करने का प्रयास करते रहेंगे।

मंडल की कोई समाजवादी पृष्ठभूमि नहीं थी; वह कांग्रेस का हिस्सा थे। यादव जाति से एक प्रमुख नेता के रूप में उन्हें उस समय एक सहयोजित सदस्य बनाया गया था जब 1963 से 1967 तक कांग्रेस की ओर से मुख्यमंत्री रहे, के.बी. सहाय एक अन्य यादव नेता रामलखन सिंह यादव को ले आए और अपने मंत्रिमंडल में रामलखन को वस्तुतः दूसरे नंबर पर रख दिया तथा मंडल को हाशिए पर डाल दिया। कुछ ही समय बाद, मंडल ने कांग्रेस छोड़ दी और वह सं.सो.पा. में शामिल हो गए, क्योंकि लोहिया के नेतृत्व में निचली जातियों के संगठित होने से सत्ता में कोई महत्त्वपूर्ण पद पाने की उनकी आशाएँ जाग उठी थीं। वह राज्य में पहली बार सत्ता में विपक्ष की गठबंधन सरकार से मिले अवसर को छोड़ना नहीं चाहते थे, भले ही इससे लोहिया को अपना ही नियम तोड़ने के लिए लज्जित क्यों न होना पड़े। मंडल की अशोभनीय लिप्सा, लालच पर लोहिया बहुत क्षुब्ध हुए। लेकिन इस डर से कि अगर उनकी लिप्सा को तृप्त नहीं किया गया तो पार्टी में काफी समस्याएँ उत्पन्न हो सकती हैं, फूट भी पड़ सकती है, लोहिया आखिरकार राजी हो गए। भले ही ऐसा करते हुए उन्हें अपने अधिकार का अपमान एक कड़वे घूँट की तरह पीना पड़ा हो।

मंडल के लिए, मंत्री का पद सिर्फ एक पड़ाव था : उनकी आँख तो मुख्यमंत्री की कुरसी पर लगी थी। गठबंधन को शुरू से ही मुश्किलों का सामना करना पड़ा। अलग-अलग विचारधाराओं एवं सिद्धांतों से जुड़े गुट नीतियों, कार्यक्रमों और मुद्दों पर सहमत होने के बजाय असहमत अधिक होते थे। विपक्ष में सम्मिलित पार्टियों, विशेषकर सं.सो.पा. को जिन लोगों ने वोट दिया था, उन्हें यह देखकर घोर निराशा हुई कि नई सरकार ने उतनी ही प्राथमिकताएँ तय की हैं, जितने साझेदार

गठबंधन में हैं। सरकार के पास कोई दिशा नहीं थी। जो समस्याएँ कांग्रेस शासन के दौरान लोगों के सामने थीं—वे समस्याएँ वैसी ही बनी हुई थीं, उनमें कोई कमी नहीं आई थी। मसलन, जहाँ कि तहाँ अटकी खेती, उद्योगों का अल्प-विकास, बेरोजगारी, मंत्रियों और अधिकारियों का भ्रष्टाचार, खाद्य वस्तुओं की चढ़ती कीमतें।

राज्यभर में उन छात्रों को बड़ी निराशा हुई, जिन्होंने कांग्रेस को सत्ता से बाहर करने के लिए विपक्ष के प्रत्याशियों की जीत की खातिर स्वेच्छा से काम किया था। घरों, चाय की दुकानों, सामाजिक सभाओं और हमारे कॉलेज की कैंटीन में—हर जगह, बातचीत में खीझ देखी जा सकती थीं। नीतीश उच्च जाति के उस पक्षपातपूर्ण वैरभाव पर विस्मित थे जिसके कारण कर्पूरी मुख्यमंत्री नहीं बन सके सं.सो.पा. नेताओं के बीच कर्पूरी के लिए नीतीश के मन में सर्वाधिक आदरभाव था। उनकी नैतिक सत्यनिष्ठा, साधु-संन्यासी जैसे व्यक्तित्व और वैचारिक परिमार्जन से वह अत्यंत प्रभावित थे। 'समाजवादी राजनीति एकता में अराजकता का उत्कृष्ट उदाहरण है,' हम उन्हें अकसर चिढ़ाते। वह स्वीकृति में मुसकरा देते, लेकिन अभी भी उन्होंने पूरी उम्मीद नहीं छोड़ी थी।

महामाया सरकार को अभी एक वर्ष भी नहीं हुआ था, जब मंडल ने सार्वजनिक निराशा की आड़ में पार्टी के मंत्री पद-लोभी करीब तीस विधायकों को लेकर सं.सो.पा. से किनारा कर लिया। कांग्रेस ने 'विद्रोह' को भड़काया और ऐसी किसी भी सरकार को समर्थन देने की घोषणा कर दी, जो मंडल को मुख्यमंत्री बनाए। हालाँकि, एक माह के बाद ही कांग्रेस ने मंडल को दिया समर्थन वापस ले लिया और एक अछूत जाति से आए एक विधायक भोला पासवान शास्त्री के नेतृत्ववाली पार्टी के साथ समझौता कर लिया। गठबंधन ने इसमें वही देखा जो सच्चाई थी या सत्ता हथियाने के लिए कांग्रेस की एक चाल थी। किसी जनादेश द्वारा सदन में बहुमत नहीं मिला तो प्रभोभन देकर विधायकों को तोड़ने की चाल।

ऐसा कोई कानून नहीं था जो किसी कानून बनानेवाले को एक पार्टी छोड़कर दूसरी पार्टी में जाने से रोक सके और कांग्रेस जैसी विरोधी पार्टी ने भी उस स्थिति का फायदा उठाकर तीन माह से कुछ अधिक अवधि के अंदर ही शास्त्री सरकार को सत्ता की गद्दी से नीचे उतार दिया। प्रधानमंत्री इंदिरा गांधी ने विधान सभा को निलंबित करवाया और वहाँ केंद्रीय शासन लागू करा दिया, जो करीब एक वर्ष तक जारी रहा। जून, 1969 में नए चुनाव कराए गए। इन चुनावों ने शास्त्री को पुनः मुख्यमंत्री बना दिया, लेकिन वह एक माह से अधिक मुख्यमंत्री की कुरसी पर नहीं रह सके। किसी भी पार्टी या गठबंधन के साथ बहुमत न होने के कारण, राज्य को फिर करीब आठ माह तक केंद्रीय शासन के अधीन रहना पड़ा। इस बीच कांग्रेस ने पर्याप्त सदस्यों को अपने पक्ष में कर लिया और अगले आठ माह तक शासन किया जब तक कि विपक्ष ने कांग्रेस में फूट डालने वाले तत्त्वों की सहायता से कांग्रेसी सरकार को गिरा नहीं दिया।

इस बार कर्पूरी ने स्वयं सबसे ऊँची कुरसी पाने का प्रयास किया। लेकिन कांग्रेस ने छह महीनों के अंदर ही गठबंधन को पटखनी दे दी। उसने शास्त्री को साथ लेकर सरकार बना ली।

शास्त्री, जो अब पार्टी में नहीं थे, अगले छह माह तक कठपुतली मुख्यमंत्री बने रहे। इस बार इंदिरा गांधी के सितारे बुलंदी पर थे। पाकिस्तान का 'विभाजन' और बांगलादेश का जन्म उनको भारी लोकप्रियता दिलाने के दो बड़े कारण थे। उन्होंने राज्य में नए चुनाव कराए और कांग्रेस वापस सत्ता में आ गई। विपक्ष ढह गया था और अनेक, हताश विषम गठजोड़ों का कोई नतीजा नहीं निकला।

1967 में पहली गठबंधन सरकार बनने के पहले कुछ महीनों में ही कांग्रेस ने वे सारे हथकंडे जल्दी सीख लिए थे, जिन्हें अपनाकर विरोधी गठबंधनों को समाप्त किया जा सकता है। गठबंधन में वैचारिक दरारें बहुत स्पष्ट थीं और ऐसी ही दरारें दलगत, व्यक्तिगत महत्त्वाकांक्षाओं की दरारों के अंदर थीं। कांग्रेस को बस एक बड़े हिस्से को यह भरोसा देकर अलग करने का प्रयास करना था कि उसके प्रमुख नेता को मुख्यमंत्री बना दिया जाएगा।

बाद में तो कांग्रेस की यह परिपाटी बन गई कि जब कभी केंद्र में और जहाँ कहीं भी विपक्ष की गठबंधन सरकार बने, उसे अस्थिर करने और गिराने के प्रयास शुरू कर दिए जाएँ : किसी गुट संबंधी नेता को खींच लो और एक नई सरकार चलाने में उसकी मदद करो जब तक कि वह खुद को बदनाम न कर ले, उसका विश्वास न घट जाए; फिर उससे समर्थन वापस लेकर उसे नए चुनाव कराने के लिए बाध्य कर दो। उसके बाद कांग्रेस मतदाताओं के पास इस वादे के साथ जाएगी कि कांग्रेस की सरकार एक स्थिर सरकार होगी। कांग्रेस ने 1979 में जनता पार्टी की सरकार गिराई और 1990 के दशक के मध्य में संयुक्त मोरचा सरकारों को उखाड़ फेंका।

लेकिन ऐसा भी नहीं है कि 1967 और 1972 के बीच बिहार में लोहिया के कांग्रेसवाद विरोधी मॉडल के आधार पर विपक्ष की जितनी भी विस्तीर्ण गठबंधन सरकारें सत्ता में आईं, उनके विफल होने का कारण हर बार केवल कांग्रेस की चालबाजी रही हो और 1979 में उसी प्रकार जे.पी. मॉडल की गठबंधन सरकार केवल कांग्रेस की चालों के कारण गिरी हो। भारतीय राजतंत्र का विखंडन एक प्रकार से सामाजिक विखंडन की तसवीर भी दिखाता है, क्योंकि समाज के सभी वर्ग अपने-अपने विशेष हितों को आगे बढ़ाने के उद्देश्य से एकजुट हो गए थे।

राजा से लेकर रंक तक, हर किसी को कोई-न-कोई शिकायत थी। नेहरू के सिद्धांतों पर आधारित, कांग्रेस के 'समाजवाद' संबंधी भाषणों ने दक्षिणपंथी ताकतों—महाराजाओं, लघुत्तर जमींदारों, व्यापारी वर्ग को बैरी बना लिया था और किसानों, मध्य वर्ग तथा निर्धनों में ऊँची-ऊँची आशाओं, संभावनाओं को जगा दिया था। वे सब यह निर्णय करने के लिए एकजुट हुए कि भारत की स्वतंत्रता का उनके लिए एक वर्ग के रूप में क्या अभिप्राय होना चाहिए? मुकाबले को मात देने की खातिर वर्गीय और संप्रदायवादी भावनाओं के झंझावात का पूरा-पूरा फायदा उठाते हुए और अपने विशिष्ट उग्र उपायों से उसे उत्तेजना के उफान तक लाकर, अनेक ऐसी राजनीतिक पार्टियाँ उठ खड़ी हुईं जिन्होंने मिल-जुलकर गठबंधन तो बना लिए थे, लेकिन वे गठबंधन उनकी अपनी विषमता और असामंजस्य के भार तले ही टूटकर बिखर जानेवाले थे।

नेहरू के फेबियन समाजवाद से मुग्ध वामपंथी इतिहासकार 1974 के बिहार आंदोलन को

भारत के लोकतंत्र में एक मील का पत्थर मानने से इनकार करते हैं; बिपिन चंद्र इसे सिर्फ एक 'असंवैधानिक और अलोकतांत्रिक' आंदोलन बतलाते हैं जिसके जरिए वे 'गैर-वामपंथी' पार्टियाँ कांग्रेस के एक विकल्प के रूप में 'विश्वसनीयता अर्जित' करना चाहती थीं जिन्हें 1971-72 के चुनावों में 'कड़ी हार' मिली थी। यह दृष्टिकोण आंदोलन की अनेक महत्त्वपूर्ण विशेषताओं को प्रकट नहीं करता है।

बिहार आंदोलन को विरोधी दलों द्वारा अपना एक टिकाऊ गठबंधन बनाने के लिए किए गए सतत संघर्ष में अपना उचित स्थान अवश्य मिलना चाहिए। 1967 और 1972 के बीच एक द्विध्रुवी राज्यतंत्र का निर्माण करने हेतु किए गए उनके प्रयास बुरी तरह विफल हो गए थे; लेकिन उन्होंने अपनी विफलताओं से सबक सीखा और पीछे नहीं हटे। 1974 के आरंभिक दिनों में बिहार में छात्रों के आंदोलन ने उन्हें फिर एकजुट होने का एक अवसर दिया—यह आंदोलन हाल ही में गुजरात छात्र आंदोलन से प्रेरित था जिसके कारण राज्य में कांग्रेस सरकार को बाध्य होकर इस्तीफा देना पड़ा था और विधान सभा भंग कर दी गई थी।

बिहार आंदोलन की शुरुआत राजनीतिक पार्टियों ने नहीं की थी, न ही उस आंदोलन का मार्गदर्शन उन्होंने किया था। यह आंदोलन विरोधी पार्टियों के युवा संगठनों द्वारा चलाया गया था। इस आंदोलन की शुरुआत 17-18 फरवरी, 1974 को पटना में आयोजित राज्य के कॉलेजों एवं विश्वविद्यालयों के छात्रसंघ नेताओं के दो-दिवसीय सम्मेलन के साथ हुई। उन्होंने आंदोलन कर रहे छात्रों और सामान्यतः जनसाधारण से संबंधित प्रमुख समस्याओं पर विचार-विमर्श किया और उन समस्याओं को हल करने वाले बिहार एवं केंद्र में कांग्रेस सरकारों पर दबाव डालने के लिए राज्य-व्यापी आंदोलन छेड़ने हेतु एक छात्र संघर्ष समिति गठित करने का निश्चय किया।

छात्रों ने 1950 के दशक के मध्य में और 1960 के दशक के मध्य में बिहार में पहले भी यदा-कदा सरकार विरोधी आंदोलन आयोजित किए थे। 1972 में छात्रों ने कांग्रेस सरकार के विरुद्ध विद्रोह कर दिया। उसमें अध्यापकों तथा समाज के अन्य वर्गों ने भी उनका साथ दिया। भाकपा समेत कई विरोधी पार्टियाँ उनके समर्थन में सड़कों पर उतर आईं। शरद्काल के आरंभ में दो माह तक लगभग हर दिन रैलियों, प्रदर्शनों और जुलूसों का आयोजन किया जाता रहा। कैंपस में और विधान सभा के बाहर विरोध प्रदर्शनों के दौरान पुलिस ने उन पर हमले किए। छात्रों ने गांधी मैदान के इर्द-गिर्द और अशोक राजपथ, विश्वविद्यालय मार्ग पर अवरोध खड़े कर दिए और उन्हें हटाने का प्रयास करनेवाले पुलिसकर्मियों पर पत्थर बरसाए।

नीतीश उस समय तक कॉलेज यूनियन के अध्यक्ष बन गए थे। उन्होंने इन विरोध प्रदर्शनों में से कई में शामिल होने के लिए बिहार कॉलेज ऑफ इंजीनियरिंग के छात्रों को संगठित किया था। हम पत्थर बरसानेवाले छात्रों में शामिल नहीं थे, फिर भी हम उनके पीछे एकजुटता में खड़े रहे। हम 5000 छात्रों की उस विशाल भीड़ का भी हिस्सा थे जिसने पटना विश्वविद्यालय के कुलपति सचिन दत्त के कार्यालय का तीन घंटों तक घेराव किया और उन्हें इस्तीफा देने के लिए विवश कर

दिया। नीतीश बतलाते हैं कि '1972 के छात्र विद्रोह' ने 'बांगलादेश बन जाने के बाद स्वयं को देवी दुर्गा कहलाने वाली इंदिरा गांधी के लोकवादी मुखौटे को फाड़ डाला।'

बिहार में सभी छात्र विद्रोहों की शुरुआत लगभग एक जैसी थी। उनकी शुरुआत कैंपस प्रशासन के विरुद्ध एक आक्रोश के रूप में हुई और अंततः वे सरकार के विरुद्ध एक आंदोलन में बदल गए। 1972 का विद्रोह भड़कने का कारण सरकारी अधिकारियों को विश्वविद्यालयों का कुलपति नियुक्त किया जाना था। माँग पत्र में अकसर ऐसी माँगें होती थीं, जैसे, छात्रों को बेहतर सुविधाएँ दी जाएँ, बस किराए में छूट दी जाए, हॉस्टल सुविधाओं में सुधार किया जाए और भोजन अच्छा दिया जाए, स्कॉलरशिप (छात्रवृत्ति) बढ़ाई जाए और विश्वविद्यालयों के निर्णयकर्ता निकायों में छात्रों को पर्याप्त प्रतिनिधित्व प्रदान किया जाए। जल्दी ही ये सारे मुद्दे पीछे रह गए और भ्रष्टाचार, पुलिस अत्याचार, बेकाबू मूल्य वृद्धि और बेरोजगारी के मुद्दे ऊपर आ गए।

छात्र संघर्ष समिति ने भी छात्रों की समस्याओं को लेकर आंदोलन आरंभ किया, लेकिन ज्यादा बड़े पैमाने पर। इसकी माँग थी कि रोजगार उन्मुख शिक्षा प्रदान करने, शिक्षित बेरोजगार लोगों को रोजगार की सुरक्षा सुनिश्चित करने और उनकी बेरोजगारी के दौरान उन्हें आर्थिक भत्ता देने की व्यवस्था करने हेतु सरकारी नीति में अनुकूल परिवर्तन किए जाने चाहिए। यह आंदोलन शीघ्र ही बढ़ते मूल्यों, भ्रष्टाचार के विरुद्ध और लोकतांत्रिक अधिकारों के लिए संघर्ष में बदल गया।

इस आंदोलन का नेतृत्व मुख्यतः विरोधी दलों, विशेषकर, सं.सो.पा. और जनसंघ के छात्र संगठनों के पदाधिकारियों द्वारा किया गया था। लेकिन आंदोलन में शामिल अधिकांश संख्या राजनीतिक दृष्टि से सजग, गैर-दलीय छात्रों की थी। पटना विश्वविद्यालय से विरोधी मोरचों के छात्र नेताओं ने एक बड़ी भूमिका निभाई। इनमें लालू प्रसाद और सुशील मोदी शामिल थे, नीतीश भी उनके साथ थे। 17-18 फरवरी, 1974 को आयोजित सम्मेलन में हुए विचार-विमर्श में भी नीतीश ने भाग लिया था। वहाँ छात्र संघर्ष समिति की चौबीस सदस्यों वाली संचालन समिति की सदस्य सूची में उनका नाम शामिल किए जाने की घोषणा हुई थी। लेकिन वह अभी तक नेतृत्व की अग्रपंक्ति में नहीं थे। समाजवादी युवा-मोरचा सदस्यों के बीच लालू निर्विवाद नेता थे। आगे वही थे, नीतीश उनके करीब अवश्य थे, लेकिन उनकी छाया में थे।

लालू उस समय पटना विश्वविद्यालय छात्र संघ के अध्यक्ष थे, जब उन्होंने दूसरों को साथ लेकर वह सम्मेलन बुलाया। लालू को 1973-74 के लिए चुना गया था; उनका कार्यकाल समाप्त हो रहा था और वह प्रसिद्धि की चमक-दमक में बने रहने के लिए कुछ करना चाहते थे। उनके एक करीबी सहयोगी ने उस अवधि के दौरान उनको अकसर यह कहते सुना था कि 'कुछ हुड़दंग करना चाहिए।'

लालू इस बात से काफी क्षुब्ध थे कि पिछले कुछ वर्षों में उन्हें राजनीतिक जीवन में प्रवेश करने का कोई अवसर नहीं मिला। 1970-71 के दौरान वह स्वयं को पटना विश्वविद्यालय छात्र संघ के महासचिव पद के लिए निर्वाचित कराने में तो कामयाब हो गए, लेकिन यूनियन का उच्चतम

पद पाने अर्थात् यूनियन का अध्यक्ष बनने का उनका प्रयास, अगले वर्ष एक कांग्रेस प्रत्याशी ने विफल कर दिया। लालू को इसके बाद कोई अवसर नहीं मिलना था, क्योंकि वर्ष के अंत में वह स्नातक हो जाते, बी.ए. की डिग्री हासिल कर लेते। उन्होंने राजनीति के बारे में सोचना लगभग छोड़ ही दिया और पटना वेटरीनरी कॉलेज में एक अनियमित क्लर्क के रूप में काम करना शुरू कर दिया, क्योंकि विवाह जल्दी हो जाने के कारण उनके ऊपर परिवार की जिम्मेदारी आ गई थी।

हालाँकि, उनकी राजनीतिक खुजली 1973 में उस समय फिर शुरू हो गई, जब उन्होंने अपने मित्र रंजन यादव की मदद से जोकि पटना विश्वविद्यालय छात्र संघ की कैबिनेट के एक सदस्य रह चुके थे—पटना लॉ कॉलेज में एक विधि छात्र के रूप में अपना नाम लिखा लिया, ताकि वह छात्र संघ का आगामी चुनाव लड़ सकें। तब हम इंजीनियरिंग के अंतिम वर्ष में थे और अकसर लालू को रंजन यादव के स्कूटर पर पीछे की सीट पर बैठकर कॉलेज कैंपस का चक्कर मारते देखा करते थे। वह अध्यक्ष पद के लिए चुनाव में खड़े थे और अपने लिए समर्थन जुटाने आया करते थे।

नीतीश ने हमारे कॉलेज के छात्रों के बीच लालू के लिए चुनाव प्रचार किया। फिर भी, लालू के जीतने की उम्मीद अधिक नहीं दिखती थी। तत्पश्चात् स.यु.स. और अखिल भारतीय विद्यार्थी परिषद् के बीच एक समझौता हुआ। समझौते में तय हुआ कि लालू अध्यक्ष के पद हेतु चुनाव लड़ेंगे और सुशील मोदी महासचिव पद के लिए। वह और मोदी, दोनों जीत गए।

18 मार्च, 1974 को पटना में राज्य विधान सभा के सामने एक रैली के आयोजन से आंदोलन आरंभ हुआ। उस दिन बजट सत्र का उद्घाटन था। मुख्यमंत्री अब्दुल गफूर द्वारा निवारक गिरफ्तारी के आदेश जारी किए जा चुके थे, अत: गिरफ्तारी से बचने के लिए अधिकतर प्रमुख छात्र नेता रैली से कुछ दिन पहले ही कहीं जाकर छिप गए थे। लालू और नीतीश ने अपने-अपने रिश्तेदारों, दोस्तों और परिचित लोगों के घरों में आश्रय लिया और निरंतर जगह बदलते रहे। नीतीश के लिए छिपने का सबसे सुरक्षित स्थान उनकी सबसे बड़ी बहन ऊषा का घर था, जो पश्चिमी पटना में राजा बाजार में स्थित था। आपात्काल के दौरान भी नीतीश ने वहीं आश्रय लिया था।

राज्यभर से विशाल संख्या में छात्र उस रैली में शामिल होने आए थे। लगता था उनकी आगे बढ़ती भारी भीड़, अंग्रेजों द्वारा निर्मित सचिवालय कॉम्पलेक्स के मुख्य द्वार पर मौजूद भारी पुलिस घेराबंदी को तोड़कर अंदर घुस जाएगी और विधान सभा सत्रारंभ के पहले दिन की काररवाई भंग कर डालेगी। लालू और अन्य छात्र नेताओं ने प्रचंड वाणी में सरकार विरोधी भाषण दिए। इस कारण रैली में आए लोगों में उत्तेजना फैल गई और फिर पत्थर फेंकते प्रदर्शनकारियों तथा लाठियाँ चलते पुलिसकर्मियों के बीच उठा-पटक शुरू हो गई। गफूर सरकार ने छात्रों की भीड़ पर गोलियाँ बरसाकर लड़ाई समाप्त करने का फैसला किया। गोलीबारी में कई छात्र हताहत और जख्मी हुए। चारों तरफ रोष फैल गया। अगले कई दिनों तक राज्य में अन्य शहरों में भी छात्रों द्वारा उग्र प्रदर्शन होते रहे। गफूर सरकार ने वहाँ भी प्रदर्शन करते छात्रों के साथ वैसा ही क्रूर बरताव किया। अनेक आहत और जख्मी हुए। इस कारण छात्र आंदोलनकर्ताओं के लिए जनसाधारण में व्यापक सहानुभूति उत्पन्न हुई।

कांग्रेस से लोग बहुत निराश होने लगे थे। जिस स्थिरता के लिए लोगों ने कांग्रेस को वोट देकर केंद्र और राज्य में दुबारा उसे सत्ता दिलाई थी, उसका अर्थ अब विकास में अवरोध, बेलगाम मुद्रास्फीति, भ्रष्टाचार और राज्य शासन की निरंकुशता रह गया था। इंदिरा ने बैंकों के राष्ट्रीयकरण के साथ तीव्र विकास और गरीबी उन्मूलन का वादा किया था, लेकिन वह उस वादे को पूरा नहीं कर सकीं। इससे उनकी अतिसुधारवादी छवि बहुत कुछ धूमिल हो गई। इन सब कारणों के सबसे ऊपर था उनका सत्तावाद और अपने पुत्र संजय को आगे बढ़ाने के लिए खुली छूट देना। इसका पक्का सबूत उस समय मिला जब उन्होंने जून 1975 में आंतरिक आपात्स्थिति लागू कर दी, जो मार्च 1977 तक जारी रही। इस दौरान, उनके बाद सर्वाधिक ताकतवर, प्रभावशाली व्यक्ति के रूप में संजय का उदय हुआ।

अभी भी यही विचार था कि कांग्रेस सर्वाधिक सुधारवादी बुर्जुआ पार्टी है और सभी 'प्रगतिशील' अर्थात् 'धर्मनिरपेक्ष' पार्टियों को उसका समर्थन करना चाहिए। उसे छोड़कर बाकी सभी विरोधी दलों को बिहार छात्र आंदोलन में वह क्षमता एवं संभावना नजर आई जिसके रहते लोगों के मोह-भंग को एक निर्वाचकीय लहर में परिवर्तित किया जा सकता था। लेकिन उन्हें विश्वास नहीं था कि छात्र समुदाय अकेले ऐसा कर सकेगा। पिछले चुनाव में मिली करारी हार को याद करके, उन्हें यह भी भरोसा नहीं था कि वे आंदोलन का नेतृत्व प्रत्यक्ष रूप से अपने हाथों में लेकर उसे सफल अंजाम तक पहुँचा सकेंगे, क्योंकि लोग उनके प्रयोजन को बहुत साफतौर पर देख-समझ सकते हैं। उन्हें एक छलावरण की आवश्यकता थी।

और इकहत्तर वर्षीय जयप्रकाश नारायण, जिन्हें लोग प्यार से जे.पी. कहते थे—जो बीसियों वर्षों की समाजवादी राजनीति और फिर संतवत् राजनीति के बाद पश्चिमी पटना में अपने घर में वस्तुत: एकांतवास कर रहे थे—एक उत्कृष्ट व्यक्ति सिद्ध हुए। जन-मानस की स्मृति में नेहरू के बाद वह अभी भी देश की सर्वोपरि राजनीतिक हस्ती के रूप में अपनी पहचान रखते थे। इसके अलावा, उनकी छवि एक विद्रोही संत समान थी। उनका स्वास्थ्य बहुत अच्छा नहीं था, लेकिन फिर भी वह देश की प्रमुख समस्याओं की जानकारी रखते थे, प्राय: उनके बारे में मीडिया को नपे-तुले विश्वासोत्पादक वक्तव्यों के माध्यम से अपनी प्रतिक्रिया व्यक्त करते रहते थे।

विभिन्न लोगों का दावा था कि उन्होंने आंदोलन की अगुआई करने के लिए जे.पी. से बात की है, उनमें सबसे प्रमुख थे—नानाजी देशमुख, जनसंघ को संरक्षण प्रोत्साहन देनेवाले एक हिंदू राष्ट्रवादी संगठन, राष्ट्रीय स्वयंसेवक संघ (आर.एस.एस.) के एक प्रतिष्ठित नेता और मीडिया नवाब रामनाथ गोयनका जिन्हें अपनी समाचार-पत्र शृंखला इंडियन एक्सप्रेस में प्रकाशनों के जरिए इंदिरा के सत्तावाद के विरुद्ध जैसे 'राष्ट्रीय हितों' का पक्ष लेकर राजनीतिक व्यवस्था के साथ पंगा लेने में बहुत मजा आता था। लेकिन जे.पी. ने नेतृत्व ग्रहण करने के साथ ही यह स्पष्ट कर दिया कि छात्र और लोक समितियाँ, जो आंदोलन का संचालन करेंगी, राजनीतिक पार्टियों से कोई संबंध नहीं रखेंगी। जे.पी. को पता था कि उन्हें नेता के रूप में जिस छात्र संघर्ष समिति द्वारा चुना गया है,

उसकी संचालन समिति के कई सदस्यों का विरोधी पार्टियों के साथ स्पष्ट संबंध है, लेकिन उन्होंने यह भी देखा कि अपनी इच्छा से आंदोलन में उतरे अधिकतर छात्र और लोग आंदोलन के उद्देश्य से प्रेरित हैं और उनका कोई राजनीतिक संबंध या सरोकार नहीं है।

जे.पी. की एक निष्पक्ष, निःस्वार्थ सुधारक के रूप में महापुरुषों जैसी छवि के कारण हजारों की संख्या में सामान्य पुरुष, महिलाएँ और युवक अपने-अपने घरों से बाहर आकर उनके जुलूसों और उनकी रैलियों में शामिल होने लगे। इस तरह के जनसैलाब ने एक छात्र आंदोलन को एक जनांदोलन में बदल दिया।

□

4

घिसान

ଓଓ * ଌଌ

बिहार आंदोलन की सुस्पष्ट विशेषताओं से संकेत मिलता है कि जे.पी. ने इस आंदोलन को 1921 के उस असयोग आंदोलन जैसा रूप दिया था, जो गांधी के नेतृत्व में अंग्रेजों के विरुद्ध चला था। गांधी एक वर्ष के अंदर भारत को अंग्रेजों से मुक्त कराना चाहते थे और इसीलिए उन्होंने लोगों का आह्वान किया कि वे औपनिवेशिक सरकार की किसी भी संस्था और काररवाई में सहयोग करने से इनकार करके सरकार पर भारत को स्वतंत्रता प्रदान करने के लिए दबाव बनाएँ। उन्होंने छात्रों से सरकारी स्कूलों और कॉलेजों का बहिष्कार करने और अदालतों में न जाने, बल्कि अपने विवादों को बाहर ही निबटाने के लिए कहा। उन्होंने कांग्रेस कार्यकर्ताओं से कहा कि शराब की दुकानों के आगे धरना दें, ताकि शराब की बिक्री कम हो और सरकार की उत्पाद शुल्क से होनेवाली आय घट जाए। जे.पी. ने बिहार में छात्रों तथा लोगों से ऐसे ही विचारों को लागू करने के लिए कहा। उन्होंने जात-पाँत मिटाने का एक 'रचनात्मक कार्यक्रम' भी जोड़ दिया, जिसके चलते यह आंदोलन पूरी तरह से एक त्रिआयामी असहयोग आंदोलन बन गया : आंदोलन, बहिष्कार और सामाजिक पुनर्निर्माण।

जे.पी. ने मुख्य रूप से सबसे अधिक ध्यान अपने ही द्वारा घोषित 'संपूर्ण क्रांति' के सिद्धांतों पर आधारित समाज के आमूल-परिवर्तन पर दिया। यद्यपि उन्होंने छात्र संघर्ष समिति के सदस्यों के इस प्रमुख विचार को भी मुखरित किया कि कांग्रेस सरकार ही 'समस्या' है और उसे जाना होगा। गफूर सरकार के विरुद्ध जन-आक्रोश बढ़ता जा रहा था और 'समस्या का मूल कारण' इंदिरा को माना जा रहा था। विरोधी दलों के लिए यह सपना सच होने जैसी बात थी, लेकिन जे.पी. के विचार में राज्य और केंद्र से कांग्रेस सरकारों का निष्कासन अंतिम उद्देश्य तक पहुँचने का एक साधन मात्र था। उन्होंने बिहार आंदोलन को एक क्रांतिकारी आंदोलन के रूप में देखा और सत्तासीन पार्टी को

बदलना उनकी दृष्टि में उसका केवल एक छोटा सा हिस्सा था।

एक मार्क्सवादी के रूप में शुरुआत करते हुए जे.पी. ने भारतीय समाज को असमान वर्गों की दृष्टि से देखा। लेकिन समय गुजरने के साथ-साथ उन्हें राजनीतिक गतिशीलता में जाति का महत्त्व समझ आने लगा था। वह लोहिया के इस विचार के काफी निकट आ गए थे कि जिस सामाजिक प्रणाली ने हजारों वर्षों तक निचली जातियों को दबाकर रखा, उस सामाजिक व्यवस्था को तोड़ दिया जाना चाहिए और उन्हें विशेष अवसर प्रदान किए जाने चाहिए, ताकि वे हर क्षेत्र में बराबरी के स्तर तक उठ सकें।

बिहार आंदोलन के दौरान उन्होंने 'सामाजिक क्रांति' की दिशा में कई कदम उठाए। छात्र संघर्ष समिति और जन संघर्ष समिति के नेताओं में उच्च जातियों की एक खास मौजूदगी थी। उन्होंने सोच-समझकर छात्र संघर्ष समिति के पिछड़ी जाति सदस्यों, विशेषकर लालू को संरक्षण देना और आगे बढ़ने के लिए प्रोत्साहित करना शुरू कर दिया। जे.पी. ने बाद में नीतीश को भी बढ़ावा दिया।

जे.पी. ने जनेऊ तोड़ो आंदोलन आरंभ किया। इसका उद्देश्य उच्च जातियों को अपने ऊँचे स्तर और धार्मिक पवित्रता के एक प्रतीक के रूप में अपने कंधे पर धारण किए पवित्र धागे को निकाल फेंकने के लिए प्रोत्साहित करना था और निचली जातियों को वैसा ही धागा पहनने के लिए बढ़ावा देना था, ताकि वे अपने आपको बराबर के स्तर का समझें। छात्र और लोक समितियों के सदस्यों के बीच और जनसंघ में मौजूद हिंदू राष्ट्रवादियों द्वारा उनके इस अभियान के विरुद्ध उत्पन्न रोष एवं विरोध के बावजूद उन्होंने अपनी यह मुहिम जारी रखी।

जे.पी. का मुख्य उद्देश्य भारत के प्रजातंत्र को वास्तव में लोगों की लोकतांत्रिक प्रणाली बनाना था। लोगों द्वारा निर्वाचित प्रतिनिधि और प्रतिनिधियों के बहुमत से बनी सरकारें वैधता पाने का दावा नहीं कर सकती हैं, अगर मतदाता उन्हें लोकहित के विरुद्ध काम करते हुए पाते हैं। उनका कहना था : वह एक ऐसा कानून चाहते थे जिसमें मतदाताओं को यह अधिकार दिया जाए कि अगर वे अपने प्रतिनिधि के कार्य से संतुष्ट नहीं हैं, तो उसके कार्यकाल के दौरान किसी भी समय वे उस पुरुष या महिला प्रतिनिधि को वापस बुला सकें। चूँकि उस समय तक ऐसा कोई कानून मौजूद नहीं था, उन्होंने अपने नेतृत्व में चलाए जा रहे जन-आंदोलन में प्रकट लोक इच्छा के बल पर राज्य विधान सभा भंग करने की माँग उठाई।

विरोधी दल इस उम्मीद के साथ विधान सभा भंग किए जाने की माँग का समर्थन कर रहे थे कि परिवर्तन की लोकप्रिय लहर का लाभ उठाकर उन्हें सत्ता में आने का अवसर प्राप्त होगा, एक गठबंधन सरकार के बदले दूसरी गठबंधन सरकार बन जाएगी। लेकिन उनकी आशा के विपरीत, जे.पी. का ध्येय भारतीय लोकतंत्र को वह स्वरूप देना था जैसा सशक्त लोकमत के साथ अमेरिकी लोकतंत्र में सन्निहित है : एक स्वतंत्र प्रेस, एक स्वतंत्र न्यायपालिका और एक स्वतंत्र बुद्धिजीवी वर्ग। ऐसा लोकतंत्रीकरण जनशक्ति की मजबूत बुनियादों का निर्माण करके ही किया जा सकता था। उनके आत्यंतिक सुधारवादी विचारों में से एक था—प्रत्येक विधान सभा निर्वाचन क्षेत्र में निर्दलीय

सदस्यों की समिति का गठन करना। इसे लागू करने का उन्होंने प्रयास भी किया। निर्वाचन क्षेत्रों में स्थापित ये समितियाँ चुनावों में वहाँ उपलब्ध सर्वोत्तम उम्मीदवार को चुनेंगी या उसका समर्थन करेंगी, जो निर्वाचित हो जाने के बाद इन समितियों के मार्फत निर्वाचक-मंडल के प्रति उत्तरदायी होगा। यदि समितियों के विचार में उनके प्रतिनिधि का कार्य असंतोषजनक पाया जाता है, तो उन्हें उसको वापस बुलाने और उसके स्थान पर दूसरे प्रतिनिधि को चुनने का अधिकार होगा।

उनका एक और अतिसुधारवादी विचार, बहुत अर्थों में असहयोग आंदोलन के स्थानीय 'मध्यस्थ न्यायालयों' तथा 'पंचायतों' का गठन करने के सुझावों के अनुरूप, यह था कि जनता सरकार का गठन किया जाए, जिसके अधीन स्थानीय स्तर पर समितियाँ होंगी, जो विवादों को अपने स्तर पर सुलझाएँगी और इसके लिए उन्हें राज्य की किसी संस्था के पास नहीं जाना पड़ेगा। जनता सरकारों ने अनेक स्थानों पर अनाज की जमाखोरी करनेवालों के यहाँ छापे मारे, उनका स्टॉक जब्त कर लिया और उचित मूल्यों पर लोगों को वितरित कर दिया।

अधिकतर अन्य छात्र नेताओं के समान, नीतीश ने खुद को भी कभी जे.पी. के जन शक्ति पर आधारित एक 'दलरहित लोकतंत्र' का निर्माण करने संबंधी क्रांतिकारी कार्यक्रम के साथ पूरे उत्साह एवं गहराई से नहीं जोड़ा। वह समाजवाद के पक्षधर थे और उन्हें देर-सबेर पार्टी की ओर से नामांकन प्राप्त होने की पूरी आशा थी। लेकिन वह कहते हैं, ''लोकतंत्र को सच में लोगों का शासन बनाने के लिए जे.पी. के जबरदस्त जोश से प्रभावित हुए बिना मैं नहीं रह सका।'' मुख्यमंत्री की हैसियत से उन्हें जो अनेक कदम उठाने की पहल करनी थी, उनमें से कई जे.पी. के विचारों से उतने ही प्रेरित थे जितने कि उनके आदर्श पुरुष लोहिया के विचारों से।

नीतीश को अभी भी एक लंबा रास्ता तय करना था। वह अपने कॉलेज के छात्र संघ, बी.ए.एम.एस.यू. (बिहार अभियंत्रण महाविद्यालय स्टूडेंट्स यूनियन) का अध्यक्ष होने के नाते छात्र संघर्ष समिति का एक सदस्य बन गए थे, जबकि लालू इसके लिए पटना विश्वविद्यालय छात्र संघ के अध्यक्ष के रूप में अपनी प्रतिष्ठा के आभारी थे। पटना राजधानी थी और पटना विश्वविद्यालय छात्र संघ छात्र संघर्ष समिति का केंद्र, इन दोनों कारणों से लालू राज्यभर में सबसे प्रमुख छात्र नेता थे।

उनकी तुलना में नीतीश साधारण थे। नीतीश को अन्य महत्त्वपूर्ण छात्र नेताओं और 'सर्वोदय' से जे.पी. के शिष्यों ने भी निष्प्रभावी कर दिया था। सर्वोदय का वास्तविक अर्थ होता है प्रत्येक का कल्याण। एक ऐसा आंदोलन जिसका उद्देश्य नि:स्वार्थ व्यक्तित्व पर आधारित एक सीमाहीन वैश्विक समाज की स्थापना करना है। नीतीश ने छात्र संघर्ष समिति सदस्यों की जे.पी. के साथ हुई बैठकों में भाग लिया। इन बैठकों का आयोजन समय-समय पर समस्याओं पर चर्चा करने और आंदोलन की दिशा तय करने के लिए किया जाता था। गलियों-सड़कों पर निकाले गए सभी जुलूसों, नगर और राज्यव्यापी कामबंदी, धरनों और आंदोलन के अन्य कार्यक्रमों में वह अग्रपंक्ति में रहते थे। लेकिन जहाँ तक समिति नेतृत्व का संबंध है वह अभी तक दूसरी या तीसरी पंक्ति में थे।

नीतीश याद करके बताते हैं कि "मैं शुरू-शुरू में बैंड में शामिल एक फालतू वादक से अधिक कुछ नहीं था।"

वह समय कष्टकर था। आंदोलन में प्रमुखता एवं प्रतिष्ठा न मिलने से उन्होंने महसूस किया कि उनका मंजू कुमारी की तरफ उत्तरदायित्व का भार बढ़ गया है जिनके साथ 22 फरवरी, 1973 को उन्होंने विवाह किया था। यही जिम्मेदारी उन्होंने अपने पिता और माँ के प्रति भी महसूस की, जो अपने पुत्र को एक इंजीनियर के रूप में अपनी जीविका आरंभ करते देखने की आस लगाए हुए थे। उसी वर्ष स्नातक की उपाधि पाने के बाद, नीतीश हमारे साथ इस्पात नगरी, बोकारो में रोजगार केंद्र में अपना नाम दर्ज कराने के लिए गए। वहाँ से हम लोगों में से किसी के भी पास कोई जवाब नहीं आया और किसी को उसकी परवाह भी नहीं थी, क्योंकि हमारा मन हमारी पसंद के कॅरियर पर लगा हुआ था।

लेकिन दो-चार महीनों के अंदर ही नीतीश को बिहार स्टेट इलेक्ट्रिसिटी बोर्ड से एक पत्र आया जिसके जरिए उन्हें राँची डिवीजन में एक प्रशिक्षु इंजीनियर के रूप में पदभार ग्रहण करने के लिए कहा गया था। उन दिनों एक सहायक इंजीनियर (तब यह पदनाम इंजीनियर असिस्टेंट हुआ करता था) के रूप में भरती होने के लिए एक साल एक प्रशिक्षार्थी (ट्रेनी) के रूप में काम करना पड़ता था। नीतीश राँची चले तो गए और एक प्रशिक्षार्थी के रूप में नौकरी ग्रहण भी कर ली, लेकिन उसके बाद कभी एक दिन भी काम नहीं किया। वह किसी नौकरी में बँधे रहना नहीं चाहते थे; राजनीति के लिए उनकी उमंग, उनकी धुन उन्हें खींच लाई। उन्होंने महसूस किया उनके पिता को कोई शिकायत नहीं होनी चाहिए, क्योंकि उन्होंने एक डिग्री हासिल करके अपना नैतिक कर्तव्य पूरा कर दिया है। नीतीश के पिता ने उन्हें नौकरी बनाए रखने के लिए बाध्य नहीं किया। अतः नौकरी चली गई और उन्हें अपने पिता, निकट संबंधियों और दोस्तों से मिले जेब खर्च पर निर्भर करना पड़ा।

मंजू, कृष्ण नंदन सिन्हा की सबसे बड़ी पुत्री थीं; वह एक धनी किसान थे और हरनौत में शिवदह नामक अपने गाँव में स्थित माध्यमिक स्कूल के प्रधान अध्यापक थे। मंजू परंपरावादी, कोमल हृदया और समझदार थीं। नीतीश के हर काम में वह उनका साथ निभाने के लिए हर समय तत्पर रहती थीं। वह नीतीश के बड़े भाई की पत्नी गीता की दूर की रिश्तेदार थीं, जो पढ़ाई में उनकी गहरी रुचि और पाक-कला में विशेष दिलचस्पी के कारण उन्हें बहुत पसंद करती थीं। नीतीश तब अंतिम वर्ष में थे और कृष्ण नंदन को अपनी पुत्री का विवाह एक इंजीनियर से करने की खुशी थी।

नीतीश के परिवार को पता था कि वह राजनीति में जाने का संकल्प कर चुका है, लेकिन नाते-रिश्तेदारों को उनकी इस अभिलाषा के बारे में नहीं बताया गया था। विवाह की बातचीत के दौरान नीतीश के पिता ने कृष्ण नंदन को पहले से यह नहीं बताया था कि उनके बेटे ने इंजीनियरिंग को अपनी जीविका बनाने का इरादा छोड़ दिया है। इसके पीछे एक बड़ा कारण शायद उनकी यह

उम्मीद थी कि पढ़ाई पूरी हो जाने के बाद नीतीश का कॅरियर के बारे में अड़ियल रवैया स्वत: ढीला पड़ जाएगा, क्योंकि जीवन-निर्वाह के लिए भी तो धनार्जन करना ही होगा। रामलखन अपने पुत्र पर एक के बजाय दो व्यक्तियों के लिए भोजन जुटाने की जिम्मेदारी डालना चाहते थे। इस तरह उन्होंने नीतीश के सामने कोई विकल्प नहीं छोड़ा था।

परिवार की स्त्रियों ने मंजू की एक तसवीर नीतीश को दिखाई, जब वह एक सप्ताहांत घर आए हुए थे। उन्होंने चित्र को गौर से देखा नहीं। उत्तेजना एवं लज्जा के मिले-जुले भाव से शरमा गए और ठठाकर हँसने लगे। नीतीश के जीवन का एक सर्वाधिक दु:खपूर्ण एवं कष्टप्रद क्षण वह था जब बिहार आंदोलन के दौरान उन्हें गया जेल में रखा गया और मंजू उनसे भेंट करने वहाँ आईं। उन्हें आंतरिक सुरक्षा अनुरक्षण अधिनियम (मीसा) * के अंतर्गत, सितंबर से नवंबर 1974 तक जेल में बंदी बनाकर रखा गया था। इंदिरा द्वारा बनाए गए इस घृणित कानून के तहत निवारक नजरबंदी के बहाने किसी को भी मुकदमा चलाए बिना बंदी बनाया जा सकता था।

नीतीश बताते हैं, ''गया सेंट्रल जेल का सुपरिंटेंडेंट निहायत क्रूर आदमी था। वह कैदियों के रिश्तेदारों को सप्ताह में केवल एक बार मिलने की इजाजत देता था और वह किसी को भी दरवाजे के अंदर नहीं आने देता था। मुलाकाती को लोहे की जाली लगी खिड़की के बाहर खड़ा रहना पड़ता था और कैदी को अंदर। मंजू सप्ताह में एक बार मुझसे मिलने आती, लेकिन उस निर्दयी ने मेरी पत्नी को भी अंदर आने की अनुमति नहीं दी। उसने खिड़की में जड़ी लोहे की जाली भी ऐसी बनवाई थी कि मैं मंजू की उँगली भी नहीं छू सकता था, ताकि मैं अगले सप्ताह फिर मिलने की उम्मीद में उस याद के साथ रह सकूँ। कल्पना कीजिए; हम जवान थे और हमारा विवाह हुए अभी डेढ़ वर्ष ही बीता था।''

1972 की सरदियों में जब मंजू के पिता ने विवाह प्रस्ताव मंजूर कर लिया, उसके बाद भी नीतीश को इतना साहस नहीं हुआ कि पटना विश्वविद्यालय के मगध महिला कॉलेज में जाकर मंजू को देख लेते जो वहाँ समाजशास्त्र में स्नातक की उपाधि के लिए पढ़ाई कर रही थी। उन्हें गणेश दत्त (जी.डी.) महिला छात्रावास तक जाने में भी हिचकिचाहट थी जहाँ मंजू रहती थी। इतना संकोच तो तब था, जबकि नीतीश की छोटी बहन इंदू भी उसी छात्रावास में थी। कौशल, नरेंद्र और मैं उनकी इस परेशानी को लेकर हर रोज उन पर व्यंग्य कसा करते : ''तुम वैसे तो दुनिया के सभी दानवों को चुनौती देने का दंभ भरते हो, लेकिन अपनी भावी पत्नी से मिलने जाने के विचार से भी तुम्हारी कँपकँपी छूटने लगती है! तुम एक झूठे आदमी हो।'' लेकिन हमारे सारे उपदेशों, प्रबोधनों के बावजूद वह नहीं गए। फिर एक दिन, उन्हें बताए बिना, हमने एक रिक्शा लिया और उसकी एक झलक पाने के लिए हम घंटों तक गणेश दत्त महिला छात्रावास के आसपास घूमते रहे। हमने मंजू का चित्र देखा हुआ था। जब अंत में हमने उसे तलाश लिया, वह हमारी बनावटी हँसी से

*मीसा—Maintenance of Internal Security Act. (MISA)

समझ गई कि हम वहाँ किसलिए आए हुए हैं। उसने घबराहट में अथवा लज्जावश अपनी लाल चुन्नी सिर पर डाली और तेजी से जाने लगी, तभी कौशल ने उसकी तरफ एक चुटकी फेंकी : "भागो मत, ठोकर लग सकती है!" जवाब में एक मुसकान दिखाकर तेजी के साथ वह नजर से ओझल हो गई।

कॉलेज लौटकर हमने नीतीश को खोजा और उन्हें बताया कि उनसे पहले हमने उनकी पत्नी को देख लिया है। वह सौम्य और सुंदर है। "उसकी मुसकान उसे और भी सुंदर बना देती है," कौशल ने कहा। कौशल की टिप्पणी पर नीतीश की हँसी छूट गई। हँसते-हँसते, उन्होंने कहा, "अब मुझे और क्या चाहिए! तीन बंदूकचियों से मुझे उत्कृष्टता का प्रमाण-पत्र मिल गया है।"

तथापि, अगले सप्ताह विवाह प्रस्ताव खटाई में पड़ गया। यह विवाह हिंदू रीति-रिवाज के अनुसार होने जा रहा था और नीतीश के पिता ने मंजू के पिता से दहेज में 22,000 रु. नकद लेना मंजूर कर लिया था। नीतीश अपने विवाह के लिए कोई दहेज न लेने का मौन संकल्प उठा चुके थे और वह वैदिक विवाह के लंबे-चौड़े कर्मकांड, विधि-विधान के सर्वथा विरुद्ध थे। यह सब उनकी दृष्टि में ब्राह्मणवाद के विरुद्ध एक धर्मयुद्ध के प्रति उनके लोहियावादी संकल्प से मेल नहीं खाता था। मुझे याद है, वह कई दिनों तक अंदर-ही-अंदर यह पीड़ा सहते रहे कि आर्य समाज के सिद्धांतों पर चलनेवाले और साधारण विवाह का उपदेश देनेवाले उनके अपने पिता किस तरह एक उत्सर्ग-अग्नि के चारों ओर ब्राह्मण पुरोहितों द्वारा विवाह संपन्न किए जाने की बात मान गए।

उन्होंने साफ कह दिया कि वह मंजू के साथ माला बदलने के अलावा कुछ नहीं करेंगे। कोई अनुष्ठान नहीं होगा, कोई उत्सव नहीं मनाया जाएगा। विवाह पटना में एक सार्वजनिक सभा-भवन (पब्लिक हॉल) में संपन्न होगा। उनके पिता और मंजू के पिता, दोनों को अंततः मानना ही पड़ा। गांधी मैदान के निकट लाला लाजपत राय मेमोरियल हॉल विवाह के लिए निश्चित हो गया था। विवाह के अवसर पर बड़ी संख्या में समाजवादी नेता तथा कार्यकर्ता तशरीफ लाए थे। दहेज के कैंसर और कर्मकांड की अफीम से छुटकारा पाने के बारे में भाषणबाजी हुई और 'क्रांतिकारी विवाह' की भूरि-भूरि प्रशंसा की गई। वक्ताओं ने कहा कि बिहार के हर युवा पुरुष को नीतीश के उदाहरण का पालन करना चाहिए। इस संदेश को दूर-दूर तक पहुँचाने के लिए, प्रसिद्ध समाजवादी पत्रकार, जुगनू शारदेय ने विवाह के बारे में नीतीश के साथ एक भेंटवार्त्ता को लोकप्रिय हिंदी साप्ताहिक पत्रिका धर्मयुग में प्रकाशित किया।

कॉलेज से अपनी शिक्षा-दीक्षा समाप्त करने के कुछ ही समय बाद, हम अपने-अपने रास्ते चले गए। नरेंद्र ने एक लोकनिर्माण कार्य ठेकेदार बनने का फैसला किया, कौशल ने बिहार राज्य आवास बोर्ड, राँची में नौकरी कर ली, मैं एक न्यूज एजेंसी में प्रशिक्षु हो गया और नीतीश राजनीति की दुनिया में चले गए। वह मंजू के साथ बख्तियारपुर में रहते थे लेकिन समाजवादी नेताओं और लालू जैसे छात्र नेताओं से मिलने के लिए वह नियमित रूप से पटना जाया करते थे, ताकि उनके संपर्क में रहें, संबंधों की कड़ी मजबूत कर सकें।

मंजू को उनसे कोई शिकायत नहीं थी। राजनीति के क्षेत्र को अपनी कर्मभूमि बनाने की उनकी इच्छा का मंजू ने हमेशा समर्थन किया। कभी नहीं कहा कि कोई नौकरी क्यों नहीं कर लेते। लेकिन मंजू के पिता और मंजू के भाई अकसर बातचीत में उन्हें सलाह देने से नहीं चूकते थे कि जीविकोपार्जन के लिए उन्हें कुछ अवश्य करना चाहिए। ''तुम काम-धंधे के साथ भी राजनीति कर सकते हो,'' वे कहते। नीतीश उनके सुझाव पर हमेशा हँस देते।

इसके विपरीत मंजू उन्हें उकसाती रहती। युवावस्था में जब वह आदर्शवाद से ओत-प्रोत थे, तब एक दौर ऐसा भी आया जब नीतीश ने तय किया कि वह चुनाव नहीं लड़ेंगे। मंजू ने एक दिन उनसे कहा, ''अगर आप चुनाव की राजनीति में नहीं हैं, तो राजनीति में रहने का क्या मतलब है?'' यह बात उनके जीवन में एक 'चिनगारी' साबित हुई। उन्होंने महसूस किया कि मंजू सही है। बस, उसी क्षण उनके जीवन की दिशा बदल गई।

हालाँकि, कभी-कभी उनका आत्म-संदेह उनकी दृढ़ता को हिला देता। वह उन लोगों में से नहीं थे, जो आक्रामक आत्म-उन्नति में विश्वास करते हैं। उन्होंने बिहार आंदोलन के दौरान, सभाओं में, विरोध प्रदर्शनों में, मीडिया में लालू को वही करते देखा। लालू अपनी स्वाग्रही पिछड़ी जाति छवि को उछालने में अपनी शान समझते। हमेशा कुछ-न-कुछ नाटक करते। जे.पी. के लाक्षणिक मुहावरों एवं उक्तियों को दोहराते और कुछ अपने मुहावरे लेते, फिर उन्हें भोजपुरी लोकभाषा में गूढ़ ठिठोली, भद्दे परिहास की चिनगारियों के साथ पेश करते। अपनी इन विशेषताओं के कारण छात्र नेताओं के किसी भी जमावड़े में उनकी चमक सबसे अलग होती। लालू बौद्धिक तर्क-वितर्क से बचने की कोशिश करते, लेकिन ध्यान खींचने वाले मुहावरों को पकड़ने और प्रभाव उत्पन्न करने के उद्देश्य से उनका प्रयोग करने की कला बखूबी जानते थे।

लालू की खुद को चढ़ाने की योग्यता से नीतीश चकित थे। समाजवादी धारा में एक सीनियर होने के नाते नीतीश उनका आदर करते थे, लेकिन नीतीश का अपना स्वभाव ही कुछ ऐसा था कि लालू के पद-चिह्नों का अनुसरण वह चाहकर भी नहीं कर सकते थे। नीतीश अपने पिता को अपना सबसे पहला आदर्श मानते थे—जो एक सिद्धांतवादी योद्धा थे। अपनी जवानी में वह लोहिया के भक्त थे और अब जयप्रकाश के भक्त हो गए थे। वह एक गंभीर, चिंतनशील राजनीतिज्ञ बनना चाहते थे। लोहिया के लेखों और लोहिया के बाद की समाजवादी टीकाओं को पढ़कर उनकी बौद्धिक बुनियाद का निर्माण हुआ था। जे.पी. के विचारों को अब वह बेहतर ढंग से समझ सकते थे। अपनी समाजवादी पृष्ठभूमि के कारण उन्हें महसूस होने लगा कि जे.पी. के साथ उनका स्वाभाविक संबंध है। उनकी यह समझ अपने नए नेता के वैचारिक झुकाव को देखते हुए और अधिक गहरी होने लगी थी, जिसका कारण यह भी था कि लोहिया के सामाजिक क्रांति संबंधी सिद्धांत पर उन्होंने पुनर्विचार किया था। आंदोलन में बने रहने का मतलब लोहिया के विचारों को निकाल फेंकना नहीं था। नीतीश ने उन सभी विचारों को सँजोकर रखा हुआ था।

जे.पी. अब यह अनुभव करने लगे थे कि जातिगत श्रेणीबद्धता अर्थात् क्रम-परंपरा को तोड़ना

आवश्यक है। यह देखकर नीतीश का विश्वास लोहिया के बीजसूत्र 'सैकड़ा साठ' में और भी मजबूत हो गया। इस सूत्र का तात्पर्य यह था कि पिछड़ी जातियों, आदिवासियों, महिलाओं और धार्मिक अल्पसंख्यकों को सभी क्षेत्रों में 60 प्रतिशत प्रतिनिधित्व मिलना चाहिए जिससे कि वे हर क्षेत्र में उच्च जातियों के साथ अपनी समानता, अपनी बराबरी स्थापित कर सकें। नीतीश को जाति की दृष्टि से सोचने के प्रति विमुखता अपने पिता से विरासत में मिली थी, लेकिन इसके साथ ही उन्होंने यह भी पाया कि गैर-उच्च जातियों का पिछड़ापन एक सच्चाई है। वह लोहिया के समर्थक इसलिए बने, क्योंकि युगांतरकारी नेताओं में अकेले वही थे जिन्होंने सामाजिक क्रांति, जातियों में समानता लाने की श्रेष्ठता की तरफदारी की। इसके अलावा, लोहिया का विचार यह भी था कि प्रत्येक क्षेत्र में दलित जातियों का उत्थान करने से सामाजिक स्तर के साथ जाति का संबंध मिट जाएगा और इस तरह किसी भी गणना से जाति विलुप्त हो जाएगी।

तदपि, उत्कर्ष के सोपान पर नीतीश का उत्थान उनके अपने प्रयासों पर जितना निर्भर करता था उतना ही जे.पी. की सिफारिश पर। जे.पी. के साथ सैद्धांतिक संबंध होने की उनकी भावना अभी तक इकतरफा थी। उनकी ओर जे.पी. का ध्यान जाने में समय लगा। नीतीश के पिता ने हालाँकि अपने पुत्र के निर्णय के साथ समझौता कर लिया था, फिर भी उन्हें इसकी चिंता रहती थी। अपने सपने की खातिर न सही, अपने पुत्र और पुत्रवधू के भविष्य को लेकर उनका चिंतित होना उचित ही था।

किसी को भी कुछ बताए बिना, रामलखन एक दिन अपने घर से पटना चले गए और वहाँ जे.पी. की प्रतीक्षा करने लगे, जोकि उन्हें स्वतंत्रता संग्राम के साथ जुड़ाव के समय से अच्छी तरह जानते थे और उसके बाद स्वतंत्रता के पहले दस वर्ष के दौरान निर्वाचन की राजनीति से जुड़े रहने के कारण भी अच्छी तरह से जानते थे। रामलखन ने जे.पी. को बताया कि वह उनसे भी अधिक समय तक कांग्रेस के साथ रहे, लेकिन फिर कांग्रेस और उनके बीच दूरी बढ़ती चली गई, क्योंकि उस पार्टी की सरकारों ने स्वतंत्रता संघर्ष के आदर्शों के साथ विश्वासघात किया और वह पूरे दिल से जे.पी. के नेतृत्व में चलाए गए आंदोलन का समर्थन करते हैं। तत्पश्चात् उन्होंने कहा कि यद्यपि वह एक सक्रिय भागीदार नहीं हैं, उनका बेटा अवश्य है। ''वह भी एक आदर्शवादी है। मैं उसके लिए आपका आशीर्वाद माँगने आया हूँ,'' रामलखन ने जे.पी. से कहा।

नीतीश को भले ही पक्का भरोसा रहा हो कि उन्हें आंदोलन में अपने काम के आधार पर ही जे.पी. की कृपादृष्टि प्राप्त होगी, किसी की सिफारिश से नहीं, फिर भी नीतीश का मानना था कि उनके पिता ने वही किया है जो कोई भी पिता अपने पुत्र के लिए करता—विशेषकर वह जो अपने पुत्र का भविष्य सुनिश्चित करने के लिए चिंतित रहता हो और इस बारे में नीतीश की जुबाँ पर अपने पिता के प्रति केवल आदरपूर्ण कृतज्ञता थी। हालाँकि नीतीश ने जो रास्ता चुना उसके कारण उनके पिता का अपने पुत्र को इंजीनियर बनाने का सपना चूर-चूर हो गया था, किंतु अपने एकांत के क्षणों में नीतीश सोचा करते थे कि वह स्वयं को एक कानून निर्माता के रूप में देखकर अपने पिता का

सपना ही तो साकार करने की दिशा में काम कर रहे हैं। अगर वह एक अलग किस्म का राजनीतिज्ञ बन जाते हैं और उसके बावजूद कामयाब भी हो जाते हैं, तो वह मान लेंगे कि उन्होंने अपना पुत्रोचित कर्तव्य पूरा किया है और अपने पिता को गौरवान्वित किया है।

फिर भी यह निश्चित नहीं था कि उनके पिता के निवेदन से जे.पी. कितना प्रभावित हुए। जे.पी. के दिल-दिमाग पर आंदोलन संबंधी अनेक कार्यों का बहुत बोझ था। नई-नई योजनाओं की कल्पना करना, रणनीतियाँ बनाना, व्यतिक्रमों का मुकाबला करना, सभाओं को संबोधित करना, अनगिनत मुलाकातियों से बातचीत करना, इंदिरा गांधी से लेकर मुख्यमंत्री अब्दुल गफूर तक के उपहासपूर्ण बयानों के जवाब तैयार करना और अपनी बुढ़ाती काया की अतिरिक्त माँगों का ध्यान रखते हुए इन सभी अपेक्षाओं को पूरा करना। जे.पी. के लिए एक पिता के इस व्यक्तिगत अनुरोध पर बहुत ध्यान दे पाना संभव नहीं था कि उसके पुत्र को वह अपनी छत्रछाया में रखकर वैयक्तिक मार्गदर्शन प्रदान करें। जे.पी. इससे बहुत ऊपर उठ चुके थे और बहुत ही न्यायवादी एवं निष्पक्ष थे। वह उस लड़के को स्पष्ट रूप से पहचान सकते थे और उनकी एक दूरस्थ कृपादृष्टि को भी उस लड़के की पिछड़ी जाति के एक परिणाम के रूप में देखा जा सकता था, लेकिन जे.पी. किसी की तरफदारी नहीं करेंगे। उनकी नजर में योग्यता ही सबसे बड़ी कसौटी थी। उस बच्चे को अपनी योग्यता साबित करने दें।

जे.पी. ने छात्रों से पुकार लगाई थी कि वे एक साल तक कक्षाओं से दूर रहें और आंदोलन के लिए काम करें : यह कदम वर्तमान अर्थहीन शिक्षा प्रणाली को अस्वीकार करने का एक स्पष्ट संकेत होगा और छात्रों को एक नए भारत का निर्माण करने में सक्रिय रूप से भाग लेने का अवसर भी मिल जाएगा। इस बहिष्कार को आरंभ में तो सफलता मिली, लेकिन शीघ्र ही छात्रों में एक मजबूत धारणा यह पनपने लगी कि ऐसा करने से तो उनका भविष्य संकट में पड़ सकता है और पुनः उन्होंने बढ़ती संख्या में कक्षाओं में जाना शुरू कर दिया। पटना ने इसकी पहल की और जे.पी. को चिंता सताने लगी कि अगर पटना विश्वविद्यालय के छात्र कक्षाओं में लौट गए, तो शेष बिहार के छात्र भी वैसा ही करेंगे। उन्होंने नई पुकार लगाई, छात्रों से अपील की कि वे देश की खातिर एक वर्ष का त्याग करें, लेकिन उनकी बात नहीं सुनी गई। आंदोलन के सक्रिय कार्यकर्ताओं ने पटना विश्वविद्यालय में कक्षाओं से उन छात्रों को बाहर लाने के छिट-पुट प्रयास किए जिनकी कक्षाएँ फिलहाल चल नहीं रही थीं। छात्र संघर्ष समिति के अधिकतर अग्रणी सदस्य जेल के अंदर थे।

इन्हीं परिस्थितियों के चलते, नीतीश एक कॉलेज से दूसरे कॉलेज गए और जहाँ-जहाँ जितने भी छात्र मिले, उन छात्रों को नीतीश ने संबोधित कर बहिष्कार के पक्ष में प्रोत्साहित किया। नीतीश को वह दिन बहुत अच्छी तरह याद है। इतने सारे कॉलेजों में इतने छात्रों का सामना करने का यह उनका पहला अनुभव था; सभी तरह के छात्र उन्हें मिले—अड़ियल, संदेही और विद्वेषी। फिर उन प्रशासकों तथा अध्यापकों की तो बात ही छोड़ दें जिनके विचार में कक्षाओं का बहिष्कार सर्वथा अनुचित एवं निंदनीय था। इन सबका सामना नीतीश ने अकेले किया। यह उनकी वक्तृत्वकला,

सभी प्रकार के सवालों को धूल चटाने के उनके साहस, उनकी नेतृत्व करने संबंधी क्षमताओं की एक परख थी।

कुछ घंटों तक छात्रों को समझाने-बुझाने के अंत में सौ से भी अधिक छात्र उनके पीछे-पीछे कुलपति कार्यालय तक गए। वहाँ उन्होंने भाषण दिया और कक्षाओं तथा परीक्षाओं का बहिष्कार करने के लिए छात्रों को दंडित करने के बारे में विश्वविद्यालय प्रशासन की ओर से दी गई धमकी की घोर भर्त्सना की। उन्होंने कुलपति देवेंद्रनाथ शर्मा को बाहर निकलकर छात्रों से बात करने की चुनौती दी। यह देखकर कि जब तक वह बाहर नहीं जाएँगे, भीड़ छँटने वाली नहीं है, शर्मा बाहर निकले और उन्होंने छात्रों को कक्षाओं में लौटने के लिए कहा। इस बात पर, शर्मा और नीतीश के बीच एक गर्मागर्म बहस छिड़ गई। कुलपति की दलील थी कि कक्षाओं का बहिष्कार जारी रखने से छात्रों का भविष्य और उनकी जीविका संकट में पड़ जाएगी। किंतु, नीतीश ने उनकी चेतावनी को इस आधार पर तिरस्कृत कर दिया कि छात्रों का भविष्य दोषपूर्ण शिक्षा-प्रणाली और कांग्रेस सरकार की गलत आर्थिक नीतियों के कारण पहले ही अंधकार में पड़ा हुआ है।

उस दिन छात्रों को कक्षाओं का बहिष्कार करने के लिए प्रेरित करने में नीतीश की कामयाबी से जे.पी. खुश हुए; जे.पी. से उन्हें प्रशंसा मिली और वह क्षण नीतीश के राजनीतिक जीवन में एक मोड़ साबित हुआ। पिछली घटनाओं को याद करते हुए, नीतीश कहते हैं कि यद्यपि वह छात्र संघर्ष समिति का एक हिस्सा थे, लेकिन जे.पी. ने उनकी मौजूदगी को उसी दिन पहचाना और स्वीकार किया। उस दिन से नीतीश की पहचान समिति के अनेक सदस्यों में से एक सदस्य के रूप में नहीं रही, अपितु जे.पी. की नजर में वह बहुत ऊँचे चढ़ गए। यह देखकर उनकी खुशी चौगुनी हो गई कि उस दिन के बाद जे.पी. ने समिति की बैठकों के दौरान उन्हें उनके नाम से पुकारना और उनके सुझावों पर ध्यान देना शुरू कर दिया था। एक शामिल बाजा (बैंड में एक आलसी, फालतू वादक) से बढ़कर, उनका दरजा एक महत्त्वपूर्ण वादक, लगभग एक ढोलकिया के बराबर हो गया था। जे.पी. की नजरों में उनका चढ़ना समिति के अन्य सदस्यों ने भी महसूस किया और वे भी उन्हें अधिक आदर से देखने लगे। इतना महत्त्व, इतनी कद्र मिलने से नीतीश का अपने-आप में विश्वास और बढ़ गया। वह नए एवं दोगुने जोश के साथ अपनी तरक्की के रास्ते पर आगे बढ़ने के लिए काम में जुट गए।

नीतीश ने जिलों का दौरा करना और बड़ी-बड़ी सभाओं को संबोधित करना शुरू कर दिया। रोजाना ऐसे ही कार्यक्रमों में व्यस्त रहने, स्थानीय कार्यकर्ताओं के साथ विचारों का आदान-प्रदान करने, भाषण देने से, अब उन्हें पता चलने लगा कि उनकी अपनी ताकत क्या है और कमजोरियाँ क्या हैं? कार्यकर्ताओं और लोगों को क्या बात अच्छी लगती और क्या अच्छा नहीं लगता है? और इन सब बातों को ध्यान में रखते हुए उन्होंने निरंतर अपने उच्चारण में सुधार लाना शुरू कर दिया।

इसके साथ-साथ, उन्होंने जे.पी. को, उनके विचारों और उनके व्यक्तित्व को और अच्छी तरह जानने-समझने का प्रयास किया। ज्यादा पढ़ा, ज्यादा बहसों में भाग लिया और ज्यादा सुना।

उन्हें पटना में तथा जिलों में छात्रों एवं नागरिक कार्यकर्ताओं का आदर-सम्मान मिलने लगा, मौखिक रूप से प्रसिद्धि प्राप्त होने लगी। उनकी व्यक्तिगत छवि ने उनकी राजनीतिक छवि को बढ़ाया। उन्होंने अपने जीवन में सादगी का वरण किया : उन्हें कोई व्यसन नहीं था, वह अधिकतर शाकाहारी भोजन करते, रहने के लिए जरूरत-भर जगह से संतुष्ट रहते और उन्हें अपनी मूल आवश्यकताओं की पूर्ति के लिए आवश्यक धन से अधिक की चाह नहीं थी।

उन्होंने लालू के साथ भी अनेक जिलों का दौरा किया। छात्र नेताओं में लालू सर्वोपरि थे, लेकिन उन्हें कभी ऐसा महसूस नहीं हुआ कि नीतीश की बढ़ती प्रतिष्ठा उनकी अपनी प्रतिष्ठा के लिए संकट का संकेत हो सकती है। उनकी आपसी घनिष्ठता को और सुदृढ़ करनेवाला उनका सामान्य दृष्टिकोण यह था कि वे अपने-अपने राजनीतिक कॅरियर को आगे बढ़ाने की दिशा में अग्रसर थे। वे आंदोलन को इतना प्रबल और सफल बनाना चाहते थे कि उसके प्रभाव के कारण सरकार के पास राज्य विधान सभा को भंग करने के अलावा कोई चारा न रह जाए। फिर नए चुनावों में टिकट के लिए वे अपना-अपना दावा पेश कर सकें।

हिंदू राष्ट्रवादी धारा से संबंध रखनेवाले छात्र नेताओं के मूक प्रयासों से निपटने के बारे में भी उनकी सोच, उनका रवैया एक जैसा था। उन्हें जानकारी थी कि जे.पी. एक भूतपूर्व समाजवादी और धर्मनिरपेक्षवादी हैं। वह हिंदू राष्ट्रवाद की विचारधारा के विरोधी हैं, लेकिन जे.पी. ने हिंदू राष्ट्रवादियों और उनके छात्र कार्यकर्ताओं को आंदोलन का हिस्सा बनाना स्वीकार कर लिया था। जे.पी. प्राय: उन्हें 'राष्ट्रभक्त' कहा करते थे और कुछ राष्ट्रीय नेताओं के साथ घनिष्ठ संबंध बनाए रखते थे। इस कारण समाजवादी छात्र नेताओं को उन पर बराबर निगरानी रखनी पड़ती थी, शायद इस आशंका से, कि वे जे.पी. को कहीं अपनी संपत्ति न बना लें।

तथापि, हिंदू राष्ट्रवादी छात्र नेताओं ने लालू को बदनाम करने, उन्हें जे.पी. का कृपा-पात्र न रहने देने या अपने संगठन तथा स्वयं को आगे बढ़ाने के कोई प्रयास नहीं किए। हालाँकि लालू का आचरण उन्हें रुष्ट करता था, लेकिन लालू को उनसे खतरा महसूस होता था और वह समाजवादी छात्र नेताओं, विशेषकर नीतीश को अपने निकट रखते थे, ताकि प्रभावशाली दिखते रहें।

लालू और नीतीश दोनों एक-दूसरे से भिन्न थे, लेकिन नीतीश को लालू का साथ देना इसलिए जरूरी था, क्योंकि वह जानते थे कि ऐसा करके धीरे-धीरे वह लालू के निकटस्थ स्थान पा जाएँगे—उस व्यक्ति के अत्यंत करीब, जिसने आंदोलन के युवा नेतृत्व का ताज पहना हुआ है। लालू को नीतीश की आवश्यकता थी और नीतीश को लालू की। हालाँकि आंदोलन में दूसरे लोग उन्हें सीनियर और जूनियर की तरह देखते थे, लेकिन कोई भी उन्हें असमान अथवा ना-बराबर नहीं मानता था, क्योंकि नीतीश का अपना ही व्यक्तित्व था और वह अपनी तरह के ही एक छात्र नेता थे।

आंदोलन के दौरान कई नाटकीय घटनाओं में वे एक-दूसरे के साथ थे। ऐसी एक घटना उस समय की है जब वे गया जिला में एक शहर में कोई बैठक कर रहे थे और उन्हें गिरफ्तार करने के लिए पुलिस आ पहुँची। वे दोनों वहाँ से भाग खड़े हुए और भागते रहे, भागते रहे जब तक कि

सामने एक ऊँची दीवार नहीं आ गई। अगर वे काफी मुश्किल से उस दीवार पर चढ़कर दूसरी ओर कूद न जाते और साँस लिए बिना दुबारा भागने न लग जाते, तो उनका पीछा कर रहे पुलिसवालों ने निश्चित रूप से उन्हें पकड़ लिया होता।

यह घटना भले ही बहुत रोमांचक और क्रांतिकारी क्यों न लगे, लालू के भाग जाने का एक प्रमुख कारण यह भी था कि उन्हें जेल जाने और वंचना में रहने से नफरत थी। इंदिरा द्वारा लागू आपात्काल के दौरान जब उन्हें मीसा जैसे काले कानून के तहत पटना केंद्रीय कारागार में डाल दिया गया, वह बहुत जल्दी बेचैन हो गए थे। उन्होंने खुद को पटना मेडिकल कॉलेज अस्पताल में कैदी की तरह भरती करवाया। वहाँ उन्होंने जूनियर डॉक्टरों और नर्सों की सहानुभूति प्राप्त कर ली जिन्होंने अच्छी सेहत के बावजूद उन्हें अस्पताल में रहने दिया, क्योंकि वे भी आंदोलन के मूक समर्थक थे।

नीतीश को जेल जाने में कोई समस्या नहीं थी : आखिरकार, उनके पिता भी तो अंग्रेजों से संघर्ष के दौरान दो बार जेल जा चुके थे। किसी उद्देश्य के लिए जेल जाना राजनीतिक कार्यकर्ता के लिए उसके काम से जुड़ा एक जोखिम था, लेकिन अच्छी बात यह थी कि इसके कारण उस व्यक्ति को सम्मान मिलता था, सार्वजनिक पहचान एवं प्रसिद्धि मिलती थी और पुरस्कार के रूप में उसे राजनीतिक उन्नति प्राप्त होती थी। वह उस आंदोलन के दौरान मीसा के तहत जेल गए और आपात्काल के दौरान भी उन्होंने कारावास झेला। पुलिस से भागने या छिपने का एकमात्र कारण यह था कि वह आंदोलन को चलाए रखना चाहते थे।

इंदिरा ने आपात् स्थिति (इमरजेंसी) लागू करने के दो-चार दिनों के अंदर ही आंदोलन के करीब दो लाख नेताओं और कार्यकर्ताओं को देशभर की जेलों में ठूँस दिया। नीतीश उन मुट्ठी-भर नेताओं और कार्यकर्ताओं में थे जो बिहार में गिरफ्तारी से बचने के लिए छिपने में कामयाब रहे। इंदिरा ने संविधान के एक अनुच्छेद का दुरुपयोग करते हुए आपात् स्थिति की घोषणा कर दी। उस अनुच्छेद में यह प्रावधान था कि 'राष्ट्रीय सुरक्षा के लिए एक गंभीर संकट' की असाधारण परिस्थितियों के अंतर्गत सभी नागरिक स्वतंत्रताओं को निलंबित किया जा सकता है और सरकार को अनियंत्रित अधिकार प्राप्त होंगे। इससे देशभर में नफरत की लहर दौड़ गई। अधिकतर अनपढ़ और निर्धन होने के बावजूद जिन लोगों ने प्रजातंत्र के लिए मजबूत बुनियादों का निर्माण किया था, उनकी आशाओं को गहरा झटका लगा था, लेकिन लोगों ने अपना मुँह बंद रखा। हालाँकि वे देख रहे थे कि इंदिरा द्वारा इस आपात् स्थिति का इस्तेमाल राजनीतिक विरोध को कुचलने के लिए किया जा रहा है, लोगों के घरों और दफ्तरों पर पुलिस भेजकर छापेमारी कराई जा रही है और पुलिसकर्मी, वेश बदलकर, खुफिया विभाग के लोगों के साथ, रेल स्टेशनों, बस अड्डों, नदी घाटों और भीड़-भरे बाजारों में 'शासन के शत्रुओं' की तलाश कर रही है।

रोजाना लोगों की कानाफूसी के जरिए ऐसी खबरें आती रहती थीं कि किसी व्यक्ति को इधर से उठाया, दूसरे को उस जगह धर-दबोचा। छपाई से पहले समाचार-पत्रों की सरकारी पदाधिकारियों

द्वारा छानबीन की जाती थी। अखबारों में सरकार की उपलब्धियों का बखान करनेवाले किस्सों तथा भाषणों का प्रकाशन होता था, दमन-चक्र का कोई उल्लेख नहीं होता था। जीवन के हर क्षेत्र में ऐसे लोग थे जो इंदिरा के आलोचक माने जाते थे, लेकिन उनके भयाक्रांत शासन के अंतर्गत रातों-रात उनके समर्थक बन गए। समाज में हर जगह उनके एजेंट और मुखबिर मौजूद होने का संदेह व्याप्त हो गया।

राज्य और देश में जो कुछ भी हो रहा था, लोगों को उसकी कोई खबर नहीं होती थी। ऐसी स्थिति में नीतीश और गिरफ्तारी से बचे अन्य कार्यकर्ताओं के सामने पहला काम यह था कि सूचना बुलेटिन निकाले जाएँ और विश्वसनीय समर्थकों के माध्यम से उनका वितरण किया जाए। उन्हें यह काम बड़े विवेक और सावधानी से करना पड़ा--किसी को भी पता नहीं लगना चाहिए था कि वे कहाँ रह रहे हैं, कैसे छिपे रहते हैं, वे कहाँ मिलते हैं, कैसे तितर-बितर होते हैं और बैठक के बाद किधर जाते हैं ? वे आंदोलन के कार्यालयों और मिल-बैठने के सामान्य स्थानों तथा अपने और रिश्तेदारों के घरों से दूर-दूर रहते और किसी भी धोखेबाज या टोह लेनेवाले को चकमा देने के लिए जगह बदलते रहते थे। नीतीश राजा बाजार में अपनी बड़ी बहन ऊषा के घर जाने से भी बचने लगे जहाँ वह आपात् स्थिति से पहले आंदोलन के दौरान अनेक बार छिपकर रहे थे; वह नरेंद्र जैसे अपने घनिष्ठ मित्रों के यहाँ जाना भी टालने लगे। नरेंद्र उस समय इंजीनियरिंग कॉलेज हॉस्टल में रह रहा था। वह दो या तीन बार, सुरक्षित स्थानों पर, मंजू से मिले।

नरेंद्र के जरिए नीतीश की पत्नी और उनके माता-पिता को उनके बारे में छुट-पुट खबरें मिलती रहती थीं। नरेंद्र उस आंदोलन में एक सक्रिय कार्यकर्ता नहीं था, इसीलिए वह निगरानी में नहीं था और इसी वजह से उसका हॉस्टल रूम अनेक कार्यकर्ताओं के छिपने या मिलने के लिए एक सुरक्षित स्थान था। समाजवादी युवा नेता, राम विलास पासवान भी नरेंद्र के कमरे में आठ दिनों तक छिपकर रहे थे। यही रामविलास पासवान, बाद में विपक्ष के एक महत्त्वपूर्ण नेता के रूप में चमके और अनेक वर्ष तक केंद्र में मंत्री पद पर रहे। नरेंद्र ने कुछ परिचित व्यक्तियों के घरों में भी कार्यकर्ताओं के रहने की सुरक्षित व्यवस्था कराई। उनमें से एक राज्य सरकार में अधिकारी था जिसने पूर्वी पटना में एक फ्लैट खरीदा हुआ था, लेकिन उसमें रह नहीं रहा था। उसने न केवल कार्यकर्ताओं की मदद की, बल्कि उन लोगों से भी संपर्क बनाए रखा जो नीतीश की गतिविधियों के बारे में कुछ-कुछ खबरें उसे देते रहते थे। हालाँकि नीतीश से उसकी भेंट मुश्किल से होती थी।

नीतीश ने चोरी-छिपे खबरनामा वितरित करना जारी रखा, जो कभी-कभी प्रिंटिंग प्रेस से छपा हुआ न होकर केवल साइक्लोस्टाइल्ड होता था—फोटोकॉपी मशीनें तब तक आई नहीं थीं। उन्होंने आपात्काल लागू होने के बाद कुछ माह तक बैठकों का आयोजन भी गुप्त रूप से किया। तदनंतर, उन्होंने देखा कि लोगों के मन से आपात्-काल का भय धीरे-धीरे कम होने लगा है। नजरबंदी में रहते हुए जे.पी. का एक गुर्दा खराब हो जाने की खबर से आपातकालीन बर्बरता के विरुद्ध सारे देश में रोष की एक ताजा लहर दौड़ गई। भारत की आबादी को जबरन नसबंदी द्वारा

रोकने का जो अति-माल्थसवादी अभियान इंदिरा के छोटे पुत्र संजय ने चलाया, उसने रोष की इस लहर की आग में घी डालने जैसा काम किया। ग्रामीण और शहरी गरीबों को नसबंदी का शिकार बनाना बहुत आसान था। धीरे-धीरे लोगों का भय कम होता गया और अपमान का विरोध करने की भावना बलवती होने लगी। रोष के वातावरण को देखते हुए, जो अभी भी बहुत दबा-दबा और मंद था, नीतीश और अन्य कार्यकर्ताओं का हौसला बढ़ गया। उन्होंने गाँव-गाँव जाकर लोगों को एकतंत्र के खिलाफ एकजुट करने के लिए सभाएँ आयोजित करना शुरू कर दिया। सभाएँ रात में आयोजित की जाती थीं। इन सभाओं के बारे में लोगों को मौखिक रूप से सूचित किया जाता और; भोले-भाले दिखने वाले लोग—बच्चे, औरतें या वृद्धजन—गाँव में प्रवेश की जगहों पर पुलिस या फँसानेवाले व्यक्तियों पर नजर रखते थे।

9 जून, 1976 को भोजपुर जिले के अंतर्गत दुबौली गाँव में ऐसी ही एक रात्रि सभा के चलते नीतीश पुलिस के हत्थे चढ़ गए। हुआ यह कि जो छोटा लड़का गाँव की ओर आने वाली सबसे ऊँची पगडंडी की चौकसी कर रहा था, अपनी माँ या दादी के बुलाने पर कुछ देर के लिए अपनी जगह छोड़कर चला गया। इसी बीच, पुलिस को गाँव में घुसने का मौका मिल गया। किसी को कुछ पता चलता, उससे पहले ही हथियारबंद पुलिस ने जमा हुए लोगों को चारों तरफ से घेर लिया। नीतीश के लिए कोई उपाय नहीं बचा। उन्हें गिरफ्तार करके आरा पुलिस थाने ले जाया गया। वहाँ पुलिस ने तुरत-फुरत कागजी काररवाई पूरी करने के बाद नीतीश को एक बख्तरबंद गाड़ी में बिठाकर, हथियारबंद रक्षक दल की निगरानी में आरा से 50 किलोमीटर दूर बक्सर सेंट्रल जेल भेज दिया।

नरेंद्र को नीतीश की गिरफ्तारी के बारे में सुबह पता चला और वह मंजू, ऊषा तथा उसके पति देवेंद्र सिंह को साथ लेकर नीतीश से मिलने दौड़ गया। मंजू बहुत चिंता में थी : नीतीश की राजनीतिक गतिविधियों से उसे कोई समस्या नहीं थी, न ही नीतीश को बंदी बनाए जाने से उसे कोई बड़ी आपत्ति थी, लेकिन क्या जेल एक भयावह स्थान नहीं है, जहाँ खतरनाक कैदियों के साथ और क्रूर अधिकारियों की निगरानी में रहना पड़ता है? क्या नीतीश को वहाँ अनेक प्रकार की मुश्किलों का सामना नहीं करना पड़ेगा, जैसे कि बहुत खराब, बेस्वाद भोजन मिलना और नंगे फर्श पर सोना, जहाँ और भी अनेक कैदी होंगे? नीतीश ने एक निर्भीक, मुसकान भरी दृष्टि मंजू पर डाली। "मैं यहाँ हमेशा रहनेवाला नहीं हूँ। यह तानाशाही ज्यादा देर नहीं रहेगी," उन्होंने मंजू को आश्वस्त किया।

मंजू का मन नहीं माना। मंजू राजनीति से कोसों दूर थी, लेकिन अपने पति की सहयोगी के रूप में अब वह भी अपने आपको आंदोलन का एक हिस्सा मानती थी। उसके पति का भविष्य आंदोलन के भविष्य से जुड़ा था। वह यही उम्मीद कर सकती थी कि तानाशाही का जल्दी-से-जल्दी तख्ता पलट दिया जाए। "मैं दिन-रात प्रार्थना करूँगी कि ऐसा ही हो," उसने कहा।

इंदिरा गांधी ने मार्च, 1977 में संसद् के लिए नए चुनाव कराने के आदेश दिए, इस बीच छह

माह तक मंजू और परिवार नीतीश से जेल में मिलने नियमित रूप से जाते रहे। बक्सर सेंट्रल जेल का प्रशासन और व्यवस्था राज्य में अन्य जेलों की तुलना में बेहतर था, जेल पदाधिकारी राजनीतिक बंदियों का विशेष ध्यान रखते थे : नीतीश को कोई शिकायत नहीं थी। नियमों के अंदर जो कुछ भी वह चाहते, वह चीज उन्हें मुहैया करा दी जाती : समाचार-पत्र, पत्रिकाएँ, कलम, कागज, साफ कपड़े, तौलिए और उचित भोजन। वह कोई जेल डायरी नहीं रखते थे। लेखन में उन्हें बहुत कम रुचि रही है, लेकिन पत्र-पत्रिकाओं में पढ़कर और अपने परिवार सहित अन्य मुलाकातियों, नरेंद्र तथा आंदोलन समर्थकों से भेंट और बातचीत करके वह ठीक अनुमान लगा लेते थे कि बाहर का घटनाक्रम क्या-क्या करवटें बदल रहा है ? जेल के एक-दो पदाधिकारी भी आकस्मिक टिप्पणियों के जरिए बाहर की घटनाओं के बारे में कभी-कभी कुछ सुराग दे जाते थे।

इसी प्रकार से नीतीश को पता चला कि जिन चार विरोधी दलों के छात्र और युवा कार्यकर्ता इस आंदोलन में सक्रिय रूप से शामिल हैं, उन चारों पार्टियों—समाजवादी पार्टी, जनसंघ, भारतीय लोक दल और कांग्रेस (ओ)—ने मिलकर जे.पी. के आशीर्वाद से एक पार्टी बनाने का निर्णय किया है जिसका नाम जनता पार्टी होगा। एक ही पार्टी बनाने का आपसी समझौता इस आधार पर हुआ कि कोई भी संगठन यदि 1967 के संयुक्त मोरचा की तर्ज पर बनाया जाता है तो उसका विफल होना अवश्यंभावी है, जैसा कि अब तक होता रहा है। विरोधी दलों का कोई भी विशाल गठबंधन तब तक काम नहीं कर सकेगा जब तक कि वे एक एकीभूत इकाई का रूप नहीं लेंगे; उन्हें अपने-अपने पृथक् विचारों तथा दृष्टिकोणों के साथ, संगठनात्मक अनुशासन संबंधी एक कठोर संहिता के दायरे में रहना होगा, जैसा कि कांग्रेस में होता है।

जनवरी 1977 में जनता पार्टी का गठन उस समय एक बहुत विशाल जनसंख्या—विशेषकर उत्तर भारतीय राज्यों में, जहाँ जे.पी. आंदोलन को व्यापक सहानुभूति प्राप्त हुई थी—के मनोभाव के अनुकूल भी था। वे एक ऐसा मजबूत विकल्प चाहते थे जो नागरिक स्वतंत्रताओं, एक मुक्त प्रेस और न्यायपालिका तथा निष्पक्ष चुनावों के प्रति वचनबद्ध हो। इंदिरा ने चुनाव के आदेश इसलिए दिए, क्योंकि उनकी खुफिया एजेंसियों ने उनको देशभर में भारी जीत मिलने का विश्वास दिलाया था। अगर उनके खुफिया एजेंट आनेवाले तूफान का संकेत समझने में असमर्थ रहे, तो इसका श्रेय उन साधारण लोगों को जाना चाहिए जिन्होंने अपना 'इंदिरा हटाओ', 'तानाशाह भगाओ' कार्यक्रम गुप्त बनाए रखा। कोई हलचल नहीं, कोई घोषणाएँ नहीं, कोई गुस्सैल जुलूस नहीं, कोई नारेबाजी भी नहीं। लोगों ने बस मतदान के दिन का इंतजार किया और अपना निर्णय दे दिया।

जनता पार्टी में दो छात्र नेताओं का नाम चर्चा में था जिन्हें संसदीय चुनावों में नामांकन के योग्य पाया गया। एक नाम नीतीश का था और दूसरा लालू का। लालू जेल से रिहा हो गए थे और छपरा से उनकी नामजदगी हो गई थी। छपरा निर्वाचन क्षेत्र को पटना से अलग करनेवाली थी गंगा। नीतीश की रिहाई में कुछ विलंब हो गया, क्योंकि जेल विभाग ने उनके कागजात तैयार करने में अधिक समय लगा दिया। इसके पीछे प्रत्यक्षतः कोई चाल नहीं थी : हुआ यूँ कि चुनावों की घोषणा

के शीघ्र बाद, नीतीश को किसी कारणवश, बक्सर से भागलपुर सेंट्रल जेल भेज दिया गया। उनकी सुरक्षा के लिए साथ में गए पुलिसकर्मी भी अच्छे थे; जब पटना रेलवे जंक्शन पर देर शाम वे भागलपुर जानेवाली गाड़ी पकड़ने से चूक गए, तो नीतीश ने उनसे पूछा कि उस रात अगर वह कंकड़बाग (दक्षिणी-पूर्वी पटना) में अपनी ससुराल में ठहर जाएँ, तो उन्हें कोई आपत्ति तो नहीं होगी और पुलिसवालों ने जाहिर नहीं की, कोई आपत्ति।

नीतीश को घर आए देखकर मंजू बहुत खुश हो गई। मंजू ने पुलिसवालों के लिए कुछ स्वादिष्ट खाना बनाया और उनके आराम से सोने का बंदोबस्त भी कर दिया। नीतीश को हथकड़ी नहीं लगी थी, न ही पुलिसवालों ने नीतीश की मंजू एवं परिवार के साथ हो रही हार्दिक बातचीत पर कोई आपत्ति जताई। उन्हें पता था कि यह भागनेवाला कैदी नहीं है। वे यह भी जानते थे कि माहौल बदल गया है और वह जल्दी रिहा हो जाएगा। उनके रिश्तेदार भी यह बात समझ रहे थे और नीतीश भी। नीतीश को टिकट मिलने की आशा थी, लेकिन वह इस बारे में किसी से कोई बात नहीं करना चाहते थे। यह सब पार्टी के बड़े नेताओं के हाथों में था।

लेकिन दफ्तरशाही देरी के कारण नीतीश वह मौका चूक गए। जेल विभाग को फाइल पूरी करने के लिए दोनों सेंट्रल जेल, बक्सर और भागलपुर से कागजात चाहिए थे और उसमें समय लग गया। जेल महानिरीक्षक के दफ्तर के बार-बार चक्कर लगाने के बावजूद, नरेंद्र रिहाई के कागजात हासिल नहीं कर सका। ये कागजात उसे भागलपुर जेल अधीक्षक को पेश करने थे और इससे पहले कि जनता पार्टी द्वारा प्रत्याशियों की सूची को अंतिम रूप दिया जाए, नीतीश की रिहाई करानी थी, लेकिन कुछ अन्य कारण भी सक्रिय थे। हालाँकि नीतीश की जन्म-स्थली, बाढ़ निर्वाचन क्षेत्र के लिए छात्र नेताओं में से एक सुपात्र प्रत्याशी के रूप में नीतीश का नाम लिया जा रहा था, लेकिन उन भूतपूर्व समाजवादी नेताओं में से कोई भी नीतीश के नाम पर जोर नहीं दे रहा था, जो अब जनता पार्टी में थे। इसका एक आंशिक कारण यह था कि नीतीश ने लालू के विपरीत उनकी अनुनय-विनय अथवा पूजा-अर्चना नहीं की थी। उन्होंने बाढ़ निर्वाचन क्षेत्र श्याम सुंदर गुप्त को दे दिया, जो कोलकाता के एक व्यापारी थे। वह आंदोलन के साथ सहानुभूति रखते थे और आपात्काल के दौरान उन्होंने कई नेताओं तथा कार्यकर्ताओं को आश्रय दिया था, आर्थिक सहायता भी दी थी। उस समय की जनभावना को ध्यान में रखते हुए, जनता पार्टी के टिकट पर 1977 के संसदीय चुनाव में कोई मिट्टी का ढेला भी जीत जाता; फिर कोई आश्चर्य नहीं कि श्री गुप्त को कुल वोटों में से 76 प्रतिशत वोट प्राप्त हुए और लालू को 86 प्रतिशत।

नीतीश को प्रतीक्षा करनी थी। उनके परिवार और मित्रों को बहुत निराशा हुई। मंजू को दुःख हुआ, लेकिन नियति पर छोड़ दिया : वह टिकट मिलने के इतने निकट आकर भी उससे वंचित रह गए, शायद ऊपरवाला, सर्वशक्तिमान यही चाहता था; उन्हें मौका अवश्य मिलेगा। दफ्तरशाही के विलंब से नीतीश बहुत नाराज और क्षुब्ध थे, लेकिन उन्होंने यह भी महसूस किया कि अगर नरेंद्र इंस्पेक्टर जनरल (महानिरीक्षक) के दफ्तर में कुछ देर और अड़ा रहता, तो वह रिहाई के कागजात

समय पर हासिल कर सकता था। उधर, नरेंद्र का यह मानना था कि चयनकर्ता यदि वास्तव में नीतीश को ही बाढ़ से चुनाव लड़ने का टिकट देना चाहते थे, तो वे नीतीश को जमानत पर रिहा करा सकते थे, ताकि वह अपनी नामजदगी के कागजात दाखिल कर सकें। राजनीति को ही कॅरियर बनाने की धुन के पक्के, नीतीश ने इस दुःखद प्रकरण को जल्दी अपने मन-मस्तिष्क से झटक दिया। राज्य विधान सभा के चुनाव ज्यादा दूर नहीं थे।

□

5

बारंबार विफलताएँ

ઝબ * ૪૪

"मार्च 1977 में जनता पार्टी नामांकन के बाद प्रत्याशियों की पात्रता या अपात्रता के बारे में सोच-विचार करने का कोई समय नहीं था," नीतीश याद दिलाते हैं।

"इंदिरा के खिलाफ लोक लहर इतनी प्रभावशाली थी कि हर कोई श्री गुप्त समेत प्रत्येक जनता पार्टी नामित उम्मीदवार की जीत के लिए चुनाव प्रचार में उसी जोश के साथ काम करने लगा, जैसे वे आंदोलन में सक्रिय थे।"

जिन हजारों छात्रों और युवाओं ने अपनी मरजी से आंदोलन में हिस्सा लिया था, वे सभी संपूर्ण बिहार में जनता पार्टी प्रत्याशियों के लिए चुनाव प्रचार में शामिल हो गए। नामजद प्रत्याशी यह देखकर चकित थे कि छात्रों एवं युवाओं की टोलियाँ कहे बिना ही गाँव-गाँव और शहर-शहर जाकर उनकी ओर से चुनाव प्रचार कर रही हैं, बावजूद इसके कि यात्रा या भोजन खर्च के लिए उन्हें भुगतान नहीं किया जा रहा है।

इस कार्य में बड़ी संख्या में प्रबुद्ध वर्ग भी उनका साथ देने के लिए खड़ा हो गया। इसमें कॉलेज और स्कूल अध्यापक, राज्य की निचली अदालतों से लेकर उच्च न्यायालय तक के वकील, कविगण, पत्रकार और व्यापारी वर्ग, निचला अधिकारी-वर्ग, किसान और भूमि संपन्न वर्ग थे। 1942 के भारत छोड़ो आंदोलन के बाद बिहार के इतिहास में यह सबसे बड़ी लहर थी, सबसे बड़ा आंदोलन था, सिर्फ दो बातें भिन्न थीं : 1942 के आंदोलन का उद्देश्य ब्रिटिश साम्राज्य को उखाड़ फेंकना था, 1977 का आंदोलन तानाशाह इंदिरा को नीचे उतारने के लिए था; 1942 में जन-आक्रोश अनेक स्थानों पर हिंसा में फूट पड़ा था, 1977 का जन-आक्रोश केवल मत-पत्र के जरिए सामने आना था।

बिहार में कांग्रेस का पत्ता साफ हो गया; उत्तर भारत के अन्य राज्यों में भी कांग्रेस की भारी

पराजय हुई। जनता पार्टी को संसद् में पूर्ण बहुमत प्राप्त हुआ।

समस्या तब उत्पन्न हुई, जब राष्ट्रपति ने इसे भारत में गठबंधन की पहली संघीय सरकार बनाने का निमंत्रण दिया। नेता का चुना जाना चुनाव जीतने से भी अधिक कठिन साबित हुआ, क्योंकि जनता पार्टी का प्रत्येक विघटित घटक अपने पुराने मुख्यमंत्री को उस पद के लिए आगे लाना चाहता था। कोई सहमति न बनने पर उन्होंने निर्णय जे.पी. पर छोड़ दिया और जे.पी. ने मोरारजी देसाई को चुना, क्योंकि उनकी सत्यनिष्ठा निष्कलंक थी और उन्हें लंबा प्रशासनिक अनुभव था। स्वतंत्रता आंदोलन में मोरारजी गुजरात के एक एक प्रमुख नेता थे। नेहरू सरकार में वह एक वरिष्ठ मंत्री रहे और नेहरू की मृत्यु के बाद लाल बहादुर शास्त्री तथा शास्त्री के निधनोपरांत इंदिरा गांधी को प्रधानमंत्री बनाए जाने के कारण वह इस पद से वंचित रह गए। हालाँकि अपने आचरण एवं व्यवहार में वह गांधीवादी थे, फिर भी देश का सर्वोच्च पद पाने की लालसा वह कभी दबा नहीं पाते थे।

लेकिन उनका सपना साकार होते ही खटाई में पड़ने लगा। प्रधानमंत्री बनने के कुछ महीनों के बाद ही उनके मंत्रिमंडल में प्रधानमंत्री पद के अन्य दावेदारों ने उन्हें परेशान करना शुरू कर दिया। मोरारजी ने उनको शांत करने की कोशिश की, लेकिन स्थिति सँभलने के बजाय और बिगड़ गई। उनकी परेशानी और उनकी कब्र खोदने वालों की परेशानी यह थी कि वे मध्यस्थता के लिए जे.पी. के पास नहीं जा सकते थे, क्योंकि पदभार ग्रहण करने के बाद उन्होंने कोई भी सलाह लेने के लिए जे.पी. की ओर रुख करना छोड़ दिया था।

एक बेहतर शासन की आशा में जिन लोगों ने वोट दिया था, वे यह तमाशा देखकर अचंभे में थे। मोरारजी और उनके विरोधी दोनों दिन-रात जे.पी. के सिद्धांतों की दुहाई तो दिया करते थे, लेकिन उन्हें लागू करने के लिए कोई कानून या नीतियाँ बनाने की ओर उनका ध्यान नहीं गया। इंदिरा के अधीन भारत उपनिवेशवाद से मुक्ति के बाद विफल लोकतांत्रिक देशों की सूची में नाम दर्ज कराने के बहुत करीब पहुँच गया था। जे.पी. ने उनके हाथों प्रजातंत्र को विकृत होने से बचा लिया। यही जे.पी. की एकमात्र महान् उपलब्धि थी। लोगों ने गांधी के बाद उन्हें देश का दूसरा मुक्तिदाता माना। जे.पी. ने भारत की जनता को पुनः प्रभुता संपन्न बना दिया और उनके मन में इन उम्मीदों का दीया फिर जला दिया कि भारत एक स्वस्थ प्रजातंत्र बना रहेगा।

तथापि, एक मुक्त प्रेस, नागरिक अधिकारों, स्वतंत्र न्यायपालिका, स्वतंत्र एवं निष्पक्ष चुनावों और सत्तारूढ़ दल द्वारा संविधान के दुरुपयोग के बारे में सन्निहित नियंत्रणों के साथ प्रजातंत्र की बहाली अथवा पुनःप्रतिष्ठा करना अपने आप में एक उद्देश्य नहीं हो सकता था। जे.पी. के विचार में लोकतंत्र को नैतिकता की दृष्टि से एक उचित, सामाजिक और आर्थिक रूप से समतावादी, लोक-केंद्रिक, न कि राजनीतिज्ञ-केंद्रिक, राज्य-व्यवस्था की स्थापना करने का एक माध्यम बनना चाहिए। बिहार आंदोलन का उद्देश्य समाज का रूप परिवर्तन करना था न कि सिर्फ सत्तावादी शासन को हटाकर किसी लोकतांत्रिक पार्टी को सत्ता की कुरसी पर बिठाना। जे.पी. और आंदोलन

के लाखों-करोड़ों समर्थकों को जनता पार्टी नेताओं को इस तरह व्यवहार करते देख घोर निराशा हुई जैसे व्यवस्था की कायापलट करने का संघर्ष सत्ता हाथ में आने के साथ ही समाप्त हो गया हो। वे अपना-अपना हिस्सा पाने के लिए लड़ रहे थे।

जे.पी. का स्वास्थ्य बिगड़ने लगा था। वे बहुत कमजोर हो गए थे। खून की सफाई के लिए उन्हें लगातार डाइलेसिस का सहारा लेना पड़ता था। वे मधुमेह से भी पीड़ित थे। इन सारी बीमारियों से जुड़ी और अनेक उलझनें थीं—ऐसी दशा में वह यही उम्मीद कर सकते थे कि छात्र समुदाय और आंदोलन के युवा कार्यकर्ता सामाजिक और आर्थिक परिवर्तन का कार्य जारी रखें। मार्च 1977 में संसदीय चुनावों के कार्य से निबट चुकने के बाद, कार्यकर्ताओं को स्पष्ट रूप से दो अलग खेमों में बाँट दिया गया। एक खेमे में राजनीतिक संबद्धता रखनेवाले लोग थे जो अब जनता पार्टी की युवा शाखा, युवा जनता में शामिल हो गए थे। दूसरे खेमे में उन्हें रखा गया जिनकी कोई राजनीतिक संबद्धता नहीं थी; इनको लेकर एक नया छात्र युवा संगठन बनाया गया जिसका नाम छात्र युवा संघर्ष वाहिनी रखा गया। सामाजिक परिवर्तन के लिए कार्य करनेवाला यह संगठन सीधे जे.पी. के नियंत्रणाधीन था।

नीतीश युवा जनता में थे, लेकिन बहुत से अन्य लोगों की तरह, वह उस छात्र संघर्ष समिति का हिस्सा भी बने रहे जो मार्च 1977 चुनावों के उपरांत जहाँ-की-तहाँ थम गई थी। ये वो दिन थे जब नीतीश और दूसरे लोगों को युवा जनता में रहते हुए यह समझ नहीं आ रहा था कि उन्हें किधर जाना चाहिए : क्या सामाजिक परिवर्तन की ओर जे.पी. के रास्ते पर चलना चाहिए? क्या युवा जनता को एक सशक्त प्रभावशाली समूह बनाने के लिए काम करना चाहिए, ताकि मोरारजी देसाई की सरकार को आंदोलन के आदर्शों को पूरा करने के लिए बाध्य किया जा सके? अथवा उन्हें उस समय की प्रतीक्षा करनी चाहिए जब सरकार नए चुनाव कराने के लिए राज्य विधान सभा को भंग करे और वे जनता पार्टी नामांकन में अपने लिए एक बड़ा कोटा पाने हेतु लड़ सकें।

नीतीश ने जे.पी. के सामाजिक परिवर्तन संबंधी आंदोलन में पूर्णकालिक कार्यकर्ता के रूप में शामिल न होने का फैसला किया, क्योंकि उनकी रुचि उस तरफ नहीं थी। उन्होंने जीवन की किसी भी अवस्था में कभी ऐसा नहीं सोचा था कि वह संसदीय प्रणाली के बाहर रहकर काम करनेवाले एक 'क्रांतिकारी' बनेंगे। उनका सारा ध्यान शुरू से ही चुनाव की राजनीति पर लगा हुआ था। हालाँकि वह आंदोलन के प्रमुख लक्ष्यों के प्रति सहानुभूति रखते थे।

उनका विचार था कि संसदीय प्रणाली के अंदर रहते हुए परिवर्तन लाया जा सकता है। मोरारजी की सरकार के कार्य से ऐसा कोई प्रमाण नहीं मिल रहा था। लेकिन चूँकि वह एक विधिनिर्माता बनने का लक्ष्य अपने लिए तय कर चुके थे, उनके लिए स्वयं को यह बताने के सिवाय कोई चारा नहीं बचा था कि वह दूसरों से सर्वथा भिन्न होंगे। उनकी इच्छा उनके आदर्शवाद पर हावी थी। संसदीय टिकट पाने का अवसर खोने के कुछेक सप्ताह बाद वह अपने आदर्शवाद की धारा के साथ अवश्य चल पड़े थे, लेकिन उनका ध्यान अगले अवसर की ओर लगा हुआ था। वह

अवसर भी आ ही गया जब चुनावों की घोषणा हुई और उन्हें अपने गृहनगर बख्तियारपुर के निकट, हरनौत निर्वाचन क्षेत्र से जनता पार्टी प्रत्याशी के रूप में नामजद किया गया।

तथापि, उन्हें यह समझते देर नहीं लगी कि चुनाव की राजनीति को सामाजिक धाराओं से मुक्त एक संसार के रूप में देखना मूर्खता है। मतदान के दिन से दो-चार दिनों पहले, हरनौत निर्वाचन क्षेत्र के अंतर्गत बेलछी गाँव में अवैध बंदूकों और अन्य घातक हथियारों से लैस, जमीन-जायदाद वाले कुर्मियों के एक बड़े गुट ने गरीबों के घरों पर हमला कर दिया, ग्यारह अड़ियल खेत मजदूरों को धर दबोचा और उन्हें घसीटकर खाली पड़े एक बंजर मैदान में ले आए। उनको कसकर बाँध दिया; फिर लकड़ियों एवं घास-फूस का एक ढेर लगाया और आग जला दी। जलती आग के ढेर में उन खेत-मजदूरों को उठाकर फेंक दिया और गोली मार दी। वे चीखते-चिल्लाते रहे और जब तक उनकी जलती देह ठंडी नहीं पड़ गई, ये लोग दुष्टों की तरह से नाचते-गाते रहे।

इस घटना और उसमें बरती गई क्रूरता के बारे में जिसने भी सुना, स्तब्ध रह गया। देशभर में इस जघन्य घटना की घोर निंदा हुई। मारे गए मजदूरों में अधिकतर अछूत दुसाध जाति के थे, जिन्हें पासवान भी कहा जाता है, किंतु हरनौत के कुर्मी समुदाय, बल्कि पूरे नालंदा जिले ने भी इसे मानवीय दृष्टि से नहीं देखा। उनकी दृष्टि में यह पासवानों की 'गुस्ताखी' के खिलाफ एक लड़ाई थी जो कुर्मियों को न जाने कब से 'परेशान' कर रहे थे। यद्यपि सारा देश बेलछी हत्याकांड जैसे जघन्य अपराध की भर्त्सना कर रहा था, फिर भी कुर्मियों ने अपने प्रचार अभियान में इसका उल्लेख कुर्मी गौरव को पुन:स्थापित करने के एक उदाहरण के रूप में किया।

अंग्रेजों के चले जाने के समय से करीब तीन दशाब्दियों में ग्रामीण बिहार के जन-जीवन में नाटकीय परिवर्तन हुए। सबसे प्रमुख युगांतरकारी परिवर्तनों में से एक था जमींदारी का समाप्त किया जाना। बड़े-बड़े भू-स्वामियों, राजाओं और महाराजाओं ने किसानों पर अपना प्रभाव खो दिया था। हालाँकि वे कानूनी चालबाजी के जरिए अपनी जायदाद के टुकड़ों पर अभी भी कब्जा जमाए हुए थे। जमींदारों में प्रधानता उच्च जाति की थी : उत्पादन के मुख्य साधनों पर नियंत्रण खोने के साथ-साथ, उन्होंने राजनीतिक नियंत्रण भी खो दिया था।

उच्च जाति के सामंतवादी प्रभुत्व की सामाजिक-राजनीतिक प्रतिक्रिया के रूप में दूसरा उल्लेखनीय परिवर्तन, पिछड़ी जातियों का उत्थान था। इन पिछड़ी जातियों में अधिकांश काश्तकार थे, वे जमींदारों की ओर से खेत जोतने का काम करते थे। अब वे भूमिधारी किसान थे। भूमि में हुई सारी उपज पर उनका हक बनता था और वे उस उपज को अपनी मरजी से बेचने के लिए स्वतंत्र थे। इन किसानों के बीच इस बात को लेकर एकजुटता बढ़ने लगी थी ताकि वे सरकार से अपने व्यवसाय के लिए ज्यादा-से-ज्यादा फायदेमंद सुविधाएँ ले सकें। इसके साथ ही वे रोजगार पाने के लिए सरकारी विभागों और उपक्रमों में कॉलेजों, स्कूलों, राजनीतिक पार्टियों द्वारा की जानेवाली भरतियों तथा हर चीज के लिए गठित की गई सैकड़ों वैधानिक या अस्थायी, समितियों की सदस्यता में अपना हिस्सा हासिल करने हेतु पृथक् जातियों के रूप में एक दौड़ में थे।

इस दौड़ में, तीन मध्यवर्ती जातियाँ—यादव, कुर्मी और कोइरी—दूसरी जातियों से आगे थीं। वे न केवल संख्यात्मक रूप से अधिकांश पिछड़ी जातियों से बहुत बड़ी थीं, बल्कि उनके पास अब पहले से भी अधिक भूमि थी। किसानों के रूप में कुर्मियों और कोइरियों की श्रेष्ठता की महान् परंपराएँ थीं। परंपरागत रूप से यादव समुदाय एक चरवाहा, पशु-पालक जाति थी, लेकिन उनमें से अनेक लोगों ने खेती का धंधा अपना लिया था। हालाँकि अभी भी अधिकतर यादवों के पास ही मवेशी थे और वे गाँवों तथा आसपास के शहरी इलाकों में दूध बेचते थे।

मध्यवर्ती जातियों के किसानों ने अपनी जमीन को बहुत अच्छी तरह सँवारा, बड़ी मेहनत से देखभाल की। वे जमीन की सबसे अधिक कद्र करते थे और ऐसे उदाहरण विरले ही मिलेंगे जब किसी कुर्मी, कोइरी या यादव ने अपनी कृषि भूमि बेची हो। इसके बिपरीत, वे और भी अधिक भूमि खरीदने का अवसर तलाशते रहते। 1940 के दशक के उत्तरार्ध में देश-विभाजन के बाद पाकिस्तान चले जानेवाले मुसलिम परिवारों से उन्होंने जमीन खरीदी और 1950 के दशक में जमींदारी उन्मूलन के बाद उन भूतपूर्व जमींदारों से भी जमीन खरीद ली जिनके पास नकदी का अभाव था।

उन लोगों ने बड़े जमींदारों से भी जमीन खरीदी जो 1960 के दशक में कृषि जोतभूमि पर चकबंदी लागू होने के डर से और 1970 के दशक में समाजवादियों तथा कम्युनिस्टों की अगुआई में भूमिहीनों के 'भूमि हथियाओ' अभियान से घबराकर अपनी भूमि का 'सबसे नाजुक' हिस्सा बेचने की फिराक में थे। नाजुक यानी सामान्यत: जमीन का वह टुकड़ा जो बटाईदारों को पट्टे पर दे दिया गया था, जिन्हें उपज का 50 प्रतिशत हिस्सा लगान के रूप में चुकाना पड़ता था। बड़े भू-स्वामियों को इन भू-खंडों के लिए जो भी कीमत मिली उसे लेकर वे खुश थे, क्योंकि देर-सबेर या तो सरकार का उस पर कब्जा होना था या फिर वही बटाईदार, 'वामपंथी गुंडों' की मदद से जमीन को जबरन हथिया लेते। बड़े भू-स्वामियों ने परिवार में किसी शादी-विवाह के लिए बड़ी रकम की जरूरत होने पर भी जमीनों का हिस्सा बेचा या फिर राज्य के बाहर किसी इंजीनियरिंग या मेडिकल इंस्टीट्यूट में अपने पुत्रों की पढ़ाई का खर्चा उठाने की खातिर ऐसा किया।

फिर उच्च जाति परिवारों या किसी परिवार से अलग हुई शाखाओं के लोग भी थे जो शहरों में जाकर बस गए थे और अपनी संपत्ति सबसे ऊँची बोली देनेवालों को बेच गए। 1970 के दशक के अंत तक बिहार की 10 प्रतिशत आबादी शहरों में रहने लगी थी, जिसका एक बड़ा हिस्सा उच्च जाति का था। इसका कारण यह था कि शिक्षा और रोजगार में वे सबसे आगे थे; किंतु हम निश्चित रूप से कह सकते हैं कि उच्च जातियों के अधिकांश परिवार अभी भी अपने मूल गाँवों में ही बसे हुए थे। तथापि, उच्च जातियों का पिछड़ी जातियों की अपेक्षा शहरों की ओर अधिक रुख का एक बड़ा कारण यह भी रहा है कि कृषि में उनकी सक्रिय भागीदारी नहीं रहती थी। उसके अलावा व्यक्तिगत उन्नति को वे अधिकतर शहरी मानदंडों के चश्मे से देखते थे। पिछड़ी जातियों की जड़ें उनके अपने गाँवों में ही गहरी जमी हुई थीं। यही कारण है कि 1979-80 में प्रधानमंत्री रह चुके

पश्चिमी उत्तर प्रदेश के जाट नेता चरण सिंह की राजनीति और पिछड़ी जातियों से शक्ति प्राप्त करनेवाली समाजवादी पार्टियों की राजनीति इतनी देहाती लगती थी।

तीन मध्यवर्ती जातियों की शक्ति का ऊपर उठना ग्रामीण बिहार में उच्च जातियों की शक्ति के पतन के कारण संभव हुआ। लेकिन यह भी सच है कि आरंभिक वर्षों में उनकी हठधर्मी दुष्टता की सीमा तक जा पहुँची थी। इन जातियों के लोगों ने अकसर उच्च जाति जमींदारों की भाँति बरताव किया जिनकी वे आलोचना किया करते थे, वे जो चाहते ताकत के बल पर जबरन छीन लेते। बेलछी नरसंहार में मुख्य अभियुक्त, महावीर महतो ने गाँव में सार्वजनिक (गैर मजरुआ) संपत्ति—जमीनों, खाइयों, तालाबों—पर कब्जा कर लिया था। स्थानीय प्रखंड कार्यालय और पुलिस थाने में उसका दबदबा था। उसके पास नौकर-चाकर थे जिन्हें उसने बिना लाइसेंस की बंदूकें दी हुई थीं। कुछ वर्षों में उसकी ताकत इतनी बढ़ गई कि वह किसी पर भी अपनी मरजी थोपने लगा। गाँव में सभी जाति के लोगों (जिनमें उसकी अपनी जाति के लोग भी शामिल थे) को परेशान करने और मारने-पीटने लगा। जब बहुत हो गया, तो अछूत दुसाध जाति का, पक्के इरादों वाला, एक जवान खेत मजदूर, सिंघवा, अपनी ससुराल बेलछी में रहने चला गया। वहाँ उसने महावीर की निरंकुशता का मुकाबला करने के लिए गाँववालों को संगठित करना शुरू किया; अंततः इस चुनौती की कीमत उसे अपनी जान देकर चुकानी पड़ी।

प्रमुख कृषक जातियों के उठ खड़े होने से, सरकार को साफ नजर आने लगा कि भूमिहीन खेत मजदूरों में अपने अधिकारों के प्रति जागरूकता बढ़ रही है, जिनमें से अधिकतर अछूत जातियों के थे। वे अधिक मजदूरी, रहने के लिए जगह और खेती योग्य भूमि की माँग कर रहे थे। वे यह भी चाहते थे कि उनके साथ सम्मानपूर्वक बरताव किया जाए। समाज में सबसे निचले दरजे की इन जातियों के साथ दोनों अमानवीय व्यवहार करते थे—उच्च जातिवाले भी जिनका रुतबा बहुत कम हो गया था, लेकिन वे भू-स्वामियों की तरह जमे हुए थे और दूसरी ओर अपने दम का दावा करनेवाली उदीयमान मध्यवर्ती जातियों वाले भी सबसे निचले दरजे की जातियों की माँगों का विरोध उच्च जातियों के साथ-साथ मध्यवर्गी जातियों के भू-स्वामियों ने भी किया। इस विरोध ने उन्हें खुद को संगठित करने के लिए बाध्य कर दिया।

1970 दशक मध्य के ग्रामीण बिहार में, मजदूर वर्ग मोटे तौर पर चार प्रकार के राजनीतिक संगठनों के बैनर तले अपने अधिकारों के लिए संघर्ष कर रहा था : पहला, स्वाभाविक, ग्राम-आधारित, उन्हीं में से किसी निर्भीक युवक के नेतृत्व में; दूसरा, समाजवादी, 1971 में चलाए गए उस 'जमीन हथियाओ' आंदोलन का बचा हुआ बहुत बिखरा-बिखरा स्वरूप, जिसमें सं.सो.पा. और भाकपा ने मिलकर भूमिहीन मजदूरों को भू-स्वामियों की जोतभूमि की अधिकतम सीमा से अधिक भूमि पर कब्जा करने के लिए उकसाया था; तीसरा, भाकपा; चौथा, माकपा; और पाँचवाँ, भाकपा (मार्क्सवादी-लेनिनवादी) संगठन।

भाकपा (एम.एल.) आंदोलन ने दक्षिणी बिहार के मैदानों में गहरी और मजबूत जड़ें जमा

ली थीं, जिसके चलते इस आंदोलन के कार्यकर्ताओं ने बहुत अधिक निरर्थक खून-खराबा किया। इसका नतीजा यह हुआ कि भूस्वामियों और सरकार के गठजोड़ को निहत्थे मजदूरों, मर्दों, औरतों या बच्चों की सामूहिक हत्याओं के जरिए 'अराजकतावादियों' के दमन को 'नैतिक दृष्टि से उचित ठहराने' का मौका मिल गया। उनकी झोंपड़ियों पर अचानक हमले के बीच जो भी आया मारा गया। लेकिन अब भूस्वामियों को भूमिहीन और गरीब किसानों को देखने का अपना नजरिया भी बदलना पड़ा। भूस्वामियों के वे दिन अब लद गए थे जब वे मजदूरों के साथ पशुओं जैसा व्यवहार करते थे और उनकी औरतों के साथ छेड़खानी एवं अश्लील हरकतें करना अधिकार समझते थे।

जालिम भू-स्वामी महावीर महतो द्वारा उत्पीड़ित बेलछी के निर्धन और भूमिहीन किसानों का सिंघवा के नेतृत्व में संगठित होना एक स्वाभाविक सी बात थी। सिंघवा कभी स्कूल नहीं गया था और किसी भी राजनीतिक दल, दक्षिणपंथी या वामपंथी, से उसका कोई संबंध नहीं था, फिर भी उसकी पहल ने स्थिति बदल डाली। उसने अपने संगठित समूह को साथ लेकर महावीर की क्रूरताओं का विरोध किया—उसे किसी की जमीन पर जबरन कब्जा करने से रोका, उचित मजदूरी चुकाने के लिए बाध्य किया और शारीरिक हमले से मजदूरों की रक्षा की। महतो के लिए यह एक बड़ी चुनौती थी।

महावीर ने पाया कि वह सिर्फ अपनी ताकत के बल पर सिंघवा का मुकाबला नहीं कर सकेगा। उसने निर्दलीय विधायक इंद्रदेव चौधरी की मदद माँगी जो हरनौत के समीपवर्ती निर्वाचन क्षेत्र अस्थावाँ से अधिकांशतः कुर्मियों के समर्थन से विजयी हुए थे। सिंघवा गुट को कुर्मियों के सामूहिक आत्म-सम्मान के लिए धमकी के रूप में देखा जा रहा था। इसे उस जिले में खेत मजदूरों के स्वाभाविक या राजनीतिक संगठनों के तार से जुड़ा समझा जा रहा था। कुर्मियों का मानना था कि पासवान समुदाय हावी हो रहा है। महावीर के नेतृत्व में संगठित कुर्मियों पर सिंघवा गुट की जीत से यह साफ दिख रहा था। वे उस चिनगारी को मिटा देने के लिए विभिन्न गाँवों से बड़ी तादाद में आए जो कुर्मियों की प्रधानता को नष्ट करनेवाली अग्नि में बदल सकती थी और उन्होंने बेलछी में जमकर जनसंहार किया, जिसमें सिंघवा और उसके सभी सक्रिय सहयोगी मारे गए।

बेलछी हत्याकांड के कारण जिले में कुर्मियों और पासवानों के बीच शत्रुता की शुरुआत हुई। अधिकाधिक कुर्मियों पर इस जातिवादी प्रचार का गहरा असर पड़ रहा था कि 'कुर्मी राष्ट्र खतरे में है।' वे बेलछी हत्याकांड के लिए गिरफ्तार मुख्य आरोपियों—महावीर महतो, इंद्रदेव चौधरी तथा अन्य कुर्मियों को हीरो का दरजा दे रहे थे। उनका कहना था कि केवल वे ही 'कुर्मियों के गौरव' को बचा सकते हैं।

विधान सभा चुनावों की घोषणा होने पर, नालंदा जिले के कुर्मियों ने उन्हीं कुर्मी उम्मीदवारों को समर्थन देने का फैसला किया जो अपने प्रचार-अभियान में उनके गौरव को पुनः प्रतिष्ठित करने का वचन देंगे। हरनौत में उन्होंने भोला प्रसाद सिंह को प्रत्याशी बनाया, जिन्होंने उनमें से अनेक लोगों की बंदूक रखने के लाइसेंस प्राप्त करने में मदद की थी। भोला ने बहुतों को बिजली कनेक्शन

भी दिलाए थे। वह कुर्मी जाति संगठन के एक संरक्षक थे। 1976 में मोहाने नदी में बाढ़ के दौरान उन्होंने इस निर्वाचन क्षेत्र में व्यक्तिगत रूप से राहत कार्य आयोजित किया था।

भोला ने 1964 में सं.सो.पा. छोड़ दी थी और इंडियन सोशलिस्ट पार्टी के नाम से एक पार्टी का गठन किया था, क्योंकि वह कर्पूरी ठाकुर के इस विचार से सहमत नहीं थे कि सभी पार्टी विधायकों को जे.पी. और बिहार आंदोलन के छात्र नेताओं के कहे अनुसार, राज्य विधान सभा भंग कराने के उद्देश्य से इस्तीफा दे देना चाहिए। आंदोलन से अलग होकर उन्होंने छात्र नेताओं से इस कदर दुश्मनी मोल ले ली कि जब उन्होंने कोईरी नेता जगदेव प्रसाद की हत्या के बाद गांधी मैदान में एक शोकसभा का आयोजन किया, तो नीतीश तथा उनके साथ कुछ और लोगों ने मंच पर धावा बोल चीजें इधर-उधर फेंक दीं, माइक भी उठाकर नीचे फेंक दिया।

राजनारायण जैसी तमाशेबाजी के लिए मशहूर, भोला सिंह 1962 में राज्य विधान परिषद् के सदस्य बन गए और 1972 में बख्तियारपुर से विधान सभा के लिए निर्वाचित हुए। नीतीश इंजीनियरिंग कॉलेज के चौथे वर्ष में थे। तब उन्होंने सं.सो.पा. प्रत्याशी के रूप में भोला प्रसाद सिंह का समर्थन किया था। भोला सिंह का प्रचार कार्यालय ठीक नीतीश के घर के सामने था।

बिहार आंदोलन को पिछड़ी जातियों से बहुत अधिक समर्थन मिला। आंदोलन में हिस्सा न लेने के कारण भोला सिंह ने कुर्मियों के एक बड़े हिस्से की सहानुभूति खो दी, जिनमें नीतीश भी शामिल थे। अगर बेलछी हत्याकांड न हुआ होता, तो वह भारी अंतर से हार गए होते। भोला वर्षों तक नालंदा जिला से कुर्मियों के सबसे बड़े नेता रह चुके थे। बेलछी के कारण उन्हें कुर्मी वोटों की खेती काटने का 'ईश्वरप्रदत्त' अवसर मिल गया, क्योंकि उन्होंने अभियुक्तों की 'बेगुनाही' की खुलकर तरफदारी की। वह जन-सभाओं में उनके समर्थन में खुलकर बोले।

इसका उद्देश्य कुर्मियों को यह भरोसा दिलाना था कि विधान सभा में उनके हितों की वही सर्वाधिक तरफदारी कर सकते हैं। कुर्मियों को वास्तव में ऐसा व्यक्ति चाहिए था जो उनकी आवाज उठा सके, क्योंकि उनके विचार में कांग्रेस की तरह ही जनता सरकार भी अछूतों की हिमायती थी और कुर्मियों से द्वेष रखती थी। उनका कहना था कि बेलछी कांड के बाद 'हमारे विरुद्ध सरकारी दमन-चक्र' से यही साबित होता है।

कुर्मियों की दृष्टि में नीतीश एक ईमानदार और बुद्धिमान प्रत्याशी थे। इंजीनियरिंग की डिग्री उनके मान-सम्मान को विशेष गौरव दिलाती थी। जे.पी. आंदोलन में उनके द्वारा निभाई गई भूमिका के कारण वह कुर्मियों की नजर में चढ़ गए थे। कुछ यश उन्हें अपने पिता के कारण भी मिल रहा था। उनके पिता एक अच्छे चिकित्सक थे और शिक्षा के प्रसार को भी उन्होंने बढ़ावा दिया था, इस वजह से कुर्मी उनके पिता का बहुत सम्मान करते थे।

कुर्मियों की सहानुभूति नीतीश के साथ इसलिए भी थी, क्योंकि मंजू का गाँव शिवदह, हरनौत निर्वाचन क्षेत्र का एक हिस्सा था। उनके श्वसुर शिवदह हाई स्कूल के प्रधानाध्यापक थे, इस कारण भी उन्हें अतिरिक्त आदर दिया जाता था। मंजू अपने पिता के स्कूल में गृह-विज्ञान की

अध्यापिका हो गई थीं और अपने परिवार के साथ मंजू ने भी नीतीश के लिए जोरदार प्रचार किया। लेकिन ये सारी बातें उस समय निरर्थक लगने लगीं जब कुर्मियों ने नीतीश से यह आश्वासन माँगा कि वह कुर्मियों के गौरव को पुनः प्रतिष्ठित करने की लड़ाई में उनका साथ देंगे, उनकी रक्षा करेंगे। नीतीश बड़े-बड़े मसलों के बारे में बातें करते थे, लेकिन कभी भी समुदाय के जीवन, स्वतंत्रता और प्रतिष्ठा तथा गौरव को प्रत्यक्षतः संकट में डालने वाले मुद्दों के बारे में बातें नहीं किया करते थे—वह उनके हित साधक बनने योग्य अच्छे प्रत्याशी नहीं थे।

कुर्मियों की ओर से युद्धरत स्थानीय नेतृत्व ने भोला का समर्थन किया। शिवदह में अधिकतर कुर्मी जिनमें मंजू के दो चाचा भी थे, भोला का साथ दे रहे थे, क्योंकि भोला भी उनके ही गाँव से थे। जाति का समर्थन मिलने का मतलब था कि भोला को अपना चुनाव अभियान चलाने के लिए किसी चीज की कमी नहीं रहेगी—न तो लोगों की और न ही धन की। हथियारबंद कुर्मी दूसरी जातियों के मतदाताओं को डरा-धमकाकर भगाने के लिए वहाँ मौजूद होंगे, वे कुर्मी जाति के भी ऐसे लोगों को दूर रखेंगे जो नीतीश के पक्ष में वोट देना चाहेंगे।

भोला के चुनाव प्रचार में वाहनों और प्रचारकर्ताओं की संख्या और कार्यकर्ताओं के भोजन एवं मनोरंजन पर खर्च की मात्रा को देखते हुए, नीतीश का चुनाव प्रचार कमजोर, दयनीय और बेढंगा प्रतीत होता था—उनके अभियान में कोई गाड़ी नहीं थी और कार्यकर्ताओं को नियोजित करने के लिए उनके पास कोई धनराशि नहीं थी। नीतीश ने भोला द्वारा मतदाताओं को प्रभावित करने, डराने-धमकाने के लिए रखे गए गिरोहों का प्रतिकार करने के लिए कोई सशस्त्र गुट नहीं लगाए, क्योंकि वह साफ-सुथरी, 'सिद्धांतों पर आधारित' राजनीति के लिए लड़ रहे थे।

नीतीश के चुनाव प्रचार प्रबंधकों में एक प्रमुख व्यक्ति, नरेंद्र बताते हैं कि प्रचार अभियान को चलाए रखने के लिए धन इधर-उधर से बहुत थोड़ा-थोड़ा करके आता था : रिश्तेदारों से, नीतीश के पिता के दोस्तों से, जे.पी. आंदोलन के समर्थकों से, नीतीश के कॉलेज के हम जैसे दोस्तों और नौकरी में लगे हुए उनके अनेक जूनियरों ने उनके चुनाव अभियान के लिए कुछ-कुछ अंशदान किया जो कुल मिलाकर दो-चार हजार बनता था।

नीतीश का स्कूल के जमाने का एक बहुत ही घनिष्ठ मित्र मुन्ना सरकार अपनी मोटरसाइकिल से उनके पास आ गया और उन्हें अपने पीछे बिठाकर गाँवों और शहरों में ले गया। अंत में बड़ी विघ्न-बाधाओं के बावजूद, नीतीश उस सीट के लिए एक गंभीर प्रतियोगी साबित हो रहे थे। अधिकांश उच्च जातियों राजपूतों, भूमिहारों तथा कुर्मियों से भिन्न पिछड़ी जातियों, जैसे कि यादवों ने इसलिए नीतीश का समर्थन किया, क्योंकि उनकी सहानुभूति जनता पार्टी के साथ बनी हुई थी। जिन मुट्ठी-भर कुर्मियों का समर्थन उन्हें प्राप्त था, वे बिहार आंदोलन के समर्थकों में से थे, उनके पिता के परिचित लोग थे और करीबी रिश्तेदार थे, जैसे कि मंजू का निकटस्थ परिवार। नीतीश करीब 5,900 वोटों से चुनाव हार गए, भोला की जीत हुई। उन दोनों के बीच 8.5 प्रतिशत से कम का अंतर भोला को कुर्मियों का समर्थन मिलने के कारण था।

नीतीश के प्रचार-संचालक पीछे मुड़कर देखते हैं, तो महसूस करते हैं कि वह शायद हारे नहीं होते अगर जनता पार्टी ने इंद्रदेव चौधरी को अस्थावाँ के लिए टिकट दिया होता, जहाँ वह एक निर्दलीय प्रत्याशी के रूप में खड़े हुए थे और दुबारा जीते थे। उससे कुर्मियों को भरोसा हो जाता कि उनकी 'रक्षा' के लिए जनता पार्टी में कोई है। उनके और जनता पार्टी के बीच एक संबंध बन जाता और उन्हीं के कारणों से उन्होंने नीतीश के पक्ष में वोट डाला होता, इसके बावजूद कि वह स्वयं को किसी जाति के रूप में पेश नहीं करते थे।

हालाँकि उनको अनुमान हो गया था कि ऐसा कुछ होने जा रहा है, फिर भी नीतीश के परिवार के सदस्यों को उनकी हार से दुःख अवश्य था। मंजू को विशेष अफसोस था। नीतीश के लिए समर्थन जुटाने हेतु उसने भी कठोर परिश्रम किया था, यद्यपि वह स्वयं को राजनीति से दूर रखती थी और उसे इस बात की कोई लालसा नहीं थी कि एक दिन वह किसी कानून निर्माता या किसी मंत्री की पत्नी कहलाएगी। वह एक परंपरावादी पत्नी थी और एक नियमित, टिकाऊ नौकरी करनेवाले पति के साथ खुश रहती, लेकिन उसने कभी बहस नहीं की, कभी शिकायत नहीं की, कभी अपने भाग्य पर आँसू नहीं बहाए। नीतीश की एक राजनीतिज्ञ बनने की दिली इच्छा को वह भली-भाँति समझती थी और दिन-रात यही प्रार्थना करती थी कि उनका सपना पूरा हो।

नीतीश को अब क्या करना होगा? क्या उन्हें नौकरी के लिए कोशिश करनी चाहिए और एक इंजीनियर की नौकरी ले लेनी चाहिए? अगर वह राजनीति के क्षेत्र में ही आगे बढ़ना चाहते हैं, तो अपना और अपने परिवार का भरण-पोषण वह कैसे करेंगे? क्या राजनीति छोड़ देना अधिक समझदारी की बात नहीं होगी?

वे बड़े उलझनभरे दिन थे। आंदोलन से जुड़े उनतीस छात्र कार्यकर्ता जनता पार्टी विधायक निर्वाचित हो गए थे—सब-के-सब नीतीश के सामने बहुत बौने थे और उतने अच्छे वक्ता भी नहीं थे, लेकिन नीतीश चुनाव हार गए थे। यह पराजय एकांत के क्षणों में उन्हें उद्विग्न करती और वह अपने-आपसे एक सवाल बार-बार पूछते : 'क्या तुम पैसे, गुंडों और जाति के सहारे के बिना एक चुनाव नहीं जीत सकते?'

उनकी माँ, भाई और बहनों ने फैसला सुना दिया कि राजनीति में किसी अच्छे व्यक्ति के लिए कोई स्थान नहीं है। कभी-कभी मंजू भी उनके विचारों से प्रभावित हो जाती। हालाँकि मंजू ने नीतीश को कभी निरुत्साहित नहीं किया। उनके पिता का उदाहरण उनके सामने था।

नीतीश ने हार मानने से मना कर दिया। उन्होंने तय कर लिया कि वह तब तक प्रयास करते रहेंगे जब तक कि पूरी तरह कामयाब या तबाह नहीं हो जाते। चुनावी तूफान की धूल बैठ जाने के बाद, उन्होंने हरनौत के गाँवों में जाना, वहाँ के लोगों से मिलना और उनकी बातों पर ध्यान देना फिर शुरू कर दिया। घर का बुना एक थैला कंधे पर लटकाए हुए, वह बख्तियारपुर-हरनौत के बीच चलनेवाली जर्जर बसों के नियमित यात्री बन गए और यह जानने के कारण कि वह कौन हैं, बस कंडक्टर अकसर उनसे किराया लेने से इनकार कर देते थे।

आपसी बातचीत के दौरान, गाँववाले अपनी सामान्य और व्यक्तिगत समस्याएँ उनके सामने रख देते। नीतीश संबंधित पदाधिकारियों या मंत्रियों का ध्यान उन समस्याओं की ओर दिलाते और उन्हें जल्दी-से-जल्दी हल कराने की कोशिश करते। कभी-कभी भोला सिंह के पक्के समर्थक उन्हें यह कहकर चलता करने की चेष्टा करते : ''हमारे विधायक ने हमारे लिए बहुत कुछ किया है और लगातार कर ही रहा है।'' लेकिन नीतीश एक मुसकान से उन्हें चित कर देते। ''मेरे लिए राजनीति एक स्पर्धा का खेल है और मैंने उसी स्पर्धा का एक हिस्सा समझकर इसे अपनाया है,'' नीतीश ने मुझे बताया। नीतीश ने भोला के समर्थकों से कहा, ''देखो, मैं एक राजनीतिज्ञ हूँ। राजनीतिज्ञ एक सामाजिक कार्यकर्ता होता है और मैं अपना काम कर रहा हूँ।''

इसे नीतीश का दुर्भाग्य ही कहेंगे, नीतीश ने जब अपना वोट पक्का करने और भोला के पक्के कुर्मी वोट का एक बड़ा हिस्सा अपने पक्ष में करने का सफल प्रयास किया, उस दौरान जनता पार्टी की लोकप्रियता नीचे की ओर जा रही थी। नीतीश को ऐसा महसूस होने लगा कि विधान सभा के लिए उनसे अधिक अभागा उम्मीदवार कोई और नहीं हो सकता! मोरारजी सरकार आवश्यक वस्तुओं के भाव कम करने का अपना वचन पूरा करने में विफल रही; कीमतें दिनों-दिन बढ़ रही थीं जिसके कारण लोगों का जीना मुश्किल हो रहा था, दूसरी ओर उनकी सरकार के मंत्रीगण किफायत से रहने का अपना वचन तोड़कर जनता के खर्चे पर उसी मौज-मस्ती का जीवन बिता रहे थे जिस तरह कांग्रेस सरकार के मंत्री विलासिता में डूबे रहते थे।

राज्य में कर्पूरी ठाकुर सरकार की हालत भी कुछ अधिक अच्छी नहीं थी। कर्पूरी के नेतृत्व में चल रही सरकार की कार्यप्रणाली में लोगों को कुछ नया या बेहतर नजर नहीं आया : अफसरशाही का रवैया कांग्रेस शासन जैसा ही पेचीदा, घुमाव-फिराववाला, रिश्वत से चलनेवाला, अहंकारपूर्ण और उत्पीड़क था। कर्पूरी के चार माह के शासनकाल में पुलिस ने आठ स्थानों पर लोगों की भीड़ पर गोलियाँ बरसाईं। इस तरह राज्य के राजनीतिक इतिहास में कर्पूरी शासन सर्वाधिक दमनकारी शासन के रूप में दर्ज हुआ, जिसकी विशेषता थी—हर दूसरे सप्ताह में पुलिस गोलीबारी की एक घटना।

बिहार आंदोलन में नागरिक अधिकारों का मुद्दा सर्वाधिक महत्त्वपूर्ण था। इंदिरा के शासन में आंदोलन के जिन कार्यकर्ताओं और समर्थकों को पुलिस दमन-चक्र का शिकार होना पड़ा था, वे आशा लगाए हुए थे कि जनता सरकार वास्तव में एक ऐसी लोकतांत्रिक व्यवस्था कायम करने के लिए एक मजबूत कानूनी एवं नीतिपरक ढाँचा तैयार करेगी जिसमें किसी भी मसले को लेकर एकत्र हुए लोगों पर गोली दागने की इजाजत पुलिस को नहीं होगी। हथियारबंद अपराधियों या उग्र सुधारवादी कम्युनिस्टों के विरुद्ध पुलिस द्वारा बंदूकों का इस्तेमाल किया जाना कुछ हद तक उचित ठहराया जा सकता है, लेकिन निहत्थे जुलूसों और जमघट के खिलाफ ऐसा करना कतई उचित नहीं हो सकता।

कर्पूरी के शासनकाल में पुलिस गोलीबारी की घटनाएँ उसी तरह हो रही थीं जैसे कांग्रेस के

शासनकाल में होती थीं : आगे बढ़ती भीड़ पर पुलिस का लाठी–चार्ज; गुस्साए लोगों में से कुछ के द्वारा पत्थर फेंकना और पुलिस को 'आत्म–रक्षा' में गोली चलाने का बहाना मिल जाना। ईंट के छोटे–छोटे टुकड़े या कंकड़–पत्थर क्या इतने घातक हो सकते हैं कि पुलिस को 'आत्म–रक्षा' में गोली चलाने और उसे उचित ठहराने का बहाना मिल जाए? लोगों को आशा थी कि जनता शासन के अधीन पुलिस का व्यवहार सभ्य होगा और उसे उत्तेजक भीड़ से निपटने के लिए बंदूक का इस्तेमाल न करने की हिदायत दी जाएगी। जे.पी. आंदोलन के दौरान और उससे पहले भी नागरिक अधिकारों के समर्थकों द्वारा यह माँग उठाई गई थी कि अत्यंत विकट परिस्थितियों में भी पुलिस को भीड़ पर नियंत्रण करने के लिए केवल रबर या प्लास्टिक की गोलियों का इस्तेमाल करने की इजाजत होनी चाहिए, जो प्राणघातक नहीं होती हैं। जनता सरकार में इस मुद्दे पर अब कोई चर्चा नहीं की गई।

विधान सभा में एक सदस्य ने उनको इस बयान की याद दिलाई कि जनता राज में कोई पुलिस फायरिंग नहीं होगी, तो कर्पूरी ठाकुर ने साफ इनकार कर दिया कि उन्होंने कभी इस तरह का कोई बयान दिया था। उन्होंने यह वादा करने से भी मना कर दिया कि अब कोई पुलिस फायरिंग न होने देने की गारंटी लेनेवाली कोई सुस्पष्ट नीति हो भी नहीं सकती है। 'लेकिन अगर आपके पास कोई बेहतर सुझाव है तो मुझे बताइए, मैं उसे लागू करूँगा,' उन्होंने व्यंग्यपूर्ण स्वर में उस सदस्य से कहा।

कर्पूरी को जल्दी ही जनाक्रोश का दुबारा सामना करना पड़ा जब उन्होंने 7 जनवरी, 1978 को एक आदेश जारी करके सरकारी कर्मचारियों तथा दूसरे लोगों द्वारा मंत्रियों तथा अधिकारियों के घरों के सामने कोई भी प्रदर्शन या धरना या भूख हड़ताल किए जाने पर रोक लगा दी। दूसरे दिन ही, पुलिस ने मंत्रियों के निवास स्थान के बाहर प्रदर्शनकारियों के सारे तंबू हटा दिए।

हटाया गया सबसे पहला तंबू उन बेरोजगार इंजीनियरों और इंजीनियरिंग कॉलेज छात्रों का था जो नौकरी की माँग को लेकर कर्पूरी के घर के सामने भूख–हड़ताल पर बैठे हुए थे। उस समय नीतीश भी उनके समर्थन में वहाँ मौजूद थे, जब पुलिस उनका तंबू उखाड़ रही थी। ''वे शांतिपूर्ण ढंग से विरोध प्रकट कर रहे हैं,'' नीतीश ने पुलिसवालों की अगुआई कर रहे मजिस्ट्रेट से कहा, ''आप क्यों उन्हें यहाँ से हटा रहे हैं?'' मजिस्ट्रेट ने अहंकार भरे स्वर में कहा, ''उन्हें यहाँ से जाना ही होगा। यह एक सरकारी आदेश है।''

''लोग कर्पूरी सरकार के कृत्यों से तंग आ चुके हैं। क्या यह सरकार बिहार आंदोलन को भूल गई है?'' नीतीश ने सामयिक वार्त्ता में एक उग्र टिप्पणी में लिखा। इस हिंदी पाक्षिक पत्रिका का प्रकाशन पटना से किशन पटनायक द्वारा किया जाता था, जो एक प्रतिष्ठित लोहियावादी चिंतक थे। ''मंत्रियों के निवास के बाहर विरोध प्रकट करनेवालों के तंबुओं को जबरन हटाया जाना यह दरशाता है कि सरकार की नजर में बिहार आंदोलन की भाषा (अहिंसा की भाषा) की कोई कद्र नहीं है...सरकार की तरफ से दिए मकानों को मंत्री लोग अपना निजी मकान समझ रहे हैं और वे

अपने जीवन में किसी तरह का कोई विघ्न नहीं चाहते हैं।''

नीतीश की टिप्पणी में केंद्र और राज्य में जनता सरकारों के कार्य के प्रति लोगों की बढ़ती निराशा झलक रही थी।

पिछले वर्ष नवंबर 1977 में बिहार आंदोलन के करीब 500 युवा कार्यकर्ताओं के त्रि-दिवसीय सम्मेलन में भी कुछ ऐसे ही विचार व्यक्त किए गए थे जिसमें युवा जनता और छात्र युवा संघर्ष वाहिनी के सदस्यों और कई संगठनात्मक रूप से असंबद्ध युवकों ने हिस्सा लिया था। सम्मेलन में इस बारे में सहमति व्यक्त की गई कि जनता सरकार ने पार्टी के घोषणा-पत्र में किए गए वादों को पूरा नहीं किया है। युवा जनता की ओर से, नीतीश ने एक राजनीतिक प्रस्ताव प्रस्तुत किया, जिसका अनुसमर्थन वाहिनी के अनिल प्रकाश ने किया और प्रतिनिधियों द्वारा उसका अनुमोदन किया गया। प्रस्ताव में कहा गया :

> जब बिहार आंदोलन लोगों और युवाओं की शक्ति को एकजुट करके संपूर्ण क्रांति का आधार तैयार कर रहा था, तभी आपात्-स्थिति की घोषणा कर दी गई और आंदोलन की सारी शक्ति को प्रजातंत्र की रक्षा करने की दिशा में मोड़ना आवश्यक हो गया। चुनावों के दौरान संघर्ष को रोकना पड़ गया। हम कभी ऐसे किसी भ्रम में नहीं थे कि कांग्रेस सरकार की जगह कोई क्रांतिकारी सरकार आएगी···हमारी उम्मीद थी कि नई सरकार क्रांति में सहयोगी बनेगी...वह सहयोग जन-आंदोलन के लिए एक प्रेरणा साबित होगा और सरकार भी लोक-शक्ति के समर्थन से अफसरशाही और सामंती तथा पूँजीवादी ताकतों के दबावों से लड़ सकेगी···[तथापि] जनता पार्टी सरकार का प्रदर्शन अर्थात् कार्य बहुत निराशाजनक रहा है। यह कांग्रेस सरकार के रास्ते पर ही चल रही है।

जे.पी. की सेहत बहुत कमजोर थी और तेज स्वर में धाराप्रवाह बोलना उनके लिए मुश्किल हो रहा था, इसके बावजूद उस सम्मेलन में एक लंबा उद्घाटन भाषण दिया। जे.पी. ने प्रतिनिधियों से कहा, ''बिहार आंदोलन द्वारा सामाजिक परिवर्तन के लिए बनाया गया वातावरण चुनावों के बाद कुछ ठंडा पड़ गया है,'' जे.पी. ने प्रतिनिधियों से कहा। ''आज इस सम्मेलन में आपको यह निर्णय करना है कि आंदोलन को किस तरह पुनर्जीवित किया जा सकता है। अगर अन्य राज्यों में न हो सके, तो संपूर्ण क्रांति का बिगुल बिहार के प्रत्येक गाँव में अवश्य बजना चाहिए।''

विचार-विमर्श के अंत में सम्मेलन की ओर से जनता सरकार को अंतिम चेतावनी जारी की गई कि सरकार अपने घोषणा-पत्र में किए वादों को छह माह के अंदर पूरा करे या जन-आंदोलन का सामना करने के लिए तैयार हो जाए। प्रतिनिधियों ने सरकार से कहा कि आंतरिक सुरक्षा अनुरक्षण अधिनियम (मीसा), संविधान में संपत्ति के अधिकार की गारंटी देनेवाले अनुच्छेद और उन कानूनों को निरस्त करने के लिए तत्काल काररवाई की जाए जो अधिकारवादी शासन के लिए गुंजाइश रखते हैं; मंत्रियों तथा अन्य कानून निर्माताओं के लिए परिसंपत्ति की घोषणा करना अनिवार्य कर दिया जाए; और राष्ट्रीय प्रसारण एजेंसियों, आकाशवाणी तथा दूरदर्शन को सरकारी नियंत्रण से मुक्त रखा जाए।

सम्मेलन में गांधी, लोहिया और जे.पी. के विचारों की मिश्रित धारा बह रही थी। इसका आयोजन देशभर में बिखरे, लोहिया के सिद्धांतों का अनुसरण करनेवालों के एक छोटे गुट, लोहिया विचार मंच द्वारा किया गया था, जिनका नेतृत्व करनेवाली केंद्रीय हस्ती उस समय किशन पटनायक थे। सामान्यत: समाजवादी और विशेषकर इस मंच से जुड़े लोग पटनायक का बहुत आदर करते थे, क्योंकि वह अपने सभी सहयोगियों में लोहिया के विचारों की सबसे अधिक और स्पष्ट समझ रखते थे। वह चुनाव संबंधी राजनीति में एक विफल व्यक्ति थे; उन्होंने स्वयं को पार्टी राजनीति से अलग कर लिया था और उस समय इस मंच से जुड़ गए थे जब बिहार आंदोलन का नेतृत्व जे.पी. ने अपने हाथों में ले लिया था और इससे प्रभावित होकर वह आंदोलन को अपना बौद्धिक समर्थन देने के लिए पटना चले आए थे।

पटनायक और जे.पी. के बीच कई बातें एकसमान थीं—दोनों पहले सक्रिय समाजवादी रह चुके थे, चुनाव संबंधी राजनीति में दोनों को विफलता और निराशा हाथ लगी थी और वे दोनों ही भारतीय राज्य व्यवस्था को नैतिक रूप से स्वच्छ, निर्मल बनाने में विश्वास रखते थे। उन्होंने बिहार आंदोलन को गांधी से लोहिया तक और लोहिया से जे.पी. तक चली आई भारत की सामाजिक क्रांति की निरंतरता का एक हिस्सा माना। यही कारण था कि वह लोहिया समर्थकों और जे.पी. समर्थकों को एक-साथ उस सम्मेलन में ले आए : वह चाहते थे कि सभी लोग आपस में मिलकर काम करें और 'गांधी, लोहिया एवं जयप्रकाश के सैद्धांतिक त्रिमूर्ति' के विचारों से मार्गदर्शन प्राप्त करें।

यह बात जे.पी. की इच्छा के भी अनुकूल थी। उन्हें 'आंदोलन का अधूरा कार्य पूरा करने के लिए' एक अत्यंत प्रेरित युवा शक्ति की अपेक्षा थी। वह सामाजिक परिवर्तन के लिए कार्य करने हेतु नागरिकों को फिर से तैयार करना चाहते थे। उन्होंने अपना सारा जीवन एक धर्मयोद्धा की तरह बिताया था और वह नहीं चाहते थे कि आंदोलन का उद्देश्य अधिकारवादी इंदिरा को सत्ता से हटाने के साथ ही समाप्त हो जाए।

तथापि, एक प्रश्न अब भी उनके सामने खड़ा था : क्या उन्होंने आंदोलन को वास्तव में क्रांतिकारी बनाने, उन विरोधी दलों के हाथों में जाने से इसे बचाने के लिए वह सब किया है जो आवश्यक था और जो दल अंतत: एक होकर जनता पार्टी में मिल गए? उत्तर 'हाँ' भी था और 'नहीं' भी। संसदीय मार्ग एक क्रांतिकारी मार्ग है, इसके बारे में जे.पी. के मन में कोई दुविधा नहीं थी (हालाँकि उनकी संपूर्ण क्रांति संबंधी संकल्पनाओं में काफी अस्पष्टता, अनेकार्थकता थी)। आंदोलन के आपात्काल पूर्व चरण के दौरान उन्होंने सामाजिक परिवर्तन के लिए संघर्ष की अपेक्षा संसदीय संघर्ष को अधिक महत्त्व देकर अपनी डाँवाँडोल मन:स्थिति का परिचय दिया था। आंदोलन को सत्तावादी इंदिरा को हटाने की दिशा में मोड़कर, जे.पी. ने परिवर्तन की दिशा में अपने ही द्वारा उठाए गए कुछ कदमों को पीछे छूट जाने दिया।

उदाहरण के लिए, उच्च जातियों द्वारा जनेऊ (पवित्र धागा) पहनने की प्रथा का त्याग कर

जातिवाद को समाप्त करने, अंतरजातीय विवाह को बढ़ावा देने और संस्थाओं में निचली जातियों को उचित प्रतिनिधित्व प्रदान करने जैसे कदम उठाने की बात कही गई थी, लेकिन आरंभिक शब्दोच्चारणों के बाद, इनके बारे में वस्तुतः कुछ भी नहीं सुना गया। फिर, जनता सरकार की ओर से गाँव-गाँव में जन अदालत लगाने की पहल की गई, ताकि गाँवों के बहुत से मसलों को कानूनी अदालतों के बाहर निपटाया जा सके। इन अदालतों ने बहुत थोड़े समय के लिए दो-चार गाँवों में काम किया और एक बहुत ही सीमित दायरे में रह कर। संपूर्ण क्रांति की मूल संरचना में, निर्वाचन क्षेत्रों में जन समितियाँ स्थापित करने की बात थी, जिसके पीछे उद्‌देश्य यह था कि ये समितियाँ ही समग्र परिवर्तन की गाड़ी को आगे बढ़ाएँगी। निर्वाचक मंडलों में—पंचायत से लेकर संसद् तक के लिए—मतदाताओं का प्रतिनिधित्व करने के लिए उचित व्यक्तियों का चयन हेतु इन समितियों की अहम् भूमिका रहेगी और सांस्कृतिक क्रांति से लेकर एक-समान विकास सुनिश्चित करने तक के सभी कार्यों में इनके विचारों का प्रमुख योगदान रहेगा, किंतु ये समितियाँ वस्तुतः कभी चल नहीं पाईं।

परिवर्तन संबंधी आंदोलन का 'पुनर्निर्माण' करने की बात करना तो ठीक था, लेकिन क्या जे.पी. ने इसका निर्माण करने की कभी शुरुआत की? क्या उनके पास इतनी गुंजाइश थी? छात्र आंदोलन को आरंभ में अपनी ताकत एवं प्रेरणा राज्य में कांग्रेस सरकार के प्रति लोगों के आक्रोश से प्राप्त हुई। अगर इंदिरा गांधी ने गफूर सरकार को खारिज करने तथा विधान सभा भंग करने की बात मान ली होती, जैसा गुजरात के मामले में उन्होंने किया था, तो आंदोलन ठंडा पड़ गया होता। लेकिन इंदिरा ने गुजरात के मामले में झुकने के बाद, यह महसूस किया कि बिहार में कांग्रेस सरकार पर लगातार हमले के पीछे एक सोची-समझी योजना है और उन्होंने अब और झुकने से मना कर दिया तथा आंदोलन को दबाने के लिए कठोर कदम उठाना शुरू कर दिया।

इंदिरा द्वारा उठाए गए कठोर कदमों के कारण मात्र राज्यव्यापी आंदोलन एक राष्ट्रीय आंदोलन में बदल गया। इलाहाबाद उच्च न्यायालय के एक न्यायाधीश ने जब इंदिरा को अपने चुनाव में कदाचार के आरोपों के आधार पर संसद् का सदस्य रहने के अयोग्य घोषित कर दिया, उसके बाद उन्होंने प्रधानमंत्री पद पर कायम रहने के लिए जिन गलत तरीकों का इस्तेमाल किया उनसे स्थिति और बिगड़ती चली गई। जे.पी. जन-आंदोलन को तभी बनाए रख सकते थे जब उनका पूरा ध्यान इंदिरा को हटाने के मुद्‌दे पर केंद्रित रहता। जब तक उनका ध्यान इस ओर लगा रहा, तब तक हर किसी ने, विरोधी दलों और उनके युवक संगठनों से लेकर शहरी, प्रबुद्ध-वर्ग तथा किसानों तक सभी ने जे.पी. का साथ दिया, उनके 'क्रांतिकारी विचारों' का समर्थन किया—जैसे कि अंतरजातीय विवाहों को बढ़ावा देना और जनेऊ न पहनना—हालाँकि अधिकतर लोगों को इनके बारे में गंभीर आपत्ति थी। इसमें कोई आश्चर्य नहीं है कि इंदिरा को हटा दिए जाने के बाद वे सभी उन्हें छोड़ गए।

जे.पी. ने अगस्त 1977 में एक समाचार-पत्र को दिये एक इंटरव्यू में स्वीकार किया कि केंद्र

में और राज्य में बनी जनता सरकारों के किसी भी नेता ने अपना पद सँभालने के बाद किसी भी विषय पर उनकी सलाह नहीं माँगी; आंदोलन के दौरान वे लगातार उनसे मिला करते थे और सलाह लिया करते थे। जिस 'क्रांति' के निर्माता ने उन्हें सत्ता दिलाई थी वह उनके लिए अब अनावश्यक हो गया।

लोहिया विचार मंच द्वारा आयोजित सम्मेलन ऐसे कई सम्मेलनों की एक कड़ी थी। किसी भी राजनीतिक पार्टी से संबंध न रखनेवाले इस मंच के कार्यकर्ता, इन बैठकों के माध्यम से लोहियावादी युवकों के साथ विचार-विमर्श के जरिए यह जानने का प्रयास कर रहे थे कि बिहार आंदोलन से उत्पन्न ऊर्जा का उपयोग सामाजिक परिवर्तन के वास्ते किस तरह किया जा सकता है। अधिकांश बातों में कोई सार नहीं था : इस मंच को पुनः सक्रिय करने का कोई प्रयास नहीं किया गया।

अगर कोई गुट था जो आंदोलन की अच्छाइयों से लाभ उठाना चाहता था, वह गुट राजनीतिक रूप से असंबद्ध कार्यकर्ताओं का था जो छात्र युवा संघर्ष वाहिनी के पंजीकृत सदस्य थे। युवा जनता के जिन सदस्यों ने इन बैठकों में हुई चर्चाओं में भाग लिया था वे मोटे तौर पर दो खेमों में बँट गए थे। एक खेमा नीतीश कुमार और दूसरे लोगों का था जो चुनाव हार गए थे और ऐसे सम्मेलनों को अपनी राजनीतिक गतिविधि का एक महत्त्वपूर्ण हिस्सा मानते थे जब तक कि उन्हें दूसरे चुनाव के लिए टिकट नहीं मिल जाता। दूसरे खेमे में वे लोग थे जो चुनाव की राजनीति से अलग रहकर केवल युवा जनता से जुड़े रहना और बिहार आंदोलन के लक्ष्यों को पूरा करने के लिए काम करना चाहते थे।

नीतीश उस अवधि को अपने 'आदर्शवादी दौर' के रूप में याद करते हैं, जब उनके विचार 'समाजवादी संत' किशन पटनायक से अत्यधिक प्रभावित थे। उनका विवेक उन्हें आंदोलन की अच्छी बातों को लेकर आगे बढ़ने के लिए प्रेरित करता था, लेकिन उनकी दृष्टि को अगले चुनाव के अवसर से हटने भी नहीं देता था और युवा जनता के अधिकांश सदस्य इसी तरह की सोच रखते थे।

अत: आंदोलन को पुनर्जीवित करने के लिए जे.पी. का साथ देने कौन रुकता ? न तो जनता के नेतागण, न युवा जनता, न ही भूतपूर्व जनसंघ के युवक संगठन के सदस्य जिन्होंने जनता युवा मोरचा नाम से अपना अलग मोरचा गठित कर लिया था, न ही शहरी प्रबुद्ध-वर्ग और न किसान—जिनमें से अधिकांश लोग जातियों के बीच समानता और खेतभूमि के पुनर्वितरण के बारे में जे.पी. के उग्र सुधारवादी विचारों से संशय में और डरे हुए थे। पटना में जे.पी. अपने घर में अकेले रह गए।

जे.पी. बिहार आंदोलन को फिर से जीवित नहीं कर सके, लेकिन बिहार के समाज में एक बहुत ही प्रभावशाली धारा एक नितांत अप्रत्याशित दिशा में बह रही थी। इस धारा के बनने की शुरुआत उन्नीसवीं सदी के अंत में शूद्रों के सांस्कृतिक आंदोलन से हुई थी जो ब्राह्मणों और क्षत्रियों के द्विध्रुवीय विशिष्ट-वर्ग के साथ बराबरी चाहते थे। इन शूद्रों में से, कायस्थों और भूमिहार समुदाय को अपने आर्थिक स्तर, शिक्षा और राजनीतिक प्रभाव के बल पर बहुत जल्द उच्च जातियों के रूप

में मान्यता मिल गई थी। राज्य में कांग्रेस पार्टी में इन्हीं चार उच्च जातियों की प्रधानता थी।

उच्च जातियों के साथ बराबरी की होड़ में यादव, कुर्मी और कोइरी थे। स्वतंत्रता-प्राप्ति के बाद, जमींदारी का समाप्त किया जाना उनकी पहली प्रमुख सफलता थी। उनकी दूसरी बड़ी जीत वह थी जब उन्होंने उच्च जातियों के किसानों से मिलकर, सरकार के भूमि-सुधार संबंधी सभी अन्य उपायों को रोक दिया। इन सुधारों का लक्ष्य कृषि भूमि के आकार पर एक अधिकतम सीमा निर्धारित करना, उस सीमा से अधिक भूमि का अधिग्रहण करना और उस भूमि का भूमिहीन खेत मजदूरों में पुनर्वितरण करना तथा उन बटाईदारों की काश्तकारी को कानूनी रूप से हासिल करना था जिन्होंने किसानों से जमीन पट्टे पर ली थी। उनकी तीसरी बड़ी लड़ाई का उद्देश्य, फिर उच्च जातियों को साथ लेकर सार्वजनिक संसाधनों के प्रवाह को अधिक-से-अधिक कृषि की ओर मोड़ना था।

यद्यपि 'किसान' की पहचान किसी जाति से नहीं थी, समय बीतने के साथ-साथ बिहार और उत्तर प्रदेश में किसान कहलाने वाली जातियों की प्रधानता बढ़ने लगी। उत्तर भारत में लोग कृषकों और खेती करनेवालों के लिए उसी शब्द—किसान—का प्रयोग करते हैं, लेकिन यहाँ इन दोनों में एक फर्क है—एक वे हैं जो अपनी भूमि पर काम करते हैं और दूसरे वे जो अपनी जमीन पर खुद काम नहीं करते। हालाँकि उच्च जातियाँ भी किसान थीं, किंतु उनमें से अधिकतर लोग अपने खेतों पर काम करना अपनी मान-प्रतिष्ठा के खिलाफ समझते थे, इससे उनकी नाक नीची होती थी। कोई ब्राह्मण या कायस्थ किसान कितना ही गरीब क्यों न हो, कभी भी अपने खेत में हल चलाने या धान का रोपण या प्रतिरोपण करने का काम नहीं करेगा। राजपूतों का एक बड़ा वर्ग और भूमिहारों का भी एक लघु वर्ग खेती के काम में हाथ नहीं लगाता था। उच्च जाति के लोग आमतौर पर अपने आपको जमीनवाले, भू-स्वामी समझते थे, न कि किसान। उनके विचार में किसान शब्द एक ऐसे देहाती, गँवार व्यक्ति का चित्र प्रस्तुत करता है जो सिर पर मुरेठा बाँधे हल के पीछे रहता है और एक फावड़ा हाथ में लिए जमीन खोदने का काम करता है।

प्रमुख किसान जातियों में ऐसा कोई दंभ या अहंकार नहीं था; इसके विपरीत उन्हें अपनी परंपराओं और दक्षताओं को निभाने में गर्व महसूस होता था और वे सदैव अपनी खेत-भूमि और उपज का विस्तार करने के अवसर तलाशते रहते। 1960 के दशक के मध्य तक बिहार, उत्तर प्रदेश और हरियाणा में मध्यवर्ती जातियों का एक पंचमेल समूह दोहरी पहचान लेकर राजनीतिक क्षेत्र में उदित हुआ इसका एक चेहरा किसान का था और दूसरा पिछड़े वर्ग का। किसानों और पिछड़े वर्गों, दोनों को सरकार से गंभीर शिकायतें थीं। पिछड़ी जातियों के रूप में उन्हें एक गंभीर शिकायत यह थी कि लोकतंत्र से उन्हें बाहर रखा जा रहा है और किसानों के रूप में उनका कहना था कि विकास के मामले में उनके साथ भेदभाव किया जा रहा है। उन्होंने भारी संख्या में अपनी जातियों को एकजुट करके 1967 के चुनावों में सं.सो.पा. और भारतीय लोक दल को समर्थन दिया जिसके फलस्वरूप 1967 में बिहार और उत्तर प्रदेश में उनके गठबंधनों को सत्ता हासिल हुई।

1930 और 1940 के दशकों में, बिहार में तीन प्रमुख मध्यवर्ती जातियों को त्रिवेणी संघ के नेतृत्व में संगठित होते देख, कांग्रेस का ध्यान विशेष रूप से इन जातियों की ओर जाने लगा था। 1950 तथा 60 के दशक में कांग्रेस ने इनके प्रति अनुकूलन और मेल-मिलाप की एक चौकस नीति पर चलना शुरू कर दिया था। इन तीनों जातियों के प्रमुख नेताओं को संगठनात्मक और मंत्रीवर्गीय पदानुक्रम में उच्चतर दरजा दिया गया, ताकि वे इन जातियों के मतदाताओं को खींचने का श्रेष्ठ माध्यम बन सकें।

लेकिन इससे कांग्रेस को कोई खास सहायता नहीं मिली, क्योंकि इसके संगठन और मंत्रिमंडल में उच्च जातियों का वर्चस्व कायम था। मध्यवर्ती जातियों के प्रति पार्टी की अनुकूलन की नीति कांग्रेस के अंदर दलबंदी की चक्की के लिए पिसने वाली सामग्री साबित हुई। कांग्रेस में प्रत्येक उच्च जाति, किसी जाने-पहचाने नेता को साथ लेकर हमेशा यह योजना बनाने में लगी रहती कि किस तरह अधिक-से-अधिक प्रभावशाली सत्ता पद हासिल किए जाएँ, सरकारी विभागों में अधिक-से-अधिक नौकरियों पर कब्जा जमाया जाए और ऐसा करते हुए उन्हें अन्य उच्च जातियों की कतई परवाह नहीं रहती थी। प्रत्येक उच्च जाति दल ने अपना अधिकाधिक प्रभाव बढ़ाने के उद्‌देश्य से तीनों मध्यवर्ती जातियों के एक या दो प्रमुख नेताओं को पकड़ लिया और उन्हें एक महत्त्वपूर्ण पद दे दिया।

'उच्च पिछड़े' कहलाने वाली तीनों प्रमुख मध्यवर्ती जातियाँ कांग्रेस की सहयोजन की नीति से बहुत खुश नहीं थीं, क्योंकि उनका मानना था कि उनके जातीय नेता पार्टी के दलबंदी संबंधी पहिए में केवल दाँते का काम कर रहे हैं। उनकी कोई स्वतंत्र हस्ती नहीं थी। न ही उनका इतना प्रभाव था कि राज्य की शासन-व्यवस्था में किसानों तथा पिछड़े वर्गों के रूप में अपने दोहरे हितों को आगे बढ़ाने के लिए कुछ कह सकें। उच्च जाति के प्रभुत्व का पुराना सामाजिक ढाँचा ढहने लगा था; उच्च पिछड़ों ने बहुत जल्द कृषि में अपना प्रभुत्व स्थापित कर लिया और ऊँचे-ऊँचे पेशों में भी उनकी मौजूदगी बढ़ती जा रही थी—जैसे कि वकील, कॉलेज अध्यापक, इंजीनियर और डॉक्टर।

तथापि, आर्थिक क्षेत्र में उनकी बढ़ती भागीदारी के अनुरूप राजनीतिक क्षेत्र—पार्टी संगठनों, विधायिका, मंत्रालयों, स्थानीय स्वशासन और अधिकारी-तंत्र में उनकी हिस्सेदारी नहीं बनी थी। कहने का तात्पर्य यह है कि राज्य की शक्तिशाली संस्थाएँ अभी भी उच्च जातियों के हाथों में थीं।

उच्च पिछड़ों ने कांग्रेस के जरिए करीब चालीस वर्ष तक राज्य सत्ता में एक हिस्सा पाने की कोशिश की, लेकिन उन्हें घोर निराशा मिली। कांग्रेस को उच्च जातियों, अछूत-जातियों और मुसलमानों का संबल प्राप्त था। सीटें जीतने के लिए कांग्रेस को पिछड़ी जाति के छोटे-छोटे गुटों के वोटों से अधिक की जरूरत नहीं थी। यह काम एक जाति के नेता को इधर फिट करके तथा दूसरी जाति के नेता को कहीं और सहयोजित करके बखूबी हो जाता था। पार्टी ने पिछड़ी जातियों की नब्ज पहचानने में भारी भूल की। पिछड़ी जातियों को सत्ता में हिस्सेदारी से कम कुछ नहीं चाहिए था। इस उपेक्षा से उन्हें चोट लगी।

कांग्रेस में मौजूद उच्च जाति के गुटों ने स्थिति तब और बिगाड़ दी जब 1970 में वे बिहार में पहले पिछड़ी जाति कांग्रेस मुख्यमंत्री दरोगा प्रसाद राय को एक वर्ष से भी कम समय में पद से हटाने की अपनी साजिश में कामयाब हो गए। राय को मुख्यमंत्री के रूप में नामजद किए जाने से न केवल यादवों, उनकी अपनी जाति के लोगों, बल्कि अन्य पिछड़ी जातियों के मन में भी यह आशा जाग गई थी कि अंततः कांग्रेस ने राज्य संस्थाओं में उन्हें महत्त्व देना शुरू कर दिया है। राय ने 1977 में एक वरिष्ठ कांग्रेसी मुंगेरी लाल की अध्यक्षता में राज्य पिछड़ी जाति आयोग की नियुक्ति की जिसे राज्य में सामाजिक एवं शैक्षिक रूप से पिछड़े वर्गों की पहचान करने और उनकी उन्नति के लिए सरकारी नौकरियों में आरक्षण सहित अन्य उपाय सुझाने की जिम्मेदारी सौंपी गई। श्री राय के इस कदम से भी उनकी आशाओं को बल मिला। हालाँकि, श्री राय को हटाए जाने से उनकी उम्मीदों पर पानी फिर गया। वे कांग्रेस से विमुख हो गए और फिर कभी उसकी ओर नहीं लौटे।

लेकिन उनके पास कोई अच्छा राजनीतिक विकल्प नहीं था। 1970 के दशक के आरंभ में वे अपनी पसंद को लेकर उलझन में थे और बिखर गए। उनका भीतरी गुट तो समाजवादियों विशेषकर सं.सो.पा. के साथ बना रहा, दूसरे गुटों ने अपनी स्थानीय स्थितियों के अनुसार पार्टियों या व्यक्तियों को अपना समर्थन दिया।

उन्होंने कोइरी जाति के जगदेव प्रसाद में एक प्रमुख नेता को उभरते हुए देखा। कोइरियों, अन्य पिछड़ी जातियों तथा दलितों में उनके करिश्माई प्रभाव के कारण उनका उपनाम 'बिहार का लेनिन' पड़ गया था। वह उच्च जाति भू-स्वामियों के लिए, विशेषकर मध्य बिहार में, एक काँटे की तरह उग आए थे। मध्य बिहार उच्च जातियों के साथ राजनीतिक समानता के लिए उच्च पिछड़े वर्गों का प्रमुख युद्धक्षेत्र बन गया था। 5 सितंबर, 1974 को जब बिहार आंदोलन अपनी चरमसीमा पर था, जगदेव प्रसाद गया जिला अंतर्गत कुर्था में पुलिस के हाथों मारे गए। उस समय वह कुछ माँगों को लेकर करीब बीस हजार लोगों के शांतिपूर्ण जत्थे का नेतृत्व कर रहे थे।

पिछड़ी जातियों में व्यापक संदेह था कि जगदेव प्रसाद को कांग्रेस सरकार में शामिल एक भूमिहार मंत्री के इशारे पर मारा गया है। उनकी 'शहादत' के कारण पिछड़े कांग्रेस से और भी दूर होते चले गए और राज्य में उच्च जाति के आधिपत्य के विरुद्ध उनके 'धर्मयुद्ध' को बहुत बढ़ावा मिला।

पिछड़ी जातियों ने बिहार आंदोलन का समर्थन न केवल इसलिए किया कि इसका लक्ष्य कांग्रेस को सत्ता से हटाना था, बल्कि इस कारण भी किया कि जे.पी. के विचारों में एक संकल्प था कि वह पिछड़ों के सशक्तीकरण के लिए सामाजिक पुनर्गठन करना चाहते हैं। आंदोलन के बीच में, भारतीय लोक दल (बी.एल.डी.) नामक एक नई पार्टी का जन्म हुआ। कर्पूरी ठाकुर के नेतृत्व वाली सं.सो.पा. और दो बार उत्तर प्रदेश के मुख्यमंत्री रह चुके, किसानों के हितों के लिए सदैव संघर्षरत महान् नेता चरण सिंह के नेतृत्व में गठित भारतीय क्रांति दल (बी.के.डी.) के परस्पर विलय से यह पार्टी बनी। उत्तर प्रदेश और हरियाणा में जाटों की जनसंख्या बहुत है। यह समुदाय

साधन-संपन्न, मेहनती एवं ऊँचे दरजे के किसानों का है। चरण सिंह इन्हीं जाटों की मध्यवर्ती जाति से थे। निचली जातियों का कृषक पिछड़ा वर्ग के रूप में दोहरी पहचान का प्रतिनिधित्व करनेवाला चरण सिंह जैसा कद्दावर राजनीतिज्ञ उनके समय में कोई दूसरा नहीं था।

आपात्काल के दौरान उच्च पिछड़ा वर्ग उस समय कांग्रेस से और भी नाराज हो गया जब इंदिरा की सत्तावादी सरकार ने कर्ज से बँधे मजदूरों को मुक्त करके, रहने और खेती करने के लिए उन्हें जमीन के टुकड़े भेंट करके तथा कृषि के लिए न्यूनतम मजदूरी बढ़ाकर दलितों और निचले पिछड़े वर्गों को और भी अधिक संरक्षण देने की घोषणा कर डाली। इस घोषित संरक्षण के कारण उच्च जाति किसान भी कांग्रेस के खिलाफ हो गए। चुनाव में जनता पार्टी की जीत का यही कारण था, क्योंकि उच्च जाति के लोग और उच्च पिछड़ा वर्ग के वे लोग भी कांग्रेस से नाराज थे जिनके पास खेती करने योग्य अपनी भूमि थी। इसके अलावा, नागरिक और लोकतांत्रिक अधिकारों का गला घोंटना तथा दलितों एवं निचले पिछड़ों को 'अनुचित प्रश्रय देना' भी उनकी नाराजगी का एक बड़ा कारण था।

मार्च 1977 में दिल्ली में कांग्रेस की जगह जनता पार्टी की सरकार आने के साथ ही, उच्च जातियों तथा उच्च पिछड़े वर्गों ने दलितों तथा निचले पिछड़ों के साथ क्रूरता से पेश आना, उन पर हमला करना और अनेक गाँवों में सामूहिक हत्याएँ करना शुरू कर दिया। इस तरह का पहला भयंकर कांड मई में बेलछी में हुआ और उसके बाद पूरे मध्य बिहार में नरसंहार की करीब एक दर्जन घटनाएँ हुईं। अधिकतर सामूहिक हत्याकांड उच्च पिछड़े भूस्वामियों द्वारा किए गए और इन घटनाओं में इन जातियों के अपराधियों तथा स्थानीय पुलिस ने भी उनका साथ दिया। इसके पीछे कारण यह था कि उच्च पिछड़ा वर्ग संग्रहशील मनोवृत्ति के उदीयमान किसानों का वर्ग था जिन्हें यह कतई बरदाश्त नहीं था कि मजदूरों की माँगों के कारण उनकी अपनी उन्नति में रुकावट पड़े। उन्हें पहले ही उच्च जातियों के कठोर बैर का सामना करना पड़ रहा था जो यह चाहती थीं कि वे जहाँ पहले थे वहीं बने रहें। ऊपर से दुश्मनी और नीचे से विरोध सहने के कारण, उच्च पिछड़ा वर्ग अधिकाधिक लड़ाकू हो गया।

जनता पार्टी में राष्ट्रीय और राज्य दोनों स्तर पर उच्च पिछड़ों ने (जिनका नेतृत्व भारतीय लोक दल और समाजवादियों द्वारा किया जा रहा था) जल्दी ही उच्च जातियों के साथ टक्कर लेना शुरू कर दिया जिनका प्रतिनिधित्व जनसंघ और कांग्रेस (ओ) कर रही थी। यह संघर्ष जनता पार्टी का 'स्वामित्व' ग्रहण करने के लिए था। करीब एक वर्ष से अधिक समय से उच्च जातियों ने उच्च पिछड़ों को अपनी मनमानी करने की छूट दे रखी थी, ताकि फूट न पड़े और कांग्रेस को वापस आने का मौका न मिल जाए। दिल्ली में मोरारजी देसाई इन सदमों को झेलते रहे और अपने गृहमंत्री चरण सिंह तथा बात-बात में नाराज करने में प्रवीण लोहियावादी स्वास्थ्य मंत्री राजनारायण से मिले अपमानों का कड़वा घूँट निगलते रहे। पटना में उच्च जाति के विधायकों ने कर्पूरी को मुख्यमंत्री स्वीकार कर लिया और उन्हें बिहार के किसी भी मंत्रालय में पिछड़ी जातियों को अब तक का सबसे बड़ा प्रतिनिधित्व

(उच्च जातियों के 29 प्रतिशत के मुकाबले 42 प्रतिशत) देने की छूट दे दी।

तथापि, उच्च जाति की मेहरबानी चरण सिंह या कर्पूरी को शांत और संतुष्ट नहीं रख सकी। चरण ने प्रधानमंत्री बनने की अपनी इच्छा खुल्लम-खुल्ला जाहिर कर दी और अपनी महान् छवि की आड़ में उच्च पिछड़े किसानों की विशाल रैलियों का दिल्ली में अपने समर्थन में आयोजन किया। चरण सिंह और समाजवादियों ने अनुसूचित जातियों तथा जनजातियों हेतु आरक्षण की तर्ज पर—राष्ट्र के संविधान में जिन्हें 24 प्रतिशत आरक्षण प्राप्त था उन अनुसूचित अछूत जातियों तथा आदिम जातियों से भिन्न 'अन्य पिछड़े वर्गों' (अदर बैकवार्ड कास्ट्स ओ.बी.सी.) पिछड़े वर्ग के लिए कोटा निर्धारित करने के लिए दबाव डालना शुरू कर दिया, ताकि पिछड़ी जातियों का समर्थन उनके लिए पक्का हो जाए।

1978 के अंत में केंद्र और बिहार सरकार दोनों ने कोटा संबंधी निर्णयों की घोषणा कर दी। इन निर्णयों का राज्य और राष्ट्रीय राजनीति पर गहरा असर पड़ना लाजिमी था। मोरारजी ने बी.पी. मंडल की अध्यक्षता में दूसरा पिछड़ा वर्ग आयोग बना दिया। मंडल उस समय जनता पार्टी के एक वरिष्ठ नेता थे और उक्त आयोग के अध्यक्ष के रूप में उन्हें यह जिम्मेदारी सौंपी गई कि अन्य पिछड़े वर्गों की पहचान की जाए और केंद्र सरकार की नौकरियों तथा शिक्षण संस्थाओं में आरक्षण सहित, उनके विकास के लिए उपाय सुझाए जाएँ।

बिहार में कर्पूरी ठाकुर ने मुंगेरी लाल आयोग की रिपोर्ट खोज निकाली जो 1976 में राज्य में कांग्रेस सरकार को प्रस्तुत की गई थी, लेकिन लागू नहीं की गई थी; कर्पूरी ने 1978 के शुरू में ही यह घोषणा कर दी कि उनकी सरकार ने सरकारी नौकरियों में अन्य पिछड़े वर्गों के लिए 26 प्रतिशत आरक्षण के बारे में आयोग की मुख्य सिफारिश मान ली है।

उनकी इस घोषणा के कुछ ही सप्ताहों के अंदर, बिहार का समाज दो भागों में बँटा नजर आने लगा। सरकारी विभागों, विश्वविद्यालयों, राजनीतिक पार्टियों, व्यापार संगठनों में, बसों और ट्रेनों पर, 'अगड़ों' (उच्च जातियों को इसी नाम से पुकारा जाता था) और 'पिछड़ों' के परस्पर विरोधी गुट उदित हो गए। उच्च जाति के कुछ युवकों ने पार्टी में शामिल सभी उच्च जाति नियम निर्माताओं के आशीर्वाद से एक नया गुट बना लिया जिसे फारवर्ड लीग नाम दिया गया और अखिल भारतीय पिछड़ा वर्ग संघ (ऑल इंडिया बैकवर्ड क्लासेज फेडरेशन) नाम से चले आ रहे एक पुराने संगठन ने पिछड़ों का नेतृत्व करने का दावा किया।

लीग और फेडरेशन ने पटना में एक-दूसरे के खिलाफ रैलियों का आयोजन किया, जिसका नतीजा यह हुआ कि पूरे राज्य में आरक्षण विरोधी और आरक्षण के पक्ष में भावनाएँ भड़क उठीं। दोनों गुटों की भिड़ंत सामूहिक हिंसा तक जा पहुँची और करीब आठ सप्ताह तक कोई ऐसा दिन नहीं था जब कोटा-विरोधियों ने कोई बस नहीं जलाई या कोई ट्रेन पटरी से नहीं उतारी या किसी सरकारी दफ्तर पर हमला कर चीजों की तोड़-फोड़ नहीं की या कोटा समर्थकों ने खुलेआम जे.पी. को गालियाँ नहीं दीं, जिन्होंने सिर्फ इतना कहा था कि कोटे का लाभ पिछड़ी जातियों में केवल

आर्थिक रूप से दबे हुए वर्गों को मिलना चाहिए। ऐसा भी कोई दिन नहीं बीता, जब कोटा समर्थकों ने कोटे का विरोध करनेवालों के साथ हाथापाई नहीं की।

उच्च जाति से जनता पार्टी के विधायक और मंत्रीगण चाहते थे कि कर्पूरी ठाकुर अपनी आरक्षण नीति का कार्यान्वयन अनिश्चित काल के लिए टाल दें। जब कर्पूरी ने मना कर दिया तो उन्होंने कर्पूरी को गद्दी से हटाने के लिए एक अभियान चला दिया।

हालाँकि नीतीश का प्रभाव ऐसा नहीं था कि ऐसी स्थिति में वह कुछ कर पाते, फिर भी वह एक ऐसा नया आरक्षण सूत्र लेकर आए जिसे राजनीतिक मंडलों में धीरे-धीरे सराहा और स्वीकारा जाने लगा। नीतीश तब युवा जनता की राष्ट्रीय कार्यकारिणी के एक सदस्य थे। इसी नाते उन्होंने लोहिया समर्थक अपने एक साथी बजरंग सिंह के सहयोग से पटना के गांधी संग्रहालय हॉल में संबंधित नागरिकों की एक सभा का आयोजन किया और आरक्षण के विषय पर एक दस्तावेज प्रस्तुत किया जिसे सर्वसम्मति से स्वीकार कर लिया गया।

वह दस्तावेज नीतीश की तरुणाई के आदर्शवाद की एक उपज थी। उसमें कर्पूरी की आरक्षण संबंधी नीति में चार महत्त्वपूर्ण परिवर्तन सुझाए गए थे : एक, पिछड़ी जातियों के आर्थिक रूप से अधिक सुखी-संपन्न वर्गों (वो वर्ग जिन्हें उच्चतम न्यायालय की नौ-सदस्यीय संविधान पीठ ने, 1992 में मंडल आयोग पर, इंदिरा साहनी बनाम भारत संघ मामले में अपने प्रख्यात निर्णय में 'क्रीमी लेयर' अर्थात् सुविधासंपन्न वर्गों के रूप में वर्णित किया) को आरक्षण के लाभों से वर्जित किया जाए; दो, उच्च जातियों के अधिक निर्धन वर्ग को भी कोटे में हिस्सा दिया जाना चाहिए; तीन, रोजगार का अधिकार संविधान में प्रतिष्ठापित होना चाहिए (ताकि उच्च जाति के युवाओं के संशय को दूर किया जा सके); और चौथा यह कि पिछड़ी जातियों को सरकार की ओर से ज्यादा सहायता मिलनी चाहिए तथा उनकी शिक्षा पर अधिक ध्यान दिया जाना चाहिए, ताकि वे कोटे का लाभ उठाने योग्य बन सकें।

नीतीश के सुझावों का लक्ष्य कर्पूरी की कोटा घोषणा से बनी अगड़ों-पिछड़ों की खाई को पाटना था। उनके सूत्र में उच्च जाति युवाओं की तीन प्रमुख चिंताओं पर विशेष ध्यान दिया गया था : एक, कि उच्च जातियों में भी आर्थिक रूप से पिछड़े लोग हैं; दो, कि बेरोजगारी पहले ही बहुत ऊँचे स्तर पर है, फिर कर्पूरी की कोटा घोषणा के कारण उनके वास्ते नौकरी-धंधों के अवसर और भी घट जाएँगे; और तीन, कि कोटे की व्यवस्था से पिछड़ी जातियों के विशिष्ट वर्ग को ही लाभ पहुँचेगा। पहली चिंता को उच्च जातियों में आर्थिक रूप से पिछड़ों के लिए एक कोटा तय करके दूर किया जा सकता है, दूसरी चिंता का समाधान प्रत्येक के लिए रोजगार को संवैधानिक गारंटी द्वारा किया जा सकता है और तीसरी समस्या पात्रता के लिए अधिकतम सीमा निर्धारित करके हल की जा सकती है।

इस दस्तावेज पर जनता पार्टी संगठन या मंत्रिमंडल में कभी चर्चा नहीं हुई, न ही कर्पूरी ने किसी उच्च स्तरीय नीति संबंधी परामर्श के लिए नीतीश को कभी बुलाया। फिर भी मौखिक रूप

से इसका जिक्र किए जाने और सामयिक वार्त्ता में इसका प्रकाशन होने से मुख्यमंत्री का ध्यान इसकी ओर गया।

जे.पी. स्वयं भी नीतीश के सुझावों से सहमत थे, क्योंकि उनका भी यही विचार था कि कोटे का लाभ पिछड़ों में असल जरूरतमंद लोगों को मिलना चाहिए और शिक्षा तथा रोजगार के अधिकारों की संवैधानिक गारंटी होनी चाहिए। नीतीश के सुझाव जिन विचारों पर आधारित थे, वे विचार पूरी तरह उनके अपने नहीं थे : उन्हें लोहिया के लेखों और जे.पी. के ज्ञान से उठाया गया था। नीतीश ने प्रत्येक के मन में उत्पन्न चिंताओं को हल करने के उद्देश्य से इन्हें जिस प्रकार एक सूत्र में बाँधा, उससे जरूर यह सिद्ध हो गया कि वह विचारशील हैं और उनके विचारों में नवीनता भी है। नवंबर 1978 में घोषित संशोधित सूत्र में, राज्य सरकार ने ओ.बी.सी. लाभार्थियों के लिए वस्तुतः एक अधिकतम आय सीमा लागू कर दी, ओ.बी.सी. का कोटा 26 से घटा कर 20 प्रतिशत कर दिया और उच्च जातियों के आर्थिक दृष्टि से पिछड़े वर्गों के लिए 3 प्रतिशत तथा महिलाओं के लिए भी 3 प्रतिशत कोटा निर्धारित कर दिया।

कर्पूरी की कोटा नीति ने उच्च पिछड़ों के नेतृत्व में निचली जातियों को एकत्रित कर दिया; लेकिन सामान्यतः राज्यतंत्र और विशेषकर, उच्च जातियों को इससे एक नकारात्मक संदेश मिला। संदेश यह कि कर्पूरी ने मुख्य मुद्दों—जैसे कि बढ़ती कीमतें, कृषि और औद्योगिक विकास की धीमी गति, बेरोजगारी में अनियंत्रित बढ़ोतरी और पुलिस अत्याचार से लोगों का ध्यान हटाने के लिए इस नीति की घोषणा की है, क्योंकि जनता सरकार इन समस्याओं को हल करने में नाकाम रही है। इस नीति के कारण बिहार आंदोलन का अगड़ों-पिछड़ों में पहले ही विभाजित संगठन आगे और विभाजित हो गया, यद्यपि युवा जनता में नीतीश सहित अनेक लोगों ने दरारें न पड़ने देने की भरसक कोशिश की। 18 मार्च, 1978 की आंदोलन की चौथी वर्षगाँठ के अवसर पर युवा जनता द्वारा पटना की सड़कों पर एक विशाल जुलूस निकाला गया जिसकी अगुआई कर रहे नेताओं में नीतीश भी शामिल थे। सामाजिक क्रांति की दिशा में एक जातिरहित दृष्टिकोण के प्रति वचनबद्धता व्यक्त करने के उद्देश्य से इस जुलूस में सभी जातियों के सदस्यों ने भाग लिया। तथापि, समाज अगड़ों-पिछड़ों में पूरी तरह बँट चुका था और ऐसे प्रदर्शन केवल एक प्रतीकात्मक भूमिका निभा सकते थे।

उच्च जाति विधायकों ने पक्का इरादा कर लिया था कि जब तक कर्पूरी को मुख्यमंत्री पद से हटा नहीं देते, तब तक चैन से नहीं बैठेंगे। राष्ट्रीय स्तर पर, कर्पूरी को चरण सिंह का संरक्षण प्राप्त था जिससे उन्हें शक्ति मिलती थी, लेकिन चरण सिंह खुद मोरारजी के विरुद्ध अग्रता के लिए अपनी लड़ाई में पिछड़ते नजर आ रहे थे। जनता सरकार ने मार्च 1979 में जब तक अपने दो साल पूरे किए, उसमें फूट पड़ने का बड़ा खतरा मँडराने लगा था। राष्ट्रीय सरकार में जाति-विभाजन का लाभ उठाकर, उच्च जाति विधायकों ने दलित और आदिवासी विधायकों से मिलकर एक बड़ा गठबंधन बना लिया। इसके फलस्वरूप पार्टी विधान-मंडल गुट में कर्पूरी समर्थक अल्पमत में आ

गए। कर्पूरी ठाकुर को अप्रैल 1979 में अपने पद से इस्तीफा देना पड़ा।

उच्च जाति विधायकों ने एक दलित, राम सुंदर दास को नए मुख्यमंत्री के रूप में पेश किया। राम सुंदर दास ने कर्पूरी की आरक्षण नीति का पूर्ण बहिष्कार नहीं किया, बल्कि उसमें तत्काल एक ऐसा संशोधन करने की घोषणा की जिससे कि कोटे का प्रतिशत बढ़ाकर ओ.बी.सी. के उन लोगों को भी उसके दायरे में लाया जा सके जिनकी भरती खुली प्रतियोगिता के आधार पर की जाती है। उदाहरण के लिए, अगर 20 नौकरियाँ हैं, तो चार नौकरियाँ (20 प्रतिशत) ओ.बी.सी. के लिए आरक्षित होंगी। अगर आरक्षित श्रेणी में दो ओ.बी.सी. प्रत्याशी भरती होते हैं और सामान्य श्रेणी में दो, तो यह समझा जाएगा कि कोटा पूरा हो गया।

स्पष्ट है, दास द्वारा लाया गया संशोधन उच्च जातियों के इशारे पर बना था जिसका उद्देश्य, आर्थिक स्तर का लिहाज किए बिना, अन्य पिछड़े वर्गों (ओ.बी.सी.) का हिस्सा सभी सरकारी नौकरियों में 20 प्रतिशत तक सीमित रखना था। इसका स्पष्ट अभिप्राय यह था कि विधायिका के बाद राज्य से दूसरे सर्वाधिक महत्त्वपूर्ण अंग अधिकारी तंत्र पर भी उच्च जाति का नियंत्रण हमेशा बना रहेगा, क्योंकि नौकरियों में 53 प्रतिशत उनका होगा (सामान्य श्रेणी में 50 प्रतिशत और उनमें आर्थिक रूप से पिछड़े लोगों के लिए 3 प्रतिशत को मिलाकर)। उच्च जातियाँ महिलाओं के लिए निर्धारित 3 प्रतिशत कोटे से भी अधिकांश (उस कोटे का कम-से-कम 75 प्रतिशत या 2 प्रतिशत कोटा) अपने पक्ष में कर सकेंगी और इस तरह अधिकारी तंत्र में उनका कुल प्रतिनिधित्व 55 प्रतिशत हो जाएगा, क्योंकि उच्चतर शिक्षा के लिए जानेवाली अधिकतर महिलाएँ इन्हीं समुदायों से आती हैं।

जब चरण सिंह और राजनारायण ने भारतीय लोक दल और सोशलिस्ट पार्टी को जनता संसदीय दल से बाहर खींच मोरारजी को अपदस्थ कर दिया तीन माह के अंदर ही दास की नौका तेजी से डगमगाने लगी। इस स्थिति में राष्ट्रपति के सामने चरण सिंह को प्रधानमंत्री का पद सँभालने के लिए बुलाने के सिवाय कोई उपाय नहीं रह गया था, लेकिन शर्त थी कि उन्हें लोकसभा में अपना बहुमत सिद्ध करना होगा। बिहार में भी जनता विधानमंडल गुट टूट गया। कर्पूरी चरण-नारायण वाले लोक दल (चुनाव रिकॉर्ड्स के अनुसार, जनता पार्टी [सेक्यूलर]) में शामिल हो गए। कर्पूरी ने फौरन जनता विधानमंडल गुट में एक और विभाजन करने तथा कांग्रेस और भाकपा एवं माकपा सहित, अन्य पार्टियों से समर्थन जुटाने की उठा-पटक शुरू कर दी, ताकि बहुमत हासिल करके वह दुबारा मुख्यमंत्री बन सकें, लेकिन किसी ने भी उनकी बात पर ध्यान नहीं दिया।

फूट का नतीजा यह हुआ कि नीतीश सहित युवा जनता के अधिकांश सदस्यों को विवश होकर लोक दल के साथ जुड़ना पड़ा जहाँ राजधर्म विरोधी समाजवादियों, एस.एस.पी. समर्थकों का बोलबाला था; दूसरी ओर चंद्रशेखर की अध्यक्षता में गठित वह जनता पार्टी थी, जिसमें अधिकतर जनसंघ के भूतपूर्व सदस्य, भूतपूर्व कांग्रेसी और भूतपूर्व व्यवस्थाधर्मी समाजवादी, सं.सो.पा. अनुयायी थे।

1979 की दूसरी छमाही भारतीय राजनीति में एक बहुत ही अनैतिक काल साबित हुई। इस दौर में इंदिरा के 'कट्टर' शत्रु, चरण सिंह और राजनारायण अपना बहुमत साबित करने के लिए

उनसे समर्थन की याचना कर रहे थे। इंदिरा को जनता पार्टी में फूट पड़ने के बाद वापसी की संभावना दिखने लगी थी। उन्होंने चरण सिंह के साथ तब तक खेल खेला जब तक कि लोगों की दृष्टि में यह साबित नहीं हो गया कि वह कांग्रेस की एक कठपुतली मात्र हैं और उन्होंने चरण सिंह को समर्थन देने से इनकार कर दिया जिसके फलस्वरूप चरण सिंह को इस्तीफा देना पड़ा और राष्ट्रपति को जनवरी 1980 में नए राष्ट्रीय चुनावों की घोषणा करनी पड़ी।

इंदिरा को चुनावों में दो-तिहाई बहुमत से भारी जीत मिली। उन्होंने नारा दिया था कि 'वोट उस सरकार को दें जो काम करे।' वह देख चुकी थीं कि जनता सरकार अपने ही झगड़ों, अहम की लड़ाइयों, दलबंदी के कुचक्रों और गठबंधन की सैद्धांतिक दरारों के जाल में फँसी रही। इसके चलते पहली ऐतिहासिक गैर-कांग्रेसी राष्ट्रीय सरकार देश को प्रजातंत्र और प्रगति के रास्ते पर ले जाने का वह सपना पूरा नहीं कर सकी, जो सपना उसने लोगों को दिखाया था। उनकी पार्टी को 1977 के चुनावों में बिहार में जहाँ एक भी सीट नहीं मिली थी, उसके विपरीत राज्य की 54 संसदीय सीटों में से 30 सीटों पर उन्हें कामयाबी हासिल हुई। जनता में फूट डालनेवालों के खिलाफ लोगों, विशेषकर उच्च जातियों का गुस्सा इतना प्रचंड था कि बिहार आंदोलन के छात्र नेता लालू प्रसाद भी चुनाव हार गए, जबकि 1977 में वह बहुत भारी अंतर से जीते थे। उच्च जाति वोटरों ने एकजुट होकर जनता पार्टी (जो अब अपने व्यवस्था विरोधी सोशलिस्टों से मुक्त थी) प्रत्याशी के पक्ष में मतदान किया, जबकि पिछड़ी जाति वोट विभक्त हो गए; कांग्रेस प्रत्याशी, बुधन यादव ने यादवों के काफी वोट अपनी झोली में समेट लिए।

लोक लहर का फायदा उठाने के लिए उत्सुक, इंदिरा ने बिहार सहित, उन सभी राज्यों में विधान सभाओं को भंग करा दिया जहाँ उनकी पार्टी सत्ता में नहीं थी। जून में राज्य विधान सभा के चुनाव होने की घोषणा से जनता खेमे में और अधिक जोड़-तोड़ का सिलसिला चल पड़ा। भूतपूर्व जनसंघ के सदस्य जनता पार्टी से बाहर आ गए और उन्होंने अपने पुराने संगठन को भारतीय जनता पार्टी (भा.ज.पा.) का नया नाम देकर पुनर्जीवित किया। उनका लक्ष्य अपने पुराने और अंदर से पक्के, मजबूत निर्वाचन क्षेत्र को जनता पार्टी की विरासत के रूप में वापस लेना था, जिसके साथ शहरी और ग्रामीण आबादी के वे नए हिस्से भी जुड़े थे जिन्हें उन्होंने नेताओं के रूप में अपने 'निष्कलंक' आचरण और जे.पी. आंदोलन में सच्चे प्रतिभागी की हैसियत से अपने पक्ष में कर लिया था। सदैव असहमति का बिगुल बजानेवाले राजनारायण एक छोटे गुट को साथ लेकर चरण सिंह से अलग हो गए और उन्होंने बिहार तथा उत्तर प्रदेश के हर निर्वाचन क्षेत्र में अपने उम्मीदवार खड़े करने का फैसला किया, इस दावे के साथ कि वह भारी बहुमत से सत्ता में आएँगे।

राजनारायण, जब चरण सिंह का साथ छोड़ गए, उसके बाद भी भूतपूर्व समाजवादी युवक संगठन के सदस्य, इनमें लालू और नीतीश भी शामिल थे, चरण सिंह के साथ बने रहे। उन्हें जून में होनेवाले चुनावों के लिए राज्य में पार्टी के नेता कर्पूरी ठाकुर से पार्टी टिकट मिल गए। कई विभाजनों ने 'विजय की संभावना वाले' प्रत्याशियों को विघटित जनता खेमे में बिखरा दिया था।

लोक दल में ऐसे उम्मीदवारों का अभाव था, इस कारण लालू और नीतीश को अपने चयन में किसी विरोध का सामना नहीं करना पड़ा। लालू ने छपरा से हट जाने का निर्णय लिया, क्योंकि वहाँ उच्च जातियों ने उनके पाँव नहीं जमने दिए। पिछड़े लोग भी पूरी तरह उनके पीछे नहीं थे। अत: लालू ने सोनपुर निर्वाचन क्षेत्र चुना, जो घर के नजदीक भी था। नीतीश ने फिर हरनौत से चुनाव लड़ने का निश्चय किया।

पूर्वगत तीन वर्षों में नीतीश ने हरनौत निर्वाचन क्षेत्र में अपने लिए एक आधार तैयार कर लिया था। लोगों ने देखा और अनुभव किया कि वह उनके साथ बराबर संपर्क बनाए रखते हैं और उनकी समस्याओं को हल कराने के लिए सच्चा प्रयास करते हैं।

कुर्मियों को नीतीश में अपनी जाति का एक बहुत होनहार नेता नजर आया। तथापि, वे नीतीश के इस सुझाव से खुश नहीं थे कि पिछड़ी जातियों के सुविधासंपन्न वर्गों को नौकरियों में आरक्षण का लाभ नहीं मिलना चाहिए। नीतीश ने नौकरियों में आरक्षण संबंधी अपने सूत्र में यह सुझाव रखा था। हरनौत की जनसंख्या में कुर्मियों की प्रधानता थी और कुर्मी समुदाय को तय करना था कि उनका वोट किसके पक्ष में जाना चाहिए। कुर्मियों ने निर्णय किया कि उनका वोट उस आदमी को नहीं जाएगा जो उन्हें नौकरियों में आरक्षण कोटे से वंचित रखना चाहता है।

हरनौत के कुर्मी राज्यव्यापी आरक्षण समर्थन आंदोलन का एक हिस्सा थे। भोला सिंह ने आरक्षण के समर्थन में आयोजित सभाओं को संबोधित करते हुए नीतीश के आर्थिक मानदंड पर आधारित सूत्र की आलोचना की।

नीतीश की स्थिति वास्तव में दयनीय थी। 1977 में उच्च जातियों से मिला समर्थन अब वह खो चुके थे, क्योंकि कर्पूरी की आरक्षण नीति ने उन्हें उनसे दूर कर दिया था। वे जानते थे कि नीतीश के फॉर्मूले में उच्च जातियों की शंकाओं का समाधान है। फिर भी वे नीतीश का समर्थन करने के लिए तैयार नहीं थे, क्योंकि नीतीश को कर्पूरी ने प्रत्याशी बनाया था। उस समय उच्च जातियों को सबसे ज्यादा नफरत कर्पूरी से थी।

फिर एक तीसरी समस्या भी थी। आरक्षण समर्थक अभियान ने उच्च पिछड़ों के नेतृत्व में पिछड़े वर्गों को एकजुट कर दिया था। ऐसी स्थिति में उच्च पिछड़े समुदायों—कुर्मी, यादव और कोइरी ने इस बात को लेकर आपस में लड़ना शुरू कर दिया कि नेतृत्व का चोगा कौन पहनेगा। उनके बीच पहले से चली आ रही सामाजिक प्रतिद्वंद्विता अर्थात् बराबरी की होड़ और तीव्र हो गई।

हरनौत में, इस होड़ के चलते कांग्रेस (उर्स) के लिए ब्रज नंदन यादव का चयन करना आसान हो गया—यह एक नई पार्टी थी जिसका गठन 1978 में इंदिरा से अलग हुए कुछ प्रमुख कांग्रेसी नेताओं के एक गुट ने किया था। अधिकतर यादव ब्रज नंदन के साथ हो गए थे। नीतीश का दुर्भाग्य यह था कि जिस कांग्रेस (यू) ने लोक दल के साथ गठजोड़ करके जनवरी 1980 के चुनाव लड़े थे वह पार्टी अब विधान सभा चुनावों में उनके साथ सीटों का बँटवारा करने के लिए तैयार नहीं थी।

इसके अलावा कुर्मी अभी तक इस बात को मन से निकाल नहीं पाए थे कि उनके समुदाय

का नाम बेलछी हत्याकांड से जुड़ गया है। उन्होंने पिछली बार भोला सिंह का समर्थन इसलिए किया था, क्योंकि उसने बेलछी अभियुक्तों के खिलाफ आपराधिक मामले वापस लेने की उनकी माँग की खुलकर तरफदारी की थी। कर्पूरी की आरक्षण नीति की घोषणा के कुछ सप्ताह बाद, भोला ने अन्य पिछड़े नेताओं को साथ लेकर रैलियों का आयोजन किया और आरक्षण नीति का समर्थन करते हुए राज्य सरकार से बेलछी अभियुक्तों को रिहा करने के लिए कहा। भोला ने इस तरह कर्पूरी को यह संदेश भेजा कि वह पिछड़े वर्गों की कुशल-क्षेम का पक्षधर होने का दावा नहीं कर सकते जब तक कि इन जातियों के सदस्यों को 'अन्याय से मुक्त' नहीं कर दिया जाता।

भोला ने निकटवर्ती निर्वाचन क्षेत्र से खड़ा होना पसंद किया, क्योंकि इस बार हरनौत में कुर्मी समुदाय बेलछी कांड में एक प्रमुख अभियुक्त अरुण कुमार सिंह का साथ दे रहा था, जो एक निर्दलीय उम्मीदवार के रूप में खड़े थे। कुर्मी समुदाय के प्रमुखों ने मौखिक रूप से यह संदेश अपने लोगों को भेजा : 'सरकार अरुण को फाँसी के तख्ते पर भेजने के लिए आमादा है। हमें उसे विधायक चुनकर बचाना होगा।'

यह अपील कुर्मियों के दिलों को छू गई, क्योंकि इस बात की पूरी संभावना थी कि अपने आपको दलितों का मसीहा कहलानेवाली कांग्रेस राज्य में सत्ता में लौट आएगी। अगर कुर्मियों को 'दुष्ट' कहकर पेश करने से सारे राष्ट्र की दृष्टि बेलछी पर जा टिकी, तो उसका श्रेय बहुत हद तक इंदिरा को जाता है, जिन्होंने अपनी गद्दी खोने के पाँच माह बाद अगस्त, 1977 में उस गाँव का दौरा किया। इंदिरा ने अपने पुराने दलित निर्वाचन क्षेत्र को पुन: जिलाने की मंशा से गाँव का दौरा किया था और वह अपने लक्ष्य में कामयाब हो गईं। हालाँकि वह कुछ पलों के लिए ही गाँव में रुकी थीं और उन पीड़ितों के किसी नाते-रिश्तेदार से उन्होंने कोई बात भी नहीं की थी जो अपने ऊपर हुए घोर अत्याचार की कहानी सुनाने के लिए सारा दिन उनका इंतजार करते रहे।

हरनौत से बेलछी तक जाने के लिए कोई पक्की सड़क नहीं थी। कच्चा रास्ता हाल में हुई भारी बारिश के कारण जगह-जगह पानी या कीचड़ से भरा हुआ था। कुछ किलोमीटर जीप से जाने के बाद, इंदिरा को हाथी पर बिठाकर बेलछी तक लाया गया। दूसरे दिन के अखबारों में हाथी पर बैठी हुई उनकी तसवीर क्या छपी, सारे देश का ध्यान उस ओर जा लगा कि निर्धनतम लोगों से मिलने के लिए 'महारानी' को कितने कष्ट उठाकर जाना पड़ा। उन्होंने अगले दिन पटना में अस्वस्थ जे.पी. के साथ काफी समय बिताकर और एक तरह से आपात्-स्थिति के लिए अपनी क्षमा-याचना व्यक्त करके अपनी छवि को और भी बेहतर कर लिया। इंदिरा के लिए तो यह सब अच्छा हो गया, लेकिन कुर्मियों के लिए 'बरबादी' का संकेत था।

चुनाव में नीतीश की पहचान के बारे में भी विरोधाभास बना हुआ था। उच्च जातियाँ और यादव तो उन्हें एक कुर्मी समझते थे, लेकिन कुर्मी समुदाय के लोग उन्हें कुर्मी नहीं समझते थे। कुर्मियों में आक्रामक तत्त्वों ने उनके विरुद्ध प्रचार किया। मतदान वाले दिन वे लोग कई गाँवों में इस इरादे से भी गए कि मतदाताओं को अरुण कुमार सिंह के पक्ष में वोट डालने के लिए बाध्य कर

सकें। नीतीश के कुछ चुनाव प्रबंधकों ने भी महसूस किया कि उन विरोधी तत्त्वों का मुकाबला करने के लिए काश उनके पास भी हथियारबंद टोलियाँ होतीं। नरेंद्र के शब्दों में :

> नीतीश को चुनाव की राजनीति में उतरते समय यह गलत धारणा थी कि एक भले आदमी की छवि लेकर वह चुनाव जीत जाएँगे। लेकिन 1980 के चुनावों ने यह साबित कर दिया कि वह और उनका प्रचार करनेवाले हम जैसे लोग कितने बुद्धू अर्थात् मूर्ख हैं। एक नेक इनसान के रूप में आप प्रसिद्धि तो प्राप्त कर सकते हैं, लेकिन सिर्फ अपनी नेकनामी के बूते पर आप कोई चुनाव नहीं जीत सकते। जे.पी. का उदाहरण हमारे सामने था : मुक्त भारत के प्रारंभिक वर्षों में जिस व्यक्ति को नेहरू के बाद राष्ट्र का दूसरा सर्वाधिक लोकप्रिय व्यक्ति माना जाता था, वह चुनाव में इतनी बुरी तरह पराजित हुआ कि चुनाव की राजनीति से हमेशा के लिए संन्यास ले लिया। संन्यासी वृत्ति के लोग घटिया राजनीतिज्ञ होते हैं। चुनाव के दौरान हथियारों और बाहुबल का खुला खेल और नैतिकता का नितांत अभाव देखकर, हम यह सोचने के लिए विवश हो गए कि आप इसे चाहे जो भी नाम दें और जिस रूप में भी इसका प्रयोग करें, एक कानून-निर्माता बनने के लिए एक संन्यासी को भी थोड़ा सा पाप करने से हिचकना नहीं चाहिए।

नीतीश करीब 5,000 वोटों से अरुण कुमार सिंह से चुनाव हार गए। चुनावों में इस दूसरी हार ने नीतीश को बहुत आहत किया। अपने-आपमें उनका विश्वास बुरी तरह हिल गया।

सोनपुर में लालू किसी तरह जीत गए। तीन-तरफा मुकाबले में उन्होंने न केवल वर्तमान विधायक, राम सुंदर दास को पछाड़ा जिन्होंने जुलाई 1979 में जनता विधानमंडल गुट में कर्पूरी के खिलाफ उच्च जाति की कठपुतली बनकर फूट डाली थी, बल्कि कांग्रेस के एक दमदार प्रत्याशी, जवाहर सिंह को भी पराजित किया।

□

6

सत्ता की ओर जानेवाली सीढ़ी

1980 में कांग्रेस वापस आ गई; 324 सदस्यीय सदन में उसे 169 सीटें प्राप्त हुईं। हालाँकि यह बहुत ही मामूली बहुमत था, फिर भी, जून 1977 के प्रचंड तूफान में 57 सीटों की तुलना में इस सफलता को उल्लेखनीय कहना अनुचित नहीं होगा। राज्य में यह सर्वाधिक खून-खराबे से भरा चुनाव था जिसमें कम-से-कम सौ लोगों की जानें गईं। इन मरनेवालों में राजनीतिक पार्टियों के अधिकतर सामान्य समर्थक थे। जनता सरकार से लोगों को मिली घोर निराशा और उच्च जातियों की लोक दल के प्रति विशेष नाराजगी के कारण पार्टी को बहुत फायदा हुआ। लोक दल से उच्च जातियाँ इसलिए नाराज थीं कि उसने ओ.बी.सी. कोटे को अपना पवित्र भोजन-पात्र समझकर सीने से लगा रखा था। अधिकतर उच्च जातियों ने कांग्रेस को वोट दिया; बाकी वोट जनता पार्टी और भारतीय जनता पार्टी के बीच बँट गए।

इस चुनाव के बारे में सबसे उल्लेखनीय बात यह थी कि कोटे की राजनीति लोक दल को वापस सत्ता में नहीं ला सकी। गणित के हिसाब से राज्य में अन्य पिछड़े वर्गों की जनसंख्या का पलड़ा भारी था। कोटे की राजनीति इसी अनुमान को महत्त्व दे रही थी। कुछ लोक दल नेताओं के हिसाब से यह आँकड़ा 52 प्रतिशत के आसपास था, दूसरों का अनुमान इससे भी ऊपर था। कर्पूरी के ओ.बी.सी. कोटे पर वस्तुतः जनमत संग्रह सरीखे इस चुनाव ने कोटे की तरफदारी करनेवाले नेताओं के इस सरल गणितीय समीकरण पर आधारित भ्रम को तोड़ दिया कि जनसंख्या में बहुलता का मतलब संसदीय बहुमत भी होता है।

लोक दल के 254 प्रत्याशियों में से केवल 42 प्रत्याशी जीते, यानी 17 प्रतिशत से भी कम; 132 प्रत्याशियों की जमानत राशि जब्त हो गई, क्योंकि वे चुनाव आयोग द्वारा निर्धारित न्यूनतम वोट भी हासिल नहीं कर सके। पार्टी को कुल वोट का केवल 15.63 प्रतिशत प्राप्त हुआ, जिससे यह

साफ हो गया कि ओ.बी.सी. के अधिकांश वोट अन्य पार्टियों में बँट गए।

इसके अलावा 1980 के चुनावों से एक बार फिर यह साबित हो गया कि कांग्रेस का विकल्प विपक्ष में वामपंथी—दक्षिणपंथी—मध्यमार्गी पार्टियों के एकीकरण से ही बनाया जा सकता है, कोई एक पार्टी समाज के किसी एक वर्ग के साथ अपनी पहचान बनाकर कांग्रेस का विकल्प नहीं बन सकती है। यद्यपि यह सच है कि जनता पार्टी की सरकार से सर्व-सामान्य को मिली निराशा के कारण वातावरण कांग्रेस की विजय के अनुकूल बन गया था, फिर भी इस बात से इनकार नहीं किया जा सकता कि जनता पार्टी के अनेक अवतारों के बीच वोट बँट जाने से भी तराजू का पलड़ा कांग्रेस के पक्ष में झुक गया था।

1977 में राज्य में हुए चुनाव में, जनता पार्टी को कुल वोट का 42.68 प्रतिशत हिस्सा मिला था; 1980 में, लोक दल (भा.लो.द.) को 15.63, भा.ज.पा. को 8.41, जनता पार्टी को 7.21 और दूसरी पार्टियों को 1.67 प्रतिशत वोट मिले, जो कुल मिलाकर 32.92 प्रतिशत हुए। इस सकल प्रतिशत ने 77 सीटें दिलाईं और यह संख्या 1977 में कांग्रेस को प्राप्त हुई 57 सीटों के मुकाबले काफी अधिक थी।

अगर जनता अवतारों ने एक होकर चुनाव लड़ा होता, तो वे और भी बहुत सीटें जीत सकते थे, क्योंकि तब वोट इस तरह बँटने से बच जाते। इससे यह बात सामने आई कि एक गैर-कांग्रेस राज्यतंत्र के लिए एक विशाल निर्वाचक आधार मौजूद था, बशर्ते आपको पता होता कि उसे पाने के लिए राजनीतिक मंच पर किस तरह प्रदर्शन करना चाहिए। लोक दल नेता—राष्ट्रीय स्तर पर चरण सिंह, राज्य स्तर पर कर्पूरी और लालू तथा नीतीश जैसे उदीयमान नेता—यह बहुत अच्छी तरह समझते थे, लेकिन उनकी अपनी कठिनाइयाँ थीं : एक महासागर में मिलकर निश्चित रूप से उनका अपना वजूद कुछ नहीं रहता और उच्च जाति नेताओं द्वारा उन्हें दबा दिया जाता। उन्हें उच्च जातियों के साथ काम करने में कोई अरुचि नहीं थी, लेकिन उन्हें उनके आगे आना था।

सोशलिस्ट पार्टी—भा.लो.द. गुट के नेताओं ने उच्च जातियों से अलग एक राजनीतिक रास्ता बनाने के उद्देश्य से कोटे की राजनीति को आगे बढ़ाया था। इसके पीछे उनका लक्ष्य ओ.बी.सी. प्रतिनिधित्व के जरिए दफ़्तरशाही का स्वरूप वास्तव में बदलने की अपेक्षा मनोवैज्ञानिक अधिक था। सरकार में वार्षिक तौर पर नौकरियाँ बहुत थोड़ी निकलती थीं, लेकिन कोटे की राजनीति करने वालों का तर्क यह था कि किसी पिछड़ी जाति से एक व्यक्ति की नियुक्ति होने से भी पूरी बिरादरी गर्व महसूस करती है।

राज्य में हुए चुनाव के परिणामों से लोक दल नेता यद्यपि निराश थे, फिर भी वे अपनी कोटा राजनीति को आगे बढ़ाने पर अड़े रहे। उनका आशावाद इस उद्देश्य से प्रेरित था कि पिछड़े वर्गों के सांस्कृतिक, आर्थिक और राजनीतिक आंदोलनों के इतिहास से प्रोत्साहन लेकर वे आगामी वर्षों में एक संसदीय बहुमत प्राप्त करने और सत्ता में आने के लिए एक मजबूत निर्वाचन क्षेत्र का निर्माण कर सकेंगे। मंडल की अध्यक्षता में बने दूसरे पिछड़ा वर्ग आयोग ने अपनी रिपोर्ट 1980 के अंत में

इंदिरा गांधी को पेश कर दी। इस रिपोर्ट की एक मुख्य सिफारिश यह थी कि राष्ट्रीय सरकार की सेवाओं और संस्थाओं में अन्य पिछड़े वर्गों (ओ.बी.सी.) के लिए 27 प्रतिशत आरक्षण की व्यवस्था होनी चाहिए।

लोक दल ने मंडल आयोग की सिफारिशों को लागू करने की माँग की, लेकिन इंदिरा उसे टालती रहीं। 1980 के दशक के प्रारंभिक वर्षों में इस सिफारिश को लागू करने के लिए दबाव काफी बढ़ने लगा था। चरण सिंह ने 18 फरवरी, 1982 को संसद भवन के निकट बोट क्लब पर पिछड़ी जातियों की एक विशाल रैली को संबोधित किया। चरण सिंह ने कहा कि कांग्रेस ने पहले या दूसरे पिछड़ा वर्ग आयोग की सिफारिशों को इसलिए लागू नहीं किया, क्योंकि कांग्रेस पिछड़ी जातियों पर उच्च जाति का प्रभुत्व बनाए रखना चाहती है।

विपक्ष की ओर से लगातार माँग उठाए जाने के बावजूद, इंदिरा ने टाल-मटोल करना जारी रखा। वह ऐसा कुछ नहीं करना चाहती थीं जिससे उच्च जातियों को ठेस लगे, जो 1977 में उनके विरुद्ध वोट देने के बाद उनके पास वापस आई थीं। तब इन जातियों ने उनके सत्तावाद और आपात्काल के दौरान दलित समर्थक काररवाइयों से नाराज होकर उनसे मुँह फेर लिया था। इंदिरा को पता था कि ग्रामीण भद्रजन और शहरी प्रबुद्ध वर्ग समेत उच्च जातियाँ अगर कांग्रेस के मताधार का शीर्ष हैं, तो दलित और मुसलिम समुदाय उसका धड़ हैं।

अमेरिका के राजनीति विज्ञानी पॉल ब्रास उच्च जाति—दलित और मुसलिम साहचर्य को 'चरमपंथियों का गठबंधन' कहते हैं, उसका आविष्कार इंदिरा ने नहीं किया था। इसके निर्माता महात्मा गांधी थे। उपनिवेशवाद के विरुद्ध अपने संघर्ष के बीच कांग्रेस को यह एहसास हुआ कि उसके राष्ट्रीय और राज्यस्तरीय संगठनों में उच्च जातियों का प्रभुत्व बना हुआ है, जिसके कारण, दो अछूत समुदायों, दलितों और मुसलमानों को विवश होकर अपने अलग संगठनों का निर्माण करना पड़ा है, ताकि वे अपने हितों की रक्षा कर सकें। अंग्रेज इन सामाजिक दरारों का फायदा उठा रहे थे, जिसे आम भाषा में उनकी 'फूट डालो और राज करो' नीति कहा जाता है। कांग्रेस के सर्वोच्च नेता गांधी ने अद्वितीय रणनीतियाँ बनाईं—जैसे कि, अस्पृश्यता उन्मूलन अभियान, दलितों के लिए संसदीय सीटों का आरक्षण और खिलाफत आंदोलन का समर्थन—ताकि दलितों एवं मुसलमानों को पार्टी में लाया जा सके और अंग्रेजों के सामने एक संगठित भारत पेश किया जा सके।

इंदिरा ने इमरजेंसी के दौरान दलितों की ओर अपने अतिरिक्त—अत्यधिक झुकाव (कांग्रेस के मानदंडों के अनुसार) का संकेत देकर चरमपंथियों के गठबंधन को ध्वस्त कर दिया और उसकी भारी कीमत चुकाई।

उनके दलित कल्याण कार्यक्रम से उच्च जाति ग्रामीण भद्रलोक में कांग्रेस समर्थकों की यह धारणा बनने लगी कि पार्टी अब वैसी नहीं है जैसी पहले हुआ करती थी : अर्थात् यह कि पार्टी की ओर से सामाजिक बयानबाजी का सहारा अधिक लिया जा रहा है, अस्पृश्यता के विरुद्ध सिर्फ छिट-पुट कदम उठाए जा रहे हैं और दलितों के आर्थिक मुद्दों पर कभी जोर नहीं दिया जाता है।

दलितों ने इंदिरा द्वारा प्रस्तावित लाभों—जैसे कि, रहने के लिए जमीन, न्यूनतम मजदूरी का भुगतान और बँधुआ मजदूरी से मुक्ति की माँग करके ग्रामीण, भद्रजन का गुस्सा मोल ले लिया। उनकी इस 'धृष्टता' के लिए इमरजेंसी के दौरान भी अनेक गाँवों में उन पर हमले किए गए।

1980 में उन्होंने दलित संबंधी मसलों पर फिर नरम रवैया अपनाकर पार्टी के दृष्टिकोण में परिवर्तन का संकेत दिया। उच्च जातियों को खुश करने के लिए, इसी दिशा में एक और कदम आगे बढ़ाकर उन्होंने बिहार में उच्च जातियों को राज्य के मंत्रिमंडल में प्रमुखता दी और एक ब्राह्मण, जगन्नाथ मिश्र को मुख्यमंत्री बना दिया। तीन वर्ष बाद, जब पार्टी के राज्य विधानमंडल गुट के अंदर दलीय एवं व्यक्तिगत होड़ के परिणामस्वरूप मिश्र को अपना पद छोड़ना पड़ा, तब इंदिरा ने उनके उत्तराधिकारी के रूप में एक राजपूत, चंद्रशेखर सिंह (जो कांग्रेस से थे) को चुना।

अपनी माँ के पदचिह्नों पर चलते हुए, राजीव गांधी ने भी 1985 से 1990 तक विधान सभा के अगले कार्यकाल के दौरान बिहार में उच्च जाति तुष्टिकरण की नीति का पालन किया। दल संबंधी कलह के चलते, उनको इस दौरान चार मुख्यमंत्री नियुक्त करने पड़े, जो सभी उच्च जाति से थे—तीन ब्राह्मण और एक राजपूत। कांग्रेस ने मुख्यमंत्री पद को कुरसी बदलने का एक खेल बनाकर रख दिया था जिसमें केवल उच्च जाति के लोग भाग ले सकते थे : उच्च पिछड़ों में यह धारणा घास के मैदान में लगी आग की तरह फैलने लगी थी। इस धारणा का अंदर-ही-अंदर सुलगते रहना लालू प्रसाद के लिए एक ईश्वरीय वरदान साबित हुआ जब मार्च 1990 में वह मुख्यमंत्री बने।

कांग्रेस को अपनी भारी भूल का एहसास तब हुआ जब 1990 के दशक में पिछड़ी जाति तूफान ने पूरा जोर पकड़कर उसे अपनी चपेट में ले लिया। कांग्रेस ने उच्च जातियों की अगुआई में चरमपंथियों के ऐतिहासिक गठबंधन के सहारे सत्ता में बने रहने का जो रास्ता चुना था उसके कारण पिछड़ी जातियाँ कांग्रेस से दूर चली गई थीं। कांग्रेस की त्रासदी यह थी कि कांग्रेस अपने गांधीवादी गठबंधन को बनाए रखने के प्रयासों में भी विफल हो गई। इस गठबंधन ने स्वतंत्रता प्राप्ति से लेकर आपात्काल तक तीन दशकों के दौरान 'वोट के बदले सुरक्षा' के सिक्के का काम किया। गाँवों में बसे दलित इतने गरीब, कमजोर और असहाय थे कि वे उच्च जाति के उन भू-स्वामियों का हुक्म टालने की हिम्मत नहीं कर सकते थे जो उन्हें रोजगार देते थे, उनके परिवार के पास खाने के लिए कुछ न होने पर उन्हें अनाज देते थे और यदि उनके घर में कोई विवाह होना हो या कोई बीमार पड़ जाए या किसी की अंत्येष्टि करनी हो, तब भी उन्हें कर्ज देते थे। अतः उन्होंने मतदान केंद्र में वही किया जो उनके 'मालिकों' ने करने के लिए कहा : कांग्रेस के निशान पर मुहर लगाओ। निस्संदेह, कोई खुला विद्रोह नहीं था, लेकिन मालिकों ने किसी गुप्त विद्रोह के लिए भी कोई गुंजाइश नहीं छोड़ी थी, क्योंकि शासन के अंग सदैव उनके पक्ष में रहे, मतदान केंद्र दलितों के गली-कूचों से बहुत दूर, किन्हीं ऐसे घरों में बनाए जाते जिन पर उच्च जातियों का नियंत्रण रहता था।

दलितों के पास कांग्रेस को वोट देने के अलावा कोई विकल्प नहीं बचता था, क्योंकि उच्च

जाति के गुंडे उन पर नजर रखते थे। हालाँकि माना यह जाता था कि मतदान को गुप्त रखा जाता है। इसके अलावा, यह भी कोई असामान्य बात नहीं थी कि उच्च जाति के लोग दलितों को कह देते कि उन्हें अपना काम छोड़कर, बूथ के आगे लाइन में 'खड़े होने का कष्ट उठाने' की जरूरत नहीं है, क्योंकि मतदान अधिकारी उच्च जातियों को उनके नाम का वोट डालने देंगे।

अत: उच्च जातियों और दलितों का यह सह संबंध जिसने आपात्काल-पूर्व अवधि के दौरान कांग्रेस को टिके रहने में पूरा सहारा दिया वास्तव में अनैच्छिक था। यह दलितों के आर्थिक जीवन पर उच्च जाति नियंत्रण का एक राजनीतिक विस्तार मात्र था।

शिक्षा का विकास और दफ्तरशाही तथा विधानमंडल में प्रतिनिधित्व; दासता से मुक्ति, उचित मजदूरी, बटाई पर काश्तकारी की सुरक्षा और कृषि योग्य भूमि के लिए वामपंथ के अभियानों में शामिल होना; जमींदारों द्वारा सशस्त्र संघर्ष; उनके पक्ष में अधिक कड़े नियम जारी करना; कांग्रेस की अति आलंकारिक भाषणबाजी जैसे अनेक कारण थे, जो दलितों को अनैच्छिक गठबंधन तोड़कर मुक्त होने के लिए प्रेरित कर रहे थे।

दलितों को कुछ 'वास्तविक' आर्थिक लाभ प्रदान करने के लिए इंदिरा के अवसरवादी प्रयास के कारण गठबंधन की दरार और तीक्ष्ण हो गई। यदि दलितों के ऊपर भू-स्वामियों का कोई आर्थिक नियंत्रण नहीं होता, तो अब उनका कोई राजनीतिक नियंत्रण भी नहीं रह सकता था। इंदिरा ने 1980 में अपनी वापसी के बाद अपना दलित सुधारवाद धीरे-धीरे कम कर दिया जिससे उच्च जातियों का गुस्सा तो कुछ हद तक शांत हुआ, लेकिन दलितों और कांग्रेस के बीच की कड़ी टूटने लगी। इसके साथ ही, पिछड़ों और मुसलमानों के दूर होते जाने से 1990 और 2000 के दशक में बिहार की राजनीति में कांग्रेस वस्तुत: हाशिए पर सिमटकर रह गई।

1980 के दशक में कोटे की राजनीति के कट्टर समर्थकों ने भी कभी सपने में भी नहीं सोचा होगा कि पिछड़े लोग 1990 के दशक में बिहार राजनीति के केंद्रीय मंच पर पहुँच जाएँगे। 1990 के दशक में राजनीतिक मंच पर केंद्रीय भूमिका वाले लालू और नीतीश, अभी तक नवजात शिशु जैसी अवस्था में थे। एक विधायक के रूप में प्रशिक्षित हो रहा था, दूसरा विधायक बनने के लिए संघर्षरत था। लालू करीब ढाई वर्ष से भी अधिक समय पहले एक सांसद (संसद् सदस्य) बनकर और सोनपुर से जीतकर नीतीश से बहुत आगे निकल गए थे। लेकिन राज्य में लोक दल के पदानुक्रम में वे तीसरी या चौथी पंक्ति में थे; कर्पूरी सबसे ऊपर थे और उनके बाद हुक्म देव नारायण यादव और अनूप लाल यादव का स्थान था।

1977 में अपनी पहली पराजय के बाद के वर्षों में, नीतीश को 'व्यावहारिक' राजनीति के बजाय 'आदर्शवादी' राजनीति से अधिक संबंध रखते देखा गया। उन्होंने सामयिक वार्त्ता के आडंबरहीन कार्यालय में अपने गुरु किशन पटनायक के साथ बहुत समय व्यतीत किया। जे.पी. अभी जीवित थे और बिहार आंदोलन द्वारा उठाए गए मुद्दों पर अब भी चर्चा चलती रहती थी और उनको आगे बढ़ाने की बात होती थी।

1980 के दशक के आरंभिक काल में बिहार आंदोलन समाप्त हो चुका था। सामयिक वार्त्ता का दफ्तर बंद हो गया था। जे.पी. स्वर्ग सिधार गए थे और किशन पटनायक पटना से बाहर चले गए थे।

आदर्शवाद के बजाय उपयोगितावाद की हवा चल रही थी। लोक दल अन्य राज्यों की तरह बिहार में भी मंडल आयोग की सिफारिशों को लागू करने का अभियान चला रहा था। नीतीश ने उस माँग के समर्थन में सभाओं का आयोजन किया। इन वर्षों में लालू के साथ उनकी बातचीत का सिलसिला बढ़ गया। उन दोनों ने दिल्ली में लोक दल की एक राष्ट्रीय रैली में हिस्सा लिया।

लेकिन 1982 में लोक दल में फूट पड़ गई। लोक दल के अध्यक्ष चरण सिंह ने देवी लाल, हेमवती नंदन बहुगुणा, बीजू पटनायक और कर्पूरी ठाकुर सहित कई अग्रणी नेताओं को पार्टी से 'निष्कासित' कर दिया, क्योंकि इन नेताओं ने उनके विचारों एवं सुझावों का विरोध किया था और उन्हें नेतृत्व से हटाने की 'साजिश' रची थी। निष्कासित नेताओं का दावा था कि वे ही असल लोक दल हैं और उन्होंने कर्पूरी को अध्यक्ष चुन लिया। दो वर्ष बाद लोक दल (कर्पूरी) और लोक दल (चरण) ने पुन: एक होकर दलित मजदूर किसान पार्टी (द.म.कि.पा.) बना ली, जिसका नाम कुछ ही महीनों बाद दुबारा लोक दल रख दिया गया।

नाम चाहे जो भी हो, सामंजस्य नहीं था। 'एक टूटते जहाज पर सवार होकर, मैं क्या करने जा रहा हूँ?' नीतीश ने सोचा। कुछ माह तक वह कर्पूरी से दूर रहे और सत्येंद्र नारायण सिन्हा की जनता पार्टी में शामिल हो गए। लालू ने लोक दल (चरण) में जाना बेहतर समझा। नीतीश एक पार्टी से दूसरी पार्टी के बीच झूल रहे थे : सं.सो.पा. से भालोद में, भालोद से जनता में; फिर लोक दल में, उसके बाद लोक दल (कर्पूरी) में, वहाँ से जनता में, जनता से द.म.कि.पा. में और फिर वापस लोक दल में चले गए। उनके राजनीतिक जीवन के ग्राफ में इतने अधिक उतार-चढ़ाव आए थे कि 1980 दशक के आरंभिक काल में उनके पास पार्टी, विधानमंडल या समाज में कहने भर के लिए कोई पद या खिताब नहीं था। वह दूसरों को अपना परिचय कैसे देंगे : एक निकम्मे इंजीनियर के रूप में, दो बार विधान सभा चुनाव हारनेवाले के रूप में या समाप्त हो चुके बिहार आंदोलन के एक महत्त्वपूर्ण छात्र नेता के रूप में?

सच में, सामाजिक दृष्टि से एक सम्मानजनक पहचान बनाने का संकट अकेले उनका ही नहीं था : यह संकट मंजू का भी था और यही वजह थी कि मंजू ने शहर के सुदूरपूर्व भाग, गुलजारबाग में स्थित एक स्कूल में गृह-विज्ञान अध्यापिका की नौकरी कर ली। 1970 के दशक के परवर्ती काल से वह अपने भाइयों के साथ एक साधारण घर में रह रही थी, जो उनके पिता ने कंकड़बाग (पूर्वी-पटना) में बनवाया था। 20 जुलाई, 1980 को मंजू ने एक पुत्र को जन्म दिया, जिसके आने से नीतीश दंपति के जीवन में खुशियाँ छा गईं। लेकिन इसके साथ ही उनके लिए समय और धन का खर्च भी बढ़ गया तथा नीतीश पर यह नैतिक जिम्मेदारी भी आ गई कि उन्हें जल्दी ही कुछ करना होगा, ताकि घर में आमदनी बढ़े। मंजू को एक शिक्षिका के रूप में जो थोड़ा-

बहुत वेतन मिलता था, वह उससे ही अपना खर्च चलाती रहीं। उनके माता-पिता और भाई अकसर इशारे-इशारे में नीतीश को समझाना नहीं छोड़ते थे कि समय आ गया है जब उन्हें जीवन-निर्वाह के लिए कुछ करना चाहिए; अपनी पत्नी और पुत्र को एक अच्छा जीवन देना उनकी जिम्मेदारी है। मंजू का परिवार आर्थिक दृष्टि से नीतीश के परिवार से बेहतर स्थिति में था। कभी-कभी मंजू के माता-पिता और भाइयों की सलाह दंभपूर्ण लगती थी, जिससे नीतीश को चोट पहुँचती। इन्हीं कारणों से मंजू के साथ उनके संबंधों में तनाव उत्पन्न हो गया।

जो इनसान दो बार चुनाव हार चुका था, जिसकी पत्नी थी और बच्चा था, लेकिन जिसके पास कोई नौकरी नहीं थी, उसकी क्या स्थिति होगी ? यह सोचनेवाली बात है। अपनी मंजिल तक पहुँचने के दृढ़ निश्चय के अलावा नीतीश के पास और कुछ नहीं था। इन चिंताओं का बोझ लिए वह रातों को सो भी नहीं पाते थे। पुत्र के प्रति पिता के कर्तव्यों को निभाना भी उनके लिए मुश्किल हो रहा था। उनका परिवार विपत्ति में जी रहा था। 1978 में बख्तियारपुर वाले घर में उनके पिता का निधन हो गया था। उस समय नीतीश बिहार आंदोलन के बीच एक युवा कैंप में सेरई (वैशाली जिला) गए हुए थे। उनके पिता के निधन के बाद, परिवार के पास नकद राशि आनी बंद हो गई जो उनकी फीस से उन्हें प्राप्त होती थी। कल्यानबीघा के खेतों से साल भर के लिए अनाज और बेशी उपज की बिक्री से कुछ नकदी अवश्य आ जाती थी, लेकिन वह काफी नहीं थी।

नीतीश बताते हैं कि किस तरह वह बख्तियारपुर और पटना के बीच ट्रेनों में सामान्य यात्रियों से ठसाठस भरे डिब्बों में सफर किया करते थे। उन डिब्बों में दूध और सब्जी ले जानेवाले होते थे, निचली श्रेणी के सरकारी कर्मचारी, मुकदमेबाज, बीमार लोग, विद्यार्थी और जेबकतरे भरे होते थे। यह रोजाना की बात थी। उनमें से कुछ बिना टिकट यात्री भी होते थे, जो यह सोचते थे कि रोज-रोज टिकट खरीदने से तो यदा-कदा पकड़े जाने पर जुर्माना भरना बेहतर है। नीतीश ने कभी ऐसा नहीं किया, हालाँकि अपना टिकट और एक घंटे की यात्रा में पढ़ने के लिए सुबह का एक अखबार खरीदने के बाद उनके पास ज्यादा पैसे नहीं बचते थे। कई बार उन्हें खड़े रहकर भी यात्रा करनी पड़ती थी। यद्यपि ऐसा बहुत कम होता था, क्योंकि कोई-न-कोई पहचान लेता और अपनी सीट उन्हें दे देता था।

बिहार में रेल यात्रियों को वर्तमान समस्याओं पर बहस करने में मजा आता है : इससे न केवल यह पता चलता है कि यात्रा की असुविधाओं को भूल जाने में वे कितने पटु हैं, बल्कि यह भी, कि उनको राजनीति की कितनी अधिक समझ है। जब कोई पेशेवर राजनीतिज्ञ उन्हें अपने बीच मिल जाता है, तो वे ज्वलंत मुद्दों पर उसके साथ बहस करने के लिए और भी अधिक जोश से भर उठते हैं और नीतीश को ऐसे ही अवसरों की तलाश रहती थी जब वह राजनीति पर खुलकर बातें कर सकें। उनके लिए यह निर्वाचन क्षेत्र का निर्माण करने का अच्छा अवसर होता था।

नीतीश अपने आपको राजनीतिक रूप से सक्रिय बनाए रखने और एक राजनीतिज्ञ के रूप में लोगों की नजर में बने रहने के उद्देश्य से पटना जाते रहते थे। पार्टी में विचार-विमर्श हो या युवा

लोक दल में या उनके किसी विरोध प्रदर्शन में हिस्सा लेना हो, वह जो कुछ भी करते पूरी गंभीरता से करते थे।

अकसर युवा लोक दल के पदाधिकारियों के साथ या विधायक क्लब (एम.एल.ए. क्लब) के किसी कमरे में लालू जैसे युवा विधायकों के साथ, लंबी या छोटी, इधर-उधर की बातचीत हो जाती। नीतीश किन्हीं विषयों को लेकर या सिर्फ एक लिहाज के नाते बहुधा कर्पूरी ठाकुर से मिलते रहते, जो विधान सभा में विपक्ष के नेता थे और पार्टी के राष्ट्रीय अध्यक्ष भी।

कर्पूरी ने एक-दो बार, नीतीश को एक इंजीनियर के रूप में कोई नौकरी कर लेने में मदद करने की पेशकश की। ''तुम अस्थायी तौर पर नौकरी कर सकते हो, सिर्फ वर्तमान आर्थिक कठिनाइयों से पार पाने के लिए, जब तक कि तुम्हें विधायी राजनीति में घुसने का मौका नहीं मिल जाता,'' कर्पूरी ने नीतीश से कहा। नीतीश का कहना था कि जब तक वह अपना लक्ष्य प्राप्त नहीं कर लेते, तब तक वह राजनीति के अलावा कुछ नहीं करना चाहते हैं; कठिनाइयाँ हैं और कठिनाइयाँ आती रहेंगी, उनका सामना करने के लिए वह हर समय तैयार हैं।

नीतीश को शीर्षस्थ नेताओं—देवी लाल, हेमवती नंदन बहुगुणा, जॉर्ज फर्नांडिस, शरद यादव से मिलने, उनसे परिचय बढ़ाने और घटनाक्रम से खुद को अवगत कराने के लिए प्राय: दिल्ली के चक्कर काटने पड़ते थे। उन्हें युवा लोक दल राष्ट्रीय कार्यकारिणी की बैठकों में भाग लेने के लिए भी दिल्ली जाना पड़ता था। इन सारी यात्राओं और अन्य खर्चों के लिए—रोजाना पटना जाना और कभी-कभी दिल्ली—उन्हें पार्टी से कुछ नहीं मिलता था।

1980 में चुनाव हारने के बाद एक-दो साल तक तो वह उस राशि में से बची रकम से अपना काम चलाते रहे जो राशि वह अपना चुनाव लड़ने के लिए इकट्ठा कर पाए थे, लेकिन फिर उनके पास सारा पैसा खतम हो गया। 1982 और 1984 के बीच का समय ऐसा था जब उनकी जेब वस्तुत: बिलकुल खाली थी। 'उस अवधि के दौरान कई बार', नीतीश बताते हैं, 'मुझे दोपहर का भोजन किए बिना ही रहना पड़ा।' पैसे की जरूरत हमेशा रहती थी, लेकिन किसी से मदद लेने में संकोच होता था। कभी-कभी उन्हें बहुत लज्जा आती थी जब वह अपने सबसे बड़े बहनोई देवेंद्र सिंह से सौ-दो सौ रुपए और दिल्ली का वापसी टिकट लेते थे। देवेंद्र सिंह पटना रेलवे स्टेशन पर टिकट आरक्षण क्लर्क थे।

देवेंद्र सिंह, जिनकी हमदर्दी माकपा के साथ थी, अकसर नीतीश को एक फालतू कहकर चिढ़ाते थे, लेकिन वह और उषा वास्तव में नीतीश को बहुत चाहते थे और एक अभिभावक की भाँति उनका ध्यान रखते थे। वे नीतीश को अपने लिए कुरता-पायजामा या जाकिट खरीदने, दिल्ली जाने-आने और पटना में साइकिल रिक्शा में घूमने के लिए अकसर नकद राशि दे दिया करते थे। नरेंद्र एक ठेकेदार बन गया था और वह भी समय-समय पर नीतीश की मदद करता रहता था, जैसे नीतीश के दूसरे दोस्त करते थे।

नीतीश अपनी पत्नी और पुत्र के साथ समय बिताने के लिए अकसर अपने ससुर के घर

कंकड़बाग जाते रहते थे, लेकिन ज्यादा दिनों के लिए वहाँ रहते नहीं थे। अगर वह शहर में रहते, तो उनके लिए पटना में अपनी राजनीतिक गतिविधियाँ चलाना अधिक सुविधाजनक होता। लेकिन उन्होंने बख्तियारपुर में रहने का ही निश्चय किया जिसके तीन कारण थे : वह अपने निर्वाचन क्षेत्र के अधिक निकट रहेंगे; वह अपनी विधवा माँ का ध्यान रख सकते थे; और वह घर जमाई बनने से बचे रहेंगे—बिहार की संस्कृति में घर जमाई बनकर रहना अच्छा नहीं माना जाता है।

1980 के दशक के आरंभिक वर्षों में, नीतीश की व्यक्तिगत और राजनीतिक संकटपूर्ण घड़ियों के बीच, कुछ अच्छी बातें भी हो रही थीं। जगन्नाथ मिश्र सरकार अनेक मोरचों पर अलोकप्रिय हो रही थी। वर्ष 1980 समाप्त होने के आसपास मैं पटना में इंडियन एक्सप्रेस के लिए घुमंतू संवाददाता की तरह नियुक्त था। तभी मुझे पता चला कि भागलपुर में पुलिस ने जिले में अपराधों का आँकड़ा कम करने के इरादे से एक ऐसा दिल-दहलानेवाला अभियान चला रखा है कि जिस पर भी अपराध का संदेह होता है उसकी आँखों को पहले तो सुई से छेद दिया जाता है और फिर उनमें तेजाब उड़ेल दिया जाता है, ताकि अपराधियों को सबक मिले और वे फिर कभी अपराध करने का साहस न कर सकें। मैंने इस बारे में जाँच-पड़ताल की और ऐसी घटनाओं का ब्योरा अखबार में एक लेख-श्रृंखला के रूप में प्रकाशित किया। इस रिपोर्ट से राष्ट्र में खलबली मच गई : एक लोकतंत्रवादी के रूप में अपनी छवि का पुनर्निर्माण करने की कठोर कोशिश में लगी इंदिरा ने नियम-कानून और मानवाधिकारों की ऐसी खुली अवमानना होने देने के लिए डॉ. मिश्र को जमकर फटकार लगाई। उन्होंने संसद् में खेद प्रकट करके इस घटना पर उठे बवाल को शांत करने का प्रयत्न किया : 'राष्ट्र का सिर शर्म से झुक गया है।'

उस समय भागलपुर के पुलिस अधीक्षक, विष्णु दयाल राम हुआ करते थे, जो एक बहुत ही ईमानदार अधिकारी थे और विश्वविद्यालय के दिनों से नीतीश, कौशल और हम सबके एक करीबी दोस्त थे। मेरी रिपोर्टों से वह बदनामी के घेरे में आ गए और जिले के कई जूनियर पुलिस अधिकारियों को निलंबित किए जाने के बाद, उनके खिलाफ भी विभागीय काररवाई की आशंका उठने लगी। मैंने उस दौरान नीतीश और कौशल से दो या तीन बार मुलाकात की—कौशल तब पटना में एक बीमा कंपनी का क्षेत्रीय प्रमुख था—लेकिन दोनों में से किसी ने भी मुझे कोई सांकेतिक या परोक्ष संकेत भी नहीं दिया कि मुझे आगे कुछ भी इस तरह की बात लिखने में संयम बरतना चाहिए जो राम के विरुद्ध जा सकती है।

यद्यपि नीतीश का मानना था कि मीडिया ने इसे कुछ बढ़ा-चढ़ाकर पेश किया होगा, फिर भी उन्होंने इसे एक निष्पक्ष जाँच पर छोड़ देना ही बेहतर समझा, ताकि आँखें फोड़ने की जघन्य घटनाओं के लए जवाबदेही निर्धारित की जा सके। इस भंडाफोड़ का राजनीतिक परिणाम विपक्ष के फायदे में था जिसका वह एक हिस्सा थे। वह जब इस विषय पर मीडिया से बोले तो लोक दल के अन्य नेताओं की भाँति उन्होंने भी इसे कानून के प्रति कांग्रेस की अवहेलना का एक सबूत बतलाया।

नीतीश मीडिया के साथ परिचय बढ़ाने में हमेशा से बहुत कुशल थे; 1980 दशक के

प्रारंभिक दौर में उन्होंने अपने संबंध और मजबूत कर लिए। यही वह समय था जब मीडिया अर्थात् जनसंचार माध्यम धीरे-धीरे मिश्र सरकार के विरुद्ध जाने लगा था। मिश्र भी मीडिया से बहुत नाराज थे। जब एक स्थानीय समाचार-पत्र में छपी खबर में उन पर यह आरोप लगाया गया कि उन्होंने बिहार स्टेट अर्बन कोऑपरेटिव बैंक से जाली दस्तावेजों पर कर्ज लिया है, तो उनके धैर्य का बाँध टूट गया। अत्यधिक जोश में आकर, मिश्र के विधि विभाग ने बिहार प्रेस विधेयक तैयार किया, जिसमें यह व्यवस्था थी कि 'भद्दी' रिपोर्टें छापने के लिए जुर्माना लगाया जा सकता है और जेल भी भेजा सकता है। मीडिया ने इसके खिलाफ बिहार में ही नहीं, बल्कि देशभर में विरोध सभाओं और प्रदर्शनों के जरिए अपनी प्रतिक्रिया व्यक्त की।

इस विधेयक के कारण विपक्ष को यह कहने का एक और मौका मिल गया कि कांग्रेस लोकतंत्र में विश्वास नहीं करती है। नीतीश ने इस विधेयक (बिल) को रद्द करने के समर्थन में विपक्ष की ओर से सबसे आगे बढ़कर आवाज उठाई। उन्होंने विरोध प्रदर्शनों और सभाओं का नेतृत्व किया। वह गिरफ्तार हुए और करीब एक माह के लिए उन्हें जेल भेज दिया गया।

मिश्र के लिए विपक्ष के आक्रमणों को झेलना और पार्टी के अंदर अलग-अलग गुटों के आघातों का सामना करना मुश्किल हो रहा था। अकसर उन्हें अपने मंत्रिमंडल के सदस्यों और विधायकों के कुचक्रों से निपटना पड़ता था। नतीजा यह हुआ कि राज्य की प्रमुख समस्याओं की ओर ध्यान देने की न तो किसी को परवाह थी और न ही एक राय थी। इंदिरा ने मई 1983 में नालंदा जिले के अंतर्गत चंडी में एक उपचुनाव में विपक्ष के एक संयुक्त प्रत्याशी से कांग्रेस की हार के बाद मिश्र को गद्दी से हटा दिया।

तथापि 31 अक्तूबर, 1984 को इंदिरा के दो सिख अंगरक्षकों द्वारा उनकी हत्या कर दिए जाने और राजीव को प्रधानमंत्री बना दिए जाने से स्थिति फिर एक बार कांग्रेस के पक्ष में हो गई। दो माह से भी कम समय बाद लोकसभा चुनावों में राजीव ने राष्ट्रीय सहानुभूति के चलते भारी बहुमत हासिल कर लिया। बिहार की 54 सीटों में से, कांग्रेस को 50 सीटें मिलीं और लोक दल, जनता पार्टी, कांग्रेस (जगजीवन) तथा भाकपा की झोली में एक-एक सीट गई। 1980 में लोक दल ने जनता पार्टी (सेक्यूलर) के रूप में चुनाव लड़ते हुए पाँच सीटें जीती थीं।

छपरा में लोक दल प्रत्याशी के रूप में लालू प्रसाद डाले गए कुल वोटों में से 28.27 प्रतिशत वोटों के साथ तीसरे स्थान पर रहे, जनता पार्टी के राम बहादुर सिंह (35.91) और कांग्रेस के भीष्म प्रसाद यादव (30.20) के पीछे।

नीतीश ने लोकसभा चुनाव नहीं लड़ने का निश्चय किया था। राजीव गांधी के पक्ष में लहर चल रही थी जिसकी वजह से पटना और निकटवर्ती जिलों के निर्वाचन क्षेत्रों में कांग्रेस को आशातीत सफलता मिली। उसे देखते हुए नीतीश को अपनी छठी इंद्रिय को ही धन्यवाद देना चाहिए कि वह लालू की भाँति लालच में नहीं पड़े और फिर एक हार की चोट तथा शर्मिंदगी से बच गए।

नीतीश खुद को जून 1985 में विधान सभा चुनाव के लिए तैयार कर रहे थे, लेकिन राजीव ने अपने जबरदस्त बहुमत से फूले न समाते हुए, विधान सभा चुनाव जून के बजाय फरवरी में रख लिये। ऐसा होने से नीतीश के पास समय बहुत कम रह गया। प्रचार अभियान का काम जल्दी शुरू करने के लिए उनके पास कोई धनराशि नहीं थी। लोक दल ने उन्हें हरनौत का टिकट, एक जीप और 1 लाख रुपए दिये—एक ऐसा चुनाव लड़ने के लिए, जहाँ हरेक प्रमुख प्रत्याशी औसतन 10 लाख रुपए खर्च कर रहा था।

मुझे याद है, उसी समय के आसपास मैंने एम.एल.ए. क्लब में उनसे भेंट की थी। हमने इसके बारे में खूब बातचीत की और इसी दौरान एक अंदरूनी चेतावनी के बावजूद कि मैं उनकी दुःखती रग पर हाथ रख रहा हूँ, मैंने जब उनसे पूछ लिया कि इस बार उनकी क्या संभावनाएँ हैं। ''पता नहीं। चुनाव में सैकड़ों कारण काम करते हैं,'' उन्होंने जवाब दिया, फिर उन्होंने एक आकर्षक मुसकान फेंकी और कहा : ''मैंने मंजू को बता दिया है : मुझे एक बार और कोशिश कर लेने दो। अगर मैं सफल नहीं होता हूँ तो मैं चुनाव की राजनीति से संन्यास ले लूँगा।''

उनके मन में कहीं यह सोच भी चल रही थी कि वह चुनाव की राजनीति में एक परित्यक्त जैसे हैं। जे.पी. और लोहिया जैसे महान् नेताओं का उदाहरण उनके सामने था, लेकिन कड़वा सच यह था कि एक विधायक निर्वाचित हुए बिना राजनीति में उनकी जगह कहीं नहीं होगी। उनके पास अपने गुरुओं जैसा करिश्माई व्यक्तित्व नहीं था। उन्हें किनारे कर दिया जाएगा और भुला दिया जाएगा। न कोई पद होगा और न कोई वेतन। ऐसी दशा में उन्हें समाज में, अपने और मंजू के परिवारों में कोई सम्मान नहीं मिलेगा। इन सब चिंताओं के कारण उन्होंने इस चुनाव अभियान में खुद को पूरी तरह झोंक दिया।

नीतीश के वचन से मंजू बहुत खुश हो गई कि वह चुनाव की राजनीति त्याग देंगे। वह उन्हें विजयी देखना चाहती थी। मंजू ने हँसमुख, आशावादी और सहयोगी बने रहकर अपने पति के जोश को ऊँचा बनाए रखने का भरसक प्रयत्न किया। मंजू ने पैसे से भी उनकी मदद की। मंजू ने अपने स्कूल के वेतन से की गई सारी बचत उनको चुनाव में खर्च करने के लिए दे दी : बीस हजार रुपए। यह कोई बहुत बड़ी रकम नहीं थी, लेकिन भावनात्मक दृष्टि से नीतीश के लिए यह एक बड़ा प्रोत्साहन था।

राजनीतिक दृष्टि से, पूरे राज्य में कांग्रेस का दुर्ग अजेय था, लेकिन हरनौत में कुछ कारण नीतीश के पक्ष में अवश्य थे : वहाँ लोगों की समस्याओं को हल करने के लिए उनके काम की सब तारीफ करते थे; बेलछी कांड से कुर्मियों में उत्पन्न जातिगत उन्माद से अलग रहना; और कई मतदाताओं—कुर्मियों तथा अन्य जातियों के मन में यह एहसास जागना कि जिस आदमी को दो बार नकारा जा चुका है, उसे एक अवसर अवश्य दिया जाना चाहिए।

हरनौत में अपनी एक विशाल जनसभा में बोलते हुए, नीतीश ने कह दिया कि वह आखिरी बार अपने लिए वोट माँग रहे हैं और अगर वे इस बार भी उन्हें नहीं चुनेंगे, तो वह जीवन में फिर

कभी कोई चुनाव नहीं लड़ेंगे। ''जब मैंने यह घोषणा की,'' नीतीश बताते हैं, ''सभा में एकदम सन्नाटा छा गया। मैंने सामने बैठे कई लोगों की आँखों को नम होते देखा। मेरी बात उनके मर्म को छू गई थी।''

चुनाव प्रचार के दौरान कौशल और मैंने नीतीश के साथ पूरा एक दिन बिताया और वोटरों में उनके लिए सहानुभूति देखी। जब शाम के समय हम नीतीश से विदा ले रहे थे, नीतीश ने दमकते हुए और गर्मजोशी से हमसे हाथ मिलाते हुए, मगही में कहा, ''अबरी जीत जयबै (इस बार मैं जीत जाऊँगा।)''

लोगों को उनकी एक बात बहुत पसंद थी कि पिछले आठ वर्षों के दौरान कभी उनसे मुँह नहीं फेरा, उनसे मिलना नहीं छोड़ा और उनकी समस्याओं में खुद को हमेशा उलझाए रखा, ताकि संबंधित अधिकारियों से मिलकर उन समस्याओं को हल कराया जा सके। अपनी हार का नीतीश पर कोई प्रभाव नहीं दिखा और उन लोगों के साथ भी उन्होंने कभी भेदभाव नहीं किया जिन्होंने उनको वोट नहीं दिया था। लोगों की दृष्टि में वह एक ईमानदार, कर्मठ व्यक्ति थे। उनका ध्यान सदैव अपने काम और लक्ष्य पर रहता था। अन्य राजनीतिज्ञों के विपरीत, उनकी सबसे बड़ी विशेषता यह थी कि वह पैसे में रुचि नहीं रखते थे। अपने इरादों पर अडिग रहनेवाला एक सीधा-सादा, स्पष्टवादी, निष्कपट एवं गंभीर व्यक्ति।

किंतु चुनाव केवल अच्छी छवि के आधार पर नहीं जीते जाते हैं। जिन हथियारबंद गिरोहों ने पिछले दो चुनावों में कई बूथों पर कब्जा कर लिया था और कुर्मी युद्धप्रियता के संरक्षकों, हिमायतियों के पक्ष में जबरन वोट डलवाए थे, वे अभी भी बाहर घूम रहे थे, जिनका एक ही उद्देश्य था—'काम बताओ और पैसा दो।' इन गिरोहों में शामिल जवान लोग अलग-अलग गाँवों के रहनेवाले थे; उनमें से अधिकतर के पास अवैध बंदूकें थीं। मतदान के पहले दिन, वे किसी पूर्व निश्चित स्थान पर जमा हो जाते जहाँ उनके मुखिया द्वारा उन्हें बताया जाता कि कौन-कौन सा बूथ उनके निशाने पर होगा। इन गिरोहों के मुखिया से बातचीत उस प्रत्याशी के चुनाव प्रबंधक करते थे जो उन्हें काम पर लगाता था।

1977 और 1980 में कुर्मियों के हथियारबंद गिरोहों द्वारा मतदान केंद्रों (बूथों) पर कब्जा किए जाने के कारण नीतीश को बहुत सारे वोटों से हाथ धोना पड़ा और उनके प्रचार-प्रबंधक चाहते थे कि इस बार उन बदमाशों को ऐसा करने से रोका जाना चाहिए, लेकिन कैसे? इसके लिए तीन तरीके अपनाए जा सकते थे : एक, नीतीश के मतदाताओं अर्थात् वोटरों द्वारा उनका विरोध किया जाए; दो, हथियारबंद गिरोहों को प्रशासन द्वारा रोका जाए; और तीन, उनको भय दिखाकर रोकने के लिए नीतीश भी गुंडों को भाड़े पर ले लें।

कोई भी वोटर एक वोट के लिए अपनी जान जोखिम में नहीं डालेगा, इसलिए उनसे गुंडों का विरोध करने की अपेक्षा करना निरर्थक है। तथापि, नीतीश के सौभाग्य से, उस समय नालंदा जिले के पुलिस अधीक्षक, राम छबीला सिंह थे, जिनके अधिकार क्षेत्र में हरनौत निर्वाचन क्षेत्र भी

था। राम छबीला सिंह नरेंद्र के एक करीबी रिश्तेदार थे, जो तीसरी बार नीतीश का चुनाव-प्रसार संबंधी कार्य देख रहा था। मतदान के दिन से दो दिन पहले नरेंद्र ने सिंह से भेंट की और उन्हें बताया कि नीतीश के प्रतिद्वंद्वी द्वारा हथियारबंद गिराहों की मदद से मतदान केंद्रों पर कब्जा करने की योजना बनाई जा रही है। सिंह चाहते थे कि बिलकुल सही सूचना दी जाए। देर शाम नीतीश ने सिंह से उनके सरकारी निवास पर मुलाकात की और उन्हें हथियारबंद गिरोहों के मुख्य-मुख्य सदस्यों के नाम और पते की एक ब्योरेवार सूची दी।

सिंह ने तुरंत काररवाई की। चौबीस घंटों के अंदर अधिकतर गुंडे गिरफ्तार कर लिए गए और उनके अवैध हथियार जब्त कर लिए गए। कुछ अधीनस्थ पुलिस अधिकारी, जो उनके साथ मिले हुए थे, अपने जिला प्रमुख से आदेश मिलने पर अब उन गुंडों की धर-पकड़ के सिवा कुछ नहीं कर सकते थे। दो या तीन संवेदनशील स्थानों पर, राम छबीला सिंह ने स्वयं छापामार पुलिस दल का नेतृत्व किया। कुछ गुंडे गिरफ्तारी से बचने के लिए पहले ही वहाँ से भाग गए। नीतीश के प्रतिद्वंद्वी—अरुण कुमार सिंह का कुचक्र गुत्थियों में उलझकर रह गया, जो बेलछी हत्याकांड से कुर्मियों का हीरो बना हुआ था और जिसने 1980 में एक निर्दलीय प्रत्याशी के रूप में उन्हें हराया था।

फिर भी, नीतीश के प्रचार-प्रबंधकों ने कोई मौका नहीं छोड़ा। नीतीश के प्रबल समर्थकों में भी ऐसे लोग थे जिनके पास लाइसेंस शुदा और बिना लाइसेंस की बंदूकें थीं, लेकिन उनके किसी भी चुनाव-प्रबंधक या बंदूक मालिकों ने पिछले दो चुनावों में इन हथियारों का इस्तेमाल करने के बारे में सोचा तक नहीं। इस बार उन्होंने तय कर दिया कि वे अपने हथियारों को तैयार रखेंगे, ताकि बूथ लूटनेवालों को कुछ गड़बड़ी करने से रोका जा सके। डराने-धमकाने के लिए भी हथियारों को साथ रखना नीतीश को शायद अच्छा न लगे, यह सोचकर उनके चुनाव प्रचार-प्रबंधकों ने इस योजना को उनसे छिपाकर रखा। सुरक्षा की दृष्टि से 'नाजुक' माने गए मतदान-केंद्रों में 'बूथ रक्षा दल' बनाने के बारे में गुप-चुप बैठकें की गईं, लेकिन फिर सवाल यह उठा : अगर उन्हें गोली चलानी पड़ी, तब क्या होगा? लाइसेंसधारकों को आत्म-रक्षा में प्रयोग के लिए कारतूसों की एक निश्चित संख्या दी गई; अगर वे बूथ लूटनेवालों को शूट करने के लिए उनका प्रयोग करेंगे, तो उनको पकड़ा जा सकता था।

बगैर लाइसेंस की बंदूकें/पिस्तौलें रखनेवालों के पास आग्नेयास्त्र तो थे, लेकिन अपनी व्यक्तिगत सुरक्षा के लिए इस्तेमाल करने हेतु बहुत ही कम कारतूस थे : अगर दोनों ओर से गोली चलती है, तो उनके पास बड़ी संख्या में कारतूस होने चाहिए। धन की बहुत तंगी थी और बहुत किफायत से खर्च करना था, इसलिए नीतीश के चुनाव प्रचार प्रबंधक नहीं चाहते थे कि वर्जित मार्ग के जरिए राइफल कारतूस खरीदने के लिए एक मोटी रकम (करीब 5000 रु.) खर्च की जाए, लेकिन उनके पास कोई विकल्प नहीं था।

नीतीश सारा दिन गाँव-गाँव घूमकर और जगह-जगह सभाओं को संबोधित करके देर रात

अपने चुनाव प्रचार कार्यालय लौटते थे और उसके बाद अपने चुनाव प्रचार कार्यकर्ताओं के साथ समीक्षा बैठकें किया करते थे। ऐसी ही एक बैठक में, उन्हें 'बूथ रक्षा दल' बनाए जाने की जानकारी मिली। किसी ने भी उन्हें ब्योरा नहीं दिया, न ही उन्होंने जानने की इच्छा व्यक्त की और मामला वहीं समाप्त हो गया। उनके चुनाव-प्रबंधकों ने उनकी सोची-समझी उदासीनता को उनकी मौन स्वीकृति समझ लिया।

पुलिस अधीक्षक राम छबीला सिंह ने अपने अधीनस्थ अधिकारियों को 'अति-संवेदनशील' मतदान केंद्रों पर निगरानी रखने का आदेश देकर नीतीश कैंप का काम आसान कर दिया। उन क्षेत्रों में पुलिस की गश्त तेज कर दी गई थी, जो बूथ लूटनेवालों को आक्रांत करने का पहला उपाय था और नतीजा यह निकला कि उस चुनाव में अरुण कुमार सिंह को सिर्फ 1500 वोट मिले या कुल मत का 1.6 प्रतिशत। नीतीश 50,000 वोटों (53 प्रतिशत) से चुनाव जीत गए। दूसरे स्थान पर आए कांग्रेस प्रत्याशी बृजनंदन नारायण सिंह को 28,000 वोट (30.5 प्रतिशत) प्राप्त हुए।

बिहारशरीफ में मतगणना केंद्र के बाहर जमकर नाचना और गाना शुरू हो गया। खुशी के जोश से भरे कार्यकर्ताओं ने नीतीश को कंधों पर उठा लिया और अपने नारों से आसमान गुँजा दिया—'नीतीश कुमार जिंदाबाद, जिंदाबाद-जिंदाबाद!!'

जश्नों का सिलसिला आधी रात तक चलता रहा और वह जश्न के घेरे से खुद को छुड़ाकर आधी रात के बाद बख्तियारपुर में अपने घर पहुँचे, उनकी माँ ने खुशी के आँसुओं से उनका स्वागत किया। आनंद विभोर मंजू अपने माता-पिता के पीछे खड़ी, उन पर नजरें टिकाए इंतजार कर रही थी; आँखें मिलाते ही वे मुसकराए, जैसे एक-दूसरे से कह रहे हों : 'आखिरकार हम अपनी मंजिल तक पहुँच ही गए।' नीतीश ने झुककर अपनी माँ के पाँव छुए और माँ ने उनके माथे पर तिलक लगाकर आशीर्वाद दिया। मंजू ने उस दिन अपने पति के लिए विशेष भोजन पकाया था, आलू दम, पूरियाँ, खीर और पुआ। उन्होंने छककर भोजन किया।

राज्य की विधान सभा में कांग्रेस की जबरदस्त वापसी हुई, 324 सीटों वाले सदन में कांग्रेस को 196 सीटें मिली थीं—1980 में मिली सीटों से 27 सीटें अधिक। जहाँ तक विपक्ष का सवाल है, लोक दल ने राजीव के प्रति सहानुभूति की लहर को तोड़कर अपनी सीटों की संख्या 42 से 46 कर ली। भा.ज.पा. की सीटें 21 से घटकर 16 रह गईं, भाकपा को पिछली बार मिली 23 सीटों की तुलना में कुल 12 सीटें प्राप्त हुईं और माकपा के पास 6 सीटों के मुकाबले सिर्फ 1 सीट रह गई; जनता पार्टी कुल मिलाकर 13 सीटें ही जुटा पाई।

हालाँकि विपक्ष में लोक दल सबसे बड़ी पार्टी के रूप में सामने आया—जिसके बूते पर कर्पूरी ठाकुर फिर एक बार विपक्ष का नेता बन सके, लेकिन लोक दल के हिस्से में आई कुल 46 सीटें उनकी कोटे की राजनीति की सफलता से अधिक विफलता की द्योतक थीं। कर्पूरी ने अन्य पिछड़े वर्गों के लिए 26 प्रतिशत आरक्षण घोषित किया था, लेकिन उसके लिए पहले से कोई आधार तैयार नहीं किया था अर्थात् 'सैंकड़ा साठ' या राज्य की कुल जनसंख्या के 60 प्रतिशत

हिस्से—पिछड़ी जातियों, दलितों, जनजातियों, मुसलमानों और महिलाओं—को जुटाए बिना ही आरक्षण घोषित कर दिया था।

जो भी हो, समाज के इन पाँच वर्गों को एकजुट करना लोहिया का क्रांतिकारी आदर्शलोक था। यह सोचना बहुत दूर की बात, बल्कि असंभव था कि निचली पिछड़ी जातियों का उच्च पिछड़ी जातियों के साथ मेल-मिलाप होगा। निचली पिछड़ी जातियाँ आर्थिक एवं सामाजिक रूप से दलितों के अधिक करीब थीं और दलितों की उच्च पिछड़ों से मित्रता नहीं हो सकती थी जो दलितों से सामाजिक तौर पर दूरी बनाए रखते थे और आर्थिक रूप से उनका शोषण करते थे। जनजातियों के लोग सभी गैर-आदिवासियों तथा पिछड़ी जातियों को भी अपना शोषक मानते थे।

मुसलमानों का हिंदुओं के साथ कोई सामाजिक मेल-जोल नहीं था। इसके अलावा, पिछड़ी जातियाँ और दलित कोई भी दंगा भड़कने पर मुसलमानों को लूटने और जान से मारने की भीड़ का सबसे बड़ा हिस्सा होते थे। एक वर्ग के रूप में औरतों की अपनी कोई सोच नहीं थी; उच्च जाति की स्त्रियाँ पिछड़ी जातियों की स्त्रियों के प्रति बहनापे की कोई भावना नहीं रखती थीं और न ही उन दोनों में से कोई दलित या मुसलिम औरतों के प्रति बहन सरीखा भाव रखता था।

कर्पूरी के कोटा रूपी ध्वज को हवा में लहराते हुए, समाजवादी आंदोलन का रथ, बिहार के सामाजिक युद्धक्षेत्र में तेजी से आगे तो बढ़ा, किंतु सिर्फ तीन उच्च पिछड़ी जातियों अर्थात यादवों, कुर्मियों तथा कोइरियों को ही अपने ध्वज तले एकजुट कर सका। संख्या की दृष्टि से ये तीनों समुदाय अन्य पिछड़े वर्गों (ओ.बी.सी.) में सबसे बड़े थे और जोत भूमि, शिक्षा, रोजगार, उद्यम तथा राजनीतिक शक्ति की दृष्टि से चार उच्च जातियों के ठीक पीछे थे। 1980 के दशक का संघ (फेडरेशन) 1930 के दशक के संघ—जिसके निर्माता त्रिवेणी संघ के सदस्य थे—से कहीं अधिक शक्तिशाली था, क्योंकि स्वतंत्रता प्राप्ति के समय से अब तक चालीस वर्ष से भी अधिक की अवधि में बहुतेरे उच्च पिछड़ों ने अपना आर्थिक स्तर उन्नत कर लिया था। अब वे अपने राजनीतिक दरजे में भी इसकी झलक देखना चाहते थे।

अग्रगामी पिछड़ों की बढ़ी संख्या के बूते पर ही समाजवादियों के लिए यह संभव हो सका कि वे लोक दल में अपनी नई पहचान पाकर एक स्वतंत्र मार्ग बनाने निकल पड़े थे। कई दशकों तक पिछड़ी जाति नेताओं ने उच्च जाति नेताओं के सहायकों के रूप में सेवा की थी। उन्हें कभी मंच के केंद्र में नहीं आने दिया गया। गौण भूमिका के दायरे से बाहर निकलने और स्वायत्तता प्राप्त करने की भावना उनमें बढ़ने लगी थी। अनेक अवतारों का चोला बदलने की प्रक्रिया से गुजरते हुए, समाजवादियों ने अपने बीच उच्च जातियों की मौजूदगी घटा दी थी। सोशलिस्ट अर्थात् समाजवादी खेमे में उच्च जातियों से आए लोगों का दृष्टिकोण उदार था। वे उलट भेदभाव पर आधारित लोहियावादी सामाजिक क्रांति में उतना ही विश्वास रखते थे, जितना विश्वास पिछड़ी जातियों से आए उनके साथियों को था। 1980 के दशक के प्रारंभिक वर्षों में लोक दल अभी उच्च पिछड़ों के राजनीतिक स्वायत्तता आंदोलन के शैशवकाल का प्रतिनिधि था। 1980 दशक के मध्य तक आते-

आते लोक दल उस आंदोलन को बढ़ते विकसित होते देख रहा था।

कर्पूरी उसे पोषित कर रहे थे। वह जाति से नाई थे; इस निचली पिछड़ी जाति की जनसंख्या बहुत कम थी और वह, यदि लाक्षणिक भाषा में कहें तो, 1978 की अपनी आरक्षण नीति को लेकर स्वायत्तता आंदोलन की धात्री (दाई) के रूप में अपनी भूमिका निभा रहे थे।

1987 में जब लोक दल के अंदर यादवों का प्रभाव अधिक बढ़ने लगा, तब उन्हें महसूस हुआ कि उन्होंने एक ऐसे दानव को जन्म दिया है जो उनको ही खा जाएगा। यादवों ने विधान सभा अध्यक्ष और एक वरिष्ठ कांग्रेस विधायक, शिवचंद्र झा से मिली-भगत करके उन्हें विपक्ष के नेता पद से हटाने की योजना बनाई। शिवचंद्र झा को कर्पूरी से चिढ़ थी। कर्पूरी को विपक्ष के अधिकतर सदस्यों का समर्थन प्राप्त था और उन्होंने अपने समर्थकों को राज्यपाल के सामने पेश करके झा के 'मनमाने' निर्णय को चुनौती दी, लेकिन झा ने अपना निर्णय नहीं बदला। यादव विधायकों द्वारा रची गई साजिश से कर्पूरी बहुत दुःखी हुए जिनकी संख्या लोक दल में सबसे अधिक थी (कुल 42 विधायकों में से 19, यानी करीब 45 प्रतिशत यादव थे)।

नीतीश कर्पूरी का बहुत आदर करते थे। कर्पूरी ने पार्टी में युवा पीढ़ी को सदैव प्रोत्साहित किया था। वह नीतीश के काम की कद्र करते थे। 1987 में उन्होंने नीतीश को राज्य युवा लोक दल का अध्यक्ष बनाया था। झा समझ रहे थे कि उन्होंने ऐसा करके कर्पूरी को धूल चटाई है, जिसके पीछे कारण यह था कि झा की कांग्रेस मुख्यमंत्री बिंदेश्वरी दुबे से दुश्मनी थी और कर्पूरी ने उनके साथ एक अच्छी कामचलाऊ दोस्ती कर ली थी। नीतीश ने कर्पूरी के विरुद्ध झा के निर्णय पर रोस व्यक्त किया, वे इसमें और कुछ नहीं कर सकते थे, न ही शेष 16 गैर-यादव विधायकों में से कोई कुछ कर सकता था।

1980 के दशक के मध्य में यादवों ने लोक दल के अंदर एक गुट के रूप में अपना प्रभाव डालना शुरू कर दिया था। वे पार्टी में निर्णयकर्ता बनना चाहते थे, क्योंकि उनका दावा था कि वे जिस एक जाति का प्रतिनिधित्व करते हैं, राज्य की कुल जनसंख्या का वह सबसे बड़ा हिस्सा (11 प्रतिशत) है। वे कर्पूरी के विरुद्ध हो गए, जो सभी जातियों, विशेषकर निचले पिछड़ों को उचित प्रतिनिधित्व देने के पक्षधर थे, क्योंकि वह खुद उस वर्ग से थे। उनकी खिलाफत इस हद तक बढ़ गई कि उन्होंने 1984-85 के लोकसभा चुनावों में समस्तीपुर में उनको हराने की योजना बना डाली। समस्तीपुर निर्वाचन क्षेत्र में यादवों की संख्या काफी थी और उन सबने कर्पूरी के विरुद्ध खड़े प्रत्याशी को अपना मत दिया।

कर्पूरी यादवों से इतने त्रस्त हो गए कि 1985 के विधान सभा चुनाव में वह समस्तीपुर से सीतामढ़ी जिले में सोनबरसा चले गए, जबकि 1980 में वह समस्तीपुर से विजयी हुए थे। 1985 में लोक दल प्रत्याशियों के चयन के दौरान, यादव नेताओं ने निचले पिछड़े समुदायों के लोगों की नामजदगी का विरोध किया और अपनी जाति के लोगों को प्रत्याशी चुनने की सिफारिश की। "आप लोग गरीबों को प्रतिनिधित्व प्रदान करने में रुचि नहीं रखते हैं," कर्पूरी ने अविश्वास में अपना सिर

हिलाते हुए शोक प्रकट किया।

1985 में, विधान सभा के लिए निर्वाचित लोक दल प्रतिनिधियों में लगभग आधे लोग यादव जाति के थे। सदन और पार्टी संगठन में उन्होंने एकजुट होकर कर्पूरी की जड़ खोदना शुरू कर दिया। निस्संदेह, उन्होंने कर्पूरी को हटाने और पार्टी का नेतृत्व अपने हाथों में लेने की योजना बनाई हुई थी। कर्पूरी के समर्थक बताते हैं कि यादव विधायकों ने जब विधान सभा अध्यक्ष झा के साथ साँठ-गाँठ करके कर्पूरी को उनके पद से हटाया था, तब कर्पूरी ने कहा था : "अगर मैंने किसी यादव के घर जन्म लिया होता, तो मुझे ऐसा अपमान नहीं सहना पड़ता।"

कर्पूरी ने जब देखा कि यादवों की लालसा सिर्फ सत्ता हथियाने की है और उन्हें जरा भी इस बात की परवाह नहीं है कि ओ.बी.सी. एकता पर इसका कितना प्रतिकूल असर पड़ रहा है, सभी पिछड़ी जातियों को एक छत्र के नीचे लाने का उनका सपना चकनाचूर हो गया। विपक्ष के नेता पद से हटाए जाने के कुछ समय बाद ही बीमार हो गए। मधुमेह अचानक बढ़ जाने के कारण उनकी हालत बिगड़ने लगी और अनेक समस्याएँ उत्पन्न हो गईं। फरवरी 1988 में चौंसठ वर्ष की आयु में ही उनका निधन हो गया। राजनीति के लिए यह कोई ज्यादा उम्र नहीं मानी जाती है।

कर्पूरी के बाद अनूप लाल यादव ने लोक दल विधान-मंडल पार्टी का नेता पद सँभाल लिया; यादवों ने अपने आगमन का बिगुल बजा दिया था। एकमात्र सबसे बड़ी जाति होने के नाते, पार्टी के सभी अवतारों में यादवों की प्रधानता चली आ रही थी और वे न केवल अपनी संख्यात्मक सामर्थ्य के आधार पर निर्णायक शक्ति बन गए थे, बल्कि उनकी अड़ियल मनोवृत्ति का भी इसमें पूरा सहयोग था।

पहले तो यादवों और कुर्मियों ने उच्च जातियों का मुकाबला किया। जब वे उच्च जातियों को निकाल बाहर करने में कामयाब हो गए तो उन्होंने आपस में लड़ना शुरू कर दिया। यादवों ने कुर्मियों और कोइरियों को किनारे लगा दिया और नेतृत्व ग्रहण कर लिया। अब यादव-यादव से लड़ने लगे। गठबंधन तभी तक कायम रहते हैं जब तक उनकी मुहिम किसी सामान्य शत्रु के खिलाफ होती है; एक बार सामान्य शत्रु पीछे हट जाता है, तो प्रत्येक घटक गठबंधन खेमे के अंदर अपने-अपने तंबू में इस प्रचंड ललक के साथ लौटता है कि अब उसे पूरे खेमे पर अपना परचम लहराना है।

विपक्ष का स्थानापन्न नेता बनने के कुछ समय बाद ही अनूप लाल यादव ने समझ लिया कि सभी यादव विधायक उनके पक्ष में नहीं हैं। एक और यादव—लालू प्रसाद ने दुरंगी चाल फेंकी थी। अनूप लाल पुरानी विचारधारा के समाजवादी थे—नैतिक दृष्टि से एकदम सच्चे और स्पष्टवादी, बोली और व्यवहार में कर्कशता की हद तक खरे, इस बात की परवाह न करनेवाले कि किसे बुरा लग सकता है और उसका परिणाम क्या होगा? यादवों में अनेक लोगों का विचार था कि वह विपक्ष के नेता बना लिए गए तो उनसे अपना काम निकलवाना आसान नहीं होगा। वे यादवों में से कोई ऐसा व्यक्ति चाहते थे जो इतना दबंग, चतुर और लड़ाका हो कि कांग्रेस सरकार को अपना बचाव

करना मुश्किल हो जाए और इसके साथ ही वह पार्टी विधायकों के प्रति विनम्र, मिलनसार और लोचशील हो।

लालू काफी समय से इस अवसर की तलाश में थे। वह उन यादव विधायकों में से थे जिन्होंने कर्पूरी के प्रति अपनी नफरत को कभी नहीं छिपाया। वह कर्पूरी से इसलिए घृणा करते थे, क्योंकि कर्पूरी पार्टी में यादवों के बराबर अन्य जातियों को भी जगह देना चाहते थे और अपनी योजनाओं के बारे में किसी को कुछ नहीं बताते थे। उन्होंने कर्पूरी ठाकुर को 'कपटी' ठाकुर कहना शुरू कर दिया था।

आरंभ में, यादव विधायकों के बीच, सिर्फ एक को छोड़कर, लालू का कोई समर्थक नहीं था। चार या पाँच वरिष्ठ यादव थे जो उस पद को पाने के लिए होड़ लगाए हुए थे। युवा यादव विधायकों की उलझन यह थी कि वे लालू को नहीं चाहते थे, लेकिन वे यह भी नहीं चाहते थे कि कोई वरिष्ठ, पुराना विधायक वह पद ग्रहण करे।

नीतीश ने लालू का साथ देने का निर्णय किया। वे दोनों लोक दल में युवा पीढ़ी के प्रतिनिधि थे और उनकी अभिलाषाएँ बहुत ऊँची थीं। इस तथ्य के बावजूद कि नीतीश और लालू एक-दूसरे से बिलकुल अलग थे, नीतीश का मानना था कि वर्तमान हालात में उनसे बढ़िया कोई विकल्प नहीं है।

उन्होंने पार्टी में 16 गैर-यादव विधायकों से बात की और उन्हें समझाया कि जो पार्टी पिछड़ी-जाति राजनीति के प्रति प्रतिबद्ध है उसमें यादवों को प्रमुखता देने के अलावा कोई चारा नहीं है। नीतीश ने दूसरी बात उनको यह बताई कि उन्हें लालू की पात्रता के बारे में अपनी सारी आपत्तियों को छोड़कर लालू का समर्थन करना चाहिए, क्योंकि वह पार्टी में युवा पीढ़ी का प्रतिनिधित्व करते हैं। नीतीश कहते हैं कि "मेरी रणनीति युवा विधायकों को नेतृत्व करने योग्य स्थिति में लाने की थी। अगर हम किसी वरिष्ठ एम.एल.ए. को अपना नेता चुनते हैं, तो हमें अपने बल पर वहाँ तक पहुँचने के लिए लंबे समय तक इंतजार करना पड़ेगा। इसका लक्ष्य हमारे राजनीतिक जीवन की दृष्टि से सबको साथ लेकर ऊँची छलाँग लगाना था।"

और इस प्रकार नीतीश द्वारा गैर-यादव विधायकों को समझा-बुझाकर अपने पक्ष में लिए जाने के बाद लालू ने लोक दल विधान-मंडल गुट के नेतृत्व के लिए अपना दावा पेश कर दिया। एक पत्रकार अरुण श्रीवास्तव का कहना है कि उस समय वह विधान सभा के एक कक्ष में लालू और नीतीश से मिले थे। लालू ने उन्हें बताया : "मेरे पास पार्टी अध्यक्ष या विपक्ष का नेता बनने का विकल्प है। आप बताएँ मेरे लिए क्या बेहतर होगा?" श्रीवास्तव ने कहा, "आपके गुरु, नीतीश, आपकी बगल में बैठै हैं। वही आपको सबसे अच्छी सलाह दे सकते हैं।" लालू ने एक छोटी, खुशी-भरी हँसी निकाली और फिर बोले, "देखो, मेरे भाई, सत्ता से अधिक महत्त्वपूर्ण कुछ नहीं है। आपके पास शक्ति नहीं है, तो कोई आपको आदर की दृष्टि से नहीं देखता है। किसी पार्टी अध्यक्ष का नाम याद रखने की कौन परवाह करता है? इसीलिए मैं सोचता हूँ कि मुझे विपक्ष का

नेता बनना चाहिए। मुझे एक कैबिनेट मंत्री का दरजा मिल जाएगा और लालबत्ती अर्थात् बीकन-लगी एक कार भी मिलेगी।''

लोक दल अध्यक्ष हेमवती नंदन बहुगुणा, जो एक भूतपूर्व कांग्रेसी तथा ब्राह्मण थे, जाटों और यादवों के प्रभुत्व वाली किसी पार्टी में अपने अधिकार का इस्तेमाल नहीं कर सकते थे। वह स्वयं चाहते थे कि अनूप लाल जैसा सच्चा और ईमानदार व्यक्ति विपक्ष का नेता बने, लेकिन पार्टी नेता देवी लाल और शरद यादव के साथ जब वह विधान-मंडल गुट के नेता का चुनाव करने में सहायता के लिए पटना पहुँचे, तब उन्हें जल्दी पता चल गया कि उनके दोनों साथी लालू प्रसाद के पक्ष में थे। शरद यादव भी लालू और नीतीश की तरह एक समाजवादी युवा संगठन के नेता रह चुके थे। वह 1974 में जबलपुर से लोकसभा के उपचुनाव में विजय प्राप्त करके अपने राज्य मध्य प्रदेश में प्रसिद्ध हो गए थे। उन्होंने देखा कि लालू गंभीर प्रकृति के व्यक्ति नहीं हैं और नीतीश उनसे सर्वथा उलट हैं। नीतीश की वैचारिक सूझ-बूझ और उनके संगठनात्मक उत्साह के कारण भी वह नीतीश को पसंद करते थे। नीतीश ने नेतृत्व के वास्ते लालू का समर्थन करने के लिए उनसे निवेदन किया। जैसे हालात उस समय राज्य की विधान-मंडल पार्टी में चल रहे थे, उन्हें ध्यान में रखते हुए भी शरद यादव ने लालू को आगे बढ़ाने का फैसला किया। देवीलाल किसी भी उस व्यक्ति का समर्थन करने के लिए तैयार थे, जो बहुगुणा का पिछलग्गू नहीं होगा।

इस प्रकार लालू ने सत्ता की सीढ़ी पर पहला कदम रखा।

लालू और आगे कैसे बढ़ पाए, इसका श्रेय उनकी राजनीतिक दक्षता की अपेक्षा 1980 के दशक में कांग्रेस के कुशासन को अधिक जाता है। पहली बात तो यह है कि विधान सभा में अच्छा-खासा बहुमत पाने के बावजूद कांग्रेस 1980-85 और 1985-90 के अपने दोनों कार्यकालों के दौरान स्थायी सरकार देने में विफल रही। जिसे भी मुख्यमंत्री बनाया जाता था, इससे पहले कि वह कुछ उपयोगी काम कर सके, दलबंदी की कलह उसे नीचे उतार देती थी। उक्त अवधि में, एक के बाद एक, कुल पाँच मुख्यमंत्री बने और हरेक का औसत कार्यकाल दो वर्ष का रहा।

लोगों को संदेह होने लगा कि कांग्रेस को एक भारी बहुमत देकर चुनना क्या निरर्थक नहीं होगा। लालू, नीतीश और अन्य लोक दल नेताओं ने कांग्रेस की आंतरिक कलह को 'बंदर बाँट' की संज्ञा दी, जिसका अभिप्राय था कि उच्च जाति के लोग पूरी रोटी आपस में बाँट खाने के लिए लड़ रहे हैं और पिछड़ी जातियों को एक टुकड़ा भी देना नहीं चाहते हैं; और यही बंदर बाँट उसे ले डूबी, क्योंकि पाँच मुख्यमंत्रियों में तीन ब्राह्मण थे और दो राजपूत।

लेकिन 1980 के दशक के बिहार में जमीन और राजनीति आपस में इस तरह गुँथी हुई थी जैसे जाति और राजनीति। स्वतंत्रता प्राप्ति के बाद दो दशकों से भी अधिक समय तक कांग्रेस को राज्य के महाराजाओं, राजाओं तथा बड़े भू-पतियों से चुनाव में गंभीर टक्कर झेलनी पड़ी, क्योंकि उन्होंने जमींदारी उन्मूलन के मुद्दे पर न केवल अपनी अलग पार्टियों का गठन कर लिया था, बल्कि कांग्रेस के अंदर भी उनकी मजबूत लॉबी काम कर रही थी। जमींदारी समाप्त करने में अपनी

कामयाबी के बाद, कांग्रेस ने अगले कुछ दशक तक भूमि संबंधी मसलों पर काम किया, जैसे कि चकबंदी, पुनर्वितरण और काश्तकारी; लेकिन कांग्रेस ने यह काम बहुत धीरे-धीरे, आक्रामकताविहीन और अनियमित ढंग से किया, ताकि भू-स्वामी उससे दूर न हो जाएँ।

अंतिम लहर आपात्काल (1975-77) के दौरान देखने में आई जब इंदिरा ने भूमि संबंधी मुद्दों पर अधिक जोर देने का प्रयास किया और अपनी उँगलियाँ जला बैठीं। यह सोचकर कि उनकी वापसी को भू-स्वामियों की दया का संबल प्राप्त रहा है और वह तभी तक सत्ता में बनी रह सकती हैं जब तक कि वह अपने 'साम्यवादी' तरीकों की ओर वापस नहीं जाती हैं, उन्होंने उच्च जातियों को मुख्यमंत्री की कुरसी सौंप दी—इसी नीति को राजीव ने कायम रखा।

इस प्रकार, कांग्रेस ने 1980 के दशक में भूमि-सुधार के उन सभी कार्यक्रमों को त्याग दिया जिनके चलते बिहार में भू-धारी उच्च जातियों से दूर होने का खटका था। इस दौरान भू-संपत्तियों का कोई पुनर्वितरण नहीं हुआ।

1983-84 के दौरान राज्य की लगभग आधी जनसंख्या सरकारी 'गरीबी की रेखा' के नीचे रह रही थी, जो अन्य सभी राज्यों की तुलना में सबसे अधिक थी। आधा-पेट भोजन पर निर्भर इस जनसंख्या में सर्वाधिक भूमिहीन खेतिहर मजदूर, सीमांत कृषक/बटाईदार थे। बिहार में यह पुरानी परंपरा थी कि वहाँ से जहाजों में भर-भरकर मजदूरों को मॉरीशस और वेस्ट इंडीज के बागानों में काम करने के लिए भेजा जाता था। इसकी शुरुआत 1834 से हुई थी। 1970 के दशक में यह परंपरा पुनः शुरू हो गई जब पंजाब और हरियाणा में हरित क्रांति के चलते खेत मजदूरों की माँग बढ़ी। 1980 के दशक में वहाँ मजदूरों की माँग इतनी बढ़ गई जितनी स्वतंत्रता प्राप्ति के बाद किसी भी दशक में नहीं बढ़ी थी।

प्रवासी मजदूर कभी-कभी एक दिन में चौदह-चौदह घंटे काम करते थे और वे जो पैसा बचाकर अपने परिवारों को भेजा करते थे, उसके कारण यह संभव हो पाया कि राज्य की करीब 10 प्रतिशत जनसंख्या को अच्छा खाना-पीना मिलने लगा। सिर्फ तीन वर्ष के अंदर यानी 1987-88 तक, वे गरीबी की रेखा के ऊपर चले गए। बिहार के लिए यह बहुत खुशी की बात थी, क्योंकि गरीबी के मामले में सारे राज्यों में इसका स्थान अब दूसरा हो गया था, पहले स्थान पर उड़ीसा था।

निर्धनता को कम करने में अन्य कारणों का भी हाथ था। ग्रामीण निर्धन वर्ग, जिसमें भूमिहीन और सीमांत कृषक शामिल थे, कई जिलों में उग्र-सुधारवादी कम्युनिस्ट गुटों के बैनर तले संगठित हो रहा था। प्रत्येक गुट की 'लाल सेना' थी जिसे 'भिड़ंत' दस्तों में बाँटा गया था; इस 'भिड़ंत' का मतलब आमतौर पर उन 'वर्ग शत्रुओं का नाश करना' था, जो कोई निरंकुश भू-स्वामी हो सकता था या गरीबों में से कोई मुखबिर हो सकता था। ये भिड़ंती दस्ते पुलिस थानों पर धावा बोलने और हथियार लूटने की हद तक जा सकते थे, पुलिस के साथ उनकी टक्कर, कई घंटों और कभी-कभी कई दिनों तक चलती थी।

देहाती निर्धन-वर्ग सामाजिक सम्मान और आर्थिक न्याय चाहता था। उनके सशस्त्र विद्रोह

से सकपकाए, जमींदार चौकन्ने हो गए। उन्होंने उन लोगों के साथ अधिक मानवीय ढंग से बरताव करना शुरू कर दिया, छोटी-छोटी बातों पर मारना-पीटना, अपमानित करना और उनकी औरतों के साथ छेड़छाड करना छोड़ दिया। आर्थिक पहलू पर, भूस्वामियों को बाध्य किया गया कि वे ग्रामीण निर्धनों को मजदूरी देने, उनसे कर्ज वसूल करने और पट्टे पर दी गई भूमि पर उपज का हिस्सा बाँटने में रियायत से काम लें। एक अध्ययन में बताया गया है :

> 1970-71 और 1988-89 के बीच असल मजदूरी में [बिहार में] वास्तव में बहुत अधिक बढ़ोतरी हुई है। पुरुष मजदूरों के मामले में, 56.1 प्रतिशत तक की वृद्धि हुई, महिला मजदूरों के मामले में 7.8 प्रतिशत, जो अन्य राज्यों की तुलना में—ऊँची मजदूरी और कम मजदूरी वाले राज्यों को मिलाकर—काफी अच्छी वृद्धि है। 1980 के दशक के दौरान असल मजदूरी में वृद्धि विशेष रूप से शानदार कही जा सकती है। इस वृद्धि के पीछे अनेक कारण हैं। कृषि क्षेत्र में अपेक्षाकृत बेहतर पैदावार के अलावा, लोगों का मजदूरी की खातिर अपना घर-खलिहान छोड़कर बाहर चले जाने और मजदूरी रोजगार कार्यक्रमों के जरिए सरकारी हस्तक्षेप के कारण भी ग्रामीण श्रमिक मंडी में हुए परिवर्तनों का इस वृद्धि के पीछे प्रमुख हाथ रहा है। इसके अलावा, राज्य के बड़े हिस्सों में खेतिहर मजदूरों का प्रचंड आंदोलन भी मजदूरी में बढ़ोतरी के पीछे एक बहुत महत्त्वपूर्ण कारण रहा है।

उग्र सुधारवादी आंदोलन ने सामाजिक-आर्थिक ढाँचे को हिलाकर रख दिया और सरकार को यह सोचने के लिए भी विवश कर दिया कि वह सिर्फ ताकतवर पर दाँव नहीं लगा सकती। यह पुनर्चिंतन कांग्रेसी राज्य सरकार की उन कोशिशों में प्रतिबिंबित हुआ जिनका जोर ग्रामीण निर्धन-वर्ग की जीवन दशाओं को सुधारने पर था। कांग्रेस द्वारा अपनाए गए मंत्रों में से एक मंत्र पार्टी के सर्वोपरि नेता राजीव गांधी की ओर से आया था, जो एक युवा प्रधानमंत्री थे, प्रौद्योगिकी-प्रवीण थे और जिनके व्यक्तित्व में भारत का आधुनिक चित्र उभरता था। उन्होंने प्रौद्योगिकी पर आधारित अपने छह 'लक्ष्य' निर्धारित किए जिनसे लोगों में एक नई चेतना का संचार हुआ; इनका उद्देश्य विज्ञान और प्रौद्योगिकी के प्रयोग से मूलभूत क्षेत्रों में अल्पविकास को समाप्त करना था। ये लक्ष्य इस प्रकार थे : प्रत्येक गाँव में पीने का पानी, पूर्ण साक्षरता, बच्चों और गर्भवती महिलाओं का टीकाकरण, श्वेत क्रांति, पर्याप्त खाद्य तेल और हर गाँव में टेलीफोन कनेक्शन।

राजीव ने अर्थव्यवस्था के उदारीकरण और आधुनिकीकरण की उस प्रक्रिया को तेज करके देश को द्रुत-मार्ग पर बढ़ाने का प्रयास किया जिसकी शुरुआत इंदिरा ने की थी। चूँकि कृषि को अर्थव्यवस्था की धुरी कहा जाता है, इस बात को ध्यान में रखते हुए उन्होंने सरकार के अंगों को हरित क्रांति का विस्तार करने के लिए कहा, ताकि गहन खेती में वृद्धि के साथ किसानों को अधिक आमदनी प्राप्त हो और खेतिहर मजदूरों को पूरे वर्ष काम मिलता रहे। कृषि की दृष्टि से पिछड़े क्षेत्रों में हरित क्रांति आने तक खेतिहर मजदूरों को बेरोजगारी के दिनों में रोजगार मुहैया कराने के लिए, उन्होंने जवाहर रोजगार योजना नाम से एक योजना आरंभ की। इसके तहत तय हुआ कि सरकार

ग्रामीण क्षेत्रों में छोटे-छोटे निर्माण कार्यों (कोई सड़क, नाला, तालाब बनाने हेतु) के लिए बेरोजगार खेतिहर मजदूरों को दैनिक मजदूरी पर काम देगी।

राजीव का शासनकाल (1984-89) बिहार में कृषि विकास के लिए और गरीबी कम करने के लिए भी अच्छा साबित हुआ। खाद्य उत्पादन, जो 1984-85 में 1.3 करोड़ टन था, 1988-89 में बढ़कर 1.45 करोड़ टन हो गया। उर्वरक की खपत 1980-81 में 200,000 टन से कुछ अधिक के मुकाबले 1988-89 में बढ़कर 600,000 टन से भी अधिक हो गई। कीटनाशकों की खपत 1987-88 में बढ़कर 3,000 टन तक जा पहुँची, जबकि 1985-86 में यह खपत केवल 175 टन थी। कृषि में अधिक वृद्धि के कारण, बिहार का सकल घरेलू उत्पाद (जी.डी.पी.) सातवीं पंचवर्षीय योजना (1985-90) में 5 प्रतिशत की दर से बढ़ी, छठी योजना (1890-85) में प्राप्त वृद्धि दर से 1 प्रतिशत अधिक।

फिर भी यह वृद्धि असमान, अस्थिर और अल्पकालिक थी, क्योंकि सरकार ने चीजों को थोड़ा जोर का धक्का अवश्य लगाया था, लेकिन कृषि से संबंधित आधारभूत, संस्थागत, तकनीकी या पारिस्थितिकी संबंधी बाधाओं को दूर करने के लिए विशेष कुछ भी नहीं किया था। सिंचाई, बिजली और ऋण का बहुत अभाव था, जबकि ये आधारभूत-संरचना के तीन मुख्य स्तंभ माने जाते हैं। 1980 के दशक के अंत तक, खाद्यान्न के अंतर्गत आनेवाला केवल 38 प्रतिशत क्षेत्र सिंचित था। बिजली की माँग 1500 मेगावाट थी और आपूर्ति केवल 900 मेगावाट। बिजली की कमी, खराब किस्म या अनुपलब्धता के कारण निजी नलकूप बेकार हो गए थे।

अधिकतर किसान अभी भी निजी साहूकारों से कर्ज लेते थे, क्योंकि व्यावसायिक बैंक तिकड़मी थे और सहकारी बैंकों पर संरक्षण प्राप्त एक पुराने भ्रष्ट कांग्रेसी ने कब्जा जमा रखा था जो हर चुनाव में खुद को उसका अध्यक्ष निर्वाचित करा लेता था। बटाईदारों के लिए सुरक्षित काश्तकारी की व्यवस्था करने या एक ही जमींदार की अलग-अलग बिखरी जोतभूमि की चकबंदी करने के संस्थागत सुधारों को त्याग दिया गया था। कृषि की नई तकनीकों को एक प्रणाली के रूप में लागू नहीं किया गया और बाढ़ की रोकथाम एवं नियंत्रण के लिए उठाए गए कदम काफी नहीं थे।

राजीव के शासनकाल के पहले दो वर्षों तक, लालू और नीतीश को लोक दल की दृष्टि से महत्त्वपूर्ण माने गए मुद्दों के लिए समर्थन जुटाने में कठिनाइयों का सामना करना पड़ा, क्योंकि लोगों का विचार था कि राजीव गांधी को कुछ करने के लिए समय दिया जाना चाहिए। जब कभी अवसर मिला, उन्होंने विधान सभा के अंदर इन मुद्दों को उठाया, लेकिन विपक्ष के नेताओं को सुनने की उत्सुकता लोगों में नजर नहीं आती थी।

लेकिन मध्य-1987 से आगे, यह साफ दिखने लगा था कि राजीव से लोगों का मोह-भंग हो रहा है। जून 1987 में हरियाणा राज्य विधान सभा चुनावों में देवीलाल के नेतृत्वाधीन लोक दल ने कांग्रेस को करारी हार दी। आगामी महीनों में राजीव के कुछ अत्यंत करीबी सहयोगी, कई मुद्दों पर राजीव के हठीले निर्णयों से नाराज होकर, कांग्रेस छोड़कर चले गए और उन्होंने जनमोरचा नाम

का एक गुट बना लिया। इस जन मोरचा के नेता विश्वनाथ प्रताप सिंह थे, जो उत्तर प्रदेश में एक छोटी सी रियासत, मांडा के भूतपूर्व राजा थे; उन्होंने अपनी पूरी भू-संपत्ति भूमिहीनों को वितरित करने के लिए भूदान आंदोलन को दान कर दी थी। इंदिरा ने उनका इस्तेमाल राजपूत वोट पाने के लिए एक चुंबक के रूप में किया और उन्हें उ.प्र. का मुख्यमंत्री तथा बाद में अपने मंत्रिमंडल में वाणिज्य मंत्री बना दिया। उन्होंने एक ऐसे मजबूत इच्छाशक्ति वाले, ईमानदार प्रशासक के रूप में प्रतिष्ठा अर्जित की, जो सार्थक उद्देश्यों के लिए एक वीर योद्धा की भाँति लड़ने के लिए तत्पर रहता है।

इंदिरा ने उन्हें अवसर दिए, इस वास्ते वह इंदिरा का एहसान मानते थे और उनके प्रति पूरी तरह निष्ठावान् बने रहे। जब राजीव ने बागडोर सँभाली, तो उनका कार्य-क्षेत्र बदलने लगा। राजीव ने उन्हें वाणिज्य से हटाकर वित्त विभाग सौंप दिया, जहाँ उन्होंने देश के चोटी के व्यापारियों के आयकर विवरणों की छानबीन शुरू कर दी और उन पर आयकर की चोरी का इल्जाम लगाया। उन्होंने अपनी छवि बनाने के उद्देश्य से मीडिया को आयकर छापों के बारे में होशियारी से खबर पहुँचाना जारी रखा। जब उन्होंने प्रमुख व्यवसायी एल.एम. थापर को गिरफ्तार करने का आदेश दिया और बॉलीवुड के सुपरस्टार अमिताभ बच्चन के बड़े भाई, अजिताभ बच्चन के खिलाफ भी ऐसी ही कारवाई करने की धमकी दी, तो राजीव ने उन्हें रक्षा विभाग में भेज दिया। बच्चन बंधु राजीव के करीबी थे।

वहाँ उन्होंने दो सौदों के कागजात खोज निकाले—पश्चिम जर्मनी के एच.डी.डब्ल्यू. पनडुब्बी की खरीद जिसमें स्व. इंदिरा गांधी की ओर उँगली उठती थी जो तब रक्षा मंत्री थीं और स्वीडन से बोफोर्स तोपों की खरीद, जिसमें राजीव के फँसे होने का संदेह था—और उन्होंने सप्लाई करनेवाली कंपनियों द्वारा 'शीर्षस्थ राजनीतिज्ञों' को 'चोरी-छिपे भारी कमीशन' की अदायगी में जाँच के आदेश दे दिए। यह देखकर कि अब हद हो चुकी है, राजीव ने अप्रैल 1987 में उन्हें मंत्रालय से हटा दिया और जुलाई में कांग्रेस से बाहर कर दिया।

वी.पी. सिंह राष्ट्रीय हीरो बन गए। जनता पार्टी के बिखरे दलों के नेताओं को उनमें एक ऐसा व्यक्तित्व नजर आया जो विपक्ष के पहिए की धुरी बनने योग्य था। भाजपा अपनी अलग पहचान बनाए रखने के पक्ष में थीं। जनता पार्टी के बिखरे दल एक होने का प्रयास कर रहे थे और जैसा 1967 तथा 1977 में हुआ था, वैसे ही 1987 में, लगभग एक दशवार्षिक पैगंबरी अवतार की भाँति, वामपंथी, दक्षिणपंथी और मध्यमार्गी दलों को मिलाकर विपक्ष का एक विशाल गठबंधन तैयार करने की योजना बनी, ताकि इन सभी दलों के बिखरे-बिखरे निर्वाचन क्षेत्रों को एक छत्र के नीचे लाया जा सके।

जनता पार्टी से अलग हुए चार राज्यों के प्रभावशाली नेताओं—लोक दल (बहुगुणा) के देवीलाल और कर्पूरी ठाकुर तथा जनता पार्टी के रामकृष्ण हेगड़े व बीजू पटनायक—ने एक अकेली पार्टी बनाने के प्रस्ताव का पूरा समर्थन किया। वी.पी. सिंह के आने से पहले उनके पुनर्गठित होने

के प्रयास इसलिए सफल नहीं हो सके, क्योंकि उनके बीच इस बात को लेकर मतभेद बना हुआ था कि उनका नेता कौन बनेगा—वही सवाल जिसके कारण 1979 में पार्टी छिन्न-भिन्न हो गई थी। विपक्ष ने 1967 और 1977 की भाँति इस बार भी कांग्रेस से असहमत किसी लब्धप्रतिष्ठ कांग्रेसी को नेता चुनने का फैसला किया : वी.पी. सिंह जनता दल के अध्यक्ष होंगे; जनता पार्टी, लोक दल के दो गुटों और जन मोरचा के विलय से पार्टी का गठन हुआ।

चंद्रशेखर करीब एक दशक तक जनता पार्टी के अध्यक्ष रह चुके थे। उन्होंने इस बार भी जनता दल का नेतृत्व ग्रहण करने का भरसक प्रयास किया, लेकिन वी.पी. सिंह के पक्ष में भारी समर्थन को देखते हुए उन्होंने वी.पी. सिंह को स्वीकार कर लिया। जनता दल ने समय न लगाते हुए, तीन क्षेत्रीय पार्टियों—आंध्र प्रदेश की तेलुगु देशम, तमिलनाडु की द्रविड़ मुनेत्र कड़गम (डी.एम.के.) और असम की असम गण परिषद् (ए.जी.पी.)—और असम के भूतपूर्व मुख्यमंत्री, शरत चंद्र सिन्हा के नेतृत्व में गठित एक बहुत छोटे गुट, कांग्रेस (शरत) को साथ लेकर एक गठबंधन किया, जिसे नेशनल फ्रंट का नाम दिया गया।

नवंबर, 1989 के लिए जब संसदीय चुनावों की घोषणा हुई, वी.पी.सिंह ने, भारतीय राजनीति के क्षेत्रीयकरण की प्रवृत्ति के साथ जाते हुए, राज्य नेताओं को प्रत्याशियों के चयन में बहुत स्वायत्तता प्रदान की। चरण सिंह, कर्पूरी और बहुगुणा की मृत्यु के बाद, हरियाणा में देवी लाल और बिहार में लालू प्रसाद ने पार्टी का पूरा नियंत्रण अपने हाथों में ले लिया। चंद्रशेखर ने एक वफादार ब्राह्मण, रघुनाथ झा को जनता दल का राज्य अध्यक्ष चुनवा लिया। रघुनाथ झा ने शुरुआत एक लोहियावादी के रूप में की थी और वह विभिन्न पार्टियों में अंदर-बाहर हो चुके थे। वह एक नेता के रूप में पूरी तरह असफल रहे और तीन माह के अंदर ही उनको बाहर करना पड़ा। इससे लालू और नीतीश (जो जनता दल के महासचिव बन गए थे) और युवा पीढ़ी के अन्य लोगों के लिए पार्टी पर अपनी पकड़ मजबूत करना आसान हो गया। लालू और नीतीश पार्टी के राष्ट्रीय नेताओं से मिलने के लिए दिल्ली जाते रहते थे; उन्होंने चंद्रशेखर के बजाय वी.पी. सिंह तथा देवी लाल से परिचय बढ़ाना बेहतर समझा।

जनता दल की रणनीति का उद्‌देश्य 1970 के दशक में चरण सिंह—सोशलिस्ट पार्टी गठबंधन द्वारा निर्मित किसान-पिछड़ी जाति गठबंधन को अपने पक्ष में करना था। पार्टी ने बजट संसाधनों का आधा कृषि के लिए आवंटित करने और 60 प्रतिशत राजनीतिक पद तथा चुनाव संबंधी नामांकन पिछड़े वर्गों, दलितों, आदिवासियों, औरतों तथा मुसलमानों को देने का वादा किया, जैसी कि लोहिया ने कल्पना की थी। तथापि, जनता दल के इंजन को चलने की शक्ति वी.पी. सिंह द्वारा उत्पन्न ऊर्जा से ही प्राप्त हुई।

वी.पी. सिंह एक ऐसे महान् उद्धारक के रूप में अपनी छवि बनाने में कामयाब हुए जो देश को 'विदेशी कंपनियों से घूस लेनेवाले' और बेईमान बड़े व्यापारियों को संरक्षण देनेवाले प्रधानमंत्री से छुटकारा दिलाने के लिए धरती पर अवतरित हुआ था। उनकी दृष्टि में वर्तमान प्रधानमंत्री

महत्त्वपूर्ण विषयों पर 'विचार करने और निर्णय लेने में अक्षम' थे। यद्यपि वह अपने आपको गांधी और जे.पी. की परंपरा क्रम का साधु-महात्मा कहलाने के अपने प्रयासों में तो सफल नहीं हुए, फिर भी इतना जरूर है कि उन्हें 'मूल्य-आधारित राजनीति' के एक दूत के रूप में देखा जाने लगा था।

किसान-पिछड़ा राजनीति के लिए भ्रष्टाचार से मुक्ति एक अच्छा आवरण सिद्ध हुआ। राज्य जनता दल ने इस आवरण (और वी.पी. सिंह की क्षेत्रीय स्वायत्तता की नीति) का उपयोग 1989 के संसदीय चुनावों में 80 प्रतिशत से अधिक सीटें 'पिछड़े' वर्गों को देने के लिए किया, जिनमें से अधिकांश उच्च पिछड़े थे। लालू ने छपरा और नीतीश ने बाढ़ निर्वाचन क्षेत्र से लड़ने का फैसला किया। लालू सांसद और विधायक दोनों रह चुके थे, लेकिन नीतीश के लिए राष्ट्रीय राजनीति में प्रवेश करने का यह पहला प्रयास था।

नीतीश ने जिस दिन से चुनाव की राजनीति में कदम रखा, उसी दिन से उनके मन में एम.पी. (संसद् सदस्य) बनने की अभिलाषा थी। 1977 में उन्हें विधान सभा सीट के लिए चुनाव लड़ने के वास्ते इसलिए विवश होना पड़ा, क्योंकि उस वर्ष उन्हें लोकसभा के लिए टिकट नहीं मिल सका था। 1980 में, एक वरिष्ठ और सम्मानित कुर्मी नेता धर्मवीर सिंह को लोक दल ने चुनाव-सखा कांग्रेस (यू) के एक प्रत्याशी के रूप में बाढ़ से लोकसभा का टिकट दिया था। नीतीश ने उनकी ओर से चुनाव प्रचार किया था। 1985 में भी धर्मवीर सिंह उस सीट के लिए प्रत्याशी थे, लेकिन वह हार गए। 1989 में नीतीश के लिए मैदान खाली था : धर्मवीर सिंह का निधन हो गया था और नीतीश ने उस निर्वाचन क्षेत्र में अपने काम से अपना आधार विस्तृत कर लिया था।

चरण सिंह के किसान समर्थक आंदोलनों का नीतीश पर भारी प्रभाव पड़ा था। आखिरकार वह भी तो एक किसान वंश से ही संबंध रखते थे। वह अभी भी अपने ही खेत का उपजा खा रहे थे; उनका पूरा परिवार खा रहा था। फिर उनके निर्वाचन क्षेत्र, हरनौत में सभी किसान थे—चाहे वे उच्च जातियों के हों, उच्च पिछड़े हों, निचले-पिछड़े हों या दलित हों और सबसे महत्त्वपूर्ण बात यह है कि खेती करनेवाली सभी जातियों की तटस्थ पहचान एक ही थी—किसान। किसानों के लिए संघर्ष करने के कारण, नीतीश को भरोसा था कि सभी जातियों की सहानुभूति और समर्थन उन्हें प्राप्त होगा और अगले चुनाव में उनकी सफलता की संभावनाएँ बेहतर हो जाएँगी।

विधायक निर्वाचित हो जाने के बाद किसानों से संबंधित किसी अच्छे उद्देश्य की खोज ने उन्हें अपने घर और निर्वाचन क्षेत्र के निकट मोकामा-बड़हिया टाल समूह तक पहुँचा दिया। ये टाल (बिहारी हिंदी में टाल का अर्थ होता है—जमा होना) एक अपूर्व कृषि पारिस्थितिक क्षेत्र बनाते हैं, जिसका क्षेत्रफल करीब 1000 वर्ग किलोमीटर है और यह कुंड के आकार का एक निचला क्षेत्र है, जिसे उसके अपने ही दक्षिणी तटबंध ने गंगा से अलग कर रखा है। मानसून के दौरान (जुलाई से सितंबर तक) नदी की धारा से अलग रहनेवाला पानी (बैकवाटर्स) इस क्षेत्र में जमा रहता है, क्योंकि दक्षिण बिहार में छोटी-छोटी नदियों के जरिए संचालित कुदरती जल निकास प्रणाली वहाँ तक नहीं पहुँचती है।

चार-माह तक पानी भरे रहने का मतलब था कि टाल में जिन लोगों की अपनी खेती-भूमि थी, वे साल में केवल एक फसल बो सकते थे। बाढ़ का पानी ढल जाने के बाद मिट्टी बहुत उर्वर हो जाती और विशेषकर दालों—काला चना, मसूर और अरहर के लिए अत्यंत उपयोगी होती थी। 'यह क्षेत्र बिहार का दाल-भरा कटोरा बन सकता है,' राज्य के कृषि विभाग के एक दस्तावेज में यह कहा गया था, लेकिन यह क्षेत्र समस्याओं से घिरा हुआ था। राज्य सरकार के दस्तावेजों में इस क्षेत्र का वर्णन और उस पर की गई चर्चा भी थी, लेकिन विभिन्न मंत्रालयों ने वास्तव में उन समस्याओं पर कोई ध्यान नहीं दिया। इस क्षेत्र को जल आप्लावित होने से रोकने और केवल एक फसल के बजाय इसे दोहरी या तिहरी फसल बोने योग्य बनाने के लिए जलनिकास प्रणाली में सुधार की बात तो जाने ही दें, सरकारों ने वहाँ हरित क्रांति से संबंधित भी कोई काम नहीं किया, जैसे कि प्रौद्योगिकी में सुधार, कृषि अनुसंधान और इस क्षेत्र को विस्तार सेवाएँ मुहैया कराना।

नीतीश ने देखा कि इस क्षेत्र में कृषि विकास के लिए कुछ मौलिक अंशदान किया जा सकता है। नीतीश को वहाँ की समस्याओं की पहले से कुछ जानकारी थी, क्योंकि कल्यानबीघा में उनकी पारिवारिक कृषि-भूमि का एक हिस्सा टाल था, जहाँ केवल मसूर उगती थी। वह बख्तियारपुर में रहते थे और बख्तियारपुर की भूमि का एक बड़ा हिस्सा भी टाल जैसा था। कुल मिलाकर पटना जिले में 15 प्रतिशत कृषि-भूमि अथवा 30,000 हेक्टेयर से अधिक भूमि टाल की थी। उन्होंने 1986 में स्थानीय राजनीतिक कार्यकर्ताओं की एक बैठक बख्तियारपुर में आयोजित की, जिसमें लोक दल, युवा लोक दल के सदस्यों के अलावा नीतीश के प्रति वफादार लोग भी शामिल हुए। नीतीश ने उनसे कहा : "टाल क्षेत्र का भ्रमण करने के दौरान मैंने पाया है कि वहाँ किसानों को अनेक समस्याओं का सामना करना पड़ता है। उनकी स्थिति दयनीय है और ऐसा प्रतीत होता है कि किसी को भी उनकी समस्याओं से कोई सरोकार नहीं है। टाल किसानों को संगठित किया जाना और उनकी आवाज उठाना अत्यावश्यक है, ताकि सरकार सुन सके।"

उन्होंने टाल क्षेत्र के गाँवों का भ्रमण किया, कभी-कभी तो वह स्कूल के अपने सहपाठी मुन्ना सरकार की मोटर साइकिल पर पीछे बैठकर भी गए, क्योंकि वह जानना चाहते थे कि संगठित होने के बारे में वहाँ के किसान क्या कहते हैं ? उनकी प्रतिक्रिया सकारात्मक और जोशपूर्ण थी। कुछ ही सप्ताह के अंदर, नीतीश ने यह जानने के लिए किसानों की एक बैठक बुलाई कि समस्या के बारे में उनके क्या विचार हैं और उनके नजरिए से समस्या का क्या समाधान हो सकता है ? किसानों ने जो कुछ कहा, उसमें सरकार की ओर से की गई अनदेखी के प्रति कड़वाहट साफ झलक रही थी। नीतीश को उन्हें इस बात के लिए राजी करने में कोई कठिनाई नहीं हुई कि टाल कृषि के विकास के लिए सरकारी हस्तक्षेप हेतु लड़ने के उद्देश्य से एक संगठन बनाना—टाल संघर्ष समिति का गठन करना बहुत आवश्यक है। उनकी पहल पर नालंदा नवनिर्माण समिति नामक एक और संगठन बनाया गया जिसका उद्देश्य उस जिले में नदियों के ऊपर पुराने जमींदारी बाँधों की मरम्मत और उनको पुनः चालू कराना था।

लोक दल, भा.ज.पा., भाकपा और माकपा; सभी पार्टियों के स्थानीय नेताओं और सक्रिय कार्यकर्ताओं ने व्यक्तिगत रूप से दोनों संगठनों में शामिल होना सहर्ष स्वीकार कर लिया। एक मजबूत संगठन खड़ा करने के उद्देश्य से टाल क्षेत्र के अलग-अलग भागों में सभाओं का आयोजन किया गया। सरकारी विभागों की स्थानीय शाखाओं—कृषि विभाग से लेकर पुलिस तक—ने टाल किसानों की शिकायतों पर अधिक ध्यान देना शुरू कर दिया। नीतीश अकसर किसानों का प्रतिनिधि-मंडल लेकर अधिकारियों के पास गए जो किसानों की आवाज में तीखेपन से चकरा गए प्रतीत होते। नीतीश ने किसानों को बोलने के लिए प्रोत्साहित किया; वह चाहते थे कि अधिकारीगण किसानों की उलझन को ठीक से समझने के लिए उनकी बात सुनें। किसानों की समस्याओं की लंबी सूची अंतहीन लगती थी।

और इसके लिए आप उन्हें दोष नहीं दे सकते थे। वे साल में केवल एक फसल उगा सकते थे और उस एक पैदावार की भी मात्रा बहुत कम होती थी। उन्हें मजबूरी में परंपरागत बीजों का इस्तेमाल करना पड़ता था, क्योंकि सरकार ने कभी उनको उच्च पैदावार देनेवाले बीज मुहैया कराने की परवाह नहीं की। कृषि विभाग की ओर से कभी उन्हें पैदावार बढ़ाने की तकनीकों के बारे में नहीं बताया गया।

नीतीश के प्रयासों से टाल किसानों की एक विशाल रैली बिहार शरीफ में सार्वजनिक मैदान में आयोजित की गई, जहाँ एक प्रस्ताव पारित कर सरकार से उन किसानों की समस्याओं को हल करने की माँग की गई। नीतीश ने अपने भाषण में चेतावनी दी कि अगर कांग्रेस सरकार द्वारा कोई कदम नहीं उठाया गया, तो टाल संघर्ष समिति दुबारा आंदोलन करेगी।

1989 के लोकसभा चुनावों में राजीव के भ्रष्टाचार, अदक्षता और अनिर्णय जैसे राष्ट्रीय मुद्दों के अलावा, कई स्थानीय कारण भी लोक दल के लिए मददगार साबित हुए। कांग्रेस के अंदर दलगत मतभेदों के कारण जल्दी-जल्दी मुख्यमंत्री बदले जाने से लोगों को महसूस होने लगा कि कांग्रेस को अगर बहुमत दिया गया, तो फिर यह इसी तरह का व्यवहार करेगी; दूसरी बात, कांग्रेस पिछड़ी जातियों से किसी व्यक्ति को कभी मुख्यमंत्री नहीं बनाएगी।

बिहार का उच्च पिछड़ा वर्ग पहले ही सामाजिक, शैक्षिक और आर्थिक रूप से उच्च जातियों के साथ स्पर्धा कर रहा था। अपनी प्रतिभा और परंपराओं के दम पर वे आत्मविश्वासी हो गए थे और अब उन्हें उच्च जातियों पर निर्भर नहीं रहना पड़ता था। राजनीति में भी इस मनोवृत्ति की झलक अवश्यंभावी थी और जनता दल उसी नई प्रवृत्ति का प्रतिनिधित्व कर रहा था।

कर्पूरी ठाकुर का दुबारा मुख्यमंत्री (1977-79) बनना और बाद में लोक दल के अध्यक्ष के रूप में निर्वाचित होना इस बात का द्योतक था कि उच्च पिछड़ा वर्ग अब स्वायत्तता चाहता है, पिछलग्गू बने रहना नहीं चाहता। 'सामाजिक न्याय' के पक्षधर के रूप में वी.पी. सिंह का नया चेहरा सामने आना और जीवन के हर क्षेत्र में पिछड़ी जातियों के लिए सकारात्मक पक्षपात का वादा करना स्पष्ट संकेत दे रहा था कि उनकी स्वायत्तता की भावना को भुनाने का प्रयास किया जा रहा

है। लालू ने इस बात को अधिक सरल, गँवारू, विशुद्ध और उत्तेजक भाषा में पिछड़ी जातियों के सामने रखा।

स्वायत्तता की बात करना लालू और नीतीश दोनों के लिए फायदेमंद साबित हुआ। दो बार पराजित होने के बाद लालू छपरा से जीत गए। नीतीश ने कांग्रेस में पिछड़ी जाति के सर्वोच्च नेता रामलखन सिंह यादव को पछाड़ दिया; इससे साफ जाहिर था कि पिछड़ी जातियों ने कांग्रेस का पल्ला छोड़कर जनता दल का दामन थाम लिया है।

राष्ट्रीय स्तर पर नीतीश का नाम राज्य से जनता दल के तीन या चार शीर्षस्थ नेताओं में शामिल था। वी.पी. सिंह ने उनकी खूबियों को पहचान लिया था। कृषक वर्ग में उनके काम को देखकर, सिंह ने उन्हें कृषि राज्यमंत्री बना दिया।

राज्य में जनता दल को 54 संसदीय सीटों में से 31 सीटों पर जीत मिली। तथापि कांग्रेस का समर्थन नहीं था। उच्च जातियों के एक विशिष्ट वर्ग, विशेषकर राजपूतों ने भी जनता दल को वोट दिया जो वी.पी. सिंह के कारण खिंचे चले आए थे। राजीव ने चुनाव से आठ माह पहले बिहार के ब्राह्मण मुख्यमंत्री भागवत झा आजाद को हटाकर सामंती कुल के एक राजपूत सत्येंद्र नारायण सिन्हा (जो अब कांग्रेस में लौट आए थे) को मुख्यमंत्री बनाकर सिंह के चुंबकीय प्रभाव को कम करने की कोशिश की। लेकिन वह कोशिश सफल नहीं हुई। कांग्रेस के एक वर्ग ने आजाद के बदले पिछड़ी जाति के किसी व्यक्ति को मुख्यमंत्री बनाने की सिफारिश की थी, लेकिन उनकी बात पर ध्यान नहीं दिया गया। अधिकांश अन्य जनता दल प्रत्याशियों की भाँति, लालू और नीतीश को भी अपने-अपने निर्वाचन क्षेत्र में राजपूतों तथा कुछेक उच्च जातियों के समर्थन का लाभ मिला; हालाँकि कुल वोटों का मुख्य आधार पिछड़ी जातियाँ थीं, फिर भी इन वोटों का महत्त्व भी कम नहीं था।

अन्य राज्यों में भी कांग्रेस के वोटों में कटौती करने वाला एक अन्य प्रमुख स्थानीय कारण भागलपुर में भड़की सांप्रदायिक हिंसा को माना जा सकता है जो चुनाव के एक माह पहले शुरू हुई और लगभग दो सप्ताह तक अनियंत्रित रूप से जारी रही। यह हिंसा हिंदुओं और मुसलमानों के बीच उस समय भड़की जब 'रामशिला' की शोभायात्रा को हथकरघा सिल्क के लिए मशहूर पूर्वी बिहार के इस शहर में एक मुसलिम-बहुल सड़क से ले जाने पर विवाद उठ खड़ा हुआ।

विभिन्न राज्यों से हिंदुओं द्वारा बाबरी मसजिद स्थल पर एक राम मंदिर की स्थापना के लिए 'पवित्र' ईंटें अयोध्या ले जाई जा रही थीं। रामशिला शोभा-यात्राओं के कारण राज्य में सीतामढ़ी, हजारीबाग और कुछ अन्य शहरों में पहले भी सांप्रदायिक हिंसा भड़क चुकी थी। राजीव ने सारे हिंदू वोटों को भा.ज.पा. के पाले में न जाने देने के उद्देश्य से इस मसले पर नरम रवैया बनाए रखा, जिसके परिणामस्वरूप मुसलमानों की यह धारणा बनने लगी कि न केवल बिहार में, बल्कि अन्य कांग्रेस-शासित राज्यों में भी, स्थानीय प्रशासन रामशिला शोभायात्राओं का आयोजन करनेवालों के साथ सहयोग कर रहा है। भागलपुर के मुसलमानों ने आरोप लगाया कि मुसलमानों को मारने और उनके घरों को लूटने तथा जलाने में स्थानीय पुलिस ने हिंदुओं की भीड़ का साथ दिया। बेशक

मुसलमानों की तरफ से भी हिंसा हुई, लेकिन जान से मारे गए करीब 1000 लोगों में अधिकतर मुसलमान थे और लूटे गए या उजाड़े गए 45,000 घरों में से अधिकांश घर मुसलमानों के थे। मरनेवालों में अधिकतर गरीब मुसलमान थे : बुनकर, रिक्शा चालक, चूड़ी विक्रेता, दिहाड़ी मजदूर। एक अत्यंत वीभत्स घटना लोगाएँ गाँव में हुई। चश्मदीद गवाहों के अनुसार, तलवारों, चाकुओं और लाठियों से लैस करीब चार हजार हिंदुओं की एक भीड़ ने—जिसके साथ एक सहायक सब-इंस्पेक्टर के अधीन पुलिसकर्मियों की एक टोली भरी हुई बंदूकों सहित आगे-आगे चल रही थी—27 अक्तूबर की सुबह करीब सात बजे मुसलमानों की एक बड़ी आबादी वाले इस गाँव पर हमला कर दिया और कुछ ही घंटों के अंदर 115 लोगों की हत्या कर दी।

इस नरसंहार के बाद वे वहाँ से भागे नहीं। जाँच-पड़ताल करनेवालों को चक्कर में डालने के प्रयोजन से, वे मौत के शिकार लोगों के शवों को लादकर गाँव की मुसलिम गली के निकट एक तालाब तक ले गए और फिर उन्हें उस तालाब में फेंक दिया। शव तैरने लगे। तब उन शवों को उन्होंने बाहर खींच लिया और ले जाकर एक कुएँ में डाल दिया। फिर यह सोचकर कि शवों के सड़ने की दुर्गंध भंडा फोड़ देगी, उन्होंने शवों को कुएँ से बाहर निकाला और घसीटकर एक बंजर भूमि तक ले गए। वहाँ उन्होंने कई फुट गहरे गड्ढे खोदे और शवों को उन उथले गड्ढों में दफन करने के बाद, ऊपर से मिट्टी भर दी। कुछेक सप्ताह के बाद, उन्होंने उस खेत में जल्दी-जल्दी क्यारियाँ बनाईं और उनमें फूलगोभी लगा दी।

प्रशासन का कहना है कि करीब छह सप्ताह बाद उसे इस घटना की जानकारी मिली। तत्पश्चात 'फूलगोभी की परत' के नीचे से 108 शव खोद कर बाहर निकाले गए।

राज्य सरकार ने स्थिति काबू में करने के लिए फौज बुलाई; राजीव विमान से भागलपुर गए। लेकिन कांग्रेस को हुए नुकसान की भरपाई के लिए तब तक बहुत देर हो चुकी थी। इस नरसंहार में सरकार की प्रत्यक्ष एवं परोक्ष सहभागिता से मुसलिम समुदाय हैरानी में पड़ गया और 1989 के संसदीय चुनावों में उनका रुख जनता दल और कम्युनिस्ट पार्टियों की ओर मुड़ गया जिनके प्रत्याशी अधिक दमदार थे। सभी गुटों को मिलाकर कम्युनिस्टों ने पहले किसी संसदीय चुनाव में इतना अधिक समर्थन नहीं जुटाया था : यहाँ तक कि भूमिगत भारतीय कम्युनिस्ट पार्टी (मार्क्सवादी-लेनिनवादी लिबरेशन गुट) के खुलकर काम करनेवाले मोरचे, इंडियन पीपुल्स फ्रंट को भी पहली बार एक सीट मिली। अन्य दस चुनाव क्षेत्रों में भी जहाँ इसने चुनाव लड़ा था इसे भारी समर्थन मिला।

इसके साथ ही, भा.ज.पा. ने भी भारी वृद्धि दर्ज कराई : 1984 में भा.ज.पा. को बिहार में जहाँ एक भी लोकसभा सीट नहीं मिली थी वहीं 1989 में भा.ज.पा. के खाते में 9 सीटें आ गई थीं। इससे पहले जनसंघ के रूप में भी, इस पार्टी को बिहार में 2 से अधिक संसदीय सीटें कभी प्राप्त नहीं हुई थीं। इसकी बढ़त में तीन कारण विशेष रूप से मददगार साबित हुए : उच्च जाति के वोटों में अधिक हिस्सा मिलना; राममंदिर के 'पुनर्निर्माण' के लिए बाबरी मसजिद स्थल पर दावा

छोड़ने के सवाल पर मुसलमानों के 'कट्टर' रवैए के विरुद्ध हिंदुओं की बढ़ती एकता और दक्षिण बिहार के आदिवासियों के लिए एक अलग राज्य की माँग के पक्ष में समर्थन का बढ़ना।

बिहार ने पूरे राष्ट्र के लिए साँचा तैयार कर दिया : कांग्रेस बुरी तरह हारी, लेकिन जनता दल को वामपंथियों और हिंदू राष्ट्रवादियों से कड़ी टक्कर मिली। वी.पी. सिंह जिन्होंने जनता दल संसदीय गुट के नेतृत्व की दौड़ में चंद्रशेखर के जीतने की संभावना मिटाने के लिए देवी लाल के साथ साजिश रची थी, वामपंथी पार्टियों और भा.ज.पा. के समर्थन से ही अपने पक्ष में बहुमत का दावा कर सकते थे। अत: सिंह ने ऐसे निर्णय लेना या घोषणाएँ करना छोड़ दिया जिनके कारण उनमें से कोई भी उनसे अलग हो सकता था। पार्टी के अंदर, वह अपने उपप्रधान मंत्री और कृषि मंत्री के रूप में एक महत्त्वाकांक्षी व्यक्ति देवी लाल, अपने पक्के दुश्मन चंद्रशेखर और अनगिनत बीन बजानेवालों के बीच घिरे हुए थे। छह राज्य विधान सभाओं के लिए चुनाव होने में तीन माह से भी कम समय रह गया था और सिंह तब तक सुरक्षित चलना चाहते थे जब तक कि अनुकूल परिणाम पाकर वह अपनी स्थिति मजबूत न कर लें।

वी.पी. सिंह के प्रधानमंत्री बनने के चार दिनों के अंदर ही, राजीव ने सत्येंद्र नारायण सिन्हा को हटाकर जगन्नाथ मिश्र को बिहार का मुख्यमंत्री बना दिया। मिश्र अल्पसंख्यकों के समर्थक माने जाते थे और उनकी वापसी मुसलमानों तथा दलितों को कांग्रेस में वापस ला सकती थी। यह भी आशा थी कि वह पार्टी में आंतरिक कलह को बेहतर सँभाल सकते हैं, क्योंकि मिश्र स्वयं कुछ वर्षों तक इसका प्रमुख कारण रह चुके थे। मिश्र ने जून 1980 में मुख्यमंत्री का पद ग्रहण करने के दो दिन के अंदर ही मुसलमानों के लिए घोषणा कर दी थी कि बिहार में उर्दू को दूसरी राजभाषा का दरजा दिया जाएगा।

मिश्र की घोषणा ने उस वादे को पूरा किया जो वादा कांग्रेस ने अपने चुनाव घोषणा-पत्र में किया था। यह वादा उन मुसलमानों को वापस ला सकता था जो सितंबर 1977 में मुख्यमंत्री के रूप में कर्पूरी ठाकुर के इस निर्णय की घोषणा के बाद लोक दल की ओर मुड़ गए थे कि मुसलमानों में पिछड़े वर्गों के छात्रों को भी हिंदुओं में निचली पिछड़ी जातियों के छात्रों के बराबर फीस से छूट दी जाएगी। मिश्र ने अपनी इस घोषणा के बाद 1980 में एक कानून बनाने की घोषणा कर दी, ताकि जिलों में मुसलमान राज्य सरकार के कार्यालयों में अर्जियाँ एवं याचिकाएँ उर्दू में प्रस्तुत कर सकें।

हालाँकि, मिश्र ने दलितों के लिए ऐसी कोई विशेष अपील जारी नहीं की थी। संभवत: राजीव की दृष्टि में वह ब्राह्मणों, दलितों और मुसलमानों के पुराने संरक्षक-ग्राहक गठबंधन का सर्वश्रेष्ठ प्रतीक थे। मिश्र इंदिरा के 'दलित-समर्थक' राजनीतिक झुकाव के साथ अधिक आसानी से पहचान बना सकते थे, क्योंकि उन्होंने उनके शासन-काल के दौरान उनकी पार्टी के मुख्यमंत्री के रूप में सत्येंद्र नारायण सिन्हा से अधिक समय काम किया था, जो कुछ वर्षों तक जनता पार्टी में रहने के बाद कांग्रेस में वापस आ गए थे। इसके अलावा बिहार के देहाती हिस्सों में एक ओर उच्च जाति और उच्च पिछड़े भूस्वामियों और दूसरी तरफ भूमिहीन दलितों के बीच बढ़ते झगड़ों में, राजपूतों

(सिन्हा की जाति के लोग) की सहायक सेना, कुँवर सेना, अग्रपंक्ति में थी।

पिछले तीस वर्षों में दलितों ने अपना समर्थन वामपंथी पार्टियों की ओर मोड़ दिया था। 1989 के संसदीय चुनाव में इंडियन पीपुल्स फ्रंट (आई.पी.एफ.) ने सभी 11 निर्वाचन क्षेत्रों में (जहाँ उसने चुनाव लड़ा था), बहुत हद तक दलितों के समर्थन से पर्याप्त वोट बटोर लिए थे। लोगों की समझ में, आई.पी.एफ. एक 'दलित पार्टी' थी। इस बात की बहुत कम संभावना थी कि दलित वर्ग कांग्रेस के पास वापस आएगा, विशेषकर तब जबकि 1980 के बाद के दौर में कांग्रेस ने भूमि-सुधार के मामले में कुछ भी न करने में उतनी ही सावधानी और तत्परता दिखाई हो जितनी आपात्काल के दौरान दिखाई थी। खाली वादों से अब काम चलनेवाला नहीं था, लेकिन कांग्रेस खुद को ही बहकावे में रखनेवाले केवल कपटी आश्वासनों पर भरोसा लगाए बैठी थी। एक टिप्पणीकार ने कहा :

> मिश्र ने पद-ग्रहण करने के पश्चात् पहली घोषणा यह की थी कि उनकी सरकार राज्य के बड़े जमींदारों से अतिरिक्त भूमि का अधिग्रहण करेगी और उसे भूमिहीनों के बीच बाँट देगी। उनकी इस घोषणा के एक माह बाद [हिंदी दैनिक] हिंदुस्तान ने 7 जनवरी को यह खबर छापी कि मिश्र सरकार भूमि सुधार लागू करने के प्रति वचनबद्ध है, लेकिन जिस फाइल में बड़े जमींदारों की सूची है सचिवालय से उस फाइल के गायब हो जाने के कारण अभी कुछ कर पाना संभव नहीं हो रहा है।

केंद्र में अपने शासन के पहले ढाई माह के दौरान जनता दल ने वी.पी. सिंह के वादों और उनके कार्यों के बीच अंतर के कारण अपनी कुछ चमक खो दी, क्योंकि वी.पी. सिंह को वामपंथी पार्टियों और भा.ज.पा. पर भी निर्भर रहना पड़ रहा था। फिर भी, जनता दल के पास बिहार सहित आठ राज्यों में विधान सभा चुनावों में केंद्र के उदाहरण पर चलने के अलावा कोई उपाय नहीं था। यद्यपि वामपंथी पार्टियों या भा.ज.पा. के साथ उसका कोई औपचारिक गठजोड़ नहीं था, फिर भी इसने उन 11 निर्वाचन क्षेत्रों में पार्टी के प्रत्याशियों को खड़े न करने का फैसला किया जहाँ भा.ज.पा. के जीतने की संभावनाएँ अधिक थीं और भाकपा के लिए 25 सीटें तथा माकपा के लिए 8 सीटें छोड़ दीं।

बाद में वर्षों तक 'धर्मनिरपेक्षता' का ढोल पीटते रहने वाले जनता दल का रवैया फरवरी 1990 राज्य विधान सभा चुनावों में अत्यंत ढुलमुल, अस्पष्ट और कूटनीतिक रहा—मसजिद स्थल पर मंदिर निर्माण करने की भा.ज.पा. की माँग जैसे मसलों पर उसकी नीति कतई स्पष्ट एवं सुनिश्चित नहीं थी और भा.ज.पा. इस माँग को लेकर हिंदू भावनाओं को भड़काने का काम कर रही थी। जिस कर्कश मुसलिम-समर्थक बयानबाजी के लिए लालू 1990 के दशक के उत्तरार्ध में इतने मशहूर हुए, वह तेवर नदारद था। लालू ने बाद में जिनको 'फासिस्टों' के नाम से पुकारा, अपनी चुनाव सभाओं के भाषणों में उनके खिलाफ भी कोई तेवर न दिखलाने की चतुराई दिखाई और अपना सारा जहर कांग्रेस पर उड़ेल दिया। चुनाव प्रचार के दौरान नीतीश ने भी इसी तरह के दाँव-पेच अपनाए।

जनता दल ने भी आपराधिक पृष्ठभूमि के पचास से अधिक लोगों को पार्टी के प्रत्याशी के

रूप में नामांकित कर 'मूल्य-आधारित' राजनीति के प्रति अपनी घोषित वचनबद्धता के साथ खुला समझौता किया; इनमें से अधिकतर लोग उच्च पिछड़ी जातियों से थे। लालू के सहयोगियों का कहना है कि तब तक लालू ने पार्टी का पूरा नियंत्रण राज्य स्तर पर अपने हाथ में कर लिया था। लालू ने चयन समिति में दूसरों से उन प्रत्याशियों के नाम इस तर्क के आधार पर मंजूर करा लिए कि अपने-अपने निर्वाचन क्षेत्र में उन्होंने आतंक फैला रखा है और उनकी जाति के लोग उनका समर्थन करते हैं; उनके पास पैसा है और बूथों पर कब्जा करने की ताकत है, वे चुनाव के परिणामों को अपने पक्ष में कर सकते हैं, अत: बेहतर यही होगा कि उन्हें पार्टी में ले लिया जाए। मीडिया के सवालों का जवाब देते हुए, लालू ने इस आधार पर इसे उचित ठहराया कि उन प्रत्याशियों पर सिर्फ आरोप लगे हैं और यह कि 'किसी भी व्यक्ति को अपराधी मानना अनुचित होगा जब तक कि निचली अदालतों द्वारा उसे दोषी करार दिए जाने के फैसले को भारत के उच्चतम न्यायालय द्वारा अनुमोदित नहीं कर दिया जाता।'

संदेह में घिरे तत्त्वों के नामांकन में नीतीश ने लालू का साथ दिया। हालाँकि नीतीश ने सीधे-सीधे उनसे बातचीत नहीं की और न ही लालू की तरह उनको बढ़ावा दिया, फिर भी इतना जरूर कहा जा सकता है कि निरी राजनीति की खातिर नीतीश ने उनके चयन का अनुमोदन किया, यह मानते हुए कि जो निर्वाचन क्षेत्र उन्हें दिए गए हैं, उनमें वे पार्टी की ओर से सबसे मजबूत प्रत्याशी हैं।

बेलछी हत्याकांड में दोषी ठहराए प्रमुख अभियुक्तों में से एक, विष्णु दास चौधरी को अस्थावाँ (इंद्रदेव चौधरी के समय से बेलछी-वीरों के एक 'गढ़') में जनता दल प्रत्याशी के रूप में नामजद किए जाने की खबर से लोग चकित रह गए। इससे भी अधिक अचंभा तब हुआ जब नीतीश के कहने पर हरनौत में भोला सिंह को नामजद किया गया जिसने 1977 में बेलछी अभियुक्त को संरक्षण देने की कसम खाकर नीतीश को हराया था। उन लोगों का नामांकन इस बात का स्पष्ट सबूत था कि नीतीश ने अपने पैतृक जिले से अपनी जाति की गुंडा ताकतों के साथ बड़े समझौते किए हैं।

1985 में हरनौत से नीतीश जीते थे—वह वर्तमान विधायक थे—इसलिए हरनौत से भोला की नामजदगी को नीतीश से भोला को एक भेंट के रूप में देखा जा रहा था। नीतीश वास्तव में यह हिसाब लगाकर चल रहे थे कि कुर्मियों से पूरा समर्थन पाने के लिए ऐसे तत्त्वों को जगह देना आवश्यक है। तथापि लोग कभी-कभी राजनीतिज्ञों से भी अधिक चालाक निकलते हैं। उन्होंने भोला सिंह और विष्णु चौधरी, दोनों को वोट न देकर हरा दिया।

जनता दल ने पिछड़ी जातियों, मुसलमानों और उच्च जातियों के एक हिस्से का समर्थन जुटाने के उद्देश्य से चुनाव की रणनीति बनाई थी। इस रणनीति के दायरे में रहते हुए, लालू ने 270 पार्टी उम्मीदवारों में से करीब 100 लोगों को यादव जाति से नामजद करके खुद को अधिक मजबूत करने की अपनी ही चाल चली। उस एक जाति के पक्ष में यह एक बहुत ही असंगत और बेमेल

आवंटन (37 प्रतिशत) था जिसका हिस्सा राज्य की कुल जनसंख्या में 11 प्रतिशत था। जो पार्टी उच्च जातियों को बराबर इस बात के लिए कोसती रहती थी कि कुल जनसंख्या का 15 प्रतिशत से भी कम हिस्सा होने के बावजूद उन्होंने कांग्रेस में 40 प्रतिशत या उससे भी अधिक हिस्से पर कब्जा जमा रखा है, उसकी इस करनी से उस पार्टी की धोखेबाजी सबके सामने आ गई।

लालू के यादव प्रत्याशियों में वृद्ध और जवान समाजवादी थे, उनके रिश्तेदार थे, नए रंगरूट थे, गुंडे और भूतपूर्व अफसरान थे। यह मंडली शिवजी की बारात जैसी थी। लालू की मनमानी के कारण पार्टी में प्रतिक्रियाओं का सिलसिला चल पड़ा; उच्च जातियों विशेषकर राजपूतों ने पार्टी छोड़ने की धमकी दे डाली, क्योंकि वे समझते थे कि वी.पी. सिंह के सर्वेसर्वा रहते उनका हक पहला और सबसे अधिक बनता है; उनके साथ-साथ अन्य दो उच्च पिछड़ी जातियों, कुर्मियों तथा कोइरियों ने भी अधिक हिस्सा माँगा।

नीतीश का व्यवहार पहले की तरह ही संकोची था, वे सीधे-सीधे खुद को अपनी जाति से जोड़कर दिखाना नहीं चाहते थे इसीलिए वह जाति-आधारित अधिक कोटे की माँग में कुर्मियों की तरफदारी से बचना चाहते थे, लेकिन इस विवाद से वह खुद को पूरी तरह अलग भी नहीं रख सकते थे, क्योंकि चाहे कुछ भी कहें, चुनावों में जाति की पहचान का बहुत असर पड़ता है और वह इस हद तक सत्यवादी नहीं हो सकते थे कि यह भी कबूल न करें कि बाढ़ से संसदीय चुनाव जीतने में उनको जाति की पहचान का लाभ भी मिला था। जब उन्होंने इस बारे में लालू से बात की, नीतीश ने कुर्मियों का पक्ष लेने के बजाय उचित वितरण का तर्क दिया। इधर-उधर पटरी बैठाने में कुछ कामयाबी उन्हें अवश्य मिली, लेकिन लालू ने अपनी सूची में शामिल अधिकतर नामों को चयन प्रक्रिया में भी सफल करवा लिया।

जनता दल दिल्ली में जब से सत्ता में आया, बिहार में उच्च जाति के छात्रों और युवाओं ने मंडल आयोग की सिफारिशों को लागू न करने के वास्ते वी.पी. सिंह की सरकार पर दबाव डालने के लिए प्रदर्शन आयोजित करना शुरू कर दिया। राज्य के प्रमुख शहरों में आरक्षण विरोधी बैनर तले आयोजित इन प्रदर्शनों को कांग्रेस और भा.ज.पा. के छात्र एवं युवा संगठनों का समर्थन प्राप्त था। 15 दिसंबर, 1989 को, उच्च जाति के कॉलेज छात्रों ने पटना में कक्षाओं का बहिष्कार किया और नगर में कई घंटों तक सड़कों पर यातायात को अवरुद्ध किए रखा। आगामी सप्ताहों में, आरक्षण विरोधी भीड़ ने सरकारी कार्यालयों तथा संपत्तियों पर हमला किया और कुछ स्थानों पर उनमें आग लगा दी।

वी.पी. सिंह कोई भी ऐसा निश्चित बयान देने से बचते रहे कि वह कहाँ और कब मंडल आयोग की सिफारिशों को लागू करने जा रहे हैं। मंडल आयोग ने 1982 में इंदिरा सरकार को दी गई अपनी रिपोर्ट में 3,743 समुदायों को अन्य पिछड़े वर्गों (ओ.बी.सी.) के रूप में सूचीबद्ध किया था और यह टिप्पणी दी थी कि वे देश की जनसंख्या का 52 प्रतिशत हिस्सा हैं। आयोग ने केंद्र सरकार की सेवाओं में अन्य पिछड़े वर्गों के लिए 27 प्रतिशत आरक्षण की सिफारिश की थी, जिसके पीछे आयोग का तर्क यह था कि अनुसूचित जातियों तथा जनजातियों को पहले ही 22.5 प्रतिशत

आरक्षण प्राप्त है, अत: दोनों का योग करीब-करीब 50 प्रतिशत हो जाएगा, जो भारत के उच्चतम न्यायालय द्वारा निर्धारित अधिकतम सीमा है। इंदिरा या राजीव ने प्रधानमंत्री रहते हुए, आयोग की इन सिफारिशों पर काररवाई की दिशा में कोई कदम नहीं उठाया।

भूतपूर्व समाजवादियों के आग्रह पर जनता दल ने इसे 1989 के संसदीय चुनाव घोषणा-पत्र के वादों में शामिल कर लिया। बिहार में वी.पी. सिंह ने करीब चालीस चुनाव प्रचार सभाओं को संबोधित किया और प्रत्येक सभा में उन्होंने ओ.बी.सी. के लिए इस आश्वासन का विशेष उल्लेख किया कि अगर उन्हें जनता का सहयोग मिला और उनकी सरकार बनी, तो वह आयोग की सिफारिशों को अवश्य लागू करेंगे।

विधान सभा चुनाव-प्रचार के दौरान लालू ने अपने भाषणों में इसका प्रमुखता से जिक्र किया कि उनकी पार्टी मंडल आयोग की सिफारिशों को लागू करने के लिए वचनबद्ध है। उनके औपचारिक भाषणों की अपेक्षा, जिस बात ने पिछड़ी जातियों (उच्च और निचली पिछड़ी जातियों को मिलाकर) के एक बड़े हिस्से को जनता दल की ओर खींचा, पिछड़ी जातियों का यह समझना था कि कांग्रेस का वास्ता केवल उच्च जातियों से है और यह पार्टी पिछड़ी जातियों की उन्नति के विरुद्ध है। संसदीय चुनावों की भाँति, विधान सभा चुनाव भी कांग्रेस के खिलाफ गए। विधान सभा में कांग्रेस की सीटें 196 से घटकर केवल 71 रह गईं, वोटों में कांग्रेस का हिस्सा 39.30 से गिरकर 24.78 प्रतिशत पर आ गया।

विपक्ष की सभी पार्टियों को फायदा हुआ। भा.ज.पा. को 16 के मुकाबले 39 सीटें मिलीं, भाकपा की सीटें 12 से बढ़कर 23 हो गईं और माकपा को 1 के मुकाबले 6 सीटें प्राप्त हुईं। 1985 में जनता दल और लोक दल (बी) दोनों ने मिलकर 59 सीटें जीती थीं। 1990 में, 'पुनः संयुक्त' जनता दल को 122 सीटें मिलीं, दोगुना से भी अधिक।

जनता दल के लिए, बिहार विधान सभा चुनावों ने वही स्थिति पैदा कर दी जैसी संसदीय चुनावों ने पेश की थी : यह एकमात्र सबसे बड़ी पार्टी के रूप में उभरी, लेकिन बहुमत में 41 सीटें कम पड़ गईं। भा.ज.पा. तथा दो कम्युनिस्ट पार्टियों ने जनता दल सरकार को 'बाहरी समर्थन' देना मंजूर कर लिया, ताकि उसे केंद्र की तरह कामचलाऊ बहुमत मिल जाए, लेकिन समस्या इस सवाल को लेकर खड़ी हुई कि सरकार का नेतृत्व कौन करेगा ?

औपचारिक रूप से, केंद्रीय नेताओं ने पार्टी विधायकों पर ही अपना नेता चुनने की जिम्मेदारी छोड़ दी, लेकिन परदे के पीछे वे अपने उम्मीदवारों का समर्थन कर रहे थे। वी.पी. सिंह ने एक दलित, राम सुंदर दास को चुना जो एक वरिष्ठ समाजवादी थे और जनता पार्टी की सरकार में दस महीने (अप्रैल 1979-फरवरी 1980) तक मुख्यमंत्री रह चुके थे; बाद में कर्पूरी ने उन्हें पद छोड़ने के लिए बाध्य कर दिया था।

वी.पी. सिंह द्वारा राम सुंदर दास को तरजीह देने का मतलब था कि वह लोहिया के स्वप्न और उनके भूतपूर्व समाजवादी साथियों की सनक 'सामाजिक क्रांति' को पूरा करने की दिशा में

फिलहाल कोई कदम उठाने का इरादा नहीं रखते थे। उनकी योजना उच्च जातियों, दलितों और मुसलमानों को साथ लेकर कांग्रेस के गठबंधन जैसा एक जनता गठबंधन बनाने की प्रतीत होती थी। इस योजना के अनुरूप मॉडल में, पिछड़ी जातियों को गौण भूमिका निभानी होगी, लेकिन बाहर दिखाया यह जाएगा जैसे वे नेता हों।

देवीलाल की पसंद लालू थे। पिछले कुछ वर्षों में, लालू ने सभी निर्णय उच्च पिछड़ों की बदलती मानसिकता को ध्यान में रखकर लिए थे जो सत्ता के पदों में नेतृत्व की भूमिका पाना चाहते थे और अपनी मसखरी के मुखौटे के पीछे, उन्होंने हर अवसर का इस्तेमाल यह दरशाने के लिए किया कि एक चोटी की भूमिका के लिए वह स्वयं सबसे अधिक होनहार और योग्य प्रत्याशी हैं। युवा समाजवादी ब्रिगेड में नीतीश सहित अनेक लोग थे जो मजबूती से उनके पीछे खड़े थे। इस ब्रिगेड को प्रमुखत: बिहार आंदोलन में युवा शक्ति के प्रभुत्व से बल मिला। उन्होंने अपनी पहली लड़ाई लोक दल विधायक गुट के नेता के रूप में लालू के चुनाव के जरिए पीढ़ीगत बदलाव के लिए जीती थी और दूसरी लड़ाई विपक्ष के नेता के रूप में उनका चुनाव होने से जीती। जनता दल विधायक गुट के नेता के रूप में उनका चुनाव उसी लड़ाई का एक नैरंतर्य था, आगे की एक कड़ी थी।

अधिकतर समाजवादी विधायक जानते थे कि लालू के पास मुख्यमंत्री बनने की योग्यता नहीं है। उनकी दृष्टि में उनके पास इतनी बौद्धिक या प्रशासनिक योग्यता नहीं थी कि उन्हें उस पद के योग्य माना जाए : उनमें अनुशासन और अध्यवसाय की कमी थी, वह ऐसे व्यक्ति थे जो किसी व्यवस्था के अंदर काम करने से घृणा करता है।

नीतीश जब लालू के लिए समर्थन माँगने के लिए विधायकों के पास गए, तो उनमें से कम-से-कम अठारह ने, जो मुख्यत: लोक दल से थे, उनसे कहा : "आप क्यों लालू को मुख्यमंत्री बनाना चाहते हैं? उनकी जगह आप मुख्यमंत्री क्यों नहीं बन जाते?" नीतीश ने उस सुझाव को हँसी में उड़ाते हुए तर्क पेश किया, "हमें सामाजिक क्रांति को आगे ले जाना है और प्रस्तुत स्थिति में लालू ही वह सही व्यक्ति हो सकते हैं—हमें न केवल उच्च पिछड़ों को प्रेरित करना है, बल्कि पिछड़ी जातियों को भी प्रोत्साहित करना है।"

निष्पक्ष चुनाव कराने के लिए पार्टी के केंद्रीय नेतृत्व की ओर से तीन चुनाव प्रेक्षक दिल्ली से पटना आ गए। उनमें से दो, अजीत सिंह और जॉर्ज फर्नांडिस, वी.पी. सिंह के घनिष्ठ सहयोगी थे और उन्होंने राम सुंदर दास को सर्वसम्मति से निर्वाचित कराने का भरपूर प्रयास किया। तीसरे प्रेक्षक थे शरद यादव, जो देवी लाल के आदमी थे और वह लालू के लिए समर्थन जुटाने के लिए आए थे। तीनों चुनाव प्रेक्षक तटस्थता के मोहरे के पीछे पक्षपात का खेल खेल रहे थे। तीन दिनों तक उन्होंने पार्टी विधायकों के 'मन की बात जानने के लिए' विधायकों से एक साथ और अलग-अलग 'साक्षात्कार' किया। अजीत सिंह और फर्नांडिस ने लालू को यह बताने के लिए बुलाया कि सिर्फ कोई विधायक ही उम्मीदवारी के योग्य होगा। लालू ने दलील दी कि अगर उनका चुनाव हो जाता

है, तो वह सांसद के रूप में इस्तीफा दे देंगे और कानून की अपेक्षानुसार, छह माह के अंदर द्विसदनीय विधानमंडल के किसी भी सदन के लिए अपना चुनाव करा लेंगे। लालू को स्पर्धा से हट जाने के लिए मनाने के उन्होंने बहुत प्रयास किए, लेकिन कोई नतीजा नहीं निकला।

करीब एक सप्ताह तक गतिरोध बना रहा। वी.पी. सिंह के दूत चाहते थे कि जो भी चुना जाए, सर्वसम्मति से चुना जाए और चुनाव करने की नौबत न आए। तथापि, लालू चुनाव कराने पर आमादा थे—अगर सर्वसम्मत पसंद वह न हों, तो चुनाव हो। दोनों खेमों के लोगों ने पार्टी विधायकों से मिलने, उन्हें समझाने-मनाने के लिए बहुत भागदौड़ की, उनके घरों में गए, उनसे गुटों में मिले और उनको मंत्री बनाने या अन्य प्रभावशाली पदों पर नियुक्त करने के आश्वासन उन्हें दिए। रात में लालू, नीतीश तथा उनके कैंप के अन्य प्रतिष्ठित सदस्य विधायकों की सूची लेकर बैठ जाते और नामों के आगे 'पक्ष में' (टिक) या 'नहीं' (क्रॉस) का निशान लगाते, यह देखने के लिए कि गणित उनके पक्ष में काम कर रहा है या नहीं। उन्होंने तीन श्रेणियाँ बनाईं : समर्थक, विरोधी और 'रंगबदलू'। उन्होंने पाया कि विरोधी और रंगबदलू मिलकर उन्हें हरा सकते हैं।

पार्टी के 80 प्रतिशत नामांकन पिछड़ी जातियों, मुख्यत: यादवों को देने की लालू की रणनीति काम करती दिख रही थी। उच्च पिछड़े विधायक उनका समर्थन कर रहे थे। कुछेक को छोड़कर, उच्च जाति विधायक लालू के विरुद्ध थे; यही स्थिति दलितों और कुछ निचले पिछड़ों की थी। एक सीधी टक्कर में, लालू दास से हार जाते।

लेकिन उनकी किस्मत अच्छी थी, एक तीसरे प्रत्याशी के रूप में रघुनाथ झा खड़े हो गए। इस सामान्य धारणा के विपरीत कि दास के वोट काटने के लिए उन्हें लालू खेमे ने खड़ा किया है, यह चाल चंद्रशेखर ने चली थी, जो हर हालत में किसी दूसरे को नहीं, बल्कि वी.पी. सिंह के आदमी को मुख्यमंत्री की कुरसी पर देखना चाहते थे; यही कारण था कि उन्होंने झा को खड़ा किया, जो एक ब्राह्मण थे। चंद्रशेखर को अच्छी तरह पता था कि झा के जीतने की संभावना कतई नहीं है। वह सिर्फ मैदान में होंगे ताकि उच्च जातियों—विशेषकर चंद्रशेखर के राजपूत समर्थकों के काफी सारे वोट—दास से छीन लें; ऐसा होने से लालू का रास्ता आसान हो जाएगा, जिन्हें ओ.बी.सी. ब्लॉक का पक्का समर्थन प्राप्त था।

मजे की बात है, चुनाव कराने के लिए केंद्रीय प्रेक्षकों ने नीतीश का चयन किया, क्योंकि दास और झा दोनों चुनाव प्रत्याशी थे—दास राज्य में पार्टी अध्यक्ष थे और झा संसदीय बोर्ड के सभापति। गुप्त मतपत्र से हुए चुनाव का परिणाम काफी करीब था : झा ने दास के 12 वोट काट दिए, जिसकी वजह से उनके खाते में केवल 56 वोट रह गए। लालू को 59 वोट मिले।

लालू का पदार्पण हो चुका था।

□

7

विद्रोह

ᏣᏣ ❋ ᏣᏣ

लालू अन्य मुख्यमंत्रियों से अलग दिखना चाहते थे, ताकि आम आदमी उन्हें 'अपने बीच का एक आदमी' समझें। उन्होंने अपने पद की शपथ राजभवन (गवर्नर हाउस) में नहीं, बल्कि पटना के ऐतिहासिक सार्वजनिक स्थल, गांधी मैदान में ली, जहाँ हजारों लोग मौजूद थे। उनसे पहले जितने भी मुख्यमंत्री हुए, उन सभी को राजभवन में 'गण्यमान अतिथियों' की मौजूदगी में औपचारिक रूप से पद की शपथ दिलाई गई थी।

लालू अपनी छवि एक राजनीतिक रॉबिन हुड जैसी बना रहे थे। बिहार के सामाजिक वातावरण को बनाने में जितना योगदान उनका रहा, उतना ही योगदान उस वातावरण का उनको बनाने में रहा। उन्होंने सही जगह पर, सही समय पर और सही नारों के साथ अपनी मौजूदगी दर्ज कराई। उच्च जातियों और निचली जातियों के बीच युगों-युगों से मालिक और नौकर का संबंध चला आ रहा था। निचली जाति का आदमी चाहे जितना पढ़-लिख जाए या चाहे जितना कमा ले, उसकी छोटी से छोटी, मानवीय भूल पर भी, उच्च जाति के लोग ऐसा उलाहना देने से चूकते नहीं थे, 'जात कहीं छुपती है?'

नीची जाति के लोगों को बचपन से ही तानाकशी, व्यंग्य, नाटकीय कानाफूसी, द्विअर्थी उपाधियों—उपनामों को सहना पड़ता था, क्योंकि यह सब जन्म से निश्चित होता था। आपके माता-पिता की जाति आपके माथे पर एक ठप्पे की तरह चिपक जाती है; रोजाना अपमान और अन्याय सहना आपकी अपरिहार्य नियति बन जाती है।

यहाँ एक उदाहरण प्रस्तुत है जिसका वर्णन मध्यवर्ती कोइरी जाति के एक युवा व्यक्ति द्वारा किया गया है : एक दोपहर वह (जब उसकी आयु तेरह या उसके आसपास थी) एक ऐसी जगह कैरम खेल रहा था जिसे एक खुले सार्वजनिक क्लब के रूप में चलाया जाता था; वहाँ

कुछ समाचार-पत्र होते थे, एक कैरम बोर्ड और एक शतरंज बोर्ड रखा रहता था। क्लब उसके गाँव के समीप था। वह गाँव एक उप-जिले के अंदर पड़ता था जहाँ उच्च जाति भूमिहारों का प्रभुत्व था। वह तीन अन्य लोगों के साथ, कैरम खेल रहा था तभी कुछ भूमिहार लड़के क्लब में आ पहुँचे और उनमें से एक ने, कुछ भी कहे बिना, खेलनेवालों के ऊपर हाथ ले जाकर, बोर्ड से स्ट्राइकर (गोटियों को मारनेवाला ठप्पा) उठा लिया। फिर, उन्होंने कैरम बोर्ड के इर्द-गिर्द बैठे हुए लड़कों को चले जाने का इशारा किया : 'भाग जाओ। अब हम खेलेंगे।' भूमिहार लड़के जल्दी से खाली सीटों पर बैठ गए, बोर्ड के कोने की जेबों से उन्होंने गोटियाँ निकालीं और खेल जमाने लग गए।'

जमींदारी समाप्त होने और अन्य विकास कार्यों के चलते, उच्च जातियों तथा निचली जातियों के बीच मालिक-नौकर संबंध का आर्थिक आधार मिट गया। स्वतंत्रता-प्राप्ति के बाद, निचली जातियों, विशेषकर कृषक वर्ग, के लोग आर्थिक रूप से एवं शिक्षा की दृष्टि से उन्नत हो गए थे। अतः सामाजिक अपमान और अन्याय उन्हें चोट पहुँचाता था। वे अब इसे अपना भाग्य मानने के लिए तैयार नहीं थे। उनकी आर्थिक गतिशीलता और सामाजिक गतिहीनता के बीच के अंतर को मिटाना आवश्यक था।

वे मुक्त होने के लिए छटपटा रहे थे और लालू ने सही नब्ज पकड़ी। उच्च जातियों के खिलाफ लालू के आक्रामक और दबंग भाषणों ने पिछड़ों को मुग्ध कर दिया। इस प्रभावशाली भाषणकर्ता से उन्हें प्यार हो गया।

यह कुछ ऐसा ही घटनाक्रम था जैसा 1960 और 1970 के दशक में दक्षिण भारत के राज्यों में हुआ था। बिहार में पिछड़ी जातियों के आंदोलन ने 1990 के दशक में जोर पकड़ा जब उन्होंने कहा : "उच्च जाति वालों, हटो एक तरफ। हमारे पास जमीन है। आँकड़ा हमारे पक्ष में है। हम जाग्रत् और संगठित हैं। हमें सताना और हमारे साथ बुरा व्यवहार बंद करो। अब हम शासन करेंगे।"

लालू ने अपने भावनात्मक नारों से पिछड़ी जातियों को शानदार तरीके से अपना बना लिया—वोट हमारा, राज तुम्हारा! नहीं चलेगा, नहीं चलेगा—इस नारे ने उच्च जातियों को चेता दिया कि पिछड़ी जातियों के वोट के सहारे सत्ता का आनंद भोगने के तुम्हारे दिन अब लद गए।

वी.पी. सिंह ने 7 अगस्त, 1990 को संसद् के दोनों सदनों में यह घोषणा कर दी कि उनकी सरकार ने मंडल आयोग की सिफारिशों को स्वीकार करने तथा अन्य पिछड़े वर्गों को केंद्र सरकार की नौकरियों में 27 प्रतिशत आरक्षण देने का निर्णय किया है। यह घोषणा लालू के लिए एक वरदान साबित हुई।

लालू और नीतीश उस दबाव गुट का हिस्सा थे जो आरक्षण लागू करने के लिए सिंह को टोकते रहते थे। तथापि, कुछ मामलों में उनका नजरिया अलग था। लालू जाटों को ओ.बी.सी. श्रेणी में लाने के खिलाफ थे, जिसकी माँग उपप्रधानमंत्री देवी लाल ने की थी। लेकिन नीतीश ने इस माँग

का समर्थन किया और इससे पहले कि वी.पी. सिंह संसद् में घोषणा करें, उन्होंने वी.पी. सिंह को एक पत्र भी लिखा था कि जाटों और मराठों को भी उक्त श्रेणी में शामिल किया जाना चाहिए, किंतु वह इस पक्ष में नहीं थे कि जाटों और मराठों को शामिल किए जाने तक घोषणा को रोके रखा जाए।

वी.पी. सिंह की सहयोगी पार्टियों, भा.ज.पा. और वाम मोरचा का उन पर दबाव बढ़ रहा था कि आरक्षणों में आर्थिक मापदंड को शामिल किया जाना चाहए। ये पार्टियाँ वी.पी. सिंह से माँग कर रही थीं कि मंडल की सिफारिशों में उस 'बिहार फार्मूला' के अनुसार संशोधन किया जाए, जिसे नवंबर 1978 में कर्पूरी ठाकुर ने लागू किया था। बिहार फार्मूला में तीन विशिष्ट लक्षण थे। एक सभी ओ.बी.सी. को आरक्षण देने के बजाय इसने ओ.बी.सी. को दो श्रेणियों में विभक्त कर दिया था—(i) *ई.बी.सी. यानी अत्यंत पिछड़े वर्ग और (ii) *बी.सी. अर्थात् पिछड़े वर्ग—और दोनों के लिए क्रमश: 12 प्रतिशत तथा 8 प्रतिशत आरक्षण की व्यवस्था की गई थी; उच्च पिछड़ों को अलग एक उपश्रेणी में रखा गया था, ताकि उन्हें आरक्षण के तहत सभी नौकरियाँ हथियाने से रोका जा सके। दो, उन बच्चों को कोटे में शामिल नहीं किया गया था जिनके माँ-बाप आयकर देते हैं। तीन, उच्च जातियों में गरीबों को एक पिछड़ा वर्ग मानते हुए, 3 प्रतिशत कोटा उनके लिए निर्धारित किया गया था।

कुछ जनता दल नेता मंडल आयोग की सिफारिशों को बिहार फार्मूला के अनुसार लागू किए जाने के पक्ष में थे और उनमें नीतीश सबसे आगे थे। इसके पीछे एक विशेष कारण यह था कि कर्पूरी द्वारा बनाया गया बिहार फार्मूला उस फार्मूले के काफी करीब था जो नीतीश ने 1978 में अगड़ों-पिछड़ों को लेकर भड़के, प्रचंड आंदोलन के समय सुझाया था और जिसे 'नीतीश फार्मूला' कहा गया था। कर्पूरी के फार्मूले में, ठीक उसी तरह पिछड़ी जातियों के सुविधा-संपन्न लोगों को आरक्षण के लाभ से वंचित रखा गया था।

नीतीश उक्त प्रस्ताव का समर्थन इसलिए भी कर रहे थे, क्योंकि उनका मानना था कि कर्पूरी ने ओ.बी.सी. को ई.बी.सी. और बी.सी. उपश्रेणियों में विभक्त करके दूरदर्शिता का परिचय दिया है। नीतीश ने इस उपश्रेणीकरण का महत्त्व 1978 में नहीं समझा था। ''मैं जब पीछे मुड़कर देखता हूँ, मैं सोचता हूँ, तब मैं कमसिन और अपरिपक्व था,'' नीतीश कहते हैं। ''मैं वह नहीं देख पा रहा था जो कर्पूरी अपने व्यापक ज्ञान और अनुभव से देख सकते थे—कि अत्यंत पिछड़े वर्ग कोटे के अंदर एक कोटे के बगैर सकारात्मक भेदभाव से कभी लाभान्वित नहीं हो सकेंगे। वे शिक्षा और व्यक्तिगत संसाधनों के मामले में उच्च पिछड़ों से बहुत बहुत पीछे हैं। वे कभी उनकी बराबरी नहीं कर पाएँगे।''

फिर भी, जनता दल में अधिकांश लोग, विशेषकर समाजवादी, ओ.बी.सी. का ई.बी.सी. और बी.सी. के रूप में किसी भी वर्गीकरण, पात्रता के लिए आय की कोई अधिकतम सीमा तय

*ई.बी.सी. = Extremely Backward Classes, बी.सी. = Backward Class.

करने या उच्च जातियों में आर्थिक रूप से पिछड़ों को कोई हिस्सा देने के खिलाफ थे। लालू उनमें प्रमुख थे। विद्यमान परिस्थितियों में कुछ समय सोच-विचार करने के बाद, नीतीश ने उपश्रेणियाँ बनाने पर दबाव न डालने का निश्चय किया। सबसे बड़ी चिंता यह सोचकर थी कि पिछड़ी जातियों को उच्च जातियों की प्रचंड प्रतिरोध शक्ति के विरुद्ध एक वर्ग के रूप में सशक्त किया जाना जरूरी है। अन्य पिछड़े वर्गों का एकजुट होना अत्यावश्यक था, अन्यथा उपश्रेणीकरण इस उद्देश्य को छिन्न-भिन्न कर देगा। बिहार में मंडल आयोग की सिफारिशों को लागू कराने का रास्ता साफ करने में नीतीश ने लालू का साथ देने का निश्चय किया।

मंडल रिपोर्ट लागू करने की घोषणा के साथ राज्य में उच्च जातियों का गुस्सा तूफान की तरह फैल गया। उनकी भीड़ ने सरकारी संपत्तियों और पिछड़ी जातियों की दुकानों पर हमला कर उन्हें तबाह किया और जला डाला। लालू की मौन सहमति से इकट्ठा होकर, पिछड़ी जातियों ने शहरों के बीच से कूच किया और उच्च जातियों से टक्कर ली जिन्होंने उनकी संपत्ति उजाड़ी थी। लालू ने पुलिस को मंडल विरोधी आंदोलनकारियों के साथ सख्ती से पेश आने के आदेश दिए। उनका उद्देश्य उच्च जातियों में भय जगाना था, कुछ ऐसा करते और कहते रहना था जिससे उनके मन में लालू के प्रति घृणा बढ़े और निचली जातियाँ आनंद से विभोर होकर पूरी तरह उनके पीछे हो जाएँ। वह चाहते थे कि निचली जातियों के लोग उन्हें अपना सूरमा, उद्धारक और मसीहा समझें। राज्य में अलग-अलग जिलों में पुलिस के हाथों उच्च जाति के दर्जन भर युवक मारे गए।

जल्दी ही, यह टकराव ग्रामीण क्षेत्रों में फैल गया। 1990 में अगड़ों और पिछड़ों के बीच विद्वेष की भावना इस बार 1978 की तुलना अधिक गहरी थी। उनके बीच सामाजिक संपर्क पूरी तरह बंद हो गया था। उच्च जातियों के युवकों ने भारी बेरोजगारी से भरे उन दिनों में मंडल को जिंदगी और मौत का सवाल बना लिया था और पिछड़ी जाति के युवकों को इसमें वह सब पाने का अधिकार एवं मौका नजर आ रहा था जो सदियों से उनसे छीना जाता रहा है।

अगड़ों और पिछड़ों के बीच मध्यस्थता करने और शांति स्थापित करने के बजाय, लालू ने ऐसे भाषण दिए जिनसे खाई बढ़ गई। दोनों के बीच आग अधिक-से-अधिक भड़काकर ही राजनीतिक लाभ चौगुना किया जा सकता था। लालू ने वही किया। लालू ने उच्च जातियों के विरुद्ध बहुत जहर उगला और उसे पिछड़ी जातियों के लिए बहुरंगी बीन में बदल दिया।

नीतीश को लालू के भड़काने वाले तरीकों पर गंभीर आपत्तियाँ थीं, लेकिन, विद्यमान परिस्थितियों के अंतर्गत नीतीश ने लालू का साथ देना ही बेहतर समझा। लालू और नीतीश ने मिलकर, वी.पी. सिंह को राज्य में कई मंडल रैलियों को संबोधित करने के लिए मना लिया। नीतीश के निर्वाचन क्षेत्र, बाढ़ में, सिंह की रैली में उच्च जाति विरोधकर्ताओं ने मंच की ओर जूते और चप्पल फेंके।

मंडल फैसले के ऊपर चल रहे फसाद के बीच, भा.ज.पा. अध्यक्ष, लालकृष्ण आडवाणी ने अपनी रथ यात्रा की घोषणा कर दी। यह देशभर में हिंदुत्व के लिए एक धर्मयुद्ध था। यह रथ-यात्रा

अयोध्या पहुँचकर समाप्त होनी थी जहाँ वह उस स्थल पर एक राम मंदिर का निर्माण करने हेतु भक्तों का नेतृत्व करने वाले थे जिस जगह सोलहवीं सदी की बाबरी मसजिद खड़ी थी।

लालू ने मंडल का विरोध करने के लिए भा.ज.पा. को बहुत बुरा-भला कहा। हिंदुत्व आंदोलन के विरुद्ध, लालू ने धर्मनिरपेक्षतावाद का चक्कर चला दिया। पिछड़ी जातियों को उन्होंने अपने इस विचार से अपने पक्ष में कर लिया कि भा.ज.पा. के हिंदुत्व आंदोलन का लक्ष्य उच्च जातियों के ऊपर हमेशा के लिए अपना प्रभुत्व बनाए रखना है। भा.ज.पा. के आक्रामक हिंदुत्व तेवर देखकर मुसलमान पहले से ही चकराए हुए थे और एक सशक्त राजनीतिक सूत्रधार की तलाश में थे। इस तरह, लालू ने हिंदू श्रेष्ठतावाद के विरुद्ध अपनी चालें चलकर स्वयं को पिछड़ी जातियों और मुसलमानों, दोनों का चहेता बना लिया।

नीतीश के भाषण भी भा.ज.पा. की कटु आलोचना से भरे होते थे, किंतु उनमें लालू के भाषणों जैसा कसैलापन और तिरस्कार नहीं था। 'आडवाणी की रथ यात्रा मंडल के आगे दीवार खड़ी करने की साजिश के अलावा कुछ नहीं है,' उन्होंने 8 अक्तूबर, 1990 को पटना के गांधी मैदान में आयोजित एक मंडल रैली में कहा, "भा.ज.पा. उन सामाजिक कट्टरपंथियों का पक्ष समर्थन करती है जो मंडल पर इसलिए प्रहार करते हैं, क्योंकि वे अन्याय पर आधारित प्राचीन सामाजिक व्यवस्था को कायम रखना चाहते हैं। मंडल ने उत्पीड़ित वर्गों की अभिलाषाओं को पूरा किया है और उन्हें समाज में सम्मान दिलाया है। सामाजिक न्याय की घड़ी को अब कोई किसी भी तरह पीछे नहीं कर सकता।"

पिछड़ी जातियों के लिए यह वाकई एक युगांतरकारी क्षण था। मंडल का प्रयोग एक रणनाद के रूप में करके वे उच्च जातियों से राजनीतिक नेतृत्व छीनने के लिए आगे बढ़ रहे थे और उन्हें एकता की भावना विकसित करनी थी। नीतीश और लालू का आपसी तालमेल और सामंजस्य किसी भी अन्य बात की अपेक्षा बहुत श्रेष्ठ था, क्योंकि यादव और कुर्मी, पिछड़ों में अगड़े, परंपरागत रूप से एक-दूसरे के शत्रु रहते आए थे।

आडवाणी की रथ यात्रा जैसे-जैसे आगे बढ़ी, कई शहरों में हिंदुओं और मुसलमानों के बीच दंगे भड़क गए। बिहार में 1989 में रामशिला शोभायात्रा के कारण भागलपुर में हुए जनसंहार का संत्रास अभी तक मुसलमानों के दिल से गया नहीं था।

वी.पी. सिंह ने आडवाणी को अयोध्या पहुँचने से रोकने का फैसला किया। आडवाणी उस दौरान बिहार से होकर अयोध्या की ओर बढ़ रहे थे, जब सिंह ने लालू को उनकी रथ यात्रा रोकने और उन्हें गिरफ्तार करने का आदेश दिया। हिंदू धर्मोत्साह की विशाल लहर को ध्यान में रखते हुए 23 अक्तूबर, 1990 को उत्तर बिहार के अंतर्गत समस्तीपुर में आडवाणी की गिरफ्तारी को वास्तव में राजनीतिक रणकौशल का एक शानदार उदाहरण माना गया। आडवाणी को रोकना हिंदुत्व रूपी 'भीमकाय मानव' को उसके रास्ते में रोकने के समान था जो मुसलिम 'वामन' को अपने पैरों तले रौंदने के लिए छलाँग मारता हुआ आगे बढ़ रहा था। हालाँकि इस आँधी को रोकने का श्रेय मुख्य

रूप से सिंह को मिलना चाहिए था, फिर भी लालू ने जो किया वह कोई सूरमा ही कर सकता था। वह मुसलमानों के 'हीरो' बन गए।

7 नवंबर, 1980 को भा.ज.पा. ने वी.पी. सिंह सरकार से समर्थन वापस ले लिया। लालू का मुख्यमंत्री बने रहना खतरे में पड़ गया। भा.ज.पा. द्वारा समर्थन वापस लेने का मतलब था 39 वोटों का नुकसान। दिलासा देनेवाली बात यह थी कि सभी वामपंथी पार्टियाँ—भाकपा (23), माकपा (6), *एम.सी.सी. (2) और इंडियन पीपुल्स फ्रंट (7), कुल 38—लालू को समर्थन दे रही थीं, ठीक उसी तरह जैसे वे सिंह को समर्थन दे रही थीं, किंतु केवल उनके समर्थन से काम चलनेवाला नहीं था। लालू को झारखंड मुक्ति मोरचा (19) और निर्दलीय (30) का समर्थन हासिल करने के लिए जल्दी कुछ करना अत्यावश्यक था। उन्होंने वशिष्ठ नारायण सिंह को मनाकर लाने के लिए नीतीश की मदद माँगी—जो बिहार आंदोलन में सक्रिय भाग लेनेवाले सत्रह जनता दल विधायकों के प्रमुख नेता थे और लालू से इसलिए अलग हो गए थे, क्योंकि उन्हें लालू की नीति में कोई स्पष्ट दिशा नजर नहीं आई और न ऐसा लगा कि वह एक स्वच्छ प्रशासन दे सकते हैं तथा किसी परिवर्तन के लिए उनकी बात मानने के लिए भी वह तैयार नहीं थे।

लालू ने अपने 11 सदस्यीय मंत्रिमंडल का विस्तार करके अपनी डूबती नैया को बचा लिया। अब उनके मंत्रिमंडल में 69 सदस्य हो गए थे। अपनी सरकार बचाने के लिए लालू ने अनेक समझौते किए, लेकिन ओ.बी.सी. तथा मुसलमानों में उनकी बढ़ती लोकप्रियता पर इसका कोई असर नहीं पड़ा, बल्कि उन्होंने इसे एक वीरतापूर्ण कार्य समझकर इसका जश्न मनाया : उच्च जातियों पर राजनीतिक प्रभुत्व जमाने के लिए आगे बढ़ने में सब-कुछ उचित था। इस भावना का लाभ उठाने के उद्देश्य से, लालू ने अपनी जीत को सामाजिक न्याय और धर्मनिरपेक्षता की जीत बताया।

हालाँकि पर उच्चतम न्यायालय ने रोक लगा दी। इससे उच्च जाति के एक मुद्दई इंद्र साहनी की दलील पर मंडल आयोग की सिफारिशों के कार्यान्वयन मंडल को लेकर उत्पन्न तनाव शांत होने लगा था, फिर भी लालू ने उस तनाव को भड़कानेवाले भाषण देना जारी रखा। उच्च जातियों के विरुद्ध उनका प्रलाप और भी तीखा और कटु हो गया। उन्होंने अपने मुग्ध श्रोताओं को बताया कि उच्च जातियों का राज्य अधिकारी-तंत्र पर एकाधिकार है और वे अपने इस एकाधिकार को हमेशा के लिए बनाए रखने की साजिश रच रहे हैं और वे लोग भला उनकी बात पर भरोसा क्यों नहीं करते? राज्य में दस आई.ए.एस. अधिकारियों में से आठ उच्च जाति के थे। वे चाहते थे, लालू इस एकाधिकार को तोड़ें।

सितंबर 1991 में लालू ने राज्यपाल से इस आशय का एक अध्यादेश जारी करा लिया कि राज्य सरकार की नौकरियों में भरती करते समय अनुसूचित जातियों, अनुसूचित जनजातियों और

---

*MCC = Marxist Coordination Committee.

अन्य पिछड़े वर्गों के लिए आरक्षण संबंधी प्रावधानों की उपेक्षा करते पाए गए अधिकारियों (तात्पर्य उच्च जाति अधिकारियों से था) को जुरमाना भरने और कारावास का दंड भोगना पड़ सकता है।

1992 में लालू ने कर्पूरी के आरक्षण फार्मूले पर पुनर्विचार किया; यह फार्मूला तेरह वर्षों से चालू था और वह उच्च जातियों में आर्थिक रूप से पिछड़ों के लिए 3 प्रतिशत आरक्षण को समाप्त करना और महिलाओं के लिए आरक्षित कोटा घटाकर 2 प्रतिशत करना चाहते थे। उन्हें संदेह था कि इसका लाभ अधिकतर उच्च जाति की महिलाओं को मिलता है। उन्होंने वापस लिया गया यह 4 प्रतिशत कोटा पिछड़े वर्गों तथा अत्यधिक पिछड़े वर्गों में बाँट दिया, जिसके फलस्वरूप उनका कोटा क्रमशः 8 से बढ़कर 10 और 12 से बढ़कर 14 प्रतिशत हो गया। 1993 में लालू ने एक कानून (बिहार पंचायती राज ऐक्ट) पास कराया जिसके तहत पंचायती राज संस्थाओं में चयनात्मक पदों के लिए उसी अनुपात में (ई.बी.सी. 14 प्रतिशत, बी.सी. 10 प्रतिशत और महिलाएँ, 2 प्रतिशत) 26 प्रतिशत आरक्षण की व्यवस्था थी।

सरकारी नौकरियों में कोटे की बात करना ओ.बी.सी. मतदाताओं के दिल तक पहुँचने का सबसे सरल रास्ता था। वास्तव में, यह ओ.बी.सी. समुदायों के साथ की गई एक बड़ी दगाबाजी थी। कोटे ने अवसर तो दे दिया, लेकिन योग्यता नहीं दी। मंडल आयोग ने भी सावधान किया था कि अन्य पिछड़े वर्गों की वास्तविक प्रगति उनके आर्थिक हालात में परिवर्तन के बिना संभव नहीं है। लालू ने अधिक निर्धन वर्गों के आर्थिक और शैक्षिक उत्थान के लिए राज्य और केंद्र सरकार के वर्तमान कार्यक्रमों को लागू करने में भी कोई खास रुचि नहीं दिखाई, नए कार्यक्रम बनाने की तो बात ही छोड़ दें। लालू की राजनीतिक सूझबूझ शायद यही कहती थी कि कल्याण योजनाओं की अपेक्षा प्रचार करना अधिक लाभदायक सिद्ध होता है। उन्होंने मंडल का इस्तेमाल ओ.बी.सी. समुदायों को वास्तविक लाभ दिलाने के बजाय प्रचार के साधन के रूप में किया।

उन्हें अच्छी तरह मालूम था कि मंडल आयोग की सिफारिशें और कर्पूरी का संशोधित फार्मूला, दोनों मिलकर भी, राज्य के ओ.बी.सी. युवकों के लिए एक वर्ष में अधिक-से-अधिक दो-चार हजार नौकरियाँ उत्पन्न कर सकते हैं, जिनसे ओ.बी.सी. की अक्षमता के रेगिस्तान में बहुत छोटे-छोटे मरूद्यान ही बनाए जा सकते हैं, और फिर नौकरियों के अवसर बढ़ने के बजाय कम होते जा रहे थे। उनको पता था कि तेजी से उदारीकरण की ओर बढ़ती हुई अर्थव्यवस्था में ओ.बी.सी. के लोगों को सरकार में नौकरियाँ मुहैया कराने का मंडल कोटा सिर्फ एक ढकोसला है, जिसका एकमात्र उद्देश्य राज्य सरकार के पर कतरना और सरकार का आकार कम करना है।

लालू ने मंडल को नौकरियों में आरक्षण के आगे ले जाने में गजब की चतुराई एवं विलक्षणता का परिचय दिया : उन्होंने इसे एक मनोवैज्ञानिक मशीन में बदल डाला। अपने फैसलों, भाषणों, दिखावट और लोक व्यवहार के जरिए वह खुद को जनसाधारण के बीच 'अपना आदमी' के रूप में पेश करने में कामयाब रहे। उनसे पहले बिहार में गरीबों के बीच 'अपना आदमी' कहलानेवाला एक ही व्यक्ति हुआ—कर्पूरी ठाकुर। लालू ने कर्पूरी को भी पीछे छोड़ दिया। कर्पूरी ने जहाँ गरीबों

के एक महान् हितैषी के रूप में अपनी छवि बनाई, वहीं लालू ने खुद को गरीबों का बादशाह बताया जिसे इतिहास ने अमीरों को वश में करने का काम सौंपा था। उन्होंने अपने चयन और मुख्यमंत्री के रूप में अपने कार्यकाल को पद दलितों की जीत का नाम दिया, उन्हें महसूस कराया कि यह वास्तव में गरीब राज है, गरीबों की सरकार है।

लालू का शासन वास्तव में बड़े परिवर्तन की पराकाष्ठा थी। इस परिवर्तन ने राजनीति में उच्च पिछड़ों को एक गौण भूमिका से एक अग्रणी भूमिका की ओर बढ़ते देखा, जिसकी शुरुआत 1960 के दशक में हुई थी जो 1977 में कर्पूरी का चयन मुख्यमंत्री के रूप में होने पर अपने पहले चरमोत्कर्ष पर पहुँचा। लालू ने कर्पूरी द्वारा निर्मित इमारत के ऊपर अपना भवन खड़ा किया। कर्पूरी ने अगड़ों के साथ बराबरी के लिए पिछड़ों को प्रेरित किया। लालू इस लड़ाई को और एक दरजा ऊपर ले गए : उच्च जातियों पर उनकी प्रधानता से कम पर कोई समझौता उन्हें मंजूर नहीं था।

लालू की सर्वोपरि सफलता यह थी कि उन्होंने ऐसा भ्रम पैदा किया जैसे शासन की विद्यमान परिपाटी को वह पूरी तरह उलटकर रख देंगे। अब तक शासन के सभी अंग बड़े एवं शक्तिशाली के साथ एक निर्लज्ज संबंध बनाकर काम करते आ रहे थे : लालू ने इस मिलीभगत को तोड़ने और कमजोर वर्ग को संरक्षण देने के लिए काम करनेवाले व्यक्ति के रूप में खुद को पेश किया। अपने इस भ्रम को कामयाब बनाने के उद्देश्य से, वह अपने अधिकारियों को यह सुनिश्चित करने के लिए बराबर चेताते रहते थे कि गरीबों के साथ कोई अन्याय न हो और उनके जान-माल की रक्षा की जाए।

गरीबों को भड़कानेवाली उनकी विजयी गर्जनाओं को सुनकर, उच्च जातियों ने अपने पुराने तरीकों से मुँह मोड़ना शुरू कर दिया, ताकि उनके लिए कोई मुसीबत न खड़ी हो। यह परिवर्तन विशेषकर छोटे शहरों और ग्रामों में स्पष्ट देखा जा सकता था, जहाँ निचली जातियों के उत्पीड़न की बात अधिक थी। उच्च जातियों के लोग सतर्क, सावधान और भयभीत हो गए। वे पिछड़ों विशेषकर उच्च पिछड़े वर्गों और उच्च पिछड़ों में भी, विशेषकर यादवों से झगड़ा मोल लेने के बजाय, उनसे बचकर निकलने लगे। लालू को आगे बढ़ाने में यादवों का सबसे बड़ा हाथ था।

लालू द्वारा उच्च जातियों का अपमान और पिछड़ी जातियों की खुली, तरफदारी ने सामाजिक मंथन की गति तेज कर दी। पिछड़ी जातियों ने हर जगह—गाँवों, दफ्तरों, संगठनों, उच्च जातियों के साथ दैनिक व्यवहार में अपनी धाक जमाना शुरू कर दिया। उच्च जातियों के बजाय, वे अब ब्लॉक कार्यालयों के आसपास मँडराते नजर आने लगे। मिथिलांचल में ब्राह्मण परिवारों के लोग माथे पर परंपरागत तिलक लगाकर सड़कों पर चलते हुए बड़े सावधान रहने लगे। 'पिछड़ा' शब्द मुँह से निकालने में लोग भय खाने लगे : किसी यादव के खिलाफ कोई शिकायत दर्ज करने में पुलिस थानों को कोफ्त होती थी। उच्च जातियों की कातरता का अन्य जातियों के मन पर बहुत असर पड़ा। उन्हें आत्म-सम्मान मिलने लगा और उनका आत्मविश्वास बढ़ गया। उच्च पिछड़ों में ही नहीं, बल्कि निचले पिछड़ों और दलितों के संदर्भ में भी यह बात सच थी। उच्च जातियों को वश में करने

के लिए लालू का यह मनोवैज्ञानिक खेल उन्हें अच्छा लगा।

और दूसरी तरफ वह मुसलिम वर्ग भी था जिसने किसी मुख्यमंत्री को इतनी हठधर्मी से अपनी हिमायत करते कभी नहीं देखा था। वह उनके सपनों के राजा बन गए। शासन के पक्षपातपूर्व रवैए को उलटकर वह पहले ही मुसलमानों का दिल जीत चुके थे। तब तक पुलिस अकसर सांप्रदायिक दंगों के दौरान हिंदू हमलावरों के पक्ष में खुले रूप से अपना झुकाव दिखाती थी। लालू राज वस्तुतः दंगा-मुक्त रहा। 6 दिसंबर, 1992 को बाबरी मसजिद गिराए जाने के बाद जब देश के कई शहरों में सांप्रदायिक दंगे भड़क उठे थे, उस समय भी बिहार में शांति बनी रही। बिहार में मुसलमानों ने अपने आपको महफूज और सुरक्षित महसूस किया। पिछली सभी सरकारों से उन्होंने इतना ही चाहा था, लेकिन किसी भी सरकार से उन्हें ऐसी सुरक्षा नहीं मिली थी।

लालू के इस कार्य से ओ.बी.सी.-मुसलिम गठबंधन मजबूत हो गया। वी.पी. सिंह ने कहा था। मंडल कोई 'रोजगार योजना' नहीं, बल्कि एक 'सशक्तीकरण योजना' है, लालू उनसे भी आगे बढ़ गए। उन्होंने सशक्तीकरण अभियान में प्रचंडता का इंजेक्शन लगा दिया। उन्होंने पिछड़ों का अगड़ों के साथ एक सामाजिक-राजनीतिक युद्ध में नेतृत्व किया। कोटा उस युद्ध क्षेत्र का एक कोना भर था। मंडल सिर्फ एक साधन था, लक्ष्य नहीं। लालू का पिछड़ी जातियों का सशक्तीकरण विचार अगड़ी जातियों का अशक्तीकरण था।

इतना ही नहीं, लालू ने उस सामाजिक परिवर्तन का सारा श्रेय भी हथिया लिया, जो परिवर्तन पिछले पचास वर्षों से राज्य में चल रहे समाजवादी और साम्यवादी संघर्षों का एक परिणाम था। भा.क.पा. ने मधुबनी और दरभंगा में निचली जाति बटाईदारों और मजदूरों को उग्र अभियानों के जरिए सामाजिक एवं आर्थिक रूप से सशक्त बना दिया था—मिथिलांचल ने बिहार में कम्युनिस्ट आंदोलन को गोद में पाला था। मध्य बिहार में भा.क.पा.-मा.ले. (नक्सलवादी) आंदोलन की एकमात्र उपलब्धि थी—इज्जत, पिछड़ी जातियों और दलितों के लिए सामाजिक मान-सम्मान।

लालू ने निचली जातियों के सशक्तीकरण के लिए वास्तव में कोई कदम उठाए बिना ही, नक्सलवादियों, कम्युनिस्टों और सोशलिस्टों की भाषा अपना ली। 'मेरे राज में ऊँची जातियों के लोग गरीबों के साथ दुर्व्यवहार करने और उनकी औरतों से छेड़खानी करने की हिम्मत नहीं कर सकते'—यह उनके आत्म-प्रचार की एक मुख्य विशेषता थी जिसके कारण उनकी वीरता का गुणगान होने लगा, बावजूद इसके कि उनके शासन-काल में ग्रामीण निर्धनों के विरुद्ध सामूहिक हत्याओं और बलात्कार की अनेक घटनाएँ हुईं। लालू के पहले कार्यकाल (1990-95) के दौरान जमींदारों की सेना या पुलिस ने 147 निर्धनों को मार डाला। इन घटनाओं के कारण मीडिया में उनके पाखंड की घोर आलोचना हुई।

लालू के अंतर्गत शासन मनमौजी, अनियमित और लक्ष्यहीन था। नीतियों, कार्यक्रमों और कारोबार के नियमों पर राजनीति हावी हो गई। उनके उत्तेजना फैलाने वाले कार्यों और घोषणाओं से अधिकारियों को खीझ उठती थी। उनके बेपरवाह और विचारशून्य कार्य का सबसे बढ़िया उदाहरण

था—चरवाहा विद्यालय अर्थात् मवेशी चरानेवालों के लिए प्राथमिक विद्यालय स्थापित करने की घोषणा। उनका प्रलाप था कि गरीब किसान परिवारों के बहुत से जवान लड़के इसलिए स्कूल नहीं जा सके, क्योंकि उन्हें मवेशी चराने जाना पड़ता था और वह उनकी समस्या से अच्छी तरह वाकिफ हैं, क्योंकि एक यादव के घर जन्म लेकर उन्हें खुद पशुओं की देखभाल का काम करना पड़ता था।

लालू के बहुत जोर देने पर, 1991-92 में राज्यभर में 113 चरवाहा विद्यालय आरंभ किए गए। उनमें से अधिकतर सरकार के उपेक्षित कृषि फार्मों में स्थित थे, जहाँ मवेशी चरते रहते और उन्हें चराने के लिए लानेवाले कमसिन मूल व्याकरण और गणित सीखते। लालू ने इस योजना को और भी आडंबरपूर्ण बना दिया : ये फार्म कृषि विभाग के अधीन थे और इनकी पूरी व्यवस्था का जिम्मा कृषि विभाग पर डाल दिया गया। मानव संसाधन विकास विभाग को स्कूल का निर्माण करने और शिक्षा संबंधी मौलिक सुविधाएँ, शिक्षक, वरदी, मध्याह्न-भोजन मुहैया कराने के लिए कहा गया। पर्यावरण और वन विभाग को स्कूल के चारों ओर एक चौहद्दी बनानी थी और उसके अहाते में पेड़ लगाने थे; पशु-पालन विभाग मवेशियों को चारा उपलब्ध कराने के लिए उन खेतों में घास उगाने और मत्स्य पालन विभाग को तालाबों की खुदाई करने की जिम्मेदारी दी गई। इन कार्यों के लिए इतने सारे विभागों में असाधारण सहक्रिया (सिनर्जी) की जरूरत थी, जो कभी हो नहीं पाई।

लेकिन पहले यह तो देख लें, विद्यार्थी कहाँ थे? बिहार में चरवाहों की ऐसी कोई विशिष्ट जाति नहीं थी जैसे जम्मू तथा कश्मीर में गुज्जर होते हैं। जिन परिवारों के पास मवेशी थे, वे उन्हें किसी के भी साथ बाहर चरने के लिए भेज देते जिसके पास खाली समय होता था। वह किसी भी उम्र का कोई भी व्यक्ति हो सकता था; बिलकुल जरूरी नहीं था कि वह प्राइमरी स्कूल जाने की उम्र का हो, बड़ी उम्र के लोग भी चले जाते थे, अकसर माँ-बाप ही मवेशी चराने चले जाते और ऐसा कोई निर्धारित समय भी नहीं था कि सारे चरवाहे अपने मवेशी उसी दौरान लेकर आएँ।

इस उदाहरण से पता चलता है कि लालू ने ग्रामीण बिहार की वास्तविकताओं को समझने की सच में कितनी परवाह की। लेकिन अगर यह मान भी लिया जाए कि कुछ चरवाहे एक निश्चित समय में इन बढ़िया स्कूलों में पढ़ाई के वास्ते आने के लिए बहुत उत्सुक थे, तो शिक्षक कहाँ थे? निकटतम सरकारी स्कूल से दो शिक्षकों को प्रत्येक स्कूल में पढ़ाने के लिए भेजा गया, लेकिन किसी तरह की निगरानी या अकस्मात् निरीक्षण की कोई व्यवस्था न होने पर, उन अध्यापकों के लिए यह ड्यूटी वैतनिक अवकाश जैसी थी।

लालू की संवेगशील कार्यशैली से अधिकारी वर्ग पहले तो कुछ घबराहट में पड़ गया, लेकिन जल्दी ही उन्हें इसकी आदत पड़ गई। हालाँकि प्रशासन सामान्यत: हमेशा की तरह अपनी सुस्त गति से चलता रहा, फिर भी समस्त स्तर के अधिकारियों ने इस बात को समझ लिया था कि 'गरीबों के बादशाह' के चाहने पर अचानक कभी भी कोई हलचल हो सकती है। 'लालू के शासन को मैं प्रतिक्रियाशील कहना चाहूँगा' एक वरिष्ठ आई.ए.एस. अधिकारी का कहना है जिसने उनके

साथ काम किया था। 'उनमें यह स्वाभाविक था। वह जो कुछ भी देखते थे, सुनते, उसकी प्रतिक्रिया में कुछ कर दिखाने के लिए अचानक उठकर चल पड़ते, अकारण और बिना सोचे-समझे।' वह पदाधिकारियों को वे काम करने के लिए भी कह सकते थे जिनके लिए बजट में कोई प्रावधान नहीं होता था। जब वह किसी घटनास्थल का दौरा करने जाते—मिसाल के तौर पर वो स्थान जहाँ किसी जमींदार के रक्षक दल ने गरीब ग्रामीणों की सामूहिक हत्या की हो—तो वह खेती के लिए जमीन, मकानों के लिए प्लॉट और कर्ज तथा अनुदान दिलाने जैसी घोषणाएँ कर देते, जिनका कोई मतलब नहीं होता था, क्योंकि अधिकारी गण उन घोषणाओं को किसी सरकारी योजना का हिस्सा नहीं बना सकते थे।

लालू अपना विशाल नया वोट बैंक बनाए रखने के लिए राजनीतिक चक्रव्यूह की रचना में बहुत व्यस्त रहते थे जिसके कारण राज्य की अर्थव्यवस्था सिकुड़ने लगी। विकास संबंधी प्रशासन बिलकुल पंगु हो गया था, क्योंकि योजना, नीति-निर्माण, निर्णयन, कार्यान्वयन और संचार के साधन निष्क्रिय हो गए थे। मंत्रिमंडल की बैठकें तैयारी के बिना, अनियत ढंग से होती थीं। समीक्षा बैठकें बिरले ही होती थीं। नतीजतन विफलताओं का पता इतनी देर से चलता कि सुधार के लिए कुछ करना संभव नहीं होता। जैसे कि अक्तूबर, 1993 में आयोजित जिला मजिस्ट्रेटों की एक समीक्षा बैठक में लालू यह जानकर हैरान रह गए कि ग्रामीण विकास के लिए आवंटित धनराशि का 10 प्रतिशत भी खर्च नहीं हुआ था।

लालू संगठनात्मक व्यवस्था और उसके नियमों में बँधकर रहनेवाले व्यक्ति नहीं थे। छात्र राजनीति के दिनों से लेकर मुख्यमंत्री बनने तक, वह अपनी मरजी के मालिक रहे और अपनी लोकप्रियता का निर्माण करने के लिए उन्होंने सिर्फ अपने मसखरेपन और अपनी धारदार बोली का सहारा लिया। उनके स्वेच्छा-प्रसूत कार्य राजनीतिक तमाशेबाजी से अधिक कुछ नहीं थे; वह अपने आपको ऐसा उत्साही राजा दिखाने का प्रयास करते जो हर गलत को ठीक कर सकता है, जिसके इरादे बहुत नेक हैं और जिसे अपनी प्रजा से बेहद प्यार है। शुरू-शुरू में उन्होंने न्याय प्रदान करने की अपनी शैली, मानवोचित साहसिक कार्यों से शोषित वर्ग से ही नहीं, बल्कि उच्च जातियों सहित मध्य वर्ग से भी भरपूर प्रशंसा प्राप्त की। हालाँकि उन सबका यह जोश एवं उत्साह कुछ ही समय बाद निराशा में बदलने लगा, फिर भी मोह-भंग होने में काफी समय लगा, क्योंकि उनको याद नहीं कि आज तक किसी मंत्री ने उन रास्तों पर चलकर दिखाया हो, पलभर के लिए भी। जो भी हो, 1990 के दशक में जितना जबरदस्त समर्थन उन्हें मिला वह उनकी कल्पना से परे था।

जे.पी. आंदोलन ने युवाओं और नागरिकों को तीन मुख्य मुद्दों पर इकट्ठा किया था भ्रष्टाचार, बेरोजगारी और अकल्पनाशील शिक्षा प्रणाली। उस आंदोलन में युवा पीढ़ी का नेतृत्व करनेवाले लालू से—जो अब सरकार की बागडोर सँभाले हुए थे—नीतीश और 1974 से उनके निकट रहे अन्य साथियों ने अपेक्षा की थी वह एकाग्रता और दृढ़निश्चय के साथ वर्तमान व्यवस्था में संरचनात्मक परिवर्तन करने का प्रयास करेंगे, ताकि रिश्वतखोरी रुके, रोज़गार बढ़ें और उच्च

शिक्षा को नया स्वरूप मिले, लेकिन लालू ने इनमें से किसी भी विषय पर ध्यान देने में कोई दिलचस्पी नहीं दिखाई। इसके विपरीत, इन क्षेत्रों में स्थिति बद-से-बदतर होने लगी थी।

जिस पार्टी से उनका नाता था, वह पार्टी उनके लिए अब बेमानी हो गई थी। उनकी यह धारणा बन गई कि जनता दल का अस्तित्व उनकी वजह से है। जनता दल में दूसरों के लिए कोई भूमिका नहीं थी, सिवाय इसके कि जो वह चाहें वही किया जाए, ताकि सत्ता पर उनका कब्जा कायम रहे। उन्हें केवल सहायकों की जरूरत थी। रणनीति, दाँव-पेंच या राजनीति के बारे में निर्णय के लिए उन्हें कोई सलाहकार नहीं चाहिए थे। यही कारण था कि नीतीश को अप्रैल 1994 में उनसे नाता तोड़ने का फैसला करना पड़ा।

एक सांसद और केंद्र में कृषि राज्य मंत्री होने के नाते नीतीश ने, अन्य सुझावों के साथ-साथ, टाल के किसानों से संबंधित अपने प्रस्तावों को भी आगे बढ़ाने और केंद्र सरकार के विभिन्न विभागों की सहायता से उन्हें लागू कराने का प्रयास किया, ताकि उन किसानों को जल-प्लावन की समस्या से छुटकारा दिलाया जा सके। टाल क्षेत्र में और देश में ऐसे अन्य संकटग्रस्त क्षेत्रों में जल-निकास प्रणाली सुधारने, मोकामा में केवल दालों से संबद्ध एक अनुसंधान संस्थान स्थापित करने तथा सरकार की न्यूनतम समर्थन मूल्य सूची में मसूर को शामिल करने इत्यादि प्रस्तावों पर केंद्र सरकार की ओर से 1990 के दशक के उत्तरार्ध और 2000 के दशक के आरंभिक वर्षों में कोई ध्यान नहीं दिया गया।

मुख्यमंत्री बनने के क्षण से लगभग दो वर्ष तक लालू अपने हर काम में नीतीश को साथ लेने का प्रयास करते थे। वह नीतीश की संगति और उनकी सलाह का बहुत आदर करते थे। जिन दिनों संसद् का सत्र नहीं होता था। नीतीश पटना आ जाते थे और लालू कार भेजकर उन्हें 1, अणे मार्ग स्थित अपने सरकारी निवास पर बुलवा लेते थे। बँगले की ऊपरी मंजिल की बैठक में वे दोनों घंटों गप्पें हाँकते रहते। कभी-कभी तो उन्हें बतियाते हुए रात के दो बज जाते थे।

'अधिकतर बेकार की बातें होती थीं,' नीतीश बताते हैं। 'लालू की आदतें बेकायदा हैं, उनमें कोई अनुशासन नहीं है, कोई रुटीन नहीं है। उनका नाश्ते या लंच का कोई निश्चित समय नहीं है। कभी-कभी तो वह रात का खाना रात 1 बजे खाते हैं। मुझे उनका यह तरीका बिलकुल पसंद नहीं था…' टाल में खेती सुधार के बारे में नीतीश को अपने प्रस्तावों पर लालू सरकार से कोई जवाब या विशेष प्रतिक्रिया प्राप्त नहीं हुई।

लोगों की इस धारणा के विपरीत कि नीतीश 'चाणक्य' हैं और वे वैसे हर फैसले को प्रभावित करते हैं जो 'चंद्रगुप्त' यानी लालू करते हैं, नीतीश ने एक सांसद और बाद में कृषि राज्य मंत्री बनने के समय से ही अपना ध्यान खुद को दिल्ली में स्थापित करने पर देना शुरू कर दिया। वह राष्ट्रीय राजनीति में एक नौसिखिया थे और अपने पाँव जमाने तथा अपनी एक पहचान बनाने का प्रयास कर रहे थे।

उनकी पत्नी मंजू अपने दस-वर्षीय पुत्र निशी को लेकर उनके पास आ गई थी। चूँकि उनकी

पत्नी पटना में एक सरकारी स्कूल में अध्यापिका थी वह नहीं चाहते थे कि मंजू अपनी नौकरी छोड़े। उन्होंने अपनी पत्नी की राज्य के दिल्ली स्थित सरकारी अतिथि गृह बिहार भवन में एक कर्मचारी की हैसियत से प्रतिनियुक्ति पर बदली करवा ली। वह कहते हैं, 'राजनीति एक जोखिम भरा व्यवसाय है और मैं चाहता था कि वह अपनी नौकरी बनाए रखे, क्योंकि उससे परिवार को वित्तीय सुरक्षा का एहसास रहता था।' लेकिन मीडिया ने इस खबर को मिर्च-मसाला लगाकर पेश किया। मीडिया में छपी खबरों ने ऐसा संकेत दिया कि मंजू को दिल्ली लाने के लिए नीतीश ने नियमों को तोड़ा-मरोड़ा है। इस बात से उन्हें इतनी चोट पहुँची कि उन्होंने फैसला कर लिया कि मंजू अपना नया पद ग्रहण नहीं करेगी और वापस पटना जाकर फिर उसी स्कूल में पढ़ाना शुरू कर देगी। मंजू कुछ समय उनके पास रहकर वापस चली गई।

लालू के साथ उनके 'घनिष्ठ संबंध' की सच्चाई जो भी रही हो, लालू ने हर एक को यह बताकर बहुत फायदा उठाया कि वह नीतीश को अपना छोटा भाई मानते हैं। 'वह दिखाना चाहते थे कि मैं उनके बहुत करीब हूँ और यह भी, कि मैं उनसे छोटा हूँ। मैंने जब लोगों को इसके बारे में बात करते सुना, तो मैंने व्यंग्य में उन्हें बड़ा भाई कहना शुरू कर दिया। कभी-कभी मैं दूसरों से कहता, ''जाओ और बड़े भाई से पूछो।'' मीडिया ने इन शब्दों को पकड़ लिया, क्योंकि इससे उन लोगों के लिए आसानी हो गई जो हमारे संबंध की जटिलता में जाना नहीं चाहते थे। हमारा रिश्ता कभी भी इतना घनिष्ठ या गहरा नहीं था जितना इन शब्दों से लगता था।'

तथापि, नीतीश हमेशा अपनी दूरी नहीं रख सके। बिहार आंदोलन के दिनों से वे एक-दूसरे को बहुत अच्छी तरह जान गए थे। नीतीश की स्व. माताजी ने एक बार मुझे बताया था : ''मुझे याद है, लालू बख्तियारपुर में कई बार हमारे घर आए और उन्होंने नीतीश के साथ भोजन किया।''

पार्टी के लोग उन्हें एक जोड़ी कहते थे, राजनीतिक प्रतिद्वंद्वी समझते थे, जन-साधारण और मीडिया तथा घटनाओं ने इस धारणा को पक्का कर दिया। लालू को भीड़ एकत्र करना अच्छा लगता था; वह अकसर रैलियों, सभाओं, सम्मेलनों को संबोधित करते और वह शहर भर में पहले से अपने पोस्टर लगवाना नहीं भूलते थे। मुख्यमंत्री बनने के उपरांत पहले दो वर्षों के दौरान रैलियों के पोस्टरों में लालू और नीतीश दोनों की तसवीर छपी होती थी। मंच पर लालू के साथ नीतीश भी होते थे और वह एक भाषण भी जरूर देते थे।

लालू के मुख्यमंत्री बनने के कुछ माह के अंदर ही नीतीश को लगने लगा कि लालू के रवैए में बदलाव आ रहा है। लालू ने उनके साथ तो अपनी घनिष्ठता बनाए रखी, लेकिन वह पार्टी के संगी-साथियों में उन दूसरे तत्कालीन समाजवादियों को अनदेखा करने लगे जिन्होंने हर सुख-दुःख में उनका साथ दिया था। लालू ने उनके साथ परामर्श किए बिना निर्णय लेना शुरू कर दिया और कभी-कभी नीतीश की भी सलाह नहीं ली। सामाजिक न्याय और सांप्रदायिक सद्भावना का सारा श्रेय उन्होंने खुद ले लिया और अपने साथियों को अँधेरे में धकेल दिया।

इससे भी बुरी बात, उन्होंने अपने साथियों का मजाक उड़ाया। उन लोगों के लिए लालू के

पास सराहना का एक शब्द भी नहीं था। लालू को बातचीत में और पत्र लिख कर भी, नीतीश ने कई बार चेताया कि वह हर किसी को निर्णय-प्रक्रिया से बाहर रखने का जोखिम उठाने से बचें। नीतीश ने उनसे कहा कि एक टीम लीडर को प्रत्येक सदस्य में सकारात्मक गुण तलाशने चाहिए और उनका प्रयोग अपना लक्ष्य प्राप्त करने के लिए करना चाहिए, लेकिन लालू ने ध्यान नहीं दिया और लालू अपनी जाति के प्रति अत्यंत पक्षपाती थे।

लालू में सामंतवादी गुण विकसित हो गए। उन्होंने अपने करीबी रिश्तेदारों, चापलूसों, काम जमानेवालों और गुंडों का एक दरबार लगाया जो न तो जनता दल में थे और न ही किसी राजनीतिक पार्टी में और जो किसी के भी प्रति जवाबदेह नहीं थे। उनके संरक्षण में राबड़ी के दो भाई साधु यादव और सुभाष यादव, संविधानेतर शक्ति केंद्र के रूप में उदित हुए। शाम के समय, लालू अपने सरकारी निवास 1, अणे मार्ग के लॉन में बहुधा अपना और अपने गुट के सदस्यों का नाच-गाने से मन-बहलाव किया करते थे।

नीतीश और पार्टी के अन्य साथी उनकी इन आसक्तियों की अनदेखी भी कर सकते थे बशर्ते कि लालू एक शासक के रूप में अच्छा कार्य कर रहे होते, लेकिन स्थिति एकदम उलटी थी। उनके इर्द-गिर्द रहनेवाले गुट ने सरकारी राजकोष से निधियों का दुरुपयोग करने और गैर-सरकारी हस्तियों तथा धन-संपन्न लोगों से धन की लूट-खसोट करने के लिए राज्य भर में अपना जाल फैला लिया। राबड़ी के भाइयों, साधु और सुभाष की अगुआई में उन्होंने सरकारी निर्माण कार्य, बस और ऑटो-रिक्शा संचालन और शराब बिक्री केंद्रों में ठेका और कमीशन व्यवसाय पर कब्जा कर लिया। लालू के एक भूतपूर्व मंत्रीपदीय सहयोगी बताते हैं, ''सड़क निर्माण के ठेकों में, साधु और सुभाष नीलामी खुलने से पहले ही तय कर लिया करते थे कि ठेका किसे मिलेगा। लालू के शासनकाल में सड़कों का निर्माण कभी न होने का कारण यही था कि ये लोग अपने पसंदीदा बोली लगानेवालों के साथ षड्यंत्र रचकर अधिकतर ठेके हथिया लेते थे।'' कुछेक मुसलिम ठग भी इस लूट में हिस्सेदार थे।

इन लोगों की जालसाजी का एक बड़ा उदाहरण उस समय सामने आया जब उन्होंने गरीब किसानों को चारा सप्लाई करने के नकली दस्तावेजों के आधार पर राज्य के खजाने से सैकड़ों करोड़ रुपए निकलवा लिए। इस लूट को बाद में चारा घोटाला कहा गया और लालू जब 1997 में दूसरी बार मुख्यमंत्री बने, तो उस दौरान इस घोटाले में उनके संलिप्त होने के पक्के सबूत सामने आने के कारण लालू को अपने पद से इस्तीफा देना पड़ा। आयकर अधिकारियों को पशुचिकित्सा विभाग के अधिकारियों और सप्लायरों के घरों पर मारे गए छापों में बहुत बड़ी नकद रकम हाथ लगी। एक मामले में तो विमान-यात्रा के सामान से बहुत बड़ी नकद राशि मिली। राज्य के सतर्कता विभाग के अधिकारियों ने कई वरिष्ठ पशुचिकित्सा अधिकारियों के खिलाफ आपराधिक मुकदमा चलाने की सिफारिश की। काररवाई के लिए संबंधित फाइलें लालू के पास भेजी गईं; किंतु लालू ने उन मामलों में आगे काररवाई करने में कोई दिलचस्पी नहीं दिखाई।

नीतीश की दृष्टि में राजकोष की लूट-खसोट करनेवालों को लालू का संरक्षण मिलना जे.पी. आंदोलन के साथ स्पष्ट दगाबाजी थी, क्योंकि जे.पी. आंदोलन की पहली प्राथमिकता भ्रष्टाचार समाप्त करना थी। ''मुझे यह देखकर बहुत दुःख हुआ कि जनता दल सरकार पहले की कांग्रेस सरकारों से कतई बेहतर साबित नहीं हुई,'' नीतीश बताते हैं। उन्होंने अपनी ओर से लालू को बहुत समझाने की कोशिश की कि उन्हें जे.पी. आंदोलन के आदर्शों तथा जनता दल की वचनबद्धताओं के बारे में सोचना चाहिए, लेकिन सब बेकार। लालू को बस एक ही बात में दिलचस्पी थी कि वह पिछड़ों, दलितों तथा मुसलमानों के मन में लगातार यह डर भरते रहें कि अगर इन वर्गों ने उनका ताज छिन जाने दिया तो वे पूरी तरह तबाह-बरबाद हो जाएँगे। लालू अच्छी तरह समझते थे कि वह जब तक उन्हें अपना दास बनाए रख सकेंगे, तभी तक वह अपने आगे के राजनीतिक एवं व्यक्तिगत जीवन के लिए वित्तीय संसाधनों का संग्रह करते रह सकेंगे।

लालू के कुछ निराश साथियों ने जल्दी एक विकल्प तैयार करने की दिशा में काम करना शुरू कर दिया। शिवानंद तिवारी का कहना है कि उन्होंने 1991 में मुंगेर में जनता दल की एक बैठक में शरद यादव से लालू को हटाकर नीतीश को लाने की वकालत की थी। मंडल आंदोलन ने एक ऐसा राजनीतिक वातावरण उत्पन्न कर दिया था जिसमें लालू के बदले किसी पिछड़े को ही लाने के बारे में सोचा जा सकता था, क्योंकि भड़के हुए पददलित समुदाय अब उच्च जाति से किसी व्यक्ति को स्वीकार करनेवाले नहीं थे।

शरद ने मना कर दिया। उनका विचार था कि नेता बदलने से 'सामाजिक न्याय आंदोलन' पटरी से उतर जाएगा और जनता दल के मतदाताओं को इससे एक नकारात्मक संदेश जाएगा। शिवानंद तथा अन्य लोगों ने लालू की जगह नीतीश को लाने के लिए अपने प्रयास जारी रखे। नीतीश जानते थे कि क्या हो रहा है, लेकिन उनका स्वभाव बहुत जल्दी निराश होने का नहीं था और वह स्थिति बदलने तक अपने आपको कुछ और समय देना चाहते थे। ''मुझे निर्णय लेने में समय लगता है, लेकिन जब मैं एक बार कोई फैसला कर लेता हूँ, फिर पीछे मुड़कर नहीं देखता हूँ,'' नीतीश कहते हैं।

और उनके लिए निर्णय लेने का क्षण वर्ष 1992 के अंत में आया जब सुप्रीम कोर्ट द्वारा वी.पी. सिंह के मंडल निर्णय का समर्थन किए जाने पर लालू ने यह घोषणा कर दी कि लालू की सरकार राज्य में मंडल आयोग की सिफारिशों को लागू करेगी। नीतीश ने समझ लिया कि लालू क्या गंदी चाल चलनेवाले हैं? कर्पूरी ठाकुर ने पिछड़े वर्गों के लिए निर्धारित कोटे के अंदर अत्यंत पिछड़े वर्गों के लिए जिस कोटे की सिफारिश की थी, वह कोटा खत्म कर दिया जाएगा, जबकि कर्पूरी चाहते थे कि उस श्रेणी में कई छोटी-छोटी जातियों को भी सरकारी नौकरियों में अवसर मिलना चाहिए।

कर्पूरी फार्मूले का अतिक्रमण करते हुए बिहार में मंडल सिफारिशों को लागू करने का मतलब था कि छोटे और बहुत गरीब 'अत्यंत पिछड़े वर्गों (ई.बी.सी.)' को सरकारी नौकरियों के लिए कुल

27 प्रतिशत आरक्षण के दायरे में ही पिछड़े वर्गों (बी.सी.) के साथ मुकाबला करना होगा जो उनकी तुलना में बहुत तरक्की कर चुके हैं और अंततः उनके हाथ खाली के खाली रह जाएँगे। यही वह फलों का टोकरा था जो लालू उन उच्च पिछड़ों को देना चाहते थे जिनकी वजह से लालू के ओ.बी.सी.-मुसलिम गठबंधन को शक्ति मिल रही थी।

जनता दल में ई.बी.सी. नेताओं और राजनीतिक रूप से सचेत ई.बी.सी. गुटों को लालू की घोषणा ने बेचैन कर दिया। नीतीश ने लालू को सलाह दी कि वह कर्पूरी फार्मूले को हटाकर अपनी योजना लागू न करें। नीतीश ने दलील दी कि ई.बी.सी. श्रेणी में आनेवाले लोगों के लिए रोजगार के अवसरों को इस तरह समाप्त कर देना घोर अन्याय होगा, जबकि राज्य में यह सुविधा उन्हें पिछले चौदह वर्षों से प्राप्त है और इस ऐतिहासिक क्षण की माँग भी यही है कि सामाजिक न्याय उन लोगों का जीवन सुधारने के लिए वहाँ तक पहुँचना चाहिए जो समाज के निम्नतम स्तर पर रहने के लिए विवश हैं। ''हमें समझना चाहिए कि ई.बी.सी. श्रेणी के समुदायों के बारे में विशेष ध्यान देने की आवश्यकता है,'' उन्होंने लालू से कहा।

लालू अपने मंत्रालय में, पार्टी में, अधिकारी वर्ग, व्यवसाय, स्थानीय स्व-शासन और सरकार द्वारा राज्य से लेकर ग्राम स्तर तक बनाई गई विभिन्न समितियों में यादवों की खुली तरफदारी कर रहे थे। यादवों को निचले अधिकारी वर्ग की नौकरियों में ओ.बी.सी. कोटे के अंदर या बाहर सबसे बड़ा हिस्सा मिल रहा था। इन परिस्थितियों में स्पष्ट था कि इससे कुर्मियों और कोइरियों में भी बहुत चिंता पनप रही थी। जनता दल में अनेक कुर्मियों ने इस समस्या को सीधे नीतीश के सामने रखा और आग्रह किया कि वह 'यादवीकरण' के विरुद्ध आवाज उठाएँ। जो जनता दल नेता एक वर्ष से अधिक समय से लालू के विकल्प के रूप में नीतीश का समर्थन करते आ रहे थे, उन्होंने इस विषय पर एक लोकमत लेने के लिए उनको उकसाना शुरू कर दिया।

नीतीश ने खुद को एक विकट स्थिति में पाया। एक ओर तो वह जनता दल को ऐतिहासिक सामाजिक न्याय आंदोलन के रथ के रूप में देखते थे और उसे नुकसान पहुँचाना नहीं चाहते थे; दूसरी ओर मंडल सिफारिशों को लागू करने पर लालू का अड़ियल रवैया और उनके स्वेच्छाचारी, जातिवादी तरीकों पर पार्टी में बढ़ता रोष नीतीश को खुले मैदान में आकर कड़ा विरोध जताने के लिए उकसा रहा था। इन सब कारणों के ऊपर था लालू के साथ उनका व्यक्तिगत संबंध, जिसके बारे में सोच-विचार करना जरूरी था। उन्हें यह भी विचार-मंथन करना था कि क्या वह जनता दल के बाहर अकेले ही एक हल जोत कर राजनीति में बने रह सकते हैं। उन्हें इन सारी बातों की नाप-तोल करके किसी निष्कर्ष पर पहुँचना था।

नीतीश कभी-कभी इतने तनावग्रस्त हो जाते कि कई दिनों तक लालू से मिलना बंद कर देते। उन्हें ठेस पहुँची है, यह सोचकर लालू फोन करते। नीतीश जवाब नहीं देते। कभी-कभी नीतीश अपने सहायकों को हिदायत दे देते कि अगर फोन आए तो कह दें कि 'मैं यहाँ नहीं हूँ।' कई बार ऐसा भी हुआ कि लालू ने नीतीश को लाने के लिए साधु यादव को भेजा। कभी लालू खुद ही पहुँच

जाते उन्हें मनाने के लिए।

लेकिन लालू ने उठाए गए मुद्दों को हल करने के लिए कोई कदम नहीं उठाए। मतभेद बढ़ता ही गया। पिछड़ी जातियों के सशक्तीकरण की आड़ में यादवों द्वारा सारी जगहों पर कब्जा करने का सिलसिला बेरोक-टोक चलता रहा। मंडल आंदोलन के संघर्ष का नारा था : 'भीख नहीं हिस्सेदारी, सत्ता में भागीदारी'। यह पिछड़ी जातियों के आगमन की एक घोषणा थी। गौणता पूर्ण स्वायत्तता की माँग में परिणत हो गई थी, लेकिन यह किसकी स्वायत्तता थी? सत्ता के सामाजिक अंतरण से किसे लाभ हुआ?

1992 के अंत तक नीतीश ने लालू के कुशासन के विरुद्ध विद्रोह का झंडा उठाने के लिए अपना इरादा पक्का कर लिया। सर्वाधिक समर्थन का वादा उन्हें अपनी जाति के लोगों से मिला जो उन्हें एक देवता मानने लगे थे। प्रतिष्ठित कुर्मी निरंतर अपील कर रहे थे कि वह लालू राज में यादवों द्वारा सभी जगहों पर कब्जा किए जाने का विरोध करें।

लेकिन नीतीश ने जान-बूझकर जाति की राजनीति से कोई संबंध न रखने का निश्चय किया। उन्होंने अपनी राजनीतिक छवि को कभी भी एक 'कुर्मी' नेता के स्तर तक नीचे नहीं आने दिया। उनका मानना था कि वह केवल कुर्मियों—उनमें से भी कुर्मी वोट बिचौलियों—के लिए काम नहीं करेंगे, बल्कि उन्हें और अन्य जातियों को साथ लेकर चलेंगे—सवाल चाहे आरक्षण का हो, कृषि विकास का हो, राजनीतिक सशक्तीकरण या व्यक्तिगत मसलों का हो।

यद्यपि लालू के शासन के बारे में राष्ट्रीय स्तर पर जनता दल में सभी लोग काफी निराश थे, फिर भी नीतीश निश्चित रूप से यह नहीं कह सकते थे कि उनमें से कितने लोग उनके साथ बाहर आ जाएँगे। नेताओं में जॉर्ज फर्नांडिस, शरद यादव और राम विलास पासवान उनका संताप बाँटते तो थे, लेकिन उनमें से कोई भी खुले मैदान में आने के लिए तैयार नहीं था। केवल एक पार्टी सांसद, वृष्णि पटेल चट्टान की तरह उनके साथ खड़े थे।

शरद यादव से उनकी बहुत घनिष्ठता थी; वह लगभग रोजाना उनसे मिलते थे और लालू के साथ अपनी निराशा उनको बताते थे। शरद उनकी बात से सहमत थे, लेकिन लालू पर लगाम कसने के लिए कोई कदम नहीं उठाते थे। शरद पहले तो लालू को पसंद नहीं करते थे, लेकिन बाद में वह लालू को चाहने लगे, सिर्फ इसलिए नहीं कि लालू एक यादव थे, बल्कि इसलिए भी कि उनके विचार में लालू राजनीति में पिछड़ी जातियों की स्थिति मजबूत करने के लिए महत्त्वपूर्ण योगदान कर रहे थे। शरद नीतीश और लालू के बीच दुबारा सौहार्दपूर्ण संबंध स्थापित करना चाहते थे, लेकिन नीतीश को अब उसमें कोई रुचि नहीं थी।

राज्य जनता दल के भी ढेर सारे नेता लालू से निराश थे, फिर भी उनमें से अधिकांश का इरादा उनके साथ ही रहने का था। कुछ इसलिए लालू के साथ थे, क्योंकि उन्हें या तो मंत्री की गद्दी मिली हुई थी या अन्य प्रभावशाली पद प्राप्त थे, कुछ इसलिए, क्योंकि उन्हें डर था कि अगर उन्होंने विद्रोह किया तो लालू अपनी सरकार और राजनीतिक शक्ति के प्रयोग से उनका राजनीतिक

भविष्य बिगाड़ सकते हैं। दूसरे इस कारण उनके साथ थे, क्योंकि उनका मानना था कि लालू पार्टी के वास्ते एक मजबूत मताधार बना रहे हैं; शेष अनिश्चयी थे।

लालू के खिलाफ बगावत का मतलब अपनी बरबादी को न्योता देना भी हो सकता था, लेकिन नीतीश के सामने दूसरा विकल्प बिहार को बरबाद होते देखते रहने का था। क्या नीतीश ने एक इंजीनियर का आरामदेह जीवन न अपनाकर इसीलिए राजनीति में कदम रखा था, क्या उन्होंने अपनी उन्नति का मार्ग छोड़कर सिद्धांतों पर आधारित राजनीति के प्रति वचनबद्ध रहने की शपथ इसीलिए उठाई थी कि वह भी नैतिकताओं और उस राज्य की बरबादी का तमाशा चुपचाप खड़े देखते रहें जो राज्य पहले ही सीढ़ी के सबसे निचले पायदान पर खिसक चुका है ? अगर वह अपने प्रयासों के बूते पर बिहार को लालू के अदक्ष शासन से मुक्ति दिला सके तो वह सर्वाधिक सुखी व्यक्ति होंगे, किंतु अगर वह सफल नहीं हुए और सड़क किनारे कहीं गिर पड़े, तो इसे वह अपनी नियति समझ लेंगे और इस काम का बीड़ा उठाने की जिम्मेदारी वह राजनीतिक इतिहास में किसी समय किसी दूसरे पर छोड़ देंगे। उन्हें अँधेरे में एक छलाँग लगानी थी।

और उन्होंने वही किया। 24 जनवरी, 1993 को पटना में कर्पूरी के उनहत्तरवें जन्मदिन की वर्षगाँठ पर कर्पूरी की स्मृति में आयोजित एक सभा में, जहाँ पार्टी के कई नेता मंच पर उनके साथ मौजूद थे, नीतीश ने लालू को एक चेतावनी जारी की कि अगर उन्होंने कर्पूरी के फार्मूले को हटाकर मंडल फार्मूला लागू किया, तो 'हम सड़कों पर निकल आएँगे और पूरी ताकत से उसका विरोध करेंगे।' यह एक युद्ध की घोषणा थी जिसे सुनकर सभा में मौजूद बहुत लोग अचंभित रह गए।

लालू भी उस सभा में आनेवाले थे, लेकिन शहर से बाहर होने के कारण उपस्थित नहीं हो सके। उन्हें वापस आने के बाद ही नीतीश की घोषणा के बारे में पता चला। उन्होंने इस विषय पर बातचीत का सिलसिला दुबारा शुरू करने के लिए प्रत्यक्ष और परोक्ष रूप से नीतीश को कई संदेश भेजे, लेकिन अब वह अपने निर्णय से कतई हिलनेवाले नहीं थे।

नीतीश ने लालू की घोषणा का विरोध करके कुछ कुर्मियों का भी बैर मोल लेने का जोखिम उठाया था, क्योंकि उन्हें उम्मीद थी कि यादवों के बराबर भले न सही, फिर भी आनुपातिक रूप से एक बड़ी शिक्षित जनसंख्या होने के नाते मिठाई का एक अच्छा-खासा टुकड़ा तो उन्हें अवश्य मिलेगा। लालू ने कुर्मियों के कानों में यह मंत्र फूँककर नीतीश का संकट और बढ़ा दिया कि वह खुद तो सरकारी सेवाओं में उनके लिए रोजगार के अवसर अधिक बढ़ाना चाहते हैं, लेकिन नीतीश उन अवसरों को घटाने पर तुले हुए हैं।

कतिपय कुर्मी इलाकों में नीतीश के विरुद्ध फुसफुसाहट होने लगी थी। लालू के दुरुत्साहकों के भड़काने पर पटना विश्वविद्यालय के कुर्मी छात्रों के एक गुट ने राज्य की राजधानी में एक जुलूस निकालकर नीतीश पर 'सामाजिक न्याय आंदोलन के साथ दगा' करने का आरोप लगाया। नीतीश पर इसका कुछ असर नहीं हुआ।

और उन्होंने जाति समर्थन भी नहीं खोया। दो कारण उनके पक्ष में काम कर गए। पहला

कारण यह था कि पूरा कुर्मी समुदाय यादवों द्वारा भोगी जा रही लगभग पूर्ण सत्ता को ध्वस्त करना चाहता था और लालू को गद्दी से उतारना उनकी उच्चतम प्राथमिकता थी। दूसरा, कुर्मियों के लिए कोटा कोई जीवन-मरण का सवाल नहीं था, क्योंकि कॉलेज में दाखिला लेनेवालों में कुर्मियों की संख्या बराबर बढ़ती जा रही थी और वे खुली स्पर्धा में अपनी योग्यता के आधार पर प्राइवेट और सरकारी नौकरियाँ प्राप्त कर रहे थे।

यादव एकाधिकरण ने कोइरियों को भी विमुख कर दिया था जिनकी संख्या कुर्मियों से बहुत अधिक थी। नीतीश ने जनता दल के अंदर उनके नेताओं के माध्यम से उन्हें लामबंद करना शुरू कर दिया। पुरानी किंवदंतियों की दुहाई देकर, कुर्मियों और कोइरियों के बीच, राम के दो निर्भीक जुड़वाँ पुत्रों लव और कुश के वंशजों जैसा 'भ्रातृत्व' स्थापित करने का प्रयास किया गया। नीतीश को निचले पिछड़े वर्गों का समर्थन पहले ही मिलने लगा था, क्योंकि वह कर्पूरी फार्मूले के बचाव में सीना तानकर खड़े हुए थे।

उच्च जातियाँ इस बात से बहुत नाराज थीं कि एक तरफ तो उन्होंने जनता दल के पक्ष में वोट दिया और दूसरी तरफ लालू ने उनको ही दानव कहना और एक किनारे रखना शुरू कर दिया। इस संदर्भ में नीतीश के विद्रोह को इन उच्च जातियों द्वारा बड़ी दिलचस्पी लेते हुए देखा जा रहा था। लालू को जब यह डर लगने लगा कि कर्पूरी फार्मूला को हटाकर मंडल फार्मूला लागू करने का उनका फैसला एक ऐसा तूफान खड़ा कर सकता है जो जमीन से उनके पाँव उखाड़ देगा, तो लालू ने अपने उस फैसले को जल्दी दफन कर देना ही बेहतर समझा। लोगों की यह धारणा बलवती होने लगी कि लालू दिन-ब-दिन कमजोर हो रहे हैं और मजबूत विरोध उन्हें कभी भी सत्ता से बेदखल कर सकता है।

इसी माहौल के चलते 12 फरवरी, 1994 को पटना के गांधी मैदान में कुर्मियों की विशाल रैली आयोजित की गई जिसमें नीतीश प्रमुख वक्ता थे। कुर्मी चेतना महारैली आयोजित करने का विचार सबसे पहले कुर्मियों के विभिन्न संगठनों से संबद्ध पदाधिकारियों के एक गुट ने पेश किया था। इस प्रस्ताव को उन सभी राजनीतिक पार्टियों—जनता दल, कांग्रेस, भा.ज.पा. और मा.क.पा. में कुर्मी समुदाय के नेताओं का समर्थन मिला, जो इस सच्चाई से अपनी आँखें नहीं फेर सके कि कुर्मी समुदाय लालू द्वारा ठगा हुआ महसूस कर रहा है। 'मंडल के लिए हमने कंधे-से-कंधा मिलाकर संघर्ष किया। हमारे साथ धोखा किया गया,' हर कुर्मी की यही पीड़ा थी। जब जनता दल विधायक, मधु सिंह ने रैली में बोलते हुए लालू की तरफदारी की, तो सुननेवालों का गुस्सा फूट पड़ा। उन्होंने उस वक्ता को आगे बोलने से रोक दिया।

कुर्मियों के भड़कने का तात्कालिक कारण यह था कि केंद्र सरकार द्वारा मंडल आरक्षण के लिए और लालू सरकार द्वारा पंचायत चुनावों के लिए जारी की गई पिछड़े वर्गों की सूची में उनकी जाति का नाम नहीं था। इस बात को लेकर अपना विरोध जताने के लिए तीन हजार से अधिक कुर्मियों ने पटना में जे.पी. गोलंबर पर धरना दिया। हालाँकि दोनों सूचियों को गलत मानते हुए उन्हें

जल्दी ही सुधारा गया, फिर भी अंदर-ही-अंदर उबलता गुस्सा शांत नहीं हुआ। राजनीतिक सत्ता में एक उचित हिस्सेदारी पाने हेतु संघर्ष करने के लिए सभी कुर्मी नेताओं को एक मंच पर इकट्ठा करने का अभियान इसके बाद और जोर पकड़ने लगा।

लालू के ओ.बी.सी.-मुसलिम गठबंधन में ओ.बी.सी. अपने-आपमें एक गठबंधन था। इसमें तीन उच्च पिछड़ी जातियों की प्रधानता थी। चूँकि लालू उनमें से केवल एक जाति को खुल्लम-खुल्ला बढ़ावा दे रहे थे, उनमें दरार पड़ना स्वाभाविक ही था।

कुर्मी चेतना महारैली से पहले बड़ी संख्या में कुर्मी युवाओं द्वारा राज्य के विभिन्न भागों में 2 जनवरी से 8 फरवरी, 1994 तक एक कुर्मी चेतना रथयात्रा का आयोजन किया गया था जिसकी परिणति इस महारैली में हुई।

जब आयोजकों ने महारैली को संबोधित करने के लिए पहले नीतीश से संपर्क किया था, तो वह एक दुविधा में पड़ गए थे। उन्होंने अपने राजनीतिक जीवन में किसी जातिगत संगठन के साथ कभी कोई संबंध नहीं रखा था; उन्होंने उन 'कुर्मी नेताओं' की संगति में आने से भी अपने आपको बचाकर रखा था जो राजनीति में रहकर परोक्ष रूप से अपनी जाति की तरफदारी करने के लिए चर्चित थे। क्या रैली में शामिल होने से उनकी सामाजिक दृष्टि से श्रेष्ठ, धर्मनिरपेक्ष छवि को नुकसान तो नहीं पहुँचेगा? क्या ऐसा करने से लोग उन्हें एक 'कुर्मी नेता' तो नहीं समझ लेंगे?

उनकी अंतरात्मा उन्हें इसकी स्वीकृति नहीं दे रही थी, लेकिन जाति के आधार पर अपनी छवि का पुनर्निर्माण करने की अपेक्षाएँ इतनी सशक्त थीं कि उनकी उपेक्षा नहीं की जा सकती थी। वी.पी. सिंह द्वारा मंडल की घोषणा से भड़के सामाजिक विद्रोह और लालू द्वारा उच्च जातियों के खिलाफ जहरीले उग्र भाषणों ने उस विद्रोह की आग में घी डालकर एक ऐसा माहौल पैदा कर दिया जिसमें हर पिछड़ी जाति सत्ता में एक हिस्सा पाने के लिए विचलित हो उठी। ऐसा प्रतीत होता था जैसे उच्च जातियों से छीनी गई सत्ता एक ट्राफी हो जो किसी एक पिछड़ी जाति को नहीं सौंपी जा सकती थी और उसके टुकड़े-टुकड़े करके ही सबमें बाँटा जा सकता था।

अपनी एकता और ताकत दिखलाने के उद्देश्य से, प्रत्येक पिछड़ी जाति द्वारा पटना के गांधी मैदान में रैलियों का आयोजन किया गया। उनमें से अनेक रैलियों को लालू ने संबोधित किया। कुर्मी चेतना महारैली की योजना बनाने से पहले कोइरी, धानुक, लोहार, कुम्हार, वैश्य, निषाद तथा अन्य समुदाय अपनी-अपनी रैलियाँ कर चुके थे। जातिगत संगठनों का खुलकर बाहर आना और 'समतावादी' राजनीतिक व्यवस्था में अपनी जगह की माँग करना बीसवीं सदी के उस आरंभिक युग की याद दिलाता था, जब जाति संघों द्वारा राजनीतिक प्रतिनिधित्व के लिए संघर्ष किया जा रहा था।

नीतीश जैसे शिष्ट स्वभाव के व्यक्ति के लिए यह आदिमवाद की ओर लौट जाने के समान था। तथापि, स्थिति का एक यथार्थवादी विश्लेषण करने पर वह सोचने के लिए विवश हो गए कि कुर्मियों के सामाजिक-राजनीतिक इतिहास के इस महत्त्वपूर्ण मोड़ पर कुर्मी समुदाय सत्ता में अपना

हिस्सा पाने के लिए उतने ही दृढ़-प्रतिज्ञ हैं जितनी कि अन्य जातियाँ और अगर वह अपने नेतृत्व का दावा नहीं करेंगे तो यह सबसे बड़ी राजनीतिक भूल होगी, क्योंकि वे अपनी जगह किसी दूसरे को दे देंगे। इसके अतिरिक्त यह भी नितांत आवश्यक था कि जब उनकी सीधी टक्कर लालू जैसे किसी शक्तिशाली शत्रु से होने जा रही हो, तो उसकी शुरुआत एक ठोस आधार पर की जाए जिसमें जाति का समर्थन साथ होना बहुत सहायक हो सकता है।

नीतीश ने आरंभिक संकोच त्याग दिया और वह रैली आयोजन समिति की बैठकों में हाजिरी देने लगे। उन्होंने रैली में उठाए जानेवाले मुद्दों में बदलाव एवं सुधार किया तथा प्रस्तावों, नारों और पोस्टरों के बारे में सुझाव दिए। रैली में चेतना शब्द उनके कहने पर ही जोड़ा गया।

नीतीश ने रैली में अपने भाषण में कहा :

> गांधी मैदान में लोगों के उमड़े सैलाब ने आज दिल्ली तथा पटना के सिंहासन (सिंहासनों) पर बैठे लोगों को एक स्पष्ट संदेश भेजा है—अगर आप उनकी उपेक्षा करेंगे तो आपको भयंकर परिणामों का सामना करना पड़ेगा। कुर्मी सोचते हैं कि उनको धोखा दिया गया है। अगर कोई कुर्मियों की परवाह नहीं करेगा, तो वह राजनीति में अधिक समय तक टिका नहीं रह सकेगा—कुर्मियों को सामाजिक न्याय आंदोलन का नेतृत्व सँभालने के लिए आगे आना होगा। कोई भी ऐसी ताकत नहीं है जो कुर्मियों को नौकरियों में आरक्षण से वंचित रख सके। हमें निजी क्षेत्र में भी नौकरियों में आरक्षण के लिए लड़ना होगा, किंतु कुर्मियों को सिर्फ अपने वास्ते सामाजिक न्याय के लिए नहीं लड़ना चाहिए। उन्हें राजनीति में अपने पाँव जमाए रखने के लिए ओ.बी.सी. और बी.सी. के साथ एक व्यापक गठबंधन बनाने की आवश्यकता है।

लालू के आत्ममोह और अनैतिक शासन के कारण जनता दल के शीर्षस्थ नेताओं को भी चिंता सताने लगी थी। नीतीश उनको समय-समय पर सूचित करते रहते थे कि बिहार में शासन-व्यवस्था चरमरा रही है और उस पर चिंता गहराने लगी है, लेकिन शीर्षस्थ नेता उलझन में थे। वे लालू को हटाने के बारे में सोच भी नहीं सकते थे, क्योंकि उनको डर था कि लालू पार्टी के काफी सारे विधायकों को लेकर अलग हो जाएँगे, पार्टी में फूट पड़ जाएगी और सामाजिक न्याय आंदोलन कमजोर हो जाएगा।

कोई विकल्प न बचने पर नीतीश ने अप्रैल 1994 में एक दिन शरद यादव को बता दिया कि वह और वृष्णि पटेल पार्टी छोड़ रहे हैं। शरद ने उनको समझाने की कोशिश की, लेकिन कोशिश व्यर्थ हो गई। उसके कुछ ही समय बाद दिल्ली में जनता दल संसदीय पार्टी की एक बैठक में, नीतीश बेधड़क होकर लालू के विरुद्ध बोले। मीडिया में उसका प्रसारण हुआ। जॉर्ज फर्नांडिस ने उन्हें अपने निवास पर बुलाया और कहा कि लालू समझौता करना चाहते हैं। "उसके लिए अब बहुत देर हो चुकी है," नीतीश का जवाब था।

फर्नांडिस का चेहरा चमक उठा। वह नीतीश के इरादे की जाँच कर रहे थे। फर्नांडिस बहुत

पहले से यह समझ गए थे कि लालू बिहार का सत्यानाश कर रहे हैं और सामाजिक न्याय के उद्देश्य की धज्जियाँ बिखेर रहे हैं। फर्नांडिस ने उसके अगले दिन बारह अन्य जनता दल सांसदों की एक बैठक बुलाई जो उनके साथ खड़े थे। उस बैठक के लिए वह खुद जाकर उनको अपने घर लाए और बैठक में सर्वसम्मति से निर्णय हुआ कि वे जनता दल से अलग हो रहे हैं। उन्होंने इस आशय का एक पत्र लिखा और लोकसभा अध्यक्ष शिवराज पाटिल को सौंप दिया। लालू के मंत्रिमंडल की एक मंत्री, सुधा श्रीवास्तव भी उनके साथ हो गईं। 12 अप्रैल, 1994 को उन्होंने फर्नांडिस की अध्यक्षता में जनता दल (जॉर्ज) के नाम से एक नई पार्टी का गठन किया।

संगठनात्मक दृष्टि से, उनका अलगाव जनता दल के लिए कोई बड़ी घबराहट की बात नहीं थी, लेकिन राजनीतिक दृष्टि से इस घटना का बड़ा महत्त्व था। 'जो व्यक्ति दो दशक तक लालू का सबसे घनिष्ठ विश्वासपात्र रहा हो, उसे खुले में आकर यह कसम उठाने की क्या जरूरत थी कि वह लालू को गद्दी से हटाकर ही दम लेंगे? क्या आपको नहीं लगता कि उन्हें निश्चय ही लालू की सत्ता बने रहने से किसी अनर्थ की आशंका ने ही ऐसा कदम उठाने के लिए विवश किया होगा? नीतीश के समर्थकों ने आम लोगों से ये सवाल पूछे और ये सवाल उनके मन में अटक गए। कांग्रेस ने जिस तरह की राजनीतिक संस्कृति भारतीय लोकतंत्र को विरासत में दी थी, उसे देखें तो, पार्टियों ने व्यक्तित्व नहीं बनाए, व्यक्तित्वों ने पार्टियों को जन्म दिया। लालू ने जनता दल को वस्तुतः अपना निजी वाहन बना लिया था। अब नीतीश वही इरादा लेकर मैदान में आ गए थे।

जनता दल के कुछ और प्रमुख व्यक्ति भी विद्रोही गुट में शामिल हो गए; उनमें लालू के एक और मंत्री वशिष्ठ नारायण सिंह भी सम्मिलित थे। अक्तूबर 1994 में उन्होंने एक सार्वजनिक रैली में जनता दल (जॉर्ज) को भंग करके, समता पार्टी के गठन की औपचारिक घोषणा कर दी और इस पार्टी का अध्यक्ष पुनः फर्नांडिस को बनाया गया।

अप्रैल 1994 में पार्टी से अलग होने के कुछ ही समय बाद नीतीश ने, फर्नांडिस तथा अन्य सांसदों के साथ राज्य का भ्रमण करने और रैलियों तथा सभाओं को संबोधित करने का अभियान छेड़ दिया, ताकि लालू के शासन के विरुद्ध लोगों को सचेत किया जा सके। उनकी दृष्टि मार्च 1995 के विधान सभा चुनावों पर लगी हुई थी; उनके पास समय बहुत कम था। शुरू के महीनों में लोगों ने उनकी ओर कोई विशेष ध्यान नहीं दिया। मीडिया ने भी उनकी सभाओं तथा भाषणों के लिए बहुत थोड़ी जगह दी। लेकिन जब चुनाव नजदीक आने लगे, भीड़ का आकार बड़े से बड़ा होता गया।

लोगों की दृष्टि में लालू के विरुद्ध आवाज उठाने वाला मुख्य चेहरा नीतीश का था। लोग दूसरों के कथन के बजाय नीतीश की बातों पर अधिक ध्यान देने लगे थे। इससे समता पार्टी के कुछ सांसदों में कुछ जलन भी होने लगी, किंतु किसी ने भी इसे मुद्दा नहीं बनाया।

अपने भाषणों में नीतीश ने अधिकतर इसी बात का जिक्र किया कि इस राज्य को लालू नरक में धकेल रहे हैं। ''इस सरकार ने लोगों को दिया है अपहरण, लूट-खसोट, संत्रास और टूटी-फूटी सड़कें, उजाड़ स्कूल और बेकार नहरें,'' उन्होंने लोगों को बताया, ''जनता दल सामाजिक न्याय

की बात करता है। मैं उनसे पूछना चाहता हूँ : क्या सामाजिक न्याय का मतलब आतंक का शासन होता है ? क्या इसका मतलब बिहार की तबाही है ?''' जनता दल को पाँच वर्ष के लिए मताधिकार मिला था। शासन चाहता तो इस विशाल समर्थन का उपयोग बिहार का कायापलट करने के लिए किया जा सकता था, लेकिन इस सरकार (लालू) ने सारा समय मसखरी करने में उड़ा दिया। जब रोम जल रहा था। नीरो बाँसुरी बजा रहा था सरकार (लालू) का पूरा ध्यान वोटों के लिए एक सामाजिक हुल्लड़ पैदा करने पर लगा हुआ था, जबकि हम बिहार का पूर्ण परिवर्तन करने के अपने लक्ष्य को लेकर चल रहे थे।''

टेलीविजन पर अपने चुनाव संबोधन में नीतीश ने घोषणा की कि कानून और व्यवस्था को दुरुस्त करना समता पार्टी की सबसे पहली प्राथमिकता है। ''हमारी पार्टी सत्ता में आने के तीन माह के अंदर कानून एवं व्यवस्था को पुनःस्थापित करने का वादा करती है। हम या तो लूट-खसोट, अपहरण और जबरन वसूली का खुला खेल खत्म कर देंगे या इस प्रक्रिया में खुद खत्म हो जाएँगे। कानून एवं व्यवस्था पुनःस्थापित करके, सड़कों तथा अन्य आधारभूत सुविधाओं का निर्माण करके ही हम निवेश आने की आशा कर सकते हैं जिससे चतुर्दिक विकास का रास्ता खुलेगा और राज्य में रोजगार के पर्याप्त अवसर उत्पन्न होंगे।''

''हमारी दूसरी प्राथमिकता होगी विकास के लिए संसाधन जुटाना,'' उन्होंने कहा, ''बिहार का राजकोष खाली है। सरकारी कर्मचारियों को वेतन का भुगतान करने के लिए भी पैसे नहीं हैं।'' इसके लिए उन्होंने लालू की अय्याशी और रंगरेलियों पर हुए खर्च को दोषी ठहराया। तीसरी प्राथमिकता का हवाला देते हुए, उन्होंने कृषि में पुनः जान डालने और रोजगार उत्पन्न करने का वादा किया, ताकि खेतिहर मजदूरों को काम की तलाश में दूसरे राज्यों में जाने की जरूरत न पड़े : ''गाँव के लोग आजकल चेहरे पर उदासी लिए नजर आते हैं।'' चौथी प्राथमिकता होगी—शिक्षा के लिए मौलिक ढाँचे का पुनर्निर्माण करना। ''हजारों छात्रों को शिक्षा पाने के लिए दिल्ली तथा अन्य शहरों में जाना पड़ता है। गरीब छात्र अन्यत्र जाने का खर्च नहीं उठा सकते, जिसके कारण उनका कॅरियर नष्ट हो रहा है।''

लालू ने नीतीश को उच्च जातियों का मोहरा बताया जो लालू द्वारा सत्ता से बेदखल किए जाने के बाद, गरीब राज को समाप्त करना चाहते हैं और शोषण तथा उत्पीड़न की अपनी पुरानी परंपरा को पुनः स्थापित करना चाहते हैं। उच्च जातियाँ भा.ज.पा. का भी समर्थन कर रही हैं, इसलिए कि जब वे 'मुझसे (लालू से) सत्ता छीन लेंगे', उन्हें मुसलमानों का वध करने से कोई नहीं रोक पाएगा। पिछड़ी जातियों, दलितों और मुसलमानों के भय और असुरक्षा की भावना का पूरा लाभ उठाना लालू की चुनावी रणनीति के केंद्र में था।

नीतीश और लालू की वोट माँगने की अपीलों में अंतर बहुत स्पष्ट और तीक्ष्ण थे। नीतीश सभी वर्ग के लोगों की वास्तविक आकांक्षाओं को ध्यान में रखते हुए अपने रास्ते पर चल रहे थे, दूसरी ओर लालू पददलित वर्ग की मनोवैज्ञानिक प्रवृत्तियों के साथ खिलवाड़ कर रहे थे। नीतीश

गरीबी और भूख से त्रस्त लोगों को संबोधित करते थे, लालू के निशाने पर क्रुद्ध एवं भय-त्रस्त वर्ग होता था।

नीतीश की सबसे बड़ी समस्या यह थी कि अधिकांशत: पिछड़ी जातियाँ, दलित और मुसलमान लालू के हजार गुनाहों को माफ करने के लिए तैयार थे, क्योंकि लालू ने उन्हें सामाजिक मान-सम्मान और सुरक्षा 'दिलाई' थी। लालू ने उनके लिए कोई स्वर्ग नहीं बनाया था : दलितों की सामूहिक हत्याओं का सिलसिला बदस्तूर जारी था; काश्तकारी की सुरक्षा के लिए लड़ रहे निचले पिछड़े बटाईदारों को न्याय मिलना दूर की बात थी; मुसलमानों को जान-माल से हाथ धोना पड़ रहा था (लालू के पाँच साल के शासन में राज्य के तीस शहरों में दंगे हुए और उनमें करीब दो सौ मुसलमान मारे गए)।

फिर भी लालू के भ्रमजाल का प्रभाव इतना अधिक था कि लोगों ने उनकी विफलताओं और मूर्खताओं को एक तरफ रख दिया। दलितों ने लालू का पल्लू नहीं छोड़ा, हालाँकि लालू के राज में हर जगह दलित मर रहे थे और कष्ट भोग रहे थे। निचले पिछड़ों ने उन्हें नहीं छोड़ा, यद्यपि वह उनका कोटा समाप्त करने की कोशिश में थे और उनको प्रतिनिधित्व के अवसरों से भी वंचित रखना चाहते थे। मुसलमानों ने उनसे मुँह नहीं मोड़ा, इस तथ्य के बावजूद कि पुलिस ने भागलपुर हत्याकांड के प्रमुख अभियुक्त, कामेश्वर यादव को कभी गिरफ्तार नहीं किया; लालू द्वारा कामेश्वर यादव को जनता दल में शामिल करने के बावजूद वे लालू से चिपके रहे।

इसलिए कोई आश्चर्य की बात नहीं थी कि लालू ने 1995 के चुनावों में विपक्ष को बुरी तरह हराया और विधान सभा में जनता दल को अपना बहुमत दिलाया। पार्टी को ऐसी भारी विजय तो 1990 में भी नहीं मिली थी जब वी.पी. सिंह का करिश्माई व्यक्तित्व और सर्व-जाति समर्थन उसके पास था। नीतीश ने कहाँ तो भारी बहुमत से जीतने और लालू को सत्ता से हटाने का सपना देखा था और कहाँ उनकी पार्टी का पूरा पत्ता साफ हो गया; नीतीश के लिए यह जबरदस्त झटका था : उनकी पार्टी के 310 प्रत्याशियों में से 303 हार गए, उनमें से 270 की जमानत जब्त हो गईं, क्योंकि वे अपने-अपने निर्वाचन क्षेत्रों में कुल डाले गए वोटों का छठा-हिस्सा (16.66 प्रतिशत) भी हासिल नहीं कर सके। बारह और प्रत्याशी अपनी जमानत बचा गए, लेकिन परिणाम में क्रम-विन्यास में काफी नीचे रहे। उनमें से इक्कीस अपने-अपने निर्वाचन क्षेत्रों में दूसरे स्थान पर रहे, लेकिन विजयी प्रत्याशी और उनके बीच वोटों का अंतर बहुत अधिक था। जीतने वाले 7 प्रत्याशियों में से, 3 नालंदा जिला—'कुर्मी देश'—से थे; इनमें नीतीश भी शामिल थे जिन्हें अपने पुराने निर्वाचन क्षेत्र हरनौत में जनता दल के विश्व मोहन चौधरी के 27,000 वोटों के मुकाबले 40,000 वोट मिले। दो विजेता कोइरी थे, एक ब्राह्मण था और एक प्रत्याशी दलित था जो दलितों के लिए आरक्षित निर्वाचन क्षेत्र से विजयी हुआ।

समता पार्टी को कुल वोट का करीब 7 प्रतिशत मिला और जनता दल को लगभग 28 प्रतिशत : यह अंतर बहुत अधिक था। नीतीश एक घोर निराशा के दौर से गुजरे। राज्य में हर जगह

व्याप्त भीषण हालात, राजनीतिक वातावरण, उनकी लोकप्रियता में असाधारण वृद्धि, उनके सार्वजनिक भाषणों में लोगों की भारी भीड़, सहानुभूतिपूर्ण मीडिया—सब यह संकेत करते थे कि लालू का पतन निश्चित है, लेकिन लालू को भारी जीत मिली। क्या गलत हो गया? इतने सारे जो अनुकूल कारक थे, वे वोटों में क्यों नहीं बदल सके?

पहला कारण यह था कि परिस्थितियाँ समता के विरुद्ध चली गईं। पार्टी को अपने गठन के कुछ ही महीनों बाद एक चुनाव का सामना करना था, जिसकी तैयारी या अच्छे प्रत्याशियों का चयन करने के लिए पार्टी के पास समय बहुत कम था। अनेक प्रत्याशी हर तरह से कमजोर थे : उनका व्यक्तित्व आकर्षक नहीं था, उनमें संगठन क्षमता का अभाव था और धन की कमी तो थी ही।

दूसरा कारण था—चुनावों को अत्यधिक खींचना। मुख्य चुनाव आयुक्त टी.एन. शेषन ने चुनावों को बहुत अधिक चरणों में बाँट दिया था। ''हमारे पास न तो संगठनात्मक संसाधन थे और न ही इतने वित्तीय साधन थे कि हम अपने चुनाव प्रचार को शेषन की अंतहीन समय-सारणी के अनुसार खींच सकें,'' नीतीश का कहना है। ''चुनावों को लंबा खींचने के परिणामस्वरूप, हमारे प्रत्याशियों और कार्यकर्ताओं दोनों की ऊर्जा और उत्साह का स्तर बहुत गिर गया था।''

समता पार्टी के आंतरिक विश्लेषण से यह संकेत मिला कि अधिकांश कुर्मियों एवं कोइरियों ने तो पार्टी के पक्ष में वोट डाला था, लेकिन अधिकतर यादवों, मुसलमानों, निचले पिछड़ों और दलितों ने समता पार्टी को अपना वोट नहीं दिया। लालू का यह प्रचार निचले पिछड़ों तथा दलितों पर जादुई असर दिखा गया कि नीतीश उच्च जातियों का मोहरा है। नीतीश को आशा थी कि निचले पिछड़े वर्ग के लोग आरक्षण कोटे में उनके हिस्से का बचाव करने तथा उस मुद्दे पर लालू के विरुद्ध खुलकर आवाज उठाने के लिए उनको ही अपना वोट देंगे। जहाँ तक उच्च जातियों का प्रश्न है, बहुत कम लोगों ने पार्टी को वोट दिया, उनके समर्थन का बड़ा हिस्सा कांग्रेस और भा.ज.पा. के बीच बँट गया।

नीतीश को सामाजिक गणित को पुनः समझने, हल करने की जरूरत थी। उन्होंने अपनी हार से पहली बात यह सीखी कि वह केवल अपने बूते पर सत्ता का खेल नहीं जीत सकते। उन्होंने अपने आपको अनावश्यक महत्त्व देने की भूल की थी। लालू के खिलाफ वोट बहुध्रुवीय था; समता पार्टी, भा.ज.पा. और कांग्रेस के हिस्से में उसके टुकड़े आए।

राजनीतिक रूप से कांग्रेसवाद विरोधी मंच पर पले-बढ़े होने के नाते, वह कांग्रेस के साथ कोई गठबंधन नहीं करेंगे; लेकिन उन्होंने भा.ज.पा. के साथ एक साझेदारी की ओर कदम बढ़ाना शुरू कर दिया, जिसके फलस्वरूप उन्हें उच्च जातियों के वोट मिल सकेंगे। उच्च जातियों के वोट प्राप्त करने के लिए वह इतने विचलित थे कि उन्होंने वस्तुतः एक-सदस्यीय संगठन, बिहार पीपुल्स पार्टी के साथ गठजोड़ कर लिया, जिसका नेतृत्व एक राजपूत डॉन, आनंद मोहन सिंह के हाथों में था।

उन्होंने दूसरा सबक यह सीखा कि निचले पिछड़ों, दलितों और मुसलमानों के बीच लालू के

सन् 2003 में माताजी श्रीमती परमेश्वरी देवी तथा अग्रज श्री सतीश के साथ अपने बख्तियारपुर के पैतृक घर में श्री नीतीश कुमार।

25 नवंबर, 2005 को मुख्यमंत्री की शपथ लेने के बाद बख्तियारपुर के अपने घर में परिजनों के साथ नीतीश बाबू; बाएँ से दाएँ—पत्नी श्रीमती मंजू, माताजी, अग्रज सतीश व पुत्र निशि।

22 फरवरी, 1973 को श्रीमती मंजू कुमारी के साथ परिणय-सूत्र में बँधे नीतीश बाबू।

पत्नी श्रीमती मंजू तथा चचेरे भाई के साथ श्री नीतीश कुमार।

तत्कालीन प्रधानमंत्री मान. अटल बिहारी वाजपेयी एवं राजग के संयोजक श्री शरद यादव के साथ श्री नीतीश कुमार।

पूर्व उप प्रधानमंत्री श्री लालकृष्ण आडवाणी के साथ अभिवादन स्वीकार करते श्री नीतीश कुमार।

प्रधानमंत्री डॉ. मनमोहन सिंह के साथ श्री नीतीश कुमार।

मान. उपराष्ट्रपति डॉ. हामिद अंसारी का अभिवादन करते श्री नीतीश कुमार।

पूर्व राष्ट्रपति डॉ. ए.पी.जे. अब्दुल कलाम के साथ गहन विमर्श करते श्री नीतीश कुमार।

महामहिम राष्ट्रपति प्रणब मुखर्जी से सम्मान प्राप्त करते श्री नीतीश कुमार।

पूर्व राष्ट्रपति महामहिम प्रतिभा देवी सिंह पाटिल को भेंट-उपहार देते श्री नीतीश कुमार।

योगगुरु बाबा रामदेव के साथ चर्चा करते श्री नीतीश कुमार।

परम-पावन दलाई लामा का पुष्पगुच्छ से स्वागत करते श्री नीतीश कुमार।

नेता प्रतिपक्ष (लोकसभा) श्रीमती सुषमा स्वराज के साथ विजयी मुद्रा में श्री नीतीश कुमार।

टाटा समूह के मुखिया श्री रतन टाटा के साथ मुलाकात के क्षण।

प्रसिद्ध उद्योगपति श्री मुकेश अंबानी का स्वागत करते श्री नीतीश कुमार।

एक समारोह में नोबेल पुरस्कार प्राप्त प्रसिद्ध अर्थशास्त्री प्रो. अमर्त्य सेन के साथ मंचासीन श्री नीतीश कुमार।

माइक्रोसॉफ्ट प्रमुख श्री बिल गेट्स का स्वागत करते श्री नीतीश कुमार।

एक दौरे में सूक्ष्मदर्शी से कुछ अवलोकन करते श्री नीतीश कुमार।

विद्यालय की छात्राओं से संवाद करते श्री नीतीश कुमार।

भूटान नरेश के साथ श्री नीतीश कुमार, साथ हैं भूटान में भारत के राजदूत श्री पवन वर्मा।

एक हेलीकॉप्टर यात्रा के दौरान अपनी बैल्ट कसते श्री नीतीश कुमार।

श्री नीतीश कुमार अपनी पुस्तक 'विकसित बिहार की खोज' के लोकार्पण के अवसर पर।

अपने मुख्यमंत्रित्व काल की विकास-यात्रा की रिपोर्ट जारी करते हुए।

वात्सल्यपूर्ण नीतीश बाबू।

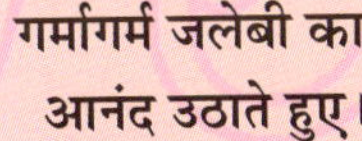

गर्मागर्म जलेबी का
आनंद उठाते हुए।

एक सहज-सरल मुद्रा।

मॉरीशस के प्रधानमंत्री डॉ. नवीनचंद्र रामगुलाम का स्वागत करते
श्री नीतीश कुमार।

बैडमिंटन के खेल का आनंद उठाते हुए श्री नीतीश कुमार।

एक लोकवाद्य पर ताल देते श्री नीतीश कुमार।

नीतीश बाबू के सुशासन में बिहार के विकास की एक झलक।

मताधिकार का उपयोग करते श्री नीतीश कुमार।

समर्थक मजबूती से लालू के पीछे खड़े थे और वे टस-से-मस होनेवाले नहीं थे : उन्होंने लालू के मोहभ्रम के प्रभाव को कम आँका था। लालू जीत गए, हालाँकि उनकी क्रांति की पोटली में निचली जातियों और मुसलमानों के लिए कोई आर्थिक भेंट नहीं थी, लेकिन निचली जातियों को उन्होंने जो सामाजिक और राजनीतिक शक्ति प्रदान की थी और मुसलमानों को जान-माल की रक्षा का जो वचन दिया था, वह आर्थिक लाभों से कहीं अधिक महत्त्वपूर्ण था, जिसके लिए वे उनके प्रति आभारी थे। दूसरे, अनेक मामलों में यह भी सिद्ध हो गया था कि शक्ति और संरक्षण स्वयं आर्थिक लाभों को जन्म देते हैं। तीसरा सबक यह मिला कि उन्होंने लालू को पूर्ण बहुमत इस उम्मीद में दिया कि वह वास्तव में आर्थिक परिवर्तन लाएँगे। चौथा पाठ, विपक्ष के पास देने के लिए कोई विश्वसनीय विकल्प नहीं था।

नीतीश को निचले पिछड़ों और दलितों को लालू के सम्मोहन से बाहर निकालने की आवश्यकता थी। उनके प्रति नीतीश का राजनीतिक दृष्टिकोण अभी तक सही बैठ रहा था : लालू के शासन में वे अल्प-प्रतिनिधित्व और उत्पीड़न सहन कर रहे थे; बात सिर्फ इतनी थी कि नीतीश का संदेश ठीक से उनके मन में नहीं बैठा था और अपनी बात उनके गले उतारने के लिए नीतीश को अभी और मेहनत करनी थी। अत: उन लोगों में अपनी गहरी पैठ बनाने के लिए उन्होंने अर्थात् नीतीश ने तय किया कि उन लोगों को पार्टी संगठन में पर्याप्त प्रतिनिधित्व दिया जाएगा और भावी चुनावों में उनके प्रत्याशियों को पहले से अधिक नामजद किया जाएगा, ताकि पार्टी में भरती किए गए लोग अपने-अपने समुदायों में उनकी तरफ से सुसमाचार-प्रचारक का काम कर सकें।

जहाँ तक मुसलमानों का संबंध है, वह अपनी मजबूत धर्मनिरपेक्ष छवि पर भरोसा कर सकते थे; और वह सार्वजनिक रूप से घोषणा कर देंगे कि भा.ज.पा. के साथ उनका समझौता कोई 'सैद्धांतिक-गठबंधन' नहीं है, बल्कि एक 'रणनीतिक गठबंधन' मात्र है—एक ऐसा गठबंधन जिसका उद्देश्य दुराचारी सरकार को हटाना है, न कि हिंदू राष्ट्र धर्मांधता के कार्यक्रम को आगे बढ़ाना। लालू ने भागलपुर हत्याकांड के अभियुक्तों को जल्द सजा दिलाने और उत्पीड़ितों को अविलंब राहत वितरण जैसे जो वादे किए थे, उनको पूरा न करने की वजह से मुसलमानों के अंदर पनप रही उपेक्षा की भावना को और तीव्र करके भी वह मुसलमानों को अपने पक्ष में कर सकते थे। कई और भी वादे थे जिन्हें पूरा नहीं किया गया था, जैसे कि सरकारी सेवाओं में पर्याप्त प्रतिनिधित्व, दूसरी राजभाषा के रूप में उर्दू को बढ़ावा; और हथकरघा तथा सिल्क उद्योगों में परंपरागत शिल्पकारों को पर्याप्त वित्तीय सहायता।

अगली चुनौती थी अप्रैल-मई 1996 में होनेवाले चुनाव। पी.वी. नरसिंहराव के नेतृत्व में बनी राष्ट्रीय कांग्रेस सरकार की आरंभ में उत्साहवर्धक आर्थिक सुधारों (1991 के आगे) के लिए बहुत प्रशंसा हुई थी, किंतु इस सरकार के पाँच वर्ष के कार्यकाल के लगभग अंतिम चरण में कई घोटाले सामने आने से इसकी विश्वसनीयता समाप्त हो गई थी। विपक्ष के दो मोरचे उस समय सत्ता की दौड़ में थे : राष्ट्रीय लोकतांत्रिक गठबंधन (एन.डी.ए.), जिसमें भा.ज.पा., समता पार्टी और

कुछ दूसरे गुट शामिल थे, जिसने अटल बिहारी वाजपेयी को प्रधानमंत्री पद के लिए अपना उम्मीदवार घोषित कर दिया था; और दूसरा था यूनाइटेड फ्रंट (यानी संयुक्त मोरचा) जिसमें जनता दल तथा कम्युनिस्ट पार्टियाँ शामिल थीं और जिसने प्रधानमंत्री पद के लए अभी तक अपना प्रत्याशी तय नहीं किया था।

लोगों की सहानुभूति बिहार में ही नहीं, बल्कि देशभर में वाजपेयी के पक्ष में बढ़ती जा रही थी। लालू के लिए राजनीति बिहार में केंद्रित थी और वह विधान सभा चुनावों में अपनी शानदार सफलता और पिछड़ी जातियों में अपनी देवस्वरूप छवि के कारण जनता दल में दूसरों के ऊपर छाए हुए थे। उन्हें जनवरी 1996 में पार्टी का राष्ट्रीय अध्यक्ष चुन लिया गया। संयुक्त मोरचा (यूनाइटेड फ्रंट) के गठन में उनकी भूमिका अत्यंत महत्त्वपूर्ण रही और लोक दृष्टि में उन्हें प्रधानमंत्री पद के लिए अग्रणी उम्मीदवारों में से एक माना जा रहा था।

लेकिन चारा घोटाला सामने आने और साधु यादव तथा सुभाष यादव के खिलाफ पदाधिकारियों से उनकी बढ़िया जगह तैनाती कराने के लिए रिश्वत वसूलने तथा सरकारी और गैर-सरकारी संपत्तियों पर कब्जा करने के आरोपों के चलते लालू की मसीहा सरीखी छवि धूमिल हो रही थी।

ऐसी नकारात्मक घटनाओं का असर चुनाव परिणामों में दिखना स्वाभाविक था। जनता दल को 54 सीटों में से केवल 22 सीटें मिलीं, जबकि 1991 में 33 सीटें मिली थीं। इसका मत प्रतिशत 1991 में 34.1 की तुलना में घटकर अब 31.9 प्रतिशत रह गया। लालू के नकारात्मक पहलुओं का असर उनका साथ देनेवाली कम्युनिस्ट पार्टियों पर भी पड़ा। भा.क.पा 1991 में जीती 6 सीटों में से केवल 3 सीटें ही बचा सकी। मा.क.पा. के हाथ से वह एकमात्र सीट भी चली गई, जो उसे 1991 में प्राप्त हुई थी। इसके विपरीत भा.ज.पा. ने 20.5 प्रतिशत वोटों के साथ 18 सीटों पर सफलता पाई। समता पार्टी को 14.45 प्रतिशत वोटों के साथ 6 सीटें मिलीं, 1995 के विधान सभा चुनावों में इसके मत प्रतिशत में 7.5 प्रतिशत की बढ़त हुई

नीतीश तीसरी बार बाढ़ निर्वाचन क्षेत्र से विजयी हुए। उन्होंने जनता दल के विजय कृष्ण को 65,000 वोटों से हराया, जो एक बड़ा अंतर था, लेकिन फिर भी यह उस अंतर की तुलना में बहुत कम था जब उन्होंने 1991 में कांग्रेस प्रतिद्वंद्वी को 1,74,000 वोटों से पछाड़ा था। 1991 में उन्हें कुल डाले गए वोटों में 59 प्रतिशत वोट मिले थे, 1996 में यह अंतर घटकर 51 प्रतिशत रह गया। उनके वोट प्रतिशत में इस गिरावट का कारण जनता दल वोट का विभाजन था।

बाढ़ में चार जातियों—राजपूत, भूमिहार, यादव और कुर्मी की जनसंख्या बहुत है। समाज में अपना प्रभुत्व जमाने के लिए राजपूतों और भूमिहारों के बीच पुरानी होड़ चली आ रही है। इसी कारण वे आमतौर पर प्रतिद्वंद्वी प्रत्याशियों का समर्थन करते हैं। यादवों तथा कुर्मियों के संदर्भ में भी यही सच है। 1991 में अविभाजित जनता दल के एक प्रत्याशी के रूप में नीतीश को यादवों और कुर्मियों दोनों का समर्थन मिला था और राजपूतों का भी। 1996 में अधिकतर यादवों ने जनता दल को वोट दिया और अधिकतर राजपूतों ने भी वही किया, क्योंकि पार्टी का प्रत्याशी एक राजपूत था।

ऐसी स्थिति में भूमिहारों का वोट नीतीश के पक्ष में हो गया, उन कुर्मियों के वोट के अलावा जो पूरी तरह नीतीश के पीछे थे। नीतीश की छवि लालू के अन्यायपूर्ण, अनैतिक शासन के विपरीत एक ईमानदार और सिद्धांतों का पालन करनेवाले व्यक्ति की थी; यही कारण था कि जाति की सीमाओं से बाहर जाकर भी कुछ लोगों ने उनके पक्ष में वोट दिया।

जहाँ तक 'कुर्मी देश' का संबंध है, नीतीश वहाँ के राजनीतिक सम्राट थे : जॉर्ज फर्नांडिस बहुत हद तक नीतीश के सहारे नालंदा से चुनाव जीत गए। समता पार्टी जिन 15 सीटों पर हारी, उनमें से 10 में यह पार्टी दूसरे स्थान पर रही और 4 में तीसरे स्थान पर; और 1995 के चुनावों की तुलना में—जब इसके 87 प्रत्याशियों की जमानत जब्त हो गई थी—1996 में उनमें से केवल 4.5 ने अपनी जमानत राशि खोई। 1996 के संसदीय चुनावों के परिणामों से, नीतीश का कद काफी बढ़ गया। नीतीश को उन उच्च जातियों का समर्थन भी मिला जिन्होंने नीतीश को अब एक ऐसे नेता के रूप में देखना शुरू कर दिया था जो उन्हें लालू से 'मुक्ति' दिलाने की सर्वाधिक सामर्थ्य रखता है। भा.ज.पा. के साथ समता पार्टी का गठबंधन भी उच्च जातियों के लिए राहत की साँस लेने में काफी सहायक सिद्ध हुआ और इस कारण भी उनका झुकाव नीतीश की ओर अधिक हो गया। इन चुनावों में उच्च जाति का वोट काफी हद तक कांग्रेस से हटकर भा.ज.पा. की ओर जाता दिखा, जिसके कारण कांग्रेस का परंपरागत चुनावी गणित गड़बड़ा गया और पार्टी हाशिए पर पहुँच गई।

तथापि, नीतीश का समता पार्टी को एक राष्ट्रीय स्तर की पार्टी बनाने का सपना चूर-चूर हो गया। पार्टी ने बिहार के अलावा बारह राज्यों—आंध्र प्रदेश, गुजरात, हरियाणा, केरल, मध्य प्रदेश, महाराष्ट्र, मणिपुर, राजस्थान, तमिलनाडु, उत्तर प्रदेश और पश्चिम बंगाल और दो संघ-शासित क्षेत्रों दिल्ली तथा चंडीगढ़ में कुल 86 सीटों पर चुनाव लड़ा था और यह केवल 3 सीटें जीत सकी, 2 मध्य प्रदेश में और 1 सीट उत्तर प्रदेश में; उनमें से 71 (82 प्रतिशत) अपनी जमानत जब्त करा बैठे। समता के भाग्य में बिहार तक ही सीमित रहना बदा था। लेकिन नीतीश और फर्नांडिस में से कोई भी बहुत अधिक निराश नहीं लगता था, क्योंकि भारत में राजनीति खंड-खंड होकर क्षेत्रीय राजनीति में बदल रही थी और एक पार्टी फिर भी बहुत राष्ट्रीय प्रभाव बना सकती थी बशर्ते कि वह पार्टी अपने प्रदेश में मजबूत बनी रहे।

समग्र परिणामों को देखते हुए राजनीतिक इतिहास में भा.ज.पा. को पहली बार लोकसभा में 161 सीटों के साथ एकमात्र सबसे बड़ी पार्टी होने का सौभाग्य प्राप्त हुआ। कांग्रेस को केवल 140 सीटें प्राप्त हुईं। इसके बावजूद, भा.ज.पा. को सरकार का गठन करने हेतु 271 का अपेक्षित बहुमत सिद्ध करने के लिए दूसरी पार्टियों का साथ नहीं मिल सका, हालाँकि भा.ज.पा. ने उनको मनाने की भरपूर कोशिश की थी। बाहर से कांग्रेस के नीति-कुशल समर्थन से पार्टियों के एक लघु गठबंधन ने यूनाइटेड फ्रंट के साथ सरकार का गठन किया और देवगौड़ा को प्रधानमंत्री बनाया, जो कर्नाटक में जनता दल के क्षेत्रीय नेता थे।

लालू ने देवगौड़ा से उम्मीद लगाई थी कि वह उनके सिर पर लटकी चारा घोटाले की

तलवार से उन्हें छुटकारा दिलाएँगे, लेकिन गौड़ा ने उन पर यह कृपा नहीं की। लालू ने गौड़ा के बाद इंद्र कुमार गुजराल पर दबाव डालने की कोशिश की। गुजराल ने सहानुभूति दरशाई, लेकिन 10 मई, 1997 को सी.बी.आई. द्वारा राज्यपाल के समक्ष लालू के खिलाफ मजबूत साक्ष्य प्रस्तुत किए जाने और लालू पर मुकदमा चलाने की अनुमति माँगे जाने के बाद गुजराल उनकी कोई मदद नहीं कर सके। गुजराल ने लालू को इस्तीफा देने की सलाह दी; शरद यादव की भी यही सलाह थी। लालू के सात मंत्रियों और जनता दल के 167 विधायकों में से 21 विधायकों की भी यही मरजी थी कि लालू को अपना पद छोड़ देना चाहिए।

राजनीतिक दृष्टि से लालू अकेले पड़ गए, लेकिन उन्होंने पद त्यागने से इनकार कर दिया। जून 1997 में राज्यपाल ने सी.बी.आई. को लालू के खिलाफ चार्ज-शीट दाखिल करने की मंजूरी दे दी; फिर भी वह अपनी जिद पर अड़े रहे। लालू ने अपने पक्ष में पक्का जन समर्थन दरशाने के उद्देश्य से पटना की सड़कों पर जुलूस निकाले। उच्च न्यायालय के सामने आयोजित एक उग्र जुलूस में कई वकीलों के साथ मार-पीट की गई। नीतीश तथा अन्य एन.डी.ए. नेताओं ने लालू की इस लामबंदी के खिलाफ जुलूसों का आयोजन किया। भीड़ इकट्ठा कर ताकत का प्रदर्शन करने से अंततः लालू का कुछ भला नहीं हुआ : राज्यपाल ने गुजराल की स्पष्ट सहमति से, सी.बी.आई. को लालू पर मुकदमा चलाने के लिए 17 जून को अपनी स्वीकृति दे दी।

जनता दल के अध्यक्ष पद के लिए जुलाई के आरंभ में चुनाव होना था और पार्टी के नेतागण शरद यादव के पक्ष में थे। लालू का कहना था कि अगर वे मुख्यमंत्री से उनका इस्तीफा चाहते हैं, तो पार्टी दुबारा उनको ही अध्यक्ष चुने। शरद को यह बात मंजूर नहीं थी। लालू ने पार्टी नेताओं और गुजराल की अपील की भी परवाह न करते हुए अपना नाम वापस लेने से मना कर दिया।

लालू जानते थे कि अगर वह पार्टी अध्यक्ष नहीं बने, तो वह बिहार में अपने उत्तराधिकारी के चयन में अपने प्रभाव का इस्तेमाल नहीं कर सकेंगे। उन्होंने सात वर्ष तक सत्ता आनंद भोगा था और अब उस सत्ता को वह अपने हाथों से निकलने देना नहीं चाहते थे। 5 जुलाई को लालू ने दिल्ली में अपने समर्थकों का एक सम्मेलन आयोजित किया जहाँ उन्होंने एक नई पार्टी, राष्ट्रीय जनता दल (आर.जे.डी.) का गठन करने की घोषणा कर दी। लोकसभा में जनता दल के 45 सांसदों में से 18 को अपनी नई पार्टी में शामिल करके उन्होंने दिखा दिया कि वह अन्य नेताओं से कहीं अधिक शक्तिशाली हैं। 167 जनता दल विधायकों में से 137 विधायक आर.जे.डी. में चले गए।

324 सीटों के सदन में अपना बहुमत सिद्ध करने के लिए लालू को अभी भी करीब 25 विधायकों का समर्थन चाहिए था। लालू ने कांग्रेस के साथ एक सौदा कर लिया, जिसमें तय हुआ कि कांग्रेस के 30 विधायकों में से अधिकतर को उनकी सरकार में मंत्री बनाया जाएगा। बस यहीं से कांग्रेस की पहचान लालू से होने लगी और बिहार में कांग्रेस का अपना अस्तित्व पूरी तरह मिट गया। लालू की 'धर्मनिरपेक्ष' छवि के चलते भा.क.पा. (26) और मा.क.पा. (6) ने लालू का साथ देना स्वीकार कर लिया। झारखंड मुक्ति मोरचा (19) एक पृथक् राज्य की आशा लिए लालू

के साथ बना रहा। अब 26 निर्दलीय रह गए थे जिन्हें लालू तरह-तरह के प्रलोभन देकर मना सकते थे।

विभाजन के बाद भी लालू ने इस्तीफा देने से मना कर दिया। लालू ने अपने बचाव के लिए मुकदमेबाजी का रास्ता पकड़ा; सी.बी.आई. विशेष न्यायालय, पटना हाई कोर्ट और सुप्रीम कोर्ट में उन्होंने अपीलें डाल दीं। पटना में खूब तमाशा होता रहा; नीतीश और भा.ज.पा. नेता सुशील मोदी ने पटना में कई जुलूस निकालकर लालू का इस्तीफा माँगा। न्यायालयों द्वारा लालू की अपीलें ठुकराए जाने के बाद, इस्तीफा देने के लिए लालू पर जनता का दबाव बढ़ने लगा।

गिरफ्तारी से बचने का जब कोई रास्ता नहीं बचा तो लालू ने अपनी पत्नी राबड़ी देवी को अपना उत्तराधिकारी निर्वाचित करा लिया। 30 जुलाई, 1997 को उन्हें 134 दिनों के लिए न्यायिक हिरासत में भेज दिया गया। उसी वर्ष 12 दिसंबर को जमानत पर उनकी रिहाई हुई।

लालू ने अपना समर्थन आधार विस्तृत करने के लिए पूरी तरह अपनी चालबाजी पर भरोसा किया और 1995 के 'लालू तूफानों' के कारण वह अपने-आपमें इस बात से आश्वस्त हो गए लगते थे कि उसी रास्ते पर चलकर वह बहुत आगे तक जा सकते हैं—शासन का ढहना, संस्थाओं और संसाधनों पर भ्रष्ट लोगों का कब्जा होना, ठगी की महामारी और सत्ता का 'यादवीकरण' उनकी दृष्टि में कोई मायने नहीं रखता था। कल तक एक परंपरागत गृहिणी रही, राबड़ी देवी मुख्यमंत्री की कुरसी पर और लालू दूर, सी.बी.आई. अभियोजन के विरुद्ध अपनी लड़ाई में व्यस्त—फिर शासन की बची-खुची मर्यादा को लंबे अवकाश पर जाने से कौन रोक सकता था।

लालू की बढ़ती अलोकप्रियता 1998 के संसदीय चुनावों में सामने आई; इन चुनावों में भा.ज.पा.-समता गठबंधन को 29 सीटें प्राप्त हुईं, 1996 में मिली सीटों से 5 अधिक, उनमें से 4 सीटें समता पार्टी के पक्ष में गईं जिससे समता पार्टी की सीटों की संख्या 1996 में प्राप्त 6 सीटों से बढ़कर 10 हो गई। इस गठबंधन को कुल वोट का 39 प्रतिशत हिस्सा मिला, पहले से 4 प्रतिशत अधिक। लालू की आर.जे.डी. को 17 सीटें मिलीं, 1996 में अविभाजित जनता दल को प्राप्त सीटों से 5 कम। शरद यादव के अध्यक्ष रहते, जनता दल केवल 1 सीट जीत सका और उस एकमात्र सीट के विजेता थे—रामविलास पासवान।

नीतीश अपने निर्वाचन क्षेत्र बाढ़ से पुन: जीते, उन्होंने 1996 के अपने प्रतिद्वंद्वी विजय कृष्ण को पराजित किया जो रा.ज.द. में शामिल हो गए थे। तथापि, इस बार लड़ाई बहुत करीबी थी : वह केवल 15,000 वोटों के अंतर से जीते। जबकि 1996 में करीब 65,000 का अंतर था। इसका कारण यह था कि लालू विरोधी वोट उनके और जनता दल प्रत्याशी, ब्रज नंदन यादव के बीच विभाजित हो गए जिसे 34,000 से अधिक वोट प्राप्त हुए। नीतीश तो जीत गए, लेकिन अनेक समता प्रत्याशी नहीं जीत सके। इससे नीतीश को समझ में आ गया कि भावी चुनावों में लालू को किनारे लगाने के लिए इस तरह के विभाजन से बचना चाहिए।

1998 के संसदीय चुनावों में देशभर में भा.ज.पा. के वोट आधार में असाधारण वृद्धि देखी

गई : भा.ज.पा. को कुल वोट के 25.59 प्रतिशत के साथ 182 सीटों पर जीत मिली, जो कांग्रेस के पक्ष में आए वोट प्रतिशत के लगभग बराबर था। समता पार्टी को 12 सीटें मिलीं—बिहार में 10 और यूपी में 2—राष्ट्रीय वोट के 1.76 प्रतिशत के साथ। केवल 194 सदस्यों को लेकर भा.ज.पा.-समता गठबंधन को एक साधारण बहुमत के लिए 69 सदस्यों की और जरूरत थी। बातचीत के जरिए 22 दूसरी, अधिकतर क्षेत्रीय और छोटी-छोटी पार्टियों को साथ देने के लिए मना लिया गया और इस तरह कुल सदस्यों की संख्या 265 हो गई, जो साधारण बहुमत से कुछ ही ऊपर थी। अटल बिहारी वाजपेयी के नेतृत्व में एक बहुत बड़े मंत्रिमंडल का गठन हुआ, ताकि एन.डी.ए. के सभी घटकों को प्रतिनिधित्व दिया जा सके।

वाजपेयी ने नीतीश को रेल विभाग का कैबिनेट स्तर का मंत्री बनाया, जो नीतीश के लिए एक संसद् सदस्य के रूप में और 1990 में थोड़े समय के लिए कृषि राज्य और सहकारिता मंत्री की हैसियत से किए गए अच्छे काम का इनाम था। एक राज्यमंत्री के रूप में उनके पास व्यक्तिगत पहल दरशाने के लिए बहुत गुंजाइश नहीं थी, लेकिन मंत्रालय में उनके सहयोगियों तथा अधिकारियों को उनकी एक बात बहुत पसंद आई कि वह तफसील पर बहुत ध्यान देते हैं और समस्याओं के व्यावहारिक समाधान के भी आगे जाकर सोचते हैं। सांसद रहते हुए वह उस प्रत्येक विषय पर गहराई से अध्ययन करते थे जिस पर उन्हें बोलना होता था और वह अपने विचारों को बहुत स्पष्टता एवं संजीदगी के साथ पेश करने के लिए प्रसिद्ध थे। उनको कैबिनेट स्तर का मंत्री बनाने के पीछे एक कारण यह भी था कि उन्होंने लालू को गद्दी से उतारने के लिए बिहार में जिस ढंग से राजनीतिक अभियान का संचालन किया, उससे वाजपेयी बहुत प्रभावित थे। वाजपेयी सरकार ने बिहार में कानून और व्यवस्था 'पूरी तरह ठप' हो जाने के आधार पर 12 फरवरी, 1999 को वहाँ राष्ट्रपति शासन लागू करके लालू को हटाने का प्रयास किया था, लेकिन वह प्रयास निष्फल हो गया और सरकार को एक माह से भी कम समय के अंदर राबड़ी को मुख्यमंत्री के पद पर पुनः प्रतिष्ठित करना पड़ा। तब वाजपेयी और अन्य एन.डी.ए. नेताओं ने यह बात अच्छी तरह समझ ली कि लालू को हटाने का एक ही उपाय है कि नीतीश की स्थिति मजबूत की जाए और उन्हें लालू के विकल्प के रूप में पेश किया जाए। शायद इसी कारण उस समय किसी को भी कोई आश्चर्य नहीं हुआ जब वाजपेयी ने नीतीश को रेल मंत्रालय सौंपने के एक माह बाद ही, सड़क परिवहन मंत्रालय का अतिरिक्त भार भी उनके ऊपर डाल दिया।

इस बीच नीतीश ने जोर दिया कि बिहार में लालू विरोधी वोट का ध्रुवीकरण करने के लिए समता और जनता दल का विलय आवश्यक है। फर्नांडिस और शरद यादव भी निश्चित रूप से विलय के पक्ष में थे। कुछ माह के अंदर ही दोनों पार्टियों का विलय हो गया और जनता दल (यूनाइटेड) के नाम से एक नई पार्टी गठित की गई, लेकिन इससे पहले कि नई पार्टी अपने पंख फैलाती और उड़ान भरती 17 अप्रैल, 1999 को ए.आई.ए.डी.एम.के. (ऑल इंडिया अन्ना द्रविड़ मुन्नेत्र कड़गम) द्वारा समर्थन वापस ले लिए जाने के कारण वाजपेयी सरकार गिर गई और नए

चुनाव कराना आवश्यक हो गया।

तथापि, जनता दल (यू) को यह फायदा हुआ कि लालू का समर्थन और कम हो गया। जिन दो कम्युनिस्ट पार्टियों ने 1998 में लालू से मुँह फेर लिया था, वे अभी भी उनके चुनाव प्रचार में शामिल न होने के अपने फैसले पर अडिग थीं। झारखंड मुक्ति मोरचा भी अलग हो गया। अब लालू के साथ केवल कांग्रेस रह गई थी। लालू का चुनाव प्रचार अभी भी पिछड़ी जातियों, दलितों और मुसलमानों की असुरक्षा के मुद्दे पर ही ढोल पीट रहा था : 'सामंती ताकतों और हिंदू दानवों को पराजित करो जो तुम्हारा वध करने, तुमको यंत्रणा देने और दुबारा तुमको गुलाम बनाने की साजिश रच रहे हैं।' गरीबों की राजनीतिक-आर्थिक अपेक्षाओं से कोई वास्ता न रखने के कारण, लालू को कतई यह भान नहीं था कि उनका मनोवैज्ञानिक राजनीति का खेल अब बेअसर हो गया है।

उनकी पार्टी को केवल 7 लोकसभा सीटें मिलीं, जबकि 1998 में उनकी पार्टी 17 सीटों पर विजयी हुई थी। सबसे अधिक शर्मनाक हार लालू की अपनी हार थी; मधेपुरा में शरद यादव के हाथों उन्हें करारी हार मिली। नीतीश की जीत ने लालू के जख्मों पर नमक मलने का काम किया। नीतीश लगातार पाँचवीं बार बाढ़ निर्वाचन क्षेत्र से जीते थे। लालू ने बाढ़ में अपनी सारी ताकत झोंक दी थी और उपलब्ध संसाधनों का खुलकर इस्तेमाल किया था—सरकारी मशीनरी, मुहिम चलानेवालों, रुपया-पैसा, हथियारों, गुंडों का इस्तेमाल करने में कोई कसर नहीं छोड़ी थी, क्योंकि नीतीश को हराना विपक्ष का सिर कलम करने के बराबर था। लालू अपने षड्यंत्र में लगभग कामयाब भी हो गए थे; नतीजों के अनुसार नीतीश सौ-दो सौ वोटों से हार रहे थे। अगर नीतीश ने वोटों की गणना दुबारा करने के लिए दबाव नहीं डाला होता, तो उन्हें पराजित घोषित कर दिया जाता। वोटों की दुबारा गिनती किए जाने पर, नीतीश को रा.ज.द. प्रत्याशी (विजय कृष्ण) से 1,335 वोट अधिक मिले।

भा.ज.पा.-ज.द. (यू) गठबंधन को 43 सीटें मिलीं, 1998 में भा.ज.पा. समता गठबंधन को बिहार में प्राप्त सीटों से 13 अधिक। नीतीश बहुत खुश थे कि भा.ज.पा. के साथ उनके गठबंधन को अधिक समर्थन मिल रहा है। समता और जनता दल के विलय से कुर्मी और कोइरी समुदायों का समर्थन मिलने के साथ-साथ निचले पिछड़ों और दलितों का भी गठबंधन को काफी समर्थन मिला। भा.ज.पा.-ज.द. (यू) गठबंधन की शानदार सफलता से साबित हो गया कि कुर्मी, कोइरी, निचला पिछड़ा वर्ग और दलित समुदाय लालू से दूर होता जा रहा है, क्योंकि यादव पूरी रोटी हजम करना चाहते हैं, उन्हें एक टुकड़ा भी नहीं देना चाहते हैं। अपने प्रत्यक्ष और परोक्ष चुनाव प्रचार द्वारा, गठबंधन नेताओं तथा उनकी ओर से प्रचार करनेवालों ने इस दूरी को और बढ़ाने के लिए कड़ी मेहनत की थी। अन्य कारणों का योगदान भी कम नहीं था : उच्च जातियों के अधिकाधिक मतदाता कांग्रेस को पीठ दिखाकर भा.ज.पा. की ओर मुड़ गए और दलितों के बीच राम विलास पासवान ने चुंबक का काम किया।

1999 के चुनाव परिणामों की सर्वाधिक महत्त्वपूर्ण विशेषता यह रही कि नीतीश का कद

एक जूनियर साझेदार से हटकर लगभग बराबर का हो गया। 1996 के संसदीय चुनाव में समता को भा.ज.पा. की 18 सीटों के मुकाबले 6 सीटें मिली थीं; 1998 में भा.ज.पा. की 19 सीटों की तुलना में समता को 10 सीटें प्राप्त हुईं; और 1999 में इसे भा.ज.पा. की 23 सीटों के मुकाबले 18 सीटें मिलीं। समता/ज.द. (यू) के इस तीव्र उत्कर्ष में अन्य कारणों के अलावा नीतीश के आकर्षक व्यक्तित्व का भी बड़ा योगदान रहा; यह इस बात का सबूत था कि लोगों के बीच उनकी लोकप्रियता बढ़ती जा रही है।

यद्यपि इस बारे में कोई बातचीत या विचार-विमर्श नहीं हुआ था कि 2000 में विधान सभा चुनावों में गठबंधन की ओर से मुख्यमंत्री पद के लिए किस प्रत्याशी का नाम घोषित किया जाएगा, फिर भी 1999 के नतीजों के बाद यह स्पष्ट हो गया था कि नीतीश का नाम सबसे आगे होगा। ज.द. (यू) और भा.ज.पा. के अधिकांश वरिष्ठ नेताओं का विचार था कि कोई पिछड़ी जाति का नेता ही लालू को सत्ता से बाहर कर सकता है और नीतीश की छवि उस दर्पण में बिलकुल सही बैठती थी। अपनी पार्टी के असाधारण उत्थान के साथ नीतीश ने लालू के कई मजबूत गढ़ उनसे छीन लिए थे। संसदीय चुनावों में लालू की लगातार गिरती साख में नीतीश की सफलता साफ झलक रही थी : 1991 में 32, 1996 में 22, 1998 में 17 और 1999 में 7।

1977 में जनता पार्टी की उस जीत के बाद 1999 के संसदीय चुनावों में दूसरी बार ऐसा हुआ था कि किसी गैर-कांग्रेसी पार्टी या फ्रंट को स्पष्ट बहुमत (298 सीटें) मिला हो। पहली बार तेरह दिनों के लिए प्रधानमंत्री बनने (1996 में) और फिर तेरह महीनों तक (1998-99 में) प्रधानमंत्री रहने के बाद, वाजपेयी पूरे पाँच वर्षों के लिए (1999-2004) उस पद पर आसीन हुए। इन पाँच वर्षों का समय एन.डी.ए. का 'स्वर्ण युग' कहा जाता है।

विभागों के प्रथम आवंटन में नीतीश को सड़क परिवहन दिया गया, किंतु एक माह के अंदर ही वाजपेयी ने उन्हें वहाँ से हटाकर कृषि मंत्रालय सौंप दिया जहाँ वह अधिक अच्छा काम कर सकते थे, क्योंकि 1990 में वह कृषि राज्य मंत्री रह चुके थे और 1993 से 1996 तक कृषि संबंधी संसदीय समिति के अध्यक्ष की हैसियत से काम कर चुके थे। नीतीश की अपनी इच्छा भी कृषि मंत्रालय पाने की थी, क्योंकि वह बिहार में कृषि उत्पादकता बढ़ानेवाली योजनाएँ आरंभ करना चाहते थे, जहाँ शासन-व्यवस्था ठप हो जाने के कारण किसानों को आधुनिक निविष्टियाँ (उपज के लिए आवश्यक वस्तुएँ, जैसे कि बीज, उर्वरक आदि) तथा ऋण उपलब्ध कराने की प्रक्रिया एकदम धीमी पड़ गई थी। वह टाल क्षेत्र में किसानों की समस्याओं पर भी ध्यान दे सकते थे; 1970 के दशक के उत्तरार्ध में चुनावी राजनीति में कदम रखने के समय से ही उनका ध्यान इन किसानों की समस्याओं की ओर लगा हुआ था।

तथापि, नीतीश को कृषि मंत्रालय में अभी ठीक से बैठकर काम करने का मौका भी नहीं मिला था कि बिहार विधान सभा चुनाव सिर पर आ गए, जो फरवरी 2000 में होने जा रहे थे।

□

8

विकल्प का निर्माण

ऐसा लगता है लोगों पर लालू के वशीकरण मंत्र का प्रभाव समाप्त हो गया था और हर किसी ने—मीडिया, बुद्धिजीवी-वर्ग, समाज विज्ञानी, इधर-उधर से मिली सूचना और उनकी पार्टी के ही कुछ लोगों द्वारा—2000 के विधान सभा चुनाव में उनकी हार की भविष्यवाणी कर दी थी। यह कहना मुश्किल था कि इस दशा में भी उन्होंने यह समझा या नहीं कि उनके मताधार में इस जबरदस्त कटाव के लिए कोई और नहीं, बल्कि वह स्वयं जिम्मेदार हैं। शासन को उन्होंने कभी गंभीरता से नहीं लिया और उनका यही लापरवाह रवैया उनकी लोकप्रियता के डूबने का कारण बना। दैवयोग से उन्हें जीवन में अनेक बार इतने अच्छे अवसर मिले थे कि वह आकस्मिक चमत्कार में बहुत विश्वास करने लगे थे। 2000 में भी वह उन्हीं तरीकों के भरोसे रहे जिनका इस्तेमाल उन्होंने 1990 में किया था—गँवारू हाव-भाव और दिखावा, अशिष्ट परिहास, 'ब्राह्मणवादी' दानवों का नाश करने की लड़ाई में उनका साथ न देने पर पिछड़े वर्गों और मुसलमानों के लिए इल्हाम अथवा रहस्योद्घाटन की भविष्यवाणी, भारी-भरकम प्रस्ताव और बड़े-बड़े वादे, बहुत ऊँचे दरजे का राजनीतिक छल-कपट—इस आशा से परिपूर्ण कि नक्षत्र-मंडल फिर उनके लिए कोई सुंदर भेंट लेकर आएगा।

तथापि, उनके प्रबल समर्थकों में से अधिकांश अब यह समझ गए थे कि उन्होंने अपनी मनो-सामाजिक क्रांति से और ऊँचे क्रांति भवन का निर्माण करने का जो वादा किया था वह अब एक मृग-मरीचिका के अलावा कुछ नहीं था। समाज एक रंगशाला की तरह था जहाँ अतीत में मंच और आगे की पंक्तियाँ हमेशा के लिए उच्च जातियों के वास्ते आरक्षित थीं; अन्य जातियों के लिए पीछे की कतारें थीं या उन्हें अंदर आने ही नहीं दिया जाता था। लालू राज में मंच और आगे की कतारें पिछड़े वर्गों, अत्यंत पिछड़े वर्गों, मुसलमानों और दलितों से भर गई थीं तथा उच्च जातियों को पीछे धकेल दिया गया था, किंतु दलित वर्ग के अधिकांश लोग जान गए कि अग्र पंक्तियों पर उनकी

अपनी जातियों के अवसरवादी लोगों ने ही कब्जा जमाया हुआ है जिन्हें इन समुदायों की सामान्य भलाई में दिलचस्पी नहीं थी, बल्कि अपना ही पेट भरने की चिंता थी। गरीबों ने महसूस किया कि 'हमारा अपना राजा' सच में उनके जीवन के हालात बदलने के लिए काम नहीं कर रहा है।

यह भावना अन्य जातियों में ही नहीं, बल्कि यादवों और मुसलमानों में भी बढ़ने लगी थी जो लालू गढ़ के दो मुख्य स्तंभ थे और जिन्होंने अपनी ही जातियों के गोबर-गणेश तथा आपराधिक तत्त्वों को उनके संरक्षण में मजे उड़ाते देखा था। मुसलमानों को एक और भी शिकायत थी : बहुतों का मानना था कि लालू अपनी कृपा केवल उच्च जाति के मुसलमानों (शेख, सैयद, पठान) पर बरसा रहे हैं और पिछड़े मुसलमानों (अंसारी, मोमिन, कुल्हय्यास) की उपेक्षा करते हैं। उन्हें अपना सर्वाधिक संरक्षण मत उन पिछड़े मुसलमानों से मिला था, जिन्हें आमतौर पर दंगों का सामना करना पड़ा। अब वे तरक्की चाहते थे, सिर्फ संरक्षण नहीं।

एन.डी.ए. कैंप में जीत की पूरी संभावना देखकर, इस बारे में आंतरिक विवाद शुरू हो गया कि विधान सभा में किसे अधिकतम सीटें मिलनेवाली हैं। शरद यादव और रामविलास पासवान भंग जनता दल से अपने लोगों के लिये फर्नांडिस से अधिक सीटों की माँगकर रहे थे और नीतीश का विचार था कि वे इसके हकदार हैं। उनका कहना था कि बिहार में ज.द. (यू) को जितना भी जनमत मिला, उसके पीछे वास्तव में समता पार्टी की वर्षों की मेहनत है, लेकिन शरद और पासवान अड़े हुए थे। पासवान इसलिए, अड़े थे, क्योंकि वह चाहते थे कि उनको मुख्यमंत्री पद के प्रत्याशी के रूप में पेश किया जाए और शरद पूरी ताकत से उनका समर्थन कर रहे थे, हालाँकि भा.ज.पा. उनके पक्ष में नहीं थी।

नीतीश ने बताया, ''मुझे सख्त चोट पहुँची और मैंने असुरक्षित भी महसूस किया।'' मैंने सोचा, ''लालू के एक विकल्प के लिए जमीन तैयार करने के वास्ते मैंने इतनी कड़ी मेहनत की थी और यहाँ कोई दूसरा ही बिना कुछ किए उसे हथिया लेना चाहता है।'' उन्होंने फर्नांडिस पर दबाव डाला कि समता पार्टी को ज.द. (यू) से बाहर निकाल लिया जाए। तथापि, समता पार्टी उसी तरह एन.डी.ए. का एक अंग बनी रहेगी जैसे ज.द. (यू)।

दिल्ली में लाल कृष्ण आडवाणी के निवास पर सीटों की हिस्सेदारी के बारे में बातचीत के दौरान मतभेद खड़े हो गए। फर्नांडिस और नीतीश 324 सीटों में से 122 सीटें चाहते थे, उनका तर्क यह था कि विधान सभा निर्वाचन क्षेत्रों को मिलाकर उन लोकसभा निर्वाचन क्षेत्रों का निर्माण किया गया है जहाँ से 1999 में समता पार्टी जीती थी। भा.ज.पा., ज.द. (यू) और बिहार पीपुल्स पार्टी समता को बहुत थोड़ी सीटें देने को तैयार थे। बैठक में बातचीत के दौरान, आडवाणी ने एक पर्ची नीतीश की ओर बढ़ाई, जिस पर '108' लिखा था। समता पार्टी को इतनी सीटों की उम्मीद करनी चाहिए। नीतीश इससे खुश नहीं थे। बहस और बढ़ने पर यह संख्या घटकर 90 हो गई; नीतीश को यह संख्या बड़ी बेतुकी लगी, क्योंकि बिहार में संसदीय सीटों की दृष्टि से समता सबसे बड़ी पार्टी थी।

यद्यपि एन.डी.ए. ने एक सामान्य घोषणा-पत्र जारी किया, फिर भी दरारें छिप नहीं सकीं। इसके घटक 74 निर्वाचन क्षेत्रों में खुलकर या प्रतिनिधिक रूप से एक-दूसरे के विरुद्ध खड़े थे। भा.ज.पा. ने 168 निर्वाचन क्षेत्रों में प्रत्याशी खड़े किए, समता ने 120 में, ज.द. (यू) ने 87 में और बिहार पीपुल्स पार्टी ने 23 में; कुल मिलाकर 398 प्रत्याशी 324 सीटों के लिए लड़ रहे थे। एन.डी.ए. ने कोई संयुक्त प्रचार नहीं किया। प्रत्येक पार्टी ने अपने-अपने नेताओं और प्रत्याशियों की ओर से आम सभाओं का आयोजन किया। चुनाव प्रचार के दौरान नीतीश ने अपने आपको आज का आदमी बताया और लालू को बीते कल का। नीतीश जब से लालू से अलग हुए, तभी से वह विकास की आवश्यकता पर ज़ोर दे रहे थे। लालू की जेब में हर समय दो मंत्र रहते थे : सामाजिक न्याय और धर्मनिरपेक्षता। नीतीश लोगों को बताते कि ये दोनों आदर्श भी उनके दिल में बहुत ऊँचा स्थान रखते हैं, लेकिन बिहार का विकास उनकी कार्यसूची में सर्वोपरि है। इस संदर्भ में उनका तर्क यह था कि वास्तविक सामाजिक न्याय और सच्ची धर्मनिरपेक्षता आर्थिक प्रगति के द्वारा ही हासिल की जा सकती है।

लालू गुट ने नीतीश को फिर अगड़ों के हाथों की कठपुतली बताया जो विकास के छलावरण में दुबारा सत्ता हथियाने की कोशिश कर रहे हैं। नीतीश को लालू के इस सिद्धांत को ध्वस्त करने के लिए कड़ा संघर्ष करना पड़ा कि विकास का रास्ता सामाजिक न्याय के विपरीत है—पददलित वर्ग के सशक्तीकरण की प्रक्रिया को पटरी से उतारने की यह एक चाल थी। नीतीश को बहुत जोर देकर गरीब तबके के लोगों को यह भरोसा दिलाना पड़ा कि विकास और सामाजिक न्याय एक-दूसरे के पूरक हैं। इसमें दो तत्त्व उनके लिए बहुत मददगार साबित हुए : एक, उदारीकरण द्वारा प्रदत्त अवसरों के बारे में सभी वर्गों की जागरूकता और दो, अत्यंत पिछड़े वर्गों में 'यादवशाही' और 'यादवीकरण' के विरुद्ध बढ़ता आक्रोश। नीतीश द्वारा यह संदेश दिया गया कि वह जिस विकास की बात कर रहे हैं, उसके तहत 'मंडल परिवार' के अंदर 'उपेक्षित' एवं 'भेदभावग्रस्त' जातियों के समावेशन का पूरा ध्यान दिया जाएगा।

लालू लगातार उन पर यह कालिख पोतने की कोशिश करते रहते थे कि उनकी पार्टी ने सांप्रदायिक भा.ज.पा. के साथ गठबंधन किया है और नीतीश को अपने ऊपर उछाली गई इस कालिख से अपना दामन साफ रखने के लिए बहुत परिश्रम करना पड़ा। नीतीश को बार-बार लोगों को यह बात समझानी पड़ी कि भा.ज.पा. से उनकी पार्टी का गठजोड़ एक सैद्धांतिक गठजोड़ नहीं, बल्कि एक तरह का रणनीतिक गठजोड़ है। भा.ज.पा. के आक्रामक हिंदुत्व कार्यक्रम के बारे में नीतीश ने खुले रूप से अपनी असहमति व्यक्त की। चुनाव से पहले, इस कार्यसूची की तीन प्रमुख मदों पर सबसे अधिक ध्यान दिया गया : वाजपेयी सरकार द्वारा संविधान की समीक्षा के लिए एक आयोग गठित करने का प्रस्ताव; भा.ज.पा.-संचालित गुजरात सरकार द्वारा सरकारी कर्मचारियों को आर.एस.एस. की गतिविधियों में भाग लेने की अनुमति; और अयोध्या में बाबरी मसजिद के अवशेषों पर एक भव्य मंदिर का निर्माण करने के अभियान का पुनरारंभ। नीतीश ने कठोर शब्दों में

और खुले रूप से इन प्रस्तावों की आलोचना करते हुए इतना तक संकेत दे दिया कि अगर भा.ज.पा. उन प्रस्तावों को लागू करने पर अड़ी रही, तो समता पार्टी एन.डी.ए. से नाता तोड़ सकती है। दिल्ली और पटना में भा.ज.पा., समता और ज.द. (यू) के बीच कई बैठकों में अपने तर्क के आधार पर, नीतीश ने भा.ज.पा. को अंततः इस बात के लिए मना लिया कि बिहार में भा.ज.पा. अपने हिंदुत्व कार्यक्रम पर जोर नहीं देगी और विकास को एन.डी.ए. का मुख्य कार्यक्रम बनाकर पेश करेगी। एन.डी.ए. ने 2000 के विधान सभा चुनाव संबंधी अपने घोषणा-पत्र में एक ही मूलभूत लक्ष्य घोषित किया—'विकास, विकास और विकास।'

एन.डी.ए. के विकास का मुद्दा पकड़ कर चलने से अंततः बहुत फायदा हुआ, लेकिन बहुमत की कमी रह गई। इसे 122 सीटें मिलीं : भा.ज.पा.-67, समता-34 और ज.द. (यू)-21। 1995 में भा.ज.पा.-समता गठबंधन को 48 सीटें प्राप्त हुई थीं, उसकी तुलना में यह ढाई गुना वृद्धि थी, लेकिन फिर भी यह आँकड़ा बहुमत के लिए अपेक्षित संख्या (163) से काफी पीछे था। लालू की 124 सीटों के साथ वापसी हुई, मा.क.पा. की 2 सीटें मिलाकर। यह संख्या लालू को पाँच साल पहले मिलीं 167 सीटों की तुलना में 43 कम थी। बहुमत सिद्ध करने के लिए एन.डी.ए. को 41 और सीटों की जरूरत थी तथा रा.ज.द.-मा.क.पा. गठबंधन को 37 की।

पीछे मुड़कर देखने पर नीतीश किसी और को नहीं, बल्कि अपनी भूल को दोष देते हैं—वह कहते हैं कि समता को ज.द. (यू) से बाहर खींचना उनकी 'अपरिपक्वता, भावनात्मक प्रतिक्रिया, अनावश्यक चिंता' को दरशाता है। उनके विश्वासपात्रों का कहना है कि यद्यपि पासवान मुख्यमंत्री बनने के लिए बहुत इच्छुक थे, किंतु एन.डी.ए. में उनका समर्थन करनेवाला शायद कोई नहीं था। नीतीश उस पद के लिए पहले योग्य दावेदार थे और इस बात का विचार किए बिना कि समता ने कितनी सीटें प्राप्त की हैं, उनका मुख्यमंत्री बनना लगभग तय था। नीतीश सोचकर कहते हैं, "कोई गधा भी एन.डी.ए. की जीत को साफ भाँप सकता था," नीतीश सोचकर कहते हैं, "अगर हमारा सीटों के बँटवारे पर आपस में समझौता हो जाता, तो लालू सत्ता में वापस नहीं आ सकते थे। उसी भूल का नतीजा था कि एक त्रिशंकु विधान सभा हमारे हाथ लगी।"

अस्पष्ट नतीजों को देखते हुए, नीतीश ने दलील दी और कई अन्य एन.डी.ए. नेताओं ने उसका समर्थन किया कि एन.डी.ए. को सरकार बनाने के लिए अपनी दावेदारी पेश नहीं करनी चाहिए। उन्होंने इसके कई कारण बताए : पहला, बहुमत साबित करने के लिए 41 और विधायकों का समर्थन मिलना संभव नहीं लगता है; दूसरा, अगर समर्थन मिल भी गया, तब भी यह कहना मुश्किल है कि ऐसा समर्थन कितने दिन टिकेगा; तीसरा, लालू के लिए बहुत मुश्किल होगा कि वह अनेक प्रकार के समझौते किए बिना अपने लिए समर्थन जुटा सकें और अगर उन्होंने ऐसा किया, तो उनकी रही-सही साख भी जाती रहेगी और एन.डी.ए. के लिए समर्थन की गुंजाइश बढ़ जाएगी; और चार, अगर लालू पर्याप्त समर्थन जुटाने में सफल नहीं हुए, तो नए चुनाव कराना आवश्यक हो जाएगा, जो एन.डी.ए. के हक में होगा।

तथापि, एन.डी.ए. के अनेक नेताओं का विचार था कि लालू को सत्ता भोगने का एक और अवसर नहीं दिया जाना चाहिए; 'हम इतने दूर आ गए हैं और अब हमें बिहार को लालू से मुक्त कराने का अवसर खोना नहीं चाहिए'; और इस बात की भी काफी संभावना थी कि अगर पार्टी के केंद्रीय नेतृत्व ने लालू का समर्थन करने पर बल दिया, तो कांग्रेस (23) में फूट पड़ जाएगी। एन.डी.ए. को कम-से-कम 8 कांग्रेस विधायकों का समर्थन मिलने की उम्मीद थी जो वीणा शाही के नेतृत्व में पार्टी से नाता तोड़कर एन.डी.ए. सरकार के गठन में सहायक हो सकते थे। खुफिया ब्यूरो की रिपोर्टों से भी इसकी पुष्टि हो रही थी।

एन.डी.ए. को झारखंड मुक्ति मोरचा (12) का समर्थन मिलने की भी पूरी आशा थी, क्योंकि इसके घटक दल एक पृथक् आदिवासी राज्य का निर्माण करने के प्रति वचनबद्ध थे, जबकि लालू ने कह दिया था कि 'झारखंड का निर्माण मेरी अर्थी पर ही किया जा सकता है।' कुछ अन्य पार्टियाँ थीं, जैसे कि भा.क.पा. (5), मा.क.पा. (मा.ले.) (6) और बहुजन समाज पार्टी (5), जिनकी रा.ज.द. के साथ जाने की संभावना नहीं थी, क्योंकि इन पार्टियों ने भी लालू विरोधी मंच से चुनाव लड़ा था। इनके अलावा, 20 निर्दलीय विधायक भी थे जिन्हें व्यवहार कुशल बातचीत से अपने पक्ष में किया जा सकता था।

एन.डी.ए. के अंदर इस मसले पर विचार-विमर्श हुआ कि उनके विधायक दल का नेता कौन होगा। भा.ज.पा. का घर तीन प्रत्याशियों में बँटा हुआ था, इसलिए भा.ज.पा. ने अपना दावा पेश न करने का फैसला किया। इसके बाद नीतीश और पासवान मैदान में रह गए। एन.डी.ए. में पासवान की अधिक पैठ नहीं थी; इसके अलावा गठबंधन के अधिकतर नेताओं का विचार था कि बहुमत बनाने के लिए जिन पार्टियों या विलग हुए गुटों के समर्थन की अपेक्षा है, वे पासवान को स्वीकार करने के लिए तैयार नहीं होंगी। अब केवल नीतीश रह गए, लेकिन पासवान ने उनके नाम का कड़ा विरोध किया। चुनाव परिणामों की घोषणा हुए दो दिन गुजर जाने के बाद भी बिहार नेतृत्व के बारे में एन.डी.ए. की ओर से कोई निर्णय नहीं हो पाया था।

तीसरे दिन, नीतीश पटना जाने के लिए दिल्ली में इंदिरा गांधी हवाई अड्डे पर मौजूद थे तभी उनके पास किसी एन.डी.ए. नेता का फोन आया, जो एक अत्यावश्यक बैठक में भाग लेने के लिए उनसे वापस आने का अनुरोध कर रहा था। उस बैठक में गठबंधन के सभी शीर्षस्थ नेता मौजूद थे : वाजपेयी, आडवाणी, शरद, पासवान, फर्नांडिस और दिग्विजय सिंह। पासवान का भा.ज.पा. नेताओं के साथ गुपचुप एक समझौता हो गया था कि वे उनके यानी पासवान का नाम प्रस्तावित करेंगे और वह इनकार कर देंगे। तदनुसार शुरू में वाजपेयी ने पासवान के नाम का प्रस्ताव रखा और पासवान ने अस्वीकार कर दिया, फिर नीतीश का नाम प्रस्तावित किया गया और सभी ने उसे स्वीकार कर लिया।

आरंभ में नीतीश सकुचाए, लेकिन अंततः उन्होंने इसे एक चुनौती के रूप में स्वीकार कर लिया। आखिरकार, यह उनके लगभग सात वर्षों के कड़े परिश्रम का फल था। वह लालू को सत्ता

से निष्कासित करने के इतने निकट पहुँच गए थे, ऐसे अवसर को अब हाथ से जाने देने का क्या मतलब था? 27 फरवरी को पटना में हुई एन.डी.ए. विधायक दल की बैठक में नीतीश को उसका नेता चुना गया।

प्रथानुसार, राज्य का राज्यपाल उस पार्टी या चुनाव पूर्व गठबंधन को पहले आमंत्रित करता है जिसको सबसे अधिक सीटें जीतने का श्रेय प्राप्त हो : इस हिसाब से रा.ज.द. को आमंत्रित किया जाना चाहिए था, लेकिन राज्यपाल विनोद पांडे ने केंद्र में वाजपेयी सरकार के स्पष्ट निर्देश पर राबड़ी के दावे की उपेक्षा कर दी और नीतीश को सरकार का गठन करने के लिए आमंत्रित किया। राज्यपाल ने 3 मार्च को नीतीश को मुख्यमंत्री पद की शपथ दिलाई और उन्हें अपना बहुमत साबित करने के लिए सात दिनों का समय दिया।

एन.डी.ए. के वार्त्ताकार कांग्रेस विधायकों से संपर्क बनाए हुए थे। कांग्रेस ने लालू का 'जंगल राज' मिटाने के लिए लोगों से वोट माँगा था। अपने चुनाव प्रचार के दौरान सोनिया गांधी ने लालू का समर्थन करने के लिए मतदाताओं के प्रति अपना खेद प्रकट किया था। एन.डी.ए. को भरोसा हो गया कि कांग्रेस अपने वचन से मुकरेगी नहीं और अगर उसने ऐसा किया, तो कांग्रेस विधायक दल में फूट पड़ जाएगी, लालू का कट्टर विरोधी गुट एन.डी.ए. के पास चला आएगा।

जब राज्यपाल पांडे ने नीतीश को सरकार बनाने का न्योता दिया। उस समय लालू दिल्ली में अपने लिए कांग्रेस से समर्थन की याचना कर रहे थे। रा.ज.द. के सैकड़ों कार्यकर्ता पटना में राजभवन के बाहर जमा हो गए, उन्होंने अंदर पत्थर फेंके और राजभवन के अंदर घुसने की कोशिश की। वे लगातार चिल्ला रहे थे—'एन.डी.ए. का दलाल पांडे होश में आओ। वापस जाओ।' राज्यभर में तीन दिन तक हिंसा और आगजनी का तांडव होता रहा। 5 मार्च को लालू ने बिहार बंद का आह्वान किया और इस बंद के दौरान लालू के समर्थकों ने रेल पटरियों और संपत्ति को भारी नुकसान पहुँचाया। उस दिन उन्होंने पटना में एक विशाल जुलूस निकालकर एक विरोध प्रदर्शन किया तथा वरिष्ठ पार्टी कार्यकर्ताओं के साथ अपनी गिरफ्तारी दी।

लालू ने 'सांप्रदायिक ताकतों को सत्ता ग्रहण करने से रोकने के लिए' पुन: एकता स्थापित करने हेतु भा.क.पा. और मा.क.पा. (मा.ले.) का समर्थन माँगा। "यूपी पहले ही फासिस्टों के हाथों में जा चुका है। वे बिहार को भी हथियाना चाहते हैं। हमें यह नहीं होने देना चाहिए," लालू ने उनसे वकालत की। चुनाव से पहले भी उन्होंने यही दलील दी थी, लेकिन कांग्रेस, भा.क.पा. और मा.क.पा. (मा.ले.) ने इसे नकार दिया था तथा उन पर आरोप लगाया था कि बिहार में शासन पूरी तरह ठप हो जाने के लिए अपने ऊपर चारों तरफ से हो रहे आक्रमणों से खुद को बचाने की खातिर वह 'धर्मनिरपेक्षतावाद' का प्रयोग एक ढाल के रूप में कर रहे हैं। उनके चुनाव पूर्व इनकार के बावजूद लालू ने उनको पुन: अपने पक्ष में करने के लिए चुनाव उपरांत भी 'धर्मनिरपेक्षतावाद' का मंत्र जपना जारी रखा और दो बड़े नेताओं की कृपा दृष्टि उन्हें पहले ही प्राप्त थी : सोनिया और मा.क.पा. महासचिव हरकिशन सिंह सुरजीत।

लेकिन लालू की समस्या यह थी कि सोनिया उन्हें कांग्रेस का पूरा समर्थन नहीं दिला सकती थीं, क्योंकि उनके कम-से-कम 8 विधायकों का विचार था कि लालू के साथ संबंध रखना पार्टी के लिए प्राणघातक होगा। असहमति जतानेवाले विधायकों में से कई आदिवासी क्षेत्र के थे। एन.डी.ए. वार्त्ताकारों ने उन्हें मंत्री पद दिलाने और पृथक् आदिवासी राज्य बनाने के लिए एक कानून लाने का प्रस्ताव पहले ही दे रखा था।

लालू सतर्क हो गए। वह सारे कांग्रेसी विधायकों को किसी एक जगह इकट्ठा करने और बाहरी दुनिया से उनके सभी संपर्क तोड़ने की जुगत में थे, जिससे कि एन.डी.ए. के लोग उन्हें बरगला कर तोड़ने के लिए उन तक न पहुँच सकें। शीर्षस्थ कांग्रेस नेताओं ने लालू से मिलकर उन विधायकों को पटना में होटल पाटलिपुत्र के कमरों में बंद कर दिया। उनको निकल भागने से रोकने या एन.डी.ए. वार्त्ताकारों को उन तक न पहुँचने देने की जिम्मेदारी एक बड़े गुंडे और सीवान से रा.ज.द. सांसद मोहम्मद शहाबुद्दीन को सौंपी गई। होटल में उन विधायकों की कैद के दौरान एक दिन उस होटल में गए पत्रकार ने बताया :

> होटल की लॉबी और कॉरिडोर में निगरानी पर बैठे शहाबुद्दीन के किसी गुंडे ने मुझे नहीं रोका। उनमें से एक ने मुझे 'बॉस' के कमरे की ओर इशारा किया। मैं अंदर चला गया और वहाँ शहाबुद्दीन को गंजी और लुंगी पहने एक कुरसी पर आराम से बैठे पाया। उसे मालूम था मैं कौन हूँ; उसने मुझे बैठ जाने के लिए कहा। क्या चल रहा है? मैंने फुसलाहट भरी आवाज में पूछा, जैसे मुझे पूरी जानकारी न हो और जानने की उतनी जिज्ञासा भी न हो। उसने बड़ी सच्चाई से जवाब दिया, 'नीतीश को सत्ता हथियाने से रोकने के लिए कुछ भी।' मैं बाहर आ गया और देर तक वहाँ यूँ ही रुककर इधर-उधर ताक-झाँक करता रहा; कैद में पड़े विधायकों की कुछ झलक मुझे मिली। मैंने रामजतन सिन्हा और जगदीश शर्मा (निर्दलीय) को देखा। अधिकतर कांग्रेस विधायक आदिवासी थे। मैंने जगदीश शर्मा एवं दो-चार अन्य विधायकों को कॉरिडोर में आते देखा और पलक झपकते ही शहाबुद्दीन अपने दोनों हाथों में एक-एक भरी पिस्तौल लिए आया और वह तथा उसके गुंडे उन्हें रोकने के लिए दौड़ पड़े तथा उन विधायकों को उन्होंने वापस उनके कमरों में धकेल दिया। 'दुबारा ऐसी कोशिश मत करना,' शहाबुद्दीन ने उन्हें चेतावनी दी। 'वह कोशिश महँगी पड़ सकती है।' मैं विधान सभा चला गया जहाँ नीतीश अपने कक्ष में मौजूद थे। होटल पाटलिपुत्र में मैं जो कुछ भी देखकर आया था उसके बारे में मैंने नीतीश को बताया और पूछा कि क्या वह पुलिस प्रमुख को होटल में छापा मारने और बंदी बनाए गए विधायकों को छुड़ाने के लिए नहीं कहेंगे? नीतीश ने कहा, "सरयू राय (राज्य भा.ज.पा. नेता) इसे सँभाल रहे हैं।" नीतीश के जवाब से मुझे हैरानी हुई। मैं समझता हूँ उनके इस नरम रवैये ने उनको परास्त कर दिया।

ऐसा नहीं कि एन.डी.ए. में सब-के-सब संन्यासी थे। उनके बीच पीरो से समता विधायक

नरेंद्र कुमार (उर्फ सुनील) पांडे और मोकामा से निर्दलीय विधायक सूरज भान थे। वे दोनों कुख्यात बदमाश थे और उन दोनों ने मिलकर दस और गुंडों को जुटा लिया था, जिनका एक मोरचा बना और उस मोरचे की तरफ से वे विधायक निर्वाचित हुए। इस मोरचे ने नीतीश का समर्थन किया। इनमें से अधिकतर जेल में थे और सूरजभान भी उनमें शामिल था : इन लोगों ने जेल में रहते हुए चुनाव लड़ा और जाति के समर्थन तथा डराने-धमकाने के हथकंडे अपनाकर चुनाव जीत गए।

जब एन.डी.ए. वार्त्ताकारों ने इन बंदी विधायकों से संपर्क किया, उन्होंने कहा कि अगर नीतीश जेल के दरवाजे तक आ जाएँगे तो वे अपना समर्थन-पत्र नीतीश को सौंप देंगे। नीतीश यह सुनकर हैरान रह गए; उन्होंने कहा कि वह किसी भी हालत में ऐसा नहीं करेंगे। "आप इसे एक ढोंग कह सकते हैं," उन्होंने याद करते हुए कहा, "क्योंकि आखिरकार मैं उनका समर्थन स्वीकार करने लिए तैयार था। यह बात इस बिहारी मुहावरे की तरह सही थी : गुड़ खाए गुलगुला से परहेज, लेकिन तब मैंने सोचा कि मेरे लिए जेल तक जाना उनका समर्थन स्वीकार करने से अधिक नुकसानदेह होगा।" अंततः, उनका समर्थन-पत्र प्राप्त करने के लिए भा.ज.पा. के वरिष्ठतम नेता कैलाशपति मिश्र को जेल के फाटक तक जाना पड़ा।

नीतीश के लिए इन बदमाशों से दूर भागना संभव नहीं था। उनकी पार्टी का विधायक सुनील पांडे जमानत पर रिहा होकर बहुत भाग-दौड़ कर रहा था। दो पत्रकारों ने जैसा बताया :

> आगामी बिहार विधान सभा में 40 सदस्य ऐसे हैं जिनके विरुद्ध आपराधिक मामले दर्ज हैं। बुधवार 2 मार्च को एन.डी.ए. के राज्य स्तरीय नेताओं की एक बैठक पटना में नीतीश कुमार के उत्तरी कृष्णपुरी स्थित निवास पर हुई। चर्चा के बीच में समता पार्टी के विधायक सुनील पांडे के फोन की घंटी बजी। "धूमलजी?" पांडे ने जोश के साथ कहा, "आप कहाँ हैं?...ठीक है। आप रुकिए, आदमी जा रहा है।" कुछ ही मिनट में धूमल आ पहुँचे—एन.डी.ए. के साथ अपनी एकता व्यक्त करने। एक और निर्दलीय विधायक वश में कर लिया गया। बिहार में रुचि रखनेवाले अनुभवी लोगों को पांडे और धूमल के परिचय की आवश्यकता नहीं है। मध्य बिहार में पांडे के ऊपर अनेक आपराधिक मामले चल रहे हैं। वह भूमिहार जमींदारों की निजी सेना, रणवीर सेना से संबंध रखता है और उस दिन से नक्सलवादियों का जानी दुश्मन है जिस दिन उसके पिता को नक्सलियों ने मारा था। मनोरंजन सिंह (उर्फ धूमल सिंह) जिसने बनियापुर (सारन जिला) से चुनाव जीता, वह अपने सिर पर 174 आपराधिक मामले लिए घूम रहा है जिनमें से कुछ मामले हत्याओं से जुड़े हैं। उसका अत्यंत कुख्यात (कथित) अपराध यह बताया जाता है कि मुंबई के जे.जे. अस्पताल में दाऊद इब्राहिम के एक सहयोगी की हत्या में उसका हाथ था।

लालू को डर था कि सूरजभान और सुनील पांडे इन विधायकों को बाध्य कर सकते हैं जिन विधायकों को उन्होंने वश में कर लिया है या छिपा रखा है। लालू की चिंता तब और बढ़ गई जब एन.डी.ए. नेताओं ने बेशक सरकार की मिलीभगत से अदालत से सूरजभान और तीन अन्य कैदी

गुंडों—राजन तिवारी, मुन्ना शुक्ला और रामा सिंह के पक्ष में यह मंजूरी प्राप्त कर ली कि वे विधान सभा में सदस्यों के शपथ ग्रहण समारोह में शामिल हो सकते हैं। इन चारों को पश्चिमी पटना में बेऊर जेल से जेल की एक गाड़ी में विधान सभा लाया गया। उनके शपथ लेने पर एन.डी.ए. सदस्यों ने मेजें थपथपा कर उनका स्वागत किया। शपथ ग्रहण के बाद इन चारों सहित सात बदमाशों ने नीतीश के कक्ष में जाकर उनसे हाथ मिलाया और उन्हें अपने समर्थन का आश्वासन दिया। नीतीश ने जबाव में अपने हाथ जोड़े और कहा, ''बहुत-बहुत धन्यवाद।'' और कोई बातचीत नहीं हुई।

नीतीश को वह क्षण बहुत अच्छी तरह याद आता है : ''ये सातों लोग जनसंपर्क में मुझसे कहीं अधिक होशियार थे। वे अपने पीछे-पीछे प्रेस फोटोग्राफरों को लेकर आए, ताकि मेरे साथ उनका चित्र टेलीविजन पर दिखाया जाए और सुबह के अखबारों में भी प्रकाशित हो। इससे उनकी छवि का मान बढ़ा और मेरी छवि पर धब्बा आया, लेकिन इससे बचा भी नहीं जा सकता था।''

लालू सोनिया से समर्थन पाने में सफल रहे, क्योंकि सोनिया को बिहार में अपनी पार्टी मजबूत करने से अधिक एन.डी.ए. को राष्ट्रीय स्तर पर कमजोर करने में दिलचस्पी थी। पीठ पर सोनिया का हाथ होने का मतलब था कांग्रेस के अधिकांश विधायकों का समर्थन प्राप्त होना। अन्यथा भी, अधिकांश कांग्रेस विधायक पार्टी छोड़ने और एन.डी.ए. की सरकार में शामिल होने के इच्छुक नहीं थे, हालाँकि वे इस बात से खुश हुए होते कि लालू को दुबारा सत्ता न मिले। धर्मनिरपेक्षतावाद का ढोल पीटने से लालू को भा.क.पा. का समर्थन भी प्राप्त हो गया।

नीतीश को 10 मार्च को सदन में अपना बहुमत सिद्ध कर विश्वास मत प्राप्त करना था। जब अध्यक्ष (स्पीकर) का चयन करने के लिए एक दिन पहले सारे विधायक एकत्र हुए तो स्पष्ट हो गया कि लालू जीत गए हैं। लालू ने अध्यक्ष पद के लिए एक कांग्रेस विधायक सदानंद सिंह का नाम अपने प्रत्याशी के रूप में प्रस्तावित किया और नीतीश के पास इसके सिवा कोई चारा नहीं रह गया था कि उनका चुनाव निर्विरोध, 'सर्वसम्मति' से हो जाने दें, क्योंकि नीतीश को किसी एक अकेली पार्टी का पर्याप्त समर्थन प्राप्त नहीं था। उस शाम नीतीश ने तय कर लिया कि वह विश्वास मत नहीं माँगेंगे, क्योंकि यह सोचना व्यर्थ था कि पूरे सप्ताह के दौरान वे जो हासिल नहीं कर सके, अंतिम क्षणों में कोई चमत्कार हो जाएगा या कोई ऐसा रहस्यपूर्ण परिवर्तन होगा कि वह उन्हें मिल जाएगा। विश्वास मत हारने का अपमान सहने के बजाय इस्तीफा देना अधिक सम्मानजनक होगा। वह पराजय की एक स्वीकृति होगी—मतों से हारने की शर्मिंदगी उसमें नहीं होगी।

सच यह है कि नीतीश मतों से नहीं हारे, बल्कि हेर-फेर में मात खा गए। ऐसा कोई तरीका नहीं बचा था जिसका इस्तेमाल लालू ने किया, नीतीश ने नहीं किया : बाहुबल, धनशक्ति, प्रलोभन, युद्धघोष, दाँव-पेच। लेकिन लालू के पास मेहराब ज्यादा था। इसका श्रेय लालू के उच्च अनुभव और राजनीति के प्रति उनके दृष्टिकोण को जाता है, जिसमें असल राजनीति 90 प्रतिशत थी और नैतिकता 10 प्रतिशत। नीतीश का नजरिया इसके बिलकुल विपरीत था। लालू को असल

राजनीति में महारत हासिल थी; संपूर्ण सत्ता में दस वर्ष के अनुभव ने उन्हें पेशेवर राजनीतिज्ञ बना दिया था। लालू की तुलना में नीतीश एक नौसिखिया थे, अन्यथा नीतीश ने कुछ निर्वाचन क्षेत्रों में लालू के बदमाशों को मात देने के लिए पहली बार बदमाश का इस्तेमाल नहीं किया होता। लालू ने जिस प्रकार शहाबुद्दीन का इस्तेमाल किया, उस प्रकार नीतीश को सुनील पांडे या सूरजभान जैसे लोगों का इस्तेमाल करना नहीं आया। न ही उनको यह ठीक लगता।

राबड़ी मुख्यमंत्री बन गईं, लालू का सिक्का फिर चल निकला। 2000 में हुए चुनावों के बाद कांग्रेस और रा.ज.द. के बीच समझौते की एक शर्त यह थी कि लालू उस बिहार राज्य पुनर्गठन बिल का समर्थन करेंगे जिसका प्रस्ताव एक पृथक् झारखंड राज्य बनाने के लिए वाजपेयी सरकार ने किया था। कांग्रेस के 23 विधायकों में से 11 विधायक आदिवासी क्षेत्र से थे। लालू दुविधा में थे, लेकिन वह सिद्धांतों की खातिर सत्ता त्यागने वाले राजनीतिज्ञों में से नहीं थे; वह मान गए। लेकिन इस एक शर्त पर कि यह बात जाहिर नहीं की जाएगी कि उन्होंने सत्ता के बदले इसकी हामी भरी थी और यह कि बिल के समर्थन में उस क्षण उन्हें कोई सार्वजनिक बयान देने के लिए बाध्य नहीं किया जाएगा।

छह सप्ताह से भी कम समय बाद 25 अप्रैल, 2000 को रा.ज.द. सदस्यों ने राज्य विधान सभा के दोनों सदनों में बिहार राज्य पुनर्गठन बिल के समर्थन में एन.डी.ए., झारखंड मुक्ति मोरचा (झा.मु.मो.) अन्य पार्टियों तथा निर्दलीय सदस्यों के साथ मतदान किया, जिसके फलस्वरूप राज्य के विभाजन का रास्ता साफ हो गया। 2 अगस्त को लोकसभा ने बिल पास कर दिया और 11 अगस्त को राज्यसभा में भी यह बिल पास हो गया; इसके बाद 25 अगस्त को राष्ट्रपति ने अपनी स्वीकृति दे दी।

इस बँटवारे में सारा खनिज भंडार, लगभग सभी बड़े उद्योग एवं उनके सहायक कल-कारखाने और तीन-चौथाई वन-संपदा झारखंड में चली गई; बिहार के पास अधिकतर खेती बची और उसका सालाना राजस्व—खनन रॉयल्टी, उत्पादन-शुल्क, वाणिज्य कर, वन कर आदि सब मिलाकर—सामान्य उगाही का एक-तिहाई रह गया। बिहार के हिस्से में 55 प्रतिशत क्षेत्र आया और 75 प्रतिशत जनसंख्या आई, जिसका सीधा सा अर्थ यह था—कम भूमि पर अधिक लोगों का बोझ : बिहार की ग्रामीण जनसंख्या 86.86 प्रतिशत से बढ़कर 89.25 प्रतिशत हो गई (अखिल भारतीय औसत, 74.29 प्रतिशत)।

कृषि की दशा पहले ही खराब थी; सरकारी निवेश और प्रोत्साहनों में कमी से इसकी हालत और बिगड़ रही थी। कोई वैकल्पिक रोजगार नहीं था। अधिकतर विद्युत उत्पादन संयंत्र झारखंड में चले गए, बिहार में बिजली की भारी कमी हो गई। इसका नतीजा यह हुआ कि राज्य में नया निजी निवेश रुक गया। बिहार पहले ही गरीबी के दलदल में फँसा हुआ था; विभाजन के बाद तो यह और भी गहरे धँसने लगा।

विभाजन के कारण उनके राज्य को हुए भारी नुकसान की तरफ बिहार की स्थिति पर सभी

पार्टियों के बिहारी सांसदों ने भारी चिंता जताई; उन्होंने केंद्र सरकार से अनुदान या दीर्घावधि सहायता के रूप में एक विशाल वित्तीय मुआवजे की माँग की।

इस सामान्य उद्देश्य पर लालू और नीतीश एकमत थे। लालू तब माने थे जब राबड़ी सरकार को बचाए रखने की खातिर उन्हें झारखंड राज्य बनाने की माँग का समर्थन करने के लिए बाध्य किया गया। नीतीश आरंभ से ही एन.डी.ए. और केंद्रीय मंत्रिमंडल के अंदर बिहार पुनर्गठन बिल की पहली रूपरेखा का प्रारूप तैयार करने संबंधी चर्चा में शामिल रहे। वह बिल 1999 के आरंभ में दूसरी वाजपेयी सरकार गिरने के साथ ही समाप्त हो गया। तब नीतीश के पास रेल और सड़क परिवहन विभाग थे और राज्य के विभाजन के चलते बिहार के लिए पर्याप्त वित्तीय सहायता की वकालत करनेवालों में उनका स्वर प्रमुख था। उन्होंने वाजपेयी और गृहमंत्री आडवाणी से कहा कि झारखंड राज्य बनाने और बिहार के लिए वित्तीय पैकेज की मंजूरी पर साथ-साथ विचार किया जाना चाहिए और दोनों बातों को बराबर महत्त्व दिया जाना चाहिए। उनकी पहल पर समता पार्टी ने वित्तीय पैकेज को राज्य के विभाजन की पूर्व शर्त बना दिया।

सभी पार्टियों के सांसदों की ओर से वित्तीय पैकेज की माँग का समर्थन किए जाने पर बिहार पुनर्गठन बिल में एक व्यवस्था यह की गई कि योजना आयोग में एक विशेष इकाई की स्थापना की जाए। यह इकाई बिहार के विकास के लिए अत्यावश्यक योजनाओं की पहचान करेगा और उनके लिए अतिरिक्त धनराशि मुहैया कराएगा। आडवाणी के आश्वासन के बाद जिन्होंने बिल पेश किया था, वित्तीय पैकेज के लिए एक खाका तैयार करने हेतु 15 नवंबर, 2000 को झारखंड का जन्म होने के दो सप्ताह से भी पहले, सभी पार्टियों के बिहारी सांसदों ने वाजपेयी को एक संयुक्त ज्ञापन प्रस्तुत किया, जिसमें वित्तीय पैकेज की ठोस वकालत की गई थी। ज्ञापन में अपेक्षित वित्तीय मुआवजे की राशि का उल्लेख नहीं था, लेकिन लालू ने करीब 180 अरब (180 बिलियन) रुपए का अनुमान पेश किया और केंद्र से लगातार उसकी माँग करते रहे।

राज्य का बँटवारा होने के साथ ही बिहार के राजनीतिक दृश्य में भी काफी बदलाव हुए। भा.ज.पा. और कांग्रेस दोनों के करीब आधे सांसद झारखंड के हो गए; झा.मु.मो. से मिलकर, वे झारखंड में महत्त्वपूर्ण खिलाड़ी बन गए, लेकिन बिहार में उनका आधार बहुत घट गया। यह विभाजन लालू के लिए अप्रत्यक्ष वरदान साबित हुआ, क्योंकि उनकी पार्टी की सीटों की संख्या अविभाजित बिहार के 324 सदस्यीय सदन में 38 प्रतिशत से बढ़कर नए बिहार के 243 सदस्यीय सदन में 47 प्रतिशत हो गई। पुराने सदन में बहुमत के लिए उन्हें जहाँ 39 सदस्यों की और जरूरत थी, वहीं अब उन्हें केवल 7 सदस्यों की जरूरत रह गई थी। बिहार विभाजन के बाद अब वह कांग्रेस के बिना भी अपना काम चला सकते थे। अत: राज्य के दो टुकड़े होने के बाद लालू की कांग्रेस से सौदेबाजी करने की ताकत बढ़ गई थी।

विपक्ष के खेमे में राजनीतिक परिवर्तन इससे भी अधिक नाटकीय था : भा.ज.पा. का दरजा बिहार में एन.डी.ए. के अंदर वरिष्ठ साझेदार से घटकर अब कनिष्ठ साझेदार का हो गया था। नए

सदन में समता पार्टी और ज.द. (यू) की संयुक्त सदस्य संख्या भा.ज.पा. के 35 सदस्यों के मुकाबले 47 हो गई। अविभाजित सदन में भा.ज.पा. के 67 सदस्य थे और उनके 55। नीतीश के राजनीतिक जीवन में यह एक महत्त्वपूर्ण मोड़ साबित हुआ, क्योंकि अब अपेक्षाकृत एक बड़ी पार्टी का नेता होने के नाते से वह गठबंधन के लिए प्राथमिकताएँ तय कर सकते थे और राजनीतिक खाका निर्धारित कर सकते थे।

□

9

विजय के मार्ग पर

ଔଔ ❋ ୪୪

नीतीश कुमार ने मई 2000 में वाजपेयी सरकार में दुबारा कृषि मंत्री का पद ग्रहण करने के कुछ ही समय बाद, विपक्ष मत को एकजुट करने का प्रस्ताव फिर उठाया। यह उसी तरह की गलती को सुधारने का प्रस्ताव था जिस गलती के कारण नीतीश ने 2000 में समता पार्टी के स्वतंत्र प्रचार का नेतृत्व करके, लालू-राबड़ी को शासन करने का एक और अवसर सौंप दिया था।

भा.ज.पा. का साथ होने के बावजूद उनको वास्तव में सोशलिस्ट/जनता वोट के बिखरने की चिंता अधिक थी। लालू को हटाने के लिए समता पार्टी और ज.द. (यू) का विलय आवश्यक था। जनता निर्वाचन क्षेत्र में समाजवादी आंदोलन, जे.पी. आंदोलन और मंडल आंदोलन से जुड़े मतदाता थे। यह निर्वाचन क्षेत्र तीन खेमों में बँटा हुआ था जिनका प्रतिनिधित्व क्रमशः समता पार्टी, ज.द. (यू) और रा.ज.द. द्वारा किया जा रहा था। लालू का मताधार एक सामाजिक प्रतिशोध का मताधार था, एक ऐतिहासिक संशुद्धि अर्थात् भूल-सुधार का वोट था, जिसकी आड़ लेकर लालू उन समुदायों की असुरक्षा की दुहाई दे रहे थे जो उनके अनुसार खतरे में थे। इसके साथ ही, वह अपना यादव वोट आधार भी पक्का कर लेना चाहते थे। समता पार्टी और ज.द. (यू) का जुड़ाव ही रा.ज.द. का एक विश्वसनीय एवं व्यावहारिक विकल्प बन सकता था, क्योंकि लालू से निराश हुए निचली जातियों के अधिकांश मतदाता उस पार्टी में ही अपना विश्वास, अपना भरोसा रख सकते थे जो सच में उनकी मुक्ति, उनके सशक्तीकरण और उनकी समृद्धि में दिलचस्पी रखती है। लालू ने जिस समाजवादी विरासत को चुरा लिया था और जिसे उन्होंने एक तुच्छ वस्तु की तरह गले में लटका रखा था, उसे पुनः प्राप्त करने का यही एक तरीका था।

पासवान ने ज.द. (यू) छोड़कर अपनी एक अलग पार्टी, लोक जनशक्ति पार्टी (एल.जे.पी.) बना ली थी। पासवान के जाने से पुनर्मिलन की संभावना बढ़ गई थी और नीतीश तथा ज.द. (यू)

अध्यक्ष शरद यादव अधिक निकट आ गए थे। 15 अक्तूबर, 2000 को नई दिल्ली में आयोजित एक अहम बैठक में फर्नांडिस, नीतीश और शरद दोनों पार्टियों का विलय करने पर सिद्धांत रूप में सहमत हो गए।

उन्होंने पुनर्मिलन का खाका तैयार करने और उसे अंतिम रूप देने के लिए जनवरी 2001 में फिर मिल-बैठने का निर्णय किया, लेकिन इस बीच लोकसभा में समता पार्टी के 12 में से 6 सांसदों ने विद्रोह का झंडा उठा लिया। इनकी अगुआई रघुनाथ झा कर रहे थे, जो जाति से ब्राह्मण थे और जिन्होंने 1990 में बिहार का मुख्यमंत्री पद पाने की कोशिश में राम सुंदर दास के वोट काटकर, लालू के लिए मैदान खाली छोड़ दिया था और बाद में, समता पार्टी में शामिल हो गए थे। बगावत करनेवाले सांसदों का कहना था कि विलय से लालू को लाभ होगा, क्योंकि शरद यादव एक 'भार' हैं और ज.द. (यू), रा.ज.द. की ही 'बी टीम' है। उनका तर्क था कि समता को अपना निजी आधार बनाना चाहिए। उन्होंने अपने आक्रमण का मुख्य निशाना नीतीश को बनाया, क्योंकि विलय का प्रस्ताव उनके ही दिमाग की उपज थी। उन्होंने खुले आम नीतीश पर 'अपनी मरजी चलाने' का आरोप लगाया, कहा कि वह असहमत साथियों के विचारों की उपेक्षा करते हुए जबरदस्ती विलय कराना चाहते हैं।

वे फर्नांडिस से मिले और फर्नांडिस ने संभवत: कुछ बाध्यताओं के अधीन उनको आश्वासन दिया कि पुनर्मिलन का प्रस्ताव फिलहाल स्थगित कर दिया जाएगा। फर्नांडिस की मौन स्वीकृति नीतीश के लिए चिंता का कारण बन गई।

नीतीश का फर्नांडिस के साथ संबंध शंकापूर्ण था। फर्नांडिस ने बिहार में लालू के एक विकल्प के रूप में नीतीश का साथ दिया था। यह समर्थन जितना सैद्धांतिक एवं रणनीतिक था, उतना ही व्यक्तिगत भी था, क्योंकि फर्नांडिस बिहार से लोकसभा सीट जीतने के लिए नीतीश पर निर्भर थे। यह परस्पर लाभ का एक संबंध था : नीतीश को उनके संरक्षण में अपनी तरक्की का रास्ता बनाने के लिए राष्ट्रीय स्तर का एक महान् उपकारक मिल गया था और फर्नांडिस को अपने से छोटा एक बड़ा होनहार शिष्य—जिस पर वह निश्चिंत होकर भरोसा कर सकते थे कि कम-से-कम एक राज्य ऐसा है जहाँ से वह दुबारा निर्वाचित किए जा सकते हैं, फिर भी इस संबंध में सबकुछ सुखद नहीं था।

ऐसा प्रतीत होता है कि फर्नांडिस को यह देखकर कष्ट पहुँचता था कि नीतीश एक मंत्री के रूप में बढ़िया काम कर रहे हैं और संसद् में उनके आकर्षक प्रदर्शन से उनका कद लगातार बढ़ता जा रहा है। अत: फर्नांडिस उनके पंख कतरना चाहते थे; लेकिन अपने इस महत्त्वाकांक्षी अनुज को नियंत्रण में रखने के लिए वह कोई भी कदम बड़ी होशियारी से उठाना चाहते थे और यह भी दिखाना चाहते थे कि वही उसके सर्वश्रेष्ठ हितैषी हैं।

छह विद्रोही सांसद चाहते थे पार्टी की बिहार यूनिट का अध्यक्ष उनका अपना आदमी चुना जाए। इसका उद्देश्य राज्य में पार्टी के क्रियाकलापों के संबंध में नीतीश के निर्णयकारी अधिकारों

को कम करना था। नीतीश चाहते थे कि फर्नांडिस इन विद्रोही सांसदों को रोकें; ऐसा करने के बजाय, फर्नांडिस ने उनको एक अस्पष्ट सा आश्वासन दे दिया : ''मामले को शांतिपूर्वक सुलझा लिया जाएगा।''

नीतीश देख रहे थे कि बाजी उनके हाथ से निकल रही है। फर्नांडिस सच में अपनी राजनीतिक प्रतिष्ठा को बनाए रखने के उद्देश्य से संसद् में पार्टी की सदस्य-संख्या बनाए रखने की खातिर अपने शत्रुओं के दबाव के आगे झुक गए थे। नीतीश ने अपना तुरुप का पत्ता चलने का फैसला कर लिया। उन्होंने कृषि मंत्री के पद से अपना इस्तीफा प्रधानमंत्री को संबोधित करते हुए लिखा और फर्नांडिस के पास भेज दिया।

इस तरीके से नीतीश ने यह संदेश पहुँचा दिया कि अगर बागी सांसदों ने अपना तरीका नहीं बदला और फर्नांडिस उनकी तरफ यूँ ही झुकते रहे तो वह बिहार में अपने प्रबल एवं अजेय आधार के साथ पार्टी से निकल जाएँगे। तब वह ज.द. (यू) के साथ पुनः ताल-मेल बिठाने से शुरू करके, अपना संगठनात्मक विस्तार कार्यक्रम मुक्त होकर आगे बढ़ा सकेंगे और फर्नांडिस एक पक्की लोकसभा सीट से वंचित रह जाएँगे। नीतीश की यह चतुर चाल काम कर गई और फर्नांडिस को विद्रोहियों से दूरी रखने के लिए बाध्य होना पड़ा।

2001 के आरंभिक महीनों में लालू के विरुद्ध भी आंतरिक विद्रोह तेज हो गया। 2000 के शुरुआती दौर में शासन के प्रति लालू के रवैए में कोई बदलाव नहीं देखा गया। लोगों को उम्मीद थी कि 2000 के चुनाव में धक्का लगने से उनकी तंद्रा टूटेगी और वह राज्य का तेजी से विकास करने के लिए प्रेरित होंगे, लेकिन लालू ने उनकी आशाओं को झुठला दिया।

राज्य में अधिकारी तंत्र—जिसकी कार्यकुशलता का निकम्मापन तो लालू पूर्व युग में भी जाना-पहचाना था—राबड़ी के शासनकाल में निचाई के एक नए स्तर पर आ गया। इसका मुख्य कारण निस्संदेह यह था कि राजनीतिक नेतृत्व विकास के प्रति पूर्णतः उदासीन बना हुआ था। लालू की तुलना में राबड़ी का रुख विकास के प्रति और भी अधिक उदासीन साबित हुआ। वह एक ही राग अलापती रहती थी कि परिस्थितियों के दबाव में उन्हें मुख्यमंत्री बनना पड़ा। विकास की धीमी रफ्तार का कोई भी दोष अपने ऊपर लेने से वह इनकार कर देती थीं, यह तर्क देते हुए कि विकास का काम उन्होंने अपने अधिकरियों पर छोड़ दिया था और यह दोष उनका है। इसके अलावा, उनका यह भी कहना था कि कुछ अधिकारी हैं (उनका इशारा उच्च जाति अधिकारियों की तरफ था) जो उनकी सरकार को बदनाम करना चाहते हैं।

2000 के उपरांत मुख्यमंत्री बनने पर राबड़ी ने सचिवालय में अपने कार्यालय जाना बंद कर दिया और वह अधिकतर घर में अपने बच्चों के साथ रहने लगीं। सरकारी प्रस्तावों पर विचार-विमर्श में हिस्सा लेना उन्होंने बहुत कम कर दिया। यह जानने-समझने में कोई दिलचस्पी नहीं दिखाई कि उन प्रस्तावों में क्या है या उनका निहितार्थ क्या है? सामूहिक हत्याओं या अन्य घटनाओं की अकसर मौके पर जाकर जाँच करना भी उन्होंने छोड़ दिया, जबकि अपने पहले कार्यकाल के

दौरान वह कभी वहाँ जाने से नहीं चूकती थीं। कुछ वामपंथियों और नारीवादियों ने यह साबित करने में कोई कसर नहीं छोड़ा कि राबड़ी को समतावादी भारत के लिए संघर्ष में एक मील का पत्थर क्यों समझा जाना चाहिए और उन्होंने किस तरह अपने आपको एक शासक के रूप में ढाला है, लेकिन यह एक ऐसी महिला की छवि पर अत्यधिक रोमानी रंग चढ़ाने की कोशिश थी जिसने अपने पति की रबड़-मुहर के रूप में मुख्यमंत्री पद ग्रहण किया और सोचा कि परंपरानुसार उनको ऐसे ही रहना चाहिए।

राबड़ी देवी ने कभी स्वतंत्र निर्णय नहीं लिए। वह खुश थीं कि वास्तव में लालू ही मुख्यमंत्री बने हुए हैं। अधिकारियों को जब उनके औपचारिक अनुमोदन या हस्ताक्षर की जरूरत होती थी, लालू हमेशा उनके साथ बैठते थे। लालू ने राबड़ी की परंपरागत आज्ञापरायणता का बहुत फायदा उठाया और राबड़ी को अपने साए से निकलने का मौका नहीं दिया। एक सार्वजनिक सभा में राबड़ी ने जब पहले से तैयार, एक संक्षिप्त भाषण पढ़ने के बाद, अपने शब्दों में बोलना शुरू किया, तो मंच पर बैठे लालू ने जोर से कहा : ''बहुत हुआ। अब तुम चुप रह सकती हो।'' और वह खामोश हो गईं।

राबड़ी की विमुखता के कारण प्रशासन में सर्वत्र उदासीनता छा गई। अनेक महत्त्वपूर्ण पदों पर अधिकारी नियुक्त नहीं किए गए। राबड़ी के 2000 उपरांत कार्यकाल के उत्तरार्ध में सड़क निर्माण और ग्रामीण इंजीनियरिंग विभागों में इंजीनियर प्रमुख और मुख्य इंजीनियरों के सभी पद खाली पड़े रहे, जबकि इन्हीं दो विभागों पर बिहार में शहरी और ग्रामीण सड़क संपर्क मुहैया कराने की जिम्मेदारी थी। इन दो विभागों में अधीक्षण अभियंताओं (सुपरिंटेंडिग इंजीनियर) के इक्यानवे पदों में से, इक्यासी पद खाली थे।

मुख्य अधिकारियों की अनुपस्थिति में आमतौर पर एक अधिकारी को दो-दो या तीन-तीन पदों पर काम करना पड़ता था। इसका नतीजा यह हुआ कि उस अधिकारी को फाइलों की समीक्षा करने का समय नहीं मिल पाता था और काम में देरी हो जाती थी। इसके अलावा अधिकारियों, सामान्यत: अच्छे, कुशल एवं बुद्धिमान अधिकारियों, के बेतुके और अकारण तबादलों की वजह से वे लंबे समय तक काम नहीं कर पाते थे या उनका कार्यकाल अनिश्चित होता था।

कार्यक्रमों पर आरंभिक काररवाई करने और उनको लागू करने में विलंब के कारण संसाधनों का पूरा उपयोग नहीं हो सका और केंद्रीय आवंटन में भी कटौती हो गई। योजना आयोग के एक अनुमान के अनुसार राबड़ी के शासनकाल के दौरान राज्य सरकार की योजना बनाने और निधियों को खपाने की क्षमता में तेजी से गिरावट आई। 1997-98 में, जोकि राबड़ी के शासन का पहला वर्ष था, राज्य सरकार ने कुल योजना परिव्यय का 75.45 प्रतिशत खर्च किया; उनके शासनकाल के चौथे वर्ष, 2000-01 में यह व्यय घटकर 56 प्रतिशत पर आ गया।

व्यवस्था के अंदर कोई जवाबदेही नहीं थी। जब राजनीतिक नेतृत्व सँभालने के लिए ही कोई न हो, तो ऐसे में अधिकारी वर्ग से जवाबदेही लागू करने की अपेक्षा कैसे की जा सकती थी?

वार्षिक बजट में स्वीकृत योजनाओं के लिए आवंटित राशि को खर्च न करने के लिए राज्य सरकार विधायिका के प्रति अर्थात् अपनी जनता के प्रति उत्तरदायी थी। वर्ष-दर-वर्ष अपना उत्तरदायित्व पूरा न कर पाने के बावजूद, लालू-राबड़ी सरकार चलती रही, क्योंकि उनकी पार्टी के अधिकतर विधायकों ने सरकार से कभी सवाल नहीं किया, आगे स्वीकृति देने से इनकार करना तो दूर की बात थी।

लालू-राबड़ी के शासनकाल में आर्थिक विकास के कई मानक सूचकांक जमीन से लग गए थे या बहुत तेजी से नीचे आ रहे थे। तथापि, राज्य की अर्थव्यवस्था के कुछ पहलू इतने फीके नहीं थे। इस बात का पर्याप्त सबूत है कि लालू ने बिहार की अर्थव्यवस्था की सकारात्मक विशेषताओं की ओर से आँखें बंद कर रखी थीं और उन्हें इस बात का कतई ध्यान नहीं था कि बिहार अर्थव्यवस्था की बरबादी की सर्वत्र चर्चा हो रही है। नीतीश के नेतृत्व में विपक्ष द्वारा अपने खिलाफ प्रचार को वह सह गए, क्योंकि उन्होंने अपने राजनीतिक प्रचार की मंडी में उन सकारात्मक लक्षणों को भुनाने का प्रयास नहीं किया।

1993-94 और 2004-05 के बीच राज्य के सकल घरेलू उत्पाद (जी.डी.पी.) की औसत वार्षिक वृद्धि दर 5 प्रतिशत से कुछ अधिक रही, जो उसी अवधि के दौरान राष्ट्रीय जी.डी.पी. की 6.5 प्रतिशत की वृद्धि दर से काफी कम थी, लेकिन यह गतिहीनता या अवनति का संकेत नहीं था। उस अवधि के दौरान बिहार में कृषि विकास की औसत दर 4 प्रतिशत रही, जो 3 प्रतिशत से भी कम राष्ट्रीय औसत से अधिक थी। 2000-01 के निर्माण-कार्य में 11.63 प्रतिशत, संचार में 21.64 प्रतिशत, व्यापार-होटल व्यवसाय-रेस्तराँ के क्षेत्र में 7.62 प्रतिशत और बैंकिंग तथा बीमा उद्योग में 10 प्रतिशत की वृद्धि हुई। इन सभी क्षेत्रों में, राज्य में 2000-01 और 2004-05 के बीच कमतर वृद्धि दर्ज की गई, लेकिन वह सकारात्मक वृद्धि थी।

सकल ग्रामीण निर्धनता के बारे में रूढ़िबद्ध धारणा के विपरीत, बिहार में अनुसूचित कमर्शियल बैंकों की ग्रामीण जमाराशियाँ, राबड़ी के कार्यकाल 2000-05 के दौरान कांग्रेस-शासित महाराष्ट्र में इन बैंकों की ग्रामीण जमाराशियों की तुलना में काफी अधिक थीं। 2000-01 में बिहार में अनुसूचित कमर्शियल बैंकों की ग्रामीण जमा राशि 9067 करोड़ रुपए थी, जो 2004-05 में बढ़कर 13,328 करोड़ रुपए हो गई (यानी कुल राष्ट्रीय ग्रामीण जमा का 6.3 प्रतिशत), जबकि महाराष्ट्र के मामले में यह वृद्धि राष्ट्रीय जमा का करीब 3.9 प्रतिशत थी।

बिहार में अनुसूचित कमर्शियल बैंकों की कुल जमा राशि 2000-01 में 26,800 करोड़ रु. की तुलना में 2004-05 में 41,007 करोड़ रु. तक पहुँच गई; यह वृद्धि करीब 65 प्रतिशत थी (पड़ोसी राज्य पश्चिम बंगाल और उ.प्र. में दर्ज की गई वृद्धि से भी अधिक)। कुल जमा राशि में प्रतिशत हिस्सेदारी की दृष्टि से, बिहार का स्थान बहुत नीचे था, फिर भी अनुसूचित कमर्शियल बैंकों की जमा राशि में 16 प्रतिशत की औसत वृद्धि बैंकिंग कारोबार के पूरी तरह बैठ जाने का संकेत नहीं था।

इससे भी अधिक दिलचस्प स्थिति ऋण-जमा अनुपात के मामले में सामने आई, जिसे किसी राज्य विशेष की आर्थिक गतिविधि और ऋण समावेशन क्षमता स्तर का सूचक माना जाता है; 1990 दशक के दौरान बिहार में इस अनुपात में कोई विशेष वृद्धि नहीं हुई, राबड़ी के कार्यकाल के दौरान यह अनुपात 2000-01 में 20.7 प्रतिशत से बढ़कर 2004-05 में 31.4 प्रतिशत हो गया। राज्य में पाँच क्षेत्रीय ग्रामीण बैंकों की 1466 शाखाओं का ऋण-जमा अनुपात 44.77 प्रतिशत रहा, जो कमर्शियल बैंकों के ऋण-जमा अनुपात से काफी अधिक था।

आर्थिक विकास के इन सकारात्मक लक्षणों से साबित होता है कि विकास को गति देना केवल सरकार पर निर्भर नहीं करता है। विकास संबंधी नीतियों के प्रति राबड़ी सरकार की उदासीनता और निर्धनता निवारण कार्यक्रमों को दिखावटी तौर पर लागू किए जाने के बावजूद अर्थव्यवस्था चरमरा कर गिरी नहीं।

राज्य में और बाकी समग्र देश में, बाजार अपना काम कर रहा था और कुल अर्थव्यवस्था में मंद एवं धीमे शासन प्रेरित विकास को भी गति दे रहा था। कृषि, खुदरा व्यवसाय, संचार और प्रवासी धन-प्रेषण में बहुत अधिक वृद्धि के कारण ही सकारात्मक संकेत सामने आए थे। बिहार के लोगों—मध्यम-वर्ग तथा मजदूर-वर्ग—ने जीवन को चलाए रखने और बढ़ते रहने का अपना रास्ता तलाश किया था।

तथापि, शेष भारत की तुलना में लगता था जैसे बिहार ने डूबने की पूरी तैयारी कर ली है। औद्योगिक विकास बहुत धीमा था, सड़कों की दशा बहुत खराब थी, बिजली की भारी कमी थी, अस्पताल सूने पड़े थे, जनसंख्या की वृद्धि उच्चतम स्तर पर थी। इन सब बातों के अलावा, पूरे राज्य में अव्यवस्था-अराजकता फैली हुई थी, कोई भी अपने जीवन या संपत्ति को सुरक्षित महसूस नहीं करता था।

राबड़ी मंत्रिमंडल में कुछ मंत्रियों—शंकर प्रसाद टेकरीवाल और जगदानंद सिंह ने विकास के प्रति राज्य सरकार की उदासीनता के बारे में सार्वजनिक रूप से विलाप करना शुरू कर दिया। सरकारी निर्णयों में लालू और राबड़ी के परिजनों की बढ़ती दखलंदाजी के कारण पार्टी के वरिष्ठ लोगों में रोष बढ़ने लगा था।

लालू की सबसे बड़ी बेटी मीसा मंत्रियों और अधिकारियों पर अपनी मरजी चलाती थी। उनसे अपनी इच्छानुसार आदेश जारी कराने तथा मनचाहा काम कराने के लिए उन पर दबाव डाला करती थी। उसने रा.ज.द. की राजनीतिक गतिविधियों में सक्रिय भाग नहीं लिया। लालू या राबड़ी भी कभी उसे अपने उत्तराधिकारी के रूप में पेश करने के लिए किसी सार्वजनिक समारोह में अपने साथ लेकर नहीं गए, फिर भी ऐसी हवा उड़ चली थी कि आय से अधिक संपत्ति के मामले में राबड़ी को गिरफ्तार किया जा सकता है और अगर ऐसी स्थिति आती है तो राबड़ी को भी लालू की तरह मुख्यमंत्री पद छोड़ना पड़ेगा और फिर मीसा उनकी जगह ले लेगी।

लालू को अपने और राबड़ी के पारिवारिक सदस्यों के बढ़ते दबदबे की पूरी जानकारी थी।

लालू को यह पता था कि वे जो भी काम कराना चाहते हैं, उसके बारे में वे मंत्रियों और अधिकारियों से सीधे ही बात करते हैं। एक अधिकारी ने बताया : एक दिन लालू ने मुझसे पूछा कि क्या कोई काम कराने के सिलसिले में उनके बड़े भ्राता प्रभुनाथ यादव के फोन मेरे पास आते हैं। जब मैंने कहा, हाँ, कभी-कभी मुझे फोन आते हैं, लालू बोले, ''अगली बार जब उनका फोन आए, मुझे बताना वह क्या चाहते हैं ? अगर मैं कहूँ, हाँ, उनका यह काम कर दो, तभी करना, अन्यथा मत करना।''

एक साल बाद, जब उन्होंने राबड़ी को दुबारा मुख्यमंत्री की कुरसी पर बिठाया, लालू इस दुविधा में थे कि क्या उन्हें अपने परिवार या अपनी पार्टी के वरिष्ठ लोगों को संतुष्ट करना चाहिए, लेकिन उनकी यह दुविधा अधिक समय तक नहीं रही, क्योंकि वह जानते थे कि विद्रोहियों द्वारा उनके परिवार पर जो गोले दागे जा रहे हैं उनका मुख्य निशाना राबड़ी है। वे 1997 में भी राबड़ी को मुख्यमंत्री के रूप में देखना नहीं चाहते थे और उन्हें उम्मीद थी कि कम-से-कम 2000 के चुनावों के बाद तो उनमें से किसी एक को अवसर दिया जाएगा, लेकिन इस उम्मीद को भी अँगूठा दिखा दिया गया था।

लालू से संबंध बिगड़ने के बाद रंजन यादव असहमत लोगों के एकजुट होने का केंद्र-बिंदु बन गए। रंजन यादव विश्वविद्यालय के दिनों से ही लालू के सहयोगी थे। इसी नाते वह लालू के कार्यकाल के दौरान लालू के चहेते बने रहे। उन्होंने मंत्री पद के लिए प्रत्याशियों के चयन में और विधान सभा के दोनों सदनों के लिए पार्टी के नामजद लोगों के निर्वाचन हेतु लालू के निर्णयों को प्रभावित किया। लेकिन एक दौर ऐसा भी आया जब लालू का घमंड आगे आ गया और उन्होंने रंजन की सलाह को अनेदखा करना शुरू कर दिया। कुछ पार्टी नेताओं की सहायता से साधु और सुभाष ने भी परदे के पीछे रहकर रंजन को लालू के अंतरंग वृत्त से बाहर निकालने की योजना बनाई। रंजन को दुश्मनी हो गई और उन्होंने मन-ही-मन लालू की जगह लेने की ठान ली तथा उन्होंने रा.ज.द. विधायकों एवं सांसदों से यह कहना भी शुरू कर दिया कि वे उनके लिए समर्थन जुटाने का काम करें।

2001 तक पार्टी के अनेक विधायक और सांसद राबड़ी सरकार के कार्य से नाखुश रहने लगे थे। सांसदों में से एक सांसद नागमणि ने खुले तौर पर मीडिया से कहा : 'विभाजन के बाद राज्य को सक्षम नेतृत्व की आवश्यकता है, जो केवल रंजन यादव दे सकते हैं, राबड़ी देवी जैसी कोई 'सौम्य' स्त्री नहीं।' रा.ज.द. के कम-से-कम पाँच अन्य सांसदों ने भी, नागमणि की भावनाओं को दोहराया। इनमें तीन मुसलिम—अनवारुल हक, मोहम्मद शहाबुद्दीन और मोहम्मद तसलीमुद्दीन भी शामिल थे, जो कभी लालू के काफी करीब थे। मंत्री टेकरीवाल और जगदानंद सरीखे मंत्रियों ने भी सरकार की आलोचना की। 'पिछले दस वर्षों में बिहार के लिए कुछ नहीं किया गया है', टेकरीवाल ने मीडिया को बताया, 'हम चाहते हैं कि नेतृत्व का रवैया बदले।'

रा.ज.द. से मतभेद में विपक्ष को न केवल लालू परिवार, उनके कुटुंब को सत्ता से हटाने,

बल्कि पार्टी को भी ध्वस्त करने का मौका नजर आया। भिन्न मत रखनेवालों का प्रयोग करके लालू को हटाना वाजपेयी सरकार के उन शर्मनाक प्रयासों से बेहतर तरीका होगा जब 1990 के दशक के अंतिम वर्षों में दो बार राष्ट्रपति शासन लागू करने का तरीका अपनाया गया।

रंजन और नागमणि कुछ माह तक भा.ज.पा., समता, ज.द. (यू) और लो.ज.पा. के संपर्क में रहे और उन्होंने इन दोनों को बिना शर्त समर्थन का वचन दिया था। विधान सभा में इन पार्टियों के कुल मिलाकर 83 विधायक थे : भा.ज.पा. 35, समता 29, ज.द. (यू) 12 और लो.ज.पा. 7। यह संख्या—रा.ज.द. के उन 39 विधायकों (रा.ज.द. की कुल संख्या का एक-तिहाई) में जोड़ने बाद 243 के सदन में अपेक्षित बहुमत बन सकता था जिन्हें दल-बदल विरोधी कानून के अंतर्गत अयोग्य घोषित किए जाने से बचने के लिए रा.ज.द. छोड़नी पड़ी थी।

तथापि रंजन और नागमणि रा.ज.द. में असंतोष के बावजूद रा.ज.द. विधायकों से पर्याप्त समर्थन नहीं जुटा सके। लालू ने 28 अप्रैल, 2001 को रंजन को पार्टी से बाहर निकाल दिया, क्योंकि असहमत विधायकों के इरादों की भनक लग गई थी। नीतीश के साथ शंकालु संबंधों के बावजूद, फर्नांडिस बिहार में लालू का कोई विकल्प तैयार करने के लिए विरोधी शक्तियों को इकट्ठा करने के काम में पूरी निष्ठा से लगे रहे, क्योंकि उनका मानना था कि लालू बिहार को बरबाद कर रहे हैं। मुख्यमंत्री की कुरसी पर राबड़ी के रहते लोगों का लालू से मोहभंग तीव्र हो गया था।

फर्नांडिस और नीतीश ने सितंबर 2001 में समता, ज.द. (यू) और पासवान की लो.ज.पा. के विलय की बात उठाई। बातचीत और बैठकों के कई दौर चले और 2001 के अंत तक नीतीश ने मीडिया में घोषणा कर दी कि तीनों पार्टियाँ सिद्धांततः विलय के लिए सहमत हो गई हैं और लिखित रूप में एक अंतिम समझौता तैयार करने के लिए कदम उठाए जा रहे हैं, किंतु मार्च 2002 में गुजरात में मुसलमानों की सामूहिक हत्या के विरोध में एन.डी.ए. सरकार से पासवान की लोक जनशक्ति पार्टी के अलग हो जाने के कारण बात अटक गई।

नीतीश ने गुजरात हत्याकांड पर कोई कड़ी प्रतिक्रिया नहीं जताई। उन्होंने वाजपेयी के इस विचार का समर्थन किया कि नरेंद्र मोदी को त्याग-पत्र दे देना चाहिए, लेकिन उन्होंने इसे आलोचना का मुद्दा नहीं बनाया। उस अवधि के दौरान अपनी द्वैधवृत्ति के बारे में वह क्या सफाई देंगे? "मेरा निशाना लालू थे," नीतीश कहते हैं, "मोदी मुद्दे पर एन.डी.ए. छोड़ने से मुझे अपना लक्ष्य प्राप्त करने में कोई मदद मिलनेवाली नहीं थी। बिहार में लोकमत उस राज्य में शासन के मुद्दे पर मिलना था, उससे गुजरात का कोई वास्ता नहीं था। इसके अलावा भा.ज.पा. का साथ लिए बिना लालू को हटाना संभव नहीं था।"

बाद के महीनों में जब नीतीश को लालू के विरुद्ध अन्य राजनीतिक शक्तियों को एकजुट करने की आवश्यकता थी, उन्होंने देखा कि उनकी अपनी पार्टी के अंदर गुटबंदी का राक्षस फिर जाग गया है। पार्टी दो गुटों में बँट गई थी—एक गुट 'फर्नांडिस' का था और दूसरा 'नीतीश' का।

एक बार तो फर्नांडिस ने नीतीश को बिहार में एन.डी.ए. के विरोध कार्यक्रमों से बाहर करके नीतीश के पंख कतरने का भी फैसला कर लिया था। जनवरी 2003 में पटना के एक उपनगर में पुलिस द्वारा एक झूठी भिड़ंत में तीन निर्दोष लोगों की निर्मम हत्या किए जाने की प्रतिक्रिया में राबड़ी सरकार के खिलाफ अनायास एक आंदोलन छिड़ गया। मारे गए निर्दोष युवकों को पुलिस 'शातिर अपराधी' बता रही थी। पटना के बाद निर्दोष नागरिकों की हत्या की ऐसी घटनाएँ बेगूसराय और रोहतास में भी हुईं। हत्या की घटनाओं में एक-एक वृद्धि से प्रतीत होता था जैसे लोगों के अंदर बहुत दिनों से भरा हुआ आक्रोश उस पुलिस बल और एक ऐसी सरकार के विरुद्ध फूट पड़ा है, जो पक्के अपराधियों के साथ मिली हुई है और उनके बदले मासूम लोगों को अपने जुल्म का शिकार बनाती है। पूरे राज्य में यह लहर जोर पकड़ गई थी कि लालू हिल गए।

एन.डी.ए. को इस लोक आक्रोश का फायदा उठाने का मौका मिल गया। एन.डी.ए. के राष्ट्रीय संयोजक की हैसियत से फर्नांडिस ने बिहार में लालू-विरोधी मुहिम में नीतीश का महत्त्व घटाने के अपने निजी लक्ष्य की ओर भी कदम बढ़ाना शुरू कर दिया। पहले भी एक-दो अवसरों पर राज्य में आयोजित एन.डी.ए. के जिन कार्यक्रमों में फर्नांडिस ने भाग लिया था, उनमें नीतीश को नहीं बुलाया गया था। लोगों ने महसूस किया कि 2003 की जन-सामान्य लहर के साथ एकता दरशाने के लिए आयोजित एन.डी.ए. की सभी सभाओं और गतिविधियों में नीतीश को शामिल नहीं किया जा रहा है।

इन उदाहरणों से यह संदेह उत्पन्न होने लगा कि समता में फूट पड़ रही है। ये संदेह तब और मजबूत हो गए जब नीतीश ने गुस्साए लोगों के साथ अपनी एकता व्यक्त करने के लिए अपना निजी मंच स्थापित करने के उद्देश्य से अपने समर्थकों को जुटाने का निर्णय किया। नीतीश ने पटना में एक रैली को संबोधित किया (जिसमें फर्नांडिस को आमंत्रित नहीं किया गया था); इस रैली में उन्होंने पुलिस अत्याचारों के लिए लालू राज पर हमला किया और उसका अंत करने के लिए सभी शक्तियों को एकजुट करने की कसम खाई।

फर्नांडिस बिहार की सरकार विरोधी राजनीति में नीतीश को अलग-थलग करने की अपनी योजना को अधिक समय तक नहीं खींच सके। जन-साधारण का समर्थन नीतीश के पक्ष में था। उच्च और निचले वर्ग के लोगों का यद्यपि लालू से मोहभंग हो चुका था, क्योंकि लालू के राज में उनके लिए यातना-यंत्रणा के सिवा कुछ नहीं था, इसके बावजूद वे किसी ऐसे नेता में अपना भरोसा रखने के लिए तैयार नहीं थे जो उनका अपना नहीं था। उनकी दृष्टि नीतीश पर लगी हुई थी, क्योंकि नीतीश भी प्रगतिशील राजनीति से जुड़े रहे थे और एक पिछड़ी जाति से थे। इसके अलावा, वह लालू के एक घनिष्ठ मित्र रह चुके थे और सिद्धांत की राजनीति का रास्ता अपनाने के कारण लालू से अलग हुए थे। वे इस बात को समझने लगे थे कि लालू उन्हें सिर्फ हरे-भरे सपने दिखाते हैं—नीतीश बहुत पहले ही यह समझ चुके थे और वे नीतीश की समझ-बूझ के कायल होकर नीतीश के अधिक करीब आने लगे थे।

नीतीश-फर्नांडिस अलगाव के बारे में आश्चर्य की बात यह थी कि 2003 के मध्य तक भा.ज.पा. इस स्पष्ट निष्कर्ष पर पहुँच गई थी कि लालू विरोधी मोरचे को नीतीश कुमार के अलावा कोई और जीत नहीं दिला सकता है। सुशील मोदी द्वारा 2003 में फ्रंटलाइन को दी गई एक भेंटवार्त्ता से यह बात स्पष्ट हो गई थी :

प्रश्न : क्या आप लालू का कोई विकल्प तैयार करने के बारे में सोच सकते हैं पिछड़ी जाति के उस दावे को दिल से लगाए बिना जिसका प्रतीक लालू बने हुए हैं?

मोदी : नहीं। लालू का विकल्प उसी निर्वाचन क्षेत्र का प्रतिनिधित्व करनेवाला कोई अन्य नेता ही हो सकता है। बिहार की राजनीतिक घुड़साल में यह बदलाव पलटा नहीं जा सकता। ओ.बी.सी. अर्थात् अन्य पिछड़े वर्गों का दावा अब हमेशा रहनेवाला है।

प्रश्न : इस संदर्भ में एन.डी.ए. नेता संयुक्त नेता के रूप में किसे प्रायोजित करना चाहेंगे?

मोदी : बिहार में एन.डी.ए. के नेता के रूप में नीतीश कुमार प्रकट हुए हैं। उन्हें मुख्यमंत्री पद के लिए चुना गया था और फिलहाल वह एन.डी.ए. के संयोजक बने हुए हैं। अगले चुनाव में भी मुख्यमंत्री पद के लिए एन.डी.ए. के प्रत्याशी वही होंगे।

हालाँकि, मोदी की अपनी पार्टी ने नीतीश को औपचारिक तथा अधिकारिक रूप से अभी तक नेता घोषित नहीं किया था। इसका कारण यह था कि समता पार्टी ने भी उन्हें अभी तक अपना नेता घोषित नहीं किया था। नीतीश को असमंजस में रखने के लिए फर्नांडिस अपने तरह-तरह के दाँव-पेंच चला रहे थे। 2005 के विधान सभा चुनावों से पहले एन.डी.ए. और लालू को 2004 के लोकसभा चुनावों में एक-दूसरे की ताकत की परीक्षा लेनी थी। पिछले तीन चुनावों में बिहार से रा.ज.द. सांसदों की संख्या कम हो गई थी। लालू-राबड़ी के शासन में बिहार में विकास का काम ठप हो गया था। इसके विपरीत, वाजपेयी सरकार ने आर्थिक विकास के क्षेत्र में बहुत कुछ कर दिखाया था। एन.डी.ए. ने देशभर में अपने स्लोगन 'चमकता भारत (शाइनिंग इंडिया)' के आधार पर चुनाव लड़ने का फैसला किया।

विकास कार्यक्रम को फोकस में रखने और बिहार में लालू का एक विकल्प देने के उद्देश्य से भी एन.डी.ए. ने नीतीश को विकास पुरुष के रूप में पेश किया : एन.डी.ए. के चुनाव प्रचार संबंधी पोस्टरों पर नीतीश कुमार का पूरे आकार का फोटो छपा था और साथ में लिखा था—विकास के मजबूत कदम, आशा की स्वर्णिम किरण, नीतीश कुमारजी के साथ आगे बढ़ो।

नीतीश ने वर्षों की मेहनत से 'विकास पुरुष' के रूप में अपनी छवि बनाई थी, ताकि लोग उन्हें 'विनाश पुरुष—लालू' से अलग पहचानें। केंद्र में कृषि मंत्री और रेल मंत्री रहते हुए उन्होंने अपने प्रभाव के मूल क्षेत्र विशेषकर बाढ़ और नालंदा संसदीय निर्वाचन क्षेत्रों में तथा आमतौर पर बिहार में अनेक परियोजनाओं के प्रस्तावों को मंजूरी दी थी। संसद् में नीतीश यह कहने का कोई अवसर नहीं छोड़ते थे कि वे विकास की योजनाएँ बना रहे हैं और उनका वित्त-पोषण कर रहे हैं, जबकि राबड़ी-लालू सरकार उन योजनाओं का उपयोग नहीं कर रही है। 2003 में एक बार,

वाजपेयी ने भी बिहार को आवंटित योजनाओं की एक लंबी सूची प्रस्तुत की थी जिनके लिए धनराशि केंद्र द्वारा मुहैया कराई गई थी; उनमें से कुछ योजनाएँ तो विभाजन के फलस्वरूप बिहार को हुए नुकसान की भरपाई के उद्देश्य से बनाई गई थीं।

फिर भी बिहार में लोगों का मिजाज एन.डी.ए. के पक्ष में उतना नहीं लगता था जितना पिछले तीन लोकसभा चुनावों में था। मुसलमान एन.डी.ए. को वोट देने के कतई खिलाफ थे; अगर वाजपेयी ने नरेंद्र मोदी से इस्तीफा दिलवा दिया होता, तो कुछ हद तक स्थिति सुधर सकती थी। एन.डी.ए. के अंदर इस बात को लेकर काफी संशय बना हुआ था कि क्या 'इंडिया शाइनिंग' प्रचार-अभियान और नीतीश कुमार का विकास पुरुष मुखौटा उनकी नैया पार लगाने में सफल होगा।

इसके अलावा समता पार्टी, ज.द. (यू) और लो.ज.पा. के बीच 'जनता परिवार' वोटों के बँट जाने का भी डर था। लो.ज.पा. के एन.डी.ए. समर्थक गठबंधन में वापस आने की कोई उम्मीद नहीं थी, क्योंकि पासवान कांग्रेस के अधिक करीब चले गए थे। समता पार्टी और ज.द. (यू) का ही विलय हो सकता था।

2004 के लोकसभा चुनाव से करीब छह माह पहले समता-ज.द. (यू) का विलय कराने में नीतीश की प्रमुख भूमिका रही; इस प्रयास में फर्नांडिस, शरद यादव और दोनों पार्टियों के अधिकांश सदस्यों की तरफ से उन्हें पूरा सहयोग प्राप्त हुआ। नई पार्टी का नाम ज.द. (यू) रखा गया और उसका चुनाव-चिह्न एक तीर (पुराने ज.द. (यू) से लिया गया) और समता पार्टी का हरा झंडा निश्चित हुआ। पासवान रा.ज.द. के बैनरवाले गठबंधन में शामिल हो गए।

नीतीश अपने आपको बाढ़ से दुबारा निर्वाचित होने के लिए तैयार कर रहे थे जबकि फर्नांडिस ने उनको एक आश्चर्य में डाल दिया। फर्नांडिस ने अपना निर्वाचन क्षेत्र नालंदा से बदलकर मुजफ्फरपुर कर लिया, जिसका स्पष्ट कारण यह था कि वह देश के लिए ही नहीं, बल्कि नीतीश के सामने भी साबित कर देना चाहते थे कि वह नीतीश का सहारा लिये बिना ही लोकसभा सीट जीत सकते हैं। फर्नांडिस 1977 में मुजफ्फरपुर से जीते थे।

ज.द. (यू) की प्रत्याशी सूची में, नालंदा और बाढ़ निर्वाचन क्षेत्रों को खाली छोड़ा हुआ था। चूँकि अब इतना समय नहीं रह गया था कि नालंदा से चुनाव लड़ने के लिए कोई नया प्रत्याशी खोजा जाए और स्थापित किया जाए, नीतीश ने दोनों सीटों से लड़ने का फैसला कर लिया।

अन्य राज्यों के विपरीत, एन.डी.ए. ने बिहार में अपने प्रचार-अभियान में दोहरी रणनीति अपनाई : इसने अपना ध्यान लोकसभा चुनावों के साथ-साथ अगले वर्ष होनेवाले विधान सभा चुनावों पर भी लगाए रखा। एन.डी.ए. ने अपने प्रचार-अभियान में नीतीश को 'आशा की स्वर्णिम किरण' बतलाते हुए वाजपेयी सरकार की 'उपलब्धियों' को उछाला और लालू-राबड़ी सरकार की विफलताओं पर भी प्रहार किया। एन.डी.ए. के प्रचार-अभियान में वाजपेयी सरकार की इन विशेष 'उपलब्धियों' की अधिक चर्चा की गई : सकल घरेलू उत्पाद (जी.डी.पी.) में 8 प्रतिशत की

वृद्धि, 11 करोड़ मिलियन डॉलर का विदेशी मुद्रा भंडार, आवश्यक वस्तुओं के मूल्यों पर नियंत्रण, 'संपृक्तता क्रांति' (दूरसंचार, इंटरनेट, राजमार्ग और देहाती सड़कें) इत्यादि। सूची बहुत लंबी थी।

इसके साथ ही, ज.द. (यू) के प्रचार संबंधी इश्तहारों में ऐसी अनगिनत सड़क, रेल और कृषि परियोजनाओं एवं योजनाओं का प्रमुखता से उल्लेख किया गया था जिन्हें नीतीश ने विशेषकर बाढ़-नालंदा में और सामान्यत: बिहार में आरंभ कराया था। नीतीश ने एक विशेष 'रिपोर्ट कार्ड' जारी किया जिसमें उन कार्यों का उल्लेख था जो कार्य उन्होंने इन दोनों निर्वाचन क्षेत्रों के लिए किए थे। नीतीश के प्रचार-अभियान की रणनीति का मूल सार, मूल निष्कर्ष लोगों को यह विश्वास दिलाना था कि वाजपेयी सरकार में मंत्री रहते हुए उन्होंने राज्य को केंद्र सरकार से विकास में इतना अधिक हिस्सा दिलाया है और यह इस बात का सबूत है कि अगर बिहार में उनको जनादेश मिला, तो वह बिहार का कायाकल्प कर देंगे।

लालू इस बात से विचलित हो गए कि एन.डी.ए. के इस चुनाव प्रचार में 'विकास' को मुख्य मुद्दा बनाकर पेश किया जा रहा है। लालू ने भी रा.ज.द. सरकार की 'उपलब्धियों' का ब्योरा पेश किया और अपने भाषणों में विकास पर भी चर्चा की, फिर भी उन्हें अपनी राजनीतिक चालबाजी पर ही सबसे अधिक भरोसा था। लालू ने अपने प्रचार-अभियान में उन घोटालों को बहुत उघाड़ा जिनका दाग एन.डी.ए. सरकार के दामन पर लगा था (तहलका का खुलासा, ताबूत घोटाला)। लालू ने गुजरात उपद्रवों में मुसलमानों की सामूहिक हत्या को भा.ज.पा. का 'असली' एजेंडा बताया।

जैसे-जैसे चुनाव समीप आते गए लड़ाई और मुश्किल होती गई। लालू-राबड़ी शासन से लोगों की सामान्य नाराजगी के बावजूद एन.डी.ए. के लिए तसवीर इतनी आशाजनक नहीं थी। नीतीश से लेकर फर्नांडिस, शरद यादव से लेकर भा.ज.पा. नेता सुशील मोदी और शाहनवाज हुसैन तक, हर किसी पर दबाव था कि वे अपने-अपने क्षेत्रों पर ही अधिक-से-अधिक ध्यान दें। उनके चुनाव-अभियान में 'इंडिया शाइनिंग' से अधिक उन परियोजनाओं की चर्चा थी जो वे अपने निर्वाचन क्षेत्रों में लेकर आए थे। वाजपेयी मंत्रिमंडल में बिहार के मंत्रियों के सामूहिक प्रयास पर आधारित 'बिहार शाइनिंग (चमकता बिहार)' की धारणा को राज्य स्तर पर एन.डी.ए. द्वारा प्रचारित किए जाने का प्रस्ताव प्रत्येक निर्वाचन क्षेत्र के अपने प्रचार-अभियान के पक्ष में त्याग देना पड़ा।

नतीजों से पता चला कि अधिक गरीब वर्ग के लोगों को 'चमकते भारत' की कहानी मोहित नहीं कर पाई, क्योंकि इसका लाभ शहरी मध्यम-वर्ग को मिला था, उनको नहीं। मतदाता उन प्रत्याशियों को भी समर्थन देने के लिए तैयार नहीं थे जिन्होंने अपने निर्वाचन क्षेत्र के लिए बहुत कुछ किया था। चुनावों से एक माह पहले ही नीतीश ने केंद्र सरकार के विभिन्न विभागों से बातचीत और लिखा-पढ़ी के जरिए मोकामा टाल के विकास के लिए एक विशेष फंड हासिल किया था—मोकामा टाल का विकास उनके राजनीतिक जीवन का पहला बड़ा मुद्दा था जिसके लिए कुछ करने का बीड़ा उन्होंने उठाया था। 27 करोड़ रुपए की विशेष धनराशि सिंचाई के परंपरागत तरीकों और

बाढ़ की रोकथाम के उपायों को पुनः चालू करने और ऐसी नई योजनाएँ आरंभ करने के लिए प्राप्त की गई थी जिनके जरिए मोकामा टाल को एकल-उपज (दालों की फसल) से बहु-फसल क्षेत्र में बदला जा सकेगा। नीतीश को बाढ़ में फिर भी हार का मुँह देखना पड़ा। तथापि, नालंदा में वह काफी वोटों के अंतर से विजयी हुए।

नतीजे कुछ ऐसे सामने आए जैसे राज्य में 1999 का जनादेश उलट गया हो—29 सीटें लालू के नेतृत्ववाले गठबंधन के पक्ष में गईं और 11 सीटें एन.डी.ए. के पक्ष में । लालू का पिछड़ी जातियों और मुसलमानों का सामाजिक गठबंधन अटूट बना रहा। पीछे मुड़कर देखने पर नीतीश को इस बात का पश्चाताप हुआ कि इस गठबंधन को तोड़ने का उन्होंने वैसा कोई प्रयास नहीं किया जैसा प्रयास उन्हें अगले विधानसभा चुनावों से पहले करना पड़ा था। भा.ज.पा. द्वारा किए गए सर्वेक्षण और प्रदर्शन बराबर यह दिखाते रहे कि 'विकास का मुद्दा कामयाब होगा;' इसी कारण वह सामाजिक न्याय समीकरणों की अनदेखी कर बैठे जो लालू को वोट दिलाने में अत्यंत सहायक सिद्ध हुए।

लोकसभा में कांग्रेस के नेतृत्वाधीन यूनाइटेड प्रोग्रेसिव अॅलाइंस (यू.पी.ए.) को 539 में से 217 सीटें प्राप्त हुईं और एन.डी.ए. को 186। तथापि, यू.पी.ए. की जीत उस समय विवाद में पड़ गई जब भा.ज.पा. ने प्रधानमंत्री पद के लिए सोनिया गांधी को प्रत्याशी बनाए जाने का इस आधार पर विरोध किया कि वह विदेशी मूल की महिला हैं। लालू ने खुल कर सोनिया का समर्थन किया और जब उन्होंने प्रधानमंत्री बनने से इनकार कर दिया, तो लालू ने निराशा व्यक्त की, लेकिन मनमोहन सिंह को नेता के रूप में स्वीकार कर लिया।

बिहार से 22 सीटें लेकर लालू सातवें आसमान पर थे और उन्होंने फिर शेखी बघारना शुरू कर दिया कि वह 'किंगमेकर' हैं, यानी वह जिसे चाहें 'राजा बना' सकते हैं, उनके इस रवैए ने 1996-97 की याद दिला दी जब उन्होंने देवगौड़ा और इंद्र कुमार गुजराल पर रोब जमाने की कोशिश की थी। लालू ने अपने लिए गृह मंत्रालय माँगा, लेकिन कांग्रेस नहीं मानी। उन्होंने कुछ झल्लाहट व्यक्त की, लेकिन फिर भी कांग्रेस नहीं मानी, तो उन्होंने रेल मंत्रालय की माँग की। इसके लिए उनकी पासवान से खींचतान चली। इस रस्साकशी में, लालू ने पासवान को पछाड़ दिया—जिनके मन में यह गाँठ रह गई कि लो.ज.पा. के पास केवल 4 सांसद थे इसी कारण उन्हें छोटा खिलाड़ी समझा गया।

विधान सभा चुनाव अधिक दूर नहीं थे। पासवान ने लालू के साथ कोई गठजोड़ नहीं करने का फैसला किया। वह सबको दिखा देना चाहते थे कि वह बिहार की राजनीति में अपनी व्यक्तिगत सामर्थ्य के बूते ही एक बड़ा खिलाड़ी बनने की योग्यता रखते हैं।

पिछले तीन संसदीय चुनावों में लगातार जीत के बाद 2004 के लोकसभा चुनावों में एन.डी.ए. को मिली बुरी हार के चलते, यू.पी.ए. गठबंधन में तीनों पार्टियों में से प्रत्येक पार्टी—रा.ज.द., कांग्रेस और लो.ज.पा. ने स्थिति का विश्लेषण कर यह निष्कर्ष निकाला कि राज्य में लोगों

का मिजाज एन.डी.ए. के खिलाफ है और पार्टी को उसका पूरा-पूरा फायदा उठाना चाहिए।

उत्तर प्रदेश विधान-सभा चुनावों में अच्छे नतीजे मिलने के बाद कांग्रेस खेमे में खुशी का माहौल था, क्योंकि पार्टी के नेतागण इसे वर्षों तक किनारे पर पड़े रहने के बाद पुनरुत्थान की प्रक्रिया बतला रहे थे। लालू ने 2004 के लोकसभा चुनाव में कांग्रेस को सिर्फ 4 सीटें दी थीं, इस बात को लेकर कांग्रेस के नेता लालू से खुश नहीं थे। वे चाहते थे कि फरवरी 2005 के विधान सभा चुनावों में लालू उनके लिए कम-से-कम 100 सीटें छोड़ें, लेकिन लालू अनेक लोकसभा चुनावों में अपनी सफलता से इतने फूले थे कि वह उनको 30 के लगभग सीटों से अधिक देने के लिए कतई तैयार नहीं थे।

कांग्रेस और रा.ज.द. के बीच बातचीत के करीब चार दौर चले, अंतिम दौर की बातचीत दिल्ली में उच्चतम स्तर पर, सोनिया और लालू के बीच हुई, लेकिन कोई समझौता नहीं हो सका। कांग्रेस के लिए यह कोई असामान्य बात नहीं थी, कांग्रेस ने 1999 और 2004 के लोकसभा चुनावों में रा.ज.द. के साथ गठजोड़ किया था और राबड़ी सरकार में भी भाग लिया था, लेकिन विधान सभा चुनावों में रा.ज.द. के साथ कभी कोई चुनाव संबंधी गठबंधन नहीं किया था।

दोनों के बीच हुए 'समझौते' के अनुसार तय हुआ कि कांग्रेस उन निर्वाचन क्षेत्रों में प्रत्याशी खड़े नहीं करेगी। जो निर्वाचन क्षेत्र उस समय कांग्रेस की सहयोगी पार्टियों-रा.ज.द., लो.ज.पा., राष्ट्रवादी कांग्रेस पार्टी (रा.कां.पा.-एन.सी.पी.) और वामपंथी पार्टियों के पास थे। बाद में जब कांग्रेस ने घोषणा कर दी कि 80 निर्वाचन क्षेत्रों में उसके प्रत्याशी खड़े होंगे तब लालू ने यह कहकर लोगों के सामने शर्मिंदा होने से खुद को बचाने की कोशिश की कि रा.ज.द. और कांग्रेस के बीच 'मैत्रीपूर्ण मुकाबला' होगा और वे एक-दूसरे के पक्ष में अपने प्रत्याशी हटा भी सकते हैं। लालू ने हिसाब लगा लिया था कि कांग्रेस अधिकांशतः उच्च जाति प्रत्याशियों को खड़ा करेगी जो एन.डी.ए. के उच्च जाति चुनाव-क्षेत्र का बिगाड़ करेंगे।

हालाँकि, कांग्रेस ने पासवान पर भी डोरे डालना जारी रखा। पासवान ने उनको नाखुश नहीं किया, लेकिन उनके साथ सीटों के बँटवारे करने के बारे में किसी तरह की उत्सुकता भी नहीं दिखाई। वाजपेयी सरकार द्वारा नरेंद्र मोदी के बचाव किए जाने के मुद्दे पर 2002 में एन.डी.ए. से अलग होकर पासवान ने यह दिखाने का प्रयास किया कि वह मुसलमानों के रक्षक हैं। एक ओर अगर लालू ने रथ यात्रा पर निकले आडवाणी को गिरफ्तार करने का साहस दिखाकर अपने आपको मुसलमानों का 'हीरो' साबित किया, तो दूसरी ओर पासवान ने 'गुजरात के कसाई' पर धावा बोलकर उद्धारक का दरजा पाने का दावा किया। पासवान का यह भी कहना था कि उन्होंने जो 'त्याग' किए हैं, लालू ने कभी नहीं किए : उन्होंने मंत्री पद छोड़ दिया था ऐसी आशा किए बिना कि उन्हें तत्काल उससे भी ऊँचा कोई पद मिलेगा।

फरवरी 2005 के विधानसभा चुनाव नजदीक आने के साथ ही एन.डी.ए. खेमे के अंदर खलबली मच गई कि पासवान दलित वर्ग और मुसलमानों के बहुत सारे वोट बटोर सकते हैं,

जिसके कारण बिहार में एन.डी.ए. को स्पष्ट जीत मिलने का अवसर खटाई में पड़ जाने का खतरा है। वे वर्ष 2000 में उत्पन्न हुई स्थिति से बचना चाहते थे जब उनकी सीटें कम पड़ गई थीं। उन्हें किसी तरह पासवान को अपने पक्ष में करना ही होगा। क्या करना चाहिए जिससे कि वह एन.डी.ए. में लौट आएँ?

उन्होंने पासवान से कहा कि अगर वह एन.डी.ए. का हिस्सा बन जाते हैं तो मुख्यमंत्री के प्रत्याशी हो सकते हैं। एन.डी.ए. नेताओं ने पासवान को दिए गए इस प्रस्ताव की मीडिया के जरिए सार्वजनिक घोषणा कर दी। इस प्रस्ताव से नीतीश की स्थिति पर सीधा असर पड़ना लाजिमी था जो बिहार में लालू-विरोधी मोरचे के अविवादित नेता थे। पासवान अगर एन.डी.ए. में शामिल होते हैं, तो नीतीश के पास एन.डी.ए. से बाहर जाने का विकल्प था, जबकि नीतीश को बिहार में उसका नेता भी चुन लिया गया था, लेकिन यह विकल्प इस दृष्टि से चिंताजनक था कि वह बिहार में हासिल क्या करना चाहते हैं, उनका उद्देश्य क्या है : इससे लालू विरोधी मत बँट जाएगा और सबसे अधिक फायदा लालू को होगा जो हमेशा के लिए सत्ता में रहने का मौका पा जाएँगे तथा नीतीश खुद राजनीति में अकेले पड़ जाएँगे। उन्होंने अपनी प्राथमिकताओं को तय किया : पहले, लालू को सत्ता से बाहर करो तथा बिहार को बरबाद होने से बचाओ, फिर देखो कि पासवान मुख्यमंत्री के रूप में क्या करते हैं और सत्ता ग्रहण करने के अवसर का इंतजार करो।

जब एन.डी.ए. द्वारा सार्वजनिक रूप से यह दावा किया जाने लगा कि वे पासवान को नेता के रूप में स्वीकार करने के लिए तैयार हैं तो मीडिया में अटकलें शुरू हो गई कि इस पर नीतीश की प्रतिक्रिया क्या होगी। मीडिया हर जगह उनके पीछे लगा रहा, यह जानने के लिए, कि क्या वह वास्तव में एन.डी.ए. का फैसला स्वीकार कर लेंगे। उन्हें भरोसा दिलाने के लिहाज से नीतीश को कहना पड़ा, ''हमने [अर्थात् ज.द. (यू) ने]अपने दिल से पासवान को न्योता दिया है कि बिहार को भ्रष्टाचार और निकम्मे शासन से छुटकारा दिलाने के लिए वह हमारे इस विशाल गठबंधन का नेतृत्व करें।''

8 नवंबर, 2004 को इसका सबूत भी मीडिया को मिल गया जब नीतीश पटना में पासवान की इफ्तार पार्टी में शामिल हुए और उनसे गले मिल कर हँसते हुए फोटो खिंचवाई। दोनों के बीच अच्छे रिश्तों की झलक पासवान की टिप्पणी में मिली—''कभी-कभी पॉलिटिक्स में दिल टूट जाते हैं और इफ्तार में जुड़ते हैं,'' और नीतीश के इस कथन में—''पासवान मेरे बड़े भाई जैसे हैं और मैं बिहार के शासन में परिवर्तन लाने के लिए कोई भी त्याग कर सकता हूँ।'' हालाँकि दोनों इन सवालों का जवाब देने से बचते रहे कि क्या किसी गठबंधन की संभावना है, नीतीश ने कुछ जोश के साथ कहा, ''हालात् सही दिशा में जा रहे हैं।''

नीतीश ने पासवान के सामने दो विकल्प रखे : एक, वह एन.डी.ए. के साथ जाएँ और मुख्यमंत्री के प्रत्याशी बनें और दो लो.ज.पा. सीटों के बँटवारे पर ज.द. (यू) के साथ कोई समझौता करे तथा उन चुनाव क्षेत्रों में प्रच्छन्न प्रत्याशी खड़े करे जहाँ भा.ज.पा. चुनाव लड़ रही है। चुनाव

जीतनेवाले ये प्रच्छन्न प्रत्याशी औपचारिक रूप से पासवान की पार्टी में शामिल हो जाएँगे और इस तरह काफी विधायक उनकी तरफ हो जाएँगे।

यद्यपि नीतीश ज.द. (यू)-भा.ज.पा. गठबंधन को तोड़ना नहीं चाहते थे, फिर भी पासवान के साथ उनकी मुलाकातों और उनके बारे में मधुर टिप्पणियों से मीडिया में ऐसी धारणा बनने लगी कि वह भा.ज.पा. से रिश्ता तोड़ने जा रहे हैं। भा.ज.पा. में चिंता बढ़ गई, क्योंकि भा.ज.पा. नेताओं का मानना था कि नीतीश 'लक्षमण रेखा लाँघकर' पासवान की ओर बढ़ रहे हैं। इन चिंताओं को कम करने के उद्देश्य से नीतीश ने पासवान के साथ अपनी बातचीत के बारे में भा.ज.पा. को यह आश्वासन देकर लटकाए रखा कि उनका गठबंधन छोड़कर जाने का कोई इरादा नहीं है।

अंततः पासवान ने नीतीश के दोनों में से किसी भी प्रस्ताव को स्वीकार नहीं किया। तथापि, एन.डी.ए. के लिए आशा की एक किरण यह थी कि लो.ज.पा. भी कांग्रेस के साथ साझेदार बनने की कोशिश में विफल हो गई थी। यह स्पष्ट हो गया कि रा.ज.द., कांग्रेस, लो.ज.पा. अपने-अपने दम पर चुनाव लड़ेंगे। यू.पी.ए. का वोट विभक्त होने से एन.डी.ए. को लाभ होगा।

इसके बावजूद, मुख्यमंत्री पद के प्रत्याशी पर एन.डी.ए. कैंप में अभी तक अनिश्चितता बनी हुई थी। संभावनाओं का पलड़ा नीतीश की ओर झुका हुआ प्रतीत होता था : उन्हें 2000 में भी मुख्यमंत्री चुना जा चुका था और भा.ज.पा. उनके साथ थी, लेकिन फर्नांडिस की ओर से संकोच कायम था। मतदान आरंभ होने से एक सप्ताह पहले आडवाणी ने नीतीश को भा.ज.पा. के समर्थन की घोषणा कर दी। फिर भी फर्नांडिस ने इसकी पुष्टि नहीं की। फर्नांडिस जानबूझकर टालमटोल कर रहे थे, ताकि नीतीश की बेचैनी बनी रहे और प्रत्याशियों के चयन तथा चुनाव-अभियान में उनसे कुछ अधिक नरमी की अपेक्षा की जा सके। "नेतृत्व के मुद्दे पर चुनाव के बाद निर्णय किया जाएगा," फर्नांडिस ने मीडिया से कहा।

चुनाव तीन चरणों में हुए। पहले दौर के मतदान में एन.डी.ए. की ओर से मुख्यमंत्री पद के लिए किसी प्रत्याशी का नाम निश्चित नहीं था। दूसरे दौर के मध्य में फर्नांडिस ने अंततः नीतीश के नाम की पुष्टि की, लेकिन जिन चुनाव-क्षेत्रों में पहले दौर के मतदान हो चुके थे, वहाँ मुख्यमंत्री पद के लिए प्रत्याशी के बारे में अनिश्चितता बनाए रखने की कीमत एन.डी.ए. को चुकानी पड़ी। तथापि दूसरे दौर में एन.डी.ए. को अधिक सीटें मिली तथा तीसरे दौर में सबसे अधिक।

एन.डी.ए. को दूसरी बार भी बहुमत प्राप्त नहीं हुआ। 243 सीटों के सदन में इसके हिस्से में 92 सीटें आईं—ज.द. (यू) 55 और भा.ज.पा. 37। इसने एक और अवसर खो दिया। लालू से निराश बहुत से लोग वोट डालने ही नहीं आए, क्योंकि उनके सामने विकल्प के रूप में कोई विश्वसनीय प्रत्याशी नहीं था। पूरे राज्य में कुल मिलाकर 46.5 प्रतिशत मतदान हुआ जो पिछले चार दशकों में सबसे कम था, 2000 की तुलना में, मतदान में 16 प्रतिशत की गिरावट दर्ज की गई।

एन.डी.ए. के लिए दिलासा की बात यह थी कि लालू का प्रदर्शन और भी खराब रहा। लालू को सिर्फ 75 सीटें प्राप्त हुईं, 2000 की तुलना में रा.ज.द. के वोटों में 3.27 प्रतिशत की कमी हुई।

लालू को यादवों पर सबसे अधिक भरोसा था, लेकिन इस बार यादव समुदाय का एक बड़ा हिस्सा उनसे दूर चला गया। रा.ज.द. को 77 यादव-बहुत चुनाव क्षेत्रों में से केवल 28 में जीत मिली, जबकि एन.डी.ए. के हिस्से में 29 सीटें आईं—ज.द. (यू) 19 और भा.ज.पा. 10। वर्ष 2000 में रा.ज.द. ने यादव-बहुल चुनाव क्षेत्रों में 49 सीटें जीती थीं।

इस बार भी विधान सभा में किसी पार्टी को स्पष्ट बहुमत प्राप्त नहीं हुआ। लो.ज.पा. को 29 सीटें मिली थीं, जिनमें से 23 सीटें रा.ज.द. प्रत्याशियों को हरा कर हासिल हुई थीं। चाबी अब पासवान के पास थी। पासवान ने घोषणा कर दी कि वह न तो 'सांप्रदायिक' एन.डी.ए. का समर्थन करेंगे और न 'भ्रष्ट' रा.ज.द. का। जब कांग्रेस ने लालू को समर्थन देने के लिए उन पर दबाव डाला, तो वह मान गए, लेकिन इस शर्त पर कि रा.ज.द. से किसी मुसलमान को मुख्यमंत्री चुना जाए। लालू ने इस शर्त को ठुकरा दिया, क्योंकि लालू इस बात पर अड़े हुए थे कि राबड़ी और सिर्फ राबड़ी ही मुख्यमंत्री बनेगी। गतिरोध नहीं टूटा।

किसी मुसलिम को मुख्यमंत्री बनाने संबंधी पासवान के प्रस्ताव को जब किसी भी पार्टी ने स्वीकार नहीं किया तो पासवान ने अपना पहले वाला राग अलापना शुरू कर दिया कि अगर ज.द. (यू) भा.ज.पा. से रिश्ता तोड़ ले तो वह ज.द. (यू) से मिलने के लिए तैयार है। वह और अन्य एन.डी.ए. नेतागण विभिन्न पार्टियों तथा निर्दलीय विधायकों का समर्थन जुटाने के लिए उनसे बातचीत कर रहे थे। नीतीश का समर्थन बढ़ रहा था और लगता था कि कुछ पार्टियों में फूट पड़ सकती है।

सोनिया की ओर से पूरे प्रयास किए जा रहे थे कि एन.डी.ए. को सरकार का गठन करने और भा.ज.पा. को सत्ता में आने से हर कीमत पर रोका जाए। मनमोहन सिंह सरकार ने राज्यपाल बूटा सिंह को विधान सभा को स्थगित* चैतन्य अर्थात् कार्याधिकार वंचित अवस्था में रखने का निदेश दिया।

विचित्र बात है, राष्ट्रपति शासन लागू किए जाने से जिस व्यक्ति को सबसे अधिक ठेस पहुँची—वह थे लालू, क्योंकि अब राबड़ी को प्रभारी मुख्यमंत्री बने रहने का भी अवसर नहीं मिलना था। सारी शक्तियाँ राज्यपाल के हाथों में पहुँच गई थीं। लालू ने महसूस किया कि कांग्रेस ने निर्णय लेने से पहले उनको विश्वास में नहीं लिया। स्वाभाविक है, यह निर्णय उस व्यक्ति के ऊपर गाज की तरह गिरने वाला था जिसने पंद्रह वर्ष तक सत्ता का सुख भोगा हो।

लालू पहले ही खीजे हुए थे, ऊपर से कांग्रेस की यह कोशिश कि राष्ट्रपति शासन के चलते बिहार में कांग्रेस अपनी छवि सुधार सकती है। राज्य के कांग्रेस अध्यक्ष राम जतन सिन्हा ने संदेह के लिए कोई गुंजाइश नहीं छोड़ी जब उन्होंने कहा : "आम लोग राहत की साँस ले रहे हैं। सभी लोग बिहार में लालू प्रसाद से मुक्ति पाना चाहते थे और राष्ट्रपति शासन लगाए जाने

* Suspended Animation.

का उत्सुकता से इंतजार कर रहे थे। न्यायपालिका का भी यह विचार था कि बिहार में राष्ट्रपति शासन लगाना एक उपयुक्त कदम होगा, बिहार की स्थिति राष्ट्रपति शासन की माँग कर रही है। अब चूँकि यह हो चुका है, हालात सुधरेंगे और इससे पार्टी का 'भी' कुछ भला होगा।''

लालू राज में लूट और चोरी की संस्कृति खूब पनप रही थी, क्योंकि यादव तथा अन्य जातियों से आए बदमाशों और गुंडों को साधु और सुभाष यादव के कारण खुला संरक्षण मिल रहा था। पिछड़ी जातियों के राजनीतिक सशक्तीकरण के बारे में लालू की बयानबाजी वास्तव में अपराध संघों के राजनीतिक सशक्तीकरण में बदल गई थी। आपराधिक तत्त्व, जो कभी हाशिए पर रहते थे, मंच के बीचों-बीच आ गए थे।

राज्य भर में ऐसे अनेक गिरोह खड़े हो गए थे जैसे गिरोह साधू और सुभाष ने बनाए हुए थे और इन गिरोहों को रा.ज.द. के मंत्रियों या विधायकों का संरक्षण प्राप्त था। बिहार के शहरों तथा देहातों में गुंडों की भरमार थी, जिनके लिए लूट-खसोट और डकैती सबसे ज्यादा लाभदायक एवं सुरक्षित पेशा बन गया था। पुलिस थानों में बैठे पदाधिकारी इन अपराधियों के विरुद्ध एफ.आई.आर. दर्ज करने से डरते थे, क्योंकि रा.ज.द. के किसी-न-किसी नेता का हाथ अपराधियों के सिर पर होता था।

न्यायिक हस्तक्षेप के कारण अगर उन्हें जेल जाना भी पड़ता था, तो जेल में भी उन्हें सारी सुविधाएँ उपलब्ध रहती थीं। टाइम्स ऑफ इंडिया के एक पत्रकार एन.आर. मोहंती को बड़ी हैरानी हुई जब उसे जिला न्यायाधीश या जिला मजिस्ट्रेट की अनुमति के बिना रात 9 बजे के बाद सीवान जेल में शहाबुद्दीन से मिलने दिया गया। पत्रकार को जेल अधीक्षक के विशाल कक्ष में ले जाया गया। जहाँ उसको यह देखकर अचंभा हुआ कि शहाबुद्दीन जेल अधीक्षक की कुरसी पर बैठा हुआ था और उसके करीब-करीब सौ समर्थकों का झुंड उसके सामने जमीन पर बैठा था। जेल अधीक्षक, जिसने इससे पहले जिला पदाधिकारियों के आदेश के बिना मोहंती को अंदर आने की अनुमति नहीं दी थी, डॉन के समर्थकों के बीच मामूली आदमी की तरह जमीन पर बैठा हुआ था। भेंटवार्त्ता समाप्त होने के बाद शहाबुद्दीन मोहंती को जेल से कुछ दूरी पर खड़ी उसकी कार तक छोड़ने के लिए आया।

एन.डी.टी.वी. के एक संवाददाता मनुवंत चौधरी को भी ऐसा ही एक अनुभव हुआ जब वह कोई अनुमति लिए बिना वैशाली के डॉन मुन्ना शुक्ल से मिलने हाजीपुर जेल के अंदर गया। उसने शुक्ल को टी-शर्ट और टेनिस के जूते पहने जेल अधीक्षक के कार्यालय में एक कुरसी पर बैठे और मेज पर पाँव रखे पाया। वह सिगरेट के कश के बीच मोबाइल फोन पर किसी से बात कर रहा था। एक और सरगना राम सिंह कुरता और नेहरू जाकेट पहने उसके पास खड़ा था। वे दोनों 2000 का विधान सभा चुनाव लड़ रहे थे। जेल के अंदर से अपना चुनाव अभियान चला कर वे दोनों चुनाव जीत भी गए।

लालू के शासनकाल में फिरौती के लिए अपहरण के अपराधों की बाढ़ आ गई थी, इन्हीं

अपराधों के लिए लालू राज सबसे अधिक बदनाम हुआ। ऐसा नहीं है कि लालू के सत्ता में आने से पहले बिहार में यह अपराध नहीं होता था। 1987 में राज्य में फिरौती के लिए अपहरण की सत्तावन घटनाएँ हुई, 1988 में साठ अपहरण हुए, यानी 13 प्रतिशत की वृद्धि, 1989 में अपहरण की 115 वारदातें हुईं अर्थात् 48 प्रतिशत की वृद्धि। आधिकारिक आँकड़ों के अनुसार, लालू के शासनकाल में इस अपराध में 81 प्रतिशत की वृद्धि हुई—उनके कार्यकाल के पहले वर्ष, 1990 में, अपहरण की 209 घटनाएँ हुईं। 1991 में अपहरण की घटनाएँ बढ़कर 291 हो गईं, यानी 39 प्रतिशत की वृद्धि।

व्यापारी, उद्योगपति, पेट्रोल पंप मालिक और स्वर्णकार आदि व्यवसायियों का अपहरण आम बात हो गई थी। पेशेवर लोगों में विशेषकर, डॉक्टरों और निजी क्लिनिक चलाने वालों को निशाना बनाया जाता था। स्थिति यहाँ तक पहुँच गई थी कि नकद मालमत्ता रखने वाला कोई भी व्यक्ति सुरक्षित महसूस नहीं करता था। आपको कहीं से भी उठाया जा सकता था। 6 दिसंबर, 1990 को एक सेवानिवृत्त आई.ए.एस. अधिकारी, रामानंद सहाय का अपहरण उस समय किया गया जब वह रोहतास जिले में अपने गाँव सिमरिया में अपने खेतों में थे। 24 अगस्त, 1991 को हाजीपुर के एक बड़े व्यापारी गंगा प्रसाद क्याल का सुबह-सुबह अपहरण हुआ जब वह गंगा में नहा रहा था। दिसंबर 1993 में पश्चिम चंपारन जिले के बेतिया में एक व्यापारी, किशन कुमार अग्रवाल को उस समय अपहृत किया गया जब वह अपनी दुकान बंद करने वाला था।

राबड़ी के शासनकाल में इस अपराध में असाधारण वृद्धि हुई। उनके कार्यकाल में हर साल अपहरण की करीब 400 घटनाएँ हुईं, लालू के कार्यकाल में हुई घटनाओं के औसत से दोगुनी। इन आँकड़ों के बावजूद, इस श्रेणी में आने वाले राज्यों की सूची में बिहार का नाम सबसे ऊपर नहीं था। आंध्र प्रदेश में लगभग चार गुना अपहरण हुए। तथापि, बिहार में अपहरणों की प्रमुख विशेषता यह थी कि इन अपराधों को राजनीतिक संरक्षण प्राप्त था। यह सिर्फ एक आपराधिक उद्यम नहीं था। कई मामलों में स्थानीय पुलिस भी इस लाभकारी अपराध में सहयोगी होती थी। शायद यही वजह थी कि पुलिस आमतौर पर बंधक व्यक्ति को छुड़ाने में नाकामयाब रहती थी और पुलिस द्वारा बंधक-व्यक्ति के परिवार को सामान्यत: यह सलाह दी जाती थी कि उसे रिहा कराना है तो फिरौती चुका दें। अपहरण की घटनाओं की संख्या सरकारी रिकॉर्ड में दिखाई गई संख्या से कई गुना अधिक होती थी।

फिरौती के लिए अपहरण, डकैती और लूट-खसोट की बड़ी घटनाओं के कारण व्यवसाय पर बुरा असर पड़ा। एक सरकारी अनुमान के अनुसार लालू-राबड़ी राज के दौरान करीब 10,000 आतंक ग्रस्त कारोबारी बिहार के बाहर गुजरात, पश्चिम बंगाल तथा अन्य राज्यों में अपना व्यवसाय जमाने और परिवार सहित बसने के लिए चले गए। सामान्य लोगों में इस कदर भय समा गया था कि शाम के समय दुकानों, रेस्तराँ और सिनेमाघरों में बहुत कम लोग दिखाई देते थे। दिन ढलने के बाद महिलाएँ बाहर निकलने की हिम्मत नहीं करती थीं।

व्यापारी हों या नौकरी-पेशा कोई भी अपनी संपन्नता दिखाने से बहुत डरता था। हजारों अपराधी

हर समय चारों तरफ मँडराते रहते थे। अगर किसी ने अपनी रईसी दिखाई तो उसे कुछ हजार रुपए से अपनी जेब ढीली करने के लिए भी तैयार रहना जरूरी था। लोग अपने घरों पर नया रंग कराने या अपनी कार को नए रंग से चमकाने से भी डरने लगे थे। पुलिस से लोगों का भरोसा उठ गया था।

लालू राज के दौरान सफेदपोश और सड़कछाप अपराधियों के बीच भेद करना मुश्किल हो गया था। राजनीतिज्ञ जहाँ एक तरफ जालसाजी, धोखाधड़ी और छल-कपट से अवैध दौलत कमाते थे, वहीं दूसरी ओर वे उन अपहरणकर्ताओं, डकैती और लूट-खसोट करने वालों से भी हिस्सा लेते थे जिन्हें वे संरक्षण देते थे। यद्यपि सफेदपोश अपराध पहले अन्य मुख्यमंत्रियों के राज में भी चलता था, परंतु लालू का नाम इसलिए भी याद रखा जाएगा कि उनके राज में सरकारी नौकरों के लिए सड़कछाप अपराधों के जरिए अतिरिक्त आय-स्रोत का एक और द्वार खुल गया था।

राष्ट्रपति शासन लागू होने के बाद, कांग्रेस नेताओं ने कानून और व्यवस्था सुधारने के लिए राज्यपाल बूटा सिंह पर दबाव डाला। बूटा सिंह की पुलिस ने राज्यभर में सरकारी संरक्षण प्राप्त अपराधियों के विरुद्ध अभियान छेड़ दिया। इस अभियान के जरिए 20,000 से अधिक उन गुंडों को पकड़ कर जेल में डाला गया जिन्हें लालू राज के दौरान 'भगोड़ा' घोषित कर दिया गया था और राजनीतिक संरक्षण प्राप्त होने की वजह से जो कभी पकड़े नहीं जा सके थे। लालू के चहेते कुख्यात सरगना शहाबुद्दीन और पप्पू यादव के खिलाफ वर्षों से लंबित आदेशों को लागू किया गया।

लालू के लिए यह एक भारी कष्टदायक समय था। बूटा का अपराध-विरोधी अभियान उन रा.ज.द. गुंडों की धर-पकड़ में लगा हुआ था जो लालू की तरफ से बूथों को 'सँभालने' का काम करते आ रहे थे। विरोधी पार्टियों का समर्थन करने वाले मतदाताओं को इन गुंडों द्वारा मतदान-केंद्रों से दूर रखा जाता था। 'बूथ संचालन' के जरिए यह सम्मोहक शासक इतने वर्षों तक सामाजिक विद्वेष के वोट पर स्वेच्छापूर्वक राज करता रहा।

लालू जब सत्ता में थे, वह अकसर शीर्षस्थ सरकारी अफसरों की कन्नी काट कर निचले स्तर के अधिकारियों से फोन पर सीधे बात किया करते थे, मिसाल के तौर पर, पुलिस थाना प्रभारी सब-इंस्पेक्टर या ब्लॉक विकास अधिकारी से। उन्हें अपने वरिष्ठ अधिकारियों से आदेश लेकर काम करने की आदत थी, इसलिए आरंभ में वे नियमों के विरुद्ध आकर कुछ भी करने में हिचकिचाते थे। लेकिन जैसे-जैसे लालू की लोकप्रियता बढ़ी और चोटी के अफसरों ने उनकी मनमरजी के आगे झुकना शुरू कर दिया, जिलों में तैनात जूनियर अफसरों के लिए नैतिकता की जमीन से चिपके रहने का कोई अर्थ या कारण नहीं रह गया था। जनसाधारण को अपने-अपने क्षेत्र में रोजाना जिन स्थानीय अधिकारियों से काम पड़ता था, उनके ऊपर सीधा प्रशासनिक नियंत्रण जमाने का यह बड़ा शातिराना तरीका था।

लालू राज में नियमों एवं प्रक्रियाओं को धता बताने के कारण अधिकारी वर्ग बहुत हताश और असहाय हो गया था। प्रशासन के ऊपर गुटबाजी का लंबा साया था। जिस किसी रिहायशी या व्यापारिक संपत्ति पर उनकी नजर गड़ी होती उसे वे बहुत कम कीमत देकर या कुछ भी न देकर जबरन अपने कब्जे में कर लेते और असली मालिकों को निकाल बाहर करते। सप्लाई या निर्माण कार्यों के अधिकतर

सरकारी ठेके इन्हीं गुटों को मिलते। देशी शराब के ठेकों के परमिट और राज्यभर में बसों की बुकिंग एजेंसियाँ खोलने के लाइसेंस इनके कब्जे में होते। उनके नेता संबंधित अधिकारियों को बुलाते या उनके दफ्तर में बिना आज्ञा घुस जाते तथा अधिकारियों पर दबाव डालते कि फलां प्रस्ताव फलां गुट के सदस्य के पक्ष में जाना चाहिए। शहाबुद्दीन जैसे बड़े गुंडे जिला मजिस्ट्रेट के कमरे में जब होते, तो जिला मजिस्ट्रेट की कुरसी पर बैठते और हुकम जारी करते। अगर कोई अधिकारी उनकी बात नहीं मानता, तो उन्हें डराने-धमकाने या उनको मार-पीट कर रास्ते पर लाने के लिए इन गुटों के सरगना अपने गुंडों को उन अधिकारियों के पीछे लगा देते थे। उन्हें डराने-धमकाने या उनको मार-पीट कर रास्ते पर लाने के लिए। ऐसी घटनाएँ उन अधिकारियों के साथ अकसर होती थीं जो काम से दफ्तर के बाहर होते थे, जिलों में, तहसीलों और प्रखंडों में तैनात होते थे।

गुटबाजों और अधिकारी में टकराव की स्थिति में अधिकारी का ही नुकसान होता था। मुख्य सचिव और पुलिस महानिदेशक जैसे शीर्षस्थ अधिकारी, जिनसे अपेक्षा की जाती है कि वे विभिन्न कार्यक्षेत्रों में तैनात अपने जूनियर अधिकारियों का बचाव करेंगे, किसी भी टकराव को और बढ़ाने से टालने के लिए अधिक आसान तरीका अपनाते थे—संबंधित अधिकारी का तबादला किसी दूसरी जगह कर दिया जाता। मदद और प्रोत्साहन के अभाव में, अधिकारी को चाहे वह कितना भी ईमानदार और काबिल क्यों न हो, अपमान का कड़वा घूँट पीना पड़ता था और अपना कार्यभार किसी अधिक नमनीय अधिकारी को सौंप कर, कम महत्त्व के किसी पद पर काम करने जाना पड़ता था। सत्यनिष्ठा और प्रशासनिक कौशल को लालू के राज में श्रेष्ठ गुणों के बजाय बोझ समझा जाने लगा था।

एक वरिष्ठ सरकारी अधिकारी बतलाते हैं : ''लालू के स्वर्णकाल के दौरान पटना में लगभग सभी होटल, पैरवीकारों, चिरौरी करने वालों—छुटभैऐ राजनीतिज्ञों, पेशेवर दलालों और प्रभाव डलवाने वालों से भरे रहते थे, जोकि राज्य के सभी भागों से आए रहते यानी किसी अधिकारी का तबादला कराने, किसी की पदस्थापना कराने या फिर व्यापारियों के लिए सफाई तथा निर्माण कार्य के ठेके तय कराने के लिए।''

एक भेंटवार्त्ता में, राबड़ी सरकार के उत्पाद-शुल्क मंत्री, शिवानंद तिवारी ने बताया कि एक दिन जब वह लालू से मिलने मुख्यमंत्री के सरकारी निवास पर गए, तो राबड़ी ने उन्हें बुलाया। परिवार का बैठकखाना ऊपर था और राबड़ी सामान्यत: वहीं बैठती थीं। वहाँ पहुँचने पर, राबड़ी की बेटी मीसा ने तिवारी से पटना के एक आबकारी अधिकारी का तबादला वापस लेने के लिए कहा, जबकि उस अधिकारी के खिलाफ गंभीर शिकायतें दर्ज थीं। तिवारी के इनकार करने के बावजूद, मीसा अपना 'हुक्म' दोहराती रही, तिवारी गुस्से से तमतमाते हुए कमरे से बाहर हो गए। तिवारी जब नीचे पहुँचकर लालू से मिले और उस 'लड़की की ढिठाई' के बारे में उनसे शिकायत की, तो लालू ने बात को हँसी में उड़ाते हुए, तिवारी से 'वह सब भूल जाने के लिए कहा।'

लालू-राबड़ी राज में गुटबाजी का प्रभाव सरकारी सत्ता और अपराधियों के संगम के रूप में दिखता था।

बूटा सिंह ने 26 अप्रैल, 2005 को एक प्रेस सम्मेलन में बताया : "[राबड़ी] प्रशासन किसी व्यवस्था के अनुसार नहीं चलता था। प्रशासन को संविधान के नियमों के अनुसार नहीं चलाया जाता था। बेढंगे और मनमौजी तरीके से सरकार चलाई जाती थी।"

राष्ट्रपति शासन के दौरान लालू किसी पार्टी का समर्थन पाने में सफल नहीं हुए, लेकिन नीतीश और पासवान के खेमों में बहुत हलचल भरा माहौल था।

पासवान ने एक नया सूत्र सुनाया : कांग्रेस के नेतृत्व में सरकार का गठन, जिसमें रा.ज.द. की साझेदारी होगी और कांग्रेस से किसी मुसलिम विधायक को मुख्यमंत्री बनाया जाएगा। लालू ने पासवान के नए प्रस्ताव को बकवास कह कर ठुकरा दिया, फिर पासवान ने यू.पी.ए. के अन्य घटक रा.कां.पा. से किसी मुसलिम को मुख्यमंत्री बनाने का सुझाव दिया। रा.ज.द. और कांग्रेस दोनों को यह सुझाव कतई पसंद नहीं आया।

इसके बाद पासवान नीतीश की ओर मुड़ गए। अब वह रा.ज.द. और भा.ज.पा. के बिना सरकार बनाने का प्रयास करना चाहते थे। नीतीश बताते हैं : "पासवान के रंग-ढंग घृणास्पद होते जा रहे थे। मैंने निश्चय कर लिया था कि प्रस्तुत परिस्थितियों में कोई सरकार नहीं बनाऊँगा। किसी भी पार्टी या गठबंधन को कोई जनादेश नहीं मिला था। मैं समझ गया था कि नए सिरे से चुनाव के जरिए ही फैसला होगा कि कौन राज करने वाला है, लेकिन मैं··· उसको अलग-अलग कर देना और उघाड़ देना चाहता था। मैंने सार्वजनिक रूप से घोषणा कर दी कि ज.द. (यू) लो.ज.पा. के साथ हाथ मिलाने के लिए तैयार है। मैंने भा.ज.पा. नेताओं को विश्वास में लिया और उन्हें भरोसा दिलाया कि हमारा गठबंधन सही-सलामत रहेगा। यह दिखावा करते हुए कि उनका प्रस्ताव विचाराधीन है, मैं कांग्रेस केअंदर संदेह का बीज बो देना चाहता था और यू.पी.ए. में उनकी स्थिति कमजोर कर देना चाहता था। मेरा इरादा लो.ज.पा. विधायकों में पासवान के विरुद्ध मन-मुटाव पैदा करना था। मैं जानता था कि कोई भी हिसाब-किताब काम नहीं आएगा, क्योंकि ज.द. (यू) और लो.ज.पा. दोनों के पास कुल मिलाकर केवल 84 विधायक थे और बहुमत के लिए हमें जिन-जिन पार्टियों का समर्थन चाहिए था, वे कभी एकमत नहीं होंगी, लेकिन विफलता की दशा में पासवान अपने अजीबोगरीब सुझावों के साथ अकेले पड़ जाएँगे और लोग समझेंगे कि वही रास्ते का रोड़ा बने हुए थे।

पासवान के प्रस्ताव की ओर नीतीश की जोशभरी प्रतिक्रिया के कारण कांग्रेस के शीर्षस्थ नेताओं को वास्तव में यह चिंता सताने लगी कि पासवान एन.डी.ए. के पाले में जा सकते हैं। उन्होंने राष्ट्रीय लोक दल के नेता अजीत सिंह की टोह लेने के लिए दूत भेजने शुरू कर दिए, क्योंकि लोकसभा में अजीत सिंह के 3 सदस्य थे—इतने ही लो.ज.पा. के थे और लो.ज.पा. के निकल जाने की नौबत आने पर वे उस अंतर को भर सकते थे।

नीतीश ने अपने ज.द. (यू) साथियों के साथ बैठकर एक सामान्य न्यूनतम कार्यक्रम (कॉमन मिनीमम प्रोग्राम-सी.एम.पी.) बनाया। उन्होंने कहा कि उनकी पार्टी उन पार्टियों एवं निर्दलीय सदस्यों

के साथ गठबंधन करने के लिए तैयार है जो उस कार्यक्रम से सहमत होंगे। उन्होंने सी.एम.पी. की प्रतियाँ छह पार्टियों को भेज दीं : लो.ज.पा., स.पा. (समाजवादी पार्टी), ब.स.पा. (बहुजन समाज पार्टी), रा.कां.पा., भा.क.पा. और मा.क.पा. (मा.ले.) कांग्रेस और मा.क.पा. को छोड़कर—जिन्होंने अपने समर्थन-पत्र पहले ही थमा दिए थे।

फिर नीतीश ने 1 अप्रैल, 2005 को स.पा. के राज्य स्तरीय अध्यक्ष ददन पहलवान के पटना स्थित निवास पर एक गुप्त बैठक बुलाई। नीतीश ने पासवान के साथ यह गणित बैठाया : ज.द. (यू) 55, लो.ज.पा. 29, स.पा. 4, ब.स.पा. 2, रा.कां.पा.(एन.सी.पी.) 3, भा.क.पा. 3, मा.क.पा. (मा.ले.) 7 और निर्दलीय 17, जो कुल मिलाकर 120 बनते थे। एक बार यह आँकड़ा पूरा हो जाए, तो वे बहुमत बनाने के लिए किसी अन्य पार्टी से दो-चार विधायक तोड़ ही लेंगे।

अगर यह बात भी नहीं बनी, तो नीतीश के पास पासवान के लिए दो सूत्र और भी थे। एक, ज.द. (यू) और लो.ज.पा. दोनों मिलकर, बाहर से भा.ज.पा. के समर्थन के साथ, सरकार का गठन करें : पासवान जनता को बता सकेंगे कि उन्होंने सांप्रदायिक ताकतों के साथ समझौता नहीं किया है, क्योंकि वह भा.ज.पा. के साथ सत्ता में हिस्सेदारी नहीं कर रहे हैं। दूसरे सूत्र के अनुसार, ज.द. (यू) और भा.ज.पा. मिलकर बाहर से भा.ज.पा. के समर्थन के साथ, सरकार का गठन करेंगे: पासवान कह सकेंगे कि उनका रा.ज.द. या भा.ज.पा. से कोई वास्ता नहीं है।

नीतीश अच्छी तरह से समझते थे कि पासवान को इन दोनों में से कोई भी प्रस्ताव मंजूर नहीं होगा, लेकिन वह मतदाताओं के बीच ऐसी राय बनाने के लिए उनके साथ बातचीत करते रहे कि वह तो सरकार का गठन करने हेतु ईमानदारी से प्रयास कर रहे हैं, लेकिन पासवान हैं कि एक के बाद एक रोड़ा अटकाए चले जा रहे हैं। बातचीत में गतिरोध उत्पन्न करना उनकी एक चाल थी जिससे कि लोग पासवान को दोष दें। उन्होंने यह सोच कर नए चुनावों में जाने की योजना बनाई कि वह लालू-विरोधी मतदाताओं से पासवान को अस्वीकार करने की अपील करेंगे, क्योंकि वह फिर खलनायक की भूमिका निभाएँगे और ऐसी सरकार नहीं बनने देंगे जो लालू की जगह ले सके।

लो.ज.पा. में असंतोष पनपने लगा, क्योंकि लो.ज.पा. के अनेक विधायक मंत्री बनने के लिए बहुत उत्सुक थे और वे एन.डी.ए. को समर्थन देने हेतु राजी न होने के लिए पासवान को जिम्मेदार बता रहे थे। उनका कहना था कि उन्हें लालू विरोधी मतों पर चुना गया है और लो.ज.पा. महासचिव नागमणि और राज्य में पार्टी अध्यक्ष नरेंद्र सिंह समेत अनेक विधायकों ने पासवान पर दबाव डालना शुरू कर दिया कि वह एन.डी.ए. का साथ दें और नीतीश को मुख्यमंत्री बनने दें। उन्हें नीतीश का वह फार्मूला मंजूर था जिसमें भा.ज.पा. के बाहरी समर्थन से ज.द. (यू)-लो.ज.पा. की सरकार बनाने का सुझाव था। पासवान इसे स्वीकार करने वाले नहीं थे, क्योंकि ऐसा करने से कांग्रेस नाराज होगी और केंद्र में लो.ज.पा. को यू.पी.ए. से बाहर कर दिया जाएगा तथा वह अपना मंत्री पद भी खो देंगे।

विरोधस्वरूप, लो.ज.पा. के 29 विधायकों में से 16 विधायकों ने झारखंड में जमशेदपुर के

एक आलीशान होटल में ज.द. (यू) के नेताओं के साथ बातचीत का दौर चलाया। झारखंड में भा.ज.पा. का शासन था, इसलिए विद्रोही लो.ज.पा. विधायकों के एक जगह इकट्ठा होने के लिए झारखंड सबसे सुरक्षित जगह थी, होटल के चारों ओर पुलिस का पहरा था, ताकि पासवान का कोई भेदिया अंदर न घुसने पाए। पासवान से असहमत विधायकों का यह गुट लो.ज.पा. से अलग होने और नीतीश केनेतृत्व में एन.डी.ए. की सरकार को समर्थन देने के लिए राजी हो गया। इस गुप्त बैठक की खबर टेलीविजन पर प्रसारित हुई, तो पासवान के होश उड़ गए। वह बाकी सभी 13 पार्टी विधायकों को एक विमान में भर कर पटना से दिल्ली ले गए जहाँ उन्हें किसी से संपर्क नहीं करने दिया गया।

इस बीच लो.ज.पा. के 16 बाग़ी विधायकों के अलावा, 17 निर्दलीय विधायकों ने भी नीतीश के लिए अपने समर्थन की घोषणा कर दी। अब उनके पास 125 विधायक हो गए थे, बहुमत सिद्ध करने के लिए आवश्यक संख्या से तीन अधिक। ''हालाँकि गणित बहुत सही था,'' नीतीश कहते हैं, ''मैं फिर भी सरकार बनाने का इच्छुक नहीं था। मेरा स्पष्ट विचार था कि यह जनादेश नहीं है। टुकड़े-टुकड़े इकट्ठा करके बनाई गई सरकार जनता की दृष्टि में विश्वसनीय नहीं होगी और यह सरकार देर तक टिकने वाली कभी भी नहीं थी। मैं एक स्पष्ट बहुमत के साथ शासन करने के पक्ष में था। तथापि, हमने, तकनीकी भाषा बोलें तो, एक बहुमत जुटा लिया था और मैं, किसी अन्य उद्देश्य से नहीं, किंतु जनता के सामने यह सिद्ध करने के लिए अपना दावा अवश्य पेश करना चाहता था कि हम लालू से अधिक ताकतवर हैं। मैंने मीडिया में यह घोषणा भी कर दी कि मैं बूटा सिंह को उन विधायकों की सूची पेश करने जा रहा हूँ जिनका समर्थन मुझे प्राप्त है। मुझे क्या करना है, इस बारे में मैंने निश्चय कर लिया था। मुझे अपना बहुमत साबित करना था और उसके तत्काल बाद विधान सभा भंग करने तथा नए चुनाव कराने की सिफारिश करनी थी।''

यह बात लगभग तय होने के बाद कि नीतीश की सरकार बनने जा रही है, लालू को यह डर बैठ गया कि उनकी पार्टी के कुछ विधायक ज.द. (यू) में न चले जाएँ। लालू ने सोनिया और शिवराज पाटिल को एक संकट-संदेश (एस.ओ.एस.) भेजा। बूटा सिंह ने 'खुफिया रिपोर्टों पर आधारित' दो पत्र पाटिल को भेजे, जिनमें सूचित किया गया था कि सरकार का गठन करने के लिए कुछ पार्टियाँ 'सौदेबाजी और खरीद-फरोख़्त' कर रही हैं।

रिपोर्ट पर काररवाई करते हुए, यू.पी.ए. सरकार ने विधान-सभा भंग करने का फैसला किया, ताकि नीतीश को अपनी सूची राज्यपाल को सौंपने से रोका जा सके।

विधान-सभा भंग करने के कारण कांग्रेस की बड़ी निंदा हुई, क्योंकि विधान सभा अभी गठित भी नहीं हुई थी। किसी पार्टी या गठबंधन को विश्वास मत हासिल करने और अपने शक्ति परीक्षण का अवसर नहीं दिया गया था। कुछ माह बाद सुप्रीम कोर्ट ने अपने फैसले में राष्ट्रपति शासन की उद्घोषणा को 'असंवैधानिक' करार दिया। किंतु, पाँच-सदस्यीय न्यायपीठ का यह संक्षिप्त आदेश अक्तूबर 2005 के प्रारंभ में जब तक आया, तब तक चुनाव आयुक्त द्वारा नए चुनावों की घोषणा पहले ही की जा चुकी थी। उसे ध्यान में रखते हुए, सुप्रीम कोर्ट ने पहले वाली यथास्थिति

बहाल करने का आदेश नहीं दिया। सुप्रीम कोर्ट के फैसले से यू.पी.ए. का नकारात्मक प्रचार हुआ और एन.डी.ए. का उत्साह बढ़ गया जो राष्ट्रपति शासन की उद्घोषणा के समय से ही विधान सभा भंग किए जाने का विरोध कर रहा था।

विधान सभा भंग हो जाने के एक दिन बाद एन.डी.ए. ने बिहार बंद का ऐलान किया और उस दिन अनेक भागों में कई घंटों तक सड़क व रेल यातायात तथा काम-धंधा बंद रखने में उनका प्रयास सफल रहा। बंद के बाद, एन.डी.ए. ने अपनी तरफ के विधायकों को दिल्ली में राष्ट्रपति कलाम और पटना में राज्यपाल बूटा सिंह के सामने पेश करने का फैसला किया। एन.डी.ए. की तरफ के कुछ विधायकों को आशा थी कि उनके द्वारा यू.पी.ए. सरकार पर बनाए गए दबाव और सुप्रीम कोर्ट में विचाराधीन मुकदमे के 'अपेक्षित परिणाम' से शायद भंग विधान सभा बहाल हो जाए, सरकार के गठन का रास्ता साफ हो जाए और उन्हें सरकार में मंत्री बनने को मौका मिले, लेकिन स्वयं नीतीश इन विरोध प्रदर्शनों के जरिए नए चुनावों में एन.डी.ए. के लिए जन-समर्थन निर्माण करने का प्रयास कर रहे थे।

"जब एन.डी.ए. ने अपने विधायकों की परेड राष्ट्रपति और राज्यपाल के सामने करने का निर्णय किया," नीतीश कहते हैं "मैं उसके साथ गया, लेकिन अपने दिल की गहराई में मुझे पता था कि हम यह सब मतदाताओं को इस बात का एहसास कराने के लिए कर रहे हैं कि बिहार सदन को भंग करने का फैसला कितना द्वेषपूर्ण एवं अनुचित था। आम आदमी बहुत समझदार होता है और हमेशा उसका पक्ष लेता है जिसके साथ अन्याय हुआ है।"

नीतीश 126 विधायकों का जत्था लेकर, आडवाणी और फर्नांडिस के साथ, राष्ट्रपति कलाम से मिलने और उनको यह संदेश देने के उद्देश्य से राष्ट्रपति भवन गए कि उनकी उद्घोषणा 'लोकतंत्र की हत्या' के समान है। 16 बागी लो.ज.पा. विधायक भी उस विरोधी मार्च में शामिल थे। नीतीश लो.ज.पा. के उन चार और विधायकों के समर्थन-पत्र भी साथ ले गए थे जो जेल में थे—इस तरह वह साबित कर देना चाहते थे कि एक ठीक-ठाक बहुमत सिद्ध करने के लिए उनके साथ 130 विधायक हैं।

विधान सभा भंग किए जाने के पीछे 'कांग्रेस रा.ज.द.-लो.ज.पा. के षड्यंत्र' की भर्त्सना करने हेतु अभी विरोध-प्रदर्शनों और प्रेस सम्मेलनों कर दौर चल ही रहा था कि नीतीश को राज्यभर में एक न्याय यात्रा निकालने का विचार सूझ गया। एन.डी.ए. का कोई भी नेता विधान सभा विघटन विरोधी आंदोलन को ठंडा पड़ने देना नहीं चाहता था और नीतीश का विचार था कि न्याय यात्रा के साथ प्रत्येक जिले का भ्रमण उनके चुनाव अभियान की एक अच्छी शुरुआत हो सकती है। एन.डी.ए. ने इस प्रस्ताव को मंजूरी दे दी और जुलाई से शुरू करने के बाद नीतीश ने कई सप्ताह तक जिलों का भ्रमण किया और एन.डी.ए. के साथ किए गए 'अन्याय' के विरुद्ध जनभावना को उकसाने के लिए जगह-जगह फर्नांडिस, शरद यादव, अरुण जेटली तथा सुशील मोदी के साथ सार्वजनिक सभाओं को संबोधित किया।

विरोध प्रदर्शनों के चलते एन.डी.ए. को सबसे पहले यह स्पष्ट करने का अवसर प्राप्त हुआ कि मुख्यमंत्री पद के लिए उनका निर्विवाद प्रत्याशी निश्चित रूप से नीतीश हैं—फरवरी 2005 के चुनावों से पहले ऐसा कभी नहीं हो सका था, क्योंकि फर्नांडिस कोई-न-कोई रोड़ा अटका देते थे। सबकुछ कहने और करने के बावजूद, एक बात से इनकार नहीं किया जा सकता कि बिहार में राजनीति व्यक्तित्व-उन्मुखी हो गई थी। रा.ज.द. का लगभग सारा वोट लालू वोट था। ऐसे हीरो-केंद्रित राज्यतंत्र में, कोई दूसरी विश्वसनीय हस्ती ही विकल्प बन सकती थी। पार्टी संगठन कोई अर्थ नहीं रखता था। रा.ज.द. का कोई संगठन या संस्थागत ढाँचा नहीं था, फिर भी लोगों ने लालू के लिए वोट दिया।

संगठनात्मक ढाँचे के मामले में ज.द. (यू) का भी वही हाल था, और बहुत हद तक रा.ज.द. की भाँति, ज.द. (यू) में भी अनेक ऐसे लोग थे जो दूसरी पार्टियों से निकलकर इसमें आए थे—जैसे कि हाल ही में लो.ज.पा. छोड़कर आए करीब 20 विधायक। पार्टी में भरती के लिए कोई सैद्धांतिक मानदंड नहीं थे, रा.ज.द. या ज.द. (यू) की सदस्यता का पात्र होने के लिए किसी जाँच-परख की जरूरत नहीं थी और न किसी प्रशिक्षण से गुजरना पड़ता था।

लालू की पार्टी एक नाटक-मंडली से अधिक कुछ नहीं थी फिर भी मतदाताओं ने लालू को स्वीकार कर लिया था, इसलिए नीतीश को भी आशा थी कि उनको भी वे स्वीकार कर लेंगे। इस तथ्य के बावजूद कि असल संगठन कहलाने जैसा उनके अपने पास भी कुछ नहीं है। ऐसा प्रतीत होता था कि लोगों को किसी नेता के बारे में अपनी राय बनाने में उसकी वाणी और कार्य के नजरिए से देखना अधिक सरल लगता है बजाए इसके कि वे पहले पार्टी की विचारधारा और व्यवहार के बारे में जानने के लिए उसका साहित्य पढ़ें और फिर अपनी राय बनाएँ।

नीतीश ने न्याय यात्रा के माध्यम से अपने आपको लोगों के एक संभावित 'उद्धारक' के रूप में प्रस्तुत करने का प्रयास किया। पिछले चुनावों की भाँति, इस बार भी उन्होंने लालू के नेतृत्व में शासन-व्यवस्था ढह जाने की बात कही, लेकिन सिर्फ नकारात्मक प्रचार करना उनका उद्देश्य नहीं था। उन्होंने अपने भाषणों में अधिकतर विकास पर बल दिया। उन्होंने अराजकता समाप्त करने और भौतिक एवं मानवोचित ढाँचा विकसित करने का वचन दिया। उनको दिया गया वोट विकास के पक्ष में वोट होगा।

इतने वर्ष राज करके लालू अवनति की ओर जानेवाले रास्ते का प्रतीक बन गए थे और नीतीश ने विकास एवं प्रगति की आशा जगाई थी। लालू की पहचान शासन के बजाए राजनीति से अधिक होती थी, जबकि नीतीश के बारे में इसका उलटा था। उन्होंने केंद्र सरकार में रह कर एक कर्मठ मंत्री के रूप में जो नाम कमाया और बिहार के लिए जो परियोजनाएँ एवं कार्यक्रम वह लाए थे, उनके कारण भी उन्हें अपनी पहचान बनाने में बहुत सहायता मिली। नीतीश ने अपनी न्याय यात्रा के दौरान अपनी छवि का पूरा फायदा उठाया। सबसे सुखद बात यह थी कि वे लोग भी विकास चाहते थे जो लालू के भक्त बने हुए थे।

इसी यात्रा के दौरान नीतीश ने पहली बार वोटरों में बिहारी पहचान की एक भावना जगाने का

प्रयास किया। वह समझ चुके थे कि लालू के राजनीतिक दौर ने उन जातियों के और भी टुकड़े कर दिए थे जो शुरू में कभी भी एक नहीं थीं। जाति की पहचान ही हर व्यक्ति की पहचान बन गई थी। लालू राज में लोगों को यही सिखाया गया कि वे निर्लज्ज होकर जाति का खेल खेलें। कोई भी जाति से ऊपर उठना नहीं चाहता था, क्योंकि जाति उन्हें सुरक्षा देती थी।

चुनावों में एक स्पष्ट बहुमत हसिल करने में बार-बार विफलता हाथ लगने से नीतीश इस बात को भली-भाँति समझ चुके थे कि लालू की ताकत का रहस्य जातिगत ध्रुवीकरण को उकसाने और अत्यधिक महत्त्व देने की उनकी योग्यता में छिपा है। नीतीश ने भी, सभी राजनीतिज्ञों की तरह, जाति गणित को अपनी चुनाव संबंधी रणनीतियों और दाँव-पेचों का आधार बनाया, लेकिन लालू ने अपनी जड़ बहुत गहरी जमाई हुई थी, क्योंकि लालू ने उस खेल में सबको पीछे छोड़ दिया था : लालू ने अपनी सारी ऊर्जा नग्न मसखरेपन में महारत हासिल करने में झोंक दी थी और वह जिस तरह अपनी इस विशिष्टता का धृष्टता एवं अक्खड़पने से प्रयोग करते थे, किसी और राजनीतिज्ञ के बूते की बात नहीं थी। अगर कोई लालू को मात देना चाहता था, तो जरूरी था कि वह लालू के शक्ति-स्रोत-जाति की पहचान पर चोट करना सीखे।

न्याय यात्रा के दौरान, नीतीश ने मतदाताओं को चेताया कि जातियों में बँटा राज्य कभी उन्नति नहीं कर सकता है। लोगों को जात-पाँत से ऊपर उठना होगा। ''बिहार का एक भव्य अतीत रहा है,'' नीतीश ने उनसे कहा, ''बिहार के लोग प्रतिभाशाली और मेहनती हैं। राज्य पतन के गर्त में चला गया है। हम सबको अपनी पूरी शक्ति जुटाकर इस राज्य का उत्थान करना होगा, ताकि हम विकसित राज्यों की बराबरी कर सकें।''

इन सारी बातों के अलावा, उन्होंने मतदाताओं से यह भी कहा, ''ईश्वर के वास्ते आप हमें एक त्रिशंकु विधान सभा में न भेजें। आप अपनी इच्छानुसार किसी भी पार्टी या गठबंधन को वोट दें, लेकिन यह ध्यान रखकर वोट दें कि उस पार्टी या गठबंधन को आप एक स्पष्ट बहुमत देना चाहते हैं।''

चुनाव दृश्य के बारे में मैदानी रिपोर्टों से संकेत मिला कि पासवान पर लोगों को अब भरोसा नहीं रहा, क्योंकि वे पासवान को सरकार के गठन में रोड़ा अटकाने का दोषी मानते हैं और ऐसी स्थिति में पासवान को लालू-विरोधी मत का उतना हिस्सा भी नहीं मिलने वाला है जितना फरवरी में उन्हें मिला था। इसके बावजूद, वह लालू को सत्ता से बाहर करने और किसी मुसलमान को मुख्यमंत्री बनाने की अपनी जिद पर अड़े रहे।

कांग्रेस ने सीटों के बँटवारे पर सहमति बनाकर रा.ज.द. के साथ गठबंधन कर लिया, इस बात को ध्यान में रखते हुए कि 'हमने मतदाताओं के सामने अपनी स्थिति स्पष्ट न करके भूल की। हमने सबको साथ लेकर चलने का प्रयास किया, जिसका परिणाम यह हुआ कि हम न इधर रहे, न उधर। हमने अपनी स्थिति संदिग्ध बनाए रखने की भारी कीमत चुकाई, लोगों के मन में उससे भ्रांति पैदा हो गई थी'।

लालू ने कांग्रेस पर दबाव डाला कि पासवान से रा.ज.द.-कांग्रेस-मा.क.पा. गठबंधन में शामिल होने या यू.पी.ए. छोड़ने के लिए कहा जाए। यू.पी.ए. ने 23 सितंबर की तारीख निश्चित कर दी— पासवान को उस तारीख तक या तो अपनी सहमति देनी या यू.पी.ए. से अलग होने का फैसला करना था। कई दौर की बातचीत के बावजूद, पासवान राजी नहीं हुए। सोनिया की अपील का भी असर नहीं हुआ। उन्होंने कांग्रेस से कहा, ''अगर मैं लालू का समर्थन करता हूँ, तो मैं राजनीतिक रूप से समाप्त हो जाऊँगा।'' उधर लालू की परेशानी बढ़ाते हुए भा.क.पा. की राज्य इकाई ने भी लालू का साथ छोड़ने का निश्चय किया क्योंकि भा.क.पा. का मानना था कि 'उन्होंने हमें तोड़ने या कमजोर करने का कोई अवसर नहीं जाने दिया।' लालू ने कांग्रेस और मा.क.पा. से आग्रह किया कि भा.क.पा. को या तो रा.ज.द. के नेतृत्व वाले मार्च में शामिल किया जाए या यू.पी.ए. से अलग कर दिया जाए, लेकिन भा.क.पा. नहीं मानी और सी.पी.आई. (एम.एल.) के साथ एक वामपंथी मोरचा बनाने के रास्ते पर बढ़ गई। वामपंथी मोरचे ने पासवान से हाथ मिला लिया।

लालू सामाजिक न्याय और धर्मनिरपेक्षता की दुहाई देते हुए चुनाव मैदान में उतरे, हालाँकि धर्मनिरपेक्षता पर वह पहले से कहीं अधिक बोले, लेकिन वह जान गए थे कि हवा उनके विरुद्ध चल रही है। उन्हें पता था कि लोग उनके शासन से खुश नहीं हैं। चुनावी सभाओं में वह श्रोताओं से अपनी गलतियों के लिए बहुधा माफी माँगते : ''हमको माफ कर दो, हमसे जो भी गलती हुई उसके लिए लालू आपसे माफी माँगता है।''

अन्य कारणों के अलावा, लालू को चुनाव आयोग से भी बड़ी परेशानी हुई। अपने पंद्रह वर्ष के शासन के दौरान पिछले चुनावों में, चुनाव आयोग के भरसक प्रयासों के बावजूद लालू ने सफलतापूर्वक वही किया जिसे वह अपनी खास बोली में 'बूथ प्रबंध' कहते हैं। उनकी बूथ संचालन टीम में मुख्य रूप से टुच्चे किस्म के बदमाशों से लेकर शहाबुद्दीन जैसे महाबदमाश होते थे, जिनके पास जानलेवा ताकत (आदमी, बंदूकें, लाठियाँ) थी, ताकि वे मतदाताओं को डरा-धमकाकर मतदान केंद्र से भगा सकें। बूथ में मौजूद पदाधिकारियों से अपेक्षा की जाती थी कि वे चाहे डर से या सौदे के अनुसार बूथ सँभालने वाले उस कोर ग्रुप की मदद करें। मार्च में राबड़ी जब प्रभारी मुख्यमंत्री बनते-बनते रह गईं, तो इस बार लालू पदाधिकारियों की तैनाती में दखल नहीं दे सके।

नवंबर 2005 का चुनाव लालू हार गए। एन.डी.ए. को 140 सीटों के साथ पूर्ण बहुमत प्राप्त हुआ, जबकि फरवरी में उसे केवल 92 सीटें मिली थीं। ज.द. (यू) को 86 सीटें मिलीं (फरवरी में प्राप्त 55 सीटों की तुलना में) और भा.ज.पा. के हिस्से में 54 सीटें आईं, जबकि फरवरी में उसे केवल 37 सीटें मिली थीं। रा.ज.द. की सीटें 75 से घटकर 53 रह गईं और कांग्रेस की 10 से घट कर 9।

इस चुनाव में एन.डी.ए. के पक्ष में सबसे महत्त्वपूर्ण कारण यह रहा कि लालू अपने मनो-सामाजिक वोट में लूट के वोट नहीं जोड़ सके। पिछले पंद्रह वर्षों में हुए चुनावों में यह पहला मुक्त एवं निष्पक्ष चुनाव था। चुनाव परिणाम आने के बाद एन.डी.ए. समर्थकों द्वारा नीतीश कुमार और चुनाव आयोग

सलाहकार के. जे. राव के लिए जिंदाबाद के नारे लगाना एक स्वाभाविक सी बात थी।

अगला महत्त्वपूर्ण कारण यह कि इस बार एन.डी.ए. की ओर से मुख्यमंत्री पद के लिए नीतीश कुमार को प्रत्याशी घोषित करने में कोई संदेह नहीं छोड़ा गया। पहली बार ऐसा हुआ कि एन.डी.ए. ने पहले ही साफ कर दिया था कि सरकार का नेतृत्व किस व्यक्ति के हाथों में होगा। इस घोषणा का ओ.बी.सी. और ई.बी.सी. मतदाताओं पर बहुत असर पड़ा जो नीतीश में इस आश्वासन की पूर्ति देखने को उत्सुक थे कि राजनीति और सरकार में उच्च जाति की प्रमुखता अतीत की बात हो जाएगी। ओ.बी.सी. और ई.बी.सी. मतदाता अपना नेता बदलने के लिए छटपटा रहे थे न कि सामाजिक न्याय आंदोलन का मार्ग बदलने के लिए। इस बार अत्यंत पिछड़े वर्गों ने नीतीश को अपना वोट दिया, इसमें कोई शक नहीं रह गया था। लालू द्वारा यादवों की बहुत हिमायत किए जाने के कारण वे लालू से निराश हो चले थे।

नीतीश को स्वीकार करने में उच्च जातियों को भी कोई आपत्ति नहीं थी, क्योंकि उनका दृष्टिकोण उतना प्रचंड और कट्टर उच्च जाति विरोधी नहीं था जितना कि लालू का था, हालाँकि दोनों का राजनीतिक एवं सैद्धांतिक आधार लगभग एक जैसा था। वह पिछड़े वर्गों के लिए नौकरियों में आरक्षण तथा अन्य विशेषाधिकार दिलाने के लिए सकारात्मक काररवाई के पक्षधर अवश्य थे, लेकिन उन्हें लालू जैसी आरक्षण की राजनीति करना पसंद नहीं था। अन्य पिछड़े वर्गों के सुखी-संपन्न लोगों को आरक्षण के नामों से वंचित रखने की तरफदारी उन्होंने की थी और उच्च जातियों में आर्थिक रूप से कमजोर वर्गों को नौकरियों में आरक्षण देने की वकालत की थी। वह राजनीति में अपने अच्छे कार्य से लोगों का सद्भाव अर्जित करना चाहते थे, उनके विचार में यह तभी संभव था जब विकास का कार्य निष्पक्ष भाव से किया जाए और उसमें किसी जाति का पक्ष न लिया जाए। नीतीश का मतदाताओं से यह कहना कि उन्हें जाति से ऊपर उठकर और एकजुट होकर बिहार के विकास के बारे में सोचना चाहिए, उच्च जाति के लोगों को भी अच्छा लगा और नीतीश के बारे में उनकी राय में सकारात्मक परिवर्तन आया। वे समझ गए कि नीतीश की सोच लालू से भिन्न है और वह निर्णय लेने की प्रक्रिया से उच्च जातियों को बिलकुल अलग रखने के पक्ष में नहीं हैं।

लालू अपने आपको एक विकास पुरुष का दरजा नहीं दिला सके, हालाँकि उन्होंने डेढ़ वर्ष के अपने कार्यकाल के दौरान रेल विभाग में किए गए 'शानदार' सुधार का बहुत ढोल पीटा। प्रधानमंत्री मनमोहन सिंह ने भी बिहार में चुनाव प्रचार के दौरान अपने भाषण में इस बात की पुष्टि की कि लालू विकास पर बहुत जोर देते हैं : 'रेल मंत्रालय में उन्होंने (लालूजी ने) अद्वितीय सुधार किए हैं··· वह एक योग्य एवं सक्षम नेता हैं और उनके नेतृत्व में राज्य में बहुत विकास तथा उन्नति हो सकती हैं।' लालू के दावों और प्रधानमंत्री का उन दावों के समर्थन में दिया गया वक्तव्य लोगों को प्रभावित नहीं कर सका, क्योंकि उनके सामने चारों ओर तबाही के सिवा कुछ नहीं था।

लोगों ने लालू-राबड़ी प्रशासन को बहुत खराब हाल में देखा। वह जनता को कुछ भी नहीं दे पा रहे थे। ऐसी हालत तो लालू पूर्व कांग्रेस शासन के समय में भी नहीं थी। एक ओर केंद्र सरकार

चाहे वह कांग्रेस की हो या भा.ज.पा. की—अर्थव्यवस्था के संरचनात्मक सुधारों की गति तेज करने का प्रयास कर रही थी, दूसरी ओर लालू राज के अंतर्गत बिहार उल्टी दिशा में जा रहा था। लालू इन सुधारों को बहुराष्ट्रीय तथा 'सामंती ताकतों' (उच्च जातियों के लिए लालू का यह पसंदीदा मुहावरा था) की एक 'बड़ी साजिश' के रूप में देखते थे, उनके विचार में यह सुधार के नाम पर देश (राज्य) को लूटने-बरबाद करने और गरीबों को कहीं का भी नहीं छोड़ने का बड़ा षड्यंत्र था।

"आप कल्पना भी नहीं कर सकते कि अर्थव्यवस्था पर बहुराष्ट्रीय कंपनियों का कब्जा हो जाने का परिणाम क्या होगा," लालू लोगों को चेताते हुए कहते, "गरीब मर जाएगा। मध्य वर्ग के लोगों को भी जीवन चलाने के लिए संघर्ष करना पड़ेगा। आजकल हर व्यक्ति आधुनिक चीजें पाने की होड़ में लगा हुआ है, लेकिन समय दूर नहीं है जब ये वस्तुएँ पहुँच के बाहर ही नहीं, बल्कि निरर्थक भी हो जाएँगी। क्यों न हम अपनी पुरानी परंपराओं की ओर लौट चलें? हमारे पास इतनी सारी चीजें थीं—विज्ञान में, उपचार में, प्रकृति से अन्न। हम अपनी परंपराओं को पुनः अपना कर ही अपना जीवन आगे चला सकते हैं।" जब कभी मीडिया उनसे सवाल करता कि अन्य राज्यों की भाँति बिहार आई.टी. क्रांति का लाभ क्यों नहीं उठा रहा है, उनका जवाब होता : "कंप्यूटर लोगों को बेकार कर देंगे। लोगों ने सदियों से जो क्षमताएँ हासिल की हैं, कंप्यूटर उन्हें नष्ट कर देंगे। ऐसी टेक्नोलॉजी किस काम की?"

'आधुनिकता' के विरुद्ध लालू की विचारधारा बनाने में उनके अपने जीवन के अनुभवों, लोहिया के स्वदेशी और मार्क्सवादी सुधार-विरोधी दृष्टिकोण के प्रभावों का विचित्र सम्मिश्रण था। इसके साथ ही उनका झगड़ालू दृष्टिकोण निर्धन वर्ग में सुधारों से उत्पन्न होने वाले अज्ञात भय का पूरा लाभ उठाने के सिद्धांत पर भी आधारित था। वह हमेशा उनके दिमाग में यह भरने की कोशिश करते थे कि विकास की बात करना अमीरों को लाभ पहुँचाने का चोंचला है।

एक समाजविज्ञानी ने उत्तरी बिहार के एक गाँव में रहने वाले मुसहर (दलित) भूमिहीन मजदूर का उदाहरण दिया जिसकी मुलाकात 2000 के चुनाव प्रचार के दौरान लालू से हुई थी। मुसहर ने जब लालू से कहा कि उसे उसके गाँव तक जाने के लिए एक सड़क की जरूरत है, तो लालू से उससे सवाल किया : "क्या तुम्हारे पास कोई चार-पहिया सवारी है?" मुसहर ने कहा, "नहीं है।" "क्या तुम्हारे पास दु-पहिया (यानी कोई स्कूटर या मोटरसाइकिल) है?" मुसहर ने सिर हिला कर 'न' कह दिया। "क्या तुम्हारे पास साइकिल भी नहीं है?" मुसहर का सिर लटक गया। "फिर तुम्हें सड़क की क्या जरूरत है?" लालू ने कहा, "अगर मैं सड़क बनवा देता हूँ। तो उसका इस्तेमाल तुम्हारे गाँव के उच्च-जाति वाले और सुखी-संपन्न लोग ही करेंगे।"

हालाँकि लालू ने कभी खुलकर ऐसा नहीं कहा, फिर भी इसमें कोई शक नहीं कि लालू के विचार में अधिक सरकारी खर्च का मतलब था अधिकारी-वर्ग में भरे पड़े उच्च जाति के लोगों के लिए अधिक अवैध आय का साधन। गतिरोध बनाए रखना उनके उद्देश्य के हित में था, क्योंकि इससे वह उच्च जातियों को तब तक दबाए रखना चाहते थे जब तक कि सत्ता पूरी तरह उच्च

पिछड़ी जातियों के हाथों में न आ जाए। वह उच्च-जातियों से आए अधिकारियों की खुली तरफदारी करते थे, जिला मजिस्ट्रेटों, उप-मंडल अधिकारियों (एस.डी.ओ.) और प्रखंड विकास अधिकारियों (बी.डी.ओ.) की श्रेणी में अधिकतर इन्हीं जातियों के लोग थे जो सरकार की पहचान बने हुए थे। जहाँ कहीं, संभव होता, ओ. और बी.डी.ओ. के पदों पर उच्च-पिछड़ी जातियों के लोगों को नियुक्त किया जाता। राज्य सरकार के जिन अधिकारियों, इंजीनियरों या डॉक्टरों का आई.ए.एस. श्रेणी में पदोन्नत किया गया उनमें से अधिकतर उच्च पिछड़ी जातियों से थे, लगभग आधी संख्या यादवों की थी।

उनकी मसीही अपील जहाँ हजारों की तदाद में गरीबों को खींचकर उनकी सभाओं में ले आती थी, वहीं उनकी यह धारणा निर्विवाद बनी रही कि राजनीति में कामयाबी का विकास के साथ या विकास की धीमी गति के साथ कोई संबंध नहीं है। वह जिस प्रकार की राजनीति कर रहे थे, उसका उद्देश्य राजनीतिक सशक्तीकरण था, न कि अर्थव्यवस्था को सशक्त बनाना। वह अपनी राजनीति को जातियों का महान् युद्ध मानते थे जिसमें पिछड़ी जातियाँ सिर्फ सत्ता हासिल करने का आनंद भोगने के लिए संघर्ष कर रही थीं। किसी भौतिक इनाम की चाह में नहीं। मंडल क्रांति के पक्षी को अपनी भूख की तृप्ति के लिए स्फूर्ति एवं जोश की अपेक्षा थी, न कि पदार्थ की।

विकास के प्रति लालू की बेफिक्री अथवा उदासीनता के बारे में लालू के आलोचकों का कहना है कि वह गरीबों की दशा में कोई सुधार इसलिए भी नहीं लाना चाहते थे, क्योंकि उनका मानना था कि जब तक वे लोग कष्ट में रहेंगे, तभी तक उन लोगों का समर्थन उन्हें अर्थात् लालू को मिलता रहेगा। उनका करिश्मा अज्ञानता में पलने वाले भोले-भाले और निष्कपट बच्चों पर निश्चित रूप से कारगर सिद्ध हो सकता है। लेकिन यह बहुत ही तीखी टिप्पणी है। उन्होंने अपनी छवि के चारों ओर वास्तव में एक ऐसे मसीहाई चमत्कार का जाल बुना था जिसके चरम-आनंद का बबूला फूटने में कुछ समय लगा।

1990 के दशक की शुरुआत में एक बड़ी ऐतिहासिक दुर्घटना घटी जिसमें मंडल और मंदिर आमने-सामने टकरा गए। इसका भरपूर फायदा उठाते हुए, उन्होंने सोच लिया कि अब जीवन भर की पूँजी उनके हाथ लग गई है। इससे उनकी यह धारणा पक्की हो गई कि राजनीति के रास्ते बनाई गई लोकप्रियता को केवल राजनीतिक रूप से कायम रखा जा सकता है, अर्थशास्त्र की उसमें कोई भूमिका नहीं है। अगर है भी तो नकारात्मक साँचे में ढली हुई सरकारी नौकरियों, व्यवसाय तथा अन्य पेशों में उच्च जातियों को उन्नति के अवसरों से वंचित रखना। इस प्रक्रिया में वह इतने डूब गए कि उन्होंने अत्यंत उत्पीड़ित, शोषित वर्गों को भी अवसर प्रदान नहीं किए और उनकी आर्थिक बेहतरी का रास्ता बंद कर दिया।

पिछड़ों, विशेषकर निचले पिछड़े वर्गों का लालू से मोह-भंग होने के अलावा, एन.डी.ए. को एक फायदा यह भी हुआ कि मुसलमानों के वोट का एक बड़ा हिस्सा ज.द. (यू) की तरफ मुड़ गया। एन.डी.ए. ने नरेंद्र मोदी को जानबूझकर अक्तूबर-नवंबर चुनाव अभियान से बाहर रखा, ताकि

लालू को यह अवसर न मिले कि भा.ज.पा. का भय दिखाकर वह मुसलमानों की भावनाओं को भड़का सकें। फरवरी की भाँति, भा.ज.पा. नेताओं ने इस बार विकास पर सबसे अधिक ध्यान दिया और अयोध्या जैसे नाजुक मुद्दों को नहीं छेड़ा।

मुसलमानों में विशेषकर उनके युवा वर्ग में ऐसे लोगों की संख्या बढ़ने लगी थी, जो लालू से निराश हो गए थे, क्योंकि उन्होंने महसूस किया कि लालू के शासन में सभी तरह के लाभ (नौकरियाँ, ठेके) यादवों को मिल रहे हैं। नीतीश ने अपने चुनाव प्रचार के दौरान अपने श्रोताओं को यह बताकर इस दरार को और तीखा करने का प्रयास किया : ''हालाँकि लालूजी मुसलिम-यादव की जोड़ी के कंधों पर जुआ रखकर अपने राजनीतिक जीवन की गाड़ी खींच रहे हैं, फिर भी उन्होंने सारे-के-सारे लाभ यादवों को दिए हैं, मुसलमानों को नहीं।'' मुसलमानों का एक वर्ग लालू से तब भी खफा हो गया था जब फरवरी चुनाव के बाद लालू ने पासवान की इस माँग को ठुकराया कि रा.ज.द.-कांग्रेस सरकार को वह समर्थन दे सकते हैं बशर्ते किसी मुसलमान को मुख्यमंत्री बनाया जाए।

चुनाव परिणामों ने लालू द्वारा निर्मित, कांग्रेस तथा मा.क.पा. द्वारा सहसमर्थित इस भ्रांति को फोड़ दिया कि बिहार में चुनाव दो प्रकार के वोटों का ध्रुवीकरण मात्र है : धर्मनिरपेक्ष और सांप्रदायिक। संकीर्ण नजरिए से किए गए विश्लेषण में, मा.क.पा. नेता सीताराम येचुरी ने रा.ज.द. के नेतृत्व वाले मोरचे की पराजय का कारण लालू के मोरचे और लो.ज.पा. के नेतृत्व वाले मोरचे के बीच 'धर्मनिरपेक्ष वोटों के विभाजन' में खोज निकाला।

यह धारणा वास्तविकता से बहुत दूर थी। इसका सबसे अच्छा उदाहरण पासवान की स्थिति से सामने आया। उन्होंने फरवरी 2000 के चुनावों के लिए इस दावे के साथ मैदान में कदम रखा कि मुसलमानों के हक में लालू से बड़े हीरो साबित होना चाहते हैं और उन्होंने एक दलित-मुसलिम गठबंधन बनाने का प्रयास किया। अनिश्चित परिणामों के बाद उन्होंने एक मुसलिम को मुख्यमंत्री बनाने की माँग रखी। अक्तूबर-नवंबर के चुनावों में वह यही कहते रहे कि ''यह उनके जीवन का लक्ष्य है।''

असलियत क्या थी?

फरवरी के चुनावों में पासवान ने एक भी टिकट किसी मुसलमान को नहीं दिया। उनके अनेक प्रत्याशी हिंदू थे जिन्हें दूसरी पार्टियों से नामजदगी नहीं मिली थी, बाकी उम्मीदवारों में अपराधी शामिल थे और उच्च-जाति के लोग थे जिनका चयन इस आधार पर किया गया था कि वे अपनी जाति का वोट लो.ज.पा. को दिलाएँगे। यह मानना गलत होगा कि पासवान को 29 सीटें केवल धर्मनिरपेक्षता के आधार पर प्राप्त हुई थीं। इसका सबूत अक्तूबर-नवंबर के चुनावों में मिला जब उनके 'धर्मनिरपेक्ष' (अर्थात हिंदू) माने जाने वाले बहुत सारे मतदाताओं ने उनके पक्ष में मतदान नहीं किया, क्योंकि उन्होंने, यानी पासवान ने किसी मुसलमान को मुख्यमंत्री बनाने का संकल्प किया था।

अक्तूबर-नवंबर में हुए चुनावों से निकला निष्कर्ष यह था : हिंदू और मुसलमान दोनों समुदाय

कट्टर सांप्रदायिक वर्ग हैं, लेकिन उनसे अलग एक बड़ा हिस्सा उन लोगों का है जिन्हें न तो पूरी तरह धर्मनिरपेक्ष (सेक्यूलर) या न ही सांप्रदायिक कहा जा सकता। अधिकतर हिंदू अयोध्या में राम मंदिर बनाए जाने का समर्थन तो कर सकते हैं, लेकिन यह आवश्यक नहीं कि वे भा.ज.पा. के लिए मतदान करें। इसी प्रकार अधिकांश मुसलमान संप्रदाय-पक्षपाती मुद्दों का समर्थन तो कर सकते हैं, लेकिन यह कतई जरूरी नहीं है कि वे 'धर्मनिरपेक्षता' का दावा करने वाली कांग्रेस पार्टी, रा.ज.द. या वामपंथी पार्टियों को वोट दें।

फिर कोई यह कैसे समझा सकता है कि नीतीश और अन्य ज.द. (यू) प्रत्याशियों को भा.ज.पा. के साथ उनके गठजोड़ के बावजूद मुसलमानों का वोट क्यों मिला? इससे पता चलता है कि लालू, कांग्रेस और मा.क.पा. ने जनता को धर्मनिरपेक्ष (सेक्यूलर) और सांप्रदायिक की जिन दो श्रेणियों में बाँट रखा था—एक औसत मुसलमान उनसे अलग होकर भी सोच सकता है। इस बात से यही जाहिर हुआ कि अन्य मुद्दे भी थे जिनकी उसे चिंता थी।

उच्च जाति और ओ.बी.सी. वोट का पासवान से दूर हो जाना, क्योंकि वह किसी मुसलिम को मुख्यमंत्री बनाने के प्रति कटिबद्ध थे—यह दिखलाता है कि वही मतदाता, जिन्हें फरवरी में धर्मनिरपेक्ष कहा जा सकता था, क्योंकि उन्होंने 'धर्मनिरपेक्ष' पार्टी लो.ज.पा. को अपना वोट दिया, अक्तूबर-नवंबर में 'सांप्रदायिक' हो गया। अत: लो.ज.पा. के वोटों के सिकुड़ने का कारण धर्मनिरपेक्ष वोट का विभाजन नहीं था, जैसा कि सीताराम येचुरी ने दावा किया, बल्कि धर्मनिरपेक्ष समझे जाने वाले मतदाताओं के मन में मुसलमानों के विरुद्ध गहरे बैठे पूर्वाग्रह थे।

मुसलमानों के वोट का एक हिस्सा नीतीश के पक्ष में जाना और पासवान से हिंदू वोट का अलग होना इन दोनों तथ्यों से यह साबित हो गया कि धर्मनिरेपक्ष और सांप्रदायिक वोटों को पृथक् खंडों के रूप में देखना बहुत गलत है। कोई भी तटस्थ मतदाता आने वाले कल में सांप्रदायिक हो सकता है और इसका उलटा भी हो सकता है। लोग समझदारी से निर्णय करते हैं। एक स्थायी, अपरिवर्तित रहने वाले धर्मनिरपेक्ष अथवा तटस्थ वोट की भ्रांति केवल उन राजनीतिज्ञों की मनोवृत्ति में रहती है जिनके पास अपने मतदाताओं को फुसलाने के लिए धर्मनिरपेक्षतावाद का ढोंग रचने के अलावा कुछ नहीं होता है और जो उनकी तबाही का सबब भी बन सकता है, जैसा कि इस ढोंग ने लालू की लुटिया डुबोकर साबित कर दिया।

□

II

बिहार का पुनर्निर्माण

10

दहलीज पर सरकार

ဖြဖြ ✻ ꩡꩡ

नीतीश ने जिस बिहार का प्रशासन अपने हाथ में लिया था, वह नरक से कुछ कम नहीं था। जब बेंगलुरू में दिन-दहाड़े डकैती या बलात्कार की कोई घटना होती तो शहर के बाशिंदे चिल्लाते, ''यह कर्नाटक नहीं, बिहार है।'' अगर महाराष्ट्र में विपक्ष को सत्तारूढ़ दल पर तीखा हमला करना होता तो वे राज्य के 'बिहारीकरण' का रोना रोते थे।

राज्य के बाहर काम करने वाले अन्य लोगों की तरह ही बिहारी भद्रलोक के एक सदस्य नीतीश ने भी बिहारी की घृणित छवि के कारण एक संसद् सदस्य या केंद्रीय मंत्री के रूप में स्वयं को अपमानित महसूस किया था। सामूहिक रूप से बिहारियों का आत्मगौरव अपने निम्नतम स्तर पर था। नीतीश ने बिहारी आत्मगौरव वापस दिलाने का संकल्प लिया। वह बिहारी अस्मिता, बिहारी पहचान की बात करने वाले और उसके पुनर्निर्माण में जुट जानेवाले पहले मुख्यमंत्री थे।

लेकिन केवल नारों के साथ पुनर्निर्माण नहीं किया जा सकता था : वास्तविक कार्यों की ईंटों पर उसे अंजाम दिया जाना था। नीतीश जानते थे कि बिहार ने एक निराशाजनक अवनति के गर्त की छवि कैसे पाई थी—हजारों की संख्या में अवैध बंदूकें, एक दिन में दस-दस खून, फिरौती के लिए अपहरण, डकैतियाँ, भयंकर गरीबी, काम की तलाश में बड़े पैमाने पर मजदूरों का पलायन, शिक्षा के ढाँचे का ढह जाना, दयनीय स्वास्थ्य सुविधाएँ, सरकारी स्तर पर बेलगाम भ्रष्टाचार और सबसे बढ़कर, अपराधियों और भ्रष्टाचारियों को राजनीतिक संरक्षण। वे कहाँ से शुरू करें? उनकी प्राथमिकताएँ क्या होनी चाहिए?

सबसे पहले तो अपनी प्राथमिकताएँ तय करके, अपने अधिकारियों के साथ बैठक करने, प्रस्तावों पर अपने सचिवों के साथ चर्चा करने आदि से होनेवाली गहमागहमी के बीच कुछ शांत पल चुराने और दिन भर के काम से थककर चूर होने के बाद विश्राम के लिए उन्हें एक कार्यालय-

सहनिवास की जरूरत थी और वही उनके पास नहीं था। भवन निर्माण विभाग (जिसके अधीन पश्चिमी पटना के सभी सरकारी बँगले हैं) ने उन्हें 1, अणे मार्ग वाला बँगला आवंटित किया था। यही वह स्थान था जहाँ नीतीश अपने शासन की पहली समस्या से रू-ब-रू हुए। यद्यपि संपदा विभाग ने राबड़ी देवी को एक अन्य बँगला 1, अणे मार्ग के दक्षिण में सड़क पार बना बँगला, 10, सर्क्युलर रोड, जिस पर उनके आशीर्वाद से साधु यादव ने बरसों से अवैध कब्जा कर रखा था, आवंटित कर दिया था और उन्हें 1, अणे मार्ग छोड़ देने के लिए कहा, परंतु उन्होंने ऐसा करने से इनकार कर दिया।

लालू और राबड़ी न केवल इसलिए इस बँगले को अपने पास रखना चाहते थे कि वे पंद्रह वर्षों तक वहाँ रहे थे, बल्कि इसलिए भी कि वे उसे अपने लिए बहुत सौभाग्यशाली और फलदायक मानते थे। गरीबी, निचली सामाजिक स्थिति और गुमनामी से भरे जीवन से निकल कर यह दंपति बिहार के राजा और रानी बन गए थे : यह किसी चमत्कार से कम न था। यह 1, अणे मार्ग की धरती की रचनात्मक ऊर्जा और उर्वरता के बिना संभव नहीं था।

वे इस बँगले से अपनी विदाई को टालते रहे। यह नीतीश के धैर्य की परीक्षा लेने की एक चाल थी : अगर वे एक लंबे समय तक वहाँ टिके रहें तो नीतीश को 1, अणे मार्ग पर अपना दावा छोड़कर किसी और बँगले में जाना होगा। कई वर्षों से नीतीश को जानने के कारण लालू ने असभ्य तौर-तरीकों और अशोभनीय हमलों के प्रति अपने बिछुड़े हुए छोटे भाई की अरुचि, जिसके कारण उन्हें जबरदस्ती बेदखल कर दिए जाने की आशंका नहीं थी, पर एक दाँव खेला था।

लालू और राबड़ी आस-पास के दो सरकारी बँगलों, 1, अणे मार्ग और 5, देशरत्न मार्ग में रहते थे। उन्होंने बँगलों के बीच मनमरजी से रास्ता भी बनवा लिया था। दोनों बँगलों के बीस एकड़ क्षेत्र में खटाल (गाय-भैसों का बाड़ा), मुरगी घर, भूसा घर और गोबर थान के साथ एक विशाल ग्वालाधाम बन गया था। धर्मपरायण राबड़ी छठपूजा के दौरान सूर्य देव की आराधना से पहले बिना किसी व्यवधान के पवित्र डुबकी लगा सकें, इसलिए एक छोटा सा तालाब भी वहाँ था।

नीतीश ने आग्रह किया कि वे अपने सरकारी आवास के रूप में,1, अणे मार्ग के अलावा कोई बँगला नहीं लेंगे। उन्होंने अधिकारियों से लालू और राबड़ी से बँगला खाली कराने के लिए नहीं कहा, परंतु उस पर से दावा भी नहीं छोड़ा। लालू और नीतीश के बीच सब्र का खेल कई दिनों तक मीडिया को एक मसालेदार विषय देता रहा। लालू और नीतीश के अगले कदम के बारे में मजेदार अनुमान लगा कर लोग दिन भर के काम की थकान कम करते थे। भवन निर्माण विभाग ने 21 दिसंबर, 2005 तक दोनों बँगले खाली करने के लिए लालू और राबड़ी को एक नोटिस भेजा। उस दिन सुबह से ही मीडिया कर्मी अपने कैमरों के साथ 1, अणे मार्ग के बाहर जमा हो गए। कई घंटों तक उन्होंने बँगले से कोई ट्रक बाहर आता नहीं देखा। उन्होंने निष्कर्ष निकाला कि लालू ने नोटिस में दिए गए आदेश का पालन न करने का फैसला किया है। उन्हें लालू का सामान लादने और उसे 10, सर्क्युलर रोड पर उतार देने के लिए पुलिस संरक्षण में ट्रकों के साथ एक सरकारी दस्ते के आने

की उम्मीद थी। मगर उन्हें निराशा मिली।

नीतीश के सामने एक दुविधा थी। वे जनता के साथ किए गए अपने इस वादे पर जीते थे कि वे सरकार में नियम कायदे और उचित प्रक्रियाएँ फिर से लागू करेंगे और यहाँ लालू खुलेआम नियमों का उल्लंघन कर रहे थे। नीतीश को क्या करना चाहिए? अगर दोषी कोई और होता तो वे अधिकारियों से बँगला खाली कराने के लिए कहते। मगर लालू से जुड़ा हुआ यह कोई साधारण मामला नहीं था। नीतीश को कई पहलुओं पर विचार करना था। बँगला जबरदस्ती खाली कराने से लालू को फायदा होने की पूरी संभावना थी।

टेलीविजन मीडिया उनकी दशा पर फोकस करता और जनता की सहानुभूति खोने के बाद इतनी जल्दी उसका कुछ भाग उन्हें वापस दिला देता साथ ही नीतीश की एक नकारात्मक छवि भी पेश करता। दूसरे, एक लंबे समय से नीतीश की लालू से दोस्ती रही थी और वे राबड़ी को भाभी कहकर संबोधित करते थे, इसलिए वे स्वयं को उनके खिलाफ जबरिया काररवाई करने की स्थिति में नहीं ला सकते थे।

नीतीश के कहने पर भवन निर्माण मंत्री मोनाजिर हसन ने मीडिया को सूचित किया कि 1, अणे मार्ग को खाली कराने में सरकार को कोई जल्दी नहीं है। "हम नियमों के अनुसार चलेंगे और यह अपेक्षा करते हैं कि हर कोई उनका पालन करे," हसन ने कहा। इस मुद्दे पर मीडिया द्वारा पूछे गए एक सवाल के जवाब में नीतीश ने कहा, "वे जब चाहें, वहाँ से शिफ्ट कर सकते हैं। कृपया मेरे निवास के बारे में अब मुझसे कुछ मत पूछिए।" परंतु यह कह कर नीतीश ने किसी के मन में और लालू और राबड़ी के मन में तो बिलकुल नहीं, यह संदेह नहीं रहने दिया कि वे अपने आधिकारिक निवास के रूप में 1, अणे मार्ग के सिवाय और कोई बँगला नहीं लेंगे।

शपथ लेने के बाद नीतीश ने सरकारी कामकाज निबटाने के लिए 1, अणे मार्ग के उत्तर में सड़क पार स्थित स्टेट गेस्ट हाउस का उपयोग करना शुरू कर दिया। यादव दंपति की भावनाओं को चोट न पहुँचे, इसके लिए पूरी सावधानी बरतते हुए भी नीतीश ने 1, अणे मार्ग में रहने का आग्रह बनाए रखा, क्योंकि वे उसके प्रतीकात्मक महत्त्व को जानते थे। वहाँ से लालू-राबड़ी का निष्कासन और नीतीश द्वारा उसे अपना निवास बना लिया जाना बुरे की विदाई और अच्छे के आगमन, भयंकर भूतकाल को हटाकर एक उज्ज्वल भविष्य के वादे का प्रतीक था।

पंद्रह वर्षों से 1, अणे मार्ग सत्ता के आसन के रूप में, उस महल के रूप में देखा जाता था जहाँ लोकतांत्रिक रूप से चुना गया 'शाह' सिंहासन पर बैठकर आदेश पारित करता था। मुख्यमंत्री बनने का सपना पूरा करने में नीतीश को एक दशक से भी ज्यादा समय लगा था। मुख्यमंत्री के रूप में वे किसी भी बँगले में रह सकते थे, परंतु उनके मन में 1, अणे मार्ग का एक विशिष्ट स्थान था। यही वह स्थान था जहाँ लालू से अलग रास्ता चुनने से पहले, कितनी ही बार इस घर की ऊपरी मंजिल स्थित उनके निजी कक्षों में लालू और राबड़ी के साथ राजनीतिक और व्यक्तिगत मामलों पर चर्चा के लिए बैठे थे। जब गंभीर मुद्दों पर लालू ने उदासीनता दिखानी शुरू की तो कभी-कभी

नीतीश को लगता था कि सरकार को उस रास्ते पर ले जाने के लिए वे खुद लालू की जगह उस बँगले में क्यों नहीं थे जहाँ उन्होंने अपने इस लापरवाह, छिछोरे दोस्त को ले जाना चाहा था।

असल में, 1, अणे मार्ग पर खींचतान दो चरित्रों के बीच का संघर्ष दरशाती थी : एक निर्लज्ज, अंधविश्वासी, लोभी, दमनकारी और चालबाज। दूसरा कानून का सम्मान करने वाला, बुद्धिवादी, शिष्टाचारी, चतुर और अध्यवसायी। बँगले में बने रहने के लिए लालू एक के बाद दूसरा बहाना बनाते रहे। कई हफ्तों तक तो बात यह थी कि भवन निर्माण विभाग ने उन्हें आवंटित बँगले, 10, सर्क्युलर रोड को पूरी तरह तैयार नहीं किया था। फिर खरमास का बहाना बनाया गया, क्योंकि हिंदू पंचांग के अनुसार यह अशुभ महीना माना जाता है, जिसमें बिहारी शादियों का आयोजन या नए घर में प्रवेश नहीं करते।

धीरज के इस खेल में यह रस्साकसी नीतीश के विजयी होने तथा लालू और राबड़ी द्वारा बँगला खाली कर दिए जाने से पहले करीब चार महीनों तक चली। उनके घर छोड़ने से करीब एक हफ्ते पहले से किसी मुलाकाती को, 1, अणे मार्ग में प्रवेश नहीं करने दिया गया। एक अप्रामाणिक कहानी के अनुसार लालू ने इस समय का उपयोग चारा घोटाले से कमाए नोटों के ढेर को परिसर में ही कहीं छिपाने में किया। सच्चाई नीतीश के उस घर में प्रवेश के बाद सामने आई : लालू और राबड़ी उस जमीन से, जहाँ वे सब्जियाँ उगाया करते थे, एक फुट मिट्टी खुदवा कर उनके नए बँगले की जमीन पर बिखराने के लिए ट्रकों में भर कर ले गए थे। उनका विश्वास था कि उस दिव्य मिट्टी की उर्वरता से उनकी समृद्धि फिर लौट आएगी।

इस बँगले में नीतीश के प्रवेश के बाद वहाँ का कृषि अधिकारी यह जानकर अवाक् रह गया कि उस कंपाउंड की जमीन पर कुछ भी उगाया नहीं जा सकता था, क्योंकि चुराई गई एक फुट ऊँची सतह में सारे प्राकृतिक पोषक तत्त्व मौजूद थे! उस विशाल गड्ढे को भरने के लिए ट्रकों में भर कर मिट्टी लाई गई। लेकिन गाड़ियों ने कई स्थानों से मिट्टी उठाई थी, वह उस जमीन के मूल स्वरूप और चरित्र की बराबरी नहीं कर पाई। वहाँ की जमीन में पोषक तत्त्व विकसित करने के लिए कर्मचारियों को कृमिपालन (वर्मिकल्चर) का सहारा लेना पड़ा।

जहाँ तक लालू द्वारा अवैध रूप से कमाए करोड़ों रुपयों को छिपाए जाने की कहानी का संबंध था, कुछ सयानों द्वारा कर्मचारियों को यह सुराग दिया गया कि उस दौलत को स्विमिंग पूल के फर्श के नीचे या बगल की दीवारों के पीछे छिपाए जाने की सबसे ज्यादा संभावना थी। फावड़े-कुदालियाँ लाई गईं और मजदूरों द्वारा पूल के नीचे और बाजू की दीवारों से कई जगह टाइल्स उखाड़ दी गईं, विशेष रूप से उन स्थानों पर जहाँ, वे उतनी अच्छी तरह लगाई नहीं गई थीं। बहुत खुदाई करने के बाद यह काम रोक दिया गया और सब हैरान होते रहे कि आखिर गरीबों के उस गरीहा ने अपना खजाना कहाँ छिपाया होगा।

लालू और राबड़ी के जाने के बाद नीतीश के जिन सहायकों ने परिसर का दौरा किया था उन्हें कुछ ऐसी चीजें दिखाई दीं जिन्हें कुछ तांत्रिक क्रियाओं के चिह्न कहा जा सकता था। उन्होंने मान

लिया कि वे क्रियाएँ नीतीश को हानि पहुँचाने के उद्देश्य से की गई होंगी। कई कमरों की दीवारों पर हथेली के लाल निशान बने हुए थे, एक लॉन के किनारे लगा सिंदूर का पौधा काट दिया गया था जो नीतीश का राजनीतिक जीवन समाप्त करने के इरादे से किया गया प्रतीत होता था। कुछ पौधों के नीचे कुछ रँगे हुए पत्थर भी दबाए गए थे। ''वह नीतीश पर प्रेतबाधा डालने के उद्देश्य से बड़े जतन से किया गया जादू-टोने का प्रयास था, ताकि वहाँ से लाई गई उपजाऊ मिट्टी की मदद से यादव दंपति उस बँगले में वापस जा सके,'' एक सहायक ने कहा।

''लोहिया के प्रभाव से सदियों से समाज पर अपना प्रभुत्व कायम रखने के उद्देश्य से ब्राह्मणों द्वारा स्थापित मूर्तिपूजा, कुप्रथाओं और अनुष्ठानों से पूर्ण व्यवस्था के प्रति घृणा का भाव रखते हुए हम सब युवा समाजवादी आंदोलनकारियों ने एक ब्राह्मणवाद-विरोधी रुख से शुरुआत की थी,'' इसके बारे में पूछे जाने पर नीतीश ने कहा। ''परंतु अपने शासनकाल के मध्य में किसी समय लालू के मन में सत्ता में बने रहने के प्रति घोर असुरक्षा की भावना पैदा हुई उन्होंने सदियों से चले आ रहे अंधविश्वासों को अपनाते हुए आदिम अनुष्ठानों के जरिए अपने देवताओं को मनाना शुरू कर दिया।''

वे चार महीने, जिनमें नीतीश ने लालू और राबड़ी का 1, अणे मार्ग खाली किए जाने का इंतजार किया था, उनकी सरकार के लिए सबसे अधिक समस्याग्रस्त और बदलाव देखने की इच्छुक जनता के लिए सबसे ज्यादा आशाजनक महीने भी थे। यद्यपि चुनावों के दौरान नीतीश ने जनता से चाँद दिलाने का वादा किया था, राज्य सरकार से जुड़ी समस्याओं और उनके समाधान की पेचीदगियों के बारे में उन्हें शून्य से कुछ ही ज्यादा जानकारी थी। लालू से विरासत में मिली नौकरशाही कल्पनाशीलता और अच्छे कार्यों के लिए पहल करना तो दूर की बात, अपने रोजमर्रा के कामकाज के लिए भी अत्यधिक डरपोक, आलसी, विलंबकारी, बँटी हुई और भ्रष्ट थी। ढीले-ढाले आशंकित और बुझे हुए नौकरशाहों की मदद से जनता के प्रति किए गए वादे पूरा करना संभव था?

नीतीश ने अपने विकल्पों को जाँचा-परखा। जैसा कि एक नया मुख्यमंत्री आमतौर पर करता है, वे अधिकारियों का अपनी वर्तमान नियुक्तियों से थोक में तबादला करके अपने सचिवालय के आकलन के अनुसार अफसरों का एक नया समूह चुन सकते थे या वे महत्त्वपूर्ण पदों पर चुनिंदा अफसरों को नियुक्त कर सकते थे। आरंभिक चरण में इन दोनों विकल्पों को खारिज करते हुए नीतीश ने उन विभागाध्यक्षों के साथ काम करने का फैसला किया जो राबड़ी सरकार के आदेशानुसार अपने पदों पर आसीन थे।

परिणाम जल्दी दिखाने की जनता की माँग को देखते हुए उन्होंने एक बड़ा जोखिम लिया था : उनमें से कुछ अधिकारी मुख्यत: लालू के प्रति वफादारी, जाति या अन्य किसी कारण से उन पदों पर हो सकते थे और महज नीतीश के शासन की एक नकारात्मक छवि पैदा करने के लिए वे लालू के इशारे पर या अपनी ही कुटिलता से उनकी पहल के साथ भितरघात कर सकते थे। कुछ अन्य अपने महत्त्वपूर्ण पदों के लिए पूरी तरह निकम्मे थे, क्योंकि पिछले शासनकाल में अधिकारियों की नियुक्ति का मुख्य मापदंड कार्यकारी कुशलता नहीं, जी हुजूरी था और इसका उलट भी उतना ही

सच था : सर्वोत्तम अधिकारी सरकार की मुख्यधारा से अलग, बेजान कार्यविहीन कमरों में सड़ने के लिए छोड़ दिए गए थे। बेशक, नीतीश के पास 1975 बैच के उत्तर प्रदेश कैडर के आई.ए.एस., अधिकारी आर.सी.पी. सिंह, जो रेल मंत्री के रूप में उनके पहले कार्यकाल के दौरान उनके प्रधान सचिव रहे थे, उसी पद पर उनके साथ थे। अवधिया कुर्मी जाति के सिंह का जन्म उसी जिले में हुआ था, जहाँ नीतीश का। इसके अलावा अत्यंत बुद्धिमान और कुशल अधिकारी साबित होने के कारण नीतीश का उनसे एक लगाव हो गया था। इसी कड़ी में अगले अधिकारी मधुबनी के रहने वाले 1991 बैच के एक व्यवस्थित आई.ए.एस. अधिकारी चंचल कुमार, जिन्होंने उनके सचिव के रूप में रेल मंत्रालय में कार्य किया था, भी इसी पद पर अब उनके साथ थे।

बाद में नीतीश एक और सचिव के रूप में 1992 बैच के एक ऊर्जावान, प्रौद्योगिकी में पारंगत तमिल आई.ए.एस. अधिकारी एस. सिद्धार्थ को ले आए, परंतु क्या ये तीन काबिल और विश्वसनीय सचिव नई सरकार के लक्ष्यों को प्राप्त करने के लिए प्रशासकीय व्यवस्था को प्रेरित कर पाएँगे ? वे नीतीश द्वारा उन्हें आवंटित विभागों के समूह को निर्देशित और मॉनीटर कर सकते थे पर वास्तविक अधिकारियों का होना अनिवार्य था।

नीतीश ने यह मार्ग तय किया था : वे नए अधिकारियों की नियुक्ति के बारे में नहीं सोचेंगे जब तक कि वर्तमान पदासीन अधिकारी बिलकुल ही निकम्मे साबित न हो जाएँ। लेकिन चार मुख्य प्राथमिकताओं वाले विभागों—गृह, सड़क और पुल, शिक्षा और स्वास्थ्य—में वे नए अधिकारी नियुक्त करेंगे, जो परिणाम दे सकें।

अपने कार्यकाल के पहले तीन-चार महीनों में नीतीश और उनके सचिवों ने राज्य या केंद्रीय सरकार में कार्यरत बिहार काडर के अच्छे आई.ए.एस. अधिकारियों की खोज की। उन्हें शिक्षा के लिए मदन मोहन झा, स्वास्थ्य के लिए दीपक कुमार, सड़कों के लिए आर.के.सिंह और पुलों के लिए प्रत्यय अमृत मिले, ये सभी दिल्ली में विभिन्न पदों पर कार्य कर रहे थे।

यद्यपि इन गिने-चुने बदलावों के द्वारा प्रशासनिक मशीनरी की भ्रष्टता और अकुशलता को छुआ भी नहीं गया था, नौकरशाही के एक बड़े वर्ग में राहत की एक प्रबल अंतर्धारा-सुरंग के छोर पर कुछ प्रकाश के दर्शन, आशा के भाव के साथ बहने लगी थी। सवर्णों के प्रभुत्व वाली आई.ए.एस. बिरादरी में से कोई भी निश्चित रूप से नहीं कह सकता था, कि यह सुखद एहसास कितने दिन चलेगा, क्योंकि नए मुख्यमंत्री ने अपने पहले वास्तविक कदम नहीं उठाए थे। यही नहीं वे यह भी जानते थे कि नीतीश भी मंडल आंदोलन के ही एक भाग थे। उन्होंने यादव/अन्य पिछड़ी जातियों की शक्ति का जो नंगा नाच देखा था, उसकी याद से वे सिहर उठते थे। क्या नीतीश उनसे बेहतर सानित होंगे ?

केंद्रीय सरकार के विभिन्न विभागों में एक मंत्री के रूप में नीतीश के काम करने के तरीके को लेकर वरिष्ठ अधिकारियों के मन में उनके प्रति सम्मान का भाव था। सिर्फ इसलिए नहीं कि कुछ मुख्यमंत्रियों की तरह वे उन्हें गालियाँ नहीं देते और न उनके मुँह पर फाइलें फेंकते थे। नियमों के

प्रति उनका आग्रह उनके व्यक्तित्व का सबसे लुभावना भाग था। असल में नीतीश के आलोचक अकसर उन्हें एक मुख्यमंत्री से ज्यादा एक मुख्य सचिव होने का ताना दिया करते थे। सच यह था कि वे राजनेताओं के बीच एक नौकरशाह थे और नौकरशाहों के बीच एक राजनेता। वे महज भाषण देते रहनेवाले और सारा काम अपने विभाग के नौकरशाहों के लिए छोड़ देनेवाने किसी पारंपरिक मंत्री, से बिलकुल अलग थे। पारंपरिक नमूने वाला मंत्री काम और फाइलों में तभी दिलचस्पी लेता था जब उनमें उसका कोई निजी हित शामिल हो। नीतियों और कार्यक्रमों पर चर्चा करते हुए नीतीश दिन का एक बड़ा भाग अपने अधिकारियों के साथ बिताते थे : सभी प्रमुख मुद्दों पर दिमाग लड़ाने और निर्णय लेने में खुद को शामिल करते थे।

नौकरशाही को उनके साथ काम करना आसान लगता था, क्योंकि वे उनसे राय लेते थे। उनकी राय को महत्त्व देते थे और उनकी सलाह का सम्मान करते थे। यद्यपि इस बात में उनका दृढ़ विश्वास था कि एक प्रजातांत्रिक व्यवस्था में सरकार के स्थायी अंग की राय की तुलना में चुने हुए कार्यकारी की राय को तरजीह दी जानी चाहिए, उनका मत था कि दफ्तरशाही सरकार की यंत्रवत वाहक न होकर एक विचारशील संस्था है।

अपने कार्यकाल के पहले कुछ हफ्तों के दौरान प्रतिदिन राजकीय अतिथि गृह में उनके आसपास बैठे सचिवों और मुख्य सचिव के साथ नीतीश सभी सरकारी विभागों की नीतियों और कार्यक्रमों की समीक्षा करते थे। एक दिन में वे तीन या चार विभागों तक की समीक्षा कर लेते थे। विभाग से संबंधित सचिव अपना प्रस्तुतीकरण रखता और उसके दौरान नीतीश सवाल पूछते, बदलाव सुझाते और क्रियान्वयन में तेजी लाने की अपील करते। चूँकि वित्तीय वर्ष 2005-06 के केवल चार महीने बाकी थे, उनका सबसे ज्यादा जोर अब तक हुए और बाकी बचे कार्यों के आकलन पर था।

वे यह जानकर चकित रह गए कि धन की उपलब्धता के बावजूद खर्च कम था। कारण सत्ता खो चुकी पिछली सरकार की उदासीनता में निहित था। योजनाओं की प्रगति में दिलचस्पी के अभाव के कारण जरूरी आँकड़े नदारद थे, बहुत कम अधिकारी आँकड़े, इकट्ठे करने की जहमत उठाते थे, क्योंकि मुख्यमंत्री या अन्य मंत्रियों द्वारा कभी ये आँकड़े माँगे नहीं जाते थे। किसी मामले पर बेहतर समझ बनाने के उद्देश्य से नीतीश द्वारा जरूरी आँकड़े या अन्य जानकारी माँगे जाने पर कुछ विभागाध्यक्षों का हड़बड़ा जाना कोई असामान्य दृश्य नहीं था।

उन्होंने अपने अधिकारियों को स्पष्ट कर दिया था कि सुशासन उनका सर्वोपरि सरोकार था और इसी सरोकार के अंतर्गत अपराधों को रोकना तथा शिक्षा और स्वास्थ्य व्यवस्था में सुधार उनकी तीन सर्वोच्च प्राथमिकताएँ थीं। उन्होंने उन्हें यह भी बता दिया था कि वे केवल 'एक और मुख्यमंत्री' नहीं थे, बल्कि राज्य के शासन में एक मौलिक परिवर्तन लाने की दिशा में काम करने के लिए इस पद पर थे।

उनके सत्ता सँभालने से पहले ही राजसत्ताओं -कांग्रेसी और गैर-कांग्रेसी दोनों-को दफ्तरशाही

की भाषा में 'माई-बाप सरकार' के तौर पर जाना जाता था। एक माई-बाप सरकार में शासन की दो प्रमुख विशेषताएँ थीं : वह गरीबों के कल्याण के लिए कोई सांकेतिक योजना बनाने और घोषित करने में विश्वास करती थी। गरीबों के प्रति उसके सरोकार का अर्थ बहुधा-जैसा लालू-राबड़ी के शासन के दौरान देखने में आता था—गरीबों की एक बड़ी भीड़ को मुफ्त साड़ियाँ, धोतियाँ और कंबल बाँटना होता था।

वह भूतकाल से चली आ रही एक परिपाटी प्रतीत होती थी जब अपने जन्मदिन या त्योहारों पर राजा लोग गरीबों को अनाज, कपड़े आदि दान दिया करते थे। इस भावना के मूल में बदकिस्मत लोगों, अनाथों, असहायों, विकलांगों या बूढ़ों के प्रति संवेदना और सरोकार थे। दान-पुण्य करने के लिए जैसे राजा-महाराजा अपने शाही खजाने से धन लिया करते थे, वैसे ही पूर्व मुख्यमंत्री सरकारी खजाने से लेते थे। उनमें से अधिकांश विकास को गति देने वाले कार्यों, जो न केवल गरीबी कम कर सकते थे, बल्कि और अधिक विकास के लिए निवेश हेतु राज्यों को अतिरिक्त संसाधन उपलब्ध करा सकते थे, के लिए अपनी ऊर्जा नहीं खपाते थे।

एक माई-बाप सरकार का दूसरा प्रमुख लक्षण गलत काम करने वालों को संरक्षण देना था। सरकारी विभागों के प्रमुख अपने भ्रष्ट अधीनस्थों, जिनके 'ऊँचे संपर्क' थे, के खिलाफ काररवाई नहीं कर पाते थे। ऐसा नहीं था कि सभी भ्रष्ट अधिकारियों के मुख्यमंत्री के साथ सीधे संपर्क हों, परंतु वे जानते थे कि मामला उन तक कैसे ले जाया जाए। अधिकांश मामलों में भ्रष्ट अधिकारियों और अपराधियों के खिलाफ काररवाई रोक दी जाती थी, क्योंकि मुख्यमंत्री कार्यालय से गुप्त संदेश आ जाता था। भ्रष्ट व्यक्तियों को संरक्षण मध्यस्थों के जरिए मिलता था जो मुख्यमंत्री के मंत्रिमंडलीय सहयोगी, पार्टी के लोग, पार्टी को धन उपलब्ध कराने वाले या मुख्यमंत्री कार्यालय के अधिकारी/कर्मचारियों में से कोई भी हो सकते थे। ये मध्यस्थ इतने चतुर थे कि इस आधार पर कि काररवाई का सामना कर रहा भ्रष्ट व्यक्ति वोट दिलाने या धन उपलब्ध कराने के लिए उपयोगी था, सर्वोच्च कार्यकारी को उसके खिलाफ काररवाई न करने के लिए राजी कर लेते थे।

नीतीश ने शीर्ष अधिकारियों से कहा कि इस बात से बिलकुल डरे बिना कि वे स्वयं या कोई और मंत्री ऐसी काररवाई रोकेगा, वे किसी भी भ्रष्ट अधिकारी के बारे में जानकारी इकट्ठी करके उसके खिलाफ काररवाई कर सकते हैं। वे सरकारी मामलों में दखल देने, जैसा कि लालू के सालों ने किया था, में अपने परिवार के किसी सदस्य को न बढ़ावा देंगे और न इजाजत। नीतीश की पत्नी पहले की तरह एक स्कूल शिक्षिका के रूप में कार्य करती रहीं। वे अपने भाइयों के साथ उनके निवास पर रहती थीं, न कि नीतीश के सरकारी आवास पर। उनका बेटा निशि जो एक गंभीर बीमारी के कारण बिरला इंस्टीट्यूट ऑफ टेक्नोलॉजी, मेसरा से अपनी इंजीनियरिंग की पढ़ाई पूरी न कर सका, अपनी माँ के साथ रहता था। नीतीश के बड़े भाई सतीश कुमार एक वैद्य के रूप में अपनी छोटी सी प्रैक्टिस करते रहे। भ्रष्टाचारियों द्वारा लालू के शासन के दौरान मुख्यमंत्री कार्यालय तक पहुँच बनाने के लिए जिस सीढ़ी का इस्तेमाल किया जाता था, वह अब हटा ली गई थी।

इसी के परिणामस्वरूप, नीतीश के सत्ता सँभालने के कुछ महीनों के भीतर ही सरकारी सेवा में कार्यरत कोई दो सौ डॉक्टरों और इंजीनियरों को सजा दी गई, जो वर्ष 2000 से 2005 के बीच अपने खिलाफ भ्रष्टाचार से जुड़ी काररवाई रोकने में सफल रहे थे। एक वरिष्ठ अधिकारी का कहना है, ''मंशा आम जनता तक यह संदेश भेजने की थी कि 'किसी का कोई माई-बाप नहीं है।' ''

नीतीश शासन को एक माई-बाप सरकार के साँचे से निकाल कर एक जनोन्मुख, पेशेवराना, निष्पक्ष वाहक के रूप में बदलने के लिए आतुर जान पड़ते थे। इसी लक्ष्य को ध्यान में रखते हुए वे गरीबों के लिए कुछ कल्याणकारी योजनाओं की केवल घोषणा करने का रास्ता अपनाने की इजाजत नहीं देते थे। एक ऐसे राज्य में, जहाँ करीब 40 प्रतिशत आबादी जीवन-निर्वाह के न्यूनतम स्तर के नीचे हो, यह लाजमी था कि गरीबी कम करना उनका सर्वोपरि सरोकार हो, परंतु उसके लिए वे कभी-कभार दान-पुण्य के दिखावे के बजाय एक संस्थागत मार्ग लेना चाहते थे।

उनकी सर्वोच्च प्राथमिकता वाले पाँच विभागों में सरकारी मशीनरी को वापस पटरी पर लाने के कार्य ने ही नीतीश की इतनी ऊर्जा और समय ले लिया था कि वे ''हिंसा, डराने-धमकाने, फिरौती के लिए अपहरण और रंगदारी वसूल करने में शामिल अपराधियों और गिरोहों का सफाया करके राज्य को अपराध मुक्त बनाने संबंधी अपने सबसे पहले चुनावी वादे को समय पर पूरा नहीं कर पाए। वैसे भी, वह एक अवास्तविक और बेतुकी गारंटी जान पड़ती थी-इतने कम समय में बिहार को एक शांतिपूर्ण राज्य, जहाँ अपराधी कदम रखने से भी डरें, बना देने की अविश्वसनीयता स्पष्ट थी। किसी ने उस पर विश्वास भी नहीं किया था : गुंडाराज से छुटकारा पाने के लिए आतुर मतदाताओं को भी केवल इतनी ही आशा थी कि किसी समय ऐसा होगा। वे यह उम्मीद नहीं कर रहे थे कि उन्हें रातोंरात नरक से स्वर्ग में ले जाया जाएगा, फिर भी इस चुनावी वादे ने इसे रेखांकित किया था कि नीतीश अपराध नियंत्रण के काम को कितना महत्त्व देते थे और उसने उन्हें वोट दिलाने में एक बड़ी भूमिका निभाई थी। अपने कार्यकाल में जल्दी ही नीतीश को इस प्रण को पूरा करने की कठिनाइयाँ स्पष्ट हो गईं। उन्होंने समझ लिया कि पुलिस की मानसिकता बदले बिना अगर वर्तमान पुलिस बल से अपराधियों और गिरोहों का सफाया करवाया गया तो नकली मुठभेड़ों में सैकड़ों निर्दोष नागरिक ही मारे जाएँगे। यह कदम उन्हें एक लोकतांत्रिक नेता के बजाय एक निरंकुश शासक के रूप में पेश करके एक विधिसम्मत शासन स्थापित करने की उनकी क्षमता पर प्रश्न-चिन्ह लगाते हुए उनकी छवि धूमिल कर देगा।

उनकी कठिनाई यह थी कि वे नहीं जानते थे कि अपने वादे को कैसे पूरा करें। यह आश्वासन देते हुए उनके मन में कोई विशिष्ट योजना नहीं थी। इस प्रतिबद्धता के पीछे उनके व्यक्तिगत संकल्प के सिवाय कुछ नहीं था, परंतु उन्होंने समझ लिया कि उनकी ही तरह वरदीधारी कर्मियों के उत्साहित होने पर भी समाज व्यवस्था उनके प्रयासों को व्यर्थ बना सकती है। पुलिसकर्मियों के नेक और मजबूत इरादों के बावजूद अपराधियों के खिलाफ मुकदमों में प्रगति नहीं होती या वे उन्हें सजा दिलाने में असफल रहते थे, क्योंकि लोग उनके खिलाफ गवाही देने से डरते थे या अदालतों के

सामने लंबित मुकदमों का ढेर होने के कारण वे समय रहते उनका निपटारा नहीं कर पाती थीं। यह अनिश्चितकालीन देरी जमानत पर छूटे अभियुक्तों के पक्ष में जाती थी।

इसी बीच, अपराधियों को पकड़ने की दिशा में किसी क्रांतिकारी परिवर्तन के अभाव में अपराधों पर नियंत्रण अभी कोसों दूर था। हत्या, अपहरण, बलात्कार और डकैती जैसे गंभीर अपराधों की संख्या में जरूर कमी आई थी, परंतु इसका श्रेय पुलिस की मुस्तैदी और कार्यक्षमता या मुकदमों के शीघ्र निपटारे को कम और राजनीतिक संरक्षण जाल के छिन्न-भिन्न होने को अधिक जाता था। अन्य विभागों की तरह गृह और पुलिस विभागों में लालू-राबड़ी शासन से निराश अफसरों में असाधारण उत्साह था, परंतु कोई नए विचार नहीं थे।

सशस्त्र अपराधी गिरोहों को खुलेआम घूमने से रोकने के उद्देश्य से उन्हें जल्दी सजा दिलाने के लिए नीतीश ने शीर्ष पुलिस अधिकारियों और एडवोकेट जनरल के साथ कई बैठकें अयोजित कीं। एक विचार जो सामने आया, वह था त्वरित (फास्ट ट्रैक) अदालतों में मुकदमा चलाया जाना। दूसरा था, दंड न्यायालयों से संवेदनशील मामलों को प्राथमिकता के आधार पर निपटाने का आग्रह करना।

न्यायपालिका और पुलिस के बीच नजदीकी सहयोग जरूरी था। नीतीश ने पटना उच्च न्यायालय के मुख्य न्यायाधीश के साथ विचार-विमर्श किया, उन्होंने भी नीतीश के सरोकारों के प्रति चिंता व्यक्त की और पूर्ण सहयोग का आश्वासन दिया। राज्य सरकार और उच्च न्यायालय के बीच कुछ महीनों के संयुक्त विचार-विमर्श के बाद 14-15 अक्तूबर, 2006 को पटना में एक संयुक्त विचार गोष्ठी सह-कार्यशाला का आयोजन हुआ। इसमें नीतीश, उपमुख्यमंत्री सुशील मोदी, मुख्य सचिव ए.के. चौधरी, पुलिस महानिदेशक ए.आर. सिन्हा, मुख्य न्यायाधीश जे.एन. भट्ट, वरिष्ठ न्यायाधीश आफताब आलम और एडवोकेट जनरल ने भाग लिया। इस आयोजन का उद्देश्य था त्वरित अदालती काररवाई से जुड़ी सभी समस्याओं पर चर्चा करना। इस गोष्ठी में लोक अभियोजक, सभी जिला न्यायाधीश और पुलिस अधीक्षक जैसे सभी अधिकारी भी उपस्थित थे, जो भविष्य में क्रियान्वयन के साधन बनने वाले थे।

राज्य सरकार चाहती थी कि उच्च न्यायालय और अधिक त्वरित (फास्ट-ट्रैक) अदालतें स्थापित करें और परीक्षण न्यायालयों को निर्देश दें कि वे परिपक्व मामलों (ऐसे मामले जिन्हें कुछ ही सुनवाइयों में निपटाया जा सकता है) को दिन-ब-दिन के आधार पर निपटाएँ। मुख्य न्यायाधीश भट्ट ने इस विचार का स्वागत किया, क्योंकि बहुत से आरोपी वर्षों से उन पर अदालती काररवाई की प्रतीक्षा कर रहे थे जो एक नागरिक के रूप में जल्दी न्याय पाने के उनके अधिकार का उल्लंघन था। त्वरित अदालती काररवाई भारतीय संविधान के अनुच्छेद 21 में दिए गए जीवन और आजादी के मौलिक अधिकार का एक अंगभूत और आवश्यक भाग है। इस अधिकार के पीछे मंशा यह सुनिश्चित करने की थी कि एक न्यायोचित मुकदमे से पहले प्रतिवादियों को अनुचित रूप से लंबे समय तक जेल में न रहना पड़े। यदि राज्य किसी आरोपी की गिरफ्तारी के बाद एक उचित समय-

सीमा के भीतर उस मामले से संबंधित मुकदमा चलाने में असफल रहता है तो यह उस मामले को खारिज कर दिए जाने का कारण बन सकता है। हुसैन आरा खातून बनाम बिहार राज्य मामले में उच्चतम न्यायालय का कहना था कि "त्वरित अदालती काररवाई दंड-न्याय का सार तत्त्व है और इस बात में कोई संदेह नहीं है कि मुकदमा चलाने में देरी अपने आप में न्याय देने से इनकार करने के बराबर है।"

यद्यपि त्वरित अदालती काररवाई के लिए न्यायपालिका की चिंता उनकी सामाजिक या आर्थिक हैसियत से निरपेक्ष, सभी नागरिकों से संबंधित थी, निर्धन पृष्ठभूमि वाले प्रतिवादियों के लिए यह समस्या और ज्यादा गंभीर थी। मामूली अपराधों के लिए भी अपने मुकदमों के अंजाम तक पहुँचने के इंतजार में, वे सालों-साल जेल में सड़ते रहते हैं। यह त्वरित अदालतें स्थापित करने का एक बुनियादी कारण था, लेकिन उसका मुख्य कारण अपराधियों को सजा दिलाना था।

नीतीश की मंशा अपराध के लिए एक नकारात्मक आबोहवा बनाने की थी। जहाँ तक राज्य सरकार की यह मंशा सभी गवाहों और साक्ष्यों को अदालत के सामने जल्दी लाती थी, उच्च न्यायालय उसके प्रति उत्साहित था। दरअसल, राज्य में फैली अराजकता को लेकर उच्च न्यायालय स्वयं चिंतित था। पिछले वर्षों में कई अवसरों पर उसने लालू-राबड़ी सरकार के खिलाफ लानत भेजने वाली टिप्पणियाँ और कटु आलोचना की थी। शायद सबसे ज्यादा कड़ी निंदा पुलिस महानिदेशक आर.आर. प्रसाद की ओर से आई थी जिन्होंने उच्च न्यायालय में पटना में अवैध निर्माणों से संबंधित चल रहे एक मुकदमे में न्यायाधीश के यह पूछने पर कि कोई काररवाई क्यों नहीं की गई, कहा कि अधिकारी भी अंधे धृतराष्ट्र की तरह ही शक्तिहीन हैं जो द्रौपदी का चीरहरण रोक नहीं पाए थे।

अक्तूबर वाली विचार गोष्ठी में एक और विचार उभर कर आया कि अगर शस्त्र अधिनियम, 1959 के प्रावधानों को लागू किया जाए तो आरोपियों को दोषी ठहराने की प्रक्रिया में तेजी लाई जा सकती है। उन्हें तीन आधारों पर दोषी ठहराया जा सकता है : अवैध हथियार रखना, एक ऐसे व्यक्ति द्वारा लाइसेंसी हथियार का उपयोग किया जाना, जिसके पास बंदूक/पिस्तौल रखने का लाइसेंस नहीं हो और बंदूक/पिस्तौल के लाइसेंस का नवीकरण नहीं होने के बावजूद उन्हें रखने पर। अवैध हथियार रखने के जुर्म में तीन से सात साल तक की कैद हो सकती है। अवैध आग्नेयास्त्रों का उपयोग या लाइसेंसी आग्नेयास्त्रों का गैर-कानूनी उपयोग तीन से सात साल और जेल की हवा खिला सकता है। शस्त्र अधिनियम का उपयोग करने के पीछे अपराधियों को अपराध से दूर रखने की मंशा के अतिरिक्त राज्य सरकार का एक बड़ा उद्देश्य राजनीतिक महत्त्वाकांक्षाएँ रखने वाले अपराधियों को चुनावी प्रक्रिया में शामिल होने से वंचित करना था। लालू-राबड़ी के शासनकाल में अपराध और राजनीति के बीच सीमाओं के धूमिल पड़ जाने से एक बड़ी संख्या में छोटे-बड़े बदमाशों को स्थानीय निकायों, विधान सभा और संसदीय चुनाव लड़ने की हिम्मत आ गई थी। चुनाव आयोग के नियमों के अधीन दो साल कैद की सजा पाया कोई भी व्यक्ति चुनाव के

लिए नामांकन-पत्र दाखिल नहीं कर सकेगा, जब तक कि उच्च न्यायालय ने उसकी सजा स्थगित न कर दी हो।

शस्त्र अधिनियम के अधीन अभियोग लगाने में अभियोजन पक्ष की मदद करने वाली बात यह थी कि उसमें मुख्य गवाह पुलिसकर्मी होते थे, क्योंकि यह स्पष्ट है कि सशस्त्र अपराधियों को केवल पुलिस ही पकड़ सकती है। अपराध में प्रयुक्त आग्नेयास्त्र की जाँच के लिए कहे जाने पर विस्फोटक विश्लेषक (बैलिस्टिक एक्सपर्ट) यह प्रमाणित करेगा कि अपराध का शिकार व्यक्ति आरोपी द्वारा प्रयुक्त बंदूक/पिस्तौल से चली गोली द्वारा घायल हुआ या मारा गया था। वे तीनों सरकारी कर्मचारी-पुलिसकर्मी विस्फोटक विश्लेषक (बैलिस्टिक एक्सपर्ट) और डॉक्टर इतना पुख्ता और एक-दूसरे के पूरक, सबूत पेश करते थे जिसे प्रतिवादियों के वकीलों द्वारा चुनौती दिया जाना बहुत कठिन होता था।

इस विचार पर नीतीश उछल पड़े, परंतु उच्च न्यायालय यह चाहता था कि राज्य सरकार पहले उन अवरोधों को दूर करे जो किसी भी मामले को अदालत के समक्ष लाने में आड़े आते थे। एक बड़ी बाधा थी वर्तमान या प्रस्तावित त्वरित (फास्ट-ट्रैक) अदालतों के लिए अधोसंरचना और अन्य सुविधाओं का अभाव। एक और बड़ी बाधा सुनवाई अदालतों (ट्रायल कोर्ट्स) में परीक्षण और कूट-परीक्षण के लिए जाँच अधिकारियों की अनुपलब्धता थी। पुलिस थानों में नियुक्त जाँच अधिकारियों का तबादला समय-समय पर एक से दूसरे स्थान पर हो जाता था। चूँकि मामले सुनवाई के लिए वर्षों तक लंबित रहते थे। एक जाँच अधिकारी किसी खास मामले की जाँच के दौरान दो-तीन स्थानों पर अपनी सेवाएँ दे चुका होता है।

वर्ष 2000 में राज्य के विभाजन के साथ बहुत से जाँच अधिकारी झारखंड स्थानांतरित कर दिए गए। अभियोजन के लिए किसी निश्चित तारीख को जाँच अधिकारी का बयान दर्ज कराने के लिए उसका पता लगा कर उसे बुलाना विशेष रूप से कठिन होता था, क्योंकि उसके अन्य कर्तव्य और प्राथमिकताएँ होती थीं। इस तरह से व्यर्थ हुई हर तारीख मुकदमे को कुछ महीनों के लिए बढ़ा देती थी।

जाँच अधिकारी की उपस्थिति सुनिश्चित करने के लिए दो चीजें बेहद जरूरी थीं : एक, पुलिस विभाग के पास यह दरशाता हुआ एक अद्यतन चार्ट कि किसी अधिकारी की नियुक्ति कहाँ हुई है, और दो, उन्हें अपना बयान दर्ज कराने के लिए निर्देश देने के लिए विभाग में एक समर्पित प्रकोष्ठ। क्या यह किसी हद तक संभव था कि पुलिस विभाग इन जिम्मेदारियों को निभा सकेगा? सैकड़ों जाँच अधिकारियों के दूर-दूर के क्षेत्रों में होने के अलावा यह भी स्वाभाविक था कि उनमें से हरेक ने कई मामलों की जाँच की होगी, उन्हें बहुत ज्यादा अवसरों पर अदालत में हाजिर होना होगा। लिहाजा आप चाहे जितने आदमी इस काम पर लगा दें हर छोटी सी जानकारी को अद्यतन बनाना और कोर्ट का सम्मन मिलने पर तुरंत काररवाई करना संभव नहीं था, कहीं-न-कहीं, कोई-न-कोई तो गड़बड़ कर ही देता या कोई फाइल गुम हो जाती। इसके अतिरिक्त, केवल जाँच

अधिकारियों की खोज-खबर रखने के लिए दफ्तर के भीतर एक बड़े दफ्तर के लिए पुलिस विभाग इतने सारे कर्मचारियों की व्यवस्था कैसे करता ?

इसका जवाब अंततः प्रोद्यौगिकी ने दिया। राज्य सरकार ने पुलिस अधिकारियों की तैनाती से संबंधित अद्यतन जानकारी के रख-रखाव के लिए एक प्रणाली तैयार करने के लिए राष्ट्रीय सूचना प्रौद्योगिकी केंद्र (नेशनल इन्फॉरमेटिक्स सेंटर (एन.आई.सी.)) से अनुरोध किया। डी.आई.जी. अभयानंद और अन्य पुलिस अधिकारी एक वेब पोर्टल—'प्वाइंट्स (पुलिस ऑफिसर्स इन्फॉर्मेशन ऐंड ट्रैकिंग सिस्टम) के लिए एन.आई.सी. के इंजीनियरों के साथ महीनों काम करते रहे। इसके जरिए जाँच अधिकारी को तेजी से ढूँढ़कर अदालतों में भेजा जा सकता था, ताकि दंड-न्याय प्रक्रिया तेज हो।'

त्वरित अदालती काररवाई के लिए की गई इस कवायद के नतीजों से हर कोई (और सबसे ज्यादा स्वयं नीतीश) चकित था। 2006 में राज्य 6,839 अपराधियों को सजा दिलाने में सफल रहा, इनमें से सत्रह को मौत की सजा, 1,389 को उम्रकैद, 366 को दस साल से ज्यादा और 5,067 को दस साल से कम कैद की सजा सुनाई गई। करीब 26 प्रतिशत आरोपियों को दस वर्ष के कारावास या इससे बड़ी सजा दी गई जो जघन्य अपराधों-हत्या, डकैती और बलात्कार-की भारी संख्या को दरशाता था।

दस साल तक कैद की सजा पाए 5,067 अपराधियों में से 1,609 या लगभग 32 प्रतिशत शस्त्र अधिनियम केअधीन पकड़े गए थे और अभी पुलिस को हजारों अन्य अपराधियों को गिरफ्तार करके उन पर मुकदमा चलाना था। 2007 में सजा पाए मुजरिमों की संख्या 44 प्रतिशत बढ़कर 9,853 तक पहुँच गई, जिनमें से 2,887 (या 29 प्रतिशत) से ज्यादा को दस साल से ज्यादा की कैद हुई थी, इससे एक बार फिर राज्य में एक साल में दर्ज गंभीर अपराधों के उच्च अनुपात की पुष्टि हो गई। दस साल से कम कैद की सजा पाए 6,999 अपराधियों में से 1,154 (या 16 प्रतिशत से ज्यादा) शस्त्र अधिनियम के अधीन पकड़े गए थे। 2006 की तुलना में शस्त्र अधिनियम के अधीन सजा पाए अपराधियों की संख्या में 28 प्रतिशत की कमी आई थी।

शस्त्र अधिनियिम से जुड़े मामलों में कमी आने की एक कहानी है। इस अधिनियम के अधीन सजा पाए व्यक्तियों की संख्या 2006 में 1,609 से घटकर 2007 में 1,154, 2008 में 1,018, 2009 में 704 और 2010 में 495 रह गई। यह घटत सजा प्राप्त अपराधियों की कुल संख्या के बिलकुल विपरीत थी। यह संख्या 2006 में 6,839 थी, उसकी तुलना में वर्ष 2007, 2008 और 2009 में वृद्धि दर्ज की गई। इन वर्षों में अपराधियों की कुल संख्या क्रमशः 9,853, 12,007 और 13,146। यह संख्या 2010 में घटकर 10,498 रह गई, फिर भी 2006 के स्तर से 53 प्रतिशत अधिक थी।

शस्त्र अधिनियम के अधीन सजा पाए अपराधियों की संख्या घटने का मुख्य कारण दर्ज किए गए मामलों की संख्या में कमी आना था। शहरों में हथियार लिए खुले आम घूमते अपराधियों या

अपनी कारों की खिड़कियों से उन्हें दिखा कर लोगों को आतंकित करने या गाँवों की शादियों में हवा में गोलियों चलाने जैसे दृश्य विरल हो गए थे। बहुत से अपराधी राज्य छोड़कर छिपने के लिए नेपाल चले गए, कई अन्य ने हथियारों से तौबा कर खुद को अच्छे नागरिकों में बदल लिया और खेती करने, किराने की दुकान चलाने या स्थानीय बसें चलाने में व्यस्त हो गए।

त्वरित अदालती कारखाई ने गुंडों को भयभीत कर दिया था। यद्यपि सरकार का यह दावा स्वीकार करना कठिन था कि त्वरित अदालती कारखाई ने राज्य की सत्ता को पूरी तरह स्थापित कर दिया था, लेकिन यह निर्विवाद है कि मुजरिमों को सजा देने की उच्च दर ने राज्य में अपराध दर पर सीधा प्रभाव डाला था। फिरौती के लिए अपहरणों की संख्या 2004 के उच्चतम स्तर 411 से घटकर 2009 में 80 रह गई। इसी अवधि में हत्याएँ 3,861 से घटकर 3,152, डकैतियाँ 1,297 से 654, लूटपाट 2,909 से 1,619 और सड़क पर लूटपाट 1,875 से घटकर 962 रह गईं।

परंतु अकेली त्वरित अदालती कारखाई यह जादू नहीं कर सकती थी। न्यायिक प्रक्रिया से अलग, अपराधियों के साथ राज्य की मुठभेड़ों ने भी एक अहम भूमिका निभाई। अपराधी गिरोहों ने हथियार तस्करी मार्ग से कार्बाइंस, सेल्फ-लोडिंग रायफलें, कलाशनिकोव और अन्य उन्नत बंदूकें, पिस्तौलें हासिल कर ली थी। अपने आदिम हथियारों के साथ-साथ बिहार पुलिस के लिए उन्हें चुनौती दे पाने की संभावना बहुत कम थी, अगर पुलिस वालों का सामना निहत्थे या पत्थर-बरसाती भीड़ से हो तो ये हथियार कारगर होते थे, परंतु दुर्दांत अपराधियों से मुकाबला होने पर वे बेकार और फुस्स साबित होते थे। इसी कारण राज्य की पुलिस अतिवादी कम्युनिस्ट समूहों (माओवादियों) के खिलाफ अप्रभावी सिद्ध हुई थी। चूँकि अपराध और नक्सली गतिविधियाँ दोनों पुलिस के नियंत्रण से बाहर हो गए थे, राज्य के लिए संसाधनों और प्रशिक्षण के साथ-साथ अपने विधि-प्रवर्तन संगठन को मजबूत बनाना जरूरी था।

परंतु जो सवाल नीतीश और उनके उत्साही अधिकारियों को परेशान कर रहा था, वह था : सर्वोत्तम संसाधनों से सज्जित किए जाने पर भी क्या वर्तमान पुलिस बल परिणाम दे सकेगा, नीतीश को इसमें बहुत संदेह था। उन्होंने अपने सचिवों और शीर्ष पुलिस अधिकारियों से कहा कि वे नहीं समझते कि वर्तमान पुलिस बल अपराधी गिरोहों और सशस्त्र नक्सलियों पर काबू पाने में सक्षम है। "अपने रूटीन कर्तव्यों में ही उलझे रहने के कारण," नीतीश ने उनसे कहा, "हमारा पुलिस बल अब लड़ाकू नहीं रह गया है।" उन्होंने आगे कहा, "हमारे पुलिस थानों और पुलिसकर्मियों के पास उपकरणों का अभाव है। हम उन्हें वाहन, हथियार, संचार उपकरण, सबकुछ उपलब्ध करा दें तो भी वे अपराध के खिलाफ एक निरोधक भूमिका निभा सकते हैं, आक्रामक भूमिका नहीं।"

अपराधियों और वामपंथी उग्रवादियों से निपटने में सक्षम एक पुलिस बल कैसे खड़ा किया जाए, इस विषय पर मुख्यमंत्री कार्यालय और पुलिस विभाग में विचार-विमर्श किया गया। अधिकारियों के साथ गहन माथा-पच्ची के ऐसे ही एक-सत्र में पुलिस महानिदेशक प्रसाद ने एक विचार प्रस्तुत किया कि भारतीय थलसेना के पूर्व सैनिकों का एक बिलकुल नया बल स्थापित किया

जाए। उन्होंने कहा कि युद्ध के लिए उनके कठोर प्रशिक्षण के साथ वे सर्वोत्तम लड़ाकू बल साबित होंगे, इसके अतिरिक्त, एक अनुबंध के अधीन एक समेकित वेतन पर कार्य करते हुए वे सरकारी कर्मचारियों के वेतन पर होने वाले खर्च में अनुचित वृद्धि नहीं करेंगे। इस विचार पर आधारित स्टेट ऑक्जिलियरी पुलिस (एस.ए.पी.) का गठन किया गया। कुछ हजार जवानों से शुरू करके एस.ए.पी. 2009 के अंत तक उन्नत हथियारों से लैस 17,000 जवानों का एक बल बन गया।

कई जिलों में अपराधी गिरोहों के साथ मुठभेड़ों में एस.ए.पी. शामिल थी। इन मुठभेड़ों में गिरोह के जितने सदस्य मारे गए उतने पुलिस के साथ हुई मुठभेड़ों में पहले कभी नहीं मारे गए थे। चूँकि इन मुठभेड़ों में युद्ध के नियम लागू होते हैं, यह ज्ञात नहीं है कि कितने लोग दोनों ओर से चली गोलियों से मारे गए और कितनों को शक के आधार पर या अपराधी के तौर पर पहचान लिए जाने के बाद नजदीक से गोली मार दी गई।

पुलिस द्वारा कभी-कभी नीतीश के 'कानूनी ढाँचे के भीतर' अपराधियों से निपटने के आधिकारिक रुख का उल्लंघन कर दिया जाता था, क्योंकि वह गुंडें-बदमाशों को खत्म कर देने की अपनी पाशविक परंपरा को छोड़ना नहीं चाहती थी। राज्य पुलिस की वार्षिक रिपोर्टें इस तरह के 'सफाए' को अपनी मुख्य उपलब्धियों के रूप में दरशाती थीं। ''पुलिस के साथ हुई मुठभेड़ों में कई कुख्यात अपराधी मारे गए और उनसे भारी मात्रा में आग्नेयास्त्र, गोला-बारूद और बम बरामद किए गए,'' यह 2 मार्च, 2010 की पुलिस रिपोर्ट का कहना है। उनका दृष्टिकोण यह था कि ज्यादा मारधाड़ अपराधी गिरोहों को पहले की तरह खुलेआम कानून का उल्लंघन करने से रोकती थी।

नीतीश ने आधिकारिक या सार्वजनिक रूप से कभी इसका समर्थन नहीं किया, परंतु अपराधियों के खिलाफ अदालती कारख्वाई में तेजी लाने के साथ-साथ बंदूक के जोर पर उनको दबाने की कारख्वाई भी चलती रही। वैसे भी नक्सलियों के खिलाफ सशस्त्र अभियान को उनकी सरकार का समर्थन था। एस.ए.पी. और अन्य बलों को नक्सलियों की चुनौती से निपटने का अधिकार दिया गया था। ''2005 और 2009 के बीच पुलिस और वाम चरमपंथियों के बीच 118 मुठभेड़ों हुई जिनमें 62 चरमपंथी मारे गए। उनसे कुल 835 अवैध आग्नेयास्त्र जिनमें से 66 पुलिस से लूटे गए थे, 365 लैंडमाइंस/बम, 116 हथगोले और 41,462 कारतूस... बरामद किए गए,'' वही पुलिस रिपोर्ट कहती है। जिन क्षेत्रों में उग्र वामपंथी सक्रिय और संगठित थे उनके दमन के लिए राज्य सरकार द्वारा वहाँ कार्य कर रहे पुलिसकमियों को बहुत सी विशेष सुविधाएँ दी गईं।

यद्यपि अपराधी गिरोहों और नक्सलियों से लड़ने का ज्यादा-से-ज्यादा काम एस.ए.पी. को सौंप दिया गया था, नीतीश ने पुलिस विभाग को इतने बड़े पैमाने पर वित्तीय और अन्य संसाधन उपलब्ध कराए जितने किसी भी पूर्व सरकार ने नहीं कराए थे। पुलिस बजट 2004-05 में रु. 1,153 करोड़ से अविश्वसनीय रूप से 130 प्रतिशत बढ़कर 2010-11 में 2,650 करोड़ हो गया, जबकि सामान्य रूप से वह 30 प्रतिशत से अधिक नहीं बढ़ता। प्रत्येक जिले में एक आदर्श थाना होना था जिसकी बाहरी दीवार हथगोले/गोलियों के लिए अभेद्य हो। जिसके पास एक शस्त्रागार हो,

बैरक हो और छत तक पहुँचने के लिए सुरक्षित सीढ़ियाँ हों। इसके अलावा थानों के चारों कोनों पर सशस्त्र मुभेड़ों के लिए जरूरी किलेबंदी की व्यवस्था होनी थी।

त्वरित अदालती काररवाई और सशस्त्र दमन के मिले-जुले प्रभाव से गंभीर अपराधों में निश्चित रूप से कमी आई, परंतु नीतीश के पहले शासनकाल में दर्ज किए गए मामलों की संख्या अब भी बहुत बड़ी थी। उनकी सरकार की सफलता अपराधों को रोकने से अधिक उनका पता लगाने में निहित थी।

भूतकाल में अपराधों की संख्या बहुत ज्यादा थी, परंतु अदालतों में सुनवाई के लिए लाए जाने वाले मामलों की संख्या बहुत कम। लालू-राबड़ी शासन के दौरान अपराध से लेकर अदालत के फैसले के बीच होने वाली कार्यवाहियों के बीच लंबे चौड़े अंतराल थे। मसलन अपराध होने और मामला दर्ज किए जाने के बीच, मामला दर्ज किए जाने और आरोपी की गिरफ्तारी के बीच, गिरफ़्तारी और मामले के बीच, जाँच और अभियोजन के बीच तथा अभियोजन और न्यायपालिका के बीच। चाहे कोई मुख्यमंत्री कितना भी ईमानदार और सजग क्यों न हो, उससे यह उम्मीद रखना बहुत अवास्तविक होगा कि वह कुछ ही वर्षों में इन सभी खाइयों को पाट देगा। पुलिस संगठन, तो वैसा ही था जैसा वह पहले हुआ करता था : अहंकारी, दमनकारी, निर्दय, भ्रष्ट और अकुशल। पुरानी परंपराएँ मुश्किल से खत्म होती हैं।

त्वरित अदालती काररवाई का दौर लाने में नीतीश ने जिस सबसे कड़ी चुनौती का सामना किया वह उन दर्जन भर से ज्यादा माफिया सरदारों से जुड़े मामलों से संबंधित थी जो संसद् या विधानसभा के वर्तमान या पूर्व सदस्य थे। अपने चुनाव-क्षेत्रों और जिलों में उनका आतंक था। उनके खिलाफ जो भी आवाज उठाता, उसे ठिकाने लगाने में वे देर नहीं करते थे। हत्याएँ करना उनका रोजमर्रा का काम था। उनमें से कुछ सुपारी लेकर चिह्नित व्यक्ति की हत्या किया करते थे। वह आदमी बिरला ही होता था जो इन अपराधी-राजनेताओं के खिलाफ अदालत में गवाही देने की हिम्मत जुटा सके।

इन अपराधी सरदारों के पास किसी को भी जान से मार देने, हमला करने, सताने और डराने के लिए बेशुमार धन, उन्नत हथियार और गुंडे थे। अपनी अवैध दौलत और शक्ति के नशे में इतने चूर थे कि वे सरकारी अधिकारियों का सम्मान नहीं करते थे, बल्कि इससे उलट उन्हीं से अपना सम्मान कराने और अपना हुक्म मानने की अपेक्षा करते थे। लालू-राबड़ी के शासन में इन गुंडों की ताकत अपने चरम पर थी। सब जिलों में महत्त्वपूर्ण प्रशासकीय पदों पर नियुक्तियाँ इनकी सहमति से की जाती थीं। जो अधिकारी इनका हुक्म मानने से इनकार करते थे उन्हें उसकी कीमत तबादले, मारपीट यहाँ तक कि मौत के रूप में चुकानी पड़ती थी।

अगर नीतीश ने उन्हें अदालतों तक घसीट लिया तो क्या वे उनसे भी कीमत वसूल करेंगे? क्या किसी को भी मार देना उनके लिए मामूली बात नहीं थीं? वे अकसर जिलों के दौरे पर जाते थे जहाँ वे सीधे लोगों से बात करते और उनकी सुनते थे, ये माफिया सरदार किसी भी क्षण, किसी भी

जगह उन पर हमला करवा सकते थे।

''आप मेरे चारों ओर जो सुरक्षा बंदोबस्त देख रहे हैं, वह सिर्फ एक दिखावा, छल है,'' नीतीश ने एक बार मुझसे कहा था, ''अगर कोई आदमी मुझे हानि पहुँचाना चाहता है तो यह मेरी रक्षा नहीं कर सकता। यह मेरी किस्मत के सिवाय कुछ नहीं है कि अब तक मेरे साथ कोई अप्रिय घटना नहीं हुई।''

अपराधी सरदारों के खिलाफ की गई कानूनी कारवाई न केवल उनके जीवन के लिए, बल्कि राजनीतिक दृष्टि से भी एक खतरा है। उनमें से कुछ उनके अपने दल के विधायक थे। इनमें से कुछ विधायक वर्ष 2000 से ही उनके साथ थे जब उन्हें मुख्यमंत्री पद की शपथ दिलाए जाने के बाद इन विधायकों ने उनके लिए बहुमत जुटाने के लिए कड़ी मेहनत की थी। त्वरित अदालती कारवाई उन्हें नीतीश से दूर कर देगी। वे सोचेंगे कि उनकी निष्ठा के बावजूद नीतीश ने उन्हें धोखा दिया था। चूँकि इन सरगनों को किसी हद तक अपनी जाति के लोगों की सहानुभूति प्राप्त थी, उस जाति के अन्य दलों के विधायकों के मन में भी इस आक्रामक न्यायिक सक्रियता को लेकर असंतोष था। नीतीश की सोच थी : या तो वे अपराधी-राजनेताओं के खिलाफ चल रहे मामलों को त्वरित सुनवाई के दायरे से बाहर रख कर व्यक्तिगत और राजनीतिक जोखिम से बच सकते हैं या सारे जोखिम लेते हुए इन मुकदमों के जरिए वे अपनी एक स्वच्छ, साहसी और किसी को न बख्शने वाली छवि बना सकते हैं। पहला विकल्प उन्हें अल्पकालीन लाभ देगा, दूसरा दीर्घकालीन लाभ। एक ऐसे देश में, जहाँ लोग दलों से ज्यादा व्यक्तियों को वोट देते हैं, राजनीति में छवि बहुत मायने रखती है। यदि उन्होंने अपराधी सरगनों के साथ समझौता किया तो उतने ही निंदित होंगे जितने लालू हुए हैं और एक विश्वसनीय विकल्प के रूप में जनता की नजरों में गिर जाएँगे।

पहला सरगना जिसके मामले अदालत के समक्ष लाए गए थे, वह था शहाबुद्दीन। राज्य सरकार ने पटना उच्च न्यायालय से अनुरोध किया कि शहाबुद्दीन के खिलाफ मामलों के शीघ्र निपटारे के लिए वे उनकी सुनवाई एक स्थानीय सत्र न्यायालय में करवाएँ। अपराध प्रक्रिया संहिता के अधीन उसे दी गई प्रशासकीय शक्तियों का उपयोग करते हुए उच्च न्यायालय ने त्वरित सुनवाई की व्यवस्था लागू करने के चार महीने बाद 20 मई, 2006 को सीवान जिला कारागृह जहाँ उसे भागलपुर केंद्रीय कारागृह से स्थानांतरित किया गया था, के परिसर में एक विशेष अदालत स्थापित करने का फैसला किया। शहाबुद्दीन ने यह तर्क देते हुए इस आदेश को चुनौती दी कि उसके मुकदमे को एक खुली अदालत से जेल परिसर स्थित एक विशेष न्यायालय में स्थानांतरित किए जाने से उसे प्राकृतिक न्याय से वंचित किया जा रहा है। उच्च न्यायालय ने उसकी आपत्तियों को यह कहते हुए खारिज कर दिया कि उसके मुकदमे को एक खुली अदालत में चलाने से उसी भवन में चल रहे अन्य दीवानी और फौजदारी के मुकदमे प्रभावित हो सकते हैं और प्रश्नगत आदेश से उसे कोई वास्तविक क्षति नहीं होगी।

आगे की कारवाई रोकने के लिए अब शहाबुद्दीन ने राजनीतिक चालें चली। लालू और

कांग्रेसियों ने उसके खिलाफ की गई त्वरित अदालती काररवाई को निर्दय उत्पीड़न के रूप में पेश किया। जनता के मन में उसके लिए सहानुभूति पैदा करने के प्रयास में उन्होंने दावा किया कि वह रीढ़ की हड्डी के रोग से पीड़ित था और जेल में उसकी हालत बिगड़ती जा रही थी। नीतीश ने इसका जवाब उच्च न्यायालय को इस बात के लिए राजी कर के दिया कि जेल में एक अदालत के गठन के बजाए वह दो विशेष अदालतें स्थापित करे–सत्र न्यायाधीश की एक अदालत और दूसरी न्यायिक मजिस्ट्रेट की, ताकि सभी लगभग पचास आपराधिक मामलों की सुनवाई और फैसला जल्द–से–जल्द संभव समय पर हो जाए, जिनमें शहाबुद्दीन की संलिप्तता थी। इससे वह अपनी बीमारी से लंबे समय तक कष्ट झेलने से बच जाएगा। इस कदम ने लालू और कांग्रेसियों का मुँह बंद करा दिया।

चिंतातुर शहाबुद्दीन ने अब अपने खुद के हथकंडे अपनाए। लगातार तीन दिन उसने सत्र न्यायाधीश बी.बी. गुप्त द्वारा भेजे गए सम्मनों की अनदेखी की। गुप्त ने जेल अधीक्षक एल.के. सिन्हा से प्रतिवादी को उनके सामने पेश करने के लिए कहा। उन्होंने ऐसा आदेश देते हुए, शहाबुद्दीन के लिए पेशी का वारंट जारी कर दिया। जब सिन्हा ने शहाबुद्दीन के पास जाकर पेशी वारंट पढ़ना शुरू किया तो वह आगबबूला हो गया और उन्हें गालियाँ बकने लगा। सिन्हा ने यह कहते हुए उसका विरोध किया कि वे केवल अपने कर्तव्य का निर्वहन कर रहे थे, तो शहाबुद्दीन ने उन्हें जान से मारने की धमकी दी।

जब सिन्हा और उनके साथ आए पुलिसकर्मी उसे न्यायाधीश के पास ले जाने के लिए कृतसंकल्प नजर आए तो शहाबुद्दीन ने स्वाँग किया कि उसकी पीठ का दर्द इतना भयंकर था कि वह उनके द्वारा लाई गई व्हील चेयर पर भी नहीं बैठ पाएगा। उसने कहा कि अगर वे उसके लिए एक स्ट्रेचर का इंतजाम करें तो वह उनके साथ आ सकता है। शहर के किसी अस्पताल से स्ट्रेचर लाने के लिए कुछ जेल कर्मचारी भेजे गए और जब वे स्ट्रेचर ले आए तो यह शिकायत करते हुए शहाबुद्दीन ने उस पर लेटने से इनकार कर दिया कि उसमें लगी कपड़े की एक पट्टी उसकी रीढ़ का दर्द बढ़ा देगी। उसने एक ऐसे स्ट्रेचर की माँग की जिसमें लोहे की चद्दर लगी हो। उसे लाने में कर्मचारियों को कुछ घंटे और लग गए और हुआ यह कि जब तक लोहे का स्ट्रेचर वहाँ लाया जाता, अदालत उस दिन के लिए उठ चुकी थी।

शहाबुद्दीन कामयाब हो गया था पर बिना कीमत चुकाए नहीं। जेल अधीक्षक ने यह कहते हुए उसके खिलाफ एक शिकायत दर्ज की कि उसने उनके कर्तव्य के निर्वहन में बाधा डाली थी। सबके सामने उनकी बेइज्जती की थी और जान से मारने की धमकी दी थी। यह शिकायत दरशाती थी कि नौकरशाही लालू–राबड़ी राज में अध:पतन के अँधेरे दिनों से कितनी दूर आ चुकी थी। जब अपराधी सरदारों की कृपा दृष्टि पाने के लिए अफसरों को उनकी चापलूसी के जरिए अपनी राह बनानी पड़ती थी।

अफसरों में हिम्मत आ जाने का सीधा प्रभाव शहाबुद्दीन के मुकदमे पर पड़ा। जंजीरें टूट गई

थीं, यह उस घटना से जाहिर हुआ अब अप्रैल 2006 में पुलिस अधिकारियों ने सीवान जिले के प्रतापपुर गाँव स्थित उसके आलीशान घर पर छापा मारा और भारी मात्रा में आग्नेयास्त्र और गोला-बारूद, जिनमें से कई पर पाकिस्तान ऑर्डनेंस फैक्टरी का मार्क था, बरामद किया। लालू-राबड़ी राज में पुलिस उसके घर के नजदीक जाने की भी हिम्मत नहीं करती थी।

पुलिस कर्मचारियों द्वारा की गई निर्बाध जाँच और खुलकर दिए गए बयानों का परिणाम कई मामलों में शहाबुद्दीन को मुजरिम ठहराने के रूप में सामने आया।

परंतु नीतीश के लिए शहाबुद्दीन से निपटना अपेक्षाकृत आसान था। वह विरोधी दल से संबंध रखता था, जिसका अर्थ था कि उनकी सरकार को अस्थिर करने के लिए वह कुछ नहीं कर सकता था। दूसरे, बिना इस बात का विचार किए कि उन्हें इस मामले में धीमे चलने या उसे बचाने के लिए कोई तकनीकी नुक्ता निकालने के लिए मुख्यमंत्री कार्यालय से फोन आ सकता है, पुलिस अधिकारी और अभियोजक बेझिझक उस पर दबाव बना सकते थे। यह बात न केवल शहाबुद्दीन, बल्कि कांग्रेस, लोक जनशक्ति पार्टी या बिहार पीपुल्स पार्टी के सभी अपराधी-राजनेताओं के लिए सच थी।

अपने लंबे अनुभव से नौकरशाही ने शासक पक्ष के अपराधियों और विपक्षी अपराधियों के बीच सावधानीपूर्वक भेद करना सीख लिया था। अधिकारी शासक पक्ष के संरक्षण या अन्यथा की परवाह किए बिना अपराधियों से सीधे टक्कर ले सकते थे, परंतु ऐसे जुनूनी अफसर आम नहीं, अपवाद स्वरूप ही थे। जब भी शासक पक्ष का कोई अपराधी-राजनेता कानून का उल्लंघन करता था तो उनमें से अधिकांश उसकी अनदेखी करते थे।

यह एक परंपरा, एक आदत थी जो महज सरकार बदलने से आसानी से बदल नहीं सकती थी। यद्यपि अपनी आम सभाओं और अधिकारियों के साथ अपनी बैठकों में नीतीश नौकरशाहों को यह संदेश देने में थकते नहीं थे कि उनका लक्ष्य बिना भेदभाव के राज्य की सत्ता स्थापित करना था। लेकिन नौकरशाही के सभी स्तरों पर ऐसे लोगों की कमी नहीं थी जो नीतीश की बातों को राजनीतिक पाखंड के सार्वजनिक रूप और सभी मुख्यमंत्रियों की सामान्य झाँसेबाजी और गरजने बरसने से ज्यादा कुछ नहीं समझते थे।

25 जून, 2006 को भोजपुर जिले के पीरो से आया एक अपराधी-राजनेता और ज.द. (यू) विधायक नरेंद्र कुमार उर्फ सुनील पांडे ने अपनी पत्नी, बेटे और और सशस्त्र अंगरक्षकों के साथ पटना के एक पाँचसितारा होटल में प्रवेश किया, तबीयत से खाया-पिया और बिल चुकाने से इनकार कर दिया। जब होटल कर्मचारियों ने उससे भुगतान के लिए आग्रह किया तो नशे में धुत्त इस दबंग ने उन्हें जाने से मारने की धमकी देकर भगा दिया।

विधायक को मजा चखाने के लिए होटल कर्मचारियों ने टी.वी. चैनलों को फोन करके उन्हें नीतीश के सुशासन का 'असली चेहरा' प्रसारित करने के लिए कहा। टी.वी. पत्रकारों को होटल के कमरे में घुसे चले आते देखकर पांडे आग-बबूला हो गया। ''मुझ पर जासूसी करने की तुम्हारी

हिम्मत कैसे हुई? तुम्हें इसकी कीमत अपनी जान देकर चुकानी होगी।'' वह गुर्राया और उसने अपने एक अंगरक्षक को आवाज लगाई, ''विश्वनाथ, इन्हें शूट कर दो!''

स्थानीय टी.वी. चैनलों पर यह घटना 'ब्रेकिंग न्यूज' बन गई और क्षुब्ध मीडिया ने विपक्षी नेताओं को अपराधियों के दमन के नीतीश के दावे का मजाक उड़ाते हुए बार- बार दिखाया। विडंबना को रेखांकित करती, यह घटना नीतीश के शहर में दिए गए उस भाषण के शीघ्र बाद हुई जिसमें उन्होंने बताया था कि अपने शासन केपहले सात महीनों में ही राज्य में कानून का राज फिर से कायम करने के लिए उन्होंने कितना कड़ा प्रयास किया था।

इस मामले के बारे में सभी प्रशासक उतना जानते थे जितना एक आम नागरिक, परंतु वे अनजान बने रहे। जब किसी मीडियाकर्मी ने पटना के वरिष्ठ पुलिस अधीक्षक कुंदन कृष्णन से पूछा कि इस मामले में क्या काररवाई की गई है तो उन्होंने बड़ा सूखा सा जवाब दिया : ''किसी ने भी पुलिस में शिकायत दर्ज नहीं कराई है। अब तक किसी पीड़ित या चश्मदीद गवाह ने हमसे संपर्क नहीं किया है।''

हमला यही पर शांत हो जाता अगर मीडिया, जो नीतीश के सत्ता सँभालने से अब तक उनके पक्ष में रहा था, उनसे इतना नाराज न हो गया होता। ज.द. (यू) के पदाधिकारियों और मुख्यमंत्री कार्यालय का आकलन भी यही था कि पांडे प्रकरण सरकार की स्वच्छ, नियम-निष्ठ छवि को गंभीर क्षति पहुँचा सकता था। इस घटना को नीतीश के दोहरे मापदंड का एक ज्वलंत उदाहरण बताते हुए विपक्ष उसका पूरा लाभ उठा सकता था।

नीतीश ने पांडे के खिलाफ काररवाई न करने का जोखिम भाँप लिया, परंतु उन्हें उसे नाराज करने के जोखिम को भी तौलना था। वे कैसे भूल सकते थे कि पांडे कई वर्षों से उनका पक्का समर्थक रहा था। वर्ष 2000 में समता पार्टी के एक विधायक के रूप में सदन में अपना बहुमत सिद्ध करने में नीतीश को सक्षम बनाने के लिए सही संख्या में विधायक जुटाने में सक्रिय प्रमुख पार्टी नेताओं में वह शामिल था।

यह सच था कि नीतीश के मन में पांडे के लिए बहुत आदर-भाव या विशेष स्नेह नहीं था, न वे उसे पार्टी के लिए बहुत उपयोगी या काबिल सहयोगी मानते थे। पांडे के साथ दोस्ती को लेकर उनकी नजर बहुत दूर नहीं जाती थी, वे जानते थे कि उसके जैसे अपराधी, जो अस्थायी ठिकानों की तलाश में रहते थे, से किसी भी पल संबंध टूट सकता था, फिर भी यह सच्चाई अपनी जगह थी कि पहले समता और फिर ज.द. (यू) में अपनी पार्टी का सदस्य बनाकर और फिर 2000 और 2005 के विधानसभा चुनावों में पार्टी का टिकट दिलाकर नीतीश ने उसे सामाजिक प्रतिष्ठा दिलाने में मदद की थी। उसके आपराधिक इतिहास और रणवीर सेना के साथ उसकी सक्रिय संबद्धता से अच्छी तरह परिचित होने के बावजूद उन्होंने उसे मनोनीत किया था, क्योंकि उन्हें विश्वास था कि भूमिहार जाति के लोगों, जो उसे एक हीरो मानते थे, के समर्थन और अपने हथियारों के बल पर पांडे यह सीट जीतेगा और वह दोनों बार जीता था।

परंतु नीतीश ने सोचा कि मुख्यमंत्री के रूप में उनका जो कुछ दाँव पर लगा था, वह उससे कहीं ज्यादा था जो एक पार्टी विधायक को बचाने में लगा था। पटरी पर पड़े एक पत्थर के कारण विधिसम्मत शासन की उनकी ट्रेन पटरी से उतर जाए, वे इसकी इजाजत नहीं दे सकते थे। इसके विपरीत, उस ट्रेन को एक स्थिर गति से चलाए रखने के लिए अगर उस पत्थर को हटा दिया तो उन्हें जनता की भारी प्रशंसा और सहानुभूति मिलेगी जो उन्हें दूसरे कार्य पूरे करने के लिए जनता को साथ लेने में मददगार सिद्ध होगी। नीतीश ने अपने प्रधान सचिव आर.सी.पी. सिंह से कहा कि डी.जी.पी. को फोन करके उन्हें पटना के पुलिस अधीक्षक को निर्देश देने के लिए कहें कि वे संबंधित पुलिस थाना, कोतवाली में पांडे के खिलाफ एक शिकायत दर्ज कराएँ। तदनुसार, घटना के करीब बारह घंटे बाद पुलिस ने एक मामला दर्ज किया। जैसे ही पुलिस ने उसे गिरफ्तार करने की तैयारी की, पांडे कहीं छिप गया। "उसका पता लगाने के प्रयास जारी हैं," पटना के एस.पी. विकास वैभव ने मीडिया को बताया। मीडिया का मूड खराब होने के कारण उस ने इस बयान पर भरोसा नहीं किया, उसे शक था कि यह सब एक नाटक था जो नीतीश की छवि को निखारने के साथ पांडे को भी कोई हानि नहीं पहुँचा रहा था।

अगली सुबह नीतीश की भारी आलोचना से भरे शीर्षकों और खबरों के साथ स्थानीय समाचार-पत्र शहर में बँटे। एक अखबार ने कहा कि 'जंगल-राज' का अंत नहीं हुआ है, दूसरे ने लिखा कि नीतीश के राज के मुकाबले लालू-राबड़ी राज बेहतर था, क्योंकि उनके पंद्रहवर्षीय शासनकाल में ऐसी घटना कभी नहीं हुई थी।

दूसरी ओर, नीतीश द्वारा उसके खिलाफ मामला दर्ज कराए जाने से पांडे दुःखी था। यह बात पांडे के पक्ष में थी कि नीतीश सरकार पर 'नौकरशाही के बढ़ते प्रभाव' से अन्य अपराधी-राजनेताओं में असंतोष था। पार्टी के कुछ असहमत नेता भी थे जो इस द्वेषपूर्ण कोरस में शामिल हो गए थे। मानो वे अफसरों को असीमित अधिकार दिए जाने का सबूत पेश कर रहे हों, एक और अपराधी-राजनेता आनंद मोहन को पटना से गिरफ्तार करने के लिए एस.एस.पी. कुंदन कृष्णन ने बल प्रयोग किया। कृष्णन की 'निरंकुशता' की निंदा करने के लिए पांडे टी.वी. पर आ गया, और साथ ही यह कह कर उसने सबको अवाक् कर दिया कि अगर कृष्णन ने उसके साथ ऐसा व्यवहार किया होता "तो मैं उसे गोली मार देता।"

नीतीश को डराने के उद्देश्य से कई पार्टी विधायकों का समर्थन हासिल करके अपना शक्ति प्रदर्शन करने की पांडे की योजना के बारे में नीतीश को रिपोर्टें मिल रही थीं। उनकी सरकार की निंदा करते हुए दिया गया उसका दुःसाहसी बयान इसकी पुष्टि के रूप में सामने आया।

नीतीश को सीधी चुनौती दी गई थी और इसकी अनदेखी करना उनके हित में नहीं था। उन्होंने पार्टी अध्यक्ष शरद यादव से बात की। उन्होंने भी स्वीकार किया पांडे के खिलाफ अनुशासनात्मक काररवाई की जानी चाहिए। यह सवाल करते हुए कि उसके बयानों के लिए क्यों न उसे पार्टी से निलंबित किया जाए, पार्टी ने उसे एक कारण बताओ नोटिस जारी कर दिया। खेद

प्रदर्शन और क्षमा याचनाओं के जरिए पांडे ने इससे निकलने की पूरी कोशिश की पर वह काम न आई, क्योंकि नीतीश और शरद दोनों की यह राय थी कि उसकी खुली चुनौती को माफ करना सरकार या पार्टी नेतृत्व के खिलाफ कोई भी बयान देने के लिए दूसरों को भी प्रेरित करेगा। पांडे को पार्टी की प्राथमिकता सदस्यता से निलंबित कर दिया गया।

नीतीश ने जोखिम उठाया और उन्हें उसका सुफल मिला : पांडे ने नीतीश को अस्थिर करने की अपनी योजना निरस्त कर दी और उस स्थिति से समझौता कर लिया जिसमें उसे अपनी कानूनी लड़ाइयाँ खुद लड़नी थीं। उसकी बात सुनने के लिए इच्छुक हर व्यक्ति से उसका कहना था कि उसके खिलाफ दर्ज किए गए मामलों से पार्टी या सरकार का कोई लेना-देना नहीं है, कि वे मामले उसके कृत्यों से संबंधित हैं और अदालतों में वही उनसे निपटेगा। अब वह पार्टी और नीतीश के प्रति अपनी वफादारी प्रकट करने का कोई मौका नहीं छोड़ता था।

सिंतबर 2006 में धन की अवैध उगाही के एक मामले में अदालत ने अग्रिम जमानत के लिए पांडे की याचिका खारिज कर दी। चूँकि अब उसकी गिरफ्तारी निश्चित थी, उसके कई समर्थक 1, अणे मार्ग के बाहर यह माँग करते हुए जमा हो गए कि नीतीश पांडे को किसी मजिस्ट्रेट या पुलिस थाने के किसी अधिकारी के सामने आत्मसमर्पण कराने के बजाए उसे खुद उनके सामने आत्मसमर्पण करने की इजाजत दें। उनकी इस माँग के आगे झुकने से इनकार करते हुए नीतीश ने कहा कि पांडे के लिए आत्मसमर्पण करने का उचित स्थान अदालत थी, न कि उनका कार्यालय।

अन्य दलों की तरह नीतीश ने भी अपराधियों को अपने दल में स्थापित किया था, परंतु उन्होंने इसकी पूरी सावधानी बरती थी कि उन्हें अपराधियों के साथ न समझा जाए। लालू ने शहाबुद्दीन के साथ अपनी घनिष्ठता कभी छिपाई नहीं थी, सीवान का यह अपराधी सरगना 1, अणे मार्ग का नियमित मुलाकाती था। अपनी स्वच्छ लोक छवि के प्रति अत्यधिक सजग नीतीश अपनी पार्टी के अपराधी विधायकों को दूर ही रखते थे।

परंतु, अभी नीतीश ने पांडे से पार पाया ही था कि उनकी पार्टी का एक दबंग अनंत सिंह, अपनी गुंडागर्दी की वजह से जनता की नजरों में आ गया। पटना के मुख्य बाजार फ्रेजर रोड के जिस प्लॉट पर एक कमर्शियल बिल्डिंग खड़ी थी, उसने खुद को उसका असली मालिक बताते हुए दुकान मालिकों को हटाने के लिए आतंकित करना शुरू कर दिया।

मूलत: वह प्लॉट मेहंदी हसन इमाम नाम के एक बड़े जमींदार का था, जिनका बेऔलाद ही इंतकाल हो गया था। अनंत सिंह ने दावा किया कि इमाम ने वह प्लॉट उपहार के तौर पर अपने नौकरों को दे दिया था, जिन्होंने उन भूखंड़ों को उसे बेच दिया था। अनंत सिंह द्वारा सताए जाने पर भी दुकान मालिकों ने अपनी संपत्तियों से हटने से इनकार कर दिया, क्योंकि उनके पास कानूनी स्वामित्व था। जब सिंह द्वारा उनका उत्पीड़न बरदाश्त से बाहर हो गया तो वे स्थानीय पुलिस थाने पहुँचे मगर वहाँ के अधिकारियों ने कोई शिकायत दर्ज नहीं की। अनंत सिंह का उन्हें डराना-धमकाना जारी रहा। सुनील पांडे के मामले की तरह यहाँ भी पुलिस शासक दल के अपराधियों के

साथ दोहरे मापदंड अपना रही थी।

अनंत सिंह मोकामा से विधायक चुना गया था और वहाँ के सबसे शक्तिशाली गिरोह का सरगना था। चुनाव में उसे अपनी भूमिहार जाति से भरपूर समर्थन मिला था, जो कमी रह गई थी वह उसने अपने आतंक के जरिए पूरी कर ली थी। मोकामा बाढ़ लोकसभा चुनाव क्षेत्र का एक हिस्सा है, जिसका प्रतिनिधित्व नीतीश ने तीन बार किया था, बाढ़ में अपने चुनाव अभियानों में नीतीश ने अनंत सिंह के लोगों को अपने साथ लेने की शक्ति का उपयोग किया था। उस अर्थ में सुनील पांडे या ज.द. (यू) के किसी अन्य अपराधी के मुकाबले अनंत सिंह ने नीतीश के साथ ज्यादा नजदीकी से काम किया था।

इसलिए जब अनंत सिंह के खिलाफ पुलिस का हस्तक्षेप पाने में असमर्थ, सताए हुए दुकान मालिक जनता से रूबरू होने वाले कार्यक्रम 'जनता के दरबार में मुख्यमंत्री' पहुँचे, जिसे वे 1, अणे मार्ग की एक एनेक्सी में हर सोमवार को आयोजित करते थे तो नीतीश के सामने सुनील पांडे के मामले से बड़ा एक धर्मसंकट खड़ा हो गया। परंतु यह असमंजस एक पल से ज्यादा नहीं रहा, क्योंकि एक निष्पक्ष शासक के रूप में उनकी लोक छवि दाँव पर लगी थी। उन्होंने तुरंत कोतवाली पुलिस थाने के थानेदार को अपने कार्यालय में बुलाया और उससे अनंत सिंह के खिलाफ दुकान मालिकों की शिकायत दर्ज करने के लिए कहा और उन्होंने पुलिस महानिरीक्षक (मुख्यालय) अनिल सिन्हा को भी बुलाया और उन्हें यह सुनिश्चित करने के लिए कहा कि शिकायत दर्ज की जाए और अनंत सिंह के खिलाफ कानूनी काररवाई की जाए। कार्यक्रम को कवर कर रहे मीडिया से उन्होंने कहा : "इससे कोई फर्क नहीं पड़ता कि कोई व्यक्ति ज.द. (यू), रा.ज.द., कांग्रेस या भाजपा, किस पार्टी, जाति या धर्म का है। कानून की नजर में सब बराबर हैं, जो भी कानून को अपने हाथ में लेने की कोशिश करेगा, हम उसके खिलाफ सख्त काररवाई करेंगे।"

अनंत सिंह ने हार नहीं मानी थी । कुछ हफ्ते बाद एक युवा मुसलिम महिला ने यह आरोप लगाते हुए कि अनंत सिंह ने उसके साथ बलात्कार किया है, नीतीश, शीर्ष पुलिस अधिकारियों और मीडिया को कई पत्र दागे। जल्द ही वह मृत पाई गई। अनंत सिंह और उसके अंगरक्षकों द्वारा दो टी.वी. पत्रकारों की, जो बलात्कार और हत्या के आरोपों पर सिंह का साक्षात्कार लेने के लिए उसके निवास पर गए थे, इतनी निर्दयता से पिटाई की गई कि उन्हें तुरंत अस्पताल पहुँचाना पड़ा। इस हमले के विरोध में पत्रकारों का एक समूह मोरचा के रूप में अनंत सिंह केनिवास पर गया। उस कथित बलात्कार और हत्या के मामले और पत्रकारों पर हमले ने लोगों के मन में उस अपराधी, जो नीतीश का नजदीकी माना जाता था, के मदोन्मत व्यवहार के प्रति घोर नफरत और रोष भर दिया।

अगर कोई एक बात ऐसी थी जिससे नीतीश सबसे ज्यादा डरते थे, वह थी लोगों के मन में यह धारणा बैठ जाना कि अपराधियों और अराजकता को राजनीतिक संरक्षण देने के मामले में उनका शासन लालू-राबड़ी राज से भिन्न नहीं था। वे नहीं चाहते थे कि सिंह पर फेंके गए कीचड़ के छींटे उनपर भी पड़ें। उन्होंने पुलिस को सिंह और उसके अंगरक्षकों को गिरफ्तार करने का आदेश दिया।

मुख्य न्यायिक दंडाधिकारी (सी.जे.एम.) के आदेश के तहत सिंह को दो हफ्ते के रिमांड पर जेल भेज दिया गया।

त्वरित अदालती कारररवाई ने उनकी दलीय संबद्धता से निरपेक्ष, करीब एक दर्जन अपराधी-राजनेताओं को मुजरिम ठहरा दिया था। शहाबुद्दीन को एक भा.क.पा (मा.ले) कार्यकर्ता छोटेलाल गुप्त के अपहरण के लिए उम्रकैद, 3 मई, 1996 को सीवान के पुलिस अधीक्षक एस.के. सिंघल की हत्या के प्रयास के लिए दस साल की कैद और 2005 में सब इंस्पेक्टर हरेंद्र राय को धमकाने के लिए एक वर्ष के सश्रम कारावास की सजा दी गई थी। 5 दिसंबर, 1994 को गोपालगंज के जिला मजिस्ट्रेट जी. कृष्णैय्या की हत्या के लिए आनंद मोहन को मृत्युदंड और उसकी पत्नी लवली आनंद को उम्रकैद की सजा दी गई थी। कृष्णैय्या भीड़ के द्वारा मार दिए गए थे। जब वे बिहार पीपुल्स पार्टी के एक स्थानीय नेता छोटन शुक्ल की शव यात्रा में शामिल क्रुद्ध भीड़ के रास्ते से जा रहे थे। शव यात्रा में बिहार पीपुल्स पार्टी के नेता आनंद मोहन उनकी पत्नी लवली आनंद और छोटन शुक्ल के भाई विजय कुमार उर्फ मुन्ना शुक्ल भी शामिल थे। इन सब पर हत्या में शामिल होने का आरोप लगा था। मुन्ना शुक्ल को भी उम्र कैद की सजा सुनाई गई थी।

14 जून, 1998 को पूर्णिया के मा.क.पा. विधायक अजीत सरकार की हत्या के लिए रा.ज.द. के संसद् सदस्य राजेश रंजन उर्फ पप्पू यादव और गोविंद गंज से एक पूर्व स्वतंत्र विधायक राजन तिवारी को उम्रकैद की सजा दी गई। 13 जून, 1998 को राबड़ी मंत्रिमंडल के एक मंत्री ब्रजबिहारी प्रसाद की हत्या के जुर्म में पूर्व लोजपा संसद् सदस्य सूरज भान सिंह, मुन्ना शुक्ल और राजन तिवारी को उम्रकैद की सजा दी गई। 2003 में पटना के प्रख्यात न्यूरो सर्जन डॉ. रमेश चंद्र के अपहरण के लिए अनंत सिंह को उम्रकैद की सजा दी गई।

एक दर्जन दबंगों में लगभग सभी को एक से ज्यादा मामलों में सजा दी गई थी। चूँकि 2009 में लोकसभा चुनाव घोषित किए जा चुके थे, उन्होंने कोर्ट द्वारा अपनी सजा को स्थगित कराने, जो उनके लिए उम्मीदवारी की पात्रता हासिल करने के लिए जरूरी था, के लिए एड़ी-चोटी का जोर लगा दिया। जब अदालतों ने लगभग सभी याचिकाओं को अस्वीकार कर दिया तो उनमें से कुछ ने राबड़ी मॉडल अपनाते हुए अपनी पत्नी के लिए पार्टी का मनोनयन प्राप्त कर लिया। उनके प्रतिनिधियों में हीना साहेब, रंजीता रंजन, लवली आनंद और वीणा देवी थीं, जो क्रमश: शहाबुद्दीन, पप्पू यादव, आनंद मोहन और सूरजभान सिंह की पत्नियाँ थीं।

इन दबंगों को अपने जीवन का सबसे बड़ा धक्का तब लगा जब मतदाताओं ने नकली उम्मीदवारों (डमीज) को अस्वीकार कर दिया। इसने स्पष्ट रूप से यह बात दरशा दी कि इन दबंगों द्वारा उनके चुनाव क्षेत्रों में किया गया व्यापक 'जन समर्थन' का दावा असल में आतंक का नतीजा था। करीब दो साल के लंबे कारावास ने लोगों को डरा-धमका कर उन्हें वोट देने के लिए मजबूर करने के लिए अपने गिरोहों को संगठित करने से रोक दिया था।

भूतकाल में, जेल में बंद रह कर भी कई अपराधियों ने चुनाव जीते थे, परंतु 2009 में वे क्यों

सफल नहीं हुए इसका कारण एक अभूतपूर्व संख्या में उन्हें मुजरिम ठहराया जाना था। इन जेल में बंद दबंगों के गिरोहों के प्रमुख सदस्य या तो उन्हीं की तरह जेलों में थे या उनका मनोबल गिरा हुआ था। जब राज्य के डंडे ने इन गिरोहों को भागने पर मजबूर कर दिया तो लोगों ने भी अपने डर को उतार फेंका और दंबगों की वापसी के खिलाफ वोट दिया।

नीतीश ने अपराधी-राजनेताओं के खिलाफ लड़ाई, जो सबसे कठिन जान पड़ती थी, जीत ली थी। दो कारकों ने उनकी मदद की थी : एक था साहस। ''मैं मार दिए जाने से नहीं डरता। अगर ऐसा होता है तो मेरे लिए वह मुक्ति ही होगी,'' उन्होंने दार्शनिक अंदाज में अपने विश्वस्तों से कहा, जिन्हें आशंका थी कि वे दबंगों के कोप को आमंत्रण दे रहे थे। दूसरी वजह—निष्पक्षता। उनका प्रयास सभी अपराधियों के खिलाफ ठीक समय पर की गई पुलिस काररवाई और त्वरित अदालती काररवाई के जरिए कानून का शासन स्थापित करने की दिशा में था। अपराधी-राजनेताओं ने देखा कि नीतीश उनमें से किसी खास आदमी को निशाना नहीं बना रहे थे। काररवाई के लिए नीतीश न तो किसी को चुनते थे और न हाथ धोकर उनकेपीछे पड़ते थे। यह बात उन्हें और भी स्पष्ट हो गई जब नीतीश ने अपनी पार्टी के दबंगों के साथ भी कोई पक्षपात नहीं किया।

जहाँ नीतीश ने कानून को अपना काम करने दिया और अपनी पार्टी के अपराधी-राजनेताओं से दूरी बनाए रखी, उन्होंने इसे एक अटूट नियम नहीं बनाया कि वे उनसे कोई संबंध नहीं रखेंगे। ज.द. (यू) ने कभी यह नीति नहीं बनाई कि वे आपराधिक इतिहास वाले लोगों को पार्टी सदस्य या चुनावी उम्मीदवार नहीं बनाएँगे। चाहे सरकार के या पार्टी के एक नेता के रूप में नीतीश की ओर से तभी काररवाई होती थी, जब उन्होंने कोई कानून या पार्टी अनुशासन तोड़ा हो।

इसके बावजूद कि अनंत सिंह, सुनील पांडे या अन्य अपराधी राजनेता अकसर पार्टी की नकारात्मक छवि बनाते थे, पार्टी ने उन्हें कभी निष्कासित नहीं किया। पार्टी द्वारा कभी उसे अपराधियों से मुक्त करने का अभियान नहीं चलाया गया। इसका एकमात्र कारण यह था कि उन्होंने चुनाव में अपनी सीटें जीतने की क्षमता दिखा दी थी, जिससे पार्टी के लिए सीटों की एक निश्चित संख्या पक्की हो गई थी। इसलिए, जहाँ कानूनी प्रक्रियाएँ जारी रहती थीं नीतीश और पार्टी द्वारा अपराधी राजनेताओं के साथ नर्म व्यवहार बना रहता था। जब सुनील पांडे के खिलाफ मीडिया और जनता का गुस्सा उतर गया, पार्टी द्वारा उसके खिलाफ दिया गया निलंबन आदेश वापस ले लिया गया और अनंत सिंह अंत में फ्रेजर रोड पर बने कमर्शियल कॉम्प्लेक्स का कब्जा लेने और दुकान मालिकों से दुकानें खाली कराने में सफल रहा, क्योंकि उसके पास वैध कागजात थे और वह मुकदमा जीत गया था।

नीतीश ने विधान सभा अध्यक्ष को मुन्ना शुक्ल को बिहार विधान सभा आवास समिति का अध्यक्ष मनोनीत करने की इजाजत दी। यह पद जो विधान-मंडल भवन में एक कार्यालय, एक सचिव, भत्ते और कार के ऊपर लालबत्ती आदि विशेषधिकारों के साथ उसे एक मंत्री की हैसियत भी प्रदान करता था। शुक्ल को यह पद कृष्णैय्या हत्याकांड मामले में उसे उम्रकैद की सजा मिलने

से पहले दिया गया था। उसे मुजरिम ठहराए जाने और कैद के बाद भी उसे इस पद से हटाया नहीं गया था। आवास समिति के अध्यक्ष की अनुपस्थिति में उसे आवंटित किया गया कक्ष बंद पड़ा रहा और आवास समिति निष्क्रिय रही, परंतु विधान सभा अध्यक्ष ने उस पद पर किसी अन्य विधायक को नियुक्त नहीं किया।

जमीनी राजनीति का वह तर्क, जो यहाँ काम करता था, यह था कि आवास समिति विधान सभा की उन सभी समितियों में से एक थी जो संवैधानिक नहीं थी, बल्कि उनका गठन केवल विधान सभा अध्यक्ष और मुख्यमंत्री के पसंदीदा विधायकों को सजावटी पद और मंत्री का रुतबा देने के लिए किया गया था। फिर भी यह स्पष्ट था कि नीतीश ने शुक्ल के प्रतिस्थापन के लिए जोर नहीं डाला, क्योंकि वे उसकी भावनाओं को चोट पहुँचाना नहीं चाहते थे। आखिरकार, उसे मुजरिम ठहराए जाने के बावजूद शुक्ल अब भी एक विधायक था और वैशाली जिले की लालगंज सीट जीतने की उसकी क्षमता में कोई संदेह नहीं था। एक जुनूनी आदर्शवादी बनने के लिए नीतीश विधान सभा की एक सीट खोना पसंद नहीं करते।

जब तक दबंग नेता पार्टी अनुशासन नहीं तोड़ते थे, नीतीश उन्हें ज.द. (यू) में बने रहने देते थे। 2010 के विधान सभा चुनावों में नीतीश ने अपने-अपने चुनाव क्षेत्र का प्रतिनिधित्व कर रहे पार्टी के सभी अपराधी-राजनेताओं को फिर से मनोनीत किया : उनमें अनंत सिंह, सुनील पांडे, धूमल सिंह और नीरज सिंह शामिल थे। कई स्थानों पर पार्टी ने जेल में बंद या मृत अपराधियों की पत्नियों को भी नामांकित किया, जैसे मुन्ना शुक्ल की पत्नी अन्नू शुक्ल, अपराधी गिरोह के सरदार अवधेश मंडल की पत्नी बीमा भारती, अपराधी-राजनेता रणवीर यादव की पत्नी पूनम देवी और गिरोह सरगना बूटन सिंह की पत्नी लेसी सिंह। उनमें से कई के चुनाव क्षेत्रों में प्रचार के दौरान नीतीश ने उनके साथ मंच साझा किया और लोगों से उन्हें वोट देने का आह्वान किया। उनमें से अधिकांश जीते भी और एक बड़ी हद तक इसलिए कि इस बात की परवाह किए बिना कि उनका प्रत्याशी कौन था, लोगों ने नीतीश के लिए वोट दिया, फिर भी उनकी जीत साफतौर पर यह दरशाती थी कि अपराधियों की चुनाव जीतने में हमेशा मदद करने वाले दो कारण—आतंक और जाति, अब भी महत्त्वपूर्ण बने हुए थे। ध्यान देने योग्य एक महत्त्वपूर्ण बात यह है कि अपराध के खिलाफ नीतीश के अभियान तथा हिंसा और हेरा-फेरी के खिलाफ चुनाव-आयोग की सतत निगरानी के कारण दबंगों द्वारा अपनी सशस्त्र ताकत के खुले प्रदर्शन के उपयोग के बिना भी आतंक काम करता था। आतंक और जाति दोनों एक से दूसरे व्यक्ति तक पहुँचाए गए मौखिक संदेशों के जरिए काम करते थे, परंतु ज.द. (यू) द्वारा मनोनीत अधिकांश अपराधियों या उनकी पत्नियों की जीत और रा.ज.द. तथा लोजपा द्वारा नामित अपराधियों की पराजय ने यह तथ्य स्पष्ट कर दिया कि नीतीश तत्त्व ने पलड़ा ज.द. (यू) की तरफ झुका दिया था। ऐसा नीतीश की सत्ता और शक्ति के नहीं, बल्कि उनके प्रदर्शन से उपजे जनसमर्थन के कारण हुआ था।

नीतीश के लिए माओवादियों की अपेक्षा अपराधियों पर काबू पाना आसान था। माओवादियों

के पास न केवल हथियार थे, बल्कि उन्हें जिलों के कुछ हिस्सों में गरीब ग्रामीणों का समर्थन भी प्राप्त था—तीन मुख्य चरमपंथी गुटों माओवादी कम्युनिस्ट सेंटर (एम.सी.सी.), भा.क.पा. (मा.ले.) पार्टी यूनिटी और भा.क.पा. (मा.ले.) पीपुल्स वॉर के विलय से भा.क.पा. (माओवादी) के रूप में एक मजबूत संगठन उभरकर आया था। इनसे बाहर केवल एक प्रमुख गुट था भा.क.पा. (मा.ले.) लिबरेशन, जिसने सशस्त्र संघर्ष का मार्ग छोड़कर संसदीय मार्ग अपना लिया था। विपक्ष में बैठी एक उग्र समतावादी पार्टी होने के सिवाय यह राज्य के सामने कोई चुनौती पेश नहीं करती थी।

इसके विपरीत, भा.क.पा. (माओवादी) के पास गुरिल्ला सेना, सशस्त्र दस्तों तथा प्रचार, संचार और संगठन-निर्माण के लिए खुले मोरचों के साथ-साथ गुप्त समितियाँ भी थीं। बिहार में उसके नेता, सदस्य और जमीनी कार्यकर्ता राजनीतिक सत्ता हथियाने के लिए उसके राष्ट्रीय संघर्ष के हिस्से था। नेपाल की कम्युनिस्ट पार्टी (माओवादी) के साथ भी उसके नजदीकी संबंध थे। जो हिमालय क्षेत्र के उस देश में प्रमुख राजनीतिक शक्ति बनने के लिए पिछले डेढ़ दशक में नाटकीय रूप से बढ़ी थी।

नवंबर 2005 में मुख्यमंत्री के रूप में नीतीश के पदग्रहण करने से कुछ दिन पहले जहानाबाद जेल में बंद अपने नेताओं और कार्यकर्ताओं को छुड़ाने के लिए माओवादियों ने राज्य के बलों पर अब तक के अपने सबसे बड़े हमले को अंजाम दिया। रात के करीब नौ बजे माओवादी बल के करीब दो सौ आदमियों द्वारा शहर के मध्य में स्थित जेल और (जेल तक कुमक पहुँचने से रोकने के लिए) पुलिस बैरकों पर एक साथ हमला किए जाने से आधा घंटा पहले मोटर साइकिलों पर सवार कुछ पार्टी कार्यकर्ताओं ने जहानाबाद में घूम-घूमकर लोगों को चेतावनी दी कि कुछ देर में होनेवाली काररवाई से खुद को बचाने के लिए घरों के भीतर ही रहें।

अपने उस दस्ते, जिसे जेल पर कब्जा करने की जिम्मेदारी सौंपी गई थी, को सुरक्षा प्रदान करने के लिए माओवादियों ने जल्द ही बिजली काट दी और शहर के कई हिस्सों में फायरिंग शुरू कर दी। दो घंटे से ज्यादा समय तक पूरा शहर उनके नियंत्रण में रहा। अंत में, जेल में बंद रणवीर सेना के दो प्रमुख नेताओं, विश्वेश्वर राय और बड़े शर्मा को मार डालने के बाद पार्टी के राज्य सचिव अजय कानू सहित, जेल में बंद अपने करीब सौ कॉमरेडों के साथ वे वहाँ से निकल गए।

इस घटनाक्रम ने नीतीश को एक सिहरन पैदा कर देने वाला पाठ सिखाया : राज्य माओवादियों की सशस्त्र शक्ति से निपटने में अक्षम प्रतीत हुआ। वे माओवादियों के प्रभाव वाले इलाकों में राज्य की सत्ता को कैसे पुनर्स्थापित कर पाएँगे?

अपने एक पूर्व अवतार, नक्सलवाद की तरह माओवाद पर उसी तरह से काबू नहीं पाया जा सकता था जैसे अपराधियों पर पाया गया था। उसके मूल में राज्य के प्रति गहरा गुस्सा था। दमनकारियों के साथ राज्य की मिलीभगत के कारण खेतिहर मजदूरों और गरीब किसानों का जो भा.क.पा. (माओवादी) में सक्रिय थे, समाज व्यवस्था से मोहभंग हो गया था। उन्हें लगातार भू-स्वामी जातियों, जिनमें सवर्ण और पिछड़ी जातियों के कुछ उन्नत वर्ग शामिल थे, के सामाजिक

भेदभाव, सरेआम बेइज्जती और हिंसा का सामना करना पड़ता था। उनकी महिलाएँ अकसर छेड़छाड़ और बलात्कार की शिकार बनती थीं। ज्यादातर मौकों पर स्थानीय पुलिस गरीबों को दबाने के लिए कानून और हथियारों का उपयोग करते हुए, अपनी ताकत शक्तिशाली दमनकारियों के पक्ष में लगाती थी।

सरकार की विकास एजेंसियाँ ग्रामीण अमीरों के इशारे पर और उनके हित साधने के लिए काम करती थीं। गरीबों के लिए लोकतंत्र में कोई आकर्षण नहीं था, क्योंकि पुलिस के साथ साँठगाँठ करके अमीर चुनावों में धाँधली करवाते थे तथा पंचायतों, विधान सभा और संसद् में चुने हुए प्रतिनिधि उनके दमनकारियों का पक्ष लेते थे।

असल में, माओवादी (नक्सलवादी) दखल दें, ऐसे हालात राज्य द्वारा पैदा किए गए थे। माओवाद एक 'समतावादी' राज्य के पाखंड की एक वैध संतान था। माओवादी अपील का आधार राज्य की तटस्थता में विश्वास की कमी थी। माओवादी अपने प्रचार और सदस्यों की दी गई सैद्धांतिक शिक्षा में राज्य को आमतौर पर 'शत्रु' के रूप में निरूपित करते थे।

सशस्त्र कम्युनिस्टों को नियंत्रण में रखने के लिए लालू सहित, नीतीश के पूर्ववर्तियों ने दमन और समाज सुधार की दोहरी नीति अपनाई थी। सुधारों वाले भाग में विकास की बयार गरीबों तक पहुँचाने के प्रयास और कल्याण कार्यक्रम शामिल थे, परंतु अधिकांशत: सुधार कागजों से बाहर नहीं आ पाए, असली जोर हमेशा दमन पर ही होता था। सार रूप में इसका अर्थ था : गरीबों के लिए सहानुभूति के झीने परदे, जिसे माओवादियों के अनुयाइयों को उनसे दूर ले जाने के लिए तैयार किया गया था, के पीछे, राज्य माओवादी समूहों के नेताओं के सफाए के अभियान में लगा रहा।

यह नीति अलाभकारी रही, क्योंकि उसने गरीबों को पहले से कहीं ज्यादा यह विश्वास दिला दिया कि राज्य की मंशा उन्हें न्याय दिलाने की नहीं, बल्कि उन्हें शोषण की आदिम स्थिति में बनाए रखने की थी। राज्य के द्वारा किए जा रहे दमन की स्वाभाविक प्रतिक्रिया सशस्त्र माओवादियों द्वारा पुलिस बलों पर बदले की काररवाई करना था। 1970 और 80 के दशकों में इसका अर्थ था पुलिसकर्मियों की हत्या और आग्नेयास्त्रों को लूटने के लिए पुलिस थानों और बाहरी चौकियों पर हमले और पुलिस निगरानी दलों पर घात लगा कर हमले करना। बाद में, लैंडमाइंस, आर.डी.एक्स. और क्लाशनिकोव्स के साथ इन हमलों ने अधिक परिष्कृत और घातक रूप ले लिया।

माओवादियों की रणनीति थी—बदले की काररवाई, मुकाबला, आत्मरक्षा। माओवादी न केवल पुलिस और अर्द्धसैनिक बलों, बल्कि भूस्वामियों की जाति आधारित सेनाओं का मुकाबला करने में भी जुटे हुए थे। इन सेनाओं के खिलाफ बदले की कार्यवाहियों में भी वे उतने ही नृशंस होते थे जितने पुलिस बलों पर किए गए हमलों में। इस पाशविकता को उचित ठहराने का उनका अंदाज भी सीधा-सादा था : यह उनके साथ सदियों तक किए गए क्रूर व्यवहार की संचित प्रतिक्रिया थी। जहाँ तक सामूहिक नरसंहार का सवाल था, पहले भूस्वामियों की सेनाओं ने उन्हें शुरू किया था,

माओवादी केवल उनकी ही भाषा में उन्हें जवाब दे रहे थे।

जब नीतीश ने अपने पुलिस बल पर नजर डाली तो उन्होंने पाया कि पुलिस हर क्षेत्र जैसे—संख्या, प्रशिक्षण, बंदूकें, गतिशीलता, संचार खुफिया तंत्र आदि में साधनों की कमी झेल रही थी। यही नहीं, एक पुलिसकर्मी की औसत आयु थी अड़तीस।

नीतीश माओवादियों से युद्ध स्तर का एक भी मुकाबला नहीं जीत सके थे। केंद्र ने मदद की पेशकश की : गृहमंत्री पी. चिदंबरम अर्द्धसैनिक बलों की उतनी कंपनियाँ भेजने के लिए तैयार थे जितनी की नीतीश को जरूरत थी। चिदंबरम ने संचार, परिवहन आदि (लॉजिस्टिक्स) के लिए तकनीकी उपकरण, यहाँ तक कि भारतीय वायु सेना का एक विमान उपलब्ध कराने का प्रस्ताव भी किया।

नीतीश जानते थे कि माओवाद का बढ़ना राष्ट्रीय सुरक्षा के लिए एक गंभीर खतरा था और इस चुनौती का मुकाबला करने के लिए केंद्र और राज्यों के समन्वित प्रयास जरूरी थे। फिर भी, अपने राज्य में स्थिति का आकलन करने केबाद वे इस नतीजे पर पहुँचे कि माओवादियों से निपटने के लिए केवल कार्यवाहियों पर भरोसा करना लाभकारी नहीं होगा।

नीतीश माओवाद पर अपना रुख विस्तार से इस तरह बयाँ करते हैं :

> ''हमें यह समझना होगा कि हम लोकतंत्रवादी हैं। माओवादी विद्रोही हैं। वे कोई भी साधन अपना सकते हैं। उनका उद्‌देश्य है बंदूक की शक्ति के जरिए सत्ता हथियाना। क्या हम उनका अनुकरण करेंगे? क्या हम भी वहीं करेंगे जो वे करते हैं? हमें यह समझना होगा कि एक बहुत बड़ी संख्या में लोग शिक्षा, स्वास्थ्य और अन्य सरकारी सेवाओं से वंचित हैं। हम उन तक विकास पहुँचाने में असफल रहे हैं। राजीव गांधी के उद्धरणों में से कौन सा सबसे ज्यादा प्रसिद्ध है? 'विकास निधि के एक रुपए में से केवल 15 पैसे लोगों तक पहुँचते हैं।' इसका अर्थ क्या है कि 85 पैसे भ्रष्ट लोग हजम कर जाते हैं। क्या यह एक विडंबना नहीं है कि राजीव ने सिर्फ यह बयान दिया, परंतु 85 पैसे की बंदरबाँट को रोकने के लिए कुछ नहीं किया? इस गबन को रोकने के लिए उनकी कांग्रेस पार्टी ने क्या किया है? हम आखिरकार जनता द्वारा क्यों चुने जाते हैं—गड़बड़ियों को ठीक करने के लिए। ठीक है? इस हेरा-फेरी को कौन रोकेगा? एक चुनी हुई सरकार का बुनियादी काम यह सुनिश्चित करना है कि पूरा एक रुपया जनता तक पहुँचे। माओवाद की समस्या जटिल नहीं है। वंचित लोगों ने वह पाने के लिए माओवाद का रास्ता चुन लिया है जो चुनी हुई सरकार उन्हें देने में असफल रही है। हमें ऐसी नीतियाँ अपनानी होंगी और ऐसे कार्यक्रमों पर अमल करना होगा कि विकास उन तक पहुँचे। ऐसा होने पर माओवादी संगठन में बौद्धिक और लड़ाकू लोगों का प्रवेश अपने आप रुक जाएगा। माओवाद से लड़ने का रास्ता है ज्यादा-से-ज्यादा स्कूलों और अस्पतालों का निर्माण, ज्यादा-से-ज्यादा लोगों को रोजगार उपलब्ध कराना, अपना हुनर सुधारने में लोगों की मदद करना।''

प्रधानमंत्री मनमोहन सिंह ने माओवाद से प्रभावित राज्यों के मुख्यमंत्रियों के साथ जो बैठकें कीं, उनमें नीतीश ने जहाँ पुलिस काररवाई और सतर्कता का समर्थन किया, वहीं यह तर्क भी दिया कि विकास की गति को तेज करके ही इस समस्या से निपटा जा सकता है। उनकी रणनीति सार्वजनिक बयानबाजी में माओवादियों के खिलाफ पुलिस काररवाई पर वास्तविक काररवाई की अपेक्षा कम जोर देने की थी। माओवादियों की सशस्त्र शक्ति का मुकाबला करने के लिए पुलिस की रणनीति की काररवाई के बारे में उन्होंने बात नहीं की।

उन्होंने केंद्र से माओवादी समस्या से निपटने की रणनीतियों पर चर्चा करने के लिए पटना में बहुत ताम-झाम वाली बैठक आयोजित न करने के लिए कहा : अगर केंद्रीय गृह मंत्रालय के वरिष्ठ अधिकारी पटना में राज्य के वरिष्ठ अधिकारियों के साथ बैठक करना चाहते हैं तो वे ऐसा कर सकते हैं, परंतु ध्यान रहे कि मीडिया को इसकी भनक न लगे।

उनकी इसी सोच को मीडिया में चिदंबरम और नीतीश के बीच मतभेदों के रूप में प्रचारित किया गया था। चिदंबरम को 'गरमपंथी' और नीतीश को 'नरमपंथी' बताया गया था। उनके बीच का यह 'विभाजन' और भी 'मुखर' हो गया जब चिदंबरम द्वारा कोलकता में आयोजित माओवाद प्रभावित राज्यों के मुख्यमंत्रियों की एक बैठक में नीतीश उपस्थित नहीं हुए, परंतु वास्तविकता यह थी कि नीतीश का धर्मशाला में दलाई लामा से मिलने का कार्यक्रम पहले से तय था। उन्होंने यह बताते हुए कि उपरोक्त बैठक में वे क्यों उपस्थित न हो सकेंगे। चिदंबरम को पत्र लिखा, जिसमें यह भी बताया कि बैठक में उनके मुख्य सचिव और पुलिस महानिदेशक भाग लेंगे। उन्होंने यह आश्वासन भी दिया कि उस बैठक में जो भी निर्णय लिए जाएँगे, उन्हें वे स्वीकार करेंगे। लेकिन किसी तरह चिदंबरम ने इसे निरादर के रूप में लिया और नीतीश के नजरिए के बारे में राष्ट्रीय मीडिया को दिए गए उनकी अस्पष्ट और सांकेतिक टिप्पणियों से उन दोनों के बीच गरमपंथ और नरमपंथ के विभाजन की अटकलें और मजबूत हो गईं।

नीतीश की सरकार हाथ धोकर माओवादियों के पीछे नहीं पड़ेगी। वह ऐसा कोई अभियान नहीं चलाएगी जिसमें झाड़ियाँ जलकर राख हो जाएँ। इसका अर्थ था उनकी सरकार बिना जाँचे-परखे इस उद्देश्य के लिए केंद्रीय सरकार द्वारा पूरे देश में चलाए जा रहे अभियान 'ऑपरेशन ग्रीनहंट' की हिस्सा नहीं बनेगी। उनकी सरकार एक अभियान के बजाए 'चुनिंदा कार्यवाही' को तरजीह देती थी : पुलिस केवल तभी काररवाई करेगी जब उसे कहीं पर हमला करने के इरादे से बड़ी संख्या में हथियारों के साथ इकट्ठा हुए माओवादियों को रोकना हो।

इसके पीछे सोच यह थी कि पुलिस अपनी ओर से अकारण ऐसी काररवाईयाँ नहीं करेगी जो राज्य पर प्रतिशोधात्मक हमले करने के लिए माओवादियों को प्रेरित करे। नीतीश के प्रयास माओवादियों के समक्ष स्वयं को एक ऐसे व्यक्ति के रूप में पेश करने की दिशा में थे जो न्यायपूर्ण व्यवहार में विश्वास रखता हो और जो नृशंस और कपटपूर्ण कार्यवाहियों की इजाजत नहीं देगा। एक ऐसा व्यक्ति जो माओवादियों को 'राज्य के शत्रु' के रूप में नहीं, बल्कि ऐसे राजनीतिक विद्रोहियों

के रूप में देखता हो जिनके मानवाधिकारों की रक्षा की जानी चाहिए।

नीतीश तथा चिदंबरम या लालू की 'कार्यवाही रेखाओं' के बीच अंतर राज्य बलों और माओवादियों के बीच मुठभेड़ों की घटनाओं से अलग पुलिसिया निर्दयता में निहित था। माओवादियों से निपटने के लिए पुलिस के सबसे वीभत्स तरीकों में से एक था उन्हें फर्जी मुठभेड़ों में मार देना। जब वे किसी माओवादी को पकड़ते थे तो उसके कथित अपराधों की जाँच करने, अदालत में चार्जशीट दाखिल करने और उस पर मुकदमा चलाने की परेशानी उठाने के बजाय वे उसे एक पेड़ से बाँधकर गोली मार देते थे। अगर पुलिसकर्मी उसे जान से न मारने की 'दया' दिखाते तो पुलिस थाने में पूछताछ के दौरान उसे भयंकर यातना देते थे।

फर्जी मुठभेड़ें और यंत्रणाएँ इंदिरा के आपातकाल का भी हिस्सा थीं। उन्हीं दिनों पुलिस द्वारा केरल के एक युवा नक्सलवादी राजन की निर्मम हत्या राज्य की बर्बरता के सबसे चर्चित उदाहरणों में से एक था जिन्होंने 1975-77 का दमनचक्र झेल चुके कई-सोशल डेमोक्रेटों को मानवाधिकारों के प्रति प्रतिबद्धता विकसित करने के लिए संवेदनशील बना दिया था। अपने राजनीतिक जीवन के निर्माणात्मक चरण में इस यातना का अनुभव कर चुके नीतीश कभी अपनी पुलिस द्वारा उस भीषण परंपरा को जारी रखे जाने की इजाजत नहीं दे पाए। माओवादियों के साथ अपनी लड़ाई के पूरे दौर में उन्होंने बड़े जतन से मानवाधिकारों के प्रति सजग एक राजनेता की अपनी छवि की रक्षा की।

माओवादियों को काबू में रखने की नीतीश की नीति के तीन मूलभूत सिद्धांत हैं : एक, पुलिस फर्जी मुठभेड़ों में किसी को नहीं मारेगी। दो, पुलिस किसी को यातनाएँ नहीं देगी। तीन, जेल में बंद किसी माओवादी को डंडा-बेड़ी में नहीं जकड़ा जाएगा।

14 जुलाई, 2010 को दिल्ली में आंतरिक सुरक्षा पर प्रधानमंत्री और केंद्रीय गृह- मंत्री के साथ मुख्यमंत्रियों की तीसरी बैठक में दिए गए भाषण में नीतीश की नीति की रूपरेखा प्रस्तुत की गई थी :

> "मैं कई राज्यों में वाममार्गी चरमपंथ के प्रति आप सब लोगों की चिंता से इत्तफाक रखता हूँ। इस समस्या के समाधान के ढाँचे पर मेरी राय यहाँ उपस्थित कुछ लोगों की राय से भिन्न हो सकती है। वामपंथी उग्रवादी तत्त्व हमारे समाज का एक हिस्सा हैं जो बहक कर हिंसा के मार्ग पर चले गए हैं। प्रवर्तन मूलक काररवाई उन्हें समाज से और दूर ले जाती है। इसकी जड़ों में गए बिना किया गया इलाज इस बीमारी को और ज्यादा भयानक रूप में प्रकट कर देता है। इस स्थिति को रोकने के लिए बिहार ने एक समेकित तरीका अपनाया है, जो एक प्रभावी और स्थायी समाधान के लिए एक उचित रणनीति हो सकती है।···गहन, सर्वांगीण विकास ही वामपंथी उग्रवाद का अंतिम समाधान हो सकता है।··· राज्य सरकार नागरिकों की सुरक्षा और उनके हितों को ध्यान में रखते हुए और साथ ही मानवाधिकारों की रक्षा करते हुए कानून का राज स्थापित करने के प्रति कृत संकल्प है।··· मुझे यह बताते हुए खुशी हो रही है कि [भा.क.पा. (माओवादी) एरिया कमांडरों की गिरफ्तारी तथा बड़ी मात्रा में

हथियारों और गोला-बारूद की बरामदगी जैसी] हमारी सभी उपलब्धियाँ मानवाधिकारों के उल्लंघन की किसी शिकायत के बिना हासिल हुई हैं।''

यद्यपि नीतीश की नीति आक्रामक अभियानों और मानवाधिकारों के उल्लंघन से बचती थी, लेकिन जहाँ जरूरी था, पुलिस काररवाई की इजाजत दी गई। इस तरह, 2001-04 की अवधि में 1,160 माओवादियों की गिरफ्तारी की तुलना में 2006 और 2009 के बीच पुलिस ने 1,881 माओवादियों को गिरफ्तार किया गया। इनमें से 350 कट्टर और बहुत से माओवादी सशस्त्र विंग के 'एरिया कमांडर' और 'जोनल कमांडर' थे। 2001-04 के दौरान केवल 94 किलोग्राम विस्फोटकों की तुलना में 2006-09 की अवधि में उनसे कुल 62,841 किलो विस्फोटक जब्त किए गए।

बहुत ज्यादा शोर-शराबा किए बिना नीतीश ने अपनी पुलिस को मजबूत बनाने के उपाय किए। उन्होंने आंध्र प्रदेश में सशस्त्र माओवादी चुनौती का सफलतापूर्वक दमन कर चुके 'ग्रेहाउंड्स', की तर्ज पर एक विशेष कार्य बल (एस.टी.एफ.) स्थापित करने की स्वीकृति दी। सशस्त्र हमलावरों का मुकाबला करने के लिए उनके द्वारा हर जिले में बनाए जा रहे आदर्श पुलिस थानों की किलेबंदी की गई और अधिक पुलिसकर्मियों की भरती और परिष्कृत आग्नेयास्त्र, परिवहन वाहनों और संचार उपकरणों की खरीद के लिए पाँच वर्षों में पुलिस बजट लगभग दुगुना कर दिया।

2005 और 2009 के बीच माओवादियों के बीस शस्त्र चालन प्रशिक्षण शिविर और पिस्तौल/बंदूकें बनाने के चालीस कारखानें नष्ट किए गए। माओवादियों के साथ पुलिस की 118 मुठभेड़ें हुईं जिनमें बासठ माओवादी और छियासी पुलिसकर्मी मारे गए। आदतें मुश्किल से जाती हैं : अपनी कार्यवाहियों के दौरान पुलिसकर्मियों ने हमेशा संयम और मानवाधिकारों के प्रति सम्मान के सर्वोच्च स्तर का प्रदर्शन नहीं किया जैसा करने की नीतीश ने उन्हें हिदायत दी थी। घेराबंदी और दमन के पुलिस अभियानों और पुलिस हिरासत में पूछताछ के दौरान ज्यादतियों के कई मामले हुए जिनके बारे में नीतीश को मीडिया के जरिए पता चला।

माओवादियों के खिलाफ नीतीश की मौन, परंतु कड़ी पुलिस कार्यवाहियों की दूसरी विशेषता त्वरित अदालती काररवाई की व्यवस्था थी। अपराधियों के मामलों की तरह माओवादियों के मामले भी त्वरित अदालती काररवाई के दायरे में लाए गए। 2006 और 2007 के दौरान त्वरित काररवाई में करीब दो दर्जन माओवादी मुजरिम ठहराए गए। 2007 और 2009 के बीच 109 माओवादियों को सजा दिलवाई गई। इसने माओवादी बलों में निराशा का भाव भर दिया।

परंतु, शीर्ष माओवादी नेता त्वरित काररवाई के दायरे में नहीं लाए गए। फरवरी 2007 में भाकपा (माओवादी) के बिहार क्षेत्र का दूसरे नंबर के कमांडर अजय कानू, जो 2005 में जहानाबाद जेल तोड़ने का सूत्रधार था और जिसके सिर पर पाँच लाख का इनाम था, को पटना में गिरफ्तार किया गया। एक साल पहले पुलिस ने अरवल जिले में उसके पैतृक गाँव चौहर में उसकी संपत्ति जब्त कर ली थी। कई मामलों में उस पर गंभीर अपराधों के आरोप लगाए गए थे, परंतु राज्य के गृह विभाग ने उनमें से किसी को त्वरित काररवाई के लिए नहीं भेजा। उसे पटना की उच्च सुरक्षा प्राप्त

बेउर जेल में रखा गया था। मीडिया में सरकार के 'नर्म रुख' की आलोचना के बावजूद उसके मामलों में सरकार त्वरित काररवाई के मार्ग पर नहीं गई।

एक और महत्त्वपूर्ण माओवादी नेता प्रमोद मिश्र के खिलाफ मामले भी त्वरित काररवाई के दायरे में नहीं लाए गए। इन अपवादों को नीतीश की मौन स्वीकृति प्राप्त थी, क्योंकि वे माओवादियों से संपर्क के सारे पुल खत्म नहीं करना चाहते थे। यह निर्णय उनके खिलाफ अमर्यादित आक्रमण से बचने, उनके मन में यह भ्रम बनाए रखने, कि उनके सफाए के लिए नीतीश अपनी पूरी शक्ति नहीं लगा रहे थे, की उनकी रणनीति के अनुरूप ही था।

और निष्पक्ष होने की अपनी छवि को पुष्ट करने के लिए उन्होंने भूस्वामियों की सेनाओं के सदस्यों के खिलाफ त्वरित सुनवाई के आदेश भी दिए। त्वरित सुनवाई में मुजरिम ठहराए गए माओवादियों में से कई भूस्वामियों की सेनाओं के सदस्यों तथा सवर्णों, जो कथित रूप से उन्हें संरक्षण दे रहे थे, के प्रतिशोधात्मक जनसंहार में शामिल थे। जब माओवादियों ने उनकी सरकार पर उनके (माओवादियों के) खिलाफ मामलों को अंजाम तक पहुँचाने में जल्दी दिखाने पर सेनाओं के सदस्यों के साथ ऐसा नहीं करने का आरोप लगाना शुरू कर दिया तो नीतीश चिंता में पड़ गए। उन्होंने समझ लिया कि सेनाओं के सदस्यों के खिलाफ मामलों में भी उतनी ही चुस्ती नहीं दिखाई गई तो इससे निचली जातियों और ग्रामीण निर्धनों के अन्य वर्गों में असंतोष पैदा होगा जो उन्हें माओवादियों के पक्ष में ले जाएगा।

राज्य सरकार ने 369 ऐसे मामलों की पहचान की जिनमें सवर्ण सेनाएँ जनसंहार, हत्या, बलात्कार और हिंसा के अन्य स्वरूपों में शामिल थीं। उसने इन सभी मामलों को 'संवेदनशील' माना और पटना उच्च न्यायालय को उनकी सुनवाई करने की सलाह दी। इसके परिणामस्वरूप लक्ष्मणपुर-बाथे में अट्ठावन दलितों की हत्या करने के जुर्म में रणवीर सेना के सोलह सदस्यों को मौत की और दस को उम्रकैद की सजा दी गई। बथानी टोला में इक्कीस दलितों के सामूहिक हत्याकांड के लिए तीन को मौत की और बीस को उम्रकैद की सजा दी गई।

माओवादियों के खिलाफ बिना अधिक प्रचार के की गई अनवरत पुलिस काररवाई तथा माओवादियों और जाति आधारित सेनाओं के सदस्यों पर निष्पक्ष त्वरित काररवाई का परिणाम जनसंहार की घटनाओं की शृंखला टूटने के रूप में सामने आया। नीतीश ने अपने उन आलोचकों को गलत साबित कर दिया था जिन्होंने कहा था कि वे रणवीर सेना के खिलाफ काररवाई नहीं करेंगे, क्योंकि उसे सरकार में उनके साझेदार भाजपा का संरक्षण प्राप्त था। आलोचक अकसर भाजपा और रणवीर सेना के नेताओं के बीच नजदीकी संबंधों के बारे में मध्य बिहार में हुए जनसंहारों की जाँच करने के लिए राबड़ी शासन द्वारा बिठाए गए जस्टिस अमीर दास आयोग की टिप्पणियों का हवाला देते थे। मीडिया ने इन टिप्पणियों को खूब उछाला था। इस आरोप में वजन इसलिए भी बना रहा कि अपना कार्यभार ग्रहण करने के बाद नीतीश ने इस आधार पर इस आयोग की समय सीमा में वृद्धि नहीं की थी कि आयोग छह वर्षों से कार्य कर रहा था और उसने सरकार को कोई रिपोर्ट पेश नहीं की थी।

अपनी पुलिस से भूस्वामियों की सेनाओं के सदस्यों को गिरफ्तार करने और त्वरित काररवाई व्यवस्था के जरिए उन पर जल्दी मुकदमा चलाने के लिए कह कर नीतीश ग्रामीण निर्धनों को यह संदेश देना चाहते थे कि उन्हें माओवादियों का सशस्त्र आश्रय लेने की जरूरत नहीं है, क्योंकि लालू-राबड़ी शासन से उलट, उनकी सरकार सामंती गुंडों के खिलाफ काररवाई कर रही थी।

नीतीश की रणनीति ने माओवादियों को दो तरह से प्रभावित किया था। एक, उनके द्वारा की गई हिंसा की वारदातों की संख्या कम हो गई। 2001-04 की अवधि में माओवाद से संबंधित 1,117 घटनाओं की तुलना में 2006-09 के दौरान केवल 338 घटनाएँ हुईं। 2001-04 के दौरान माओवादियों द्वारा मारे गए 688 नागरिकों के मुकाबले 2006-09 की अवधि में 160 नागरिक मारे गए। दूसरे, उनकी मुख्य गतिविधियाँ मध्य बिहार से शिफ्ट होकर झारखंड की सीमा से लगे दक्षिण-पूर्वी बिहार के जिलों और नेपाल की सीमा से लगे उत्तरी बिहार के जिलों में जाने लगीं। राज्य के अन्य भागों की तुलना में इन नए अंचलों में गरीबी ज्यादा होने के कारण माओवादियों को वहाँ से नए रंगरूट मिलना आसान हो गया। इन इलाकों से सीमा-पार भाग जाना आसान था और कई भागों में वनाच्छादित पहाड़ियाँ उन्हें शरण देती थीं।

2000 के दशक के उत्तरार्द्ध में माओवादी एक उलझन में थे। उन्होंने जन आंदोलनों की तुलना में जिस सैन्यवादी मार्ग को तरजीह दी थी उसने हमेशा प्रभावी नहीं होते हुए भी सामंती दमनकारियों को शांत रखने में एक शक्तिशाली निवारक की भूमिका निभाई थी, परंतु नए प्रभाव क्षेत्र और लोगों के दिल जीतने की क्रांति अभी दूर थी। सैन्यवाद पर जोर दिए जाने का अर्थ था जन आंदोलनों में संगठन के सदस्यों और समर्थकों पर उसकी सशस्त्र भुजा का प्रभुत्व—जिसे फौजी वरदी, पदानुक्रमता (हायरार्की) और प्रशिक्षण के ताम-झाम के साथ आडंबरपूर्ण नाम दिया गया था 'पीपुल्स लिबरेशन गुरिल्ला आर्मी'।

सशस्त्र शाखा में भरती पूर्णकालिक सदस्यता के लिए तैयार होना, शिविरों को जल्दी स्थानांतरित करने की क्षमता, कठोर परिस्थितियों में आवागमन, शूटिंग की क्षमता और रणकौशल जैसे मापदंडों के आधार पर की जाती थी। ये मापदंड किसान या मजदूर परिवारों के साधारण युवाओं, जिनकी पारिवारिक जिम्मेदारियाँ एक पूर्णकालिक ड्यूटी या जान का जोखिम लेने की इजाजत नहीं देती थीं, के बजाए ऐसे तत्त्वों को ले आते थे जो दुस्साहसी, असामाजिक या अपराधी तक हो सकते थे। इस कारण सशस्त्र शाखा के सदस्यों द्वारा अपने निजी लाभ के लिए उगाही किए जाने की शिकायतें असामान्य नहीं थीं।

सैन्यवाद की सीमाओं और आंदोलन में आई विकृतियों के बावजूद भाकपा (माओवादी) ने उसका अनुसरण जारी रखा। माओवादी शिविरों से मिली रिपोर्टों ने संकेत दिया कि वे पीपुल्स लिबरेशन गुरिल्ला आर्मी के एक उन्नत संस्करण पीपुल्स लिबरेशन आर्मी स्थापित करने की प्रक्रिया में थे और माओवादियों का सैन्यवादी मार्ग राज्य के लिए गंभीर चुनौतियाँ पेश करता था।

अगस्त 2010 के आखिरी दिनों में लखीसराय के पुलिस अधीक्षक अशोक सिंह द्वारा की गई

एक भारी गलती के साथ माओवाद से संबंधित नीतीश की नीति की सबसे बड़ी परीक्षा सामने आई। लखीसराय के जंगलों में करीब तीस माओवादियों की हलचल से संबंधित एक अस्पष्ट खुफिया रिपोर्ट के आधार पर सिंह ने फौजी काररवाई शुरू करने के लिए तैंतालिस जवानों का एक बल इकट्ठा किया जिसमें से तेईस बिहार मिलिटरी पुलिस (बी.एम.पी.) और बीस स्टेट ऑक्ज़िलियरी पुलिस (एस.ए.पी.) से थे। बी.एम.पी.-एस.ए.पी. के छोटे से बल की सहायता के लिए सेंट्रल रिज़र्व पुलिस फोर्स (सी.आर.पी.एफ.) के चौंतीस जवानों की एक टुकड़ी तैयार की गई। उस टुकड़ी की कमान सिंह ने कवैया पुलिस आउटपोस्ट के प्रभारी भूलन यादव को सौंपी थी, जिसे सामरिक काररवाई में कोई प्रशिक्षण या अनुभव प्राप्त नहीं था, इन सबको किसी तैयारी, विस्तृत योजना या रणनीति के बगैर जंगल में भेज दिया।

> "(सिंह ने) उस मानक काररवाई प्रक्रिया (स्टैंडर्ड ऑपरेटिंग प्रोसीजर-एस.ओ.पी.) का पालन नहीं किया, जो दंतेवाड़ा (छत्तीसगढ़) जनसंहार के बाद निर्धारित हुई थी। वह अब तक का सबसे घातक माओवादी हमला था, जिसमें घात लगाकर सी.आर.पी.एफ. के 76 जवान मारे गए। एस.ओ.पी.के. अनुसार बल के गठन के बाद कमांडर क्षेत्र की रचना, प्रमुख स्थलों और खुफिया सूचना पर चर्चा करते हैं। रेत के मॉडल्स और सर्वे ऑफ इंडिया के नक्शों का उपयोग करते हुए ये सब चीजें फौजियों को समझाई जाती हैं। एक विस्तृत रणनीति तैयार की जाती है। इससे पहले कि लड़ाकू बल कूच करे, ग्राउंड पोजीशनिंग सिस्टम (जी.पी.एस.) के समन्वयक यथास्थान खड़े किए जाते हैं, परंतु अशोक सिंह ने कोई योजना नहीं बनाई।'' वह जानते थे कि हम उबड़-खाबड़, पहाड़ी और वनाच्छादित भूमि पर लड़ने जा रहे थे। वे वहाँ की जमीन की शक्ल जानते थे। हाल ही में छत्तीसगढ़ में घात लगाकर किए गए हमलों के बाद उन्हें सतर्क रहना चाहिए था, जहाँ माओवादी ऊँचाई पर थे और उन्होंने पुलिसकर्मियों को जाल में फँसाने के लिए उन्हें ललचाया था।'''[4]

जैसा डर था, पुलिस का खोजी दल जंगल में सीतलाकोदासी गाँव में एक जाल में फँस गया : पहाड़ियों की चोटी से अग्रिम दल पर गोलियों की बौछार हुई और उनकी रक्षा के लिए नियुक्त सी.आर.पी.एफ. का दस्ता भटक कर दूर चला गया। माओवादी करीब तीन सौ की संख्या में थे न कि तीस से कुछ ज्यादा, जैसा खुफिया सूचना में बताया गया था। कमांडर भूलन यादव सहित सात पुलिसकर्मी मारे गए और दस घायल हो गए थे जब माओवादियों द्वारा भोंपुओं के जरिए बार-बार कहने पर खोजी दल के बाकी सदस्यों ने उनके सामने आत्मसमर्पण कर दिया।

पुलिसकर्मियों के हथियार डाल देने के बाद माओवादियों ने घायलों की मरहमपट्टी की और उन्हें पीने के लिए पानी दिया। चारों पुलिसकर्मियों-मानिकपुर पुलिस थाने के एस.एच.ओ. अभय यादव, प्रशिक्षु सब इंस्पेक्टर रूपेश कुमार सिन्हा तथा बी.एम.पी. के हवलदार मोहम्मद एहसान और जमादार लुकास टेटे- को छोड़कर उन्होंने बाकी सबको जाने दिया। उन्होंने धमकी दी कि अगर राज्य सरकार ने जेल में बंद आठ प्रमुख माओवादियों को नहीं छोड़ा तो वे बंधकों को मार देंगे।

हाल के वर्षों में ऐसी स्थितियों में अन्य राज्य सरकारों ने माओवादियों की माँगों को मान लिया था। नीतीश के पास इस संकट के समाधान का यह सबसे आसान रास्ता होता। यह संकट 1, अणे मार्ग के बाहर खड़ी, बंधकों की रोती-पीटती पत्नियों और माँओं पर मीडिया फोकस से और भी गहरा गया था—इसके बजाय, नीतीश ने पुलिस कर्मियों को छुड़वाने के लिए माओवादियों पर सैन्य और नैतिक दबाव डालने का फैसला किया। उन्होंने शीर्ष पुलिस अधिकारियों को बड़े फौजी दस्ते भेजने का आदेश दिया, ताकि वे जंगल के उस इलाके को घेर लें जहाँ बंधक रखे गए थे। यह माओवादियों को यह संदेश देने के लिए था कि "अगर तुम हमारे जवानों को मारोगे तो तुम भी बच नहीं सकोगे।"

दूसरी ओर, माओवादियों को आश्वस्त करते हुए कि अपने जिन आठ साथियों की रिहाई की वे माँग कर रहे थे, उनके साथ जेल में उचित और मानवीय व्यवहार किया जा रहा है, नीतीश ने उनसे बंधकों को हानि न पहुँचाने की अपील की। उन्होंने अपनी कूटनीति की दूसरी पटरी का भी इस्तेमाल किया। उन्होंने उदार माओवादियों के साथ संपर्क रखने वाले कुछ बुद्धिजीवियों को भा.क.पा. (माओवादी) के साथ संवाद शुरू करने के लिए राजी किया। खुले मोरचों पर काम करनेवाले कुछ माओवादियों से भी, जो कभी-कभी उनसे मिलते रहते थे, उन्होंने बंधक बनाने वाले अपने साथियों पर दवाब डालने के लिए कहा।

परंतु समय-सीमा समाप्त हो जाने के बाद माओवादियों ने चार बंधकों में से एक, लुकास टेटे को मार डाला। इस घटना ने राज्य सरकार की असहायता को सबके सामने उजागर कर दिया। नीतीश माओवादियों से निपटने और पुलिसकर्मियों की रक्षा करने में असमर्थ नजर आते थे। टेटे और बचे हुए बंधकों के परिवारों ने सारे दोष नीतीश पर डाल दिए। चिदंबरम नीतीश की हालत का मजा लेते हुए प्रतीत होते थे। इस संकट के बारे में पूछे जाने पर उन्होंने कहा कि नीतीश कुमार उससे निपटने में 'सक्षम' हैं। यह राजनीतिक अहं के टकराव का समय नहीं था। नीतीश को लक्षित इलाके को सील करने के लिए और अधिक सुरक्षा बलों तथा माओवादियों के स्थान के बारे में सूचना देने की खातिर जंगल के ऊपर उड़ने के लिए दो हेलीकॉप्टरों की जरूरत थी। चिदंबरम के मंत्रालय ने आखिरकार ये दोनों उपलब्ध करा दिए।

इसके साथ-साथ नीतीश ने मीडिया और नागरिक समाज के चैनलों के जरिए माओवादियों पर नैतिक दबाव बनाए रखा। उन्होंने सभी दलों की एक बैठक बुलाई जिसमें माओवादियों से तीनों पुलिसकर्मियों को छोड़ देने की अपील संबंधी एक सर्वसम्मत प्रस्ताव पारित किया गया। उन्होंने यह घोषणा भी की कि वे माओवादियों के प्रतिनिधियों से रूबरू बात करने के लिए तैयार हैं और उन्हें इस बात का आश्वासन भी दिया कि बातचीत टूट जाने की स्थिति में भी उन्हें सुरक्षित जाने दिया जाएगा। इस पेशकश ने माओवादियों के बीच यह चर्चा छेड़ दी कि क्या उन्हें यह प्रस्ताव स्वीकार करना चाहिए और यदि हाँ तो उनका प्रतिनिधित्व कौन करेगा। आखिरकार माओवादी बातें करने नहीं आए और उन्होंने घोषणा की कि वे मानवीय आधारों पर स्वेच्छा से तीनों बंधकों को छोड़ देंगे।

उनकी और उनकी सरकार की छवि को कोई बड़ी क्षति पहुँचाए बिना नीतीश के इस संकट से उबरने में कई कारकों ने उनकी मदद की। इस मुद्दे पर माओवादी खेमे में मतभेद जान पड़ता था : यह स्पष्ट था कि एक गुट चारों बंधकों को मार कर सरकार को एक कड़ा संदेश देना चाहता था, टेटे की हत्या, जो इसकी शुरुआत मानी जाती थी, से यह स्पष्ट भी था। परंतु एक और गुट भी था जिसका तर्क था कि टेटे को मार देना 'क्रांतिकारी आचरण' नहीं था और यह कि बंदी बनाए गए अन्य पुलिसकर्मियों (युद्धबंदियों) को मार देने से माओवादियों की छवि वहशी के तौर पर बन जाएगी। अगर 'क्रांतिकारी शक्तियाँ' भी सामंती-बुर्जुवा तत्त्वों जैसी क्रूरता दिखाएँगी तो दोनों में फर्क क्या रह जाएगा? इस संयमित दृष्टिकोण को छत्तीसगढ़ के दंडकारण्य आधारित शीर्ष माओवादी नेतृत्व का समर्थन प्राप्त था और अंतत: वही कायम रहा।

लखीसराय प्रकरण ने माओवादी चुनौती से निपटने में राज्य पुलिस बलों की कमजोरी को पूरी तरह उजागर कर दिया। माओवादियों ने बेहतर योजना, बेहतर रणकौशल और ज्यादा परिष्कृत उपकरणों का प्रदर्शन किया। लखीसराय घटनाचक्र में बच गए पुलिसकर्मियों ने सार्वजनिक रूप से कहा कि उन्हें जंगल में लड़ाई लड़ने का कोई प्रशिक्षण नहीं दिया गया था। शुरुआत से ही लखीसराय की लड़ाई एकतरफा रही : माओवादियों ने पुलिसकर्मियों को जान से मारा और घायल किया, उन्हें आत्मसमर्पण के लिए मजबूर किया, चार को बंधक बना लिया और उनके दया दिखाने के कारण ही तीन बधंकों की जान बच पाई।

राज्य ने लखीसराय में जो सबक सीखा वो यह था कि वह माओवादियों से कोई युद्ध नहीं जीत सकता। नीतीश पहले से कहीं ज्यादा उन सुधारों की प्रासंगिकता के कायल हो गए जो उन्होंने गरीब तबकों में असंतोष का भाव कम करने के उद्देश्य से 2006 में माओवाद से प्रभावित गाँवों में लागू किए थे।

माओवादियों ने देहातों में अपना आधार न केवल जमींदारों की सेनाओं और पुलिस के हमलों से निपटने के लिए सशस्त्र गुरिल्ला दस्ते बनाकर, बल्कि सामाजिक और राजनीतिक मोरचों पर लड़कर भी बनाया। माओवादियों की लामबंदी के दबाव के कारण ही उनसे प्रभावित इलाकों में दैनिक मजदूरी की दरें बढ़ाई गई थीं। भूमिहीन मजदूरों और गरीब किसानों ने भूस्वामियों द्वारा अवैध रूप से कब्जाए निजी और सार्वजनिक भूखंड वापस छीन लिए थे। यद्यपि माओवादी संसदीय लोकतंत्र पर भरोसा नहीं करते थे, उनके संगठन ने चुनावों में हेराफेरी रोकने और मताधिकार का उपयोग करने में देहाती गरीबों की मदद की थी। उनके संगठन ने जमींदारों द्वारा निचली जातियों के किसान और मजदूर परिवारों की महिलाओं के यौन शोषण को कम किया था। माओवादी आंदोलन ने निचली जातियों में आत्म-सम्मान का भाव पैदा कर दिया था जिसके परिणामस्वरूप भेदभाव रहित, समान व्यवहार सामाजिक जीवन का एक स्वीकृत मार्ग बनता जा रहा था।

जनसाधारण के मन में शोषण और दमन के खिलाफ गहरे गुस्से ने सशस्त्र दस्तों में भरती के लिए एक तैयार आधार पेश किया था और इन दस्तों ने पिछले पचास या अधिक वर्षों में सामंती और

पुलिस बलों के साथ सचमुच कई साहसी और वीरतापूर्ण लड़ाइयाँ लड़ी थीं, परंतु माओवादी यह साबित करने में असफल रहे थे कि सशस्त्र संघर्ष राजनीतिक सत्ता हासिल करने का सर्वोत्तम तरीका था।

मूल भाकपा (माले) के अधिकांश उग्र गुट गुमनामी में चले गए थे। आंदोलन का मुख्य समूह भा.क.पा. (माले) लिबरेशन सशस्त्र संघर्ष जारी रखने की व्यर्थता को समझ गया था और उसने क्रांति का लक्ष्य संसदीय उपायों के जरिए पाने का फैसला किया था। भा.क.पा. (माओवादी) द्वारा चुनावों के बहिष्कार का आह्वान किए जाने पर भी मतदान प्रतिशत पर ज्यादा असर नहीं पड़ा था, इस तथ्य के बावजूद वह सशस्त्र संघर्ष पर भरोसा करती रही। प्रभावी तौर पर सशस्त्र संघर्ष पर जोर दिए जाने का अर्थ हो गया था जन आंदोलनों पर कम बल देना : माओवादी आंदोलन की पहचान उच्च सैन्यीकरण और निम्न राजनीतिकरण के रूप में हो गई थी। पूर्व में शस्त्रों पर अतिनिर्भरता में से एम.सी.सी., भा.क.पा. (माले) पार्टी यूनिटी और भा.क.पा. (माले) लिबरेशन के बीच एक-दूसरे को खत्म कर देने की प्रवृत्ति उपजी थी। सशस्त्र शक्ति ने गुरिल्ला दस्तों के सदस्यों के अपराधीकरण की संभावना भी पैदा कर दी थी, विशेष रूप से लोगों से निजी तौर पर उगाही या संगठन की निधि में हेराफेरी के जरिए।

फिर भी, गरीब तबकों का देश की सामाजिक और राजनीतिक व्यवस्था से अलगाव इतना ज्यादा था कि माओवादी अपने प्रभाव क्षेत्र का विस्तार कर पाते थे। इस स्थिति को नियंत्रण में लाने के लिए नीतीश के लिए कुछ कदम उठाने जरूरी थे। मगर वे कैसे उठाए जाएँ? गरीबों से जुड़े मुद्दे लगभग सभी सरकारी विभागों के हस्तक्षेप की माँग करते थे। सरकार के सभी अंगों को एक साथ स्फूर्तिवान कैसे बनाया जा सकता था? वह असंभव प्रतीत हुआ।

नीतीश ने माओवाद प्रभावित इलाके के एक गाँव में अपनी योजना का प्रयोग करने का फैसला किया। ''हम लोग कोशिश करके देखेंगे कि वह कैसे काम करता है,'' उन्होंने अपने अधिकारियों से कहा। कई नामों पर विचार करने के बाद राज्य सरकार ने जहानाबाद के सिकरिया गाँव को चुना।

कई वर्षों से सिकरिया उ.प्र. के एक स्वतंत्र युवा क्रांतिकारी डॉ. विनयन, जो देहाती गरीबों के बीच काम करने में जयप्रकाश आंदोलन से प्रेरित थे, के नेतृत्व में चलने वाली मजदूर किसान संघर्ष समिति (एम.के.एस.एस.) की गतिविधियों का एक महत्त्वपूर्ण केंद्र था। बाद में सिकरिया पंचायत के पूर्व मुखिया जंग बहादुर सिंह-ये भी जे.पी. आंदोलन में सक्रिय रहे थे-भी विनयन के साथ आ गए। एम.के.एस.एस. द्वारा जहानाबाद के सिकरिया और अन्य गाँवों में भूमिहीन मजदूरों और गरीब किसानों को संगठित किए जाने से कुर्मी जमींदारों की सशस्त्र भुजा, भूमि सेना द्वारा उन पर भीषण हमले किए गए। 1982 से 1985 के बीच अकेले सिकरिया में ही एम.के.एस.एस. के छब्बीस समर्थक मार दिए गए।

इस सशस्त्र चुनौती का मुकाबला करने के लिए एम.के.एस.एस. ने भा.क.पा. (माले) पार्टी

यूनिटी से हाथ मिला लिया : भूमि सेना पर इनके जवाबी हमलों ने अंततः 1985 में सेना को आत्मसमर्पण करने और शांति की अपील करने के लिए मजबूर कर दिया। दोनों पक्ष एक-दूसरे के खिलाफ दायर किए गए आपराधिक मामलों को वापस लेने के लिए तैयार हो गए। कुर्मी जमींदारों ने मजदूरों को बढ़ी हुई दरों पर मजदूरी देना स्वीकार कर लिया। दोनों पक्षों ने मिलकर जहानाबाद के सिकरिया और अन्य गाँवों से पुलिस शिविर हटाने की माँग की।

समझौते के बाद सामूहिक हित के लिए क्षेत्र में विकास की माँग बढ़ने लगी : पारंपरिक आहर-पाइन सिंचाई व्यवस्था की मरम्मत, बिजली और कृषि के लिए जरूरी वस्तुओं की पर्याप्त आपूर्ति, स्वास्थ्य सेवाएँ आदि। एम.के.एस.एस. ने सार्वजनिक सेवाओं के लिए घूस माँगने वाले सरकारी कर्मचारियों को डराने के लिए अपनी संगठन शक्ति का उपयोग किया।

इन्हीं कारणों से नीतीश ने अपने प्रयोग के लिए सिकरिया को चुना। अपना कार्यभार ग्रहण करने के दो महीने के भीतर ही 21 जनवरी, 2006 को सिकरिया में हुई एक सार्वजनिक सभा में नीतीश द्वारा 'आपकी सरकार आपके द्वार' नाम का यह प्रयोग शुरू किया गया। प्रयोग के पहले दिन ही नीतीश ने गाँव में कई विकास योजनाओं को हरी झंडी दिखाई। इस कार्यक्रम के पीछे विचार सिकरिया को विकासात्मक और कल्याणकारी गतिविधियों-सड़कें, सिंचाई, आवास, स्कूल, स्वास्थ्य, मानव संसाधन विकास, सामाजिक सुरक्षा से लाद देना था, ताकि सभी 'योग्य व्यक्तियों को उनकी दहलीज पर ही इन गतिविधियों के लाभ मिल जाएँ।'

तैयार की गई योजनाओं के अनुसार पंचायत के प्रशासकीय भवन 'सरकार भवन' में कंप्यूटर ट्रेनिंग सेंटर, जनस्वास्थ्य केंद्र, सार्वजनिक वितरण प्रणाली (पी.डी.एस.) या राशन दुकानें, स्वसहायता समूह केंद्र, भंडारगृह और अन्य सेवाएँ संचालित करने के लिए विभिन्न स्कंध (विंग्स) होंगे। लोगों की शिकायतों के समाधान के लिए पंचायत प्रतिनिधि और अधिकारी प्रशासकीय भवन में उपलब्ध रहेंगे। विभिन्न विभागों के अधिकारी-कर्मचारी नियमित रूप से शिविर लगाएँगे और समस्याओं को मौके पर ही सुलझाएँगे, जिनमें भूलेखों में परिवर्तन भी शामिल है। इस प्रयोग को इच्छित सफलता प्राप्त नहीं हुई, परंतु उससे सिकरिया के विकास में तेजी जरूर आई। गाँवों को शहर से जोड़ने और सार्वजनिक सेवाएँ वहाँ तक पहुँचाने की व्यवस्था में सुधार हुआ। शुरू की गई कई आर्थिक गतिविधियों ने स्त्रियों और पुरुषों के लिए रोजगार पैदा किए। दिसंबर 2008 के मध्य में सिकरिया का दौरा करने के बाद तेरहवें वित्त आयोग के एक सदस्य वी. भास्कर ने टिप्पणी की, ''साफ कहूँ तो सिकरिया ग्रामीण क्षेत्र विकास योजना दूसरों के लिए एक अनुकरणीय मॉडल बन सकती है।''[5]

दिल्ली के एक पत्रकार ने योजना का लेखाजोखा इन शब्दों में दिया :

> ''जहानाबाद कस्बे से कार द्वारा आधा घंटे के सफर जितनी दूर स्थित सिकरिया गाँव के कुछ उम्रदराज लोग चिलचिलाती धूप में उस समय के बारे में बात करते हैं जब वे रात को सोने में भी डरते थे।''' मगर आज उन कहानियों पर भरोसा करना मुश्किल है जब आप आसपास

के इलाकों की किशोरियों को साइकिल पर सिलाई कक्षाओं में जाते देखते हैं। बिहार सरकार के 'आपकी सरकार आपके द्वार' कार्यक्रम ने गाँव में हरसंभव सुविधा स्वास्थ्य केंद्र से लेकर मध्य बिहार ग्रामीण बैंक, कंप्यूटर सेंटर और रियायती दरों पर खेती के लिए जरूरी चीजों के साथ-साथ कृषि उत्पाद खरीदने की सुविधाएँ, यहाँ तक कि एक पशुचिकित्सा केंद्र भी उपलब्ध कराई है। उसने सिकरिया को निजी उद्यम के लिए भी एक आकर्षक गंतव्य बना दिया है। पिछले महीने, एक स्कूल शिक्षक अनिल कुमार सिंह ने वहाँ एक अंग्रेजी माध्यम निजी स्कूल खोलने के लिए अपनी सारी जमा-पूँजी दाँव पर लगा दी, हालाँकि एक सरकारी स्कूल वहाँ से ज्यादा दूर नहीं है और इस क्षेत्र के नए मूड के अनुसार गर्वित स्कूल मालिक ने उसका नाम रखा 'अहिंसा विद्यालय।' सिकरिया सचमुच उन इलाकों, जो कभी मध्य बिहार के खूनी इलाकेथे, में आ रहे भारी बदलावों का एक प्रतीक बन गया है। जहानाबाद, गया, अरवल, नवादा और औरंगाबाद जिलों में होने वाले संघर्ष, जिनमें सैकड़ों लोग मारे जाते थे, अब एक सुदूर भूतकाल की बात लगते हैं।''

अगले चार वर्षों में 'आपकी सरकार आपके द्वार' कार्यक्रम राज्य के आठ जिलों की 'वाम उग्रवाद-प्रभावित' पैंसठ अन्य पंचायतों तक बढ़ाया गया, योजना यह थी कि अड़तीस में से तैंतीस जिलों की ऐसी सभी पंचायतों को इसके दायरे में लाया जाए। इन सभी पंचायतों में इस कार्यक्रम के क्रियान्वयन के समन्वयन और निगरानी के लिए विकास आयुक्त को नोडल अधिकारी बनाया गया और मुख्य सचिव से इस विषय में हुई प्रगति की नियमित रूप से समीक्षा करने के लिए कहा गया।

एक पत्रकार ने नीतीश के साथ पटना के नजदीक मसौढ़ी गाँव की यात्रा की थी। मसौढ़ी को कभी माओवादी गतिविधियों का केंद्र माना जाता था। उस पत्रकार को नीतीश ने बताया कि वहाँ माओवादी प्रभाव का कैसे प्रतिकार किया गया था और उसे वस्तुतः खत्म कर दिया गया। ''हमने समस्या की जड़- गरीबी और अल्पविकास पर प्रहार किया। मुख्य रूप से 'आपकी सरकार आपके द्वार' कार्यक्रम के जरिए ऐसा किया गया। अब गाँव में कोई भी आदमी बंदूक लेकर चलना या बंदूकधारियों (सशस्त्र माओवादियों) को पनाह देना नहीं चाहता। यही सही तरीका है और मैं चाहूँगा कि केंद्र सरकार इसे देखे।''

इसमें कोई संदेह नहीं कि राज्य में माओवादी हिंसा कम हुई है, परंतु इसका पूरा श्रेय 'आपकी सरकार आपके द्वार' कार्यक्रम को नहीं दिया जा सकता। त्वरित सुनवाई व्यवस्था के अधीन कई माओवादियों को सजा दिलवाया जाना भी एक महत्त्वपूर्ण कारण था।

कार्यक्रम का मुख्य वादा है विकास के लाभों को बिना रिसाव के तृणमूल स्तर तक पहुँचाना। इसे पूरा किया जाना अभी बाकी है, बल्कि बढ़े हुए सरकारी खर्च के साथ निचले स्तरों पर भ्रष्टाचार बढ़ा ही है। पंचायती राज संस्थाओं के चुने हुए पदाधिकारियों ने सरकारी धन की लूट में नौकरशाही के निचले स्तरों और इंजीनियरों से हाथ मिला लिया है। नागरिकों की निगरानी समिति के दो सदस्यों ने 2008 में पाया कि सिकरिया के प्रभारी एक जूनियर इंजीनियर ने पैमाइश करने और

पैमाइश पुस्तिका में उसकी प्रविष्टि करने के लिए कार्यस्थल पर गए बिना ही मनरेगा (महात्मा गांधी राष्ट्रीय ग्रामीण रोजगार गारंटी अधिनियम) के अधीन गाँव में एक नई सिंचाई नहर के निर्माण पर अनुमानित खर्च का हिसाब लगा लिया था और उसे अनुमोदित भी कर दिया था।

> ''जे.ई. (कनिष्ठ अभियंता या जूनियर इंजीनियर) के साथ सिंचाई नहर के निर्माण स्थल के दौरे के समय हमें बताया गया कि यह काम पहले से मौजूद एक सिंचाई नहर, जो बिटिश राज के समय से कर रही थी, पर कराया जा रहा था। जे.ई. ने स्वीकार किया कि उसने कार्यस्थल पर गए बिना ही अनुमानित लागत खर्च का हिसाब तैयार कर लिया था। उसने इसका कारण यह बताया कि वहाँ जाने में दो-तीन दिन और लग जाते और उसके पास समय नहीं था। पूरे ब्लॉक का कार्यभार उसके कंधों पर होने के कारण वह इस समय 30 परियोजनाओं की निगरानी कर रहा था।''' अनुमानित लागत का हिसाब तैयार करने से पहले कार्यस्थल पर न जाने के गंभीर परिणाम हो सकते हैं जैसे प्रोजेक्ट की जरूरतों से बहुत ज्यादा राशि स्वीकृत किया जाना। यह भ्रष्टाचार की संभावना पैदा करता है। यह नरेगा/ मनरेगा कार्यस्थलों पर निगरानी, बजटिंग और मानव संसाधन जैसे किसी विशेष परियोजना से जुड़े और व्यापक मुद्दे भी खड़े करता है। एक प्रभारी के रूप में एक जे.ई. के अंतर्गत आने वाली परियोजना कार्यस्थलों की संख्या-जो बिहार के मामले में कम-से-कम 30 है—को देखते हुए जे.ई. के लिए नियमित रूप से प्रत्येक कार्यस्थल का दौरा करना असंभव है।''[8]

□

11

हरियाली और हरियाली की कसम

ଓଓ ✻ ୫୦୫୦

मुख्यमंत्री पद ग्रहण करने पर नीतीश जिन विचारों को सबसे पहले कार्यरूप देना चाहते थे उनमें से एक था भूमि सुधारों में तेजी लाना। जब उन्होंने सिकरिया में 'आदर्श ग्राम' मॉडल शुरू किया था, उन्होंने वहाँ चल रहे विकास कार्यक्रमों में भूमि सुधार को शामिल करने की योजना भी बनाई थी। भूमि सुधार न केवल विकास का एक महत्त्वपूर्ण घटक बनने वाला था, वह उस क्षेत्र में बढ़ते माओवादी प्रभाव पर प्रभावी अंकुश भी साबित होने वाला था। 'आपकी सरकार आपके द्वार' कार्यक्रम के अधीन विकास और लोक कल्याण की योजनाओं का बेहतर क्रियान्वयन आग बुझाने जैसे उपाय से ज्यादा नहीं समझा जाता। गाँवों में आर्थिक समीकरणों और उनके जरिए सामाजिक और राजनीतिक समीकरणों में बुनियादी बदलाव लाकर ही माओवादियों की बढ़ती ताकत का मुकाबला किया जा सकता था।

भूमि सुधार के जरिए वामपंथी उग्रवाद की अपील को बेअसर कर देने का विचार नया नहीं था। आजादी के बाद बनी राज्य की कांग्रेसी सरकारों ने भूमि सुधार संबंधी कई कानून बनाए थे, परंतु सवर्णों का जो बड़े जमींदार थे, समर्थन खोने के डर से उन्होंने जमींदारी उन्मूलन के सिवाय किसी कानून को लागू नहीं किया था। इन कानूनों को और अधिक सुनिर्दिष्ट, कड़े और प्रभावी बनाने के घोषित उद्देश्य से बीते वर्षों में उन्होंने उन कानूनों में कई संशोधन पारित किए, परंतु उन्हें उत्साह के साथ कभी लागू नहीं किया गया।

उन्नीस सौ साठ के दशक के मध्य में बने समाजवादी और साम्यवादी तत्त्वों की मजबूत उपस्थिति वाले राजनीतिक गठबंधनों ने राज्य में कांग्रेस को सत्ता से बाहर कर दिया था। इन्होंने भूमि सुधार के इन बेजान कानूनों में कुछ जान डालनी चाही, परंतु उनके कार्यकाल इतने छोटे थे कि वे कोई फर्क पैदा नहीं कर पाए। एक गैर-कांग्रेसी सरकार द्वारा दूसरा प्रयास 1977-78 में किया गया जब मुख्यमंत्री

कर्पूरी ठाकुर ने कोसी नदी सिंचाई व्यवस्था की एक शाखा नहर के क्षेत्र में पड़ने वाले पूर्णिया जिले के पाँच प्रखंडों में भूमि सुधार कानून लागू करने के लिए क्रांति नामक एक योजना तैयार की। उनके मंत्रिमंडलीय सहयोगी इस परियोजना के प्रति उदासीन या उसके विरोधी थे। लेकिन समाजवाद के प्रति अपनी प्रतिबद्धता से प्रेरित कर्पूरी, सुधारों को लेकर उत्साहित अपने दो शीर्ष अधिकारियों पी.एस. अप्पू और के.बी. सक्सेना के सहयोग से इन सुधारों को लागू करने पर आमादा थे।

कर्पूरी का सपना यह था कि कोसी क्रांति एक बार सफल हो गई तो पूरे राज्य में उसे दोहराया जा सकता है। परियोजना का मुख्य फोकस भूस्वामित्व और बँटाईदारी की अवधि से संबंधित रिकॉर्ड को सही और अद्यतन बनाने पर था, ताकि बँटाईदार अपने कार्यकाल को लेकर निश्चिंत हो सकें। चूँकि राज्य की सबसे बड़ी जमींदारियाँ पूर्णिया में थीं, इस जिले में बँटाईदारों की संख्या भी बहुत ज्यादा थी।

और कोसी क्रांति गाँवों में ही राजस्व अधिकारियों और किरानियों द्वारा शिविर लगाकर भू-स्वामित्व संबंधी रिकॉर्ड तैयार करने तथा दावों और प्रतिदावों की सुनवाई करनेवाली साधारण पहल नहीं थी। यह पहल बहुत कुछ उसी तर्ज पर, जिसके लिए बाद में पश्चिम बंगाल का ऑपरेशन बर्गा मशहूर हुआ था, एक ओर तो किसानों, किसान संगठनों और स्वयंसेवी संस्थाओं की एकजुटता पर तथा दूसरी ओर सरकारी अधिकारियों को प्रेरित करने पर निर्भर रहना चाहती थी। परंतु वास्तविक व्यवहार में हुआ यह कि अभी मुश्किल से कुछ गाँवों में उपरोक्त संस्थाओं की लामबंदी शुरू हुई थी कि जनता पार्टी के सवर्ण मंत्रियों और विधायकों ने कर्पूरी को चेतावनी दे डाली कि इस कार्यक्रम से जमींदारों और बँटाईदारों के बीच दंगे भड़क सकते हैं। ''कोसी क्रांति एक खूनी क्रांति में बदल जाएगी,'' उन्होंने कहा। अपनी कुरसी बचाने के लिए सवर्ण विधायकों के समर्थन पर निर्भर कर्पूरी ने कोसी क्रांति परियोजना को बंद करना ही बेहतर समझा।

फिर भी, भूमि सुधार लागू करने में राजनीतिक दलों की अनिच्छा के बावजूद अपने अनोखे तरीके से राज्य में ये सुधार लागू हो रहे थे। पहले बदलाव संबंधित कानूनों के पारित होने और उनके छिटपुट क्रियान्वयन से आए, जिन्होंने बड़े जमींदारों को भूमि की उच्चतम सीमा के अनुसार अपनी भूसंपत्तियों को विभाजित करने और कुछ मामलों में, इस डर से कि सरकार कहीं उन्हें छीन न ले, भू-खंडों को बँटाईदारों या संबद्ध मजदूरों को बेचने पर मजबूर कर दिया था। यद्यपि कानून बिजूखों (खेतों में चिड़ियों को डरानेवाले पुतलों) से ज्यादा डरावने नहीं थे, क्योंकि उन्हें मुश्किल से ही कभी लागू किया गया था। उन्होंने जमींदारों के मन में अनिश्चितता का भाव पैदा कर दिया था कि वे बहुत ज्यादा समय तक अपनी संपत्तियों पर कब्जा नहीं रख पाएँगे और इस धारणा ने देहात में जमीन का बाजार विकसित करने में मदद की थी।

परिवार नियोजन का चलन न होने से संयुक्त परिवारों के पुरुष सदस्यों की संख्या बहुत ज्यादा थी। उनके बीच भूमि बँट जाने के कारण खेत छोटे-छोटे टुकड़ों में बँट गए थे और प्रत्येक वंशज को अपने भूखंड कुछ भी करने की आजादी थी। इस तथ्य ने भूमि के बाजार का और अधिक विस्तार

कर दिया था। बाजार में आई नई महँगी वस्तुओं की माँग को पूरा करने के लिए पूर्व जमींदारों और बड़े भू-स्वामियों ने भी भूखंड बेच दिए थे। अपनी बेटियों के लिए दहेज की रकम जुटाने के लिए गरीब और मझोले किसानों द्वारा अपनी जमीन के हिस्से बेच दिए जाने के उदाहरण भी कम न थे। खेतिहर मजदूरों और उत्पादन की ऊँची लागत वहन न कर पाने के कारण गरीब किसानों को भी अपनी जमीन बेचने के लिए बाध्य होना पड़ता था। राज्य में ग्रामीण भू-स्वामियों की स्थिति के रूपांतरण में इन सभी कारकों ने योगदान दिया था।

शहरी रोजगार तथा हरित क्रांति संपन्न राज्यों, पंजाब और हरियाणा में मौसमी प्रवासन के कारण भूमिहीन मजदूरों और गरीब किसानों के हाथों में पैसा आ गया था जिससे जमीन की माँग बढ़ी। कई क्षेत्रों में खेतों से दूर रहने वाले जमींदारों ने इन नए मेहनती सीमांत किसानों को अपने खेत पट्टे पर दे दिए। सिंचाई सुविधाओं के प्रसार से बँटाईदारी व्यवस्था में नाटकीय परिवर्तन हुए। पंजाब में हुए बँटाईदारी के 'उलटे प्रवाह' की तर्ज पर बड़े किसानों द्वारा कृषि की बढ़ती लागत से बेजार छोटे और सीमांत किसानों से जमीन पट्टे पर ले ली गई।

कृषि संबंधों में बदलाव लाने में ऊपर बताए कारकों से कहीं बड़ा योगदान भूमिहीन मजदूरों और गरीब किसानों की लामबंदी का रहा। बँटाईदारी की सुरक्षा तथा निर्धारित उच्चतम सीमा से अधिक पूर्व जमींदारों और धार्मिक ट्रस्टों की अतिरिक्त जमीन के वितरण के लिए जे.पी. प्रेरित युवाओं, समाजवादियों और कम्युनिस्टों के आक्रामक, लेकिन अहिंसक अभियानों और इनसे पहले उग्र कम्युनिस्ट संगठनों द्वारा किए गए सशस्त्र संघर्षों ने सामंती तत्त्वों के खिलाफ इतना प्रतिकूल वातावरण बना दिया था जैसा भूमि सुधार कानून और उनके छिटपुट क्रियान्वयन कभी नहीं कर पाए थे। ये अभियान जमींदारों से लोहा लेने और सरकार को कारवाई के लिए बाध्य करने तक ही सीमित नहीं रहे, कई मामलों में तो उन्होंने उन भूखंडों को छीन लेने का फैसला किया, जिनके बारे में उनके पास पक्की जानकारी थी कि वे अवैध रूप से कब्जाए गए थे।

लगभग सभी गाँवों में जमींदारों ने गाँव की सार्वजनिक उपयोग वाली जमीनों, सरकारी भूमि, सार्वजनिक तालाबों तथा अन्य सरकारी और सामुदायिक संपत्तियों के एक बड़े भाग पर जबरन कब्जा कर रखा था। उन पर खेती और मछली पालन के जरिए वे उनसे निजी आमदनी हासिल कर रहे थे। इन संपत्तियों पर से जमींदारों को हटाने के लिए उग्र कम्युनिस्ट समूहों द्वारा संगठित मजदूरों और किसानों ने संघर्ष किया और वे कई गाँवों में सार्वजनिक भूखंडों (गैर मजरूआ आम) और तालाबों पर फिर से कब्जा करने में सफल रहे। कुछ हद तक इस लामबंदी ने बँटाईदारी की शर्तों तथा बँटाईदारी और मजदूरों की मजदूरी की दरें बढ़ाने पर भी सकारात्मक प्रभाव डाला।

इस तरह, बिहार में भूमि संबंधों में ढाँचागत बदलाव काफी हद तक सामाजिक विकास की प्रक्रिया में अपने आप हो रहे थे। राजनेताओं और जमींदारों के बीच गहरी मिलीभगत के बावजूद ये बदलाव हो रहे थे। इन बदलावों में अपना योगदान देने वाले कारक थे : पहला, राजनीतिक वाहवाही लूटने के उद्देश्य से पारित किए गए कानून। दूसरा, बाजार की शक्तियों द्वारा ग्रामीण आबादी के लिए

गाँव से बाहर खोल दिए गए आमदनी के नए स्रोत और तीसरा, किसान संगठनों द्वारा चलाए जा रहे आंदोलन। यह कहा जा सकता था कि कानूनों ने भूमि के घोड़े को थपथपाया, बाजार की शक्तियों ने उसे आगे बढ़ने के लिए ललचाया और किसान संगठनों ने उसे दौड़ने के लिए प्रेरित किया।

राज्य और राज्येतर शक्तियों द्वारा लाए गए भूमि सुधारों के संचित प्रभाव ने सामाजिक संबंधों को भी काफी प्रभावित किया। भूमि सुधारों से लाभान्वित होने वालों में अधिकांश पिछड़ी जातियों और दलित वर्गों से थे। पिछड़ी जातियों में अगड़े-यादव, कुर्मी और कोयरी सबसे ज्यादा लाभान्वित हुए थे। पिछड़े वर्गों और दलितों को हस्तांतरित भूमि ने उनके भीतर एक नया आत्मबोध पैदा किया था और इस एहसास ने उन्हें सामाजिक, सांस्कृतिक और राजनीतिक क्षेत्रों में सवर्णों के सदियों से चले आ रहे दबदबे को चुनौती देने में सक्षम बनाया। लालू की ताकत बहुत हद तक उस उमंग से जुड़ी रहीं जो भू-स्वामित्व की स्थिति में बदलाव से पैदा हुई।

कानूनों, बाजार की शक्तियों और किसान संघर्षों द्वारा प्रेरित भूमि सुधारों ने बिहार के ग्रामीण परिदृश्य को एकसमान रूपांतरित नहीं किया था। बदलाव स्थानीय, अविचारित और बेतरतीब तौर पर हो रहे थे : कोई एक तरीका काम नहीं कर रहा था, न तुलना किए जाने लायक गति थी और न सही दिशा बोध। बदलाव व्यवस्थित भूमि सुधारों के बजाए अनैच्छिक सौदों, समायोजनों और समझौतों की देन प्रतीत होते थे। एक ही गाँव में नए और पुराने, दोनों तरह के भूमि संबंधों का सह-अस्तित्व देखा जा सकता था।

भूमि सुधारों से जुड़ी जटिलताओं तथा इस क्षेत्र में पूर्व सरकारों की विफलता की कहानियों के बावजूद नीतीश भूमि सुधार जारी रखना चाहते थे। उन्हें विश्वास था कि वे ऐसा कर सकेंगे, परंतु उसके तरीकों के बारे में वे इतने निश्चित नहीं थे। फरवरी 2005 और अक्तूबर-नवंबर 2005 में हुए दोनों विधान सभा चुनावों में ज.द. (यू) ने अपने घोषणा-पत्र में भूमि सुधारों का वादा करते हुए कहा था, "एक बड़ी हद तक असमान भू-स्वामित्व कृषि की नीची विकास दर का कारण है।" रा.ज.ग. के संयुक्त घोषणा-पत्र में भी भूमि सुधारों का वादा किया गया था।

परंतु नीतीश भूमि सुधार लागू करने के पारंपरिक मार्ग पर नहीं चलना चाहते थे। पार्टी के घोषणा-पत्र में तीन प्राथमिकताएँ तय की गई थीं : भू-स्वामित्व की उच्चतम सीमा से अधिक अतिरिक्त भूमि का भूमिहीनों के बीच वितरण, भूमि संबंधी अद्यतन अभिलेख तैयार करना और स्वामित्वधारियों को पासबुक जारी करना। यद्यपि फरवरी 2005 के घोषणा-पत्र में इसका कोई उल्लेख नहीं था, अक्तूबर-नवंबर 2005 के घोषणा-पत्र में "राजनीतिक दलों के प्रतिनिधियों और समाज वैज्ञानिकों की सलाह" से एक भूमि सुधार आयोग स्थापित करने का वादा किया गया था। सवाल यह था कि क्या नीतीश के लिए भूमि सुधार लागू करने के लिए एक आयोग का गठन करना अनिवार्य था ? क्या भूमि सुधार से जुड़ी अवधारणाएँ, कानून, आकलन, प्रभावकारिता और प्रक्रियाओं के बारे में राजस्व और ग्रामीण विकास विभाग पहले से ही जानते नहीं थे ? राज्य में 1959 से ही भूमि का सर्वेक्षण और भू-अभिलेखों के आधार पर बंदोबस्ती नहीं की गई थी। सर्वेक्षण और बंदोबस्त विशुद्ध रूप से एक प्रशासकीय प्रक्रिया

थी : उसे राज्य सरकार तुरंत ही क्यों नहीं शुरू कर सकती थी ?

इस विषय पर किए अध्ययन बार-बार इस बीमारी का निदान राजनेताओं के ढुलमुल रवैये के रूप में करते थे। एक आधिकारिक अध्ययन के अनुसार राज्य के करीब अस्सी जमींदारों के पास 500 एकड़ या उससे ज्यादा भूमि थी। इस प्रकार उनके कब्जे में कुल 54,000 एकड़ भूमि थी, जिसका एक बड़ा भाग भूमि की उच्चतम सीमा निर्धारित करने वाले कानूनों के तहत हासिल किया जा सकता था। अकेले पूर्णिया जिले में ही केवल सात जमींदारों की 86,000 एकड़ उच्चतम सीमा पार अतिरिक्त भूमि का पुनर्वितरण 1998 से लंबित था। एक और सरकारी रिपोर्ट में बताया गया था कि 700 से अधिक जमींदारों के पास 200 एकड़ या उससे ज्यादा भूमि थी और इनके सम्मिलित कब्जे में 1 लाख एकड़ से ज्यादा अतिरिक्त भूमि थी। भूदान आंदोलन से प्राप्त करीब 6 लाख एकड़ भूमि अब तक वितरित नहीं की गई थी। इसके अतिरिक्त, लगभग हर गाँव में गैर मजरूआ जमीन थी, जो कुछ दबंग जमींदारों के अवैध कब्जे में थी।

प्रशासकीय तंत्र को सुधारों के प्रति उत्साही, कुशल और चुस्त बनाकर इस सब समस्याओं से निपटा जा सकता था। उदाहरण के लिए राजस्व विभाग ने अब तक अस्सी के आसपास उन जमींदारों की उच्चतम सीमा पार अतिरिक्त भूमि की पहचान नहीं की थी, जिनके पास 500 से लेकर 1000 एकड़ भूमि थी। ऐसा करने के लिए केवल राजस्व अधिकारियों को काररवाई के लिए चुस्त बनाने की जरूरत थी। राज्य में गैर मजरूआ भूमि की पहचान के लिए समर्पित एक कार्यबल को केवल इसी काम पर लगाया जा सकता था, ताकि सरकार भूमिहीनों को भूखंडों के आवंटन के साथ-साथ भूमि पर अवैध कब्जाधारियों को हटाने की प्रक्रिया भी शुरू कर सके।

कानून के मुताबिक भू-स्वामित्व की उच्चतम सीमा से अधिक करीब 4.50 लाख एकड़ अतिरिक्त जमीन थी, जिसके सरकारी अधिग्रहण पर जमींदारों ने विवाद खड़े कर रखे थे। उनसे संबंधित मामले विभिन्न अदालतों- अंचल अधिकारियों, राजस्व अदालतों, जिला दंडाधिकारियों, निचली अदालतों, उच्च न्यायालय और सुप्रीम कोर्ट-में विचाराधीन थे। कुल विवादित 4.50 लाख एकड़ भूमि में से 4 लाख एकड़ से अधिक भूमि के मुकदमे अंचलाधिकारियों से लेकर जिला दंडाधिकारियों की प्रशासकीय अदालतों में चले रहे थे। सीमा से अधिक भूमि रखने के मामलों में त्वरित निर्णय पाने के लिए नीतीश को केवल त्वरित काररवाई का अपना फार्मूला दोहराना भर था जिसे उन्होंने आपराधिक मामलों में इस्तेमाल किया था।

आखिरकार, नीतीश ने एक रिटायर्ड आई.ए.एस. अधिकारी डी. बंद्योपाध्याय (पश्चिम बंगाल में ऑपरेशन बर्गा के एक प्रमुख शिल्पी) की अध्यक्षता वाले भूमि सुधार आयोग से अलग एक कानून पारित करवाया। इस कानून के तहत भूमि सुधार कानूनों के क्रियान्वयन से संबंधित विवादों की सुनवाई के लिए एक भूमि ट्रिब्यूनल की स्थापना का प्रावधान किया गया था।

दस दलित परिवारों में से नौ के पास खेती की जमीन नहीं थी। वर्ष 2001 में राज्य की दलित आबादी में 22.5 लाख भूमिहीन दलित परिवार थे। राज्य सरकार उनमें से प्रत्येक को उच्चतम सीमा

से अतिरिक्त भूमि के अधिग्रहण, गैर मजरूआ जमीन से अवैध कब्जे हटाने और भूदान आंदोलन से प्राप्त जमीन में से एक एकड़ जमीन आसानी से दे सकती थी। परंतु नीतीश सरकार 2005-06 में केवल 1,200 के करीब 2006-07 में करीब 2,200 और 2007-08 में करीब 1,800 भूमिहीनों को ही जमीन वितरित करने में सफल हो पाई। सभी लाभार्थियों को मिलाकर कुल संख्या 10,500 या कुल भूमिहीन दलित परिवारों का 0.0046 प्रतिशत थी। अगर दूसरे समुदायों के भूमिहीन लोगों को भी शामिल कर लिया जाए तो पुनर्वितरण अक्षरशः समुद्र में एक बूँद के बराबर ही था।

बंद्योपाध्याय प्रशासनिक कुशलता, व्यापक दृष्टिकोण और लेखन की जन्मजात प्रवृत्ति से संपन्न—एक उदार, पेशेवराना नौकरशाह थे, जिन गुणों के लिए औपनिवेशिक भारत के कुछ ब्रिटिश अधिकारी प्रसिद्ध हुए थे। नीतीश ने मई 2006 में उनके साथ कुछ आरंभिक बैठकें कीं और दो मुख्य कारणों से उन्हें एक तीन-सदस्यीय भूमि सुधार आयोग का अध्यक्ष बनाने का फैसला किया (आयोग के अन्य दो सदस्य थे : सदस्य, राजस्व परिषद् और प्रधान सचिव, राजस्व-दोनों राज्य सरकार के अधिकारी)। एक, पड़ोसी राज्य में भूमि सुधारों की सफलता का श्रेय उनके नाम होने के कारण बंद्योपाध्याय बिहार में कृषि सुधारों के मामले में चली आ रही चुनौती को तोड़ने के लिए सर्वोत्तम व्यक्ति थे। बिहार उसी जमींदारी व्यवस्था के अधीन रहा था जो पश्चिम बंगाल में थी। इसके अतिरिक्त, भूमि सुधारों और किसानों को दिए गए प्रोत्साहन उपायों के कारण पश्चिम बंगाल ने पूर्वी भारत के राज्यों में कृषि की सबसे ऊँची विकास दर और उत्पादकता हासिल की थी। दूसरे, भूमि सुधारों के साथ नीतीश को अपने शासन को मजबूत आधार दिए जाने की आशा थी। भूमि सुधारों से उपजे व्यापक जन-समर्थन के कारण ज्योति बसु और वाम मोरचा ने लगातार पच्चीस वर्षों से अधिक समय तक सत्ता सुख भोगा था।

भूमि सुधार आयोग स्थापित करने या उसके अध्यक्ष के रूप में बंद्योपाध्याय के चयन से अशांति तुरंत पैदा नहीं हुई, परंतु आयोग ने अधिकारियों से मिलते और जन सुनवाइयाँ करते हुए जैसे-जैसे जिलों की यात्राएँ कीं, भाजपा और नीतीश की अपनी ज.द. (यू) सहित, राजनीतिक दलों में विरोध के स्वर उठने लगे, जिनमें जमींदारों की ये आशंकाएँ व्यक्त की गई थीं कि पश्चिम बंगाल के मॉडल के आधार पर नीतीश सरकार क्रांतिकारी भूमि सुधार लागू करने की योजना बना रही है।

अपने गठन के करीब दो वर्ष बाद आयोग ने अपनी रिपोर्ट सरकार को सौंप दी। बंद्योपाध्याय ने औपचारिक रूप से मुख्यमंत्री को रिपोर्ट प्रस्तुत नहीं की, बल्कि उन्होंने उसे मुख्यमंत्री कार्यालय में उपसचिव को सौंपा और चले गए। आयोग के निष्कर्षों के बारे में नीतीश को कोई अंदाजा नहीं था। प्रधान सचिव, राजस्व, अशोक वर्धन ने नीतीश को रिपोर्ट की अंतर्वस्तु के बारे में बताने की पेशकश की। "उसमें एक घंटे से ज्यादा वक्त नहीं लगेगा," उन्होंने कहा। उन्होंने जो प्रस्तुतीकरण दिया, वह दो दिनों तक तक चला। राजस्व एवं भूमि सुधार मंत्री और कई अधिकारी भी वहाँ मौजूद थे। नीतीश ने वर्धन के प्रस्तुतीकरण को धैर्यपूर्वक सुना और उनसे कई सवाल पूछे।

आने वाले दिनों में, जब नीतीश यह तय करने के लिए अभी आयोग की सिफारिशों पर विचार कर ही रहे थे कि वे कौन से कदम उठा सकते हैं और कौन से नहीं, अफवाहें उड़ने लगीं कि उनकी

सरकार एक ऐसा कानून पास करने जा रही है जो बँटाईदारों को असीमित सुरक्षा प्रदान करेगा। यह स्पष्ट था कि जो अधिकारी वर्धन के प्रस्तुतीकरण के समय उपस्थित थे उनमें से कुछ ने आयोग की प्रमुख सिफारिशों के बारे में दूसरों को भी बता दिया था।

ये अफवाहें नीतीश के लिए बड़ी राजनीतिक परेशानी के समान थीं। बँटाईदारों की सुरक्षा आजादी के पहले से ही एक बेहद विस्फोटक मुद्दा था। बाद के दशकों में राज्य में इसी मुद्दे पर भारी खून-खराबा हुआ था।

बँटाईदारी जुबानी समझ पर आधारित काश्तकारी की एक ऐसी व्यवस्था थी जिसमें उत्पादन लागत का कोई भी हिस्सा वहन किए बिना जमींदार आधी फसल का हकदार होता था। जब भी जमींदारों को बँटाईदारों की काश्तकारी की अवधि संबंधी सुरक्षा देने वाले सरकार के किसी कदम की भनक भी लगती तो वे तुरंत ही उन्हें खेतों से बेदखल कर देते थे, ताकि किसी सरकारी दल के पहुँचने पर वे अपने बँटाईदार होने का सबूत पेश न कर सकें। जो बँटाईदार काश्तकारी की स्थायी सुरक्षा का दावा करने की पहल करते थे, क्योंकि उन्होंने उस भूखंड पर लगातार बारह वर्ष खेती करने की कानूनी शर्त पूरी कर ली थी—राजस्व अदालत में कोई सबूत पेश नहीं कर पाते थे और जमींदार का कोपभाजन होकर उन्हें काश्तकारी से भी हाथ धोना पड़ता था। बँटाईदारों को सुरक्षा प्रदान करने के सरकारी प्रयास असल में उनकी असुरक्षा बढ़ाने का ही काम करते थे।

जमीन से बेदखल कर दिए जाने के डर से बँटाईदारों ने स्थायी काश्तकारी का दावा करना ही छोड़ दिया। बँटाईदार और जमींदार के बीच इस मौन सहमति से यह अन्यायपूर्ण व्यवस्था मजे से चल रही थी। इससे भू-स्वामी और काश्तकार खेत से कुछ फसल प्राप्त करने में सफल हो जाते थे, परंतु कृषि के पूँजीवादी विकास में यह व्यवस्था कोई मदद नहीं करती थी। काश्तकारी के अधीन खेती के सरकारी और गैर-सरकारी अनुमानों में कुल कृषि भूमि के 15 से लेकर 40 प्रतिशत तक का अंतर था। अगर इन दोनों के बीच की संख्या को भी सही मान लिया जाए तो राज्य की कुल कृषि भूमि का एक चौथाई भाग काश्तकारों के पास था जिनके पास बैंक से कर्ज लेने या प्रखंड और पंचायत अधिकारियों से अनुदान या अन्य कोई सरकारी सहायता लेने के लिए उन्हें दिखाने के लिए कोई कागजात नहीं थे।

ऑपरेशन बर्गा से नीतीश ने जो मुख्य प्रेरणाएँ प्राप्त की थीं, उनमें से एक थी बर्गादारों (बँटाईदारों) को काश्तकारी का हक दरशाने वाला एक 'पर्चा' जारी किया जाना जो उनकी काश्तकारी को जीवन भर के लिए सुरक्षा प्रदान करता था और साथ ही उसे वसीयत योग्य भी बनाता था। इस हकदारी के साथ बर्गादार कर्ज और सब्सिडी के भी हकदार हो जाते थे, परंतु केवल यह हकदारी उत्पादन की गुणवत्ता और मात्रा बढ़ाने के उद्देश्य से निवेश करने के लिए बँटाईदार को प्रेरित नहीं करेगी, क्योंकि जहाँ जमींदार एक रुपया भी खर्च किए बिना आधी उपज ले लेगा, उत्पादन लागत घटाने के बाद बँटाईदार के हिस्से में बहुत कम उपज आएगी। बँटाईदारों को प्रेरित करने के लिए काश्तकारी की शर्तों को उनके अनुकूल बनाया जाना अनिवार्य था। ऑपरेशन बर्गा के अधीन भू-स्वामी को उपज का 50

प्रतिशत तभी दिया जाता था जब उसने लेबर को छोड़कर कृषि में लगने वाली वस्तुओं में पैसा लगाया हो। इसके अभाव में वह केवल 25 प्रतिशत उपज का हकदार होगा।

बंद्योपाध्याय ने बिहार में काश्तकारी व्यवस्था के लिए ऑपरेशन बर्गा के एक उदार मॉडल की सिफारिश की थी। उन्होंने काश्तकारी की एक स्थायी और वसीयत-योग्य व्यवस्था की सिफारिश नहीं की थी। उन्होंने भू-स्वामी और बँटाईदार के बीच एक पाँचवर्षीय लिखित अनुबंध का सुझाव दिया था, यह अनुबंध काश्तकार को कर्ज, अनुदान और अन्य प्रोत्साहन उपायों का पात्र बनाने के लिए जमीन पर उसके कब्जे का सबूत बन सकता था, परंतु उपज के बँटवारे से संबंधित अपनी सिफारिश को उन्होंने अपने बर्गा से भी अधिक क्रांतिकारी रूप दिया था। उन्होंने भू-स्वामी द्वारा (श्रम को छोड़कर) कृषि में लगने वाली वस्तुओं पर पैसा लगाए जाने की स्थिति में उन्हें कुल उपज का 40 प्रतिशत भाग और ऐसा न करने पर 25 प्रतिशत भाग दिए जाने का सुझाव दिया था।

इससे भी ज्यादा क्रांतिकारी उनकी सिफारिश भूस्वामियों के सभी वर्गों-व्यक्तियों, धार्मिक ट्रस्टों, चीनी मिलों के लिए भू-स्वामित्व की एक समान उच्चतम सीमा पंद्रह एकड़ निर्धारित करने से संबंधित थी जिसे स्वीकार करने का नीतीश का मन नहीं था, परंतु नीतीश बँटाईदारों से संबंधित सिफारिशें लागू करना चाहते थे—बशर्ते उनकी पार्टी और बाहर के राजनेता जो अपने चुनाव क्षेत्रों में सवर्णों के समर्थन पर आश्रित थे-उन्हें ऐसा करने दें।

नीतीश को यह चेतावनी देने वाले बयान मीडिया में आने लगे कि ऑपरेशन बर्गा की तर्ज पर बनाया गया नया कानून 'ऑपरेशन बँटाई' राज्य को एक खूनी संघर्ष की आग में धकेल देने वाला है भू-स्वामियों द्वारा बँटाईदारों से अपनी जमीन खाली कराने की अफवाहें भी फैलने लगी थीं। माहौल इतना तनावपूर्ण हो गया था कि नीतीश ने आयोग की रिपोर्ट को नेपथ्य में ही रखने का फैसला किया। अप्रैल 2009 में विपक्षी सदस्यों के आग्रह पर राज्य सरकार ने प्रत्येक विधायक को आयोग की रिपोर्ट की एक सी.डी. उपलब्ध करा दी, परंतु यह कहते हुए उसे सदन के पटल पर रखने से इनकार कर दिया कि नियमों के अधीन वह ऐसा करने के लिए बाध्य नहीं थी। सच्चाई यह थी कि नीतीश नहीं चाहते थे कि सरकार उस रिपोर्ट पर चर्चा के झमेले में पड़े। मामला और ज्यादा शांत करने के लिए उन्होंने घोषणा की कि आयोग की रिपोर्ट का अध्ययन करने और तीन महीने के भीतर अपनी सिफारिशें सरकार को देने के लिए अशोक वर्धन की अध्यक्षता में एक समिति गठित कर दी गई है।

लालू और पासवान ने हर मंच से यह घोषित करते हुए कि नीतीश एक बँटाईदारी कानून लाने पर तुले हुए हैं इस स्थिति से पूरा लाभ उठाने की कोशिश की। शुरुआत में, जब मीडिया ने इस विषय पर नीतीश से जवाब माँगा तो उनका जवाब टालू किस्म का था : "एक समिति आयोग की रिपोर्ट का अध्ययन कर रही है," "अभी कुछ तय नहीं किया गया है।" परंतु जब उन पर राजनीतिक हमले तेज होने लगे तो उनके जवाब निश्चयात्मक थे, "बँटाईदारी कानून के लिए राज्य सरकार ने कोई प्रस्ताव तैयार नहीं किया है," "विपक्ष अकारण ही इसे एक मुद्दा बना रहा है।"

अगर उनका रवैया बँटाईदारों के हितों के खिलाफ प्रतीत होता था तो वे कुछ नहीं कर सकते

थे, क्योंकि विपक्ष के द्वेषपूर्ण प्रचार के कारण उन्हें सवर्णों का समर्थन खो देने का खतरा था। 1994 में समता पार्टी के गठन के समय से नीतीश के राजनीतिक उत्थान में लालू से बेजार हुए सवर्णों के समर्थन ने बेहद महत्त्वपूर्ण भूमिका निभाई थी। उनका समर्थन जारी रहना न केवल नीतीश के सत्ता में बने रहने, बल्कि बिहार के सर्वतोमुखी विकास के उनके एजेंडे पर काम करने के लिए भी जरूरी था।

अक्तूबर 2009 में 18 विधानसभा सीटों पर हुए उपचुनावों के नतीजे उनके सामने एक अंतिम चेतावनी जैसे बनकर आए। उनकी पार्टी के असंतुष्ट नेता-जिनमें से कुछ इसलिए नाराज थे कि नीतीश ने उनके परिवार के सदस्यों को चुनावी टिकट देने से इनकार कर दिया था—विपक्ष के साथ साँठगाँठ करके 'प्रस्तावित' बँटाईदारी विधेयक पर सवर्णों के मन में व्यापक रूप से आशंकाएँ पैदा करने में सफल हो गए थे। एक गठबंधन के रूप में चुनाव लड़ते हुए लालू की रा.ज.द. और पासवान की लो.ज.पा. ने 18 में से 12 सीटें जीत ली थीं और उनकी इस गर्वोक्ति को बल दिया था कि ये नतीजे तब से एक साल बाद होने वाले विधानसभा के आम चुनावों की 'रिहर्सल' थे। नीतीश ठीक से यह जानने की स्थिति में नहीं थे कि रा.ज.ग. के हाथ से निकल गए मतों में से कितने बँटाईदारी विधेयक के डर के कारण निकले थे, परंतु इस बारे में वे निश्चित थे कि उनके राजनीतिक प्रतिद्वंद्वियों और असंतुष्ट नेताओं ने सवर्णों के कुछ वर्गों को इसके लिए भड़काने में उसका इस्तेमाल किया था कि "हमारे साथ विश्वासघात करने के लिए नीतीश को एक सबक सिखाया जाए," इसलिए, उपचुनावों के बाद नीतीश ने आयोग की रिपोर्ट को चुपचाप दफन करवा दिया।

नीतीश के खंडन के बावजूद लालू और पासवान इस मुद्दे को उछालते रहे, इस काम में उन्हें सक्रिय सहयोग ज.द. (यू) के असंतुष्टों ने दिया जिन्होंने 'प्रस्तावित बँटाईदारी विधेयक' पर 'छोटे और मझोले किसानों' की ओर से विरोध दर्ज कराने के लिए पटना में एक विशाल किसान रैली आयोजित की। लालू और पासवान के सहयोगियों में प्रमुख थे समता के जमाने से नीतीश के घनिष्ठतम राजनीतिक साथी लल्लन सिंह। अपने दरबारियों को अनुचित लाभ पहुँचाने के लिए 'व्यवहारत:' मुख्यमंत्री बनकर मंत्रियों और अफसरों पर रोब गाँठने के लल्लन के रवैये पर नीतीश की गहरी नाराजगी के चलते लल्लन ने ज.द. (यू) की राज्य इकाई के अध्यक्ष पद से इस्तीफा दे दिया था। उन्होंने पार्टी की मुसीबतों के लिए नीतीश के तानाशाहीपूर्ण रवैये को दोषी ठहराते हुए कहा कि, "निर्णय लेने की प्रक्रिया में पार्टी के वरिष्ठ नेताओं को बोलने का मौका नहीं दिया जाता और न कभी उनसे सलाह ली जाती है।"

सवर्णों के मन में नीतीश के प्रति वैमनस्य बढ़ाने के लिए लल्लन ने 2010 के विधान सभा चुनावों में ज.द. (यू) का एक सांसद होते हुए भी कांग्रेसी प्रचारकों के साथ मंच साझा किया था। लल्लन के जहरीले प्रचार का सबसे ज्यादा असर उनकी भूमिहार जाति के लोगों पर होने की आशा थी। लालू और पासवान को भू-स्वामियों की एक और प्रमुख जाति राजपूतों के भी नीतीश से दूर चले जाने की आशा थी। चुनावों से पहले यह बहुत संभाव्य लग रहा था कि बँटाईदारी विधेयक का भूत

सवर्णों को डराकर उन्हें नीतीश से दूर ले जाएगा, परंतु ऐसा नहीं हुआ। सवर्णों ने नीतीश के इस आश्वासन पर विश्वास किया कि सरकार ऐसे किसी विधेयक को सदन में पेश करने पर विचार नहीं कर रही थी। एक आर्थिक सुधारक के लिए यह कोई अच्छी बात नहीं थी, परंतु नीतीश जानते थे कि वे विकास की अपनी ट्रेन को पटरी से उतारने का खतरा उठाकर ही भूमि सुधार लागू कर सकते थे।

बंद्योपाध्याय आयोग की रिपोर्ट धूल फाँक रही है, परंतु क्या नीतीश ऑपरेशन बर्गा को बिहार में दोहरा सकते थे जैसा कि वे चाहते थे? क्या वे कारक, जिन्होंने ऑपरेशन बर्गा की सफलता में योगदान दिया था, उन्हें उपलब्ध थे?

ऑपरेशन बर्गा की सफलता के पीछे सबसे बड़ी शक्ति वाम मोरचा सरकार थी जो भूमि सुधारों के प्रति कृतसंकल्प थी। नीतीश की रा.ज.ग. सरकार में ऐसी सर्वसम्मति और जुनून का अभाव था। दूसरी एजेंसी थी नौकरशाही। पश्चिम बंगाल में अधिकांश सरकारी अधिकारियों के भू-स्वामित्व से जुड़े हित नगण्य होने के कारण वे इस ऑपरेशन में निष्पक्षता और समर्पण भाव से काम कर पाते थे। बिहार में अधिकांश शीर्ष अधिकारी सवर्ण और कई तो सामंती पृष्ठभूमि के थे। अगर नीतीश ने ऑपरेशन बँटाई शुरू कर दिया होता तो वे भितरघात करके उसे असफल बना सकते थे।

तीसरी शक्ति थी वाम मोरचा में शामिल दलों, मुख्यत: मा.क.पा. के किसान संगठन। उन्होंने बर्गादारों को लामबंद किया था और बर्गादारों द्वारा भूमि अभिलेखों में अपना नाम दर्ज कराने के लिए उन्हें प्रेरित करने के उद्देश्य से जागरूकता बढ़ाने वाले कार्यक्रम आयोजित करने में सरकारी अधिकारियों के साथ काम किया था। यहाँ नीतीश के पास एक ऐसी पार्टी थी जो उन्हीं के इर्द-गिर्द घूमती थी और सही मायनों में मुश्किल से ही उसका कोई संगठन था। राज्य के अधिकांश भागों में पार्टी के कार्यालय और पदाधिकारी थे परंतु अधिकांशत: वे नीतीश की जन-सभाओं या चुनावों के दौरान ही सक्रिय होते थे। कहने को तो पार्टी का एक किसान मोरचा भी था मगर वह सिर्फ नाम का था : उससे यह उम्मीद रखना कि वह पूरे राज्य में बँटाईदारों को संगठित और प्रेरित करेगा, ऐसा सपना देखने के समान था कि हाथ के एक पंखे ने तूफान ला दिया है।

पूरी संभावना यह थी कि बंद्योपाध्याय आयोग द्वारा अनुशंसित भूमि सुधारों को लागू करने के लिए नीतीश को प्रशासकीय मशीनरी पर निर्भर रहना पड़ता और वह उन तमाशों की पुनरावृत्ति से ज्यादा कुछ न होता जो कृषि सुधारों के नाम पर वर्षों से राज्य में चल रहा था। राजनीतिक वर्ग के अनिर्णय से नीतीश के हाथ बँधे थे। नियति अधिकांशत: बाजार की शक्तियों और लड़ाकू किसान आंदोलनों से संचालित होने की थी।

कृषि विकास में भूमि सुधारों के बिना तेजी कैसे लाई जाए? नीतीश के सामने अब यह चुनौती थी। कृषि विकास के बिना बिहार के विकास की बात करना निरर्थक था। कामकाज में संलग्न उसकी आबादी का लगभग 80 प्रतिशत किसानों या मजूदरों के रूप में कृषि से जुड़ा हुआ था।

अपने आरंभिक विजयी अभियान में हरित क्रांति वस्तुत: बिहार को छोड़कर निकल गई थी। 1962 से 1965 और 1971 से 1974 की अवधियों में पंजाब में 8.35 प्रतिशत, हरियाणा में 6.66

प्रतिशत और पश्चिम बंगाल में 3.14 प्रतिशत खाद्यान्न उत्पादन वृद्धि के मुकाबले बिहार में यह वृद्धि दर केवल 1.67 प्रतिशत प्रतिवर्ष रही थी। एक ज्यादा लंबी अवधि के दौरान इसी वृद्धि की प्रगति को देखने पर 1961-62 से 1978-79 के दौरान पंजाब की 6.4 प्रतिशत हरियाणा की 5.1 प्रतिशत और पश्चिम बंगाल की 2.5 प्रतिशत वार्षिक वृद्धि दर की तुलना में बिहार में यह वृद्धि दर केवल 1.8 प्रतिशत प्रतिवर्ष रही थी।

पंजाब, हरियाणा और बिहार के बीच बढ़ती विषमता का कारण था राज्य के किसानों को नई प्रौद्योगिकी नहीं मिल पाना। पड़ोसी पश्चिम बंगाल भी जो प्राकृतिक परिस्थितियों, खेती के कौशल और कृषि संबंधी बाधाओं की दृष्टि से बिहार के समान था, नवीनतम प्रौद्योगिकी अपनाने में बिहार से आगे बढ़ गया था।

यहाँ तक कि हरित क्रांति के आगमन के एक दशक से भी ज्यादा समय बाद, 1977-78 में उर्वरकों के उपयोग के मामले में पंजाब के 94.6 कि.ग्रा. प्रति हेक्टेयर, हरियाणा के 37.4 कि.ग्रा. और पश्चिम बंगाल के 30.6 कि.ग्रा. के मुकाबले बिहार में केवल 17.2 कि.ग्रा. उर्वरक प्रति हेक्टेयर इस्तेमाल होते थे। पूर्वी भारत के राज्यों में पश्चिम बंगाल ने पहले ही भारी बढ़त प्राप्त कर ली थी। कृषि के क्षेत्र में कई दृष्टियों से असम भी बिहार से ज्यादा तरक्की कर रहा था।

1990 के दशक के आरंभिक वर्षों तक राज्य की आंतरिक माँग को पूरा करने के बाद बाजार में बेचने योग्य अधिशेष खाद्यान्न उत्पादन तो दूर की बात बिहार अपनी आबादी के लिए भी पर्याप्त खाद्यान्न पैदा नहीं कर पाता था। अपनी जरूरतों को पूरा करने के लिए मौसम की दृष्टि से एक सामान्य वर्ष में उसे करीब बीस लाख टन गेहूँ, मक्का और अन्य अनाज आयात करने पड़ते थे। प्राकृतिक आपदा वाले वर्ष में तो उसे भीख का कटोरा लेकर देश की गलियों में घूमना पड़ता था। विडंबना यह थी कि हरित क्रांति के पहले ही वर्ष 1966-67 में दुनिया भारी अकाल का सामना कर रहे बिहार को 'भारत का गरीब आदमी' कहकर दया प्रकट करती थी।

1980 के दशक के उत्तरार्द्ध में ज्यादा उपज देनेवाले बीजों, उर्वरकों और सिंचाई सुविधाओं के अंतर्गत आनेवाले क्षेत्र का आकार बढ़ाकर राज्य ने खाद्यान्न उत्पादन के मामले में राष्ट्रीय वृद्धि दर हासिल कर ली। गेहूँ और चावल के सरकार समर्थित मूल्यों के कारण बिहार ने भी पंजाब-हरियाणा की तर्ज पर दलहनों, तिलहनों और मोटे अनाजों की कीमत पर गेहूँ-चावल की खेती का पैटर्न अपना लिया।

1960-61 और 1980-81 के दौरान दलहनों के उत्पादन का क्षेत्र 23.22 लाख हेक्टेयर से घटकर 13.68 लाख हेक्टेयर रह गया। घटने की यह प्रवृत्ति अब तक जारी है, वर्ष 2005-06 में दहलन की खेती का क्षेत्र घटकर केवल 5.64 लाख हेक्टेयर रह गया था। दूसरे शब्दों में, 2000 के दशक के मध्य में राज्य उस क्षेत्र के 25 प्रतिशत से भी कम भाग में दलहन बो रहा था जितने में वह 1960-61 में बोता था और 1960-61 की पैदावार की केवल 35 प्रतिशत दलहन ही पैदा कर रहा था।

यह बिहार में हरित क्रांति के विस्तार के इतिहास का सबसे दुःखद फुटनोट था। दाल बिहार में अमीर और गरीब दोनों के पारंपरिक भोजन का एक बहुत महत्त्वपूर्ण हिस्सा है, क्योंकि वह प्रोटीन का एक बढ़िया स्रोत है। पहले वह उन्हें खेतों से मिल जाती थी–किसानों के सभी वर्गों को अपनी फसलों से और मजदूरों को मजदूरी के रूप में। अब उन्हें दालें बाजार मूल्य पर खरीदनी पड़ती थीं। चूँकि एक औसत ग्रामीण परिवार अपनी छोटी सी आमदनी का एक बड़ा भाग भोजन पर खर्च करता था, मात्रात्मक कारणों से चावल या गेहूँ जैसे मुख्य अनाजों के मुकाबले दालों का उपभोग कम होता चला गया। दूध, अंडे और मांस जैसे अन्य खाद्य पदार्थों से प्रोटीन हासिल करने की प्रवृत्ति बढ़ती गई, कम-से-कम उन लोगों में जो उनका खर्च उठा सकते थे।

परंतु क्या हरित क्रांति के घोड़े पर सवार बिहारी किसान कृषि की दृष्टि से उन्नत राज्यों के किसानों के नजदीक भी पहुँच पाए? राज्य में चावल का उत्पादन 1965–97 में 58.12 लाख टन हो गया और उसी अवधि में गेहूँ का उत्पादन 4.78 लाख टन से बढ़कर 44.70 लाख टन हो गया। बिहार में हरित क्रांति चावल की अपेक्षा गेहूँ के मामले में अधिक नाटकीय थी। गेहूँ उत्पादन के अंतर्गत आने वाला क्षेत्र 1965–66 में 6.75 लाख हेक्टेयर से बढ़कर 1996–97 में 20.33 हेक्टेयर हो गया।

परंतु राज्य में उत्पादकता राष्ट्रीय औसत से नीची बनी रही। 2003–04 में चावल उत्पादन के राष्ट्रीय औसत 2,051 कि.ग्रा. प्रति हेक्टेयर के मुकाबले बिहार ने 1,523 कि.ग्रा./हेक्टेयर चावल तथा गेहूँ उत्पादन के राष्ट्रीय औसत 2,707 कि.ग्रा./हेक्टेयर के मुकाबले बिहार ने 1,761 कि.ग्रा./हेक्टेयर गेहूँ पैदा किया। 2000–01 में पंजाब में गेहूँ की उपज 4,531 कि.ग्रा./हेक्टेयर, हरियाणा में 4,066 कि.ग्रा./हेक्टेयर और पश्चिम बंगाल में 2,321 कि.ग्रा./हेक्टेयर के मुकाबले बिहार में 2,173 कि.ग्रा./हेक्टेयर थी।

नई तकनीकी का उपयोग शुरू होने के बाद से राज्य में चावल और गेहूँ तथा उत्पादकता वृद्धि को देखते हुए बिहार की कृषि को यथावत बताना गलत होगा। सरकार और बाजार से पर्याप्त सहयोग न मिल पाने के बावजूद बिहार के किसान अपनी बुद्धि और कौशल के बल पर दालों और मक्का की उपज राष्ट्रीय औसत से बहुत अधिक बनाए रखने में सफल रहे थे। तिलहन के मामलें में वे राष्ट्रीय औसत के बहुत नजदीक थे।

ऐसा नहीं था कि बिहार के किसान कृषि उत्पादन को अधिकतम स्तर पर ले जाने में असफल रहे थे। राज्य के कुछ जिलों में प्रमुख फसलों की उत्पादकता राष्ट्रीय औसत से अधिक थी। 2006–07 में चावल उत्पादन के राष्ट्रीय औसत 2,127 कि.ग्रा./हेक्टेयर के मुकाबले रोहतास ने 3,112 कि.ग्रा./हेक्टेयर भोजपुर ने 2,633 कि.ग्रा./हेक्टेयर औरंगाबाद ने 2,511 कि.ग्रा./हेक्टेयर और कैमूर जिले ने 2,149 कि.ग्रा./हेक्टेयर चावल पैदा किया था।

इसी वर्ष समस्तीपुर में गेहूँ की उत्पादकता 2,789 कि.ग्रा./हेक्टेयर थी जो 2,675 कि.ग्रा./हेक्टेयर के राष्ट्रीय औसत से अधिक थी तथा 2,527 कि.ग्रा./हेक्टेयर के साथ भोजपुर और 2,502 कि.ग्रा./हेक्टेयर के साथ गोपालगंज राष्ट्रीय औसत के बहुत नजदीक थे। इसके साथ ही, बिहार के

अड़तीस जिलों में से तेरह जिलों में चावल की उपज प्रति हेक्टेयर 1000 किलोग्राम से कम तथा अठारह जिलों में गेहूँ की पैदावार प्रति हेक्टेयर 2000 कि.ग्रा. से कम थी। ये पिछड़े जिले राज्य के औसत को राष्ट्रीय औसत से नीचे ले आए।

बिहार के पास उपजाऊ जमीन, भरपूर पानी, पर्याप्त वर्षा, उत्तम जलवायु और खेती की समृद्ध परंपरा थी। कृषि उत्पादन और उत्पादकता के मामले में राज्य को अन्य राज्यों से पीछे क्यों रहना चाहिए ? समस्या भू-स्वामित्व की स्थिति में निहित थी। राज्य में कुल मिलाकर करीब 1 करोड़ 4 लाख भूमिधारी थे जिनमें से 83 प्रतिशत के पास 1 हेक्टेयर से कम जमीन थी (सीमांत किसान), 9.6 प्रतिशत के पास एक से लेकर दो हेक्टेयर भूमि थी (छोटे किसान), 5.7 प्रतिशत के पास दो-दो से लेकर चार हेक्टेयर भूमि थी (अर्द्ध-मझोले किसान), 1.7 प्रतिशत के पास चार से लेकर दस हेक्टेयर (मध्यम) तथा 0.1 प्रतिशत के पास दस हेक्टेयर से अधिक भूमि थी (बड़े किसान)।

चूँकि आम तौर पर के कम-से-कम दो हेक्टेयर भूमि की मिल्कियत घाटे का सौदा नहीं माना जाता है, करीब 92.5 प्रतिशत भू-खंड हरित क्रांति की पहुँच से बाहर थे। ये खेत बाजार में अतिरिक्त उत्पादन पहुँचाने के बजाय मुख्यतः गुजारे लायक कृषि उत्पादन के लिए थे। भू-स्वामित्व की उच्चतम सीमा से ऊपर वाली भूमि, गैर-मजरूआ तथा भूदान आंदोलन से प्राप्त जमीनों के वितरण के लाभार्थी भी केवल पारिवारिक उपभोग के लिए खाद्यान्न उपजाने वाले लाखों किसानों में शामिल हो गए थे। कहने का सार यह है कि छोटे और सीमांत किसान (अधिकतम दो से लेकर एक हेक्टेयर से भी कम जमीन के मालिक) राज्य की कुल कृषि भूमि के 60 प्रतिशत भाग में खेती कर रहे थे और वे विकास गाथा में सक्रिय प्रतिभागी नहीं थे।

कृषि के विकास का दावा अर्द्ध-मझोले और बड़े किसानों के बल पर ही किया जा सकता था जो राज्य की कुल जमीन के 7.5 प्रतिशत और कृषि भूमि के 40 प्रतिशत भाग पर खेती कर रहे थे। ये किसान हरित क्रांति के वृत्त के हृदय स्थल तथा छोटे और सीमांत किसान उस वृत्त के किनारों पर सक्रिय थे।

परंतु हरित क्रांति के ध्वजवाहकों के सामने दो बड़ी बाधाएँ थीं। एक थी भू-स्वामित्व का टुकड़ों में बँटा होना। खेतों की चकबंदी पंजाब और हरियाणा में हरित क्रांति की सफलता का एक मुख्य कारक थी। बिहार में चकबंदी के प्रयास अधिक सफल नहीं हुए थे और अब उन्हें वस्तुतः त्याग दिया गया है। चकबंदी की पहली शर्त थी पारस्परिक लाभ के लिए दो या अधिक भूस्वामियों का जमीन की अदला-बदली के लिए तैयार होना, जो अधिक शक्तिशाली और चालाक किसानों द्वारा अपनी कम उपजाऊ जमीन हड़प लेने के प्रयासों के कारण असंभव बना दिया गया था। पिछली सरकार किसानों को चकबंदी के लिए प्रेरित करने की दिशा में कुछ खास नहीं कर पाई थी और उन्होंने जहाँ संभव हो वहाँ समझौता करना किसानों पर छोड़ दिया, चकबंदी के मामले में नीतीश ने भी दखल नहीं देने की उसी नीति का अनुसरण किया।

दूसरी बाधा थी पट्टे पर दी गई जमीन के तथ्य का छिपाया जाना, जो काश्तकारों (पट्टाधारियों)

को संस्थागत ऋणों, सब्सिडी और प्रोत्साहन उपायों के लिए अयोग्य बना देता था। नीतीश ने इस समस्या को छुआ तक नहीं था।

विकास के मार्ग में राज्य की कृषि संरचना में निहित बाधाओं से बेपरवाह नीतीश ने कृषि के विकास का एक नक्शा तैयार किया था जो बुनियादी संरचना और प्रोत्साहन उपायों पर ज्यादा भरोसा करता था। इस योजना में किसानों को शामिल करने के लिए नीतीश ने 17 फरवरी, 2008 को पटना में इस नक्शे को राज्य के विभिन्न जिलों से आए किसानों के समक्ष प्रस्तुत किया, ताकि उसके उद्देश्यों पर वे अपनी राय व्यक्त कर सकें। किसान पंचायत नामक इस सम्मेलन में कृषि वैज्ञानिकों और विशेषज्ञों ने भी अपने विचार व्यक्त किए। अंतिम नक्शे (रोडमैप) में वैज्ञानिकों, विशेषज्ञों और किसानों के सुझाव शामिल थे।

योजना का मुख्य उद्देश्य गुणवत्तापूर्ण बीजों और उर्वरकों के उपयोग, सिंचाई सुविधाओं, बिजली आपूर्ति और ऋण सुविधाओं के जरिए उत्पादकता बढ़ाना था। बिहार के किसान पारंपरिक रूप से अपनी ही फसलों में से बचाए हुए बीज इस्तेमाल करते आए थे जो सामान्यतः निम्न गुणवत्ता वाले होते थे और अगर समय-समय पर उनमें बदलाव न हुआ तो उपज उत्तरोत्तर कम होती जाती थी। लालू-राबड़ी शासन के दौरान बीज प्रतिस्थापन दर (सीड रिप्लेसमेंट रेट-एस.आर.आर.)- अर्थात् किसी मौसम में किसी एक फसल की खेतीवाले कुल क्षेत्र का वह प्रतिशत जिसमें प्रमाणित/गुणवत्तापूर्ण बीजों का इस्तेमाल हुआ हो कम रही। 2003-04 में धान के लिए एस.आर.आर. 6.8 प्रतिशत था। गेहूँ के लिए 8.1 प्रतिशत और मक्का के लिए 30 प्रतिशत। गुणवत्तापूर्ण बीजों के उत्पादन, प्रमाणीकरण और वितरण की बुनियादी संरचना बेकार थी। सरकारी उपक्रम राज्य बीज निगम मृतप्राय था, राज्य बीज संवर्धन फार्मों का प्रबंधन घटिया था और राज्य बीज प्रमाणीकरण एजेंसी का भी यही हाल था।

नीतीश ने गुणवत्तापूर्ण बीजों के उत्पादन और प्रमाणीकरण में गति लाने के लिए मुख्यमंत्री तीव्र बीज योजना सहित कई नए कार्यक्रम शुरू करते हुए उन्हें पुनर्जीवित करने और मजबूत बनाने के लिए कदम उठाए। नीतीश शासन के वर्षों में बीज प्रतिस्थापन दर लालू-राबड़ी शासनकाल की दर से ऊँची थी, परंतु वह निर्धारित लक्ष्य से कम थी और विकसित राज्यों द्वारा हासिल दर से तो बहुत ही नीची थी। चावल के मामले में एस.आर.आर. 2005-06 में 11 प्रतिशत से बढ़कर 2009-10 में 26 प्रतिशत यानी 150 प्रतिशत वृद्धि हुई, परंतु चावल की उपज में वह बहुत कम नजर आई।

ज्यादा उपज देने वाले बीजों की किस्म (हाई यील्डिंग वैरायटी) वाली तकनीकी अपनी सफलता के लिए उर्वरकों और पानी के उपयोग पर निर्भर थी। 1992-93 में उर्वरकों का प्रयोग पंजाब में 162.2 कि.ग्रा./हेक्टेयर, हरियाणा में 107 कि.ग्रा./हेक्टेयर और उ.प्र. में 86 कि.ग्रा./हेक्टेयर के मुकाबले बिहार में केवल 57.2 कि.ग्रा./हेक्टेयर था। उर्वरकों की खपत पूरे राज्य में नीची नहीं थी : पटना (133.96 कि.ग्रा./हेक्टेयर), नालंदा (116.74 कि.ग्रा./हेक्टेयर), बेगूसराय (103.62 कि.ग्रा./हेक्टेयर), नवादा (92.71 कि.ग्रा./हेक्टेयर), जैसे जिलों में वह विकसित राज्यों से तुलनीय और राष्ट्रीय औसत (67.1 कि.ग्रा./हेक्टेयर) से बहुत ज्यादा थी। निश्चित सिंचाई सुविधा वाले क्षेत्रों

में रासायनिक खादों की उच्चतर खपत दर्ज की गई थी।

उर्वरकों का उपयोग, जो 1992-93 में 56.2 कि.ग्रा./हेक्टेयर से बढ़कर 2001-02 में 94 कि.ग्रा/हेक्टेयर हो गया था और अधिक बढ़कर 2005-06 में 110 कि.ग्रा./हेक्टेयर और 2008-09 में 170 कि.ग्रा/हेक्टेयर हो गया। इस तरह, उर्वरक खपत की वृद्धि दर लालू-राबड़ी राज के 8 प्रतिशत प्रतिवर्ष से बढ़कर नीतीश राज में 13 प्रतिशत प्रतिवर्ष हो गई। फिर भी, कुल मिलाकर रायायनिक खाद का उपयोग राष्ट्रीय औसत से बहुत नीचा बना रहा।

राज्य में उर्वरकों की कम खपत के पीछे कई कारण थे : असमान सिंचाई सुविधाएँ, कृषकों को ऋण सुविधाओं का अभाव, आपूर्ति के प्रवाह में रुकावटें और लचर विस्तार सेवाएँ। नीतीश के पहले कार्यकाल में विस्तार सेवाएँ कृषि विकास की श्रृंखला में सबसे कमजोर कड़ी बनी रही। पिछले शासन में ग्राम-स्तरीय विस्तार सेवाएँ ठप हो गई थीं, क्योंकि इन सेवाओं के लिए नियुक्त कर्मचारियों को ग्रामीण निर्माण कार्यों, पंचायत के या अन्य किसी काम पर लगा दिया जाता था।

विस्तार सेवाएँ न केवल उर्वरकों का उपयोग बढ़ाने, बल्कि एन.पी.के. (नाइट्रोजन, फॉस्फोरस और पोटेशियम) के संतुलित मिश्रण (4:2:1) के उपयोग के लिए किसानों को प्रेरित करने की दृष्टि से भी अति महत्त्वपूर्ण है। काफी प्रयासों के बाद नीतीश के कृषि अधिकारी 2006-07 में एन.पी.के. अनुपात 10.5:2.3:1 से घटाकर 2009-10 में 8:2:1 के स्तर पर ले आए, परंतु राज्य में उर्वरकों का उपयोग बढ़ाने और उनका एक आदर्श मिश्रण सुनिश्चित करने के लिए बहुत अधिक और बहुत लगन से प्रयास करना जरूरी है। किसानों को हर क्षेत्र, हर मौसम और फसल के हर चरण में सूचनाओं की जरूरत है। उनके गाँवों और खेतों के नजदीक सूचना, सलाह और आपदा प्रबंधन के लिए संस्थागत सहयोग की व्यवस्था अब भी बहुत जरूरी है।

नीतीश सरकार ने किसानों की वैज्ञानिकों से मुलाकात कराने के लिए किसान विकास शिविर तथा किसानों को बीज प्रबंधन, उनकी नई किस्मों और फसलों में विविधता लाने के बारे में किसानों को शिक्षित करने के लिए किसान पाठशाला जैसे कई कार्यक्रम शुरू किए। विस्तार सेवाओं में सुधार लाने के लिए सरकार ने हर एक पंचायत में एक किसान सलाहकार और हर दो पंचायतों के लिए एक विषय-विशेषज्ञ नियुक्त करने का फैसला किया, परंतु ये उपाय आकार ग्रहण करने तथा कृषि उत्पादन और उत्पादकता पर कोई खास प्रभाव डालने में अब तक असफल हैं।

काफी हद तक भूमि सुधारों के समान ही बिहार में सिंचाई सुविधाएँ सरकार की अपेक्षा बाजार और जनसाधारण द्वारा अधिक संचालित हैं। नदियों की प्रचुरता के बावजूद नहरों द्वारा सिंचाई की व्यवस्था बहुत अविकसित है। उत्तरी बिहार के मैदानी इलाकों, जहाँ हिमालय से निकली कई नदियाँ कई दिशाओं में बहती हैं, के किसानों ने बहुत पहले ही नहरों द्वारा सिंचाई का अपना सपना चूर-चूर होते देखा था और वे अधिकाधिक नलकूप पर ही निर्भर होते गए थे। 2005-06 में उत्तरी बिहार के मैदानी इलाकों की कृषि भूमि के 80 प्रतिशत से अधिक भाग में नलकूप के द्वारा सिंचाई होती थी, जबकि नदियों से निकली नहरों से केवल 14 प्रतिशत-कुओं, तालाबों और नौका जलग्रहण जैसे विविध छोटे

स्रोतों से केवल 4 प्रतिशत अधिक भाग में सिंचाई होती थी।

नदियों की प्रचुरता के प्रकृति के वरदान का लाभ लेने में राज्य की असफलता गंडक नहर व्यवस्था के ध्वस्त होने में सबसे ज्यादा दिखाई देती है। राज्य सरकार की पहली नदी जल सिंचाई परियोजनाओं में से गंडक परियोजना 1960 में शुरू की गई थी। कई योजना अवधियों के दौरान करोड़ों रुपए गटक जाने के बाद भी यह अपेक्षित प्रगति नहीं दरशा पाई और योजना आयोग को आखिर तंग आकर 1985 में उसे बंद कर देना पड़ा। 2003 में, केंद्रीय जल आयोग और राज्य सरकार की सिफारिश पर योजना आयोग इस परियोजना के बंद किए जाने के समय पैदा की गई 8.96 लाख हेक्टेयर क्षेत्र की सिंचाई क्षमता में से 3.96 लाख हेक्टेयर क्षेत्र में सिंचाई सुविधा बहाल करने के लिए धन देने के लिए तैयार हो गया। इस पुनरुद्धार से उत्तरी बिहार के मैदानी इलाकों में नहरों द्वारा सिंचाई क्षमता दुगुना हो जाती थी।

आयोजन या क्रियान्वयन के विभिन्न चरणों में कई नदी–आधारित सिंचाई परियोजनाएँ हैं जिनसे अपेक्षा है कि वे उत्तरी बिहार के मैदानी इलाकों में नहर–सिंचित क्षेत्र में वृद्धि करेंगी। लेकिन संकेत स्पष्ट हैं: इस कृषि मौसम वाले किसानों ने बड़े पैमाने पर नलकूपों को अपना लिया है और यह प्रवृत्ति बढ़ने ही वाली है।

दक्षिणी बिहार, जहाँ अंग्रेजों द्वारा सोन नदी पर विकसित राज्य की सबसे पुरानी नहर–सिंचाई व्यवस्था है, ने नहर सिंचाई (43 प्रतिशत) और नलकूपों (45 प्रतिशत) के बीच बेहतर संतुलन बनाए रखा है। इस कृषि–मौसमीय इलाके में सबसे कम वर्षा होती है और जब वर्षा अपर्याप्त या देरी से हो तो नहर और नलकूपों, दोनों तरह की सिंचाई क्षमता में कमी हो जाती है जिससे कृषि उत्पादन में हानि होती है। इस क्षेत्र में आहर–पाइन नामक एक उत्तम पारंपरिक सिंचाई व्यवस्था थी जिसका प्रबंधन हर गाँव का समुदाय करता था। इसमें एक तालाब में संचित पानी नालियों के जरिए खेतों में वितरित किया जाता था। इस प्रणाली के निर्माण और प्रबंधन में सभी जातियों के लोग श्रमदान करते थे।

स्वतंत्रता के बाद कांग्रेसी शासकों के दौरान ये आहर और पाइन उपेक्षा के शिकार हुए। लालू–राबड़ी राज में अधिकांश अन्य व्यवस्थाओं की तरह यह व्यवस्था भी ध्वस्त हो गई।

नीतीश के सिंचाई अधिकारियों ने गंगा के कछारी मैदानों में 20,000 आहर–पाइनों की पहचान की, जिनका पुनरुद्धार करने पर वे सिंचाई के क्षेत्र में भारी योगदान कर सकते थे। नीतीश सरकार द्वारा घोषित कृषि वर्ष 2008–09 तक राज्य की योजना में करीब 300 आहर–पाइनों के पुनरुद्धार के लिए वित्तीय प्रावधान भी किए गए, परंतु पुनरुद्धार के मार्ग में आने वाली जमीनी समस्याओं का समाधान अभी दूर था। इस मामले में प्रगति बहुत धीमी और असंतोषजनक है।

पुनरुद्धार की प्रक्रिया में तेजी तभी आ सकती है जब उन कारणों को समझ लिया जाए जो इस व्यवस्था के ध्वस्त होने के लिए जिम्मेदार थे। यह तय किया जाना जरूरी है कि क्या हर गाँव में अब भी ऐसा समुदाय मौजूद है जो इस व्यवस्था के सामूहिक प्रबंधन के लिए तैयार हो या किसान व्यक्तिगत

रूप से उनके अधीन नलकूपों से निजी सिंचाई करना ज्यादा पसंद करते हैं। सिंचाई विभाग इस स्थिति में नहीं है कि वह केवल अपने बूते पर इस प्रणाली को संचालित करके अपने ऊपर और ज्यादा आर्थिक बोझ डाले। एक आदर्श समाधान यह हो सकता था कि सिंचाई विभाग आहर-पाइनों के पुनरुद्धार और आधुनिकीकरण का काम पूरा करे और फिर उन्हें उपयोगकर्ता सहकारी समितियों को सौंप दें। ये सहकारी समितियाँ सिंचाई कर वसूल करने तथा कर संग्रहण के एक भाग का भुगतान सिंचाई विभाग को करके प्रणाली के रखरखाव के प्रबंधन के लिए जिम्मेदार होंगी। सिंचाई विभाग द्वारा नहरों के संचालन के मामले में इस तरह की व्यवस्था को पहले ही पसंद किया जा रहा है। नलकूपों द्वारा सिंचाई की प्रधानता बिहार के कृषि विकास में एक वरदान और अभिशाप दोनों ही रही है। बिजली से चलने पर नलकूप कम खर्चीले होते हैं, परंतु लालू-राबड़ी राज में बिहार में बिजली उपलब्धता की स्थिति खराब थी और नीतीश शासन में भी उसमें बहुत सुधार नहीं हुआ है। यद्यपि कागज पर राज्य के 70 प्रतिशत गाँवों का विद्युतीकरण हो चुका है, उन्हें मिलने वाली बिजली की मात्रा और गुणवत्ता दोनों ही कम रहे हैं। किसानों को मजबूरी में अपने नलकूप डीजल से चलाने पड़ते हैं जो खर्चीले साबित होते हैं और कृषि से प्राप्त आय में कमी करते हैं।

किसानों को लगातार अच्छी फसल देने के उद्देश्य से बिजली न केवल सिंचाई के लिए, बल्कि उन्हें कटाई के बाद के कार्यों से संबंधित प्रौद्योगिकी खेत से लेकर बाजार तक की पूरी अधोसंरचना उपलब्ध कराने के लिए भी बेहद जरूरी है। डीजल पर एक शीतगृह का संचालन बहुत ही खर्चीला है। बिजली उत्पादन के लिए जैव सामग्री का उपयोग ज्यादा सस्ता हो सकता है, परंतु वह हर जगह संभव नहीं है।

कृषि और उससे संबद्ध क्षेत्रों के लिए नीतीश सरकार के प्रस्तावित नक्शे (रोडमैप) (2008-13) में उसके क्रियान्वन के पहले वर्ष अर्थात् 2008-09 में 5,000 फार्म स्थित प्राथमिक प्रसंस्करण केंद्र (ऑन फार्म प्राइमरी प्रोसेसिंग सेंटर्स ओ.एफ.पी.पी. सेटर्स) स्थापित करने का प्रावधान किया गया है। खेत से बाजार तक की शृंखला में इन ओ.एफ.पी.पी. सेटर्स को एक महत्त्वपूर्ण कड़ी बनना था। खेतों में उपजी फसल के प्रसंस्करण में उत्पाद रख-रखाव, छँटाई, वर्गीकरण, धुलाई और तुलाई शामिल है। यह सब उन उपकरणों के बिना संभव नहीं होगा जो बिजली से चलते हैं। अगर गाँवों में ही उन्नत उपकरणों से लैस पैकिंग गृहों की जरूरत महसूस की जाती है तो बिजली की जरूरत आज के स्तर से बहुत ज्यादा होगी। पर्याप्त बिजली के बिना राज्य अपनी फसल-कटाई के बाद की प्रौद्योगिकियाँ और वैज्ञानिक भंडारण व्यवस्था विकसित नहीं कर सकता।

बिहार में बागवानी, पशुपालन और मत्स्यपालन के विकास की भारी संभावनाएँ हैं जिनका दोहन नहीं किया गया है। 2000 के दशक के मध्य में, जब नीतीश ने सत्ता सँभाली थी, राज्य भिंडी, अमरूद, लीची और मखाना का सबसे बड़ा उत्पादक था, आलू, प्याज, बैंगन, गोभी और अनन्नास का तीसरा सबसे बड़ा उत्पादक, केले का चौथा सबसे बड़ा उत्पादक तथा दूध का सातवाँ सबसे बड़ा उत्पादक था। बागबानी के विकास को बढ़ावा देने के लिए अपने पहले कार्यकाल के बीच के किसी समय में

नीतीश ने एक अनोखा मिशन स्टेटमेंट दिया था : "भारत में भोजन की हर थाली में बिहार का एक उत्पाद।" जिन चीजों ने उन्हें प्रेरित किया था, उनमें से एक थी कुरकुरे छिलके और नर्म गूदे वाले गोलाकार-नाश्ते के लिए उत्तम-मखानों का बढ़ता हुआ घरेलू बाजार।

पहले, उत्तर-पूर्वी बिहार के किसानों द्वारा थोड़ी मात्रा में उगाए जाने वाले मखानों के लिए न केवल बाजार को, बल्कि उपभोक्ता तक पहुँचने के लिए एक व्यापार शृंखला के आधार का भी अभाव था। यहाँ तक कि भारत के अन्य भागों में काम करने वाले बिहारियों को भी मखाने मयस्यर नहीं होते थे, क्योंकि व्यावसायिक संपर्क तंत्र को इसमें दिलचस्पी नहीं थी। अर्थव्यवस्था में खुलापन आने और बढ़ती आमदनियों केसाथ पूरे देश के मध्यमवर्गी लोगों में देश के विभिन्न भागों के व्यंजनों का जायजा लेने की प्रवृत्ति बढ़ी है। यह तथ्य मखानों के बाजार में वृद्धि कर रहा है और इस क्रम में बिहार में इसकी खेती को बढ़ावा दे रहा है।

राज्य में सभी फलों और सब्जियों के कृषि क्षेत्र और उत्पादन में खासी वृद्धि हुई है। नीतीश के आने के बाद से ही ऐसा नहीं हुआ है : लालू-राबड़ी राज के दूसरे कार्यकाल के मध्य में केंद्रीय सरकार के नीतिगत निर्देशों का अनुसरण करते हुए राज्य ने अनाजों के बजाय फलों और सब्जियों जैसी अधिक मूल्यवान फसलें उगाने के लिए किसानों को प्रोत्साहित किया था। 1990 के दशक में शुरू किए गए आर्थिक सुधारों के कारण बाजारों के मुक्त होने के बाद किसानों की निजी पहल ने राज्य के इस अभियान को बल दिया। इसके परिणामस्वरूप अनाज उत्पादन में संलग्न कृषि क्षेत्र 1990-91 में 94.31 लाख हेक्टेयर से घटकर 2004-05 में 58.38 लाख हेक्टेयर रह गया। 2009-10 में कुल कृषि क्षेत्र के लगभग 15 प्रतिशत भाग में फल और सब्जियाँ उगाई जाती थीं।

नीतीश शासन के पहले चार वर्षों में 2005-06 से 2008-09 तक वह क्षेत्र जिसमें सब्जियाँ उगाई जाती थीं, 4.96 लाख हेक्टेयर से 66 प्रतिशत बढ़कर 8.26 लाख हेक्टयर हो गया तथा उनका कुल उत्पादन 72.62 लाख टन से 84 प्रतिशत बढ़कर 133.85 लाख टन हो गया।

सब्जियों की खेती पूरे राज्य में की जाती है, परंतु उनका अधिकांश उत्पादन कुछ जिलों में घनीभूत है-दक्षिणी बिहार के मैदानी इलाकों में पटना, नालंदा और गया तथा पश्चिमोत्तर के मैदानी इलाकों में सारण, गोपालगंज, वैशाली, मुजफ्फरपुर, समस्तीपुर, पूर्वी चंपारण और पश्चिमी चंपारण। बागबानी के मामले में पश्चिमोत्तर के मैदानी भागों का आगे रहना तय है, क्योंकि यह अंचल फलों का भी सबसे बड़ा उत्पादक है।

प्रत्येक भारतीय की थाली में बिहार का कम-से-कम एक कृषि उत्पाद देखने का नीतीश का सपना पूरा होने में काफी देर है, क्योंकि किसानों के जिन मुद्दों का समाधान किया जाना बाकी है, उनकी सूची लंबी है। कृषि उत्पादों को बाजार तक ले जाने से पहले समुचित हैंडलिंग और भंडारण सुविधाओं के अभाव से होने वाली हानि अब भी एक प्रमुख समस्या बनी हुई है। घरेलू और अंतरराष्ट्रीय बाजारों में कृषि उत्पादों की कीमतों के हालिया रुख के बारे में जानकारी का अभाव किसानों को अच्छी जानकारी रखने वाले प्राथमिक व्यापारियों और थोक विक्रेताओं का आसान शिकार बना देता है।

फिर, कृषि में निवेश की लागत और क्रेडिट से जुड़ी कई समस्याएँ हैं जो अकसर कृषि के विकास में बाधक बनती हैं। हर कुछ वर्षों बाद उत्तरी बिहार में बाढ़ के रूप में या दक्षिणी बिहार में सूखे के रूप में प्रकृति मेहरबान हो जाती है और फसलों को हानि पहुँचाती है। किसानों के बड़े पैमाने पर बागबानी (और पशुपालन) की ओर रुख करने के मार्ग में अब भी कई तरह के जोखिम निहित हैं। बागवानी और पशुपालन का विकास बिहार के निवासियों की उन्नति की कुंजी है। ये दोनों क्षेत्र पूरे राज्य में रोजगार और स्व-रोजगार के अवसरों की बाढ़ ला सकते हैं। इन क्षेत्रों के विकास के लिए हर जिले में हुनर है, दिलचस्पी है और संसाधन हैं। केवल सरकारी और निजी अधोसंरचना का अभाव है।

सार्वजनिक भंडारण बेहद अपर्याप्त है, यहाँ तक कि वर्तमान गोदामों का रखरखाव भी ठीक नहीं है। कुछ प्राथमिक कृषि सहकारी समितियों ने कर्ज लेकर भंडारण गृहों की स्थापना की है, परंतु बहुत सी अन्य समितियों के लिए ऐसा करना और उनका संचालन कुशल बनाना जरूरी है। बिजली की कमी और 2010 में लालू के सत्ता में वापस आ जाने के डर से भंडारण और प्रसंस्करण में ज्यादा निजी निवेश नहीं हुआ। नीतीश के दोबारा सत्तारूढ़ हो जाने से निवेश प्रस्तावों का प्रवाह शुरू हो गया है। फिर भी, अधोसंरचना के विकास पर बहुत कुछ निर्भर करेगा। निश्चित रूप से बिजली चिंता का एक बड़ा विषय है, परंतु राज्य के कई भागों में गाँवों को आपस में जोड़ने वाली सड़कें नदारद हैं।

नीतीश के पहले कार्यकाल की प्रत्यक्ष उपलब्धियों में से एक थी सड़कों का पुनरुद्धार/ निर्माण। 2010 के चुनाव उनके पक्ष में जाने का यह एक प्रमुख कारक था, परंतु ग्रामीण सड़कों के मामले में यह उपलब्धि जरूरतों के हिसाब से बहुत कम थी।

बिहार में बागबानी की तरह पशुपालन की संभावनाओं का पूरी तरह दोहन किया जाना प्रतीक्षित है। 2009-10 में दूध के प्रति व्यक्ति प्रति दिन उपभोग के राष्ट्रीय औसत 241 ग्राम के मुकाबले राज्य में यह उपभोग 154 ग्राम था। 4.74 कि.ग्रा. मांस के वार्षिक उपभोग के राष्ट्रीय औसत के मुकाबले राज्य में इस उपभोग का वार्षिक औसत था 2.58 कि.ग्रा. और पैंतालीस अंडे प्रति वर्ष के मुकाबले राज्य में सोलह अंडों का उपभोग होता था।

पशुधन के विकास का अर्थ न केवल राज्य की अर्थव्यवस्था का विकास, बल्कि ग्रामीण निर्धनों के लिए अधिक आय, अधिक भोजन और अधिक पोषण भी होगा। राज्य की ग्रामीण आबादी का 40 प्रतिशत भाग खेतिहर मजदूरों का है (15 प्रतिशत के पास एक हेक्टेयर से कम जमीन है और 25 प्रतिशत भूमिहीन हैं), जिनके लिए पशुधन जीविका का एक महत्त्वपूर्ण पूरक स्रोत है। (एक से दो हेक्टेयर जमीन के मालिक) छोटे किसान भी विभिन्न प्रजातियों के पशु पालते हैं। चारे और अन्य लागतों को ध्यान में रखते हुए भूमिहीन मजदूर बकरी, मुरगी और भेड़ जैसे छोटे जानवर पालते हैं, जबकि छोटे और सीमांत किसान गाय और भैंस रखते हैं।

पशुजनित उत्पादों से होने वाली पूरक आय घोर दरिद्रता और भुखमरी से बचने में निर्धन ग्रामीण परिवारों की मदद करती है और यही वह कारण हो सकता है कि कम मजदूरी, अनिश्चित फसल,

शादी जैसे सामाजिक अवसरों पर होने वाले भारी खर्च, ऋणग्रस्तता और बार-बार आने वाले संकटों के बावजूद बिहार के किसान आत्महत्या क्यों नहीं करते।

इसके विपरीत, उन्होंने दिखा दिया है कि वे केवल जीवित रहने से ज्यादा कुछ कर सकते हैं— पशुधन के साथ वे अपना विकास भी कर सकते हैं। बिहार सहकारी दुग्ध महासंघ (कॉमफेड) की अविश्वसनीय सफलता इस बात का सबसे बड़ा सबूत है कि निर्धन ग्रामीण गुजारे लायक आमदनी पर जिंदा रहने की लीक से हट कर विकास के प्रतिभागी बन सकते हैं। श्वेत क्रांति में अपने ब्रांड अमूल के साथ गुजरात सहकारी दुग्ध विपणन महासंघ के बाद अपने ब्रांड 'सुधा' के साथ कॉमफेड तेजी से अगली महान् गाथा बनती जा रही है। सुधा दूध और दुग्ध उत्पादों की आपूर्ति बिहार, झारखंड, उ.प्र., पश्चिम बंगाल, उड़ीसा, असम, दिल्ली और नेपाल के सौ से ज्यादा शहरों में कर रहा है। कॉमफेड लगभग 7,750 गाँवों (राज्य के कुल गाँवों का 20 प्रतिशत) से दूध इकट्ठा करता था और अपनी आमदनी का 65 प्रतिशत डेरी कोऑपरेटिव्स के सदस्यों को वितरित करता था।

इस पर विश्वास करना कठिन है कि लालू-राबड़ी राज के दौरान ही सुधा ने चामत्कारिक वृद्धि हासिल कर ली थी। पेशे से मुख्यतः ग्वाला जाति, यादवों के समर्थन पर आधारित राज चलाते हुए भी लालू ने दुग्ध उत्पादन, उनकी कुशलता के पारंपरिक क्षेत्र, में उन्हें आगे बढ़ाने के लिए कुछ खास नहीं किया। डेरी विकास के लिए लालू ने प्रतिकूल परिस्थितियाँ पैदा की थीं, उनके बावजूद सुधा ने प्रगति की। चारा घोटाले के उजागर होने के बाद पशुपालन विभाग में कामकाज वस्तुतः ठप हो गया था। इस क्षेत्र में विभाग द्वारा दी जाने वाली सुविधाओं में कोई विस्तार नहीं हुआ तथा सेवाओं की पहुँच और गुणवत्ता में भी कमी आई। कृत्रिम गर्भाधान, टीकाकरण, ज्ञान के प्रसार, पशु-आहार और अन्य सेवाओं के लिए कॉमफेड ने अपनी स्वतंत्र अधोसंरचना विकसित की। नीतीश के शासनकाल में पशुपालन विभाग ने अपनी सेवाएँ बहाल कर दी हैं, परंतु इस दिशा में प्रगति धीमी रही है।

परंतु मंजिल अभी दूर है। 2009-10 में कॉमफेड प्रतिदिन 13 लाख लीटर दूध-राज्य के कु ल दूध उत्पादन का केवल 8 प्रतिशत एकत्र करता था। चुनौती यह है कि असंगठित दूध उत्पादन (कुल उत्पादन का 92 प्रतिशत) का काफी बड़ा भाग कॉमफेड के दायरे में लाया जाए। राज्य की माँग की पूर्ति के लिए दूध उत्पादन को दुगुना करने की जरूरत है। यह देशी दुधारू पशुओं के संकर नस्लों से प्रतिस्थापन के जरिए उत्पादकता बढ़ाए बिना संभव नहीं है। राज्य की गौजातीय आबादी में आज संकर नस्लीय पशुओं की संख्या करीब दस प्रतिशत है। कृषि और संबद्ध क्षेत्रों के लिए नीतीश के नक्शे में दुधारू पशुओं की नस्ल में आनुवांशिक सुधार के उद्देश्य से एक बड़े पैमाने पर कृत्रिम गर्भाधान कार्यक्रम का विस्तार करने और उसे किसान के दरवाजे तक ले जाने की कल्पना की गई है। सरकार द्वारा निर्मित कमजोर आधारभूत ढाँचे के चलते उसकी असल वृद्धि दर नीची रहने की ही संभावना है।

□

12

फर्राटेदार और धीमे रास्ते

ॐ * ॐ

कृषि के लिए जरूरी चीजों और बाजार तक तीव्रतर पहुँच बनाकर राज्य की गुजारे लायक खेती की कायापलट करने के लिए सड़क संपर्कता जरूरी थी। सड़क से जुड़े गाँवों के राष्ट्रीय औसत 62 प्रतिशत के मुकाबले बिहार में केवल 57 प्रतिशत गाँव सड़कों से जुड़े हुए थे। लालू-राबड़ी राज के अंत तक, राष्ट्रीय राजमार्ग, राज्य के राजमार्ग और प्रमुख जिलों की सड़कें खस्ताहाल थीं तब ग्रामीण सड़कों का कितना हिस्सा वास्तव में उपयोग के लायक होगा कोई भी उसकी कल्पना कर सकता है।

एक ऐसे राज्य में जिसकी ग्रामीण आबादी राज्य की कुल आबादी का 90 प्रतिशत है, लचर ग्राम संपर्कता की सफाई देना मुश्किल था। 2004-05 में बिहार में सड़कों की कुल लंबाई 81,655 कि.मी. में ग्रामीण सड़कों का हिस्सा 77.5 प्रतिशत था और यह दरशाता था कि राज्य के आर्थिक विकास में वे कितनी महत्त्वपूर्ण थीं, परंतु 63,262 कि.मी. लंबी ग्रामीण सड़कों में से 35,862 कि.मी. या 57 प्रतिशत सड़कें उखड़ी हुई थीं। गाँवों को जोड़ने वाली सभी सड़कें सभी मौसमों में ठीकठाक नहीं रहती थीं। उत्तरी बिहार में ग्रामीण सड़कों का एक बड़ा भाग बाढ़ या भारी बारिश से नष्ट हो जाता था। उनमें से कुछ सड़कें उन्हें प्रमुख मार्गों से जोड़ने वाले मार्गों, पुलियाओं और पुलों के अभाव में बेकार थीं।

ग्रामीण संपर्कता के लिए वर्ष 2000 में वाजपेयी सरकार द्वारा शुरू की गई प्रधान- मंत्री ग्राम सड़क योजना (पी.एम.जी.एस.वाई.) में सभी असंबद्ध बस्तियों को पूरी तरह से केंद्रीय सरकार के वित्तपोषण के जरिए सभी मौसमों में उपयोग लायक सड़कों से जोड़ने की कल्पना की गई थी। उसने इस कार्यक्रम की आयोजना और क्रियान्वयन का काम राज्य सरकारों को सौंप दिया था। 1000 और उससे ज्यादा आबादी वाली बस्तियों को 2003 तक और 500 से 999 तक की आबादी वाली

बस्तियों को 2007 तक जोड़ा जाना था।

इस कार्यक्रम के तहत केंद्र सरकार द्वारा बिहार को 150 करोड़ प्रतिवर्ष आवंटित किए जाने थे। राबड़ी सरकार ने राज्य में कुल 25,259 असंबद्ध बस्तियों की पहचान की थी जिनमें से 10,120 एक हजार या उससे ज्यादा आबादी वाले, 6,144 बस्तियाँ 500 से 999 तक आबादी वाली और शेष 500 से कम आबादी वाली थीं, परंतु राज्य द्वारा इस कार्यक्रम का प्रचालन अत्यंत धीमा था। 2002-03 में 'राज्य सरकार द्वारा धीमी गति से राशि खर्च किए जाने के कारण' केंद्रीय ग्रामीण विकास मंत्रालय, जो इस कार्यक्रम की देखरेख करता था, ने पी.एम.जी.एस.वाई. के लिए राज्य को कोई राशि आवंटित नहीं की। 2003 तक राज्य केवल 636 बस्तियों या 1000 और अधिक आबादी वाली सभी असंबद्ध बस्तियों की केवल 6 प्रतिशत तथा 500-999 तक आबादी वाली बस्तियों की केवल 2 प्रतिशत बस्तियों को संपर्क सुविधा प्रदान कर पाया।

केंद्र सरकार को राज्यों से अपेक्षा थी कि वे वास्तविक स्थलों के पुख्ता अध्ययनों तथा पंचायतों, संबंधित क्षेत्र के विधायकों और सांसदों की सुविचारित राय के आधार पर विस्तृत परियोजना रिपोर्ट तैयार करेंगे। राज्यों से परियोजना संचालन में दक्ष एक एजेंसी नियुक्त करने की अपेक्षा भी की गई थी। निर्णय लेने में सुस्त मानी जाने वाली राबड़ी सरकार इन अपेक्षाओं पर खरी नहीं उतरी। अगर पी.एम.जी.एस.वाई. की परियोजना का कोई प्रस्ताव किसी स्तर पर अटक गया हो तो उसका कारण जान कर उसे फिर से पटरी पर लाने की कोई व्यवस्था नहीं थी। परियोजना को हरी झंडी दिखाने के लिए उसके लिए राशि प्रदान करने से पहले अगर केंद्रीय ग्रामीण विकास मंत्रालय राज्य से कोई जानकारी माँगता तो नहीं मिलती थी। संबंधित राज्य का प्रदर्शन उस समय अपने निम्नतम स्तर पर पहुँच गया, जब 2003-04 में वह एक भी संपर्कविहीन बस्ती को संपर्कता प्रदान करने में असफल रहा।

2004 के लोकसभा चुनावों के बाद केंद्र में रा.ज.ग. के स्थान पर सं.प्र.ग. सत्ता में आ गया और लालू को रेल मंत्रालय और उनकी पार्टी के सदस्य रघुवंश प्रसाद सिंह को ग्रामीण विकास मंत्रालय मिल गए। पी.एम.जी.एस.वाई. के क्रियान्वयन पर राजग सरकार ने राबड़ी सरकार पर लगातार दबाव बनाए रखा था और राज्य के लचर प्रदर्शन पर उसे कठघरे में खड़ा करने का कोई भी मौका नहीं छोड़ती थी। अपना कार्यभार ग्रहण करने के शीघ्र बाद लालू ने रघुवंश के साथ मिलकर राबड़ी को इस अप्रिय स्थिति से निकालने की योजना बनाई : केंद्र पी.एम.जी.एस.वाई. परियोजनाओं के क्रियावन्वयन की जिम्मेदारी बिहार सरकार से अपने हाथों में ले लेगा।

यह एक अपवाद था, परंतु रघुवंश अपने 'साहब' को खुश करने के लिए बेताब थे और उस समय लालू कांग्रेस के इतने प्रिय पात्र थे कि वह बिहार के लिए नियम तोड़ने से रघुवंश को रोकना नहीं चाहते थे।

बिहार में प्रधानमंत्री ग्प्रमीण सड़क योजना (पी.एम.जी.एस.वाई.) के अंतर्गत 18,900 कि.मी. कुल लंबाई की प्रस्तावित सड़कों के निर्माण का कार्य पाँच केंद्रीय एजेंसियों-राष्ट्रीय भवन

निर्माण निगम (एन.बी.सी.सी.), राष्ट्रीय जल बिजली निगम (एन.एच.पी.सी.), राष्ट्रीय परियोजना निर्माण निगम (एन.पी.सी.सी.), भारतीय रेल निर्माण निगम (इरकॉन) और केंद्रीय लोक निर्माण विभाग (सी.पी.डब्लू.डी.) द्वारा आपस में बाँट लिए जाने के लिए उन्हें राजी करने के लिए लालू और रघुवंश ने अपने प्रभाव का उपयोग किया। बैठकों की एक शृंखला के बाद इनमें से प्रत्येक एजेंसी ने इस उद्देश्य से केंद्रीय ग्रामीण विकास मंत्रालय और बिहार के ग्रामीण कार्य विभाग के साथ समझौतों पर हस्ताक्षर किए।

जल्द ही यह स्पष्ट हो गया कि बिहार में ग्रामीण सड़कों का निर्माण इनमें से किसी भी एजेंसी की प्राथमिकता नहीं थी। अगस्त 2004 में यह जिम्मेदारी लेने के बाद से चार वर्षों में उन्हें सौंपे गए 18,900 कि.मी. लंबी सड़कों के निर्माण कार्यों में से उन्होंने केवल 27 प्रतिशत कार्य पूरा किया।

पी.एम.जी.एस.वाई. में उनके लचर प्रदर्शन के लिए एजेंसियों को फटकार लगाने के बजाय सं.प्र.ग. सरकार ने इसके लिए नीतीश सरकार को दोषी ठहराया। नीतीश नहीं जानते थे कि उनसे ज्यादा तेजी से काम कैसे करवाया जाए और अंततः उन्होंने ये परियोजनाएँ उनसे वापस लेने का फैसला किया। राज्य सरकार को निर्धारित समय-सीमा भी बदलनी पड़ी :1,000 और अधिक आबादी वाली बस्तियों में सड़क संपर्कता 2009 तक और 500-999 तक की आबादी वाली बस्तियों में 2010 तक उपलब्ध कराने का लक्ष्य रखा गया।

केंद्रीय एजेंसियों के कमजोर प्रदर्शन का एक कारण परियोजनाओं की अनुमानित लागत का नीचा होना भी था। पी.एम.जी.एस.वाई. के लिए बनाए गए दिशा-निर्देशों में अनुमानों के पुनरीक्षण और निर्माण सामग्री मजदूरी आदि की बढ़ती लागतों के समायोजन का कोई प्रावधान नहीं किया गया है। बिहार में पी.एम.जी.एस.वाई. पर इसका प्रतिकूल प्रभाव पड़ा। चूँकि परियोजनाएँ विलंबित हो गई थीं और निर्माण लागत बढ़ गई थी, ठेकेदार केंद्रीय एजेंसियों द्वारा जारी किए गए टेंडरों के लिए बोली लगाने को तैयार नहीं थे। जिन ठेकेदारों ने काम हाथ में लिया भी, उन्होंने घटिया काम करके अपना लाभांश बचाए रखा। केंद्रीय एजेंसियों द्वारा दिए गए गुणवत्ता संबंधी आश्वासन संतोषप्रद नहीं थे।

दिशा-निर्देशों में स्पष्ट रूप से कहा गया था कि अगर पी.एम.जी.एस.वाई. की कोई परियोजना उसकी नियत पंद्रह महीनों की अवधि से अधिक विलंबित हो जाती है तो इस देरी के कारण बढ़ी हुई लागत राज्य सरकार द्वारा वहन की जाएगी। पी.एम.जी.एस.वाई. परियोजनाओं को क्रियान्वयन के लिए केंद्रीय एजेंसियों को सौंपने से पहले लालू और रघुवंश ने बढ़ी हुई लागत के बारे में कोई प्रावधान नहीं किया था। राबड़ी सरकार द्वारा हासिल की गई नीची निष्पादन दर में देरी के कारण अधिकांश परियोजनाओं की लागत बढ़ गई थी। द्विपक्षीय समझौतों में राज्य सरकार की इस आशय की वचनबद्धता का उल्लेख होना चाहिए था कि वह इस अतिरिक्त खर्च के लिए विशेष रूप से राशि आवंटित करेगी। राबड़ी सरकार का वित्त प्रबंधन इतना लचर था कि वह ऐसे मामलों

में बजट प्रावधान करने की स्थिति में नहीं थी। राज्य के सहयोग के अभाव में केंद्रीय एजेंसियों ने पुराने अनुमानों के आधार पर टेंडर जारी कर दिए, जो ठेकेदारों को आकर्षित नहीं कर पाए।

2009–10 में नीतीश सरकार द्वारा केंद्रीय एजेंसियों से पी.एम.जी.एस.वाई. परियोजनाएँ वापस लेने और बढ़ी हुई लागतों के लिए 663 करोड़ का विशेष आवंटन करने के बाद ही ठेकेदारों ने इन परियोजनाओं केलिए बोली लगाना शुरू किया। कम-से-कम समय में 500–999 तक की आबादी वाली बस्तियों को सभी मौसमों में उपयोग करने लायक सड़कों से जोड़ने के उद्देश्य से नीतीश ने राज्य की अपनी योजना 'मुख्यमंत्री ग्राम सड़क योजना' (एम.एम.जी.एस.वाई.) शुरू की।

फिर भी, नीतीश के पहले कार्यक्रम में पी.एम.जी.एस.वाई. और एम.एम.जी.एस.वाई. दोनों में सरकार का प्रदर्शन असंतोषजनक और असमान था। 2006–07 में पी.एम.जी.एस.वाई. के लिए तय किए गए लक्ष्य 600 किलोमीटर सड़क निर्माण में से केवल 131 कि.मी. या 22 प्रतिशत काम पूरा हो पाया। अपने पहले वर्ष 2006–07 में एक एम.जी.एस.वाई. के मामले में 2,637 कि.मी. के लक्ष्य की तुलना में केवल 8 कि.मी. सड़क निर्माण के साथ राज्य सरकार की उपलब्धि वस्तुतः शून्य थी। अगले वर्ष एम.एम.जी.एस.वाई. का प्रदर्शन अपेक्षाकृत बेहतर, परंतु अब भी असंतोषजनक रहा : 1,635 के लक्ष्य की तुलना में 423 कि.मी. सड़क निर्माण हुआ। बाद के दो वर्ष वस्तुतः अप्राप्त लक्ष्यों को पूरा करने में लगे। पी.एम.जी.एस.वाई. के अंतर्गत 2007–08, 2008–09 और 2009–10 (अक्तूबर तक) उपलब्धि क्रमशः 19 प्रतिशत और 2 प्रतिशत रही।

राज्य स्तर की दोनों क्रियान्वयन एजेंसियाँ, ग्रामीण निर्माण विभाग (रूरल वर्क्स डिपार्टमेंट या आर.डब्ल्यू.डी.) और बिहार ग्रामीण सड़क विकास एजेंसी (बी.आर. आर.डी.ए.), जिन पर ग्रामीण सड़कों से संबंधित सभी योजनाओं की देखरेख करने की जिम्मेदारी थी, अपेक्षित परिणाम देने में असफल रहीं। नीतीश के पहले कार्यकाल में सड़क निर्माण में उनकी प्रसिद्धि उन्हें प्राप्त दूसरे जनादेश का एक प्रमुख कारण–मुख्यतः राष्ट्रीय और राज्य के राजमार्गों और प्रमुख जिला सड़कों से संबंधित थी, न कि ग्रामीण सड़कों से।

जिस तथ्य ने नीतीश के आर.डब्ल्यू.डी. की लाज बचाई वह था : राबड़ी केआर.डब्ल्यू.डी. की तुलना में उसके द्वारा बनाई गई सड़कों की कहीं अधिक संख्या, परंतु उनके सड़क निर्माण विभाग (रोड कंस्ट्रक्शन डिपार्टमेंट या आर.सी.डी.) की शानदार उपलब्धियों के सामने यह तथ्य मुश्किल से ही उनके आर.डब्ल्यू.डी. के दयनीय प्रदर्शन को छिपा पाता था। इसने इस बात को साबित कर दिया कि कोई मुख्यमंत्री एक ऐसे क्षेत्र में ज्यादा कुछ नहीं कर सकता। जिसकी देखरेख ऐसे अधिकारियों के हाथों में हो जो उनके जैसे उत्साही नहीं हैं, प्रमुख नौकरशाहों में प्रबंधकीय कुशलता और ईमानदारी दो अन्य निर्णायक कारक हैं जो विकास की गति तय करते हैं।

कृषि और कृषि-आधारित उद्योगों के विकास में ग्रामीण संपर्कता के महत्त्व को देखते हुए नीतीश आर.डब्ल्यू.डी. के प्रदर्शन पर और ज्यादा ध्यान दे सकते थे। अपने शासन को राबड़ी शासन,

जिसे अपनी कम निष्पादन क्षमता के कारण पी.एम.जी.एस.वाई. परियोजनाओं को केंद्रीय एजेंसियों को सौंपना पड़ा था, से भिन्न दरशाने के लिए जो काम जरूरी था वह था क्षमता निर्माण। आर.डब्ल्यू.डी. और बी.आर.आर.डी.ए. से प्रस्तावित करने से लेकर निर्माण से गुणवत्ता-प्रमाणीकरण के चरण तक ग्रामीण सड़क परियोजनाओं का कार्य-निष्पादित करने की तकनीकी और प्रशासकीय दोनों तरफ की क्षमता अपेक्षित थी। पी.एम.जी.एस.वाई. और एम.एम.जी.एस.वाई. में साल-दर-साल उठती-गिरती उपलब्धि दरें यह दरशाती थीं कि लगातार अच्छा प्रदर्शन करने के लिए संस्थागत ढाँचा पर्याप्त मजबूत नहीं था।

अपने शासन की शुरुआत में नीतीश के पास राष्ट्रीय और राज्य के राजमार्गों तथा प्रमुख जिला सड़कों के विकास में तेजी लाने के लिए भी कोई तात्कालिक समाधान था, ऐसा प्रतीत नहीं होता था। उन्होंने अपने अधिकारियों से कहा था, ''यह सुनिश्चित करना मेरा सपना है कि राज्य के किसी भी कोने से पटना की यात्रा में पाँच घंटे से ज्यादा समय न लगे।'' बाद में, एक सूक्ष्मतर तकनीकी आकलन के बाद उन्होंने इस यात्रा का अधिकतम समय बढ़ाकर छह घंटे कर दिया, परंतु अपने किसी भी सार्वजनिक भाषण में वे अपने इस सपने का उल्लेख करना नहीं भूलते थे।

उनके इस प्रिय जाप का उद्देश्य-मतदाताओं , प्रशासकों, अभियंताओं, निवेशकों, वित्तीय संस्थाओं और केंद्रीय सरकार-सभी को यह संदेश देना था कि एक बढ़िया सड़क अधोसंरचना उनकी सर्वोच्च वरीयता थी। इसी बात की एक बार फिर पुष्टि करने के लिए उनकी सरकार ने सड़कों से संबंधित एक लक्ष्य वक्तव्य (मिशन स्टेटमेंट) अपनाया जो ''2015 तक देश में उपलब्ध सर्वोत्तम सड़क अधोसंरचना के समकक्ष अधोसंरचना उपलब्ध कराने'' का वादा करता था।

नीतीश को आँखें दिखा रही पहली कठोर वास्तविकताओं में से एक थी राज्य के आर-पार जाने वाले सत्ताईस राष्ट्रीय राजमार्गों की 3,600 और कुछ किलोमीटर की पूरी लंबाई की दयनीय दशा। भूतकाल में भी राष्ट्रीय राजमार्ग लंबे समय तक खस्ताहाल रहे थे, परंतु छोटे और बिखरे हिस्सों में। राबड़ी शासनकाल में पूरे राज्य में उनकी हालत और बिगड़ गई। केंद्र की रा.ज.ग. सरकार को बलि का बकरा बनाने के मकसद से राजनीतिक नौटंकी में माहिर लालू ने राष्ट्रीय राजमार्गों के उन हिस्सों, जहाँ वाहन नहीं चल सकते थे, के किनारों पर इस आशय के सूचना पट्ट लगाने के आदेश दिए कि ''इस सड़क की मरम्मत की जिम्मेदारी भारत सरकार की है।''

''मैं सड़क संपर्कता में तेजी से सुधार लाना चाहता था,'' एक साक्षात्कार में नीतीश ने मुझे बताया, ''मैं आर्थिक विकास के महत्त्वपूर्ण मुद्दों पर राजनीतिक पैंतरेबाजी में समय नष्ट करना नहीं चाहता था, जैसा लालू करते थे।'' उन्होंने केंद्र से राष्ट्रीय राजमार्गों की मरम्मत और उन्नत करने के लिए धनराशि स्वीकृत करने के लिए कहा। राज्य में 3,600 और कुछ किलोमीटर लंबे राष्ट्रीय राजमार्गों में से लगभग 80 प्रतिशत एकल या दोहरे लेन वाले थे जिन्हें चार-लेन वाले बनाने का प्रस्ताव नीतीश ने दिया। कई पत्र भेजे जाने के बाद भी भूतल परिवहन और वित्तीय मामलों के केंद्रीय मंत्रालयों ने राज्य सरकार के प्रस्ताव का कोई जवाब नहीं दिया। केंद्रीय सरकार द्वारा इस मुद्दे

पर निर्णय लिए जाने में अनिश्चितकालीन विलंब होता प्रतीत हो रहा था। नीतीश याद करते हैं कि "बिहार के लिए समय समाप्त हुआ जा रहा था।"

नीतीश सरकार को केंद्रीय सरकार से केवल मौजूदा राष्ट्रीय राजमार्गों की मरम्मत के ही नहीं बल्कि नए राष्ट्रीय राजमार्गों के निर्माण के मामले में भी समस्या थी। भारतीय राष्ट्रीय राजमार्ग प्राधिकरण (एन.एच.ए.आई.) या राज्य सरकार द्वारा किसी प्रभावी पहल के अभाव में राज्य की सोलह राष्ट्रीय राजमार्ग परियोजनाएँ वर्षों से लंबित थीं। राष्ट्रीय-राजमार्ग-31 के पूर्णिया-गयाकोटा खंड पर 1999 में काम शुरू हुआ था और उसे 2002 तक पूरा हो जाना था, परंतु 2008 तक भी वह पूरा नहीं हुआ था। पटना में गंगा पर प्रस्तावित उन्नीस किलोमीटर लंबी रेल-सह-सड़क पुल परियोजना, जो कि 2001 में ही अनुमोदित हो चुकी थी, अधूरी ही रही, क्योंकि एन.एच.ए.आई., जिसे पुल के चौदह कि.मी. लंबे पहुँच मार्ग का निर्माण करना था, लागत अनुमान पत्रक उपलब्ध कराने में असफल रहा था।

पटना को मुजफ्फरपुर से जोड़ने वाले खंड सहित 1,000 कि.मी. से अधिक लंबे राष्ट्रीय राजमार्गों को उन्नत करने का कार्य रुका रहा, क्योंकि एन.एच.ए.आई. को उसके टेंडर्स के लिए बोली लगाने वाले नहीं मिले। उ.प्र. सीमा पर स्थित गोपालगंज और नेपाल के पास पूर्णिया के बीच चार-लेन वाली संपर्कता प्रदान करने वाले पूर्व-पश्चिम गलियारे के काम की प्रगति भी बहुत धीमी थी। एन.एच.ए.आई. ने स्वयं को निर्दोष बताते हुए सारा दोष राज्य सरकार, प्रभावी रूप से लालू-राबड़ी शासन, के गले मढ़ दिया। एन.एच.ए.आई. ने कहा कि उसे परियोजनाओं के लिए जमीन हासिल करने तथा रास्ते में आने वाले मकानों, पेड़ों और बिजली के खंभों को हटाने में समस्याओं का सामना करना पड़ा।

फिर वहाँ की डकैती और लूट-खसोट की संस्कृति से भी समस्या पैदा हो रही थी कि राष्ट्रीय ख्याति के ठेकेदार अपने आदमियों, उपकरणों और निवेश को खतरे में डालने केलिए तैयार नहीं थे। अपने प्रभाव वाले इलाकों में माओवादी भी ठेकेदारों से हिस्सा माँगते थे। अपराधी गिरोहों और माओवादियों की जबरिया वसूली का विरोध करने पर ठेकेदारों के कार्यस्थल पर उनके कर्मचारियों की हत्या और आगजनी के भी कुछ मामले हुए थे।

इससे भी बदतर यह था कि अपराधियों में से ही निर्वाचित प्रतिनिधियों की नई नस्ल पैदा करते हुए अपराध और राजनीति ने एक-दूसरे के क्षेत्र में प्रवेश कर लिया था और साथ ही उनका जबरिया वसूली का धंधा भी जारी था। उनके अतिरिक्त राजनेताओं की पुरानी नस्ल तो थी ही जो अपराधियों को संरक्षण देती थी।

लालू-राबड़ी राज के दौरान बन गए मजबूत राजनेता-अपराधी गठबंधन के डर से सड़क निर्माण कंपनियों ने टोल-आधारित अनुबंध पर एन.एच.ए.आई. परियोजनाओं को हाथ में लेने से इनकार कर दिया। केंद्रीय सरकार की नीति के अनुसार सभी राष्ट्रीय राजमार्ग परियोजनाओं का निष्पादन बी.ओ.टी. (बिल्ड-ऑपरेट-ट्रांसफर) टोल मॉडल पर किया जाना चाहिए। एन.एच.ए.आई.

के टेंडर बोली लगाने वाली व्यवसायियों को आकर्षित नहीं करते थे, क्योंकि उनको लगता था कि जबरिया वसूली के कारण टोलवाले मॉडल में ज्यादा घाटा लगेगा। वे इन परियोजनाओं को बी.ओ.टी. वार्षिक भुगतान के आधार पर करना चाहते थे, जिसके अंतर्गत वे उस निर्माण लागत को वहन करेंगे जिसका भुगतान एन.एच.ए.आई. द्वारा पूर्व निर्धारित वार्षिकियों के रूप में उन्हें किया जाएगा।

परंतु एन.एच.ए.आई. द्वारा पेश की गई अपनी मजबूरियों की लंबी सूची एन.एच.ए.आई. और केंद्र के विभिन्न मंत्रालयों –जो राज्य में राष्ट्रीय राजमार्गों के अवरुद्ध विकास के लिए जिम्मेदार थे– की अकुशलता को मुश्किल से छिपा पाती थी। 2006 में राज्य की 890 कि.मी. लंबे राष्ट्रीय राजमार्गों को उन्नत करके चार–लेन का बनाने संबंधी प्रस्ताव केंद्रीय मंत्रिमंडल द्वारा अनुमोदित नहीं किया गया और बहुत से सवालों के साथ सचिवों की समिति (सी.ओ.एस.) को वापस भेज दिया गया। मंत्रिमंडल मुख्यत: यह जानना चाहता था कि 890 कि.मी. लंबे राजमार्गों को चार–लेन का बनाने को उचित ठहराने के लिए वहाँ पर्याप्त यातायात घनत्व था या नहीं। नीतीश सरकार द्वारा महीनों तक बहस करने के बाद एक साल की देरी से मई 2007 में मंत्रिमंडल ने प्रस्ताव को स्वीकृति दे दी। पटना में गंगा पर रेल–सह–सड़क पुल परियोजना में देरी और उसके कारण बढ़ी निर्माण लागत, लागत अनुदान पत्रक बनाने और रेलवे के साथ समन्वय स्थापित करने में एन.एच.ए.आई. की सुस्ती का नतीजा थी।

एन.एच.ए.आई. और संबंधित केंद्रीय मंत्रालयों ने टोल मॉडल पर सड़क निर्माण कंपनियों के साथ विवाद के चलते बिहार में राष्ट्रीय राजमार्गों के विकास के मामले में वर्षों तक गत्यावरोध जारी रहने दिया। तय वार्षिक भुगतान (एन्युइटि) मॉडल के अंतर्गत विकास जारी रखने के लिए मामला–दर–मामला आधार पर निर्णय लिए जा सकते थे, परंतु नीतीश शासन के तीसरे वर्ष 2008 में ही आर्थिक मामलों पर मंत्रिमंडलीय समिति ने वार्षिक भुगतान (एन्युइटि) व्यवस्था के अंतर्गत एन्युइटि मोड के पटना और मुजफ्फरपुर के बीच 60 कि.मी. लंबे दो राष्ट्रीय राजमार्ग परियोजनाओं के प्रस्ताव का अनुमोदन किया।

सड़क निर्माण कंपनियों को काम हाथ में लेने हेतु प्रेरित करने के लिए अपराधों पर नियंत्रण लगाकर नीतीश सरकार ने अपना योगदान दिया। राजनेताओं और अपराधियों द्वारा जबरन वसूली अब राज्य के व्यवसायियों के जीवन की सामान्य घटना नहीं रह गई थी, परंतु यही बात माओवादियों के बारे में नहीं कही जा सकती थी जो अब भी पैसे नहीं देनेवाले ठेकेदारों के कार्यस्थलों पर हमला करने तथा उनकी मिट्टी काटनेवाली मशीनों और अन्य उपकरणों में आग लगा देने में सक्षम थे।

राज्य सरकार के साथ समन्वयन के जरिए भूमि अधिग्रहण तथा मकानों, पेड़ों और बिजली के खंभों को हटाने जैसी कई समस्याओं का समाधान किया जा सकता था, परंतु भूतकाल में ऐसे कोई प्रयास नहीं किए गए, क्योंकि लालू–राबड़ी शासन उनका समाधान खोजने में असमर्थ था। लालू–

राबड़ी शासन ने खुद को इतना पंगु बना लिया था कि एक छोटी सी समस्या का समाधान भी उन्हें असंभव जान पड़ता था। उदाहरण के लिए, अगर एन.एच.ए.आई. बिजली के खंभों को हटवाना चाहता था तो लालू-राबड़ी शासनों में इतनी क्षमता नहीं थी कि वे उन खंभों को हटाने हेतु एक प्रस्ताव जल्दी तैयार करने केलिए बिहार राज्य बिजली बोर्ड को बाध्य कर सकें, इस काम के लिए धन उपलब्ध करा सकें और उसे पूरा करवा सकें।

ऐसा नहीं था कि नीतीश के कार्यकाल में एन.एच.ए.आई. और राज्य सरकार के बीच समन्वय बहुत ऊँचे दरजे का हो गया था। कई क्षेत्रों में निर्णय लेने की प्रक्रिया अब भी धीमी थी। फिर भी, वह पहले की अपेक्षा काफी तेज थी। अगर पेड़ काटने जरूरी होते तो वन विभाग से अनुमति जल्दी मिल जाती थी, अगर बिजली के खंभे रास्ते में आते तो राज्य बिजली बोर्ड के अध्यक्ष कार्यप्रणाली को गतिशील बना देते थे, अगर मकानों को ध्वस्त किया जाना जरूरी होता तो जिला मजिस्ट्रेट और उपसंभागीय अधिकारी मदद के लिए आगे आते थे। निश्चित रूप से कारवाई हमेशा त्वरित नहीं होती थी।

सबसे बड़ी समस्या, भूमि अधिग्रहण के समाधान के लिए नीतीश सरकार ने एक भूमि अधिग्रहण नीति तैयार की। पहले राज्य सरकार उस दर पर भूमि अधिग्रहीत करती थी, जिस पर भूखंड पंजीकृत किया गया था और उसमें 'सोलेशियम' नाम का एक तत्त्व जोड़ देती थी। बिहार सरकार इस शब्द का उपयोग भूस्वामी को हुई हानि या मानसिक आघात के बदले सांत्वना के रूप में दिए गए मौद्रिक मुआवजे के अर्थ में करती थी। नई नीति के अंतर्गत सरकार अब भी उसी दर पर भुगतान करती थी जिस पर भूमि पंजीकृत हुई थी, परंतु उसमें उसके बाजार मूल्य का 50 प्रतिशत भी जोड़ती थी। अगर भूस्वामी स्वेच्छा से जमीन बेचता तो उसे 60 प्रतिशत 'सोलेशियम' या सांत्वना राशि मिलती थी। उदाहरण के लिए अगर जमीन की पंजीकृत कीमत 100 रुपए प्रति इकाई थी तो उसे 240 रुपए प्रति इकाई मिले।

सड़क निर्माण पर सरकारी खर्च 2004-05 में 133 करोड़ से बढ़कर 2008-09 में 2,489 करोड़ हो गया, लगभग 20 गुना वृद्धि, जबकि औसत वार्षिक वृद्धि की दर थी 465 प्रतिशत। 2009-10 में बिहार उन दस शीर्ष राज्यों में से एक था जो राष्ट्रीय राजमार्गों के रखरखाव पर राष्ट्रीय औसत से ज्यादा खर्च करते थे। उपलब्धियों के हिसाब से 2004-05 में निर्मित 384 कि.मी. सड़कों के मुकाबले 2009-10 में करीब 3,474 कि.मी. सड़कें बनाई गईं-पाँच वर्षों में सड़क निर्माण विभाग (आर.सी.डी.) की सड़क विकास क्षमता में नौ गुना वृद्धि।

सड़कों पर बढ़े हुए खर्च के पीछे तीन कारण थे : पहला, नीतीश सरकार द्वारा सड़कों के विकास को दी गई वरीयता, सड़कों पर किया जाने वाला योजना व्यय, जो राज्य की योजना के कुल आकार का करीब 5 प्रतिशत हुआ करता था, नीतीश के पहले कार्यकाल में बढ़कर 25-30 प्रतिशत हो गया। दूसरा, केंद्र द्वारा प्रायोजित कार्यक्रम राष्ट्रीय सम विकास योजना (आर.एस.वी.वाई.), पिछड़ा क्षेत्र अनुदान निधि, जिसमें सड़कों, सिंचाई और बागवानी के विकास के लिए प्रावधान थे,

को सहयोग। और तीसरा, राज्य सरकार के पास अतिरिक्त निधियों की उपलब्धता। तीन कारणों से अब राज्य सरकार के पास अतिरिक्त निधियाँ थीं : पहला, वित्तीय वर्षों 2003-04 और 2004-05 दोनों ही चुनाव वर्ष थे-में खर्च न की गई राशियों का तीसरे वर्ष में स्थानांतरित (कैरी ओवर) हो जाना। दूसरा, पिछले दो वर्षों में खर्च न की गई राशि के कारण 2006-07 में व्यय के मामले में अच्छे प्रदर्शन के आधार पर तेरहवें वित्त आयोग ने विभाजन योग्य टैक्स पूल में से राज्य की अपेक्षा से कहीं अधिक राशि आवंटित की थी। और तीसरा, नई सरकार द्वारा स्रोतों से संसाधन जुटाने में अभूतपूर्व वृद्धि।

राज्य सरकार ने केंद्रीय सरकार की स्वीकृति की प्रतीक्षा करते हुए 2,400 कि.मी. राजमार्गों के पुनर्निर्माण और उन्हें उन्नत बनाने के लिए अपने कोष से 2006-07 में 247 करोड़ के आवंटन से शुरू करते हुए 1,100 करोड़ खर्च करने का फैसला किया। राज्य केंद्र से इस खर्च की भरपाई चाहता था। इस राशि की भरपाई का अनुरोध करते हुए राज्य के सड़क विभाग ने केंद्र को कई पत्र लिखे, परंतु केंद्र ने इस आधार पर यह अनुरोध नहीं माना कि उक्त राशि खर्च करने से पहले राज्य ने उनसे स्वीकृति नहीं ली थी, जबकि सच यह था कि धनराशि जारी करने के लिए राज्य सरकार द्वारा बार-बार अनुरोध किए जाने पर भी केंद्र सरकार ने कोई जवाब नहीं दिया था। राज्य सरकार द्वारा इस मामले में पहल किए जाने के लिए उसे दंडित किया जा रहा था। यहाँ तक कि राशि की भरपाई के लिए प्रधानमंत्री मनमोहन सिंह को लिखे नीतीश के पत्रों का भी कोई जवाब नहीं मिला।

परंतु इसने सड़कों पर राज्य का अपना खर्च बढ़ाने से नीतीश को नहीं रोका। रखरखाव के अभाव में सड़क अधोसंरचना में राष्ट्रीय राजमार्गों के बाद अगली महत्त्वपूर्ण कड़ी, राज्य के राजमार्गों का हाल बुरा था।

राज्य के कुल 3,128 कि.मी. लंबे राजमार्गों में से 70 प्रतिशत एकल लेन के थे, केवल 2 प्रतिशत दो या अधिक लेन के और बाकी के एकल और दो लेन के बीच की चौड़ाई के थे। राज्य सरकार ने राज्य के राजमार्गों की पूरी लंबाई को उन्नत करके दो लेन का बनाने का फैसला किया। राज्य के मौजूदा राजमार्गों के विकास के लिए सड़क निर्माण विभाग (आर.सी.डी.) ने राष्ट्रीय सम विकास योजना (आर.एस.वी.वाई.) निधियों का उपयोग करते हुए निर्माण कार्यों के लिए इरकान और सी.पी.डब्ल्यू.डी. जैसी केंद्रीय एजेंसियों से आउटसोर्सिंग की।

इसके अतिरिक्त, राज्य ने 4,880 कि.मी. लंबी प्रमुख जिला सड़कों को राज्य के राजमार्ग घोषित कर दिए। राज्य के 820 कि.मी. लंबे नए राजमार्गों को दो लेन वाली सड़कों में बदलने के लिए राज्य ने एशियाई विकास बैंक (ए.डी.बी.) से 1,825 करोड़ का कर्ज लिया। ए.डी.बी. राष्ट्रीय राजमार्गों और पी.एम.जी.एस.वाई. के लिए ऋणदाता के रूप में राज्य के सड़क निर्माण कार्य में पहले ही संलग्न था।

ए.डी.बी. के ऋण से वित्तपोषित परियोजना के लिए राज्य के सड़क निर्माण विभाग और उसके सार्वजनिक क्षेत्र के नए उपक्रम बिहार राज्य सड़क विकास निगम (बी.एस.आर.डी.सी.)

को कार्यकारी एजेंसियाँ होना था। नीतीश ने आर.सी.डी. के सचिव और बी.एस.आर.डी.सी. के प्रबंध निदेशक, दोनों पदों के लिए प्रशासनिक सेवा के एक चमत्कारी युवा प्रत्यय अमृत को नियुक्त किया। अमृत ने बिहार राज्य पुल निर्माण निगम (बी.एस.बी.सी.सी.) को उसके ताबूत से निकालकर एक चमत्कारी इकाई में बदल दिया था।

राज्य की एजेंसियों की क्षमता को राष्ट्रीय और अंतरराष्ट्रीय मानकों के स्तर तक ले जाने के मसले पर अमृत का सपना भी नीतीश के सपने जैसा था। बी.एस.बी.सी.सी का दायित्व अमृत को सौंपते समय नीतीश ने उनसे कहा था : उ.प्र. पुल निर्माण निगम (यू.पी.बी. सी.सी) इतना अधिक विकसित है कि वह पूरे देश में पुल निर्माण के प्रमुख संविदाओं के लिए बोली लगाता और उन्हें हासिल करता है। हम अपने निगम को वही करने में सक्षम क्यों नहीं बना सकते ? बी.एस.बी.सी.सी की कायापलट देश और विदेश में चर्चा का विषय बनी और उसे राज्य से बाहर की परियोजनाओं के लिए बोली लगाने में दूसरों की प्रतिस्पर्धा में खड़ा कर दिया।

इसलिए, जब ए.डी.बी. ने ऋण के साथ-साथ आर.सी.डी. और बी.एस.आर.डी.सी. की क्षमता के विकास के लिए तकनीकी सहायता की पेशकश की तो नीतीश ने पूरे दिल से उसका स्वागत किया। यह तय हुआ कि आर.सी.डी. और बी.एस.आर.डी.सी. को अधुनातन एजेंसियों के तौर पर रूपांतरित कर नई व्यावसायिक क्रियाविधियों को अमल में लाने में सक्षम होने के लिए ए.डी.बी. प्रशिक्षण की व्यवस्था करेगा। ताकि वह आयोजन, ठेका प्राप्त करने, इंजीनियरिंग, मानव संसाधन प्रबंधन तथा गुणवत्ता के बारे में आश्वस्त कर सकें। इसी से ''2015 तक बिहार में देश में उपलब्ध सर्वोत्तम सड़क अधोसंरचना के समकक्ष अधोसंरचना'' उपलब्ध कराने की नीतीश का लक्ष्य पूरा हो सकता था।

पदभार ग्रहण करने के शीघ्र बाद नीतीश ने आर.सी.डी. में सुधार के लिए कदम उठाए। इन सुधारों में आर.सी.डी. के प्रधान सचिव आर.के. सिंह ने उत्साह से उन्हें सहयोग दिया। आरंभिक सुधारों में से एक क्षमता निर्माण से संबंधित था। आम तौर पर आर.सी.डी. सड़क निर्माण के एक प्रस्ताव के अनुमान पत्रक बनाने में कई महीने लगा देता था। न कोई समयबद्ध सीमा थी और न देरी के लिए कोई जबावदेही। नई सरकार ने अनुमान पत्रक जल्दी तैयार किए जाने की व्यवस्था की। परियोजना को हरी झंडी दिखाने और उस पर काम शुरू करने से संबंधित निर्णय लेने की प्रक्रिया में भी तेजी लाई गई।

लालू-राबड़ी के शासन केदौरान सड़कों के विकास में गुणवत्तापूर्ण निजी निवेशों का अभाव था। एक हद तक ऐसा यादव ठेकेदारों के साथ पक्षपातपूर्ण रवैये के कारण भी था, परंतु राज्य द्वारा उन्हें बहुत नीची दरों पर लागत अनुमान का प्रस्ताव किए जाने के कारण भी ऐसा था। एन.एच.ए.आई. जैसी केंद्रीय एजेंसियों द्वारा दी जाने वाली दरों की तुलना में आर.सी.डी. की दरें बहुत कम थीं। निर्माण सामग्री और अन्य लागतों को बाजार मूल्यों के आधार पर निर्धारित करके नीतीश सरकार ने परियोजना अनुमानों में खासी वृद्धि कर दी थी। अनुमानों को इस तरह युक्तिसंगत बना देने से

आर.सी.डी. परियोजनाओं ने राज्य से बाहर के आर्थिक रूप से सुदृढ़ और पूरे उपकरणों से लैस निर्माण कंपनियों को आकर्षित करना शुरू कर दिया।

2009 तक मुश्किल से ही राष्ट्रीय स्तर की कोई प्रतिष्ठित निर्माण कंपनी होगी जो राज्य में निर्माण कार्य में संलग्न नहीं थी। निर्माण कार्यों, जिनमें सड़कों, पुलों और पुलियाओं का निर्माण शामिल था, का बाजार एकाएक कुछ सौ करोड़ रुपयों से बढ़कर कई हजार करोड़ रुपयों का हो गया। राज्य का हर भाग मिट्टी काटनेवाली मशीनों, क्रेनों, पिघले कोलतार-पत्थर मिलाने वाले संयंत्रों और ट्रकों की हलचल से गूँज उठा था, परंतु सड़कों के विकास में बड़ी निर्माण कंपनियों की प्रधानता से स्थानीय उद्यमियों के दब जाने का जोखिम था। नीतीश ने आर.सी.डी. से निश्चित गुणवत्ता वाले निर्माण कार्यों के निष्पादन के जरिए स्थानीय ठेकेदारों को अनुभव हासिल करने में समर्थ बनाकर उनकी क्षमता में वृद्धि करने की नीति पर चलने के लिए कहा।

लालू-राबड़ी राज में नियम कायदों का ठीक से पालन न किए जाने के कारण टेंडरिंग प्रक्रिया अपनी विश्वसनीयता खो चुकी थी। बोली लगाने वालों द्वारा पेश किए गए कागजात में से दस्तावेज गायब हो सकते थे, ताकि निर्णायक अधिकारी सुपात्र ठेकेदारों को खारिज करके भ्रष्ट और अपात्र ठेकेदारों को कार्य आवंटित कर सकें। किसी चहेते बोलीकर्ता को लाभ पहुँचाने के उद्देश्य से टेंडरिंग प्रक्रिया के बीच में ही जरूरी तकनीकी शर्तों में परिवर्तन किया जा सकता था। नीतीश सरकार ने टेंडरिंग प्रक्रिया को पारदर्शी बनाकर टेंडर नोटिस प्रचारित होने के बाद बोली की शर्तों में किसी तरह के बदलाव के चलन को समाप्त कर दिया।

पहले सड़क ठेकेदार निर्माण की गुणवत्ता के मामले में हेराफेरी करते थे। इसके तीन कारण थे। एक, आर.सी.डी. में भ्रष्टाचार था, ठेकेदार इंजीनियरों को रिश्वत देकर घटिया काम के दंड से बच जाते थे। दो, गुणवत्ता पर आर.सी.डी. का नियंत्रण कमजोर था। तीन, ठेकेदार की जिम्मेदारी केवल सड़क निर्माण तक सीमित थी, उसमें सड़क का रखरखाव शामिल नहीं था।

नीतीश या आर.सी.डी. के उनके प्रधान सचिव आर.के.सिंह किसी आदेश या निर्देश या भ्रष्टाचारी के खिलाफ सतर्कता के जरिए आर.सी.डी. के इंजीनियरों को संत नहीं बना सकते थे। जहाँ तक भ्रष्टाचार के कालाधन के एक हाथ से दूसरे में जाने का मसला था, उसे रोकना मुश्किल था। गुणवत्ता सुनिश्चित करने के क्षेत्र में ही उस पर अंकुश लगाया जा सकता था। अपनी खुद की गुणवत्ता नियंत्रण मशीनरी को चुस्त-दुरुस्त बनाने के अतिरिक्त आर.सी.डी. ने गुणवत्ता सुनिश्चित करने के लिए तीसरे पक्ष (थर्ड पार्टी) को नियुक्त करने का चलन शुरू किया। इस उद्देश्य से कई राष्ट्रीय और अंतरराष्ट्रीय कंपनियों की सेवाएँ ली गईं। सरकार को आशा थी कि गुणवत्ता के मामले में सख्ती बरतने से भ्रष्टाचार की संभावना कम होगी। गुणवत्ता और अधिक सुनिश्चित करने के लिए नई सरकार ने निर्माण के बाद रखरखाव के लिए तीन वर्षीय प्रदर्शन-आधारित अनुबंधों की व्यवस्था शुरू की। आर.सी.डी. एक ठेकेदार द्वारा बनाई गई सड़कों के तीसरे वर्ष संतोषजनक रखरखाव के बाद ही ठेकेदार की सुरक्षा जमा में से रोकी गई 10 प्रतिशत राशि रिलीज करता था।

इस तरह के अनुबंध के बावजूद सभी ठेकेदारों के मामले में आर.सी.डी. का अनुभव अच्छा नहीं था। यह तय करने के बाद कि सुरक्षा जमा राशि का 10 प्रतिशत से हाथ धो लेना ज्यादा सस्ता पड़ेगा, उनमें से कई तीसरे वर्ष के रखरखाव पर कुछ भी खर्च नहीं करते थे। इससे सड़कों की दशा बिगड़ने लगी। इस वस्तुस्थिति ने नीतीश सरकार को सड़कों के रखरखाव संबंधी नीति और एक पाँचवर्षीय रखरखाव अनुबंध पर आगे काम करने के लिए प्रेरित किया।

सरकारी गुणवत्ता नियंत्रण, गुणवत्ता की जाँच करने वाली चलित प्रयोगशालाओं, तृतीय पक्ष द्वारा जाँच और प्रदर्शन-आधारित अनुबंधों के बावजूद गुणवत्ता सुनिश्चित करने का कार्य अब भी बहुत अपर्याप्त बना हुआ है। निर्माण कार्यों का पैमाना अति विशाल है और गुणवत्ता सुनिश्चित करने के साधन बहुत छोटे। गुणवत्ता नियंत्रित करने वाली सरकारी इकाई पटना में है और आर.सी.डी. के अधीन नहीं है। अपने दूसरे कार्यकाल की शुरुआत में ही नीतीश राज्य की गुणवत्ता नियंत्रण इकाई को आर.सी.डी. को हस्तांतरित करने संबंधी एक प्रस्ताव सदन के विचारार्थ प्रस्तुत करा पाए। ऐसा होने के बाद, उस इकाई का दायरा बढ़ाने के लिए आर.सी.डी. को जमीनी स्तर पर गुणवत्ता नियंत्रण इकाइयाँ खोलनी पड़ेंगी-शुरुआती तौर पर संभागीय मुख्यालयों में।

बिहार में छोटी बड़ी कई नदियाँ हैं जिन्हें पार करने के लिए पारंपरिक रूप से स्टीमरों या नावों का उपयोग किया जाता है। अंग्रेज एक नदी पर पुल मुख्यतः तभी बनाते थे जब रेल यातायात को उसकी जरूरत होती थी। आजादी के बाद सड़क मार्ग के एक हिस्से के रूप में पुल बनाए गए, परंतु बजटीय सीमाओं के कारण फोकस बड़ी नदियों के दोनों ओर स्थित दो महत्त्वपूर्ण बिंदुओं को जोड़ने पर था।

राज्य के अड़तीस जिलों में से अट्ठाईस में अकसर बाढ़ आती है। बारिश का मौसम नारकीय स्थिति पैदा कर देता था, क्योंकि बाढ़ग्रस्त पुल रहित नदियों में नौकाचालन कठिन, जोखिम भरा या असंभव हो जाता था। ऐसे लोगों को जिनके लिए यात्रा करना जरूरी हो अपने गंतव्यों तक पहुँचने के लिए लंबे, थकाऊ और खर्चीले रास्तों से घूमकर जाना पड़ता था। कृषि, व्यापार और उद्योगों को हानि होती थी। प्रभावित इलाकों तक राहत सामग्री पहुँचाने में दिक्कत होती थी।

बाढ़ संभावित क्षेत्रों में पुल बनाने के उद्देश्य से राज्य की क्रियान्वयन एजेंसी के रूप में काम करने के लिए 1975 में राज्य सरकार के एक निगम के रूप में बिहार राज्य पुल निर्माण (बि.रा.पु.नि.नि.) स्थापित किया गया था। राज्य सरकार के अधिकांश अन्य उपक्रमों की तरह बिहार राज्य पुल निर्माण निगम (बि.रा.पु.नि.नि.) भी अंततः एक बोझ बन गया। कर्मचारियों का अमला बढ़ता गया, जबकि आर्थिक सुधारों से पहले के वर्षों में राज्य की योजना में पुलों के लिए कम आवंटनों तथा इस मद में केंद्र सरकार तथा (नाबार्ड जैसे) संस्थागत कम आवंटनों के कारण उसके द्वारा निष्पादित परियोजनाओं की संख्या घटती गई। बि.रा.पु.नि.नि. और उसके जनक विभाग आर.सी.डी. के शीर्ष तकनीकी और प्रशासकीय अधिकारियों में मानव संसाधनों और परियोजनाओं के पेशेवराना प्रबंधन के अभाव का नतीजा था घटिया निष्पादन जिसके कारण उसमें इतना

आत्मसम्मान नहीं बचा था कि वह सरकार से और काम माँग सके। किसी ने ऐसे रास्ते खोजने के लिए अपने दिमाग पर जोर नहीं डाला कि निगम अपनी परियोजनाओं के जरिए अपने बल पर मुनाफा कमा सके।

राजनेता (बि.रा.पु.नि.नि. का अध्यक्ष हमेशा एक राजनेता होता था) और वरिष्ठ अधिकारी कम काबिल अभ्यार्थियों की भरती करते थे, जिससे मानव संसाधन की गुणवत्ता घटिया होती थी। नौबत यहाँ तक आ गई कि निगम के पास इतना धन भी नहीं था कि वह अपने कर्मचारियों को वेतन दे सके। पहले ही कर्मचारियों के वेतन और पेंशन पर हर साल अपनी आमदनी का 90 प्रतिशत खर्च कर रही राज्य सरकार के पास हमेशा इतने संसाधन नहीं होते थे कि वह घाटे में चल रहे अपने उपक्रमों, जिनमें बि.रा.पु.नि.नि. भी शामिल था, के कर्मचारियों को वेतन दे सके। बि.रा.पु.नि.नि. के कर्मचारियों को महीनों तक वेतन का भुगतान नहीं किया जाता था। वेतन या काम के अभाव में वे खुद को दयनीय महसूस करते थे और उनका सामूहिक आत्मसम्मान बहुत कम था।

अप्रैल 2006 में, जब बि.रा.पु.नि.नि. के पहले अधिकारी अध्यक्ष के रूप में प्रत्यय अमृत ने कार्यभार ग्रहण किया तो उसके बारे में उनकी आरंभिक धारणा इतनी बुरी थी कि वे हर उस व्यक्ति को उसके बारे में बताना नहीं भूलते थे जो उनसे पूछता था कि उन्होंने एक सरकारी दिवालिया कंपनी को कैसे एक लाभार्जन करने वाली कंपनी बना दिया था। पेशाब की बदबू, टूटी हुई कुरसियों, दरारों से भरे फर्श, गंदे परदों और पूरे कमरे में बिखरी हुई फाइलों के ढेर के साथ उनका कार्यालय और गलियारा अत्यंत घृणित था।

अमृत याद करते हैं, "मेरे दिल का एक हिस्सा कह रहा था, भाग जा।" दूसरे हिस्से ने कहा, "आपको जीवन में बस एक ही मौका मिलता है। वह तुम तक आ पहुँचा है। उसे पकड़ लो और दुनिया को दिखा दो कि तुम क्या कर सकते हो?"

जब नीतीश को यह सलाह दी गई थी कि वे नागरिक उड्डयन मंत्रालय में एक सचिव के रूप में कार्यरत अमृत को बिहार ले आएँ तो उनसे कहा गया था कि यह अधिकारी युवा, बुद्धिमान, ईमानदार और परिश्रमी है। नीतीश को अमृत की वास्तविक सामर्थ्य का पता नहीं था और वे इस बारे में निश्चित रूप से नहीं कह सकते थे कि अमृत बि.रा.पु.नि.नि. में कितने कामयाब होंगे, परंतु नीतीश ने उन्हें खुलकर काम करने देने और उनके हौसले की परीक्षा करने का फैसला किया। अमृत को बी.आर.पी.एन.एन. का प्रबंध निदेशक बनाने, जैसा पहले आई.ए.एस. अधिकारियों को बनाया जाता था, के बजाय उन्होंने उन्हें उसका अध्यक्ष बना दिया।

एक निगम में असली शक्ति प्रबंध निदेशक में निहित होती है, परंतु नीतीश ने उन्हें अध्यक्ष बनाया, ताकि वे एक राजनेता-अध्यक्ष की दखलंदाजी के बिना निगम को एक परिप्रेक्ष्य और दिशा दे सकें। मुख्यमंत्री के पूरे समर्थन के साथ अमृत ने अंततः सारी शक्तियाँ अपने हाथों में कर लीं और प्रबंध निदेशक की सारी जिम्मेदारियाँ भी सँभाल लीं।

चुनौतियाँ हतोत्साहित कर देने वाली थीं : कंपनी के खाते में पैसा नहीं था, कर्मचारियों का

हौसला पस्त था, रुकी हुई परियोजनाएँ तथा टेंडरिंग, मॉनिटरिंग, गुणवत्ता, सुनिश्चित करने और जवाबदेही तय करने की कोई व्यवस्था नहीं थी। जहाँ तक धन का सवाल था, नीतीश ने उन्हें राज्य के अपने संसाधनों से शुरू की गई मुख्यमंत्री सेतु निर्माण योजना (मु.से.नि.यो.) के अंतर्गत भारी आवंटन का आश्वासन दिया, परंतु अमृत आमतौर पर सभी लोगों में व्याप्त मुर्दादिली से कैसे निपटेंगे ? वे कर्मचारियों में आत्मविश्वास की कमी का मुकाबला कैसे करेंगे ? वे उनमें यह विश्वास कैसे जगा सकेंगे कि एक पंखविहीन पक्षी भी ऊँची उड़ान भर सकता है ?

अमृत नई पौध के उन नौकरशाहों में से एक हैं जिनका विश्वास है कि एक सरकारी एजेंसी के लिए भी प्रबंधन के मूलभूत सिद्धांत वही हैं जो एक निजी व्यावसायिक संगठन के लिए उपयुक्त हैं। उन्हें प्रबंधन विषयक पुस्तकें पढ़ना, व्यावसायिक संस्थानों की कायापलट की कहानियाँ विशेष रूप से आइ.बी.एम. से संबंधित लुइस वी. गर्स्टनर जूनियर द्वारा लिखित, 'हू सेज एलीफेंट्स कॅन्ट डांस'—के बारे में जानना और उनसे प्रेरणा लेना बहुत पसंद है। बि.रा.पु.नि.नि. के 500 कर्मचारियों ने प्रबंधन की केवल एक ही प्रणाली को जाना था : हर चीज के लिए एक फाइल डेस्क-दर-डेस्क घूमती है और अकसर एक अनिश्चित अवधि के लिए किसी डेस्क पर अटक जाती है। निजी संस्थानों में जो सवाल पूछ जाते हैं वे बि.रा.पु.नि.नि. में कभी नहीं पूछे गए। कंपनी का मुखिया परिणाम दिखाने, अपने नियोक्ता के सामने अपनी काबिलियत साबित करने के लिए उत्सुक नहीं था। स्वयं नियोक्ता-इस मामले में सरकार, जिसका प्रतिनिधित्व एक मंत्री या मुख्यमंत्री करते थे-ने भी कभी कोई सवाल नहीं पूछे।

परंतु वर्तमान मामले में नियोक्ता पूरी तरह सजग और सक्रिय था। पुल उस सड़क अधोसंरचना, जो नीतीश की सर्वोच्च वरीयता थी, के पूरक थे। वे अमृत को पूरा सहयोग देने को तैयार थे और परिणामों पर पैनी नजर रखे हुए थे। जब अमृत ने अपने से वरिष्ठ अधिकारी आर.के.सिंह को बि.रा.पु.नि.नि. कार्यालय के गंदे माहौल के बारे में बताया तो सिंह ने उनसे कहा कि मुख्यमंत्री ने उन्हें (अमृत को) इस काम के लिए चुना है और उन्हें सर्वोत्तम तरीके अपनाते हुए उसे अंजाम देना चाहिए और कोई शिकायत लेकर उनके (सिंह के) पास नहीं आना चाहिए। ''मैंने उस चुनौती को स्वीकार करने का फैसला किया।'' एक साक्षात्कार में अमृत ने मुझसे कहा, ''मैंने सोचा कि मुख्यमंत्री ने मुझे खुलकर काम करने की इजाजत दी है। वे परिणाम चाहते हैं और मुझे परिणाम ही देने चाहिए। बाद के महीनों में मुझे मुख्यमंत्री के उत्साह का सीधा अनुभव हुआ। मैं उनके समक्ष जो भी प्रस्तुतीकरण देना चाहता था, उसके लिए वे हमेशा तैयार रहते थे।''

भाजपा कोटे के सड़क निर्माण मंत्री प्रेम कुमार और आर.के. सिंह ने भी अमृत को पूरा सहयोग दिया। ''बि.रा.पु.नि.नि. की पुनरुद्धार गाथा में प्रेम कुमार ऐसे नायक हैं जिन्हें पर्याप्त सराहना नहीं मिली है,'' अमृत कहते हैं, ''वे एक बिरले राजनेता हैं जिन्होंने मेरे काम में कभी दखल नहीं दिया तथा महत्त्वपूर्ण अवसरों पर हमेशा मेरा साथ दिया। उनके और आर.के. सिंह के समर्थन के बिना मुख्यमंत्री के सर्वोत्तम इरादों के बावजूद मैं इस निगम का कायाकल्प नहीं कर पाता।''

520 पुलों के निर्माण के लिए नीतीश ने मुख्यमंत्री सेतु निर्माण योजना (मु.से.नि.मो.) के अंतर्गत 1,132 करोड़ आवंटित करके निगम में नए प्राण फूँक दिए। इसके अतिरिक्त, उन्होंने 50 करोड़ रुपए तक की अनुमानित लागत वाली सभी सड़कों और पुलों के निर्माण का काम बि.रा.पु.नि.नि. को देने को फैसला किया। निगम को विभिन्न निधियों—राज्य योजना एवं गैर-योजना, अतिरिक्त केंद्रीय सहायता (ए.सी.ए.), केंद्रीय सड़क निधि (सी.आर.एफ.) और ग्रामीण अधोसंरचना विकास निधि (आर.आई.डी.एफ.)-द्वारा वित्तपोषित सौ से ज्यादा पुलों के लिए क्रियान्वयन एजेंसी भी बना दिया गया।

अमृत याद करते हैं कि परियोजनाओं की अचानक बौछार से निगम के कर्मचारी कैसे हैरान और हक्के-बक्के रह गए थे :

> ''मुझे कार्यभार ग्रहण करने के कुछ महीने बाद, मई 2006 में बि.रा.पु.नि.नि. के इंजीनियरों के साथ हुई एक बैठक याद है। जब मैंने उन्हें बताया कि हम दो वर्षों में हाल ही में शुरू की गई मु.से.नि.यो. के अधीन 500 पुल बनाएँगे तो वे भौचक्के रह गए। उन्होंने सोचा कि मैं पागल हो गया था (उन्होंने बेशक ऐसा कहा नहीं)। ''सर, यह असंभव है; अगर हम 15 पुल भी बना पाएँ तो यह एक चमत्कार होगा,'' उन्होंने लगभग समवेत स्वर में कहा। उनका अविश्वास उस आत्मसंशय का परिचायक था जो वर्षों से चली आ रही उपेक्षा, काहिली और दिशाहीनता के कारण निगम में घर कर गया था। बैठक दिन निकलते ही शुरू हुई थी और देर रात में खत्म हुई। मैंने एक-एक करके उनकी सभी शंकाओं का समाधान किया और उन्हें आश्वस्त करने की कोशिश की कि यह लक्ष्य पाया जा सकता था।
>
> इस बैठक और फील्ड में अपने दौरों से प्राप्त अनुभव ने मुझे यह एहसास कर दिया कि निगम के कर्मचारियों को झटका देकर सामूहिक नींद और निराशा से उबारना होगा। मैं एक चिर आशावादी हूँ और इस बात में मुझे दृढ़ विश्वास है कि अगर मानव संसाधनों का प्रबंधन ठीक से किया जाए तो कोई भी लक्ष्य हासिल किया जा सकता है। इसलिए, मेरा पहला कदम कर्मचारियों में (अपनी सामर्थ्य के प्रति) आत्मविश्वास का संचार करना था।''[1]

अमृत के पास धन की कमी नहीं थी। उन्हें अब यह प्रयास करना और साबित करना था कि निगम पेशेवर तौर पर प्रबंधित एक संगठन के रूप में काम कर सकता और परिणाम दे सकता था। उन्होंने उदाहरण के साथ शुरुआत करने का निश्चय किया। इसके लिए उन्होंने कटौंझा में एक ज्यादा ऊँचाई वाले पुल से संबंधित परियोजना का चयन किया। राष्ट्रीय राजमार्ग 77 और बागमती नदी पर मुजफ्फरपुर और सीतामढ़ी के बीच इस प्रस्तावित पुल का कार्य अठारह वर्ष पहले बि.रा.पु.नि.नि. को सौंपा गया था। उसने काम शुरू किया था मगर फिर रोक दिया था। कटौंझा में एक अधिक ऊँचाई वाला पुल अनुमोदित किया गया था, क्योंकि पहले एक पुल बनाया गया था, परंतु उसे सार्वजनिक उपयोग के लिए अनुपयुक्त घोषित कर दिया गया था। कुछ वर्षों बाद पुराने पुल के समानांतर एक और पुल का निर्माण किया गया जो हर साल बारिश के दौरान जलमग्न हो जाता था। उन महीनों में

नदी के दोनों और बसे शहरों और गाँवों के लोगों ने बहुत परेशानी उठाई।

बार-बार आने वाली बाढ़ से क्षतिग्रस्त पुल को 1990 का दशक समाप्त होते-होते सरकार द्वारा उस पर भारी वाहनों के आवागमन के लिए असुरक्षित घोषित कर दिया गया। परंतु सरकार ने एक सूचना पट्ट लगाने के सिवाय उस पुल पर से गुजरने वाले भारी वाहनों को रोकने के लिए कुछ नहीं किया तथा ट्रक और बसें निर्बाध रूप से आते-जाते रहे। पुल को ध्वस्त होने से बचाने के लिए सरकार ने उसकी 'मरम्मत' पर धन खर्च किया पर उससे कुछ खास फायदा नहीं हुआ।

2002 में सरकार (बि.रा.पु.नि.नि.) द्वारा इस प्रस्तावित पुल का निर्माण कार्य शुरू कराए जाने की माँग को लेकर स्थानीय लोगों ने एक आंदोलन किया, जिसकी परिणति एक पाँच-दिवसीय उपवास और युवाओं के एक समूह द्वारा आत्मदाह की धमकी के रूप में हुई। यह जन आंदोलन बिलकु ल उचित था, क्योंकि यह पुल परियोजना केंद्रीय परिवहन एवं राजमार्ग मंत्रालय द्वारा अनुमोदित कर दी गई थी। मंत्रालय ने उसके लिए केंद्रीय सड़क निधि से 11 करोड़ स्वीकृत भी कर दिए थे। आंदोलन का उद्देश्य इतना वैध था कि सत्तारूढ़ रा.ज.द. सहित सभी दलों के स्थानीय नेताओं ने उसका समर्थन किया था, परंतु यह आंदोलन राबड़ी सरकार को ऐसे कदम उठाने के लिए बाध्य नहीं कर सका, जो बि.रा.पु.नि.नि. को निर्माण कार्य दोबारा शुरू करने के लिए बाध्य करते। उसके विपरीत, सरकार ने बि.रा.पु.नि.नि. को ही भंग करने का फैसला किया।

बि.रा.पु.नि.नि. को सौंपी गई ऐसी दस बड़ी परियोजनाएँ थीं, जिन पर पिछले पंद्रह से लेकर अठारह वर्षों से निर्माण कार्य चल रहा था। जून 2006 में इन सभी को मई 2008 तक पूरा करने का फैसला किया गया। अपनी पहली परियोजना के रूप में अमृत ने इनमें से कटौंझा का चयन किया—न केवल उत्तरी बिहार के व्यावसायिक केंद्र मुजफ्फरपुर और नेपाल सीमा पर स्थित सीमामढ़ी के बीच संपर्कता के महत्त्व के कारण, बल्कि उसे लेकर जन आंदोलनों के इतिहास के कारण भी। कटौंझा के लिए अंतिम समय-सीमा अप्रैल 2007 तय कर दी गई।

अमृत ने सबसे पहले जो काम किए, उनमें से एक था बि.रा.पु.नि.नि. के निकम्मे कार्यकारी अभियंता जो कटौंझा पुल के प्रभारी थे, को हटाकर एक युवा इंजीनियर सुनील कुमार को नियुक्त करना। उन्होंने निगम के वरिष्ठ इंजीनियरों की सलाह पर कुमार का चयन किया था। जिनकी राय में कुमार एक व्यवस्थित, परिश्रमी और एक अच्छा टीम लीडर था, दूसरा कदम : और कड़ी निगरानी के लिए उन्होंने कार्यस्थल के नजदीक एक नया डिवीजन बनाया, जबकि पहले सभी परियोजनाओं का भार उठाए मुजफ्फरपुर डिवीजन ही उसकी देखरेख करता था और विशेष रूप से कटौंझा परियोजना पर ध्यान नहीं दे पाता था। तीसरा, परियोजना के प्रचालन में जुटे सुनील कुमार और बि.रा.पु.नि.नि. के अन्य कर्मचारियों से कह दिया गया था कि अगर वे तय समय-सीमा के भीतर पुल के निर्माण में असफल रहे तो उन्हें सजा दी जाएगी और उसमें सफल होने पर ईनाम के हकदार होंगे। चौथा, परियोजना के लिए ठेकेदार केवल पेशेवराना मापदंडों-अनुभव, पिछला रिकॉर्ड, क्षमता और आर्थिक सुदृढ़ता के आधार पर चुने जाएँगे। पाँचवाँ, तीसरे पक्ष द्वारा गुणवत्ता की

जाँच का चलन शुरू किया गया। छठा, उड़नदस्तों, निगम के अध्यक्ष और वरिष्ठ इंजीनियरों द्वारा लगातार निरीक्षणों के जरिए ठेकेदारों सहित सुनील कुमार और उनकी टीम को सदैव सतर्क रखा जाता था।

सुनील कुमार और उनकी टीम ने जल्द ही समझ लिया था कि यह सरकार और निगम का नया नेतृत्व अपने पिछले प्रतिरूपों से भिन्न थे : राज्य में अधोसंरचना के विकास के एक भाग के रूप में पुल बनाने के लिए वे संकल्प और उत्साह से भरे हुए थे। उन्होंने कटौंझा को नेतृत्व के सामने यह प्रदर्शित करने के एक अवसर के रूप में देखा कि निगम की दुर्दशा क्षमता में किसी तरह की कमी के कारण नहीं, बल्कि अधोसंरचना के विकास के प्रति पिछली सरकारों की उदासीनता के कारण थी। सुनील कुमार एक अच्छे नेता साबित हुए। अप्रैल 2007 तक परियोजना का कार्य पूरा हो गया। अमृत ने उन्हें नकद लाभों और सिंगापुर की सैर से पुरस्कृत किया। कुमार के कार्य की सराहना और उन्हें सम्मानित करने के लिए आयोजित समारोह में नीतीश शामिल हुए। बाद के वर्षों में विदेश में छुट्टियाँ मनाने की सुविधा और नकद लाभों से छह अन्य इंजीनियरों को पुरस्कृत किया गया।

बि.रा.पु.नि.नि. के लिए कटौंझा एक महत्त्वपूर्ण मोड़ था। गुणवत्ता की गारंटी के साथ निर्धारित समय में निर्माण कार्य पूरा हो जाने से कर्मचारी आत्मविश्वास से भर गए। नकद पुरस्कारों और विदेश में छुट्टियाँ मनाने के चलन ने यह संदेश जारी किया कि संस्था पेशेवराना कौशल को महत्त्व देती थी।

आने वाले महीनों में कर्मचारियों में संतुष्टि और आत्म-सम्मान की भावना बढ़ाने के लिए संस्था ने कई अन्य उपाय किए। अमृत ने बि.रा.पु.नि.नि. द्वारा प्रत्येक परियोजना पर 9 प्रतिशत प्रभार (कमीशन) लगाए जाने संबंधी एक प्रस्ताव पेश किया। यह उ.प्र. राज्य पुल निगम के मॉडल पर आधारित था। नीतीश ने झटपट इस प्रस्ताव का समर्थन किया जिसके बाद उसे मंत्रिमंडल द्वारा अनुमोदित कर दिया गया। इस प्रभार से अर्जित आय ने निगम के हमेशा खाली रहे खजाने को भर दिया तथा उसके लिए कर्मचारियों को नियमित रूप से वेतन देना तथा नए कर्मचारियों की नियुक्ति और प्रशासन पर अतिरिक्त खर्च उठाना संभव हो गया। बि.रा.पु.नि.नि. कार्यालय को नया रंगरूप दिया गया और वातानुकूलित कक्षों, बेतार संपर्कशीलता और व्यायामशाला (जिमनैजियम) के साथ वह एक कॉरपोरेट ऑफिस की तरह चमकने लगा।

अमृत को विरासत में एक ऐसा निगम मिला था जिसमें (राजनेताओं और अधिकारियों द्वारा की गई नाजायज भरतियों के कारण) क्लर्कों और चपरासियों की भरमार थी और इंजीनियरों का टोटा। एक सुपरिचित कॉरपोरेट-स्टाइल कायाकल्प की प्रक्रिया में एक बड़ी संख्या में निचले वर्गों के कर्मचारियों की छुट्टी कर दी जाती और ज्यादा इंजीनियरों की भरती कर ली जाती। आर्थिक रूप से यह बुद्धिमानीपूर्ण कदम होता, परंतु राजनीतिक कारणों से नीतीश कभी छँटनी की इजाजत नहीं दे सकते थे।

वैसे भी कर्मचारियों के लिए मु.से.नि.यो. के अंतर्गत आई परियोजनाओं की बाढ़ से निपटना

असंभव था। उनमें संचारित नए उत्साह और प्रेरणा के साथ वे मई 2008 तक सभी लंबित परियोजनाओं को पूरा कर सकते थे, परंतु अपने बल पर मु.से.नि.यो. की 520 परियोजनाओं की सभी प्रक्रिया और निर्माण कार्य को सँभालना उनकी क्षमता से बाहर था। चूँकि नीतीश का आग्रह उनके यथासंभव शीघ्र निष्पादन पर था, अमृत के पास इन परियोजनाओं से जुड़े सभी कार्यों को आउटसोर्स करने के सिवाय कोई विकल्प नहीं था। ''जब आपका मुख्यमंत्री ऐसा हो जो एक पुल परियोजना की प्रगति जानने के लिए आपको एक रविवार की दोपहर को बुला सकता है, तो आप निर्धारित समय-सीमा के प्रति लापरवाह नहीं हो सकते,'' अमृत कहते हैं।

विस्तृत परियोजना रिपोर्ट (डिटेल्ड प्रोजेक्ट रिपोर्ट्स) तैयार करने तथा निर्माण सामग्री, उपकरणों, इंजीनियरों और मानव शक्ति की आपूर्ति के लिए बि.रा.पु.नि.नि. द्वारा एक बड़ी संख्या में सलाहकार और ठेकेदार लगाए गए थे। एक सुधरी हुई टेंडरिंग प्रक्रिया, जो इलेक्ट्रॉनिक, पारदर्शी और दुरुपयोग की संभावना से मुक्त थी, के जरिए उनका चयन किया गया था। यहाँ तक कि गुणवत्ता की जाँच के काम में भी बाहरी व्यक्तियों की सेवाएँ ली गई थीं।

निष्पादन केदौरान इतनी सारी परियोजनाओं पर नजर रखना एक भारी जिम्मेदारी थी। निगम के मुख्यालय में एक ऑनलाइन निगरानी प्रणाली स्थापित की गई। निगम के बिहार के दो युवा इंजीनियरों द्वारा विकसित 'मोबाइल इंस्पेक्टर' नामक एक सॉफ्टवेयर का प्रयोग शुरू किया गया। सभी कार्यकारी अभियंताओं को जी.पी.आर.एस.-सुविधायुक्त सिम कार्ड वाले मोबाइल फोन दिए गए जिनका उपयोग करके वे कार्यस्थल का दौरा करने के बाद पुल के निर्माण में हुई प्रगति पर अपनी टिप्पणियों के साथ निर्माणाधीन पुल का एक फोटोग्राफ भी मुख्यालय को भेज सकते थे। यह सॉफ्टवेयर एक साथ तीन काम करता था : वह कार्यकारी अभियंताओं को कार्यस्थल का दौरा करने के लिए मजबूर करता था, सांगठनिक केंद्र को निर्माणाधीन परियोजना की अद्यतन स्थिति पता चल जाती थी और अमृत प्रत्येक निर्माणाधीन परियोजना पर अद्यतन जानकारी के साथ नीतीश द्वारा समय-समय पर बुलाई गई हर समीक्षा बैठक में हमेशा उपस्थित होते थे।

बि.रा.पु.नि.नि. ने अब तक बिहार से बाहर की पुल परियोजनाओं के लिए बोली लगाना शुरू नहीं किया है, परंतु उसने प्रतियोगियों की जमात में शामिल होने के लिए अपनी क्षमता विकसित कर ली है और अपनी योग्यता साबित कर दी है। एक तरह से बि.रा.पु.नि.नि. का कायाकल्प बिहार के कायाकल्प की रिहर्सल है।

क्या केवल सड़कों और पुलों के निर्माण से विकास हासिल किया जा सकता है ? नीतीश के पहले कार्यकाल में आर्थिक विकास की कहानी सफलता और असफलता का एक मिला-जुला पिटारा है। 2005 और 2009 के बीच बिहार के सकल घरेलू उत्पाद (जी.डी.पी.) की औसत वार्षिक वृद्धि दर 10.74 प्रतिशत थी जो 2001 से 2005 तक की अवधि के दौरान हासिल की गई औसत वार्षिक वृद्धि दर 3.53 प्रतिशत से तीन गुना से भी ज्यादा थी। यद्यपि 2002-03 और 2004-05 में राज्य की जी.डी.पी. में क्रमशः 11.82 प्रतिशत और 12.17 प्रतिशत की वृद्धि हुई

थी, जो 2005 से 2009 तक की अवधि की औसत वार्षिक वृद्धि दर से 10.74 से अधिक थी, 2001-02 (-4.73 प्रतिशत) और 2003-04 (-5.14 प्रतिशत) में हासिल की गई नकारात्मक वृद्धि दर के कारण 2001-2005 के दौरान औसत वृद्धि दर बहुत नीची थी।

नीतीश शासन के पहले चार वर्षों में राज्य की जी.डी.पी. वृद्धि दर इस प्रकार थी : 2005-06 में 1.49 प्रतिशत, 2006-07 में 22 प्रतिशत, 2007-08 में 8.04 प्रतिशत और 2008-09 11.44 प्रतिशत। 2006-07 को छोड़कर नीतीश शासन के पहले चार वर्षों में जी.डी.पी. वृद्धि दर राबड़ी शासन के सर्वोत्तम वर्षों 2002-03 और 2004-05 में हासिल की गई वृद्धि दर से नीची थी।

फिर भी, नीतीश शासन के दौरान जो बदलाव साफतौर पर देखा गया था, वह था नकारात्मक विकास की अनुपस्थिति। वृद्धि दर में साल-दर साल होने वाले उतार-चढ़ाव अब भी बहुत अधिक थे, परंतु 2006-07 में एक नई ऊँचाई (22प्रतिशत) हासिल की गई थी जो राज्य को स्थिरता प्रदान करती प्रतीत होती थी। अर्थव्यवस्था के बेहतर प्रबंधन के परिणामस्वरूप बिहार वृद्धि दर के पुराने पैटर्न से बाहर आ चुका था। झारखंड बनने के बाद के वर्षों के राबड़ी राज की भारी सफलता एक बड़ी हद तक संयोगवश थी-जो किसी सरकारी पहल या प्रयासों के अभाव के बावजूद हासिल की गई थी और जिसका श्रेय अधिकांशतः बाजार की शक्तियों को जाता था। नीतीश के शासनकाल में सरकार के स्वतः प्रेरित प्रयासों से बाजार और नौकरशाही ज्यादा आजादी और गति से काम करने लगे और इसी का नतीजा था वृद्धि दर में उतार-चढ़ाव में कमी।

फिर भी, नीतीश के बिहार में विकास काफी विषम और असमान था। उच्चतर वृद्धि दर के पीछे मुख्यतः तीन क्षेत्रों की शक्ति थी : व्यापार, होटल और रेस्तराँ, निर्माण उद्योग और संचार। राबड़ी शासन के कुछ वर्षों में भी इन क्षेत्रों ने ऊँची वृद्धि दर हासिल की थी, परंतु उसके बाद तीव्र ह्रास का नंबर आ जाता था। 2002-03 में व्यापार, होटल एवं रेस्तराँ में 19.18 प्रतिशत की वृद्धि हुई थी और 2004-05 में 21.51 प्रतिशत की, परंतु 2001-05 में औसत वृद्धि दर थी 12.69 प्रतिशत। 2005-09 के बीच औसत वार्षिक वृद्धि दर 17.41 प्रतिशत थी।

निर्माण क्षेत्र में 2001-05 के दौरान औसत वार्षिक वृद्धि दर 17.45 प्रतिशत के मुकाबले 2005-09 की अवधि में यह वृद्धि 37.10 प्रतिशत थी। अधिकांशतः मोबाइल संपर्कता बढ़ने के कारण संचार क्षेत्र में 2001-05 के दौरान 12.59 प्रतिशत की औसत वार्षिक दर से वृद्धि हुई, जबकि 2005-09 की अवधि में यह प्रतिशत 18.41 था। 2005-06 और 2008-09 के बीच राज्य में मोबाइल कनेक्शनों की संख्या 23.55 लाख से बढ़कर 151.78 लाख हो गई। दूरसंचार घनत्व प्रति सौ व्यक्तियों में टेलीफोन धारकों की संख्या-2006 में 5.34 से बढ़कर 2009 में 22.18 हो गई। इसी समयावधि में 0.66 प्रति व्यक्ति से 9.17 (करीब 14 गुना) की भारी वृद्धि दर्ज करते हुए ग्रामीण बिहार शहरी बिहार से आगे रहा-मुख्यतः प्रवासी मजदूरों के द्वारा भेजे गए धन के कारण।

व्यापार, होटल एवं रेस्तराँ के क्षेत्र में हासिल की गई अभूतपूर्व वृद्धि नीतीश की दो मुख्य पहलों का परिणाम थी : उच्च सरकारी खर्च तथा कानून-व्यवस्था में सुधार। उच्च सरकारी खर्च संसाधन जुटाने में कुशलता, आवंटित धन के उपयोग तथा घाटे और ऋण के कुशल प्रबंधन का नतीजा था। राज्य सरकार का अपना कर राजस्व 2004-05 और 2009-10 के बीच प्रतिवर्ष 29 प्रतिशत बढ़कर 3,342 करोड़ से 8,139 करोड़ हो गया। इसी समयावधि में राज्य सरकार का कुल राजस्व-उसके अपने कर राजस्व, केंद्रीय सरकार के करों में उसके हिस्से और केंद्रीय अनुदानों का योग-15,174 करोड़ रुपए से बढ़कर 37,870 करोड़ रुपए हो गया। इसी अवधि में योजना खर्च 3,476 करोड़ रुपए से बढ़कर 14,184 करोड़ रुपए हो गया। राज्य सरकार ने अपने धन से करीब चालीस योजनाएँ शुरू कीं और उन्हें क्रियान्वित भी किया।

राज्य की अर्थव्यवस्था की उच्चतर वृद्धि ने विक्रय कर वाहनों और स्थानीय क्षेत्रों में उपभोग के लिए लाए गए माल पर लगने वाले करों जैसे वस्तुओं और सेवाओं पर कर संग्रहण बढ़ा दिया। जिस मामले में नीतीश सरकार को कुछ नया करना था उत्पादन शुल्क—विशेष रूप से शराब पर, जिसमें व्यापक रूप से कर चोरी होती थी—से संबंधित राजस्व बढ़ाना। शराब का व्यवसाय कुछ ही लोगों के नियंत्रण में था। राज्य सरकार के नेता को पता नहीं था कि थोक व्यापारियों द्वारा शराब की कितनी बोतलें राज्य के बाहर से मँगाई जाती थीं और खुदरा व्यापारियों द्वारा कितनी बेची जाती थीं, चूँकि कई थोक व्यापारियों की अपनी खुदरा दुकानें भी थीं, उनके लिए खातों में हेराफेरी करना आसान था।

कर चोरी रोकने के लिए नीतीश सरकार ने तमिलनाडु मॉडल का अनुसरण करते हुए 2006 में बिहार स्टेट बेवीरिजस कॉरपोरेशन नाम की अपनी स्वयं की कंपनी स्थापित की, जिसे सभी प्रकार की शराब-भारत निर्मित विदेशी शराब (आई.एम.एफ.एल.), विदेश निर्मित विदेशी शराब (एफ.एम.एफ.एल.), बीयर, वाइन, देशी और मसालेदार शराब का एकमात्र थोक व्यापारी बनना था। राज्य में अपने ब्रांड की शराब बेचने के इच्छुक सभी शराब निर्माताओं के लिए अपनी खेपें उपरोक्त निगम के निर्धारित गोदामों में भेजना अनिवार्य था। उसके बाद ही खुदरा व्यापारियों द्वारा उपभोक्ताओं को शराब बेची जा सकती थी। निगम निर्माता से उसके ब्रांड के न्यूनतम खुदरा मूल्य पर 5 प्रतिशत मार्जिन की माँग करता था। जिसे बाद में बढ़ाकर 10 प्रतिशत कर दिया गया, बिहार में शराब बाजार का एकमात्र प्रवेश द्वार बनकर निगम राज्य में शराब के पूरे वैध विक्रय का हिसाब रखने में सक्षम हो गया था। इससे उत्पाद कर राजस्व, जो 2004-05 में 272 करोड़ था, नाटकीय रूप से बढ़कर 2008-09 में 679 करोड़ हो गया।

माल और यात्रियों पर लगाए गए कर 2004-05 में 473 करोड़ रुपए से बढ़कर 2008-09 में 1,279 करोड़ रुपए हो गए। इसी अवधि में विक्रय व्यापार आदि पर लगाए गए कर तो 1,819 करोड़ रुपए से बढ़कर 3,016 करोड़ रुपए हो गए। जहाँ उत्पाद कर राजस्व में वृद्धि एक बड़ी हद तक कर वसूली में सरकारी हस्तक्षेप का परिणाम थी, न कि बाजार के आकार में किसी असाधारण

वृद्धि के कारण, अन्य करों में वृद्धि सड़क संपर्कता बढ़ने और कानून-व्यवस्था में सुधार होने के कारण व्यवसाय से जुड़ी हुई थी।

तृणमूल स्तर की दो रिपोर्टें दरशाती हैं कि सामाजिक परिदृश्य में बदलाव किस तरह राज्य में व्यापार को बढ़ा रहा था :

"(लालू-राबड़ी राज के)" के उन अँधेरे दिनों की जगह आशावाद के एक एहसास ने ले ली है और (नीतीश राज के अंतर्गत) राज्य में आए बदलावों को गिनाते हुए लोग सबसे पहले जिस बात का जिक्र करते हैं वह है उनके लिए देर शाम तक अपने परिवार के साथ बाहर रह पाना। पहले, शाम के सात बजे तक वापस घर पहुँच जाना अनिवार्य होता था। "स्पष्ट रूप से, सामान्य जीवन और व्यवसायों को प्रभावित करने वाला सबसे बड़ा बदलाव यही है। लोग बड़ी कारों में घूमने या निवेश करने में अब डरते नहीं हैं," एक युवा प्रबंधन पेशेवर गौरव सिंह, जिन्होंने कुछ वर्ष पहले पटना लौटने के लिए मुंबई की एक बहुराष्ट्रीय कंपनी की नौकरी छोड़ दी थी, कहते हैं। बाजारों में हलचल बढ़ने से सिनेमा गृहों और रेस्तराँओं में लोगों का आना-जाना, रात के समय अपनी स्कूटी से लड़कियों का कोचिंग क्लास से लौटना, यहाँ तक कि गांधी सेतु जाने वाली सड़क के किनारे खड़ी मोटरसाइकिलों पर बैठकर बतियाते प्रेमी जोड़े जाहिर करते हैं कि राजधानी (पटना) और राज्य के अन्य भागों में भी कानून व्यवस्था की स्थिति काफी सुधर गई है। "डर कम हो गया है," छपरा के हथुआ बाजार, जो 18 वीं सदी के आखिरी वर्षों से ही इलाके का एक प्रमुख बाजार रहा है, में कपड़े की एक दुकान के मालिक कहते हैं...

"एक समय था जब दबंग नेता टाइप लोग दुकान में प्रवेश करते थे और आप आशंकित हो जाते थे। अब ऐसा नहीं है। कुछ साल पहले तक दूसरे राज्यों के थोक व्यापारी मुश्किल से ही साड़ियों के नमूनों के साथ अपने एजेंटों को भेजते थे और न ही वे हमें माल उधार देते थे," एक व्यवसायी, जिनका परिवार दो पीढ़ियों से भी ज्यादा समय से कपड़ा व्यापार में है, कहते हैं, "अब एक महीने में 15,20 से कम एजेंट नहीं आते हैं और माल उधार प्राप्त करना अब कोई समस्या नहीं है।"

बागमती नदी पर कटौंझा पर बने पुल को जनता के लिए खोल दिए जाने के बाद एक पत्रकार दो स्थानीय व्यवसायियों से मिला :

"उन बाढ़-प्रभावित दिनों की याद करते हुए मोहम्मद मुर्तजा, जोकि सीतामढ़ी की तरफ पर सैरपुर चौक में मिठाई की दुकान के मालिक हैं, ने बताया कि अन्य दुकानदारों की तरह उनके लिए भी दो वक्त की रोटी कमाना भी मुश्किल था। "हमारी दुकानें जलमग्न हो जाती थीं और पूरे मानसून में हमारा धंधा चौपट हो जाता था।"

बब्बन कुमार, जो मुजफ्फरपुर में रहते हैं और जिनकी नदी पार सीतामढ़ी में कपड़े की दुकान है, इससे सहमत हैं। "चूँकि अपनी दुकान तक पहुँचने के लिए नदी पार करना मेरी मजबूरी

थी, धीरे-धीरे पाँव जमाते हुए बाढ़ग्रस्त पुल को पार करके मैं हर रोज अपनी जान खतरे में डालता था,'' उन्होंने कहा।

बब्बन और मुर्तजा की तरह हजारों और लोग थे, जो मानसून के दौरान पुल के दोनों ओर अटके रह जाते थे। पुल बन जाने के बाद बब्बन और मुर्तजा के ग्राहकों की संख्या बढ़ गई है।''जहाँ पहले पुल की एक साइड के लोग ही आते थे, आज वे दोनों जिलों से आते है,'' बब्बन ने कहा।

राजेंद्र प्रसाद, जिनकी पुल से कोई 500 मीटर दूर मुजफ्फरपुर की ओर, जनक चौक पर साड़ियों की दुकान है, ने कहा कि आज 20 गाँव के लोगों की रोजी-रोटी कटौंझा पुल पर टिकी हुई है।''अगर आप यहाँ के बाशिंदे नहीं हैं, तो आप इस पुल का महत्त्व समझ नहीं पाएँगे,'' उन्होंने कहा।

शामें दुकानों, रेस्तराँओं, सिनेमागृहों, थिएटरों और आयोजनों के लिए कमाई का समय होती हैं। लालू-राबड़ी राज में इन व्यवसायियों के लिए शामें बहुत फीकी होती थीं, क्योंकि काम के बाद लोग जितनी जल्दी संभव हो, घर लौटना चाहते थे। महिलाएँ और बच्चे, जो पुरुषों को खरीदारी के लिए उकसाते हैं, शामों को घर पर ही रहते थे। नीतीश के शासनकाल में त्वरित काररवाई के जरिए अपराधियों को मुजरिम ठहराए जाने के कारण बड़े अपराध, विशेष रूप से फिरौती के लिए अपहरण, हत्या और डकैतियाँ कम हो गई थीं। लोगों में सुरक्षा की भावना पनपने लगी थी।

पहले राज्य में उपभोग बुझा-बुझा सा था। लोग इस डर से महँगी चीजों की खरीदारी और प्रदर्शन से बचते थे कि ऐसा करना लूट-खसोट करने वालों का ध्यान आकृष्ट कर सकता था। हर गली के नुक्कड़ पर एक लुटेरा मँडराता नजर आता था। नीतीश के शासन ने अपनी दबी हुई इच्छाओं को पूरा करने के लिए लोगों द्वारा किए गए खर्च के विस्फोट के दर्शन करा दिए थे।

कॉलेज और स्कूल शिक्षकों सहित सरकारी कर्मचारियों को वेतन के नियमित भुगतान और सरकार द्वारा ठेकेदारों और आपूर्तिकर्ताओं के किए जाने वाले भुगतानों में देरी कम किए जाने से भी उपभोग में वृद्धि हुई थी।

व्यवसाय और पयर्टन के उद्देश्य से बिहार आने वाले लोगों की संख्या बढ़ने के कारण व्यापार, होटल और रेस्तराँ क्षेत्र में उछाल दर्ज किया गया था। 2001-02 और 2004-05 के बीच पटना एयरपोर्ट पर घरेलू यात्रियों की संख्या 1.67 लाख से 5 प्रतिशत बढ़कर 1.76 लाख हो गई। 2004-05 और 2008-09 के बीच 110 प्रतिशत बढ़कर 3.69 लाख हो गई। बिहार में घरेलू पर्यटकों की संख्या 2005 में 68.80 लाख से बढ़कर 2009 में 1.55 करोड़ और उसी अवधि में विदेशी पर्यटकों की संख्या 63,000 से बढ़कर 4.24 लाख हो गई।

एक बड़ी चिंता की बात यह थी कि नीतीश के शासन में दर्ज की गई उच्च वृद्धि केवल व्यापार, होटल एवं रेस्तराँ तथा निर्माण और संचार क्षेत्रों में तीव्र उछाल का नतीजा थी। इसने विकास की निरंतरता के प्रति संदेह पैदा कर दिया और राज्य के सकल घरेलू उत्पाद की भरी तिजोरी के एक

बुलबुला साबित होने की आशंका होने लगी। इस संदेह को पुष्ट करने वाले तत्त्व थे उद्योगों का धीमा विकास और प्राकृतिक आपदाओं के कारण कृषि उत्पादन में भारी उतार-चढ़ाव।

राज्य के विभाजन के बाद कोयला, अबरख, बुनियादी धातुएँ, इस्पात, भारी इंजीनियरिंग और उनके सहायक उद्योग जैसे अधिकांश प्रमुख निजी और सरकारी उद्योग झारखंड में चले गए और छोटी, लघु और कारीगर-आधारित इकाइयाँ बिहार में रह गईं। विभाजित बिहार की 1,528 पंजीकृत औद्योगिक इकाइयों में से लगभग 85 प्रतिशत छोटी और सूक्ष्म इकाइयाँ थीं। 236 मध्यम और बड़ी इकाइयाँ मुख्यत: कृषि-आधारित थीं तथा खाद्य पदार्थों, तंबाकू और चमड़े की चीजों का उत्पादन करती थीं।

नीतीश ने बिहार को इथानोल उत्पादन का केंद्र बनाने के लिए आधारभूत कार्य करते हुए राज्य के औद्योगीकरण की दिशा में पहला गंभीर प्रयास किया। यह देखते हुए कि इथानोल कारखाने स्थापित करने में अन्य राज्य पहले ही काफी आगे निकल गए थे (महाराष्ट्र-71 इकाइयाँ, उ.प्र.-14 इकाइयाँ और गुजरात-12 इकाइयाँ), यह एक अतिमहत्त्वाकांक्षी विचार था, परंतु इथानोल के लिए बाजार विशाल था और केंद्रीय सरकार के कारण पूरी तरह जोखिम रहित था। पर्यावरणीय प्रदूषण कम करने की अपनी अंतरराष्ट्रीय वचनबद्धता का पालन करने के लिए उसने सभी तेल कंपनियों के लिए पेट्रोल के साथ 5 प्रतिशत इथानोल मिलाना अनिवार्य बना दिया था। इसी मकसद से वह एम.टी.बी.ई. का इस्तेमाल नहीं कर सकती थी, क्योंकि कैंसर पैदा करनेवाले (कार्सिनोजेनिक) तत्त्व के कारण उस पर पूरे विश्व में प्रतिबंध लगा दिया गया था। केंद्रीय सरकार तेल कंपनियों की जरूरत पूरी करने के उद्देश्य से इथानोल उत्पादन को प्रोत्साहित करने के लिए अन्य राज्य सरकारों की तरह बिहार सरकार को भी पत्र लिखा था।

नीतीश ने इथानोल में एक बड़ा अवसर देखा : वह औद्योगिक विकास के मामले में राज्य को तेज पटरी पर डाल सकता था, गन्ने की खेती के विस्तार के साथ कृषि उत्पादन को बढ़ावा दे सकता था और बड़ी संख्या में रोजगार पैदा कर सकता था। उन्होंने इथानोल उत्पादन में निवेश को प्रोत्साहित करने के लिए 2007 में एक प्रोत्साहन नीति तैयार की। उन्हें राज्य में चीनी उद्योग के मजबूत आधार पर भरोसा था। गन्ना उत्पादन के लिए उत्तरी बिहार के मैदानी इलाकों की जलवायु बहुत ही उपयुक्त थी। इस उद्योग में 5 लाख किसान और तकनीकी रूप से कुशल 50,000 लोग संलग्न थे। आजादी के पूर्व के दशकों में बिहार में दमदार चीनी उद्योग था, जो चीनी के कुल राष्ट्रीय उत्पादन का 25 प्रतिशत पैदा करता था।

जब नीतीश ने सत्ता सँभाली थी, राज्य की अट्ठाईस चीनी कारखानों में से उन्नीस बंद थे। उन्नीस में से पंद्रह बिहार राज्य चीनी निगम-जो लालू-राबड़ी राज में अन्य सरकारी कंपनियों की तरह दिवालिया हो चुका था-के जरिए सरकार के स्वामित्व में थे। सरकारी मिलों के पुनरुद्धार तथा चीनी और बिजली के साथ इथानोल के उत्पादन के लिए राज्य सरकार ने छह वर्षीय पट्टे पर उनकी नीलामी का फैसला किया। पाँच मिलें निजी और सरकारी क्षेत्र की प्रमुख कंपनियों द्वारा ग्रहण कर

ली गईं, तीन मिलों के लिए किसी ने बोली नहीं लगाई और बाकी सात के मामले में प्रस्तावित कीमतें न्यूनतम निर्धारित मूल्य (रिजर्व प्राइस) से नीची थीं। राज्य सरकार को दस मिलों के मामले में नीलामी दोबारा शुरू करनी पड़ी।

दस मिलों के पुनरुद्धार में इतनी देर हो गई कि नीतीश उनमें से इथानोल उत्पादन का प्रवाह शुरू होता न देख सके। नीलाम हुई पाँच मिलों में से केवल दो के औपचारिक हस्तांतरण का काम 2009 तक पूरा हो पाया। इस तरह कई कारकों–अधिकांश मिलों की नीलामी प्रक्रिया में नौकरशाही द्वारा उनकी कीमतों का अवास्तविक अनुमान लगाया जाना, सफल बोलीकर्ताओं को संपत्ति हस्तातंरण के मामले में सुस्ती और वर्तमान चीनी मिलों के अतिरिक्त क्षमता के संयोजन ने इथानोल उत्पादन के जरिए बिहार को औद्योगिक उत्थान के रास्ते पर ले जाने के लिए वर्तमान अधोसंरचना का लाभ उठाने के नीतीश सरकार के प्रयासों में बाधा डाली।

2008 तक इथानोल उत्पादन के लिए राज्य निवेश संवर्धन बोर्ड (एस.आई.पी. बी.) ने डिस्टिलरीज युक्त चीनी मिलों के लिए पच्चीस निवेश प्रस्ताव अनुमोदित किए, परंतु उनमें से इक्कीस अब तक स्थापित नहीं हो पाई, क्योंकि निवेशक उन्हें उस समय शुरू करना बुद्धिमानी की बात नहीं समझते थे, जब उत्पादन क्षमता से चीनी की कीमतों में गिरावट आई हो। शेष चार के मामले में प्रगति धीमी है। चूँकि इन परियोजनाओं का मुख्य उत्पाद चीनी है, जब तक चीनी की कीमतें न बढ़े, वे उत्पादन शुरू नहीं करेंगे। इसी वजह से उनमें इथानोल का उत्पादन रुका हुआ है।

एस.आई.पी.बी. ने केवल इथानोल का उत्पादन करने वाले संयंत्रों के तेरह प्रस्ताव भी अनुमोदित किए–दस गन्ने से और तीन मक्का से इथानोल उत्पादित करने के लिए। इन संयंत्रों को 2000 मेगावाट बिजली भी उत्पादित करनी थी, जिसका 70 प्रतिशत राज्य सरकार द्वारा खरीदा जाना था। इन संयंत्रों को भी दुर्भाग्य ने घेर लिया। इस बार इसके लिए बाजार या नौकरशाही नहीं, बल्कि केंद्रीय सरकार जिम्मेदार थी। 2008 में केंद्रीय कृषि मंत्रालय ने गन्ने के रस के इथानोल का उत्पादन केवल चीनी मिलों तक सीमित रखने के लिए 1996 का गन्ना नियंत्रण आदेश संशोधित कर दिया। इससे बिहार को इथानोल उत्पादन का केंद्र बनाने का नीतीश का सपना चूर हो जाने का खतरा पैदा हो गया। केंद्रीय कृषि मंत्री शरद पवार ने अपने राज्य महाराष्ट्र जहाँ अपनी स्थापना के कुछ वर्षों के भीतर ही केवल इथानोल उत्पादित करने वाले ग्यारह कारखाने बंद हो गए थे, का उदाहरण देते हुए यह तर्क दिया कि ऐसे कारखाने आर्थिक दृष्टि से फायदे का सौदा नहीं हैं।

नीतीश ने यह कहते हुए तुरंत पवार को पत्र लिखा कि केवल इथानोल उत्पादित करने वाले कारखानों के बारे में उनकी चिंताएँ निराधार हैं। उन्होंने तर्क दिया कि उनके घाटे का सौदा होने का मुख्य कारण तेल कंपनियों द्वारा दी जाने वाली इथानोल की कीमत (22.50 प्रतिलिटर) का कम होना है। यह कीमत 2003 में तय की गई थी, जब कच्चे तेल की कीमत 2008 के स्तर से करीब आधी थी। उन्हें तेल कंपनियों द्वारा कच्चे तेल के आज के बराबर मूल्य के आधार पर संशोधित किया जाना चाहिए। ऐसा किए जाने पर केवल इथानोल उत्पादित करने वाले कारखाने आर्थिक रूप

से लाभप्रद हो जाएँगे।

परंतु, उनकी सरकार द्वारा अनुमोदित केवल इथानोल उत्पादित करने वाले कारखाने इथानोल की घरेलू कीमत को लेकर चिंतित नहीं थे, क्योंकि उन्हें इथानोल का शत-प्रतिशत उत्पादन निर्यात के लिए करना था। पवार को लिखे अपने पत्र में नीतीश आगे कहते हैं, ''इस तथ्य के मद्देनजर कि बिहार में इथानोल के उत्पादन का लक्ष्य घरेलू माँग की पूर्ति करना नहीं है, उसके उत्पादन में महाराष्ट्र का अनुभव बिहार के लिए उतना प्रासंगिक है।''

केवल इथानोल बनाने वाले कारखानों पर पवार की एक आपत्ति यह थी कि वे गन्ने की वर्तमान आपूर्ति का एक बड़ा भाग चट कर जाएँगे और चीनी उत्पादन के लिए गन्ने की आपूर्ति कम हो जाएगी। नीतीश ने पवार को आश्वस्त किया कि उनके राज्य में इथानोल कारखाने गन्ने के अतिरिक्त उत्पादन पर निर्भर रहेंगे और उनका गन्ने की वर्तमान आपूर्ति पर कोई प्रतिकूल प्रभाव नहीं पड़ेगा। पवार ने संसद् में एक बयान दिया कि अगर बिहार सरकार यह वचन दे कि वह भविष्य में केवल इथानोल बनाने वाले कारखानों केबंद होने की लागत अपने बल पर वहन करेगी तो वे तीन वर्षों के लिए बिहार को गन्ना नियंत्रण आदेश के प्रावधानों से मुक्त रखने के लिए तैयार हैं। राज्य सरकार इस तरह का वचन देने के लिए तैयार थी, परंतु पवार ने अपने बयान के अनुसार काम नहीं किया और केंद्र द्वारा ढील न दिए जाने और इथानोल के रास्ते बिहार के औद्योगिकीकरण के लिए इंतजार लंबा खिंच जाने से मामला वहीं अटका रहा।

परंतु इथानोल उत्पादन केंद्र के रूप में उभरकर आने में बिहार की असफलता का सारा दोष केवल केंद्रीय सरकार को नहीं दिया जा सकता। राज्य की नौकरशाही की सुस्ती और बाजार की प्रतिकूल प्रवृत्तियाँ भी उतनी ही जिम्मेदार थीं। गन्ना नियंत्रण आदेश चीनी उत्पादकों को एक 'विकल्प' के रूप में गन्ने के रस या मोलेसिज से इथानोल के उत्पादन की इजाजत देता था। केंद्रीय सरकार ने भी पेट्रोल में मिलाए जाने वाले इथानोल का प्रतिशत 5 से बढ़ाकर 10 कर दिया था। इस निर्णय से हाई-स्पीड डीजल (एच.एस. डी.) में भी इथानोल मिलाए जाने संबंधी घोषणा अपेक्षित थी।

इसने राज्य की मौजूदा और हाल ही में स्वीकृत चीनी कारखानों को एक बहुत बड़ा अवसर प्रदान किया। इन कारखानों में इथानोल का उत्पादन शुरू करके उसमें तेजी लाई जा सकती थी अगर केंद्रीय सरकार द्वारा लगाए गए प्रतिबंध के कारण केवल इथानोल बनाने वाले कारखानों से संबंधित प्रस्ताव रद्द न कर दिए जाते।

राज्य के सकल घरेलू उत्पाद (जी.डी.पी.) में विनिर्माण क्षेत्र का हिस्सा घटता जा रहा था। इस घटत में पंजीकृत और गैर-पंजीकृत इकाइयों का योगदान था जिनमें छोटी तथा सूक्ष्म (कारीगर-आधारित) इकाइयाँ शामिल थीं।

नीतीश ने शासनकाल के पहले चार वर्षों में राज्य निवेश संवर्धन बोर्ड (एस.आई. पी.बी.) में 1,67 319 करोड़ के संभावित निवेश के 342 प्रस्ताव अनुमोदित किए 1,171 करोड़ (कुल

प्रोजेक्टेड निवेश का 0.7 प्रतिशत) के निवेश के साथ केवल सैंतालीस परियोजनाएँ (कुल अनुमोदित परियोजनाओं का लगभग 14 प्रतिशत) परवान चढ़ पाईं। राज्य में निवेश में इस ठिठके हुए प्रदर्शन पर सरकार की सफाई थी निवेशकों के मन में इस बात की अनिश्चितता कि व्यवसाय के लिए अनुकूल माहौल जारी रहेगा या नहीं। उन्होंने अपनी पूँजी बिहार में ले जाने से पहले 2010 के चुनाव परिणामों का इंतजार करने का फैसला किया था।

परंतु, वह, कहानी का केवल एक हिस्सा हो सकता था। उद्यमों का विकास अपर्याप्त सड़क संपर्कता, बिजली की अत्यधिक कमी, कच्चा माल प्राप्त करने में कठिनाई और ऋण सुविधाओं के अभाव के कारण भी बाधित था।

राबड़ी राज के समय से सड़कों का जाल बहुत विकसित हो चुका था, परंतु राज्य के कई हिस्सों में अब भी सड़क संपर्क नहीं था। जहाँ तक बिजली का संबंध है, विभाजन के बाद अविभाजित राज्य में 1,974 मेगावाट की कुल बिजली उत्पादन क्षमता में से केवल 584 मेगावाट बिजली बिहार के हिस्से में आई थी। 584 मेगावाट की यह घटी हुई क्षमता भी धारणात्मक ही थी, क्योंकि इसमें से 540 मेगावाट बिजली की आवक दो ताप बिजलीघरों, एक बरौनी (बेगूसराय जिला) और दूसरा कांटी (मुजफ्फरपुर जिला) से अपेक्षित थी, परंतु पुरानी औद्योगिकी और कुप्रबंधन के कारण जिनका वास्तविक उत्पादन स्थापित क्षमता से बहुत कम था। पारेषण और वितरण के दौरान बिजली की हानि (टी. ऐंड डी. लॉसेज) 40 प्रतिशत थी। नीतीश के पहले कार्यकाल में इन हानियों में कोई कमी नहीं आई।

अधिकतम जरूरत के समय बिजली की माँग (पीक डिमांड) अब भी पूरी नहीं होती है। उसकी पूर्ति राष्ट्रीय ताप विद्युत निगम (एन.टी.पी.सी.) की आपूर्ति—जो बिहार के लिए नियत संयंत्रों के प्रचालन के अनुसार घटती-बढ़ती रहती है-से होती है। यदि उन संयंत्रों का ब्रेकडाउन हो जाए तो एन.टी.पी.सी. बिहार के लिए अन्य संयंत्रों से बिजली हासिल करने से इनकार कर देता है। बिजली खरीदी जा सकती है, परंतु राज्य सरकार उसकी कीमत चुकाने में समर्थ नहीं है। अधिकतम माँग के समय अधिकतम आपूर्ति का घाटा 2002-03 में 4.6 प्रतिशत से बढ़कर 2006-07 में 16.9 प्रतिशत हो गया। 2011-12 में ग्यारहवीं पंचवर्षीय योजना के अंत तक अधिकतम घाटा बढ़कर 57.5 प्रतिशत हो जाने की अपेक्षा थी।

नीतीश के पहले कार्यकाल के दौरान बिजली क्षेत्र में निवेश के उन्नीस प्रस्ताव अनुमोदित किए गए थे, जिनमें से तेरह निजी कंपनियों से थे। शेष छह में तीन परियोजनाएँ (प्रत्येक की क्षमता 1,320 मेगावाट) सरकारी-निजी भागीदारी के अंतर्गत पिरपैंती (भागलपुर), कजरा (लखीसराय) और चौसा (बक्सर) में स्थापित की जानी थीं। बी.एस.ई.बी. और एन.टी.पी.सी. के संयुक्त उपक्रम के रूप में दो : एक नबीनगर (औरंगाबाद)(क्षमता 1,890 मेगावाट) और दूसरा कांटी में तथा बेगूसराय में बी.एस.ई.बी. के बरौनी ताप बिजलीघर की क्षमता में 500 मेगावाट का विस्तार ।

निवेशकों द्वारा उनकी अनुमोदित परियोजनाओं पर काम शुरू करने को कम वरीयता दिए जाने

और भूमि अधिग्रहण में बी.एस.ई.बी. को हो रही कठिनाइयों जैसी बाधाओं के कारण नीतीश के पहले कार्यकाल में इनमें से कोई भी परियोजना परवान नहीं चढ़ पाई। यहाँ तक कि नीतीश के दूसरे कार्यकाल की शुरुआत में सरकारी जमीन पर अवैध कब्जाधारियों के विरोध (ये लोग मुआवजा भी चाहते थे) के कारण नबीनगर परियोजना की प्रगति अवरुद्ध रही थी।

अल्पविकसित अधोसंरचना और विभाजन के बाद औद्योगिक संसाधनों में कमी आ जाने के कारण नीतीश के पहले कार्यकाल में बिहार बड़े और मझोले उद्योगों को आकर्षित करने में असफल रहा। स्थानीय स्तर पर उद्यमिता की परंपरा का अभाव, बहुत कम पूँजी निर्माण और कुशल मानवशक्ति की अनुपलब्धता जैसी अन्य बाधाएँ भी थीं। इन सभी कारकों ने बिजनेस के लिए अनुकूल वातावरण की निश्चितता के बावजूद नीतीश के दूसरे कार्यकाल के पहले वर्ष में औद्योगिक निवेशक को छलाँग लगाने से रोके रखा। बड़े निवेश जो अगले एक या दो दशक में परवान चढ़ सकते थे, अधोसंरचनात्मक उद्योगों में होने वाले थे।

जहाँ बिहार ऐसा होने की प्रतीक्षा कर रहा है, उसे एक बड़ी हद तक कृषि तथा छोटे और सूक्ष्म उद्योगों से पैदा हुई दौलत पर निर्भर रहना होगा। 2009-10 (सितंबर तक) 5.8 लाख लोगों को रोजगार देने वाले 1.78 लाख पंजीकृत छोटी और सूक्ष्म इकाइयाँ थीं, परंतु उनमें कुल निवेश बहुत कम था-1,104 करोड़ रुपए या औसतन 6 लाख प्रति इकाई। इन इकाइयों की उत्पादकता-जो बहुत कम थी-बढ़ाने के लिए इस क्षेत्र में बहुत ज्यादा पूँजी लगाए जाने की जरूरत थी।

नीतीश सरकार ने विशेष रूप से कारीगर-आधारित सूक्ष्म उद्योगों को सरकारी सहायता उपलब्ध कराने का प्रयास किया है। उसने बुनकरों के कर्ज माफ करने की एक योजना शुरू की, जिसके अंतर्गत हस्तकरघा बुनकरों और पॉवरलूम बुनकरों द्वारा मार्च 2007 तक लिए गए सभी कर्जों (6 लाख प्रति बुनकर की अधिकतम सीमा) की माफी के लिए सरकार को बैंकों को 12.24 करोड़ रुपए देने थे। पॉवरलूम बुनकरों को एक जेरनेटर सेट की खरीदी पर 50 प्रतिशत सब्सिडी दी जानी थी।

परंतु, पिछली सरकारों की तरह नीतीश सरकार का तरीका भी कल्याणकारी रहा है। जरूरत इस बात की है कि छोटी और सूक्ष्म इकाइयों की मदद इस तरह की जाए कि वे व्यवसाय के रूप में विकसित हो सकें। राज्य में अनुसूचित वाणिज्यिक बैंकों का ऋण जमा अनुपात (क्रेडिट डिपॉजिट रेशियो) (गुजरात में 200 प्रतिशत की तुलना में) करीब 30 प्रतिशत है। बिहार में बैंक आवदेकों को कर्ज, क्यों नहीं देते, इसके कुछ कारण हैं : कर्ज के सदुपयोग की क्षमता का अभाव, कमजोर अधोसंरचना और बैंकों के डूबे हुए ऋणों की अधिकता। पॉवरलूम्स को सफल व्यवसायों में बदलने के लिए सरकार को जेनरेटर सेट की खरीदी पर 50 प्रतिशत सब्सिडी देने से ज्यादा कुछ करना होगा। लोगों में उद्यमिता कौशल विकसित करने के लिए छोटी और सूक्ष्म इकाइयों को एक नर्सरी की भूमिका निभानी चाहिए।

अपने दूसरे कार्यकाल में बिहार सरकार के सामने एक महत्त्वपूर्ण काम है : भूमि पर आबादी

का भार घटाने के लिए मजदूरों को खेती से बाहर निकालना। इसमें छोटे और सूक्ष्म उद्योगों का विकास एक महत्त्वपूर्ण भूमिका निभा सकता है। 2009-10 (सितंबर तक) ये उद्योग प्रति इकाई केवल तीन व्यक्तियों को रोजगार देते थे (मार्च 2000 में भी यही स्थिति थी!)। नीतीश के शासनकाल में इस क्षेत्र में रोजगार में महज 3 प्रतिशत की वार्षिक वृद्धि दर्ज की गई है—वही जो राबड़ी राज के वर्षों (2000-05) में की गई थी।

इस क्षेत्र में रोजगार बढ़ाने के लिए तीन कदम उठाए जा सकते हैं। एक, इकाइयों की संख्या बढ़ानी होगी। पंजीकृत इकाइयों की संख्या जो 2000-01 और 2007-08 के बीच करीब 4.7 प्रतिशत की वार्षिक औसत दर से बढ़ी थी, 2008-09 में केवल 3.61 प्रतिशत और 2009-10 (अक्तूबर तक) 1.14 प्रतिशत की दर से बढ़ी। यह स्पष्ट था कि छोटी और सूक्ष्म औद्योगिक इकाइयों का क्षेत्र नीतीश की 'चमत्कारी' बस में सवार होने से चूक गया था।, दो रूग्णता की दर, जो इस क्षेत्र में बहुत ऊँची है, को कम किया जाना चाहिए, ताकि पंजीकृत इकाइयों की अधिकतम संख्या वास्तव में कार्यरत हों। तीन, अतिरिक्त पूँजी निवेश और क्षमता-निर्माण के जरिए औसत रोजगार दर को बढ़ाकर 10 व्यक्ति प्रति इकाई तक ले जाया जाना चाहिए।

बिहार के औद्योगिकीकरण की कुंजी कृषि के पास है जो राज्य की अर्थव्यवस्था का मुख्य आधार है। कृषि-आधारित उद्योग ही वह क्षेत्र है जिसमें राज्य को अधोसंरचना के मुकाबले कई गुना निवेश की तलाश होनी चाहिए। बड़े और मझोले उद्योगों की आधी संख्या कृषि-आधारित है। उनका लगभग 33 प्रतिशत भाग 'आहार पेय पदार्थों और तंबाकू' वर्ग में है और 17 प्रतिशत से अधिक कपास, ऊन, जूट, कागज और चमड़े से संबंधित इकाइयाँ हैं।

फिर भी, देश में कृषि-आधारित उद्योगों की कुल संख्या में बिहार का हिस्सा केवल 0.80 प्रतिशत है (उद्योगों का वार्षिक सर्वेक्षण, 2005-06)। बुनियादी स्तर पर कमियाँ मौजूद हैं। राज्य में पैदा होने वाले चावल का 75 प्रतिशत से अधिक भाग मिलिंग के लिए अन्य राज्यों में भेजना पड़ता है। संस्थागत वित्त और सब्सिडी के जरिए पूरे राज्य में चावल मिलों के निर्माण को प्रोत्साहित किया जाना जरूरी है।

□

13

बिहारी स्वाभिमान वापस दिलाना

ఌ ❊ ఌ

2010 के विधानसभा चुनावों में नीतीश की महाविजय जितनी उनके द्वारा शुरू कराए गए प्रत्यक्ष विकास कार्यों–सड़कें, साइकिलों पर स्कूल जाती लड़कियों के झुंड, काम कर रहे प्राथमिक स्वास्थ्य केंद्र और अराजकता पर अंकुश के कारण थी उतनी ही उनके द्वारा कई तरह से लोगों से सीधा संवाद बना लेने के उनके प्रयासों के कारण भी थी। आमतौर पर राजनेता लोगों से जो बोलते या भाषण देते हैं, उसे नीतीश सुनते भी थे। यह जानने का उनका तरीका था कि वास्तव में कितना विकास जनता तक पहुँच रहा है। वही नौकरशाही को हमेशा सजग और तत्पर बना सकता था।

जब भी वे एक या ज्यादा दिनों के लिए किसी शहर या गाँव का दौरा करते थे, अपने पदेन कर्तव्यों–बैठकों, उद्घाटन या किसी परियोजना के शिलान्यास से अलग वे कुछ घंटे स्थानीय लोगों की बातें सुनने और उनकी याचिकाएँ ग्रहण करने के लिए निकाल लेते थे।

अपनी जनसभाओं में भी लोगों के निवेदन–आवेदन स्वीकार करते थे। एक बार मैं उनके साथ हेलीकॉप्टर में जहानाबाद जिले के एक गाँव में आयोजित जनसभा में गया जहाँ मैंने देखा कि मंच की ओर जाते हुए वे लोगों के बढ़े हुए हाथों से ज्ञापन लेते जा रहे थे। जहानाबाद के जिला मजिस्ट्रेट और पुलिस अधीक्षक, जिन्हें देहाती आवेदकों की आतुर भीड़ ने धक्का–मुक्की करके और पीछे धकेलकर महत्त्वहीन बना दिया था, मुझे उनकी हालत देखकर उन पर दया आ गई। नीतीश मंच की सीढ़ियों पर पैर रखने से पहले उन लोगों की अपीलें लेते रहे, परंतु अपनी सीट पर बैठ जाने के बाद भी ज्ञापनों का प्रवाह रुका नहीं। असफल प्रार्थियों ने सुरक्षाकर्मियों और संगठनकर्ताओं के जरिए अपनी याचिकाएँ उन तक पहुँचा दीं।

जब आरंभिक घोषणाएँ और भाषण दिए जा रहे थे, अपनी आँखों पर चश्मा चढ़ाते हुए नीतीश ने प्रत्येक याचिका पर नजर डाली, फिर जिन पर तुरंत ध्यान दिए जाने की जरूरत थी उन्हें अलग

करते हुए उनकी बात सुनने लायक दूरी पर बैठे या खड़े जिला मजिस्ट्रेट या अन्य संबंधित अधिकारियों को उन पर गंभीरतापूर्वक काररवाई करने का निर्देश दिया। वे याचिकाएँ, जिन पर सरकार द्वारा एक उच्चतर स्तर पर पहल किए जाने की जरूरत थी, उनके प्रधान सचिव आर.सी.पी.सिंह, जो उनके पीछे वाली पंक्ति में बैठे थे, को सौंप दी गईं।

कभी-कभी, किसी अनुरोध में नीतीश वहीं पर खुद ही जवाब दे देते थे। एक और दिन, बक्सर जिले के एक गाँव में एक और जनसभा में स्थानीय निवासियों द्वारा उन्हें एक ज्ञापन थमा दिया गया। जिसमें गाँव के उत्तर में कुछ दूरी पर बह रही एक छोटी नदी पर पुल बनाने का अनुरोध किया गया था, ताकि लोगों और माल का आवागमन सुगम हो सके। वह गाँव टमाटर के प्रचुर उत्पादन के लिए जाना जाता था और किसानों को बाजार तक पहुँचने के लिए एक सीधे मार्ग की जरूरत थी। अपने भाषण में नीतीश ने जिस चीज की सबसे पहले घोषणा की वह थी पुल के निर्माण पर तुरंत काम शुरू करवाना। ''आपने अपनी माँग रखी, जिसे मैंने लंबे समय से प्रतीक्षित और उचित पाया,'' उन्होंने कहा, ''अभी कुछ मिनट पहले ही मैंने यहीं से पटना में बैठे संबंधित अधिकारियों से बात की और उन्हें तुरंत काम शुरू करने का निर्देश दिया है। माप लेने और दूसरी आरंभिक कार्यवाहियाँ करने के लिए एक हफ्ते के भीतर इंजीनियर यहाँ आएँगे। आपका पुल बहुत जल्दी तैयार हो जाएगा। वह न केवल आपका बल्कि मेरा सपना भी पूरा करने में मदद करेगा। मैं हर एक भारतीय के भोजन की थाली में बिहार का कम-से-कम एक कृषि उत्पाद देखना चाहता हूँ। इस पुल के साथ आपके टमाटर दुनिया तक जल्दी पहुँच पाएँगे।'' कुछ महीनों के भीतर ही पुल के लिए काम शुरू हो गया।

पटना से बाहर के अनियमित दौरों पर लोगों से बात करने से उनकी समस्याओं के बारे में सुनने की नीतीश की प्यास बुझती नहीं थी। वे एक नियमित और ढाँचागत रूप से यह कहना चाहते थे। मजे की बात यह है कि वह एक अफवाह थी जिसने नीतीश को जनता की समस्याएँ सुनने की एक ऐसी व्यवस्था अपनाने के लिए प्रेरित किया, जैसी किसी पूर्व मुख्यमंत्री के पास नहीं थी। अफवाह यह फैली थी कि मुख्यमंत्री की ओर से गरीब परिवारों की लड़कियों के विवाह के लिए उनके माता-पिताओं को आर्थिक सहायता दी जा रही है। एक राज्य के सभी भागों से बड़ी संख्या में प्रार्थी, अणे मार्ग में आने लगे। ढेर सारे लोग इसे लालू खेमे की फैलाई अफवाह मानते हैं।

असल में, बेटियों की शादी के लिए गरीब किसानों को एक अनुदान राशि देने का विचार नीतीश के मन में घूम रहा था। यद्यपि यह विचार अभी अस्पष्ट था, उन्होंने एक बार कुछ पत्रकारों से उसके बारे में बात की थी। उनमें से एक ने अपनी रिपोर्ट में उसकी चर्चा कर दी। खास तौर पर गाँवों से अनुदान की इच्छुक भीड़ जुटाकर विपक्षी खेमे ने बाकी का काम कर दिया। 1, अणे मार्ग के कार्यालय और सुरक्षाकर्मियों के लिए अनुरोधकर्ताओं के प्रवाह को रोकना मुश्किल हो गया। नीतीश ने आर्थिक सहायता- जो गरीब माता-पिताओं को इस मकसद से नियुक्त एक अधिकारी द्वारा उनके अपने गाँव या शहर में ही उपलब्ध कराई जाएगी-की योजना घोषित करने का फैसला किया।

परंतु, आर्थिक सहायता लेने आई भीड़ ने नीतीश को लोगों के साथ संपर्क बढ़ाने का एक अच्छा रास्ता दिखा दे दिया। उन्होंने इसे एक सकारात्मक चिह्न के रूप में देखा कि अपने अनुरोध रखने के लिए गाँवों और शहरों के साधारण लोगों को मुख्यमंत्री निवास पर आने में कोई डर या झिझक महसूस नहीं हुई। वे उन्हें इसके लिए प्रोत्साहित करना चाहते थे।

''एक प्रजातंत्र में प्रभुसत्तात्मक शक्ति जनता के पास होती हैं,'' उन्होंने मुझसे कहा, ''1974 के बिहार आंदोलन का मुख्य उद्देश्य जनता का वास्तविक सशक्तीकरण था। जे.पी. का राजसत्ता को लोकसत्ता की अनुगामी बनाने का सपना था। मैं हमेशा लोगों को इतना साहसी बनाने के उपायों के बारे में सोचता था कि वे अपने प्रतिनिधियों को वह सब करने के लिए बाध्य कर सकें, जिसके लिए वे चुने गए थे।''

और इस तरह 'जनता के दरबार में मुख्यमंत्री' नामक कार्यक्रम की कल्पना की गई जहाँ हर सोमवार को किसी खास सरकारी विभाग से संबंधित मामलों पर अपनी शिकायतें रखने के लिए राज्य के सभी भागों से लोगों को आमंत्रित किया जाता था। एक सोमवार को वह पुलिस और राजस्व विभाग हो सकता था दूसरे सोमवार को शिक्षा और फिर स्वास्थ्य आदि। शिकायतकर्ताओं की लाइन में आगे रहने के लिए कभी-कभी तो लोग रविवार की रात से ही इकट्ठा हो जाते थे। हर याचिका को दर्ज करके एक संख्या दी जाती थी, जिसका उपयोग करके मामले पर की गई काररवाई की ताजा स्थिति जानी जा सकती थी।

नीतीश एक बड़े हॉल में लोगों की शिकायतें सुनते हुए सुबह नौ से पाँच बजे तक बैठते थे। पहले इस हॉल में लालू और राबड़ी अपनी गाय-भैंसों और मुरगियों का चारा रखते थे। संबंधित विभाग के मंत्रीगण उनके साथ बैठते थे और इसी तरह प्रधान सचिव, सचिव और अन्य वरिष्ठ अधिकारी भी। याचिका पर एक नजर डालने और याचिकाकर्ता से एक या दो सवाल पूछने के बाद नीतीश उसे मंत्री या संबंधित अधिकारी के पास भेजे देते थे। ऐसे मामलों में नीतीश उसी समय फोन करके शिकायत दूर करवाने के लिए कहते थे। जिनमें उन्हें जिला या उससे निचले स्तर के किसी अधिकारी की चूक या जानबूझकर किए गए कृत्य का आभास होता था।

नीतीश विधान सभा सत्र जैसे बहुत कम अवसरों को छोड़कर हर सोमवार को जनता के दरबार में बिना नागा किए उपस्थित रहे हैं। यहाँ तक कि यह कहते हुए कि ''मैं अपना राजधर्म निभाने में कोताही नहीं कर सकता,'' नीतीश ने अपनी माँ की मृत्यु के चौबीस घंटे से भी कम समय के भीतर 2 जनवरी, 2011 को भी जनता दरबार में लोगों की शिकायतें सुनी थीं।

नीतीश हर सोमवार जिन शिकायतों को सुनते हैं, उन सभी का समाधान तुरंत नहीं हो जाता। एक बड़ी संख्या में ऐसे मामले हो सकते हैं जिनका निपटारा हो ही न पाया हो। किसी सख्त निगरानी व्यवस्था के अभाव में प्रक्रियाधीन मामलों की संख्या बढ़ती ही जा रही है। मुख्यमंत्री कार्यालय के अधिकारी अत्यधिक काम के बोझ से इतने दबे हुए हैं कि वे शिकायतों के निवारण का लेखा-जोखा रख पाएँ। जनता दरबार के दौरान मुख्यमंत्री के सामने लाए गए मामलों पर काररवाई

अंततः जिला अधिकारियों पर छोड़ दिया गया है। जिलों से संबंधित मामलों की पहचान के लिए उन्हें पृथक पहचान चिह्न और पासवर्ड दिए गए हैं।

सरकार आनन-फानन में शिकायतों का निवारण नहीं करती। प्रत्येक प्रस्ताव को बहुत से अधिकारियों और क्लर्कों से गुजरना पड़ता है जो नियमों के अंतर्गत प्रावधानों या उचित मानदंडों और परंपराओं के अनुसार शिकायतों के ठोसपन या निस्सारता का आकलन करते हैं। बहुत से मामलों में निचले स्तर के सरकारी कर्मचारी जनता दरबार के जरिए मिली शिकायतों से परिचित होते हैं, क्योंकि शिकायतकर्ता उनके स्तर पर उन शिकायतों का निवारण करवाने की कोशिश कर चुके होते हैं। भेजे गए मामले पर स्थानीय अधिकारियों की पहले से ही कोई राय हो सकती है। इसलिए, अगर कोई शिकायत इसलिए स्वीकार नहीं की गई थी कि वे नियमों और विनियमों की शर्तें पूरी नहीं करती थीं, तो उन पर कारवाई सिर्फ इसलिए नहीं की जाएगी कि शिकायतकर्ता मुख्यमंत्री के जनता दरबार में गया था।

नीतीश एक ऐसे मुख्यमंत्री हैं, जो कानून की राह पर चलना पसंद करते हैं। नौकरशाही के निचले स्तरों पर लोगों को पता था कि जब तक वे कानूनी तौर पर गलत नहीं हैं, वे सुरक्षित हैं। परंतु उन अधिकारियों में डर या असुरक्षा की भावना थी जो किसी व्यक्ति को वह प्राप्त करने में अड़ंगा डाल रहे थे जो उसे किसी कानून या प्रशासकीय करार के अधीन देय था या रिश्वत पाने की आशा में, किसी पूर्वाग्रह के या अपने निकम्मेपन के कारण उसकी सुपुर्दगी में देर लगा रहे थे।

अगर जनता दरबार का शासन-व्यवस्था पर कोई सकारात्मक प्रभाव था तो वह मात्रात्मक से अधिक गुणवत्तात्मक था। नहीं निपटाए गए मामलों की संख्या बहुत ज्यादा होगी, परंतु जिन कुछ मामलों का निपटारा हुआ उन्होंने प्रशासन के जरिए एक संदेश भेजा कि जनता दरबार के जरिए कोई भी मुख्यमंत्री तक पहुँच सकता है और अपनी चूक या ज्यादती के लिए किसी भी अधिकारी की खिंचाई की जा सकती है और उसने जनता तक यह संदेश पहुँचाया कि अगर आप मुख्यमंत्री तक अपनी शिकायत ले जाएँ तो उसका निराकरण हो सकता है। इसमें कोई आश्चर्य नहीं कि हर सोमवार को जनता दरबार में कतारें ज्यादा लंबी होती जाती हैं। जनता दरबार मुख्यमंत्री तक सीमित नहीं था, उप मुख्यमंत्री सुशील मोदी भी अपना जनता दरबार लगाते थे। यहाँ तक कि जिला दंडाधिकारियों और इलाकाई अधिकारियों को भी जनता दरबार लगाने पड़ते थे।

जनता दरबार के मूल में 'दर्शन' की भारतीय परंपरा थी जिसमें भक्त भगवान् की पूजा करने के लिए मंदिर में, किसी संत के प्रति आदर प्रकट करने के लिए उनके आश्रम या मध्य युग में आदाब बजा लाने के लिए मुगल बादशाहों के दरबार में जाते थे। गांधी का करिश्मा ऐसा था कि वे जहाँ भी जाते थे, भारी संख्या में लोग उनके दर्शनों के लिए टूट पड़ते थे। चूँकि उत्तर-औपनिवेशिक भारत में मंत्रियों को शक्ति पुंज के रूप में देखा जाता है, लोगों ने दर्शन करने के लिए उनके, विशेष रूप से प्रधानमंत्री और मुख्यमंत्रियों के, पास आना शुरू कर दिया।

दर्शनार्थी कभी-कभी ही श्रोता बनते थे : प्रधानमंत्री या मुख्यमंत्री औपचारिक रूप से सुनवाई

नहीं करते थे, न साक्षात्कार देते थे। आमतौर पर प्रधानमंत्री या मुख्यमंत्री के निवास के बाहर इकट्ठे हुए दर्शनाभिलाषियों को मंत्री से एक सुरक्षित दूरी पर एक कामचलाऊ बाड़े में या वैसे ही इकट्ठा कर दिया जाता था, इस बात से बेखबर कि लोग कब से उनका इंतजार कर रहे थे। मंत्री अपनी सुविधा से बाहर आते थे और लोगों से काफी दूर खड़े होकर मुसकुराते हुए, उनका अभिवादन करते थे और 'दर्शन' पूरा हो जाता था। दर्शन का अर्थ होता था अपने नेता की एक झलक देखना, जैसा राज्यतंत्रीय व्यवस्थाओं में होता था।

नीतीश ने यह तरीका बदल दिया : उन्होंने 'दर्शन' को अपने नेता की एक झलक पाने से उसके साथ साक्षात्कार में रूपांतरित कर दिया। ऐसा नहीं था कि एक मुलाकाती को उनके साक्षात्कार का मौका देकर वे उस पर कोई अनुग्रह कर रहे थे, वह उनके चुने हुए प्रतिनिधियों से सेवा की माँग करने की जनता के अधिकार की स्वीकृति थी। और वह लोगों से संपर्क स्थापित करने और दूसरे जनादेश के लिए जनसमर्थन हासिल करने के सर्वोत्तम तरीकों में से एक था।

एक और भारतीय परंपरा, जिसका नीतीश ने पूरा लाभ उठाया, 'यात्रा' की थी। प्राचीन भारत में धर्मों के संस्थापक सत्य की खोज में यात्राओं पर निकल जाते थे। वे स्थान, जहाँ उन्होंने साधना की थी या उपदेश दिया था, उनके अनुयायियों के लिए देवस्थान बन गए, जहाँ वे तीर्थयात्रा के लिए जाने लगते थे। गांधी ऐसे पहले भारतीय नेता थे जिन्होंने यात्रा परंपरा का राजनीतिक उपयोग किया था। समुद्र के पानी से नमक बनाने के जनता के अधिकार पर ब्रिटिश सरकार द्वारा लगाए गए प्रतिबंध का विरोध करने के लिए उनके नेतृत्व में की गई दांडी यात्रा में लाखों लोगों ने भाग लिया था।

आजाद भारत में राजनेताओं और समाजसेवी संस्थाओं ने अपने आंदोलनों के लिए जनसमर्थन जुटाने के उद्देश्य से अकसर यात्राएँ की हैं। सबसे अधिक चर्चित यात्राओं में से एक थी भाजपा नेता लालकृष्ण आडवाणी की राम रथयात्रा।

यद्यपि नीतीश ने बहुत सी राजनीतिक यात्राएँ देखी थीं, अगर उन्होंने 2005 की गरमियों में न्याय यात्रा न की होती तो वे उनका महत्त्व नहीं समझ पाते। कांग्रेस-नीत केंद्रीय सरकार द्वारा बिहार विधान सभा भंग कर दिए जाने के अन्याय के प्रति लोगों में जागरूकता बढ़ाने और राजग को एक स्पष्ट जनादेश देने, ताकि विधायकों की खरीद-फरोख्त न हो, के लिए उन्हें प्रेरित करने के लिए नीतीश को एक न्याय यात्रा आयोजित करने का विचार सूझा। नीतीश नवंबर 2005 के विधानसभा चुनावों में राजग की सफलता का श्रेय एक बड़ी हद तक अपनी न्याय यात्रा को देते हैं।

नीतीश यात्राओं के प्रति अपने सम्मोहन की बात स्वीकार करते हैं। "यात्रा जनता के साथ संवाद स्थापित करने का एक अदभुत साधन हैं," वे कहते हैं, "एक स्थान से दूसरे स्थान की यात्रा करने पर आप जनता की नब्ज महसूस कर सकते हैं।" वे अपनी न्याय यात्रा को मिले व्यापक जनसमर्थन से इतने उत्साहित हुए कि उन्होंने एकत्रित हुए लोगों को वचन दिया कि अगर जनता ने उन्हें बहुमत के साथ निर्वाचित किया तो वे अपनी यात्रा जारी रखेंगे।

मुख्यमंत्री के रूप में उनकी पहली यात्रा विकास यात्रा (जनवरी–फरवरी 2009) थी। इस पद पर दो वर्ष बने रहने के बाद उन्होंने 2007 में विकास यात्रा पर जाने का निश्चय किया था, परंतु उस वर्ष बाढ़ तथा उनकी पत्नी मंजू की बीमारी और मृत्यु ने उन्हें रोक दिया था। यद्यपि 1985 और 1989 के बीच एक विधायक के रूप में उनके कार्यकाल में पटना में और फिर 1989–90 में कृषि राज्य मंत्री के रूप में दिल्ली में–इन दो समयावधियों को छोड़कर मंजू कभी उनके साथ नहीं रही थीं, नीतीश अकसर उनसे मिलने जाते थे और वे निरंतर संपर्क में रहते थे। वे पटना के गांधी मैदान में आयोजित नीतीश का शपथ–ग्रहण समारोह देखने आई थीं, परंतु उन्होंने कंकड़बाग स्थित अपने पिता के घर रहना ही ठीक समझा, क्योंकि वहाँ से स्कूल जाना और वापस आना सुविधाजनक था। ''मुझे आशा थी,'' नीतीश शोक प्रकट करते हैं, ''कि कुछ ही वर्षों में रिटायर होने के बाद वह 1, अणे मार्ग पर मेरे साथ रहना शुरू कर देंगी, परंतु ईश्वर की कोई और ही योजना थी।''

वर्ष 2007 उनके लिए शोकग्रस्त रहने का वर्ष था। 2008 में कोसी में आई बाढ़ ने उत्तर–पूर्वी बिहार के कई भागों को तबाह कर दिया था। इसलिए, वे विकास यात्रा 2009 में ही शुरू कर पाए।

जब नीतीश ने यह यात्रा शुरू की, उनके मन में दो लक्ष्य थे : एक यह देखना कि उनकी सरकार द्वारा शुरू की गई योजनाओं को तृणमूल–स्तर पर कैसे क्रियान्वित किया जा रहा है और दो, यह जानना कि कार्यक्रमों में या उनके निष्पादन के तरीकों में सुधार के लिए लोगों के क्या विचार हैं ? उन्होंने सभी विभागों के प्रधान सचिवों को अपने साथ लिया जो तय किए गए गाँवों में तंबुओं में उनके साथ रहे।

विकास यात्रा के सबसे महत्त्वपूर्ण कार्यक्रमों में से एक था जनता के साथ संवाद कायम करना, जो उन गाँवों में शाम के समय आयोजित किया गया था, जहाँ नीतीश ने शिविर स्थापित किए थे। करीब पाँच मिनट तक बोलने के बाद नीतीश श्रोताओं में से ही किसी व्यक्ति को अपनी शिकायतें बयाँ करने के लिए मंच पर आमंत्रित करते। ''आप में से जो लोग मेरे काम से संतुष्ट हैं, वे घर जाकर आराम कर सकते हैं,'' वे कहते, ''मैं चाहता हूँ कि वे लोग जिनके पास किसी तरह की शिकायत हो, मंच पर आएँ उसे व्यक्त करें, क्योंकि मैं यह मानता हूँ कि आपकी तारीफ आपकी पीठ के पीछे की जानी चाहिए और आलोचना आपके मुँह पर। हर एक का स्वागत है। शर्त केवल यह है कि वह कोई राजनीतिक कार्यकर्ता न हो। मैं चाहता हूँ कि सामान्यजन सामने आएँ। कोई भी अपनी व्यक्तिगत शिकायत बयाँ करने के लिए माइक अपने हाथ में न लें। उसके लिए कल सुबह हम जनता दरबार आयोजित करेंगे। यहाँ जो भी चाहें वे केवल जनहित से जुड़ी शिकायतें लेकर आएँ।''

नीतीश ने मुझे बताया :

''आमतौर पर, कुछ मिनट बाद ही मेरे आमंत्रण पर भीड़ में से कोई झिझकता हुआ खड़ा होता। स्थानीय अधिकारियों के खिलाफ सेवाएँ और अन्य लाभ न पहुँचाने, अनियमिताओं

और भ्रष्टाचार की शिकायतें दर्ज कराने के लिए बड़ा कलेजा चाहिए था। शिकायतकर्ता को बदले की आग में झोंक दिए जाने का वास्तविक खतरा था। मंच पर मुख्यमंत्री के बिलकुल पास खड़े होकर शिकायत बयाँ करने का विचार ही किसी के पैरों में कँपकपी ला सकता था और बड़े-बड़े सूरमाओं के दिल में डर पैदा कर सकता था। और भी ज्यादा इसलिए कि किसी गड़बड़ी को उजागर करना उसी मुख्यमंत्री के शासन की निंदा के बराबर था। मेरा विचार उन्हें खुलकर अपनी बात कहने के लिए प्रेरित करने और उन्हें साहसी बनाने का था। मैं चाहता था कि आम आदमी खुलकर बोलें और घर वापस जाकर सोचें कि अगर वे मुख्यमंत्री के सामने खुलकर बोल सकते हैं, तो किसी के सामने भी बोल सकते हैं। अगर उनमें इस तरह की हिम्मत पैदा कर दी गई तो वह आम आदमी के राजनेताओं और सरकारी अधिकारियों के साथ बने समीकरणों को बदल देगा। तब लोकसत्ता राजसत्ता पर हावी हो जाएगी। मतदाता सही मायने में शासक बन जाएँगे। वही बिहार आंदोलन का मुख्य लक्ष्य था। वही लक्ष्य जे.पी. के हृदय के सबसे नजदीक था।''' 'संवाद' में धीरे-धीरे सब तरह के लोग मंच पर आने लगे, उनमें से प्रत्येक अपने ही खास अंदाज में अपनी शिकायतें बयाँ करता। वे आशंकित थे, उनके पास शब्दों की कमी थी, कुछ उत्तेजित और गुस्से में थे। किसी ने प्राथमिक पाठशालाओं के शिक्षकों की उपस्थिति और उनके शिक्षण की गुणवत्ता के बारे में शिकायत की, किसी और ने किसी योजना के अंतर्गत अनुदान राशि रिलीज करने के लिए ब्लॉक कर्मचारियों द्वारा माँगी गई रिश्वत के बारे में और तीसरे ने सिंचाई की दुर्दशा के बारे में। किसी शिकायत पर वहाँ मौजूद लोगों की प्रतिक्रिया से मैं उसकी गंभीरता समझ जाता था। जिन शिकायतों पर सबसे ज्यादा तालियाँ बजती थीं, उन पर मैं तुरंत काररवाई के निर्देश देता था।''

अगली सुबह विकास कार्यों के निरीक्षण के लिए नीतीश कैंप वाले गाँव के पास किसी गाँव में जाते। इस यात्रा से उन्हें विकास कार्यों पर ग्रामवासियों की राय जानने का मौका भी मिलता था। कैंप वाले गाँव से लौटकर वे एक जनता दरबार में भाग लेते।

अपने पहले कार्यकाल में नीतीश को चार और यात्राएँ शुरू करनी थीं, जिनमें से प्रत्येक की संरचना और मिशन भिन्न थे-2009 के लोकसभा चुनावों में बिहार में राजग को सबसे ज्यादा सीटें दिलाने के लिए मतदाताओं को आभार जताने के लिए 'धन्यवाद यात्रा' (जून 2009)। लोगों में बिहार के प्रसिद्ध पुरातत्त्वीय स्थलों के बारे में जागरूकता बढ़ाने के लिए उन स्थलों की 'प्रवास यात्रा' (दिसंबर 2009- जनवरी 2010)। उनके शासन के प्रति जनता का विश्वास आँकने के लिए 'विश्वास यात्रा' (अप्रैल-जून 2010)। मुख्यमंत्री के रूप में अपना दूसरा कार्यकाल शुरू करने से पहले जनता का आशीर्वाद लेने के लिए 'जनादेश यात्रा' (अगस्त-अक्तूबर 2010)।

बहुत कुछ विकास यात्रा की तरह विश्वास यात्रा का फोकस भी जमीनी स्तर पर सरकार के प्रदर्शन की वास्तविकताएँ जानने पर था, परंतु विश्वास यात्रा में आकस्मिकता का तत्त्व प्रबल था।

मुख्यमंत्री कार्यालय प्रत्येक जिले से दस या बारह गाँवों की सूची तैयार करेगा जिनमें से एक गाँव का दौरा नीतीश करेंगे। वे जिला अधिकारियों से सभी गाँवों में चल रही विकास योजनाओं को तेजी से पूरा करने के लिए कहते थे, क्योंकि मुख्यमंत्री अपने दौरे से केवल दो दिन पहले तय करेंगे कि किस गाँव में जाना है। उपरोक्त सूची में शामिल कई गाँव उन इलाकों में थे जहाँ माओवाद पर अंकुश लगाने के लिए 'आपकी सरकार आपके द्वार' योजना पर अमल किया जा रहा था और उन गाँवों में भी विकास कार्यों में प्रगति देखी गई जिनका दौरा मुख्यमंत्री ने नहीं किया था।

विश्वास यात्रा के दौरान नीतीश ने आँगनवाड़ी केंद्रों और प्राथमिक पाठशालाओं का औचक दौरा किया, उनकी दशा देखी, बच्चों से सवाल पूछे। इसी तरह, मरीजों से यह पूछते हुए कि क्या वे वहाँ दी जा रही सेवाओं से संतुष्ट हैं, प्राथमिक स्वास्थ्य केंद्रों लेखा पुस्तकों और वितरित किए जा रहे खाद्यानों की जाँच करते हुए सार्वजनिक वितरण की दुकानों और उनके कामकाज के निरीक्षण के लिए ब्लॉक कार्यालयों का भी औचक दौरा किया। इन दौरों में राज्य के मुख्य सचिव या विकास आयुक्त, सभी विभागों के प्रधान सचिव और सचिव तथा जिला अधिकारी नीतीश के साथ होते थे, जहाँ भी चूक पाई जाती, नीतीश उन्हें तुरंत सुधारात्मक काररवाई करने के लिए कहते थे।

इन दौरों के बाद उन जिनमें राज्य के शीर्ष अधिकारी गण और जिला अधिकारी उपस्थित हों, जिला में हुए विकास कार्यों की प्रगति की समीक्षा की जाएगी। राज्य में पहली बार किसी मुख्यमंत्री ने जिला स्तर पर कार्यों की समीक्षा की थी।

क्या इन समीक्षाओं में नीतीश को इच्छित प्रगति देखने को मिली? वे कहते हैं :

> "जब कोई व्यक्ति शीर्ष स्तर पर कार्यक्रमों की परिकल्पना और शुरुआत करता है तो यह भी उतना ही जरूरी है कि वह इस बात का पता लगाए कि जमीनी स्तर पर क्या हो रहा है? निरीक्षणों के बिना आप नहीं जान पाएँगे कि उनके क्रियान्वयन में क्या समस्याएँ आ रही हैं, आप जो चाहते हैं उसे निष्पादित करने के लिए आपके कर्मियों और क्रियाविधियों की क्षमता क्या है या क्या आपके क्षेत्रीय अधिकारियों ने कार्यक्रम में निहित नीतियों और निर्देशों को ठीक से समझ लिया है या वे ऐसा कुछ कर रहे हैं जो नीतियों और निर्देशों से सर्वथा भिन्न और अनुचित है।"

राज्य के हजारों गाँवों में से कुछ में नीतीश के निरीक्षणों से राज्य की नौकरशाही के रातोंरात दक्ष और ईमानदार बन जाने की अपेक्षा नहीं की जा सकती थी। एक वी.आई.पी. के दौरे से पहले चीजों को चमका देने में नौकरशाह बहुत कुशल होते हैं। दौरे पर आए वी.आई.पी. के सामने एक मोहक तसवीर पेश करने के लिए स्थानीय निवासियों में से कुछ को प्रशिक्षित कर दिया जाता है।

जनवरी 2011 के मध्य में मैं जहानाबाद जिले के सिकरिया गाँव में गया, जिसे पूरे देश में माओवाद प्रभावित गाँवों के लिए विकास के एक मॉडल के रूप में पेश किया गया था। हमने पूरे पंचायत परिसर को बेजान पाया, जबकि सरकारी प्रचार में उसे गतिविधियों की हलचल से भरपूर बताया गया था।

पटना के शीर्ष अधिकारी जिस कंप्यूटर प्रशिक्षण केंद्र के बारे में यह समझते थे कि वह हमारे लड़के और लड़कियों को बेंगलुरू के आई.टी. उद्योग में भेज रहा है, उस पर ताला लगा था। वह एक साल से अधिक समय से बंद पड़ा था। केंद्र के भीतर गहरे स्लेटी रंग की प्लास्टिक की शीट में लिपटे तीन कंप्यूटर पड़े थे जैसे मुर्दाघर में लाशें पड़ी होती हैं। एक कर्मचारी ने, जिसने हमारे देखने के लिए केंद्र का दरवाजा खोला था, बताया कि बहुत कम वेतन की शिकायत कर छोड़ जानेवाले कंप्यूटर प्रशिक्षक के जाने के बाद से ही केंद्र को बंद कर दिया गया था। स्थानीय प्रशासन को दूसरा कंप्यूटर प्रशिक्षक कभी नहीं मिला। यह देखने के लिए कि वहाँ क्या हो रहा था, जिला मजिस्ट्रेट या किसी अन्य अधिकारी ने केंद्र या पंचायत परिसर का दौरा करने की जहमत नहीं उठाई।

परिसर के उपस्वास्थ्य केंद्र में सुबह के समय, जब अधिकांश मरीज इलाज के लिए आते हैं, डॉक्टर उपस्थित नहीं था। विपणन के लिए बने अहाते में, जहाँ यह अपेक्षित था कि स्थानीय किसान अपने कृषि उत्पाद लेकर आएँगे और थोक विक्रेताओं से मिलकर उन्हें बेचने के लिए मोल-भाव करेंगे, एक भी किसान या व्यापारी कभी नहीं देखा गया। किसानों को जिस गोदाम में अपने उत्पाद का भंडारण करना था, ताकि कम आवक वाले मौसम में उन्हें बेचकर अच्छा मुनाफा कमाया जा सके, उसका उपयोग एक निर्माणाधीन सड़क का ठेकेदार सीमेंट की बोरियाँ रखने के लिए कर रहा था।

1, अणे मार्ग पर नीतीश के साथ हुई एक मुलाकात में मैंने सिकरिया में कंप्यूटर सेंटर बंद होने की बात उन्हें बताई। वे व्यथित नजर आए और उन्होंने तुरंत अपने सचिव चंचल कुमार से इसकी जाँच करने के लिए कहा। चंचल कुमार अपने कक्ष में गए, जहानाबाद के जिला मजिस्ट्रेट से बात की और नीतीश को यह बताने के लिए वापस आए कि केंद्रीय सरकार (जो कंप्यूटर ट्रेनिंग योजना के लिए आर्थिक सहायता देती थी) और राज्य सरकार के बीच प्रशिक्षण के लिए केंद्र में प्रवेश लेने की पात्रता क्या होनी चाहिए, इसे गाँव में खोलने के लिए राज्य के वित्त विभाग ने बहुत लंबा समय लिया था, इसे लेकर गतिरोध के कारण प्रशिक्षण केंद्र बंद था, ''वित्त विभाग को इस पर गंभीरता से काररवाई करके गतिरोध दूर करना चाहिए था,'' चंचल कुमार की बात सुनने के बाद नीतीश ने कहा। ''जिला मजिस्ट्रेट ने कहा है कि मामला सुलझा लिया गया है और केंद्र बहुत जल्द ही फिर से खुल जाएगा,'' चंचल कुमार ने कहा।

परंतु सच्चाई क्या थी ? जैसा कि कंप्यूटर सेंटर के सबसे निचले स्तर के कर्मचारी ने बताया था कि कंप्यूटर सेंटर इसलिए बंद था कि जिला प्रशासन ने शिक्षकों को नियुक्त करने और उचित वेतन देने की जहमत नहीं उठाई थी कि क्या केवल गरीबी रेखा से नीचे आने वाले (बी.पी.एल.) परिवारों से संबंधित बच्चे ही इस केंद्र में प्रशिक्षण के पात्र होंगे, इस प्रश्न पर केंद्र और राज्य के नौकरशाहों के बीच चला वॉलीबॉल मैच ही मंदी का कारण था ? पटना में बैठे शासक वर्ग में से कोई भी सच्चाई नहीं जान सकता। यह दफ्तरशाही का ऐसा जंजाल है जिससे कोई भी मुख्यमंत्री

अपने बल पर नहीं निपट सकता। आगे की काररवाई और निगरानी शीर्ष नौकरशाहों का कर्तव्य होना चाहिए था, परंतु वे ऐसा नहीं करते आए हैं। सुस्त निगरानी अधिकांश सरकारी कार्यक्रमों में कम संतोषप्रद नतीजों का कारण रही है।

अपने दूसरे कार्यकाल में नीतीश ने शुरू से ही इस समस्या से निपटने के उपाय करने शुरू कर दिए थे जिनकी प्रभावोत्पादकता को हम कुछ वर्षों के बाद ही आँक सकते हैं।

भले ही नीतीश के जनता दरबार और यात्राओं ने सभी समस्याएँ न सुलझाई हों, परंतु लोगों ने यह जरूर महसूस किया कि वे कम-से-कम उन्हें सुलझाना तो चाहते थे। उनकी साफ-सुथरी छवि के साथ, लोगों की शिकायतें दूर करने के उनके सतत प्रयासों ने जनता के मन में उनकी ऐसी छाप छोड़ी, जैसी लालू कभी नहीं छोड़ पाए थे। लालू की विशिष्टता थी—सम्मोहन। नीतीश का सशक्त पक्ष होगा—कर्मठता।

लालू को अस्वीकार कर दिए जाने के तथ्य ने दिखा दिया कि मतदाता राजनेताओं को देवताओं का दरजा देने के चलन से काफी दूर आ गए थे। वे नीतीश को भी यह दरजा देने वाले नहीं थे। वे नीतीश को एक अपूर्ण नेता मानते थे और उनके शासन को एक अपूर्ण शासन—आखिर उनकी पार्टी में भी अपराधी थे, उनकी सरकार में भी दूसरे दलों से आए भ्रष्ट मंत्री हो सकते थे और भ्रष्टाचार पर अंकुश लगाने में वे असफल रहे थे, परंतु लोग यह भी जानते थे कि कोई भी व्यक्ति पूर्ण नहीं हो सकता। उन्होंने नीतीश को दूसरा जनादेश दिया, क्योंकि उन्होंने उन्हें शक्तिशाली और भ्रष्ट व्यवस्था से लड़ते देखा था। वे उन्हें सहयोग देना चाहते थे।

एक और चीज, जिसने नीतीश की लोकप्रियता का बुलबुला फूटने नहीं दिया, थी समावेशी राजनीति को बढ़ावा देने के उनके निष्ठापूर्ण प्रयास। यह बात लालू से बिलकुल अलग थी, क्योंकि लालू विभाजनकारी राजनीति पर फले-फूले थे। नीतीश को जो भी मंच मिला उससे उन्होंने खुद को एक ऐसे राजनेता के रूप में पेश किया, जो सबके लिए था। वे अकसर कहते थे, ''हम तनाव की खेती नहीं करते।'' लालू जाति और धर्म पर आधारित विरोध के स्वरों को उभारते थे, नीतीश को उनमें रुचि नहीं थी। उनका जोर समरसता, सामूहिक बिहारी पहचान पर था। जनता को उनका आह्वान था : ''जाति और धर्म पर आधारित वैमनस्य को खत्म कर दो। हम अपने आप को बस बिहारी समझें और अपने राज्य को विकसित करें जो समृद्धि की दौड़ में पीछे रह गया है।''

नीतीश का समरसता अभियान जातिगत भेदभाव और धार्मिक वैमनस्य को खत्म नहीं कर पाया, न उन पर परदा ही डाल पाया। वो हालात और कारक, जो इन टकरावों के मूल में थे और चरम मामलों में हिंसा भड़कने का कारण बने थे, दूर नहीं हो पाए थे, परंतु समरसता अभियान विकास के पक्ष में एक माहौल बनाने में जरूर सफल रहा था। 2010 में पहली बार बहुत से मुसलमानों ने भाजपा के पक्ष में मतदान किया, क्योंकि उससे नीतीश सत्ता में बने रहते। दक्षिण पूर्वी बिहार से आए एक मुसलिम मतदाता ने कहा, ''मेरा दिल धड़क रहा था, मेरे हाथ काँप रहे थे, परंतु मैंने एक लंबी साँस ली और कमल (भाजपा का चुनाव चिह्न) के साथ वाला बटन दबा दिया,

जोकि अपने जीवन में मैंने पहले कभी नहीं किया था।''

परिस्थितियों के एक संयोजन ने नीतीश को बिहारी स्वाभिमान की अपील के महत्त्व से रूबरू कराया। प्रांतीयता की भावना बिहारियों के दिलों को उस तरह से नहीं छूती जैसी वह भारत के अन्य क्षेत्रीय समुदायों को छूती है। बिहारियों ने अपने प्रांत में गैर-बिहारियों पर कभी हमला नहीं किया न कभी सार्वजनिक भाषणों में कभी उनके खिलाफ जहर उगला और न निजी समारोहों में उनका अपमान किया। बिहारी स्वयं को भारतीय राष्ट्रीयता के अभिरक्षक और 'केंद्र' के हिस्से के रूप में देखते हैं, उनमें मुख्यधारा से दूर अपनी एक अलग पहचान बनाने की प्रवृत्ति का अभाव है।

उनके दिलों की गहराइयों में अपने इतिहास के प्रति उत्कट गर्व का भाव छिपा हुआ है (यद्यपि वे इसका ढिंढोरा नहीं पीटते)। प्राचीन समय में कई धार्मिक दर्शनों को पोषित करते हुए और एक क्षेत्रीय विस्तार को अंजाम देने वाली उनकी मातृभूमि कई सभ्यताओं का पालना रही है। उसने बड़ी हद तक उत्तरी भारत को एक सांस्कृतिक और राजनीतिक पहचान भी दी, हाल के इतिहास में, जब गांधी ने अपना पहला सत्याग्रह चंपारन में शुरू किया था और जब बिहार जे.पी. आंदोलन का रंगमंच बन गया था, जिसने भारतीय राजनीति की दिशा बदल दी, उनका यह गर्व भाव और भी मजबूत हुआ।

परंतु आजादी के बाद का बिहार कांग्रेस शासनों की कमियों के कारण विकास सूचकांकों और कानून-व्यवस्था के मामलों में अन्य राज्यों से पिछड़ गया। इससे समाज के विभिन्न तबकों में अपना अस्तित्व बनाए रखने या प्रगति सुनिश्चित करने के लिए कृषि भूमि, शहरी भूमि और धन-दौलत हासिल करने और उन पर कब्जा बनाए रखने की होड़ मच गई। हिंसा की संस्कृति ने अपने पैर जमा लिए और अवैध हथियारों, जबरन वसूली, लूटपाट और जनसंहार जैसी घटनाओं की बाढ़ आ गई। लालू-राबड़ी राज के पंद्रह वर्षों के दौरान और भी ज्यादा डरावनी और बेतुकी घटनाएँ हुईं। शेष भारत के जेहन में बिहार विभीषिकाओं का नारकीय प्रदेश बन गया था।

यह पतन बिहारी गौरव को कचोटता था। अन्य राज्यों में काम करने वाले पेशेवर, कारीगर और मजदूर इतनी शर्म महसूस करते थे कि उन्होंने अपनी बिहारी पहचान उजागर करने से बचना शुरू कर दिया। बिहारियों को परिस्थितिवश ही रोजगार के लिए दूसरे राज्यों में जाना पड़ता था। जहाँ वे पग-पग पर अपमान और उपहास का सामना करते थे। उन्होंने जिस देश का निर्माण किया था उसी में 'भारत के निर्माताओं' का उपहास होता था, निंदा होती थी और गालियाँ दी जाती थीं।

दिल्ली की मुख्यमंत्री शीला दीक्षित ने देश की राजधानी की कई मुसीबतों के लिए उन्हें दोषी ठहराया था। महाराष्ट्र नवनिर्माण सेना के गुंडे बिहारियों पर हमले करते और मुंबई में अरब सागर के तट पर छठ उत्सव—मनाने से रोकते थे जो सूर्य पूजा का उनका सबसे पवित्र त्योहार है। जब देशी पिस्तौल से लैस एक अति उत्तेजित बिहारी युवक ने बिहारियों के खिलाफ महाराष्ट्र नवनिर्माण सेना के घृणा अभियान के विरोधस्वरूप मुंबई की एक बस को 'हाइजैक' कर लिया तो मुंबई पुलिस ने उस पर काबू पाने का कोई प्रयास किए बिना गोली मार उसकी हत्या कर दी।

एक संसद् सदस्य और मंत्री के तौर पर दिल्ली में बिताए पंद्रह वर्षों के दौरान नीतीश अकसर प्रवासी बिहारियों से मिलते थे जो राज्य में व्याप्त अराजकता, गरीबी और गतिहीनता तथा अन्य स्थानों पर उनके साथ किए जा रहे दुर्व्यवहार के कारण खंडित बिहारी गौरव की पीड़ा महसूस करते थे। बिहारवासी अपने प्रवासी परिचितों और देश के दूसरे भागों में खुद अपनी यात्राओं से बिहारियों के उपहास, उनके साथ किए जा रहे भेदभाव और हिंसा के बारे में अच्छी तरह से जानते थे। नीतीश ने सोचा कि बिहार के आहत गौरव का एक व्यापक आधार था जिस पर काम किया जा सकता है। यह बात उनके मन में 2005 के मध्य में आई जब केंद्र की सं.प्र.ग. सरकार ने बिहार विधान सभा भंग कर दी थी।

एक साक्षात्कार के दौरान नीतीश ने मुझसे कहा :

''मैंने जिस समय राजनीति में कदम रखा था तभी से मैं बिहार को उपेक्षित देखने की पीड़ा से उबर नहीं पाया हूँ। अंग्रेजों ने उसकी उपेक्षा की। केंद्र और राज्य की सरकारों ने उसकी उपेक्षा की। इस पर विश्वास नहीं होता था कि उसने ज्ञान और शक्ति के अपने प्राचीन केंद्र को त्याग दिया था। और फिर एक समय ऐसा आया जब बिहार को इतना पीछे धकेल दिया गया कि किसी ने आशा छोड़ दी और यह मान लिया कि बिहार राष्ट्र की प्रगति में कोई भी भूमिका निभाने में असमर्थ है। ऐतिहासिक शानो-शौकत से आजाद भारत में हाशिए पर आ जाने के पतन ने बिहारी गौरव को भीतर तक छलनी कर दिया। बिहार के लोग बिहार को प्रगति करते देखना चाहते थे, ताकि उनका खोया हुआ गौरव फिर से हासिल हो सके, परंतु किसी राजनीतिक दल या नेता ने इस दिशा में पहल नहीं की। मैंने बिहारियों में उसके ऐतिहासिक गौरव का भाव फिर से जगाने का निश्चय किया।''

अपनी न्याय यात्रा के दौरान नीतीश ने बिहार के गौरव को फिर से स्थापित करने के संदेश को जनता के बीच ले जाना शुरू कर दिया। यद्यपि लोजपा के विभाजन और निर्दलीय विधायकों के आ जाने से नीतीश को बहुमत हासिल हो गया था, वे जानते थे कि उन्हें (राजग को) अपने बल पर बहुमत नहीं मिला है। वे एक स्पष्ट जनादेश चाहते थे। और उनका विचार था कि एक व्यापक जनाधार के जरिए ही वे एक स्पष्ट जनादेश के बारे में निश्चित हो सकते थे और वह जनाधार उन्हें बिहारी स्वाभिमान को पुनर्जीवित करने, प्रदेश को उसका खोया हुआ गौरव वापस दिलाने के उनके अभियान में शामिल होने के लिए लोगों को आह्वान करकेही प्राप्त हो सकता था। बिहारी पहचान का मुद्दा उठाने से नीतीश को लालू विमुख हुए सवर्णों से मिल रहे समर्थन के अधिकतम हो जाने की आशा थी, क्योंकि अधिकांश मध्यवर्गीय प्रवासी इसी वर्ग से आते थे और इन्हीं के मन में सबसे ज्यादा व्यथा थी।

नीतीश उसी राजनीतिक धारा की देन थे जिसमें से लालू का भी उदय हुआ था, उनका जनाधार पिछड़े वर्गों में लालू के वोट बैंक में सेंध लगा कर ही बना था। जहाँ नीतीश ने लालू के समर्थन क्षेत्र का ज्यादा-से-ज्यादा भाग अपने नाम कर लिया था और पिछड़े वर्गों में नए समर्थन भी

जुटा लिए थे, लेकिन वे जब तक सवर्णों का समर्थन हासिल नहीं कर लेते, उन्हें अब भी स्पष्ट बहुमत दिलाने लायक समर्थन प्राप्त नहीं हुआ था। ऊँची और पिछड़ी जातियों, दोनों का समर्थन पाने के लिए उन्हें एक जोखिम भरा संतुलन कायम करना पड़ा। बिहारी पहचान का मुद्दा सभी जातियों को जोड़ने वाला एक अच्छा गोंद साबित हुआ।

नीतीश कहते हैं :

''राज्य में विकास लाए बिना बिहारी स्वाभिमान को वापस नहीं लाया जा सकता था और स्वाभिमान की भावना जगाए बिना विकास नहीं लाया जा सकता था, क्योंकि लोग अपनी-अपनी जाति के झंडे तले घूम रहे थे। जाति की विभाजनकारी पहचान, जिस पर लालू की राजनीति निर्भर कर रही थी, अनाकर्षक बनाने के लिए एक बृहत्तर पहचान पैदा किया जाना जरूरी था। चुनावों के बाद के अपने दौरों में, विशेष रूप से अपनी विकास यात्रा के दौरान मैं गाँव-गाँव तक सद्भावना और भाईचारे का संदेश लेकर गया। मैं बिहारी पहचान और बिहार के गौरव पर अभियान को जाग्रत् करना चाहता था, लोगों से यह प्रतिज्ञा करने की अपील करता था कि साथ-साथ प्रयास करते हुए वे बिहार को नई ऊँचाइयों पर ले जाएँगे। ''मेरा एक सपना है कि मैं बिहार को फिर वही गौरव प्राप्त करता हुआ देखूँ जो उसने भूतकाल में प्राप्त किया था। मैं बिहार को इतना गौरवशाली बना देना चाहता हूँ कि बिहारी कहलाना अपमान का नहीं शान का विषय हो जाए,'' मैं उनसे कहता।''

अपनी योजना को बल देने के लिए नीतीश ने 'प्रवास यात्रा' की जिसके दौरान उन्होंने बिहार के सबसे प्रसिद्ध से लेकर अल्पज्ञात धरोहर स्थलों की यात्रा की उन्होंने पुरातत्त्वविदों और इतिहासकारों के साथ मगध की प्राचीन राजधानी राजगीर-जहाँ पहली बौद्ध परिषद् आयोजित हुई थी और जहाँ गौतम बुद्ध ठहरे थे-की पहाड़ियों और गुफाओं की यात्रा की। वे उस काल में इन स्थानों के महत्त्व के बारे में सीधे विशेषज्ञों से जानना चाहते थे। वे वैशाली जिले के चेचर, चिराँद और माझी भी गए जहाँ ई.पू. 8000 और ई.पू. 600 के बीच के समय की उत्तर-पाषाण काल, कांस्यकाल और नवकांस्यकाल सभ्यताओं से संबंधित मिट्टी के बरतन और औजार पाए गए थे। नीतीश कहते हैं :

''इन स्थलों की यात्रा करने का मेरा उद्देश्य बिहार के प्राचीन गौरवशाली समय के बारे में लोगों को जागरूक करना था।''' जब मुख्यमंत्री पुरातत्त्वविदों और इतिहासकारों के साथ ऐसे स्थलों पर जाता है, तो मीडिया उसे व्यापक कवरेज देती है जिससे पढ़े-लिखे और अनपढ़ बिहारी समान रूप से अपने पूर्वजों की महानता के बारे में बातें करने लगते हैं। मैं चाहता था कि लोग उस अमूल्य निधि से खुद को जोड़ें। और मुझे यह स्वीकार करना चाहिए कि इतनी विकसित सभ्यता के सबूत देखकर मैं स्वयं आश्चर्य में पड़ गया था। मैंने अपने आप से कहा कि इस धरती में जरूर कोई खास बात है।'''इस प्रदेश को पुन : जीवंत बनाने के लिए हमें वह सब करना था, जो हम कर सकते थे।''

प्राचीन नालंदा विश्वविद्यालय को अंतरराष्ट्रीय सहयोग से एक वैश्विक विश्वविद्यालय के रूप में पुनर्जीवित करने के लिए की गई पहल बिहारी स्वाभिमान को फिर से जाग्रत् करने के नीतीश के अभियान का एक हिस्सा थी। उन्होंने और भी कई पहलें कीं : 22 मार्च, 1912 में एक पृथक् प्रांत के रूप में बिहार के गठन का स्मरणोत्सव मनाने के लिए 22 मार्च, 2010 को पहली बार पूरे राज्य में बिहार दिवस मनाया गया। राज्य सरकार ने उसे सरकारी कार्यालयों, बैंकों, स्कूलों और कॉलेजों के लिए छुट्टी का दिन घोषित कर दिया। लोगों को पटना के गांधी मैदान में होने वाले मुख्य समारोह में आने के लिए आमंत्रित किया, जहाँ बुद्ध की एक बारह फुट ऊँची प्रतिमा, एक तीस फुट ऊँचा अशोक स्तंभ और महत्त्वपूर्ण स्मारकों की प्रतिकृतियाँ प्रदर्शित की गई थीं।

यह दिवस पाँच महानगरों–नई दिल्ली, मुंबई, चेन्नई, कोलकाता और बेंगलूरू–में भी मनाया जाना था, जहाँ एक बड़ी संख्या में बिहारी रहते हैं जिनमें राज्य की कला, संस्कृति और व्यंजनों की झलक भी दिखलाई जानी थी।

अपनी विकास यात्रा के दौरान हर उस गाँव में जहाँ नीतीश ठहरे थे, उनके साथ एक संगीत मंडली थी जिसने श्रोताओं के सामने बिहार का गौरव गान गाया। अपने दूसरे कार्यकाल के आरंभ में बिहारी उपराष्ट्रवाद के गान 'बिहार गीत' के साथ नीतीश अपने स्वाभिमान–जगाओ अभियान को और आगे ले गए। 2010 में गांधी मैदान में आयोजित पहले बिहार दिवस समारोह के दौरान अपने भाषण में उन्होंने घोषित किया था कि राज्य सरकार एक गाना तैयार करवाएगी, जिसमें अपनी मातृभूमि के लिए बिहारियों का गर्व प्रतिबिंबित होगा।

नीतीश का मास्टर स्ट्रोक बिहारी गौरव की पुनः प्रतिष्ठा को उनकी सरकार के लक्ष्य, 'न्याय के साथ विकास' का पर्यायवाची बना देता था। अपनी जनसभाओं में वे कहते, ''अगर इस प्रयास में हम सब अपनी शक्ति लगाएँ तो कोई भी और कुछ भी बिहार को आगे बढ़ने से नहीं रोक सकता। इस राज्य के लोग बुद्धिमान हैं। वे कड़ी मेहनत करने वाले हैं। चाहे वे हिंदू हों या मुसलिम, अगड़े हों या पिछड़े, पुरुष हों या स्त्री, अति पिछड़े, दलित हों या महादलित, बिहार का निर्माण किया जा सकता है।''

बिहार के विकास के लिए सामूहिक प्रयास करने के नीतीश के उद्देश्य का आह्वान आंशिक रूप से अति पिछड़ी जातियों, महादलितों और मुसलमानों के सशक्तीकरण के लिए बनाई गई योजनाओं और उपायों को स्वीकार करने के लिए सवर्णों को प्रेरित करना था, बिहारी पहचान का एहसास नीची जातियों की अपेक्षा सवर्णों के मन में अधिक गहराई तक बैठा था।

सवर्णों से यह अपेक्षा करना कि वे अपने पूर्वाग्रहों से ऊपर उठ जाएँगे, भोलापन होगा, विशेष रूप से तब जबकि ग्रामीण और शहरी निकायों में अति पिछड़े वर्गों के लिए 20 प्रतिशत आरक्षण ने सवर्णों के लिए उन पदों की संख्या और घटा दी थी, जिनके लिए वे चुने जा सकते थे। फिर भी,

विकास की प्रक्रिया में नीतीश के घटक 'न्याय' का समर्थन न करने के बावजूद बेहतर शासन के लिए सवर्ण उनका समर्थन करते थे।

बिहार में पश्चिम चंपारन जिले के मुख्यालय बेतिया के निवासी एन.के.राय एक दुविधा में हैं। 100 एकड़ से अधिक जमीन के मालिक एक भूमिहार, राय महसूस करते हैं कि नीतीश उन्हें बरबाद करने पर तुले हुए हैं। उनका कहना है, "अगर वे (नीतीश) फिर सत्ता में आ गए तो वे बँटाईदारी योजना दोबारा लाने की कोशिश करेंगे। उन्होंने पंचायत में अति पिछड़ी जातियों को आरक्षण देकर हमें राजनीतिक रूप से और ज्यादा दरकिनार कर दिया है।" परंतु वे इससे सहमत हैं कि कानून और व्यवस्था कि स्थिति सुधार कर नीतीश कुमार ने पिछले पाँच वर्षों से उन्हें शांति से जीने में मदद की है।[13]

नीतीश मतदाताओं के सामने 'विकास' को सर्वोच्च लक्ष्य के रूप में इसलिए भी पेश कर पाए कि बिहारी पहचान के लिए वह बहुत कारगर हो रहा था। हजारों अपराधियों को सजा दिलाने, सड़कों और पुलों का निर्माण तथा शिक्षा से वंचित लड़के-लड़कियों को सरकार द्वारा दी गई साइकिलों पर स्कूल जाने की कहानियाँ मीडिया में आने से बिहार की छवि एक जड़ राज्य से एक जीवंत राज्य के रूप में बदल गई थी। जहाँ हमेशा केवल बुरा ही होता था वहीं अंतत: अच्छी चीजें भी होने लगी थीं।

"अब देखिए न, बिहारी कोई कमबख्त नाकारा इनसान नहीं हैं। कुछ कर दिखाने के लिए उनके पास बुद्धि और हौसला है, बशर्ते उन्हें एक अच्छा नेता मिल जाए," बिहारी प्रवासी दूसरों को यह कहता प्रतीत होता था।

बिहार के विकास की पहचान को बिहारियों के सामूहिक स्वाभिमान से जोड़ दिए जाने से आमतौर पर सभी बिहारियों और विशेष रूप से प्रवासी बिहारियों के मन में उस आदमी के प्रति कृतज्ञता की भावना भर गई थी, जिसने यह संभव बनाया था।

नीतीश के ब्लॉग पर किसी अमित की टिप्पणी थी :[14]

"प्रिय महोदय, आपने बिहार के लिए जो कुछ किया है, उसके लिए मैं आपको धन्यवाद देना चाहता हूँ। आज हम कह सकते हैं कि मैं मगध/बिहार या पाटलिपुत्र/पटना का रहने वाला हूँ। हमारी जी.डी.पी. वृद्धि को देखिए... हम लोगों को बहुत खुशी हुई जब आपको सर्वश्रेष्ठ मुख्यमंत्री और सर्वोत्तम कार्य निष्पादक के पुरस्कार मिले। हमें ऐसा महसूस हुआ मानो ये पुरस्कार हमें मिल रहे हैं।"

दूसरे ब्लॉगर भवेश की टिप्पणी इस प्रकार थी :

"प्रिय नीतीश बाबू, 2005 में जब आप मुख्यमंत्री बने थे, तभी से मैं राज्य से बाहर ही रहा हूँ, परंतु मैं कभी-कभी भागलपुर जिले में अपने घर आता हूँ और अपने गृह राज्य में होने वाली ताजा घटनाओं पर नजर रखता हूँ। एक मीडिया प्रतिष्ठान द्वारा आपको सर्वश्रेष्ठ मुख्यमंत्री का पुरस्कार दिए जाने की घोषणा से मुझे गर्व महसूस हुआ।...हमारे राज्य में हो

रहे विकास और पूरे देश से आपको मिल रहे सम्मान ने बिहार और बिहारियों की छवि बदल दी है।''

एक अन्य प्रियेश प्रीतम ने निम्नलिखित टिप्पणी पोस्ट की :

''आपने बिहार की काया पलट के रख दी··· जाति-पाति के दलदल से बिहार को न केवल निकाला, अपितु विकास की एक नई रोशनी भी दिखाई। बिहारियों को बाहर जा के अब खुद को बिहारी कहने में गर्व महसूस होने लगा है···ये भाव भी आपके कारण ही आया···आपकी सरकार जरूर पूरे बहुमत से आएगी··· ये बिहारियों की जरूरत है···जय बिहार।''

अगर लालू की राजनीतिक रेलगाड़ी का इंजन सामाजिक न्याय था, जिसमें विकास की कोई कोच नहीं थी, नीतीश की राजनीतिक रेलगाड़ी का इंजन था विकास और कोचें थीं, सामाजिक न्याय की। नीतीश ने सामाजिक न्याय की बात को आक्रामक ढंग से रखे बिना विकास को सबसे आगे रखा। इस युक्ति ने सवर्णों को उनके पक्ष में बनाए रखा और सवर्णों को क्रोधित किए बिना नीची जातियों को विशेष अवसर प्रदान करने के लिए कानून, नीतियाँ और कार्यक्रम बनाने में उनकी मदद की।

सामाजिक न्याय की दिशा में नीतीश को थोड़े ही कदम उठाने पड़े। उनमें से कई—जैसे सरकारी नौकरियों और शिक्षण संस्थाओं में आरक्षण तथा अनुसूचित जाति, जनजाति और अन्य पिछड़ी जातियों के लिए आवास, छात्रवृत्ति, अनुदान और ऋणों से संबंधित योजनाएँ—पहले से ही लागू थे।

सामाजिक न्याय के मामले में नीतीश ने लीक से हटकर कुछ किया उन्होंने अन्य पिछड़ी जातियों (अत्यंत पिछड़ा वर्ग) और अनुसूचित जातियों केसबसे ज्यादा वंचित तबकों और स्त्रियों, जो सभी जातियों में सबसे ज्यादा वंचित थीं की ओर अपना ध्यान केंद्रित किया। उनका राजनीतिक उद्देश्य समाज में हाशिये पर धकेल दी गईं जातियों और तबकों का समर्थन हासिल करना था, जो यह महसूस करते थे कि आरक्षण सुविधा का लाभ अत्यंत पिछड़ी जाति या अनुसूचित जाति वर्गों के भीतर कुछ 'उन्नत' समुदायों और सभी जातियों के पुरुषों-द्वारा हड़प लिया जा रहा था।

लालू का साथ छोड़ने के बाद से नीतीश ने लालू के राज में आरक्षण के अधिकांश लाभों को यादवों द्वारा हड़प लिए जाने के प्रति अत्यंत पिछड़ी जातियों (ई.बी.सी.) के असंतोष को भुनाना शुरू कर दिया था। ई बी.सी. मतदाताओं का रुझान लालू से नीतीश की ओर जाने से 2005 में उन्हें विजय मिली थी। अब समय आ गया था कि उनकेसशक्तीकरण के लिए कड़ी वैधानिक कारवाई के जरिए उनके समर्थन को सुदृढ़ किया जाए। ऐसी काररवाई 2006 में पंचायती राज संस्थाओं (पंचायती राज इंस्टीट्यूशन्स-पी.आर.आई.) में ई.बी.सी. के लिए 20 प्रतिशत सीटें आरक्षित करने के सरकार के फैसले के रूप में आई। इस निर्णय के परिणामस्वरूप ई.बी.सी. के बहुत से पुरुष और महिलाएँ पी.आर.आई. के प्रमुखों और सदस्यों के तौर पर चुन लिए गए।

अनुसूचित जातियों में से सबसे ज्यादा वंचित लोगों की पहचान करने के लिए नीतीश सरकार

ने एक महादलित आयोग नियुक्त किया जिसने यह खुलासा किया कि राज्य की बाईस अनुसूचित जातियों में से इक्कीस शैक्षिक, आर्थिक, सामाजिक-सांस्कृतिक और राजनीतिक हैसियत की दृष्टि से 'अत्यधिक वंचित' हैं और इन जातियों के लोगों को अनुसूचित जातियों को दी गई आरक्षण सुविधा का लाभ नहीं मिला था। यद्यपि संवैधानिक प्रावधानों और केंद्रीय सरकार के निर्देशों में अनुसूचित जातियों के उप-वर्गीकरण की कोई व्यवस्था नहीं थी, नीतीश सरकार ने इन 'अत्यधिक वंचित' अनुसूचित जातियों को एक विशेष श्रेणी-महादलित-में रखा।

इस उप-वर्गीकरण का एक महत्त्वपूर्ण राजनीतिक प्रयोजन था राज्य में दलितों के एक नेता के रूप में राम विलास पासवन को हाशिये पर ले जाना। वे दुसाध जाति के थे-एक ऐसी जाति जो महादलित की श्रेणी से बाहर रखी गई थी, क्योंकि आयोग ने उनकी स्थिति बाकी अनुसूचित जातियों से बेहतर पाई थी। इसका निहितार्थ यह था कि आर्थिक और शैक्षिक दृष्टि से सबसे ज्यादा उन्नत होने के कारण दुसाधों ने अनुसूचित जातियों के लाभ के लिए किए गए उपायों के एक बड़े हिस्से पर कब्जा कर लिया था। यह एक ऐसा निष्कर्ष था जिससे महादलित सहमत थे।

इस उप-वर्गीकरण ने दुसाधों और महादलितों के बीच दरार डाल दी थी और महादलितों की शैक्षिक और आर्थिक स्थिति में सुधार के लिए बहुत सी योजनाएँ शुरू करके नीतीश ने इस दरार को और चौड़ा कर दिया : हर बेघर परिवार के लिए आवासीय भूखंड, गृह उद्योगों के लिए महिला स्व-सहायता समूहों को प्रोत्साहन, शिक्षा से वंचित बच्चों के लिए शिक्षा केंद्र, कल्याणकारी योजनाओं पर अमल के लिए एक महादलित विकास मिशन तथा ऐसे ही कई उपाय।

महिलाओं के लिए नीतीश सरकार ने कुछ योजनाएँ शुरू कीं जिन्होंने आशातीत सफलता पाई। उनमें से एक ने नौवीं कक्षा में पढ़ने वाली हर लड़की को एक साइकिल दिलाई। यह योजना नीतीश के मन में तब आई जब वे पटना जिले के एक राजकीय समारोह में दलित लड़कियों और लड़कों को साइकिलें वितरित कर रहे थे।

इस विचार को चामत्कारिक सफलता मिली। साइकिलों से न केवल बीच में पढ़ाई छोड़ देने वाले बच्चों की संख्या में कमी आई, बल्कि वह वास्तव में लड़कियों के लिए स्वाभिमान का एक प्रतीक बन गई। लड़कियाँ समूह में छेड़छाड़ से डरे बिना साइकिलों पर घर से स्कूल और वापस घर आने लगीं। साइकिलों पर ही वे अपने लिए जरूरी सामान भी ले आती थीं।

लड़कियों में और अधिक आत्मविश्वास जगाने के लिए नीतीश सरकार ने दो और योजनाएँ शुरू कीं। एक योजना के अंतर्गत सरकार लड़की के जन्म के तुरंत बाद हर लड़की के नाम से 2,000 का एक बॉन्ड जारी करेगी। लड़की अठारह वर्ष की हो जाने पर, उसकी शादी का खर्च उठाने में परिवार की मदद के लिए, उसे बॉन्ड की परिपक्वता राशि दे दी जाएगी। एक अन्य योजना के अंतर्गत, गरीबी रेखा से नीचे के परिवार में जन्मी हर लड़की के लिए सरकार, राज्य महिला विकास निगम के जरिए यू.टी.आई. चिल्ड्रन्स कॅरियर बैलेंस्ड प्लानग्रोथ ऑप्शन में 2,000 रुपए निवेश करेगी। अगर किसी परिवार की दूसरी संतान भी लड़की हो तो सरकार उसे भी योजना में

शामिल करेगी। अपनी आयु के अठारह वर्ष पूरे करने पर उस लड़की को परिपक्वता राशि (18,000 रुपए) का भुगतान कर दिया जाएगा, जिसका उपयोग वह अपनी उच्चतर शिक्षा या कोई छोटा-मोटा व्यवसाय शुरू करने के लिए कर सकेगी।

राज्य के इतिहास में पहली बार, 2008-09 में सरकार ने विधान सभा में महिलाओं के प्रति संवेदनशील बजट पेश किया जिसमें महिलाओं के आर्थिक विकास पर विशेष बल दिया गया था। 2008-09 में दस संबंधित विभागों के कुल संवितरण का लगभग 15 प्रतिशत महिला सशक्तीकरण के लिए तय था। 2009-10 में यह हिस्सा बढ़ाकर 26 प्रतिशत कर दिया गया।

नीतीश के पहले कार्यकाल में वंचित तबकों की दो लाख महिलाओं को लाभ पहुँचाने वाले 20,000 से ज्यादा स्व-सहायता समूहों का गठन कर दिया गया था। ये समूह बाजार के लिए विभिन्न प्रकार की वस्तुओं का उत्पादन कर रहे थे जिनमें से कुछ गैर-पारंपरिक क्षेत्रों में थीं—बिदुपुर (वैशाली) और फुलवारी शरीफ (पटना) के कुछ स्वसहायता समूह सेनिटरी नेपकिंस के 'भारती' नामक एक ब्रांड का उत्पादन कर अच्छा लाभ कमा रहे थे।

दूसरे तरीकों से भी महिलाओं के लिए रोजगार पैदा किया गया था। गर्भवती महिलाओं को संस्थागत प्रसव-सरकारी स्वास्थ्य सेवाओं के जरिए कराए गए प्रसव-के लिए प्रेरित करने और इस काम में उनकी मदद करने के लिए एक बड़ी संख्या में महिलाओं की भरती की गई थी। नीतीश शासन के पहले पाँच वर्षों में नियुक्त दो लाख प्राथमिक शिक्षकों का 50 प्रतिशत महिलाएँ थीं।

महिलाओं के सशक्तीकरण की दिशा में नीतीश सरकार का सबसे महत्त्वपूर्ण निर्णय ग्रामीण और शहरी स्थानीय निकायों में उनके लिए सीटों का आरक्षण था, जो 2006 में लिया गया था। इन नियमों में पिछड़े वर्गों, अनुसूचित जातियों और अनुसूचित जनजातियों के लिए आरक्षित 50 प्रतिशत सीटों का आधा इन्हीं वर्गों की महिलाओं के लिए तय थीं। इन नियतांशों (कोटा) के अतिरिक्त महिलाएँ दूसरी सीटों से चुनाव लड़ने के लिए भी स्वतंत्र थीं। इसका परिणाम यह था कि ग्रामीण और शहरी स्थानीय निकायों में महिलाओं का वर्चस्व हो गया—ऊँची, पिछड़ी और दलित, सभी जातियों की महिलाओं तथा मुसलिम और आदिवासी महिलाओं का भी।

उनमें से अधिकांश पहली बार निर्वाचित हुई थीं और उनकी अनुभवहीनता के कारण उनके परिवार के पुरुष सदस्यों या सरकारी कर्मचारियों द्वारा उनके निर्णयों या दृष्टिकोणों को प्रभावित किए जाने की गुंजाइश थी, परंतु कुल मिलाकर, महिलाओं को घर की चारदिवारी से बाहर निकाल कर उन्हें सार्वजनिक पदों पर आसीन किए जाने की घटनाओं ने एक सामाजिक क्रांति को जन्म दिया। सार्वजनिक सेवाओं में महिलाओं की काबिलियत के सवाल पर हर घर, चाय की हर दुकान और सामाजिक आयोजनों में गरगमारम बहसें छिड़ने लगीं। महिलाओं के बहुमत वाली पंचायतों की वास्तविकता से पतियों द्वारा 'रिमोट कंट्रोल' अपने हाथ में रखने के चलन का या पुरुषों के पूर्वाग्रहों का अंत नहीं हो गया है, परंतु आरक्षित और अनारक्षित, दोनों प्रकार की सीटों में महिलाओं के 50 प्रतिशत कोटे पर पुरुषों का मुखर विरोध देखने में नहीं आया। इसका एक प्रमुख कारण यह था कि

इस परिवर्तन ने अब तक सामाजिक शक्ति-संतुलन को उलट-पलट नहीं किया था : सवर्ण, अपनी महिलाओं के जरिए 50 प्रतिशत सामान्य सीटों पर अपना बहुमत बनाए हुए थे।

नीतीश के मन में इसी शक्ति संतुलन के गड़बड़ा जाने का डर था कि उन्होंने मार्च 2010 में सं.प्र.ग. सरकार द्वारा पेश किए गए महिला आरक्षण विधेयक, जिसमें संसद् में महिलाओं के लिए 33 प्रतिशत आरक्षण की व्यवस्था की गई थी, का शरद यादव द्वारा विरोध किए जाने का समर्थन नहीं किया था। लालू यादव और समाजवादी पार्टी नेता मुलायम सिंह यादव के साथ स्वर मिलाते हुए शरद यादव ने घोषणा की थी कि जब तक प्रस्तावित 33 प्रतिशत कोटे के भीतर अन्य पिछड़ी जातियों और मुसलमानों के लिए एक कोटा तय नहीं कर दिया जाता, वे इस विधेयक को पारित नहीं होगे देंगे। नीतीश ने मीडिया से कहा : "मैं इस विधेयक का समर्थन करता हूँ। इसे बिना देरी किए उसके वर्तमान स्वरूप में ही पारित कर दिया जाना चाहिए। एक कोटे के भीतर दूसरे कोटे के बारे में बहस बाद में की जा सकती है।"

नीतीश के इस रुख का सं.प्र.ग. कैंप में भारी स्वागत हुआ, परंतु ज.द. (यू) में उस पर सवाल उठने लगे। संयोग से मैं उस दिन नीतीश के साथ 1, अणे मार्ग में ही था जब नीतीश के पास शरद यादव के कई फोन आए, जिनमें प्रस्तावित विधेयक में ओ.बी.सी.-मुसलिम कोटे का समर्थन करने पर नीतीश को राजी करने के लिए उन्होंने हर तर्क आजमाया। फोन पर यह बहस कई मिनट तक चली, जिसके अंत में शरद यादव अपने दृष्टिकोण से नीतीश को सहमत कराने में असफल रहे।

नीतीश ने आग्रह किया कि पंचायती राज संस्थाओं में महिलाओं के लिए 50 प्रतिशत आरक्षण तथा महिला-केंद्रित अन्य उपायों के परिणामस्वरूप उन्होंने राज्य में सभी जातियों की महिलाओं में जो जागृति देखी थी, उसने महिलाओं को एक वर्ग के रूप में आगे लाने की जरूरत का उन्हें कायल बना दिया था। राजनीतिक रूप से यह रुख नीतीश के लिए सुविधाजनक था, क्योंकि उन्होंने अपने लिए सवर्ण महिलाओं सहित सभी जातियों की महिलाओं का व्यापक समर्थन हासिल कर लिया था। नीतीश को डर था कि अगर उन्होंने कोटा-के-भीतर-कोटा का समर्थन किया तो उनके अथक प्रयासों से जुटाई गई विशाल महिला वर्ग के समर्थन की पूँजी विभाजित हो जाएगी। जिससे उनके प्रति सवर्णों का रुख कड़ा हो जाएगा। विधान सभा चुनाव बस कोई छह महीने दूर थे और नीतीश की सोच यह थी कि इस प्रश्न पर शरद यादव कैंप का समर्थन करना आत्महत्या के बराबर होगा।

शरद यादव के सारे तर्क कि इस सवाल पर उनका रुख सकारात्मक भेदभाव के सिद्धांत के अनुकूल था, नीतीश का रुख बदल न सके। मार्च 2010 में कई दिनों तक ज.द. (यू) के विभाजन के बारे में बातें हवा में तैरती रहीं। अपना दृष्टिकोण रखने के लिए, नीतीश ने पार्टी के संसद् सदस्यों से चर्चाएँ की। जब यह विधेयक राज्य सभा में पेश किया जा रहा था, नीतीश 1, अणे मार्ग स्थित अपने कार्यालय में टी.वी. पर सदन की काररवाई देख रहे थे। जद (यू) के कुछ संसद् सदस्यों ने उस पर अपना विरोध प्रकट किया। उनमें से एक ने विधेयक की प्रति फाड़ कर फेंक दी। केवल

एक संसद् सदस्य शिवानंद तिवारी उसके पक्ष में बोले।

नीतीश ने मन–ही–मन स्वयं को समय पूर्व चुनावों केलिए तैयार कर लिया प्रतीत होता था। उस रात नीतीश ने मुझसे कहा :

"अगर मेरी पार्टी मुझे निष्कासित कर देती है या पार्टी में विभाजन के कारण मेरी सरकार अल्पमत में आ जाती है तो मुझे अपार खुशी होगी। यह मेरे पक्ष में होगा, क्योंकि पहला, जनसाधारण को मुझसे सहानुभूति होगी कि उस व्यक्ति से जो राज्य का विकास कर रहा था, अन्यायपूर्वक पद से हटा दिया गया है और दूसरा, एक विशाल पैमाने पर महिला मतदाता मेरे समर्थन में आ जाएँगी। मुझे पंचायती राज संस्थाओं में चुनी गई सैकड़ों महिलाओं में से अच्छी महिला प्रत्याशियों को चुनने का लाभ भी मिल सकता है।"

नीतीश के लिए महिलाओं का समर्थन 2010 के चुनावों में दिखाई दिया। महिला मतदाताओं की कुल संख्या पुरुष मतदाताओं से 5 प्रतिशत ज्यादा थी। कई चुनाव क्षेत्रों में यह अंतर इससे कहीं ज्यादा था।

नीतीश के लिए चिंता का एक बड़ा कारण यह था कि समाज के हाशिये पर स्थित वर्गों–ई.बी.सी., महादलित महिलाओं के लिए किए गए उनकी सरकार के हस्तक्षेप के बावजूद उनकी आर्थिक स्थिति में कोई खास सुधार नहीं हुआ था। उन्हें आर्थिक गतिविधियों में शामिल करने की दिशा में किए गए नीतीश के प्रयास सार रूप में, कुछ परिष्कारों के साथ लालू द्वारा लाई गई सामाजिक न्याय क्रांति को ही आगे ले जाने के बराबर थे। राजनीति और समाज में और अधिक बदलाव आया था, परंतु अर्थव्यवस्था में नहीं। ई.बी.सी., महादलित और महिलाएँ राजनीतिक रूप से आगे बढ़े थे, परंतु आर्थिक रूप से नहीं। अगर जल्द ही उनकी आर्थिक स्थिति में सुधार न हुआ तो उनमें राजनीतिक उत्थान का रसूखदार रहे लोगों पर पड़ने वाला प्रभाव तिरोहित हो जाएगा और ये रसूखदार लोग, कमजोरों के सशक्तीकरण के लिए किए गए प्रयासों को निष्फल बनाते हुए, समाज में दबदबा कायम करने का अपना पुराना खेल फिर शुरू कर देंगे।

नीतीश सरकार का गरीबी कम करने से संबंधित प्रदर्शन अच्छा नहीं रहा था। भूमि सुधार की दो मुख्य नीतियाँ उनके आर्थिक उत्थान से सीधे–सीधे जुड़ी थीं– बँटाईदारों के लिए अपने कार्यकाल की सुरक्षा और भूमिहीनों को कृषि योग्य भूमि का वितरण। इनमें से पहली में जरा भी प्रगति नहीं हुई और दूसरी में बस कामचलाऊ प्रगति हुई।

मनरेगा–जिसका उद्देश्य ग्राम स्तर पर गरीबों को साल में कम–से–कम 100 दिनों की मजदूरी कमाने वाले रोजगार के जरिए उन्हें खाद्य सुरक्षा प्रदान करना है–का क्रियान्वयन बहुत ही असंतोषजनक था। 2008–09 में उन परिवारों–जिन्हें मनरेगा जॉब कार्ड्स जारी किए गए थे–की कुल संख्या में से केवल 2.62 प्रतिशत को 100 दिनों का रोजगार दिया गया था।

मनरेगा में सबसे बड़ी समस्या फर्जी 'मस्टर रोल्स' की थी। जहाँ फर्जी नामों से संबंधित भुगतान हड़प लिए जाते थे, उन मजदूरों को काम नहीं मिलता था। जिन्हें गैर–मौसमी रोजगार की

जरूरत थी, इस समस्या पर पकड़ बनाने में नीतीश सरकार असफल रही। सरकारी मशीनरी इतनी सुस्त और अकसर भ्रष्ट लोगों से साँठ–गाँठ किए होती थी कि नई सरकार के लिए परिणाम हासिल करना मुश्किल होता था। बाद में सरकार ने टेक्नोलॉजी का प्रयोग करने का फैसला किया, जिसमें लिपिकों के अंगूठों के निशान के जरिए उनकी पहचान हो सकती थी, परंतु इसके लिए एक सेवा प्रदाता की तलाश जरूरी थी, जिसे ये काड्र्स बनाने का काम सौंपा जा सके। नीतीश का पहला कार्यकाल समाप्त होने तक इस दिशा में कोई काम नहीं हुआ था।

मनरेगा की समीक्षा के लिए राज्य के ग्रामीण विकास मंत्रालय द्वारा 13–14 दिसंबर 2009 को पटना में आयोजित एक दो–दिवसीय कार्यशाला ने पाया कि यद्यपि नवंबर 2009 तक 117 लाख जॉब काड्र्स जारी किए जा चुके थे, केवल पच्चीस लाख या केवल 20 प्रतिशत कार्डधारियों को रोजगार उपलब्ध कराया गया था। बी.पी.एल. जॉब कार्डधारियों में से केवल 22 प्रतिशत को काम दिया गया था। महिला कार्डधारियों में से केवल 32 प्रतिशत को रोजगार दिया गया था, जो राष्ट्रीय औसत 51 प्रतिशत की तुलना में काफी कम था। प्रति परिवार व्यक्ति–दिवसों के मामले में राष्ट्रीय औसत तैंतालिस और लक्षित औसत 100 दिनों की तुलना में राज्य ने प्रति परिवार केवल छब्बीस व्यक्ति–दिवस सृजित किए थे। समीक्षा के अनुसार, ''यह दरशाता है कि या तो मनरेगा प्रशासन गरीब लोगों तक नहीं पहुँच पाया है या गरीब लोग मनरेगा प्रशासन तक नहीं पहुँच पाए हैं।''

रोजगार पैदा करने के मामले में विभिन्न जिलों में भारी भिन्नताएँ थीं। मधुबनी, सुपौल और कटिहार जिलों में से एक भी कार्डधारी को 100 दिनों का रोजगार नहीं दिलाया गया था। खगड़िया, लखीसराय, पूर्णिया, सहरसा, दरभंगा, पश्चिम चंपारन और सीतामढ़ी में 0.1 प्रतिशत से कम लोगों को 100 दिनों का रोजगार दिया गया। रोजगार सृजन की योजना बनाने और काम शुरू कराने में राज्य सरकार की असफलता के कारण सुस्त मौसम में बेरोजगार लोगों को गाँव से दूर, राज्य में या राज्य से बाहर काम ढूँढ़ने के लिए मजबूर होना पड़ा।

एक सर्वेक्षण[15] ने पाया कि पिछले शासनों की तरह नीतीश राज में भी काम की तलाश में मजदूरों का पलायन जारी रहा। वैसे भी, पुराने और नए प्रवासी मजदूरों को मनरेगा बहुत आकर्षक नहीं लगा, क्योंकि वह साल में केवल सौ दिन या मोटे तौर पर तीन महीने के रोजगार का वादा करता था और चूँकि मनरेगा द्वारा वास्तव में दिलाया गया रोजगार उससे भी कम था, इस कार्यक्रम का आकर्षण और भी कम हो गया था। इसलिए यह आश्चर्य की बात नहीं थी कि मनेरगा के जरिए काम ढूँढ़ने वाले कार्डधारियों की संख्या घट गई थी। बाँका, खगड़िया और जहानाबाद में 2007–08 में 80 प्रतिशत कार्डधारियों द्वारा काम माँगे जाने की तुलना में 2009–10 में केवल 31 प्रतिशत कार्डधारियों ने काम माँगा। कटिहार, पूर्णिया और सारण में 2009–10 में 6 प्रतिशत से कम कार्डधारियों ने काम माँगा।

2009–10 में (अक्तूबर तक) राज्य सरकार द्वारा मनरेगा के लिए आवंटित राशि में से केवल

लगभग 63 प्रतिशत का उपयोग किया गया था। सबसे गरीब जिलों में से दो, मुंगेर और अरवल में इस निधि का उपयोग 40 प्रतिशत से कम और नवादा, सीतामढ़ी, समस्तीपुर, सुपौल, मधेपुरा, पूर्णिया, किशनगंज और खगड़िया में 50 प्रतिशत से कम हुआ था।

राज्य में मनरेगा का क्रियान्वयन शुरू से ही दोषपूर्ण था। मनरेगा के मूलभूत विचारों में से एक था सामाजिक सशक्तीकरण। इस कार्यक्रम के तहत हाथ में लिए जाने वाले कार्यों पर ग्राम सभा में बहस और उसकी मंजूरी जरूरी थी। अधिकांश मामलों में गाँवों के लिए वार्षिक काररवाई योजना (एनुअल ऐक्शन प्लान--ए.ए.पी.) तैयार करने से पहले कभी भी ग्राम सभा की बैठक नहीं बुलाई गई थी। इस मामले में ग्राम सभा की शक्तियाँ मुखिया द्वारा हड़प ली गई थीं। इससे चुने हुए कार्यों के जनहित के बजाय निजी हित में होने की संभावना बढ़ जाती थी।

निम्नलिखित कारकों में से कोई एक या उनके संयोजन से मुखिया कार्यों के चयन को प्रभावित कर सकता था, मसलन उस कार्य से किस जाति की बस्तियों को सबसे ज्यादा लाभ मिलने वाला है या उनके निवासी मुखिया के राजनीतिक समर्थक थे या जिन पंचों ने मुखिया को अपना नेता चुना था, उनमें से अधिकांश ने उस कार्य का अनुमोदन किया हो या मुखिया कार्य योजना और लागत अनुमान पत्रक (मजदूरों की लागत सहित) बनाने में इंजीनियरों और कर्मचारियों को अपने साथ कर ले।

उन कर्मचारियों, जिन्हें मनरेगा का प्रशासन सौंपा गया था और मुखियाओं के बीच नियमित रूप से बैठकें नहीं होती थीं। बहुधा, सरकारी इंजीनियर कार्य योजना और लागत अनुमान पत्रक कार्यस्थल पर गए बिना ही बना लेते थे। एक कारण तो मुखियाओं के साथ साँठ-गाँठ हो सकता था, दूसरा कारण था, उन्हें बहुत ज्यादा गाँवों की जिम्मेदारी सौंपा जाना। किसी जूनियर इंजीनियर या पंचायत के तकनीकी सहायक को करीब दस गाँवों की जिम्मेदारी सौंपी गई थी और उनके लिए परियोजना की डिजाइन तैयार करने या चल रहे कार्य का निरीक्षण करने के उद्‌देश्य से हर कार्यस्थल का दौरा करने के लिए समय निकालना असंभव था। उन्हें यात्राओं के लिए भी बहुत कम भत्ता दिया जाता था।

2009 की सरकारी समीक्षा में पाया गया कि मनरेगा के अंतर्गत हाथ में लिए गए कार्यों में कल्पनाशीलता और समग्र दृष्टि का अभाव था। गाँव के समेकित विकास से पूरी तरह असंबद्ध परियोजनाएँ शुरू की गई थीं। मनरेगा के जरिए बिहार की पूरी ग्रामीण अर्थव्यवस्था के कायाकल्प का पूरा विचार ही ध्वस्त हो गया था।

अंचलों से मिली रिपोर्टों ने बताया कि जो कार्य निष्पादित हुए दिखाए गए थे, उनकी गुणवत्ता और मात्रा भी कई स्थानों पर असंतोषजनक पाई गई थी। मनरेगा प्रशासन द्वारा अपर्याप्त और लचर पर्यवेक्षण रोजगार कार्ड बनाने और वितरित करने, मजदूरों द्वारा किए गए काम (आमतौर पर उनके द्वारा खोदी गई जमीन की गहराई घन फुट में) और श्रमिकों की मजदूरी का हिसाब रखने में मुखियाओं के लिए हेराफेरी की संभावना पैदा करता था। कई मामलों में रोजगार कार्ड मुखिया या

पंचायती राज संस्थाओं के अन्य निर्वाचित सदस्यों द्वारा रख लिए जाते थे और अपनी सुविधानुसार कार्यस्थल पर नहीं, बल्कि घर पर ही भर लिए जाते थे। 2009 की समीक्षा में पाया गया कि नकदी पुस्तिकाओं में दैनिक आधार पर हिसाब नहीं रखा जा रहा था : ''मजदूरों के भुगतान वाली रसीदों पर तारीख अंकित नहीं होती थी। इसके परिणामस्वरूप, कार्य करने के लिए आवंटित राशि और कराए गए कार्यों पर किए गए वास्तविक खर्च में भारी अंतर होता था।'' 2008 में जहानाबाद और अरवल जिलों के दस गाँवों में मनरेगा के सर्वेक्षण में पाया गया कि :

> ''कार्यस्थल पर कोई भी मस्टर रोल अद्यतन नहीं किया गया था। इससे भी बुरी बात यह थी कि मस्टर रोल अधिकांशत: मुखिया के कब्जे में थे और लाभार्थी जिस दिन अपनी मजदूरी प्राप्त करते थे, उसी दिन उनसे कोरे मस्टर रोलों पर हस्ताक्षर करवा लिए जाते थे। मुखिया बाद में इन्हीं आँकड़ों को मस्टर रोल और रोजगार कार्डों में भर देते थे।
>
> उदाहरण के लिए अरवल जिले के गाँव परसी को लीजिए। जिन 15 से ज्यादा लोगों का परसी में साक्षात्कार लिया गया था, उनमें से केवल एक लाभार्थी का कार्ड उसके पास था। बाकी सबने कहा कि उनके कार्ड मुखिया के पास थे। हम परसी में हाल ही में पूरा किए गए कार्य के लिए मुखिया द्वारा किए जा रहे भुगतान के साक्षी थे। हमने देखा कि मुखिया लाभार्थियों से कोरे मस्टर रोलों पर दस्तखत करवा रहा था। इसकी सफाई माँगे जाने पर उसने कहा वह बीमार पड़ गए रोजगार सेवक का काम कर रहा था। यद्यपि उसने खाली मस्टर रोल की जिम्मेदारी लेने से इनकार कर दिया, उसने कहा कि कार्यस्थल पर भुगतान नहीं किए जा सकते थे, क्योंकि रोजगार सेवक के लिए इतनी बड़ी राशि लेकर कार्यस्थल जाना सुरक्षित नहीं था।
>
> जहानाबाद जिले के एक काफी बड़े गाँव सरिस्ताबाद जिसकी 3,000 आबादी में मांझी (पारंपरिक रूप से चूहे पकड़ने वाले) समुदाय के लोगों का बहुमत था, रोजगार कार्ड जिला परिषद् की एक सदस्य और उसके वकील पति के पास थे। गाँव की एक नहर का निर्माण कार्य तीन महीने पहले ही पूरा हो गया था, परंतु कार्डधारकों को उनके कार्ड वापस नहीं किए गए थे। न ही उन्हें कोई मजदूरी मिली थी। अपने कार्ड्स और मजदूरी की माँग करते हुए मजदूरों ने कई बार जिला परिषद् की उस सदस्य के घर के चक्कर लगाए थे, परंतु उन्हें दोनों में से कुछ भी नहीं मिला। जब तक उन्हें अपने कार्ड वापस नहीं मिल जाते, वे मनरेगा के अंतर्गत और काम के लिए आवेदन नहीं कर सकते।''

2009 की सरकारी समीक्षा ने उस समस्या की पहचान कर ली थी : ''कुछ पंचायतों में मुखिया पैसा डकार गए थे। उन मामलों में, जहाँ धनराशि रोक/हड़प ली गई है, कड़ी कार्यवाही की जाएगी। चूक करने वाले मुखियाओं के खिलाफ निर्देश और अनुशासनात्मक आदेश जारी किए जाएँगे। गाँवों में मुखियाओं की मिलीभगत और उनके द्वारा शक्तियों का दुरुपयोग रोकने के लिए कार्यक्रम अधिकारियों (प्रोग्राम ऑफिसर्स) को कुछ शक्तियाँ प्रदान की जानी चाहिए।''

मनरेगा का घटिया प्रशासन नीतीश के सुशासन की छवि की एक बिलकुल विपरीत तसवीर पेश करता था। यह देखते हुए कि बिहार के विकास की कुंजी उसकी ग्रामीण अर्थव्यवस्था के विकास में निहित थी, मनरेगा के क्रियान्वयन के जरिए निर्मित घटिया 'संपदाएँ' संसाधनों की घोर बरबादी ही साबित हुई, उनसे पैदा हुई समृद्धि के सबसे ज्यादा प्रत्यक्ष चिह्न लूट के बँटवारे के रूप में मुखियाओं, अन्य पंचायत कर्मचारियों, ठेकेदारों और सरकारी कर्मचारियों के घरों में ही देखे जा सकते थे। ''कोई आश्चर्य नहीं कि आज हर मुखिया बड़ी गाड़ी में घूमता नजर आता है,'' नीतीश के बड़े भाई सतीश कुमार कहते हैं।

2009 की समीक्षा केदौरान ग्रामीण विकास विभाग के प्रधान सचिव, विजय प्रकाश ने कहा था ''मनरेगा बिहार की अर्थव्यवस्था के कायाकल्प का एक अवसर है।'' वह घटित होना संभव बनाने के लिए राज्य सरकार ने इस कार्यक्रम का जबरदस्त विस्तार करने का फैसला किया; एक पंचायत द्वारा एक महीने में एक योजना क्रियान्वित किए जाने से सभी गाँवों को उसके दायरे में लाए जाने के उद्देश्य से 2010-11 में योजनाओं की संख्या प्रति पंचायत, प्रतिमाह बारह हो जानी थी। इसका अर्थ था, पूरे ग्रामीण बिहार में 1,200 करोड़ से ज्यादा योजनाओं का निष्पादन।

मनरेगा प्रशासन को सुदृढ़ बनाए बिना इतने बड़े पैमाने पर विस्तार मुख्यिाओं को जनता का पैसा लूटने का खुला निमंत्रण हो सकता था। कागजों पर, राज्य सरकार ने कुछ निरोधक दिशानिर्देश निर्धारित किए थे : मनरेगा की जिला योजनाएँ समग्र और व्यापक होनी चाहिए, ताकि संबंधित विभागों को एक सामूहिक लक्ष्य के लिए समन्वित प्रयास करने का अवसर मिल सके। जिला योजना बनाने के लिए जिला प्रशासन उच्च कोटि का नेतृत्व उपलब्ध कराएगा। ''सबके मानस का संगम महत्त्वपूर्ण हैं।'' आयोजना के चरण में सभी संबंधित विभागों को शामिल होना चाहिए। इनके अतिरिक्त, बिखरे हुए और मनमाने निर्माण कार्यों से बचने के लिए मनरेगा को अधिकांशतः नहरों के निर्माण और नवीनीकरण तथा तालाब निर्माण कार्यों की ओर निर्देशित करते हुए 100 प्रतिशत सिंचाई को मुख्य फोकस बना दिया गया।

पहली बार संबंधित विभागों को क्रियान्वयन एजेंसियों के रूप में शामिल किया गया। सबसे घटिया प्रदर्शन करने वाली पंचायतों की पहचान करके उनका निरीक्षण किया जाना था। प्रखंड विकास पदाधिकारियों या उनके समकक्ष अधिकारियों को ऐसे निरीक्षणों के लिए अधिकृत किया गया। प्र.वि. अधिकारियों द्वारा मामलों के सत्यापन के बाद एक चार्जशीट जारी की जानी थी। मुखिया को अपनी सफाई देने का मौका दिया जाना था। अगर उनके स्पष्टीकरण संतोषजनक न हुए तो उस मुखिया के खिलाफ कड़ी अनुशासनात्मक काररवाई की व्यवस्था थी और वह अपने पद का दुरुपयोग करने का दोषी पाया गया तो कानूनी प्रावधानों के अनुसार उसे हटा दिया जाएगा। अभी यह देखना बाकी है कि ये उपाय कितने प्रभावी तरीके से लागू किए जाते हैं।

नीतीश के पहले कार्यकाल में सार्वजनिक वितरण प्रणाली (पी.डी.एस.) का परिचालन बहुत ही असंतोषजनक था। इस प्रणाली का उद्देश्य सहायता प्राप्त दरों पर चावल गेहूँ, चीनी और

मिट्टी तेल के वितरण के जरिए गरीबों को खाद्य सुरक्षा प्रदान करना है। सा.वि.प्र. की सफलता का एक महत्त्वपूर्ण पैमाना लक्षित लाभार्थियों के लिए लाइसेंसधारी डीलरों द्वारा सरकारी गोदामों से ली गई वस्तुओं की मात्रा का है।

अंत्योदय योजना, जिसके अंतर्गत 'अत्यधिक गरीब, बी.पी.एल. परिवारों' को प्रतिमाह पैंतीस किलो अनाज—2 रुपए प्रति किलो की दर से इक्कीस किलो चावल और 3 रुपए प्रति किलो की दर से चौदह किलो गेहूँ-उपलब्ध कराया जाता है, के अधीन 2008-09 में सा.वि.प्र. डीलरों ने इन खाद्यान्नों के केंद्रीय आवंटन का केवल 79 प्रतिशत उठाया (2005-06 में यह 95 प्रतिशत था।)

यह कमी अचानक नहीं हुई थी। 2003-04 में यह चढ़ाव अपने उच्चतम स्तर 96 प्रतिशत तक पहुँचा था, 2005-06 तक वह कमोबेश इसी स्तर पर बना रहा, फिर 2006-07 में गिरकर 87 प्रतिशत 2007-08 में बढ़कर 90 प्रतिशत और 2008-09 में गिरकर 79 प्रतिशत हो गया।

बी.पी.एल. योजना, बी.पी.एल. परिवारों को पैंतीस किलो अनाज प्राप्त करने का हकदार बनाती है। इसके अंतर्गत पी.डी.एस. योजना डीलरों ने केंद्रीय आवंटन में से अंत्योदय से भी बहुत कम अनाज लिया, जैसे कि 2005-06 में 46 प्रतिशत, 2006-07 में 37 प्रतिशत 2007-08 में 57 प्रतिशत और 2008-09 में 65 प्रतिशत। सारण, सीतामढ़ी, मधुबनी और बाँका में 2008-09 में गेहूँ और चावल के कुल आवंटन का केवल 10 प्रतिशत ही गया था। नालंदा, वैशाली, सुपौल, मधेपुरा, पूर्णिया, अररिया, भागलपुर, लखीसराय और जमुई में औसत चढ़ाव 14 प्रतिशत रही है। अड़तीस जिलों में से सत्ताईस या राज्य के 70 प्रतिशत जिलों के केंद्रीय खाद्यान्न आवंटन का 35 प्रतिशत से कम भाग लिया गया।

आंचलिक रिपोर्टों से पता चला कि कम मात्रा में उठाया गया अनाज भी पूरी तरह वितरित नहीं किया गया था। उचित दर की कई दुकानों में छह से लेकर बारह महीनों तक कोई अनाज, चीनी या मिट्टी का तेल उपलब्ध नहीं होता था। डीलर अपने कोटे की मात्रा उठाते और उसे भारी मुनाफे पर खुले बाजार में बेच देते थे। कुछ मामलों में डीलरों, व्यापारियों और सरकारी भंडारण गृहों के कर्मचारियों के बीच गहरी साँठ-गाँठ पाई गई, जो आवंटित पदार्थों को सीधे डीलरों/व्यापारियों तक पहुँचाने की व्यवस्था कर देते थे। 2005 में योजना आयोग के एक अनुमान के मुताबिक बिहार में खाद्यान्न की 75 प्रतिशत हेरा-फेरी होती थी।

सुरक्षा के लिए अधिकांश डीलर किसी राजनीतिक ढाल के पीछे छिप जाते थे। राज्य के 43,000 डीलरों में 60 प्रतिशत से ज्यादा अन्य पिछड़ी (ओ.बी.सी.) या अनुसूचित जाति (एस.सी.) वर्गों से थे और उनमें से अधिकांश मुनाफाखोरी करने के लिए चालाकी से अपने वर्गों के राजनीतिक नवोत्थान का लाभ उठा रहे थे। वे अकसर पाला बदलकर सत्तारूढ़ राजनीतिक दल के पक्ष में आ जाते थे : लालू-राबड़ी राज में वे रा.ज.द. के साथ थे और जब नीतीश की हवा चली तो ज.द. (यू) के साथ हो गए। 2009 में भा.क.पा. (मा.ले.) लिबरेशन ने पटना जिले के ग्रामीण

क्षेत्र में तीस डीलरों के खिलाफ वंचित राशन-कार्डधारियों को लामबंद किया, इन डीलरों में से बारह ज.द. (यू) के, दस रा.ज.द. के छह लो.ज.पा. के और दो भा.क.पा. (मा.ले.) लिबरेशन के साथ थे।

दलों के साथ जुड़े होने से डीलरों के पास राजनीतिक और प्रशासकीय शक्ति थी : पंचायतीराज संस्थाओं के निर्वाचित सदस्यों और विधायकों जैसे स्थानीय नेताओं के प्रभाव से वे अपनी मनमानी करने में सफल हो जाते थे। इसी शक्ति के बल पर एक डीलर उचित दर की दुकानों की एक श्रृंखला का मालिक हो सकता था और 'फर्जी कार्डों' (घोस्ट कार्ड्स) (जो योजना आयोग के 2005 के एक अनुमान के अनुसार कुल कार्डों का 10-30 प्रतिशत थे) का उपयोग कर सकता था।

एक बड़े डीलर के लिए फर्जी लाइसेंस हासिल करना असामान्य नहीं था और जब भी ये डीलर मुसीबत में फँस जाते तो स्थानीय पार्टी नेता उसकी ओर से हस्तक्षेप करके स्थानीय प्रशासन को उनके पक्ष में काररवाई करने के लिए मजबूर कर देते थे। यही कारण था कि जब वंचित राशन कार्डधारी व्यक्तिगत या सामूहिक रूप से एक डीलर के खिलाफ काररवाई करने की गुहार लगाते हुए प्र.वि.अ. या अ.प्र.अ. के पास जाते थे, क्यों अधिकांश समय उन्हें कोरे आश्वासनों के साथ ही वापस आ जाना पड़ता था। ऐसे डीलरों का लाइसेंस निरस्त करने के लिए प्र.वि.अ. और अ.प्र.अ. पदाधिकारी बिरले ही अपनी शक्तियों का उपयोग करते थे।

इस स्थिति की प्रतिक्रिया में कई स्थानों पर राशन कार्डधारियों ने खुद को संगठित किया और डीलरों के घरों के आगे धरना देते, उनके द्वारा छिपाए स्टॉक्स को लूट लेते और वितरित न किया गया बकाया अनाज रिलीज करने के लिए मजबूर करते हुए उनके खिलाफ सीधी काररवाई पर उतर आए। 2009 में मा.क.पा. (मा.ले. लिबरेशन) ने उन डीलरों के खिलाफ एक अभियान चलाया, जो सरकारी गोदामों से उठाए अनाज को खुले बाजार में बेच देते थे :

> ''कल्याणपुर मसौढ़ी (धनरूआ) में 8 महीनों का बकाया राशन हासिल करने के उद्देश्य से जब लोगों ने रा.ज.द. के साधु यादव (डीलर) को 12 घंटे तक उसके घर में बंद कर दिया तो उसके परिवार ने पुलिस को बुला लिया, परंतु डीलर ने लोगों के गुस्से से डर कर उनके द्वारा किसी तरह का दुर्व्यवहार किए जाने से इनकार कर दिया और 5 महीनों का राशन वितरित कर दिया। रेपुरा (धनरूआ) में ज.द. (यू) से संबंधित दो डीलरों राजीव सिंह और अखिलेश ठाकुर के खिलाफ क्रमश: 9 और 6 महीनों के राशन को खुले बाजार में बेच देने के आरोप की जाँच करने के लिए एक लोक अदालत लगाई गई। जब ये डीलर लोक अदालत में हाजिर नहीं हुए तो गुस्साए लोगों ने उनके घरों को घेर लिया। राजीव सिंह दीवार फाँदकर भागने में सफल रहा, मगर अखिलेश ठाकुर पकड़ा गया। लोगों ने उसके गले में एक तख्ती लटकाई, जिस पर लिखा था, ''मैं एक राशन चोर हूँ'' और उसे तीन गाँवों में घुमाया, फिर वे उसे जन अदालत के सामने ले आए जिसने फैसला किया कि छिपाए गए

राशन का पता लगाने के लिए दोनों डीलरों के घरों की तलाशी ली जाए। अखिलेश के घर से कोई अनाज नहीं मिला, परंतु राजीव के घर से 9 बोरी अनाज बरामद हुआ, जिसे लोगों ने जब्त कर लिया। अखिलेश ने लोगों से माफी माँगी और हरजाने के तौर पर प्रति परिवार 2 किलो अनाज के साथ 29 सितंबर को राशन वितरित कर दिया। संयोग से एक टी.वी. चैनल ने इन घटनाओं का कुछ भाग प्रसारित कर दिया और पटना के राजधानी जिला होने के कारण मुद्दे ने राजनीतिक आयाम ग्रहण कर लिया। इसके परिणामस्वरूप सरकार ने इस आंदोलन को कुचलने की कोशिश की, और जिलाधिकारी ने जन अदालत की जाँच के आदेश दे दिए, परंतु यह सब व्यर्थ हो गया, क्योंकि डीलरों ने उनके साथ किसी तरह का दुर्व्यवहार किए जाने से इनकार कर दिया।''

वैशाली जिले के चकफट्टे गाँव के निवासियों ने एक स्व-प्रेरित काररवाई करते हुए स्वयं को संगठित किया और अपने स्थानीय डीलर को निर्धारित से अधिक कीमत पर मिट्टी तेल और खुले बाजार में अनाज बेचते हुए पकड़ लिया। इस अभियान का एक वीडियो ऑनलाइन भी दिखाया गया।

मुख्यमंत्री के रूप में अपने पहले साल में ही नीतीश ने सा.वि.प्र. (पी.डी.एस.) में भ्रष्टाचार और अकुशलता खत्म करने के उपाय खोजने के लिए अपने शीर्ष अधिकारियों के साथ कई बैठकें कीं। वे इस निष्कर्ष पर पहुँचे कि डीलरों, सरकारी कर्मचारियों, गोदाम मालिकों, खुले बाजार के व्यापारियों और ट्रांसपोटर्स केबीच साँठ-गाँठ इतनी मजबूत है कि सभी तरह की हेरा-फेरी को बंद करना और अनाज को खुले बाजार में जाने से रोकना असंभव था। वे नहीं सोचते थे कि उनकी सरकारी मशीनरी सा.वि.प्र. (पी.डी.एस.) के जरिए कभी भी गरीबों को सस्ता अनाज उपलब्ध करा पाएगी। उसके लिए कोई दूसरा रास्ता खोजना अनिवार्य था।

इस विचार के आधार पर ही बिहार ने राजस्थान के उदाहरण का अनुसरण करते हुए 2007 में गरीबों को आहार कूपन देना शुरू किया। प्रत्येक राशन कार्डधारी परिवार को हर महीने अनुदान के स्थान पर खाद्यान्न कूपन जारी किए जाने थे, जिनका उपयोग करके वे किसी भी सा.वि.प्र. दुकान से अनाज, चीनी और मिट्टी तेल खरीद सकते थे। सा.वि.प्र. दुकानदार जिंसों का बाजार मूल्य वसूल करेगा और कार्डधारी कूपन के साथ जिंस के बाजार मूल्य और कूपन पर अंकित मौद्रिक मूल्य के अंतर के बराबर नकद का भुगतान करेगा। डीलर एक स्थानीय बैंक जाकर कूपनों के बदले नकदी ले लेंगे। सरकार बैंकों को उसकी भरपाई कर देगी।

नीतीश ने उम्मीद की थी कि आहार कूपन प्रणाली, डीलरों को जिंसें बाजार मूल्य पर बेचने का मौका देगी, उससे हेरा-फेरी और गोदामों तथा दुकानों के बीच से ही जिंसों के गायब हो जाने का चलन कम हो जाएगा, परंतु ऐसा नहीं हुआ और न ही सरकार पुरानी व्यवस्था के अधीन गरीबों को सस्ता अनाज उपलब्ध कराने की स्थिति में कोई सुधार कर पाई। दरअसल, किसी निश्चित क्षेत्र के सभी डीलर मिलकर जिंसों को दुकानों से गायब कर देते थे और खुले बाजार में बेचकर ज्यादा

मुनाफा कमा लेते थे। कभी-कभी कूपन जारी करने में देरी, कभी-कभी डीलरों को सप्लाई करने के लिए अपर्याप्त स्टॉक होना, कूपनों को व्यर्थ बनाकर और अधिकांश मामलों में स्टॉक की हेराफेरी करने वाले डीलरों के खिलाफ कड़ी काररवाई न कर के सरकारी एजेंसियाँ स्थिति को बदतर बना देती थीं।

2007-08 में जिस वर्ष खाद्य कूपनों की व्यवस्था शुरू की गई थी, राज्य में सार्वजनिक वितरण प्रणाली के लिए जिंसों का आवंटन पूरी तरह केंद्रीय सरकार पर निर्भर था। 2008-09 से राज्य सरकार ने भी सा.वि.प्र. (पी.डी.एस.) की तीनों योजनाओं—अंत्योदय, बी.पी.एल. और अन्नपूर्णा-के लिए जिंसों का आवंटन शुरू कर दिया। 2008-09 में जहाँ केंद्रीय सरकार ने 27.58 लाख टन गेहूँ चावल आवंटित किया, राज्य सरकार ने 35.53 लाख टन गेहूँ, चावल आवंटित किए। इस बढ़ी हुई आपूर्ति से भी गरीबों को अनाज की उपलब्धता की स्थिति में सुधार नहीं हुआ। उसका नतीजा केवल यह हुआ कि गरीबों की ओर निर्देशित और ज्यादा अनाज काला बाजार में चला गया।

एक सूखा-प्रभावित क्षेत्र में भुखमरी पर एक सिविल सोसाइटी ग्रुप की रिपोर्ट में एक सटीक उदाहरण दिया गया था :

> "2009 में 10-14 अगस्त के दौरान घोर भुखमरी ने जहानाबाद जिले के घोसी ब्लॉक में रत्तूबीघा टोला (धुरियारी गाँव) और नालंदा जिले के नूरसराय ब्लॉक में झावनटोला गाँव में तीन लोगों की जान ले ली। मृतकों के नाम थे कुंती देवी, चरित्तर डोम और जनार्दन महतो। उनमें से दो दलित समुदायों के और एक अति पिछड़ी जाति का था। रत्तू बीघा और झावनटोला दोनों मुख्यत: दलित बस्तियाँ थीं और वहाँ के अधिकांश परिवार गरीबी रेखा के नीचे गुजर कर रहे थे। उन्होंने शिकायत की कि सरकारी एजेंसियाँ उन्हें मनरेगा के अंतर्गत रोजगार दिलाने में असफल रही थीं।··· मृतकों में से चरित्तर डोम के मनरेगा रोजगार कार्ड का विवरण इस प्रकार था : कार्ड नं. 0079, जारी किया 2-2-2006, कार्य दिवस-0। इस तरह फरवरी 2006 में रोजगार कार्ड जारी कर दिए जाने के बावजूद 10 अगस्त, 2009 को बेरोजगार चरित्तर डोम की मृत्यु हो जाती है।···टोला के अधिकतर ग्रामीण कुपोषित और भूख से जुड़ी बीमारियों से ग्रस्त थे।···ग्रामीणों ने बताया कि उन्हें स्थानीय सा.वि.प्र. (पी.डी.एस.) डीलर द्वारा पिछले कई महीनों से रियायती दरों पर अनाज नहीं दिया जा रहा था।···जून 2008 से एक भी परिवार को पीले (अंत्योदय) कार्ड, जो उन्हें चावल 2 रुपए किलो और गेहूँ 3 रुपए किलो की दर से खरीदने का हकदार बनाता था, के तहत नियमित रूप से अनाज नहीं दिया गया था। खाद्यान्न कूपन अब भी ग्रामीणों के पास हैं, परंतु डीलर 'अनाज की कमी' का बहाना बना कर अधिकांश समय दुकान बंद ही रखता है।"[1]

सभी नए उपाय असफल हो गए थे। नागरिक आपूर्ति नौकरशाहों, मध्यस्थों, मालवाहकों, गल्ला व्यापारियों और सा.वि.प्र. (पी.डी.एस.) डीलरों का गठजोड़ इतना मजबूत साबित हुआ था

कि वह तोड़ा नहीं जा सका। अपने दूसरे कार्यकाल के आरंभ में, जब नीतीश ने खाद्यान्न अनुदान की राशि गरीबों के बैंक खातों में सीधे पहुँचाने की व्यवस्था की वकालत करना शुरू कर दिया था, उन्होंने इस मामले में वस्तुतः अपनी हार स्वीकार कर ली थी। उनकी सरकार द्वारा शुरू की गई साइकिल योजना की जबरदस्त कामयाबी से वे नकद अनुदान के बारे में सोचने लगे थे। इस योजना के अंतर्गत सरकार ने, टेंडर के जरिए साइकिलें मँगवाने और उन्हें छात्राओं को सौंपने के बजाय प्रत्येक छात्रा को 2,000 नकद दिए थे, ताकि वे किसी भी दुकान से अपनी पसंद की साइकिल खरीद सकें। इस सीधी नकद सहायता ने साइकिल आपूर्तिकर्ताओं, सरकारी कर्मचारियों या स्कूल प्रशासकों द्वारा भ्रष्टाचार की संभावना समाप्त कर दी थी।

परंतु एक साइकिल खरीदने के लिए नकदी का सीधा हस्तांतरण और खाद्यान्न अनुदान के लिए नकदी का सीधा हस्तांतरण दो अलग-अलग चीजें थीं। यह स्पष्ट था कि नीतीश ने उसके कई छिपे हुए पहलुओं के बारे में नहीं सोचा था। नकद हस्तांतरण व्यवस्था का वास्तविक अर्थ सार्वजनिक वितरण प्रणाली को समाप्त कर देना था, जो खाद्यान्न उत्पादन बढ़ाने के लिए किसानों को प्रोत्साहित करने और गरीबों को खाद्य सुरक्षा प्रदान करने के दोहरे उद्देश्य के लिए डिजाइन की गई थी। खाद्यान्नों की सरकारी खरीद की व्यवस्था को समाप्त करना देश की कृषि को अस्थिर करके एक खाद्य संकट पैदा कर सकता था जिसका देश की अर्थव्यवस्था और राजनीति पर गंभीर प्रभाव पड़ता। सार्वजनिक वितरण प्रणाली के जरिए अनाज के वितरण को समाप्त करने का अर्थ था अपने ही प्रशासन में विश्वास की कमी। अगर प्रशासन सा.वि.प्र. नहीं चला पाया तो कल वे पूरे सामाजिक क्षेत्र (शिक्षा, स्वास्थ्य, कल्याण) को अपने बूते से बाहर बता कर उसे बाजार की शक्तियों के हवाले कर सकते थे।

□

14

सफलता : पड़ाव नहीं, एक सतत यात्रा

ଓଓ ⁕ ଌଌ

बिहार के 'कायाकल्प' से उन लोगों में आश्चर्य का भाव खत्म होने का नाम नहीं लेता, जो उससे सारी उम्मीदें छोड़ चुके थे। उनकी नजरों में नीतीश कुमार ने एक चमत्कारी पुरुष का दरजा हासिल कर लिया है। नीतीश ऐसा कैसे कर पाए? उन्होंने राज्य के पुनरुत्थान को कैसे अंजाम दिया? या क्या उन्होंने सचमुच ऐसा किया भी है?

नीतीश कुमार कोई पेशेवर प्रबंधक नहीं हैं। प्रशासनिक अनुभव के नाम पर वे केवल उन छह वर्षों का जिक्र कर सकते थे जो उन्होंने केंद्रीय सरकार के विभिन्न विभागों के एक मंत्री के रूप में बिताए थे, परंतु एक मंत्री या मुख्यमंत्री से ज्यादा नीतीश स्वयं को एक राजनीतिज्ञ मानते हैं। एक पेशेवर राजनीतिज्ञ।

एक पेशेवर राजनेता के रूप में उनके चेहरे पर एक श्रेष्ठता का भाव टपकता है और इसलिए अपने प्रतिनिधियों के रूप में वे जिन राजनेताओं को चुनते हैं, वे सभी सर्वोच्च हैं। जो राजनेता सरकार चलाते हैं वे नौकरशाहों, जो कार्यपालिका के स्थायी अंग हैं, से ऊपर हैं। यद्यपि वे केवल पाँच वर्षों के लिए चुने जाते हैं, उस विशेष अवधि में वे जनता की इच्छाओं का इतिहास के उस क्षण में उनकी आकांक्षाओं का प्रतिनिधित्व करते हैं—न कि वे अधिकारी जो राजनेता को सलाह देने और लिए गए निर्णयों को क्रियान्वित करने के लिए जीवन भर के लिए नियुक्त किए जाते हैं।

नवंबर 2005 में जब उन्होंने मुख्यमंत्री का पद ग्रहण किया था, वे अधिकारियों को अकसर याद दिलाते थे कि सरकार के प्रदर्शन में उनके मंत्रालय का सबकुछ दाँव पर लगा है न कि नौकरशाही का। अगर सरकार को कामयाबी मिलती है तो उसका सारा श्रेय उनके मंत्रालय को मिलेगा, अगर वह असफल रही तो उनके मंत्रालय को सारा दोष अपने सिर लेना होगा। नौकरशाहों की नौकरियाँ नहीं जाएँगी। उन्हें (मुख्यमंत्री को) जाना होगा।

इस तरह, आरंभ में ही उन्होंने नौकरशाही को चुस्त-दुरुस्त बनाने पर जोर दिया। उन पंद्रह वर्षों के दौरान, जब सत्ता की बागडोर लालू के हाथों में थी, नौकरशाही ने सोचना बंद कर दिया था, क्योंकि उनका नेता उन्हें कभी उकसाता नहीं था या काररवाई करना बंद कर दिया था, क्योंकि उनसे इसकी अपेक्षा नहीं की जाती थी। रचनात्मक विचारों के अभाव में समस्याएँ अनसुलझी ही रहीं। काम के लिए लगन के अभाव में सरकारी कार्यक्रमों का क्रियान्वयन पिछड़ता गया।

जिन दो समस्याओं का नीतीश को सामना करना था वे थीं उनकी जनता की दुःख-तकलीफ और इस दुःख-तकलीफ को दूर करने के उनके प्रयासों में एक लकवाग्रस्त नौकरशाही को अपने साथ लेकर चलना।

एक चीज उनके मन में बहुत स्पष्ट थी : उन्हें वर्तमान नौकरशाही के साथ ही काम करना था। वे मानते थे कि, ''नौकरशाही के बारे में आप सिर्फ इतना कर सकते हैं कि 'ए' को हटाकर 'बी' को रख लो। अगर आपके पास सौ अधिकारी हैं तो उनमें से दस तो पूरी तरह से निकम्मे होंगे। आप उन्हें ऐसे कोनों में बिठा सकते हैं जहाँ वे राज्य का कम-से-कम नुकसान कर पाएँ, परंतु बाकी अफसरों के साथ तो आपको काम करना ही होगा। शेष नब्बे अधिकारियों में से कुछ अच्छे होंगे और कुछ औसत। कुछ ज्यादा कुशल होंगे और कुछ कम कुशल और आपको इस सच्चाई को स्वीकार करना होगा। आखिरकार, कोई भी व्यवस्था परम पूर्ण आदमियों से नहीं बनी है।''

अपने पहले कार्यकाल के आरंभिक कुछ महीनों में नीतीश ने सभी विभागों के अधिकारियों के साथ लंबी बैठकें कीं। उन्होंने यह समझने की कोशिश की कि राज्य के हालात कैसे थे, कहाँ चीजें गलत दिशा में जा रही थीं और इसी प्रक्रिया में वरिष्ठ अधिकारियों की गुणवत्ता जानने की भी : यह कि प्रत्येक नौकरशाह अपने काम को कितना समझता था, क्या प्रस्तुत करने के लिए उसके पास नए विचार थे, उसमें नेतृत्व क्षमता कितनी थी, उनमें से कौन धूर्त था, किसमें एक सामाजिक चेतना थी, कौन काम के प्रति समर्पित था और कौन जिम्मेदारियों से बचने वाला।

नीतीश ने उनको जो पहली चुनौती पेश की वह थी : क्या हम समस्या की पहचान कर सकते हैं? समस्या पकड़ में आने पर उसका समाधान खोजने की दिमागी कसरत शुरू हो जाती थी। आमतौर पर एक विभाग के शीर्ष अधिकारी उन मुद्दों को उठाते थे जो समस्याओं के समाधान के आड़े आते थे। उदाहरण के लिए नीतीश के गृह और पुलिस विभाग के अधिकारियों के साथ हुए विचार-विमर्श में जब 'अपराधियों का डर' को सबसे गंभीर समस्या के रूप में चिह्नित कर लिया तो अधिकारियों ने लोगों के मन में सुरक्षा की भावना बढ़ाने के मार्ग में पुलिस केसामने आने वाली कठिनाइयों की एक लंबी सूची पेश कर दी : पुलिस बल में मानवशक्ति का भारी अभाव था। कांस्टेबल और अधीनस्थ अधिकारी स्तर पर भरती वर्षों से नहीं हुई थी, पुलिस के पास पुराने जमाने के हथियार और परिवहन के अपर्याप्त साधन थे, एक पुलिसकर्मी की औसत आयु थी अड़तीस।

''हम इन सभी समस्याओं के हल होने तक इंतजार नहीं कर सकते,'' नीतीश ने उनसे कहा, ''हमें, हमारे पास जो कुछ है, उसी से काम चलाना होगा और काम करते हुए हम इनमें से हर एक

समस्या का हल खोजते रहेंगे।''

अपने अधिकारियों से एक-दूसरे की ओर फाइलें सरकाने, जो नौकरशाहों की फितरत में आ गया था, के जरिए समस्याओं के समग्र समाधान पर आशंकाग्रस्त बहसों में अटकने के बजाय चरणबद्ध काररवाई करने की अपेक्षा रखते हुए नीतीश ने उनके सक्रिय होने पर ज्यादा जोर दिया। अपनी निष्पक्षता से उन्होंने पुलिस के प्रयासों को और अधिक गति दी : उन्होंने पुलिस अफसरों को 'राजनीतिक दखलंदाजी' की आड़ में अपनी निष्क्रियता को महिमामंडित करने का मौका नहीं दिया। अपराध के खिलाफ अपनी लड़ाई में नीतीश ने उन मामलों में भी बिना भेदभाव के काररवाई की, जिनमें उनकी पार्टी के बदमाश विधायक शामिल थे। इस बात ने पुलिस के सामने अपराधियों की गरदन नापने के सिवाय कोई विकल्प नहीं छोड़ा।

और नीतीश ने हर स्तर पर की जा रही कार्यवाहियों पर पैनी नजर रखी। यही उनकी शैली थी। वे केवल कानून बनाने, नीति--निर्माण करने और कार्यक्रमों की रूपरेखा बनाकर क्रियान्वयन नौकरशाही पर छोड़ देने के लिए अपने पद पर नहीं थे। वे शासन चलाने के पारंपरिक तरीके में विश्वास नहीं करते थे, जो आजादी के बाद के भारत में आम हो गया था। वे मानते थे कि क्रियान्वयन ही तो असली चीज है। सरकारें आमतौर पर क्रियान्वयन में ही मात खाती थीं। मंत्री अफसरों के साथ बैठकें करते तथा नीतियों और कार्यक्रमों पर उन्हें भाषण पिलाते और उनका कर्तव्य वहीं खत्म हो जाता था।

नीतीश हर एक कार्यक्रम में व्यक्तिगत रूप से रुचि लेते थे। जब अधिकारी अपने मुख्यमंत्री का सक्रिय हस्तक्षेप देखते थे तो उनके सामने दिए गए काम में जुट जाने के सिवाय कोई विकल्प नहीं रहता था। कोई उनके काम पर निगरानी जो रख रहा था। नीतीश नियमित रूप से कार्यक्रमों की प्रगति का लेखा-जोखा रखते थे। वही तंत्र को गतिशील बनाए रखता था।

नीतीश को काम का जुनून है। काम से अलग उनकी कोई गतिविधियाँ नहीं हैं, वे कोई खेल नहीं खेलते, टी.वी. नहीं देखते, न सिनेमा जाते और न संगीत सुनते हैं। काम से दूर मनोरंजन और आमोद-प्रमोद को वे समय की बरबादी मानते हैं। हर दिन चौदह घंटे काम करते हुए वे अपने परिवार के लिए भी समय नहीं निकाल पाते, जो उनकी पत्नी के उनके साथ 1, अणे मार्ग पर नहीं रहने का एक कारण था।

''अपने काम को एक बोझ न समझिए,'' वे अकसर अपने अधिकारियों से कहते थे, ''काम को अपने धर्म, अपने कर्तव्य, जीवन की एक प्रेरणा के रूप में लीजिए।''

उपदेश ज्यादा काम नहीं आए; जिस चीज ने काम किया वह थी शक्तियों का बँटवारा। अफसरों को उचित अधिकार न दिए जाने की दशा में वे अब भी जिम्मेदारियों को एक बोझ मानते थे। लालू के राज में 25 लाख से ज्यादा लागत की किसी भी परियोजना के लिए मंत्रिमंडल की स्वीकृति जरूरी थी। नीतीश ने एक ऐसी नीति तैयार की जिसके अंतर्गत परियोजना लागत के घटते क्रमानुसार उनके अनुमोदन का अधिकार एक विभाग के मंत्री से लेकर एक कनिष्ठतम अधिकारी

तक विभाजित कर दिया गया। अब केवल 10 करोड़ या उससे अधिक लागत वाली परियोजनाओं को अनुमोदन के लिए मंत्रिमंडल के पास आना था।

परंतु केवल परियोजनाओं की स्वीकृति और काम करने की आजादी वह कामयाबी नहीं दिला सकती थी जो नीतीश अपने पहले कार्यकाल में अपनी सर्वोच्च वरीयता के चार क्षेत्रों में हासिल कर पाए थे : कानून और व्यवस्था, सड़कें, शिक्षा और स्वास्थ्य। नीतीश ने एक बिलकुल नए तरह के प्रेरक बल की रचना की थी, जिसने चमत्कार कर दिखाया था। यह नया प्रेरक बल था जनता का दबाव।

इसके सर्वोत्तम उदाहरणों में से एक ब्लॉक स्तर पर सरकार के बुनियादी अस्पताल, प्राथमिक स्वास्थ्य केंद्रों के पुनरुज्जीवन में देखा जा सकता था। लालू के शासनकाल में प्राथमिक स्वास्थ्य केंद्र निर्जीव और लावारिस नजर आते थे। केंद्रों में दवाइयाँ नहीं होती थीं, डॉक्टर कभी-कभी ही ड्यूटी पर आते थे। मरीजों ने वहाँ आना बंद कर दिया था।

ये डॉक्टर सरकारी कर्मचारी थे। नई सरकार उन्हें ड्यूटी पर हाजिर रहने के आदेश जारी कर सकती थी, परंतु बुनियादी समस्या की पहचान काम के प्रति लापरवाही नहीं, बल्कि कमजोर अधोसंरचना के रूप में की गई थी। नई सरकार ने स्वास्थ्य केंद्रों पर नियमित रूप से पर्याप्त दवाइयाँ पहुँचाने का फैसला किया। उसने वहाँ रेडियोलॉजिकल और पैथोलॉजिकल सुविधाएँ स्थापित करने के लिए निजी उद्यमियों को आकर्षक प्रस्ताव दिए।

अधोसंरचना में सुधार की खबर पाकर मरीजों ने स्वास्थ्य केंद्रों पर आना शुरू कर दिया। इसने उनके इलाज के लिए वहाँ उपस्थित रहने के लिए डॉक्टरों पर नैतिक दबाव बनाया-न केवल उपस्थित रहने, बल्कि अस्पताल जल्दी आने और सभी रोगियों की जाँच होने तक देर तक ठहरने के लिए भी। डॉक्टरों ने आपस में शिफ्ट ड्यूटी की व्यवस्था भी कर ली- अब आपातकालीन मामलों के लिए रात में भी एक डॉक्टर को मौजूद रहना था। जब से नीतीश ने सत्ता सँभाली है, किसी भी डॉक्टर के खिलाफ अनुशासनात्मक काररवाई नहीं की गई है, क्योंकि जनता के दबाब ने वह काम पहले ही कर दिया था।

नीतीश ने नौकरशाही पर दोहरा दबाव बनाया-एक, अंदर से डाला गया मंत्रालय का दबाव और दूसरा नीचे जनता की ओर से। नीतीश के नए उपाय को 'निचोड़ फार्मूला' कहा जा सकता था। अफसरों के पास इससे बचने की कोई गुंजाइश नहीं थी। इसी फार्मूला का उपयोग करते हुए नीतीश स्कूल में विद्यार्थियों की संख्या और शिक्षा की गुणवत्ता बढ़ाने में सफल रहे। उनके पहले कार्यकाल में करीब 15,000 नए स्कूल खोले गए। जहाँ जरूरी था, मौजूदा स्कूलों में नई कक्षाएँ शुरू की गईं। स्कूलों में शौचालय बनवाए गए। खेलों से जुड़ी गतिविधियाँ शुरू की गईं। बच्चों को मुफ्त पाठ्यपुस्तकें तथा स्कूल यूनिफॉर्म और साइकिलें खरीदने के लिए पैसे दिए गए। अशिक्षित और वंचित वर्गों के बच्चों को प्राथमिक पाठशालाओं में प्रवेश काबिल बनाने के लिए विशेष केंद्र खोले गए-मुसलमानों के लिए तालीमी मरकज और महा दलितों के लिए उत्थान केंद्र। दसवीं कक्षा में

प्रथम श्रेणी से पास करने वाले सभी बच्चों को 10,000 रुपए का पुरस्कार दिया गया।

इन प्रोत्साहन उपायों ने गरीब माता-पिताओं को अपने बच्चों को स्कूल भेजने के लिए प्रेरित किया। माता-पिताओं पर दबाव बनाने के लिए बाल मजदूरी पर लगे प्रतिबंध को और प्रभावी तरीके से लागू कराया गया। राज्य के स्कूलों में दाखिलों की संख्या 2004-05 में 109 लाख से उछलकर 2007-08 में 146 लाख हो गई। 2004-05 में राज्य में करीब पच्चीस लाख बच्चे स्कूली शिक्षा से वंचित थे, 2009-10 तक यह संख्या गिरकर 7.70 लाख हो गई। स्कूली दाखिलों में बेतहाशा वृद्धि ने मानव संसाधन विभाग के अफसरों के साथ-साथ प्राचार्यों, प्रधानाध्यापकों और अध्यापकों पर भी दबाव बनाया कि वे बच्चों को संसाधन उपलब्ध कराने और शिक्षा की गुणवत्ता में सुधार के लिए और ज्यादा तेजी और प्रभावी ढंग से काम करें।

उसी निचोड़ फार्मूला के कारण सांप्रदायिक दंगे रोकने के मामले में नीतीश लालू से अधिक सफल रहे। उन्होंने सांप्रदायिक हिंसा के लिए जिला मजिस्ट्रेट और पुलिस अधीक्षक की सीधी जबावदेही तय कर दी। उन्होंने इन दो अधिकारियों के लिए उपद्रव की खबर मिलते ही तुरंत प्रभावित गाँव या शहर पहुँचना अनिवार्य बना दिया। प्रभावित गाँव या शहर में समझौता प्रक्रिया शुरू करने और शांति स्थापित करने में जितने दिन लगें, तब तक भारी पुलिस बल के साथ उन्हें वहीं रहना पड़ता था और निष्पक्ष कारवाई करनी होती थी और दोनों पक्षों से मिली शिकायतों के आधार पर मामले दर्ज करके लोगों को गिरफ्तार करना होता था।

जब इस तरह की कारवाई कई स्थानों पर सफल रही तो हिंदू और मुसलमान यह अपेक्षा रखने लगे कि पुलिस बल के साथ संबंधित जिला मजिस्ट्रेट और पुलिस अधीक्षक आते ही होंगे और शांति बहाल होने तक वे यहीं रहेंगे। जनता की यही अपेक्षा अधिकारियों पर त्वरित, ईमानदार और निष्पक्ष कारवाई करने का दबाव बनाती थी। लोगों ने इस आधार पर अपने जिला मजिस्ट्रेट या एस.पी. को अच्छा या बुरा समझना शुरू कर दिया कि उन्होंने कितनी त्वरित कारवाई की थी और अपने प्रवास के दौरान लोगों के साथ किस तरह से पेश आए थे।

अपनी कई यात्राओं के दौरान नीतीश लोगों को मंच पर आकर अपने स्थानीय अधिकारियों और पटना से आए उच्च अधिकारियों के सामने सरकारी योजनाओं के क्रियान्वयन में कमियों और असफलताओं के बारे में बोलने के लिए प्रोत्साहित करते थे। अपने जिला प्रवासों के दौरान वे अफसरों के साथ चल रही योजनाओं के कार्यस्थलों पर जाते और योजनाओं के निष्पादन से जुड़े मुद्दों पर लाभार्थियों के विचार जानने का प्रयास करते थे।

'निचोड़' फॉमूले को जनता दरबारों में सबसे व्यवस्थित रूप से लागू किया गया। जनता दरबार मुख्यमंत्री तक ही सीमित नहीं थे। हफ्ते के एक नियत दिन जिला दंडाधिकारियों और थाना प्रभारियों सहित, प्रत्येक प्रमुख अधिकारी को जनता दरबार में जनता की शिकायतें सुननी पड़ती थीं। इससे क्षेत्रीय अधिकारियों पर दबाव बना रहता था। वे जानते थे कि यदि उन्होंने शिकायतों का निवारण नहीं किया तो शिकायतकर्ता मुख्यमंत्री के जनता दरबार में चला जाएगा और उनके भ्रष्ट

आचरण की पोल खुल जाएगी।

नीतीश के दूसरे कार्यकाल के आरंभ में राज्य ने मध्य प्रदेश के मॉडल पर जनसेवाओं का अधिकार (राइट टु पब्लिक सर्विसेज—आर.टी.पी.एस.) अधिनियम पारित किया जिसके अंतर्गत सामान्य प्रशासन, स्वास्थ्य, परिवहन, वाणिज्यिक कर, गृह, मानव संसाधन विकास, खाद्य एवं नागरिक आपूर्ति, शहरी विकास, पंजीयन और समाज कल्याण सहित दस प्रमुख विभागों द्वारा उपलब्ध कराई जा रही पचास सेवाएँ प्रदान करने की एक समय रेखा तय कर दी गई थी। पहले निवास/आय/जाति/ चरित्र प्रमाण-पत्र, राशन कार्ड और ड्राइविंग लाइसेंस जारी करवाने या छात्रवृत्ति और वृद्धावस्था पेंशन के भुगतान के लिए लोगों को सरकारी कार्यालयों के कई चक्कर लगाने पड़ते थे। आमतौर पर, बिना रिश्वत दिए उन्हें ये चीजें नहीं मिलती थीं। नए कानून में ये सेवाएँ उपलब्ध कराने के लिए एक समय-सीमा (सात से तीस दिन) तय कर दी गई थी और जो अधिकारी निर्धारित समय-सीमा के भीतर वह सेवा देने में असफल रहा हो उस अधिकारी पर जुरमाने (एकमुश्त 500 से 5,000 कुछ मामलों में 250 प्रतिदिन-अधिकतम 5,000) का प्रावधान था।

जैसे लोग उसका इंतजार ही कर रहे थे, 15 अगस्त, 2011 को जनसेवाओं का अधिकार (आर.टी.पी.एस.) अधिनियम लागू होते ही उन्होंने पदनामित अधिकारियों (बी.डी.ओ., एस.डी.ओ., एस.पी. और डी.एम.) के दफ्तरों में आवेदनों का अंबार लगा दिया। पंद्रह दिनों के भीतर ही 6.83 लाख आवेदन प्राप्त हुए, जिनमें से सबसे ज्यादा आवास प्रमाण-पत्र (2.50 लाख), जाति प्रमाण-पत्र (1.59 लाख) और आय प्रमाण-पत्र (1.15 लाख) के लिए थे। पंद्रह दिनों में उन 6.83 लाख आवेदनों में 1 लाख से ज्यादा निपटा दिए गए। एक पदनामित अधिकारी द्वारा किसी सेवा के लिए किसी व्यक्ति का आवेदन ठुकरा दिए जाने की दिशा में उस व्यक्ति को अपील करने का अधिकार था। अपील सुनने के लिए अधिकृत पदाधिकारी द्वारा जुरमाना लगाए जाने के डर के पीछे मंशा यह थी कि अधिकारी मनमाने ढंग से किसी प्रमाण-पत्र को रोक न पाएँ या कोई अन्य सेवा प्रदान करने में देरी न करें। चूँकि आवेदनों के निपटान के लिए अधिकारी अपने अधीनस्थ कर्मचारियों पर निर्भर थे, उन्होंने उनके लिए भी समय-सीमा तय कर दी और उन पर दबाव बनाए रखा, इसका परिणाम यह हुआ कि पहले वे जो 'अवैध निजी फीस' माँगा करते थे उसकी गुंजाइश कम हो गई।

इन पहलों के बावजूद बिहार स्वर्ग बनने से अभी बहुत दूर है। अधिकारियों द्वारा अपनी शक्तियों का दुरुपयोग जारी है। कर्तव्यपालन में कोताही, अकुशलता, जिम्मेदारियों को हलके में लेना, बातें बनाना, लीपापोती करना और आँकड़ों की बाजीगरी अब भी नौकरशाही की फितरत में है।

योजनाओं का आकार बढ़ने (लालू-राबड़ी राज में 1,000 करोड़ रुपए के वार्षिक औसत से बढ़कर नए शासन में 12,000 करोड़ प्रति वर्ष) और शक्ति के विकेंद्रीकरण से भ्रष्टाचार का पैमाना बढ़ा है। भ्रष्टाचार के दानव के सामने भ्रष्टाचाररोधी मशीनरी बौनी नजर आती है।

अपने पहले कार्यकाल में भ्रष्टाचार पर अंकुश लगाने के लिए नीतीश ने जिस सबसे

महत्त्वपूर्ण कदम की योजना बनाई थी, परंतु जिसे वे क्रियान्वित नहीं कर पाए थे, वह था आय से अधिक संपत्ति रखने वाले उन अधिकारियों की संपत्ति जब्त कर लेना, जिनके खिलाफ भ्रष्टाचार का मामला प्रथमदृष्ट्या तय हो गया हो। विशेष रूप से इस उद्देश्य के लिए पारित बिहार विशेष न्यायालय अधिनियम (बिहार स्पेशल कोर्ट्स ऐक्ट) को राष्ट्रपति की स्वीकृति पाने में समय लगा। तालियों की जोरदार गड़गड़ाहट के साथ नीतीश ने अपनी सभी चुनाव सभाओं में लोगों को आश्वासन दिया था कि ऐसी जब्त की गई संपदाओं में नए स्कूल खोले जाएँगे। इसके पीछे सोच यह थी कि भवनों और भूखंडों की जब्ती भ्रष्ट अधिकारियों के लिए चरम निरोधक का काम करेगी, क्योंकि वे अपनी अवैध कमाई उन्हीं में 'निवेश' करते थे।

अपने पहले कार्यकाल के समाप्त होते-होते एक अच्छा उदाहरण पेश करने के लिए उन्होंने कुछ शीर्ष अधिकारियों पर काररवाई करने का फैसला किया। पूर्व लघु सिंचाई सचिव एस.एस.वर्मा, पूर्व पुलिस महानिदेशक नारायण मिश्र, राज्य के पूर्व औषधि नियंत्रक (ड्रग कंट्रोलर) वाई.के. जायसवाल और पूर्व राजभाषा निदेशक डी.एन. चौधरी की संपत्तियाँ जब्त कर ली गई। परंतु यह प्रक्रिया अटक गई, क्योंकि इन पूर्व अधिकारियों ने पटना उच्च न्यायालय में न केवल इन जब्ती आदेशों, बल्कि विशेष न्यायालय अधिनियम की वैधता को भी चुनौती दी। 23 फरवरी, 2011 को दिए गए अपने निर्णय में उच्च न्यायालय ने उक्त अधिनियम की संवैधानिक वैधता को मान्य ठहराया, परंतु यह तय करने के लिए कि अधिकारियों की संपत्ति जब्त किया जाना वैधानिक रूप से मान्य था या नहीं, सुनवाई जारी रही।

अगस्त 2011 में इन पंक्तियों को लिखे जाने तक यह मामला उच्च न्यायालय में लंबित था। इसी बीच, कुछ आरोपित अधिकरियों ने बिहार विशेष न्यायालय अधिनियम को संवैधानिक रूप से वैध ठहराने के हाईकोर्ट के आदेश के खिलाफ सुप्रीम कोर्ट में अपील दायर कर दी। उच्चतम न्यायालय ने उपरोक्त अधिनियम पर रोक लगाने से इनकार कर दिया, परंतु उसके खिलाफ दायर अपील को विचारार्थ स्वीकार कर लिया। उच्चतर अदालतों में मुकदमेबाजी के कारण उपरोक्त अधिनियम लागू किए जाने के प्रति राज्य सरकार के उत्साह पर प्रतिकूल प्रभाव पड़ा।

फिर कुछ और भी क्षेत्र हैं जिन पर चिंता बनी हुई है। राजमार्गों, शिक्षा और स्वास्थ्य केक्षेत्र में जबरदस्त प्रगति की तुलना में कृषि, ग्रामीण अधोसंरचना, उद्योग, बिजली, रोजगार सृजन और गरीबी उन्मूलन जैसे महत्त्वपूर्ण क्षेत्रों में हासिल की गई प्रगति कहीं नहीं ठहरती।

नीतीश कुमार द्वारा लाए गए राज्य के कायाकल्प के बारे में जो सबसे अच्छी बात कही जा सकती है वो यह है कि उन्होंने एक मृतप्राय बिहार को नया जीवन देकर अपने पैरों पर खड़ा होने में उसकी मदद की है। यह अपने आप में एक शानदार उपलब्धि है, परंतु बिहार पर्याप्त शक्ति जुटाकर दौड़ना शुरू करे, इसके लिए अभी एक लंबा रास्ता पार करना बाकी है।

□

आभार

सहयोग के लिए हर समय उपलब्ध रहने के लिए मैं अपने निकट मित्र कौशल मिश्रा, नरेंद्र सिंह और उदयकांत मिश्रा का आभारी हूँ। इस विषय पर महत्त्वपूर्ण जानकारियाँ देने के लिए मैं शैवाल गुप्ता, पी.पी. घोष, शशिभूषण प्रसाद, अमिताभ सिन्हा और कई अन्य समाज विज्ञानियों, पत्रकारों के साथ-साथ शोध में सहयोग करनेवाले कई अन्य युवा और प्रतिभावान मित्रों को भी धन्यवाद देता हूँ।

नीतीश कुमार के सचिवगणों—आर.सी.पी. सिंह, चंचल कुमार, एस. सिद्धार्थ और गोपाल सिंह ने मुझे सरकारी दस्तावेज, नीतीश कुमार के निजी जीवन से जुड़ी सामग्री और चित्र उपलब्ध कराए। उन्हें मैं विशेष धन्यवाद देता हूँ। हिंदी अनुवाद को सटीक और सहज बनाने में मेरे मित्र कौशल किशोर मिश्र के सुझाव बहूमूल्य साबित हुए। अन्य मित्र विजय कुमार मिश्र का भी कृतज्ञ हूँ, जिन्होंने बहुत ही सूक्ष्म नजर से कई भागों में प्रस्तुति में सुधार किया। फोटोग्राफर श्री कृष्ण मुरारी 'कृष्ण' को धन्यवाद, जो उन्होंने नीतीशजी के चित्र उपलब्ध कराए।

मैं अपनी पत्नी पूर्णिमा, पुत्री नगमा और रूही तथा उनके पतियों प्रतीक और रोहित का भी बहुत ऋणी हूँ, जो समय-समय पर और लगातार मुझसे इस पुस्तक के बारे में सवाल करते रहे और पुस्तक लिखते रहने में सहायता करते रहे।